FRANCIA

Forschungen zur westeuropäischen Geschichte

deutsches
historisches
institut
historique
allemand

paris

FRANCIA

FORSCHUNGEN ZUR WESTEUROPÄISCHEN GESCHICHTE

Herausgegeben vom
DEUTSCHEN HISTORISCHEN INSTITUT PARIS
(Institut Historique Allemand)

BAND 27/1 (2000)
MITTELALTER – MOYEN AGE

JAN THORBECKE VERLAG STUTTGART

2001

Die Deutsche Bibliothek – CIP-Einheitsaufnahme

[Francia/01]
Francia: Forschungen zur westeuropäischen Geschichte /
hrsg. vom Dt. Histor. Inst. Paris. 1, Mittelalter = Moyen
Age – Stuttgart: Thorbecke. 2001
   Erscheint jährl. – Aufnahme nach Bd. 15. 1987
   Hervorgegangen aus: Francia
Bd. 27. 2000

ISSN 0937-7735 · ISBN 3-7995-7260-0

FRANCIA – Forschungen zur westeuropäischen Geschichte
Herausgeber: Prof. Dr. WERNER PARAVICINI
Redaktion: Dr. MARTIN HEINZELMANN (Mittelalter), Prof. Dr. JÜRGEN VOSS (Frühe Neuzeit,
16.–18. Jh.), Dr. STEFAN MARTENS (Zeitgeschichte, 19./20. Jh.)
Anschrift: Deutsches Historisches Institut (Institut Historique Allemand), Hôtel Duret de
Chevry, 8, rue du Parc Royal, F-75003 Paris

Aufsatzmanuskripte bitte an den Herausgeber adressieren, Zusendungen, die den Rezensionsteil
betreffen, jeweils an den Redakteur des betreffenden Teilbandes (Mittelalter, Frühe Neuzeit,
Zeitgeschichte).
FRANCIA erscheint dreimal jährlich, im Umfang von jeweils ca. 320 Seiten. Teilbände im Abonnement
je 58.– DM, Einzelpreis je 68.– DM. Abonnement aller drei Teilbände: 148.– DM. Die Autoren erhalten
kostenlos von den Aufsätzen 40 Sonderdrucke, von den Besprechungen 5 Belege. Bis zu 40 weitere
Sonderdrucke der Aufsätze liefert der Verlag zum Selbstkostenpreis, wenn die Bestellung spätestens
mit der Rücksendung der Fahnenkorrektur erfolgt.
Herausgeber und Redaktion übernehmen keine Verantwortung für den Inhalt der Artikel und
Rezensionen.
Prière d'adresser les manuscrits des articles au directeur de la revue, les envois destinés à la
rubrique des comptes rendus, au rédacteur du volume respectif (Moyen Age, Epoque moderne,
Epoque contemporaine).
La revue FRANCIA paraît trois fois par an, chacun des volumes comptant environ 320 pages. Prix
d'achat d'un volume 58.– DM pour l'abonnement, 68.– DM pour le volume séparé. L'abonne-
ment des trois volumes d'une année: 148.– DM, y comprise la couverture pour relier les trois
volumes.
Les auteurs recevront, à titre gratuit, 40 tirés à part de leurs articles, 5 épreuves de leurs comptes rendus.
Sont fournis par la Maison d'édition des tirés à part supplémentaires, jusqu'à 40 exemplaires, des
articles, au prix de revient si la commande en est effectuée, au plus tard, à l'occasion du renvoi des
épreuves corrigées.
Les textes publiés n'engagent que leurs auteurs.

Dieses Buch ist aus alterungsbeständigem Papier nach DIN-ISO 9706 hergestellt.

Umschlagabbildung: Codex 20 Inc. s. a. 1264, folio S. 69
(Bayerische Staatsbibliothek München, Photostelle)
Umschlagentwurf: NeufferDesign, Freiburg i. Br.
Instituts-Logo: Heinrich Paravicini, unter Verwendung eines Motivs am Hôtel Duret de Chevry

Verlagsadresse: Jan Thorbecke Verlag GmbH & Co., Senefelderstr. 12, D-73760 Ostfildern-Ruit
http://www.thorbecke.de; e-mail: info@thorbecke.de

Satz: Jan Thorbecke Verlag GmbH & Co.
Druck und Buchbindearbeiten: Druckhaus Thomas Müntzer GmbH, 99947 Bad Langensalza
Printed in Germany

INHALTSVERZEICHNIS

AUFSÄTZE

MISZELLEN

JAHRESBERICHT

GERD KAMPERS

CARETENA – KÖNIGIN UND ASKETIN

Mosaiksteine zum Bild einer burgundischen Herrscherin[*]

I.

Von den Königinnen der Burgunder sind lediglich zwei mit ihrem Namen bekannt. Während über die Amalerin Ostrogotho-Areagni[1] († vor 520) nur spärliche Nachrichten erhalten sind, ist es – trotz der für die Zeit charakteristischen, meist sowohl quantitativ wie qualitativ dürftigen Quellenlage – vor allem dank ihrer durch eine Abschrift des 9. Jahrhunderts tradierten Grabinschrift[2] möglich, ein etwas deutlicheres Bild von der Königin Caretena (456–506) zu zeichnen. Als zentrales Dokument für die Betrachtung ihres Lebens sei das Epitaph im Wortlaut den folgenden Ausführungen vorangestellt:

Sceptrorum columen, terrae decus et iubar orbis,
Hoc artus tumulo vult CARETENE *tegi.*

Der Höhepunkt der Königsherrschaften, die Zierde der Erde und der strahlende Glanz des Erdkreises will, daß durch dieses Grabmal die Glieder der Caretena bedeckt werden.

Quo[3] famulam tu, Christe, tuam rerumque
potentem
De mundi regnis ad tua regna vocas
Thesaurum ditem felici fine secutam,
Fotis pauperibus quem dedit illa deo.

Diese deine Dienerin und an Besitz Mächtige rufst du, Christus, von den Reichen der Welt in deine Reiche, sie, die den kostbaren Schatz, den sie Gott durch die Unterstützung der Armen gab, durch ein glückliches Ende wieder zurückerlangte.

Iam dudum castum castigans aspera corpus
Deliituit vestis murice sub rutilo.
Occuluit laeto ieiunia sobria vultu,
Secretaeque dedit regia membra cruci.

Schon längst verbarg sich, den keuschen Leib kasteiend, ihr rauhes Gewand unter einer Purpurrobe. Enthaltsames Fasten versteckte sie hinter einer fröhlichen Miene und heimlich gab sie die königlichen Glieder dem Kreuze.

Principis excelsi curas partita mariti
Adiuncto rexit culmina consilio,
Praeclaram subolem dulcesque gavisa nepotes
Ad veram doctos sollicitare fidem.

Sie teilte die Sorgen ihres Gatten, des erhabenen Fürsten, und lenkte den König durch ihren hinzugefügten Rat, und sie freute sich, darauf hingewirkt zu haben, daß der berühmte Sproß und die süßen Enkel im wahren Glauben unterrichtet wurden.

[*] Der Aufsatz sei meinem Freund Prof. Heinz Hörster zum 60. Geburtstag gewidmet.

[1] Vgl. zuletzt Patrick AMORY, People and Identity in Ostrogothic Italy 489–554, Cambridge 1997, S. 452–454.

[2] Das Original, das sich Ende des 16. Jhs. noch in der Michaelsbasilika von Lyon befand, verschwand in den Wirren der Religionskriege des 17. Jhs. Vgl. Alfred COVILLE, Recherches sur l'histoire de Lyon du IXe siècle au IXe siècle, Paris 1928, S. 209f., 565.

[3] Otto FIEBIGER, Ludwig SCHMIDT, Inschriftensammlung zur Geschichte der Ostgermanen, Wien 1917, S. 49, Nr. 78, bieten ›qua‹, das »vermutlich als *quam* zu lesen« sei. Diesem Vorschlag folgt die Übersetzung. Faßt man »quo« hingegen als relativischen Anschluß zu »hoc … tumulo« auf, dann wäre etwa zu übersetzen: »Bei dieser Gelegenheit rufst du, Christus …‹.«

Dotibus his pollens sublimi mente subire
   Non sprevit sacrum post diadema iugum.

Cedat odoriferis quondam dominata Sabaeis,
   Expetiit mirum quae Salomonis opus.
Condidit haec templum praesens, quod personat
                       orbe,
   Angelicisque dedit limina celsa choris.

Laxatura reos regi quas saepe ferebat,
   Has offerre preces nunc tibi, Christe, potest.

Quam cum post decimum rapuit mors invida
                       lustrum,
   Accipit melior tum sine fine dies.
Iamque bis octona Septembrem luce movebat
   Nomen Messale consulis annus agens[4].

Über alle diese trefflichen Eigenschaften verfügend, verachtete sie es in ihrem erhabenen Sinn nicht, sich nach dem Diadem unter das heilige Joch zu begeben.

Die Herrscherin von einst über die wohlriechenden Sabäer, die das wunderbare Werk Salomos aufsuchte, soll zurückstehen. Denn diese hier Gegenwärtige erbaute eine Kirche, deren Ruhm in der ganzen Welt widerhallt, und gab damit den Chören der Engel eine erhabene Wohnstatt.

Die Bitten, die sie oft dem König vortrug, damit den Angeklagten Erleichterung zuteil werde, kann sie nun dir, Christus, darbringen.

Als der neidische Tod sie nach zehn Lustren raubte, da nahm sie ein besserer, nicht endender Tag in Empfang, hatte doch gerade das Jahr, das den Namen des Konsuls Messala führt, den September (mit Hilfe von) zweimal je acht Tagen voranbewegt[5].

Das Epitaph der Caretena zählt zu den metrischen Grabinschriften des 5. und 6. Jahrhunderts in Gallien, die für Angehörige der Aristokratie, insbesondere für Mitglieder des Episkopats überliefert sind. Es handelt sich bei diesem besonderen Typus epigraphischer Quellen um – nicht zuletzt durch den Beschreibstoff bedingte – Kurzbiographien, die formal in der Tradition des römischen Totenlobes der sogenannten *tituli*, Ehrenaufschriften unter Statuen, und der *laudatio funebris*, das heißt einer Leichenrede auf biographischer Grundlage, stehen, unter dem Eindruck der fortschreitenden Christianisierung und einer veränderten politischen Umwelt jedoch inhaltlichen Wandlungen unterworfen waren[6]. Auch im 5. und 6. Jahrhundert hielten sich »diese Grabinschriften in der Regel an ein strenges und wohl mit den Verwandten des Toten jeweils abgesprochenes Formular«, wobei die durch den Grabstein bedingte Knappheit des Raumes nur »die Behandlung einiger zentraler Gedanken und Vorstellungen« erlaubte und die Verfasser dieser zur Gebrauchs- und Gelegenheitsliteratur zählenden Texte nicht beabsichtigten, die Tätigkeit der Ver-

---

4   Wiedergegeben ist der Text nach der Ausgabe von Rudolf PEIPER in den MGH AA 6,2, Berlin 1883 (ND München 1985), S. 185, der auch folgenden in der Handschrift dem Epitaph vorangestellten Titel abdruckt: »*Epitaphium Caretenes religiosae reginae quae condita est Lugduni in basilica Sancti Michaelis*«, der natürlich nicht Bestandteil der Grabinschrift gewesen sein kann.

5   Für die Überprüfung und Verbesserung der Übersetzung sei Helmut Castritius herzlich gedankt. Die Verantwortung für die gedruckte Fassung liegt selbstverständlich beim Verfasser. Henri LECLERCQ, Art. Lyon, in: DACL 15–1, 1931, Sp. 294, bietet eine französische Übersetzung des Epitaphs.

6   Vgl. Martin HEINZELMANN, Bischofsherrschaft in Gallien. Zur Kontinuität römischer Führungsschichten vom 4. bis zum 7. Jahrhundert. Soziale, prosopographische und bildungsgeschichtliche Aspekte (Beihefte der Francia, 5), München 1976, bes. S. 22–59. Vgl. ferner Marie Hélène SOULET, L'image de l'amour conjugale et de l'épouse dans l'épigraphie chrétienne lyonnaise aux VIe et VIIe siècles, in: La femme au moyen-âge. Sous la haute présidence de George Duby édité par Michel ROUCHE et Jean HEUCLIN, Maubeuge o. J. [1990], S. 139–145. S. demnächst Bonnie EFFROS, Body and Soul. The Evolution of Mortuary Rites in Merovingian Gaul. Den Hinweis verdanke ich Jörg Jarnut.

storbenen in einem »quasi objektiven Sinn darzustellen, zumal diese Tätigkeit bei dem erwarteten Publikum durchaus als bekannt vorausgesetzt werden durfte«[7].

Unser Epitaph hat infolge seines laudativen Charakters, der nur solche Züge der Verstorbenen in den Blick gelangen läßt, die nach den zeitgenössischen Vorstellungen als positiv galten, eine einseitige Perspektive. Die Idealisierung des Bildes der Verstorbenen durch den zeitgenössischen Verfasser[8] fand aber ihre Grenze in der Zugänglichkeit der Grabinschrift für eine mit der verstorbenen Person und den Ereignissen vertraute Öffentlichkeit, deren Rolle nicht nur in der eines Adressaten, sondern auch in der einer Art Kontrollinstanz hinsichtlich der Vertrauenswürdigkeit der dargestellten Tugenden und Verdienste der Verstorbenen gesehen werden muß. Allerdings können dem zeitgenössischen Leser ohne weiteres verständliche Fakten, Hinweise oder Andeutungen heute teilweise nur mit Mühe entschlüsselt werden. Verständnisprobleme bereitet auch die poetische Sprache des Epitaphiums.

Angesichts dieses Sachverhaltes ist es umso erfreulicher, daß es wenigstens in einigen Punkten möglich ist, die Aussagen des Epitaphiums anhand anderer zeitgenössischer Quellen zu überprüfen und zu ergänzen. Dennoch sei gleich zu Beginn vor allzu großen Erwartungen gewarnt. Zu einem abgerundeten Bild der Caretena lassen sich die aus den wenigen Quellenstücken zu gewinnenden Mosaiksteine nicht zusammensetzen. Sie reichen aber aus, um wenigstens einige Züge des Charakters dieser burgundischen Herrscherin kennenzulernen, was in einer Zeit, in der selbst von Angehörigen der Königsfamilien häufig nicht viel mehr als der Name bekannt ist, bereits als ein Glücksfall anzusehen ist.

II.

Der unbekannte Verfasser[9] des Epitaphs beginnt mit einer Trias sich steigernder Epitheta: *Sceptrorum columen, terrae decus et iubar orbis*. Ob sie – wie bisher angenommen[10] – auf die in Vers 2 genannte Caretena, deren Grabmal die Inschrift zierte, zu beziehen sind, muß fraglich erscheinen. Zwar ist nicht auszuschließen, daß die

---

7 HEINZELMANN (wie Anm. 6) S. 242.
8 S. Anm. 9.
9 Als solchen wollte Edmond LE BLANT, Inscriptions chrétiennes de la Gaule antérieures au VIIIe siècle, Bd. 1, Paris 1856, S. 71, den um 600 als Bischof von Poitiers verstorbenen Lyriker und Hagiographen Venantius Fortunatus erkannt haben, da sich die Wendung »sine fine dies« (Z. 24) auch dreimal in dessen Werk nachweisen läßt (zustimmend Karl BINDING, Das burgundisch-romanische Königreich [von 443–532 n. Chr.]. Eine reichs- und rechtsgeschichtliche Untersuchung, 1. [einziger] Bd.: Geschichte des burgundisch-romanischen Königreiches, Leipzig 1868 [ND Aalen 1969], S. 118), was man mit COVILLE (wie Anm. 2) S. 210, kaum für eine ausreichende Begründung halten kann. Aufgrund der guten Detailkenntnisse des Verfassers ist eher an einen Zeitgenossen, namentlich Avitus von Vienne, zu denken. Vgl. Albert JAHN, Die Geschichte der Burgundionen und Burgundiens bis zum Ende der I. Dynastie, in: Prüfung der Quellen und der Ansichten älterer und neuerer Historiker, 2. Bd., Halle 1874, S. 38f., Anm.; ferner LECLERCQ (wie Anm. 5) Sp. 295. Auf die Verfasserschaft des Avitus könnte auch die Verwendung des seltenen Wortes »iubar« hindeuten, das sich in den Briefen des Avitus häufiger findet. Vgl. Michel ROUCHE, Clovis, Paris 1996, S. 403. Aus metrischen Gründen hält Friedrich LEO eine Verfasserschaft des Venantius Fortunatus nicht für möglich. Vgl. FIEBIGER, SCHMIDT (wie Anm. 3) S. 50.
10 COVILLE (wie Anm. 2) S. 211: »La reine Carétène est naturellement l'objet du plus grands éloges: Sceptrorum columen, terrae decus et iubar orbis«. Davon beeinflußt ist die Übersetzung von

Königin vor ihrem Tod eine Verfügung über Ort und Art ihrer Grabstätte getroffen hat[11]. Sollte mit den drei Epitheta als Subjekt des Hauptsatzes Caretena gemeint sein, dann stellt sich die Frage, warum der Dichter des Epitaphs der Königin zur Bezeichnung ihrer sterblichen Überreste die befremdliche Formulierung »artus ... Caretene« in den Mund legt, wodurch der Eindruck entsteht, als gehörten diese gar nicht zu ihr. Dieses Problem stellt sich hingegen nicht, wenn man unter dem Subjekt des Hauptsatzes die namentlich nicht genannte Person versteht, die der Caretena das Grabmal setzte. Diese Vermutung gewinnt an Sicherheit durch den Umstand, daß der Verfasser von der Willensäußerung der durch die drei Epitheta bezeichneten Person im Präsens berichtet, diese also zur Zeit der Errichtung des Grabmals samt Grabinschrift noch am Leben war und daher mit der Verstorbenen nicht identisch sein kann. Im Gegensatz zu den Zeitgenossen wird uns durch den rhetorischen Kunstgriff die Identifizierung der gemeinten Person erschwert, die aber im engsten verwandtschaftlichen Umfeld zu suchen ist[12]. Daß es sich bei ihr um den Gemahl Caretenas handelt, der seine Frau um ein Jahrzehnt überlebte, folgt schließlich aus der Wiederaufnahme von »columen« in der synkopierten Form »culmina« in Zeile 12, womit eindeutig der König gemeint ist[13].

III.

In den folgenden zwanzig Versen (3–22) wird das Bild der Persönlichkeit der am 16. September 506 im Alter von 50 Jahren Verstorbenen (Verse 24–27) entfaltet. Hervorgehoben werden zunächst die Werke der Barmherzigkeit (»fotis pauperibus«,

LECLERCQ, Lyon (wie Anm. 5): »Appui du sceptre, ornement de la terre, splendeur rayonnante sur l'univers, Carétène s'est préparé ce tombeau.« Ebenso Odet PERRIN, Les Burgondes. Leur histoire, des origines à la fin du premier Royaume (534), Neuchâtel 1968, S. 447, und SOULET (wie Anm. 6) S. 141. Weder BINDING (wie Anm. 9) noch JAHN (wie Anm. 9) äußern sich zu diesem Problem. Karl Heinrich KRÜGER, Königsgrabkirchen der Franken, Angelsachsen und Langobarden bis zur Mitte des 8. Jahrhunderts, München 1971, S. 214, betont, daß das Epitaph »das Motiv der königlichen Gründerin« nicht deutlich werden läßt.

11 Ohne nähere Begründung vermutet Leo UEDING, Geschichte der Klostergründungen der frühen Merowingerzeit (Historische Studien, Bd. 261), Bonn 1935, S. 197f., Caretena habe die Kirche von vornherein als Grabkirche geplant. Laut KRÜGER (wie Anm. 10) S. 214, deutet das Patrozinium (s. dazu unten S. 21ff.) darauf hin, daß es sich bei St. Michael um eine »wahrscheinlich geplante Einzelgrablege« gehandelt habe.

12 Die Regeln des römischen Totenlobes legten dem nächsten Agnaten die Pflicht der Leichenrede bzw. der Errichtung des Epitaphs auf. Vgl. Fridericus VOLLMER, Laudationum funebrium Romanorum historia et reliquiarum editio, in: Jahrbücher für classische Philol., 18. Suppl.-band, hg. von Alfred FLECKEISEN, Leipzig 1892, S. 454; HEINZELMANN (wie Anm. 6) S. 51, weist auf ein Schreiben des Sidonius Apollinaris an seinen Neffen Secundus von ca. 470 hin, in dem er von der durch ihn veranlaßten Wiederherstellung des Grabes seines Großvaters Apollinaris, praefectus praetorio Galliarum von 408, berichtet, für den er ein dem Brief beigefügtes Epitaph verfaßte, dessen Übertragung durch den Steinmetzen er der Überwachung des Neffen anempfiehlt und aus dessen Anfangsversen folgt, daß Sidonius Apollinaris als Enkel nur wegen des Todes des Vaters und der Vaterbrüder zur Errichtung des Epitaphs für den Großvater berechtigt ist: Serum post patruos patremque carmen / haud indignus avo nepos dicavi (»Nach der Väterbrüder und des Vaters Tod habe ich als Enkel in geziemender Weise dem Großvater dieses späte Lied gewidmet ...«), Epistula III,12,1f. ed. W. B. ANDERSON, Sidonius. Poems and Letters, with an English Translation, Bd. 2, London 1965, S. 44.

13 Den Hinweis verdankt der Verfasser Helmut Castritius.

Vers 6), wodurch die mit weltlichem Besitz reich gesegnete Dienerin Christi sich – gemäß den Aussagen der Hl. Schrift – jenen himmlischen Schatz erworben hat[14], der am Tage des Gerichtes den Maßstab für die Aufnahme in das Reich Gottes bildet[15].

Die Verse 7–10 berichten von der durch Keuschheit, Fasten und körperliche Kasteiungen gekennzeichneten asketischen Lebensweise der Verstorbenen. Bei der »aspera vestis« (Verse 7f.) wird es sich um das zunächst als Anachoretentracht belegte, dann auch als Bußtracht für Mönche und Laien erwähnte Cilicium[16] gehandelt haben[17]. Vers 10 (Secretaeque dedit regia membra cruci) soll zum Ausdruck bringen, daß Caretena sich strengsten geistlichen Übungen unterzog[18], wobei vielleicht an besondere Vigilien, Abstinenzen und Fastenübungen zu denken ist. In diesem Zusammenhang gehört auch die Mitteilung der Verse 15f., die Verstorbene habe sich nach dem Diadem unter das heilige Joch begeben, ein Schritt, der aber offenbar von den in den Versen 7–10 genannten asketischen Übungen deutlich zu unterscheiden ist.

Diese auffällige, einem heutigen Leser des Epitaphs der burgundischen Königin zunächst verwunderlich erscheinende Betonung asketischer Lebensformen verliert den Charakter des Außergewöhnlichen angesichts des Befundes, »daß es ... im 5. und 6. Jahrhundert [in Gallien] praktisch keine Biographie (Heiligenleben), kaum eine Grabinschrift eines aristokratischen Laien oder Bischofs gegeben hat, in der sich nicht wenigstens Spuren einer ›stylisation ascétique‹ nachweisen lassen«[19]. Das hängt zusammen mit der seit dem ausgehenden 4. Jahrhundert auch in Gallien einsetzenden asketisch-monastischen Bewegung, die hier besonders von Mitgliedern der gallo-römischen Senatorenschicht getragen wurde, was dem gallischen Mönchtum einen aristokratischen Charakter verlieh, dessen Ideale durch zahlreiche Bischöfe senatorischer Herkunft, die namentlich aus den Klöstern Marmoutier und Lérin hervorgegangen waren, über das Land verbreitet wurden. Die südliche der beiden gallischen Mönchslandschaften, die sich im Rhônetal im Verlauf des 5. Jahrhunderts herauszubilden begann, lag auf dem Boden beziehungsweise in direkter Nachbarschaft des seit der 2. Hälfte dieses Jahrhunderts entstehenden regnum Burgundionum[20]. Das asketische Ideal, näherhin das Streben nach einem vollkommenen christlichen Leben (vita perfecta), das man in der Nachfolge der Apostel (vita apostolica) durch den Verzicht auf materiellen Besitz, sexuelle Enthaltsamkeit und besondere Buß- und Gebetsübungen zu erreichen trachtete, beherrschte damals das Denken der intellektuellen Kreise. Auch außerhalb des Klosters fanden sich Kleriker und Laien, die diesem Ideal möglichst nahezukommen trachteten.

14 Vgl. Heinz GIESEN, Art. »Almosen«, in: Lex. für Theol. und Kirche, 3. Aufl. [LThK³] 1, 1993, Sp. 423.
15 Mt 25,31–40.
16 Vgl. Karel C. INNEMÉE, Art. »Cilicium«, in: LThK³ 2, 1994, Sp. 1200f.
17 Vgl. JAHN (wie Anm. 9) 2. Bd., S. 171, Anm. 1.
18 Vgl. BINDING (wie Anm. 9) S. 118; JAHN (wie Anm. 9) S. 36; COVILLE (wie Anm 2) S. 211.
19 HEINZELMANN, Bischofsherrschaft (wie Anm. 6) S. 235.
20 Vgl. Ian N. WOOD, Avitus of Vienne: Religion and Culture in the Auvergne and the Rhône Valley, 470–530, unpublished dissertation, Oxford 1979, S. 85–119. DERS., A Prelude to Columbanus: The Monastic Achievement in the Burgundian Territories, in: H.B. CLARK, M. BRENNAN (Hg.), Columbanus and Merovingian Monasticism (British Archeological Reports, International Series 113), Oxford 1981, S. 3–32.

Das Epitaph der Caretena ist nicht das einzige Zeugnis für die Ausstrahlung, die von dieser asketisch-monastischen Bewegung auf Mitglieder der burgundischen Königsfamilie ausging. Ob aus der eher beiläufigen Bemerkung des Sidonius Apollinaris, der Burgunderkönig Chilperich I. habe den Bischof Patiens von Lyon (ca. 450–ca. 480) wegen seiner Gastmähler, dessen Gemahlin ihn hingegen wegen seines Fastens gelobt[21], auf besondere asketische Neigungen der Königin zu schließen ist, entzieht sich einem sicheren Urteil. Die Juraklöster, deren Abt Lupicinus sich bei Chilperich erfolgreich für die Befreiung von Personen einsetzte, die ein bei Hofe einflußreicher Magnat in die Knechtschaft gezwungen hatte, bedachte der König mit Geschenken[22].

Die Tochter Chilperichs II., Saedeleuba/C(o)rona, die nach der Ermordung ihrer Eltern (und Brüder?) durch ihren Onkel Gundobad zusammen mit ihrer Schwester Chrodichilde, seit 492/94 Gemahlin des Frankenkönigs Chlodwig, wohl am Hof Gundobads lebte[23], trat in den gottgeweihten Stand ein[24]. Allerdings bedeutet die von Gregor von Tours beziehungsweise Fredegar gebrauchte Formulierung nicht, daß sie als Nonne in ein Kloster ging[25], sondern sich als *virgo sacrata* feierlich zur

---

21 ... *omitto te tali semper agere temperamento, sic semper humanum, sic abstemium iudicari, ut constet indesinenter regem praesentem prandia tua, reginam laudare ieiunia* (»I say nothing of the sense of proportion which guides all your actions, of your blending of geneality and asceticism which is so generally acknowledged that the present king, as everyone knows, unceasingly praises your feasts, and the queen your fasts«), Sidonius Apollinaris, Epistula VI. XII,3, ed. ANDERSON (wie Anm. 12) S. 278/279.

22 *Mox vero, uigoris regii sententia promulgata, liberos restituit libertati, et Christi famulum (sc. Lupicinum), oblatis ob necessitatem fratrum uel loci muneribus, honorifice fecit ad coenobium repedare*, Vita patrum Iurensium 95,8–11, ed. François MARTINE, Vie des pères du Jura (Sources chrétiennes 142), Paris 1968, S. 340. »Bald danach wurde in königlicher Vollmacht die Entscheidung bekanntgegeben: die freien Menschen wurden wieder frei. Dem Diener Christi [sc. Lupicinus] gab er Geschenke für die Bedürfnisse der Brüder und des Hauses und ließ ihn in Ehren zum Kloster zurückkehren«, Das Leben der Juraväter 95, hg. von Karl Suso FRANK, Frühes Mönchtum im Abendland. 2. Bd.: Lebensgeschichten, Zürich, München 1975, S. 138. Gregor von Tours erwähnt im Liber vitae patrum I,6, ed. Bruno KRUSCH, MGH SRM 1/2, 1885, ND 1969, S. 216f., ebenfalls die Begegnung Chilperichs I. und des Abtes Lupicinus und weiß zu berichten, daß noch zu seinen Lebzeiten (538–594) die Juraklöster aus den Mitteln des Fiskus eine jährliche Dotation von 300 Scheffeln Getreide, 300 Maß Wein und 100 Goldstücken für Bekleidungszwecke erhielten.

23 Vgl. Hans H. ANTON, Art. Chrodechilde, in: Reallex. der German. Altertumskunde, 2. Aufl., Bd. 4, 1981, S. 604.

24 *Igitur Gundobadus Chilpericum fratrem suum interfecit gladio uxoremque eius, ligatu ad collum lapidem, aquis inmersit. Huius duas filias exilio condemnavit; quarum senior mutata veste Crona, iunior Chrotchildis vocabatur* (»Gundobad aber tötete seinen Bruder Chilperich mit dem Schwerte und ließ seine Gemahlin mit einem Stein um den Hals in das Wasser werfen. Ihre beiden Töchter aber verbannte er vom Hof, die ältere, die Nonne wurde, hieß Chrona, die jüngere Chrodichilde«), Historiae, Liber II, 28, ed. Rudolf BUCHNER (Freiherr vom Stein-Gedächtnisausgabe, Bd. II/1), Darmstadt 1977, S. 112f. Fredegar übernimmt den ersten Satz wörtlich aus Gregor, fährt dann aber fort: *duos filius eorum gladio trucidavit; duas filias exilio condemnavit, quarum senior nomen Saedeleuba mutata veste se Deo devovit, iunior Chrothechildis vocabatur* (»ihre beiden Söhne ließ er erschlagen, während er die beiden Töchter vom Hofe verbannte; die ältere Schwester, Sideleuba mit Namen, nahm Nonnenkleidung an und weihte sich Gott, die jüngere wurde Chrodechilde genannt«), Chronicae III,17, ed. Andreas KUSTERNIG (Freiherr vom Stein-Gedächtnisausgabe, Bd. IVa), Darmstadt 1982, S. 100ff.

25 So entgegen der Vermutung von Martin HEINZELMANN, Gallische Prosopographie, in: Francia 10 (1982) S. 589, richtig KUSTERNIG (wie Anm. 24) S. 102, Anm. 20.

Ehelosigkeit verpflichtete, wobei ihr, wie es üblich war, ein ihren Stand als Jungfrau kennzeichnendes Gewand angelegt wurde[26]. Sie war wohl die Stifterin der dem heiligen Viktor geweihten Kirche in Genf[27], dessen Gefährtin Corona hieß, so daß der nichtgermanische zweite Name Saedeleubas sich aus ihrer Viktorsverehrung erklärt[28]. Ob die Verpflichtung zur Ehelosigkeit aus freien Stücken oder unter dem Einfluß ihrer Tante Caretena erfolgte[29], oder ob Gundobad sich dieses Mittels bediente, um eine potentielle Gefahr auszuschalten, die von einer Heirat der Prinzessin in einer auch im staatlichen Bereich durch familiäre Bindungen geprägten Umwelt ausgehen konnte[30], ist aufgrund der Quellenlage nicht zu entscheiden.

Von mehreren Klostergründungen Chrodichildes, deren Söhne in einem Krieg gegen König Sigismund Rache für die Ermordung ihrer burgundischen Großeltern nahmen[31], berichtet ihre späte Vita[32]. Seit 511 verwitwet, »nahm (sie) nach 531 ihren

---

26 Vgl. René METZ, La consécration des vierges en Gaule des origines à l'apparition des livres liturgiques, in: Revue de droit canonique 6 (1965) S. 336ff. Angelus A. HÄUSSLING, Art. Jungfrauenweihe, in: Lex. des Mittelalters 5, 1991, Sp. 808.

27 *Eo anno corpus sancti Victoris, qui Salodoro cum sancto Ursio passus fuerat, a beato Aeconio pontifice Mauriennense invenitur. Quadam nocte in suam civitatem ei revelatur in sompnium, ut surgens protinus iret ad eclesiam, quam Sideleuba regina suburbanum Genavinse construxerat ...* (»In diesem Jahr wurde der Körper des heiligen Viktor, der in Solothurn gemeinsam mit dem heiligen Ursus den Märtyrertod erlitten hatte, von dem heiligen Hiconius, dem Bischof von St. Jean-de-Maurienne, aufgefunden. Eines Nachts wurde ihm in seiner Stadt im Traume geoffenbart, er solle sich sofort erheben und zu der Kirche begeben, die die Königin Sideleuba vor der Stadt Genf erbaut hatte«), Fredegar, Chronicae IV,22, ed. KUSTERNIG (wie Anm. 24) S. 176f. S. dazu Rudolf MOOSBRUGGER-LEU, Die Schweiz zur Merowingerzeit. Die archäologische Hinterlassenschaft der Romanen, Burgunder und Alamannen, Bern 1971, Bd. B, S. 51, 53.

28 Vgl. PERRIN (wie Anm. 10) S. 463.

29 Vgl. WOOD, Avitus (wie Anm. 20) S. 209.

30 Ähnliches vermutet ROUCHE (wie Anm. 9) S. 231.

31 Gregor von Tours, Historiae, Liber III,2, ed. BUCHNER (wie Anm. 24) S. 150f. – Vgl. dazu ROUCHE (wie Anm. 9) S. 357ff.

32 *Edificavit preterea multa sanctorum monasteria per regiones plurimas, e quibus unum edificavit in honorem Petri apostoli in suburbio Turonice civitatis ante portam castelli beati Martini. Fecit et aliud monasterium super fluvium Sequane in loco qui dicitur Andeleius non longe a muris civitatis Rotomagensis in nomine Dei genitricis. ... Edificavit preterea in suburbio Lauduni castri ecclesiam in honore sancti Petri, in qua congregationem statuit clericorum. ... Renovavit etiam ab ipsis fundamentis quoddam mire magnitudinis monasterium, quod in suburbio Rotomagensis civitatis prope muros eiusdem urbis tempore beati Dionisii ibi edificatum fuit et ab eodem apostolico viro dedicatum in nomine duodecim apostolorum die Kalendarum Septembris, sicut in quadam petra, que erat in fundamento altaris reposita, sculptum erat. Ibi etenim aggregavit non modicam congregacionem clericorum Deo servientium* (»In zahlreichen Gegenden errichtete sie außerdem viele Klöster der Heiligen, von denen sie eines zu Ehren des Apostels Petrus in der Vorstadt von Tours vor den Toren des Kastells des heiligen Martin errichtete. Ein anderes Kloster gründete sie an der Seine in einem Ort mit Namen Andelius [Les Andelys] nicht weit von den Mauern der Stadt Rouen im Namen der Gottesgebärerin. ... In der Vorstadt des castrum Laudunum erbaute sie zu Ehren des heiligen Petrus eine Kirche, an der sie eine Klerikerkongregation einrichtete. ... Sie erneuerte auch von den Fundamenten auf ein gewisses Kloster von bewundernswürdiger Größe, das in der Vorstadt von Rouen nahe der Stadtmauer zur Zeit des heiligen Dionysius dort erbaut und von diesem apostolischen Mann am 1. September im Namen der zwölf Apostel geweiht worden war, wie auf einem Stein im Fundament des Altares eingemeißelt war. Dort versammelte sie eine ansehnliche Kongregation Gott dienender Kleriker«), Vita sanctae Chrothichildis 11 u. 13, ed. Bruno KRUSCH, MGH SRM 2, S. 346f.

Witwensitz wohl in dem von ihr gegründeten Frauenkloster St. Peter bei der Abtei St. Martin in Tours«[33], und schon damals war man, wie Gregor von Tours zu berichten weiß, der Ansicht, sie habe Gott nicht wie eine Königin, sondern wie eine »*propria Dei ancilla*« gedient[34], das heißt, daß sie ihre Lebensgewohnheiten denen einer Klosterfrau anglich. Chrodichildes Rückzug ins Kloster erfolgte wohl im Zusammenhang ihres in einer Tragödie endenden Einsatzes für die Erben ihres in der Schlacht von Vézeronce gegen die Burgunder gefallenen Sohnes Chlodomer[35], dessen Reichsteil, den seine Brüder Childebert und Chlothar unter sich teilen wollten, sie für ihre Enkel zu sichern versuchte. Die Oheime bemächtigten sich jedoch ihrer Neffen, und während Childebert die Knaben wohl durch Scheren zu Klerikern von der Erbfolge auszuschließen gedachte, tötete Chlothar die älteren beiden eigenhändig, während der Jüngste gerettet wurde[36].

Schließlich[37] ist noch der König Sigismund zu nennen, der 515 in Zusammenarbeit mit dem Episkopat und unter Beteiligung der bedeutendsten Klöster seines Reiches die Abtei des hl. Mauritius in Agaunum neu begründete[38]. Wenn er nach der Niederlage gegen die Franken (523) den geistlichen Habit anlegte, dann war dieser Schritt, der einer Abdankung gleichkam, zunächst sicherlich politisch motiviert. Er konnte ihn aber vor der Rache seiner innenpolitischen Gegner und der Sieger nicht retten[39].

Aufgrund dieses Befundes ist ein Einfluß der asketischen Bewegung des spätantiken Gallien auf eine Reihe von Angehörigen der burgundischen Königsfamilie, die sich damit in ihrem religiösen Verhalten der spätantiken gallischen Führungsschicht anpaßte, unverkennbar. Auffällig ist aber auch, daß die Hinwendung zu einer asketischen Lebensweise im Falle Saedeleubas vielleicht, im Falle Chrodichildes und Sigismunds sicher mit politischen Implikationen verbunden war. Man ist deshalb gut beraten, die Aussagen des Epitaphs hinsichtlich der asketischen Bemühungen Caretenas, die einige nur schwer zu beantwortende Fragen aufwerfen, nicht nur vor dem geistig-religiösen Hintergrund ihrer Zeit zu betrachten, sondern sie auch auf mögliche politische Motive hin zu untersuchen.

---

33 Eugen EWIG, Studien zur merowingischen Dynastie, in: Frühmittelalterliche Studien 8 (1974) S. 45.

34 Historiae, lib. III,18, ed. BUCHNER (wie Anm. 24) S. 176.

35 Vgl. neben EWIG (wie Anm. 33) Brigitte MERTA, Helenae conparanda regina – secunda Iesebel. Darstellung von Frauen in frühmittelalterlichen Quellen, in: MIÖG 96 (1988) S. 5f.

36 Vgl. Eugen EWIG, Die Merowinger und das Frankenreich, 2. Aufl., Stuttgart 1993, S. 35.

37 Zur der erst aus dem 10. Jh. stammenden Überlieferung, die die Gründung des Klosters St. Peter in Lyon auf den arianischen König Godigisil und seine angebliche Gemahlin Theudelinda zurückführt, vgl. WOOD, Avitus (wie Anm. 20) S. 95, und DERS., A Prelude to Columbanus (wie Anm. 20) S. 11.

38 Vgl. Jean-Marie THEURILLAT, L'Abbaye de St-Maurice d'Agaune des origines à la réforme canoniale (515–830 environ), in: Vallesia 9 (1954) S. 30–84. Daniel THURRE, L'atelier roman d'orfèvrerie de l'Abbaye de Saint-Maurice, Genf 1992, S. 22f.

39 *... Sigimundus rex Burgundionum a Burgundionibus Francis traditus est et in Francia in habito monaechale perductus ibique cum uxore et filiis in puteo est proiectus* (»... Sigismund, der König der Burgunder, wurde von den Burgundern den Franken übergeben, im Mönchsgewand ins Frankenreich überführt und dort zusammen mit seiner Gemahlin und seinen Söhnen in einen Brunnen geworfen«), Marius von Avenches, Chronica ad a. 523, ed. Justin FAVROD, La Chronique de Marius d'Avenches. Texte, traduction et commentaire (Cahiers Lausannois d'histoire médiévale 4), 2. Aufl., Lausanne 1993, S. 70. Vgl. ferner die Nachrichten der Passio Sigismundi regis 8f., ed. Bruno KRUSCH, MGH SRM 2, S. 337f.

Wie ist zunächst die Feststellung, Caretena habe ein keusches Leben geführt, als sie noch den Purpur trug, mit ihrer Stellung als Ehefrau und Mutter zu vereinbaren? Wenn sie etwa – wie von der Kirche durchaus angeraten[40] – von einem bestimmten Zeitpunkt an eine Ehe ohne geschlechtlichen Vollzug geführt hätte, so wäre das nur mit Zustimmung ihres arianischen Ehemannes möglich gewesen, der sich damit den in der katholischen Kirche gültigen asketischen Normen unterworfen hätte, die für diesen Fall vom Ehemann ebenfalls eine enthaltsame Lebensweise verlangten. Denkbar wäre aber auch, daß sich der König von seiner unfruchtbar gewordenen oder gealterten Ehefrau ab- und einer neuen Partnerin zugewandt hatte.[41] Es besteht Grund zu der Annahme, daß Caretena ihrem Gemahl nur ein Kind, den Sohn Sigismund, gebar beziehungsweise dieser als einziges möglicher weiterer Kinder überlebte[42]. Angesichts der relativen Seltenheit von Schwangerschaften in dieser Zeit nach dem 30. Lebensjahr[43] wäre mit einer neuen Verbindung Gundobads etwa ab der zweiten Hälte der 480er Jahre zu rechnen. Damit wäre für die Aussage *Iam dudum castum castigans aspera corpus / Delituit vestis sub murice rutilo* (Verse 7f.) eine plausible Erklärung gefunden.

Ist ferner aus der Aussage, Caretena habe nach dem Diadem das heilige Joch auf sich genommen, worunter die Hinwendung zum geistlichen Leben zu verstehen ist[44], ihre

---

40 Vgl. F. MERZBACHER, Art. Ehe, kirchenrechtlich, in: Handwörterbuch zur deutschen Rechtsgesch. 1, 1971, Sp. 835.

41 Ähnliches vermutet Susanne WITTERN, Frauen, Heiligkeit und Macht, Lateinische Frauenviten aus dem 4. bis 7. Jahrhundert (Ergebnisse der Frauenforschung, 33), Stuttgart, Weimar 1994, S. 89, im Falle der Klausnerin Monegunde, die laut ihrer von Gregor von Tours verfaßten Vita (Liber vitae patrum 19, ed. KRUSCH [wie Anm. 22] S. 286–291) den Ehemann nach dem Tod ihrer beiden Töchter verließ. »Der familiäre Kontext dieser Bekehrung bleibt unklar: Gregor berichtet weder, daß Monegunde die Zustimmung ihres Ehemannes für ihre Entscheidung gewann, noch wie dieser darauf reagierte. Hatte er nach dem Tod ihrer Töchter das Interesse an seiner Frau verloren, die vielleicht nicht mehr im gebärfähigen Alter war?«

42 S. unten S. 18f.

43 Pauline STAFFORD, Queens, Concubines and Dowagers, London 1983, S. 90.

44 Vgl. JAHN (wie Anm. 9) S. 36. HEINZELMANN, Gallische Prosopographie (wie Anm. 25) S. 574, zufolge »hat sie eventuell die Krone abgelegt und wurde religiosa«. Daß die Formulierung »... *subire non sprevit sacrum post diadema iugum*« in diesem Sinne zu deuten ist, folgt aus dem Epitaph des Felix Innodius Vers 3–6: »*qui post patricia praeclarus cingola rectur / subiecit Xri colla subacta iogo, / post pones ultra mundi protendere ponpas / et potius domeno soluere uota malens /*«, Inscriptiones Latinae Christianae veteres 149. Er ist zu identifizieren mit dem *vir inluster, sanctus* Ennodius, den Chilperich II. 584 nach Byzanz schickte. Die Titulaturen (*inluster* für den Patricius, *sanctus* für den Kleriker) bestätigen die Interpretation der Übernahme des Jochs Christi als Eintritt in den geistlichen Stand. Vgl. HEINZELMANN, Bischofsherrschaft (wie Anm. 6) S. 205 mit Anm. 132. Einen weiteren Beleg für die Bedeutung dieses Bildes, das auf Mt 11,28ff. zurückgeht, findet sich in einer Bemerkung des Jura-Abtes Lupicinus: *Pater sum ... dominicarum ovium, quas cum Dominus spiritalibus cibis iugi administratione reficiat, corporalia eis interdum alimenta deficiunt* (»Ich bin der Vater der Schafe des Herrn ..., denen, während der Herr sie durch die Verrichtung des Joches mit geistlicher Speise kräftigt, es an Nahrung für den Körper mangelt«), Gregor von Tours, Liber vitae patrum I,5, ed. KRUSCH (wie Anm. 22) S. 217. Claudia NOLTE, Conversio und Christianitas. Frauen in der Christianisierung vom 5. bis zum 8. Jahrhundert (Monographien zur Geschichte des Mittelalters, 41), Stuttgart 1995, S. 32, erkennt das Problem nicht, wenn sie meint, daß Caretena »wie es scheint, als Königin ›abdankte‹ und sich der Askese widmete«, was sie aber ausweislich des Epitaphs bereits tat, als sie noch den Purpur trug.

Abdankung als Königin und ihr Klostereintritt[45] zu folgern? Das hätte bei aller Begei-
sterung für die asketische Lebensweise angesichts der gesellschaftlichen und politi-
schen Position Caretenas auch in der damaligen Zeit einen äußerst spektakulären
Vorgang dargestellt, der ohne die Zustimmung des Königs, dessen Einstellung zur
Askese nicht bekannt ist, kaum denkbar erscheint. Entspricht somit der aufgrund der
Formulierung des Epitaphs zu gewinnende Eindruck, es habe sich bei diesem Schritt
um eine eigenständige Entscheidung Caretenas gehandelt[46], auch dem wirklichen
Ereignisablauf?

Klostereintritte von Königinnen sind im frühen Mittelalter nicht ungewöhnlich,
und es ist nicht verwunderlich, wenn sie wie Klostereintritte männlicher Angehöriger der frühmittelalterlichen Königsfamilien meist im Zusammenhang mit politischen Erwägungen standen. Zu Klostereintritten von Königinnen kam es in der
Regel im Zusammenhang mit der Auflösung königlicher Ehen und mit dem freiwil-
ligen oder unfreiwilligen Rückzug von Königinwitwen aus dem Machtbereich des
Hofes. Beim Klostereintritt infolge Eheauflösung erscheinen als Gründe beziehungsweise Vorwände Sterilität, Nichtvollzug der Ehe, Verweigerung der ehelichen
Gemeinschaft (wegen ihrer Folgen für das Weiterbestehen der Dynastie besonders
bedeutsame Sachverhalte) und Ehebruch der königlichen Gemahlin. Der Eintritt
von Königinwitwen ins Kloster erfolgte freiwillig in der Regel, um den Schutz der
eigenen Person zu sichern, unfreiwillig, um den Einfluß königlicher Witwen auszuschalten[47]. Dieser Überlieferungsbefund läßt den Klostereintritt Caretenas als Folge
eines eigenständigen Entschlusses eher fraglich erscheinen, während die rühmende
Nachricht des Epitaphs von der langen keuschen Lebensweise unter dem Purpur
vor diesem Hintergrund als ein Hinweis auf mögliche Motive für die Auflösung der
Ehe Gundobads mit Caretena und ihren Klostereintritt erkennbar wird.

Mußte von dieser Option aber angesichts der scheidungsrechtlichen Bestimmungen des burgundischen *Liber Constitutionum* überhaupt Gebrauch gemacht wer-

---

45 So BINDING (wie Anm. 9) S. 118 u. 133. Ähnlich UEDING (wie Anm. 11) S. 197. WOOD, Avitus (wie
    Anm. 20) S. 98: »... Gundobad's wife Caretena seems to have taken the veil at St. Michael's, Lyons«.
    DERS., A Prelude to Columbanus (wie Anm. 20) S. 11: »Her [sc. Caretena's] epitaph suggests that
    she lived there [sc. at Saint-Michel] as an ascetic.« COVILLE (wie Anm. 2) S. 214, der zurecht darauf
    hinweist, daß die Bezeichnung Caretenas als *religiosa regina* in der frühestens im 9. Jh. dem Epitaph
    vorangestellten Überschrift nicht als Beweis für einen Klostereintritt gewertet werden kann, geht
    auf diesen Aspekt nicht ein. Ebenso Hartmut ATSMA, Die christlichen Inschriften Galliens als
    Quelle für Klöster und Klosterbewohner bis zum Ende des 6. Jahrhunderts, in: Francia 4 (1976)
    S. 51, Anm. 329, der (S. 44) zudem betont, daß »der terminologische Befund für *religiosa* zumindest
    für die Zeit vor 600 nicht ganz eindeutig« ist. Aufgrund der Überschrift kann allenfalls geschlossen
    werden, daß bereits deren Verfasser Caretena für eine Klosterbewohnerin gehalten hat. Zum
    Begriff *religiosus* s. Réginald GRÉGOIRE, »Religiosus«, Etude sur le vocabulaire de la vie religieuse,
    in: Studi medievali 10,2 (1969) S. 415–430.

46 In diesem Sinne scheint SOULET (wie Anm. 6) S. 143, diese Aussage aufzufassen, wenn sie schreibt,
    das Epitaph »célèbre celle qui renonce au pouvoir et à la vie de cour pour se consacrer à une pieuse
    retraite ... La vertu ascétique du retrait du monde, du *contemptus mundi*, est l'idéal qui permet aux
    élites chrétiennes, laïques et religieuses, d'atteindre la perfection. Conformément à une tradition de
    l'aristocratie romaine, la *conversio* de Caretene a lieu après une vie bien remplie au service de la
    famille et de l'Etat«.

47 Vgl. STAFFORD (wie Anm. 43) S. 246, s. v. »Nunneries and divorced, – and retirement«. MERTA (wie
    Anm. 34) S. 22.

den? Diese gestatteten dem Mann die Ehescheidung, wenn die Frau des Ehebruchs, der Hexerei oder der Grabschändung schuldig war. Auch wenn der Frau keines der genannten Verbrechen nachgewiesen werden konnte, war es dem Mann gestattet, seine Frau zu verlassen, wenn er Frau und Kindern seine Habe überließ. Bei grundloser Trennung von der Ehefrau mußte der Brautpreis erneut und ein Strafgeld von 12 *solidi* gezahlt werden. Offenbar blieb die Trennung bestehen[48]. Da Caretena Katholikin war, ist zudem auch noch die kirchliche Rechtsauffassung zu berücksichtigen. Da die Kirche seit dem 4. Jahrhundert religiös gemischten Ehen zunehmend ablehnend gegenüberstand, wäre die Auflösung der Ehe zwischen dem Arianer Gundobad, der sich zur Konversion nicht entschließen konnte[49], und seiner katholischen Ehefrau möglich gewesen[50]. Weder das weltliche noch das kirchliche Recht hätten somit einer Trennung Gundobads von seiner Frau im Wege gestanden, während Caretena nur das kirchliche Recht für sich hätte reklamieren können, da der *Liber Constitutionum* für Frauen ein ausdrückliches Trennungsverbot vorsah[51].

Für Gundobad ist in dem nicht auszuschließenden Wunsch nach weiterer Nachkommenschaft ein überzeugendes Motiv für eine Scheidung denkbar. Weshalb Caretena eine Trennung ihrer Ehe hätte anstreben sollen, die mit ihrer Abdankung und dem Verlust ihres Einflusses am Hofe verbunden gewesen wäre, ist hingegen nicht erkennbar. Sie wäre zudem gegen den Willen des Königs nicht möglich gewesen. Einem aus den vorgetragenen Gründen wenig wahrscheinlichen Scheidungswunsch der Königin entgegengestanden hätten zudem wohl auch die Interessen der katholischen Kirche des Burgunderreiches, deren führender Kopf Avitus von Vienne sich persönlich intensiv um die Konversion Gundobads bemühte und der die Einflußmöglichkeiten auf den König über seine katholische Gemahlin kaum wegen deren asketischen Neigungen aufgegeben hätte. Die religionspolitische Lage dürfte auch nicht ohne Einfluß auf Gundobads Verhalten in dieser Angelegenheit gewesen sein.

Angesichts der zwar im einzelnen nicht mehr rekonstruierbaren Vorgänge im engsten Kreis der königlichen Familie wäre es nicht verwunderlich, wenn Gundobad,

---

48 Liber Constitutionum 34, ed. Ludwig Rudolf VON SALIS, MGH Leges nationum Germanicarum 2/1, Hannover 1892, S. 68: *2. Si quis uxorem suam sine causa dimiserit, inferat ei alterum tantum, quantum pro pretio ipsius dederat, et multae nomine solidos XII. 3. Si quis vero uxorem suam forte dimittere voluerit et ei potuerit vel unum de tribus criminibus adprobare, id est: adulterium, maleficium vel sepulchrorum violatricem, dimittendi eam habeat liberam potestatem; et iudex in eam, sicut debet in criminosam, proferat ex lege sententiam. 4. Quod si de his tribus facinoribus nihil admiserit, nulli virorum liceat de altero crimine uxorem suam dimittere. Sed si maluerit, exeat de domo, rebus omnibus dimissis; et illa cum filiis suis quae maritus habuit potiatur.* Vgl. dazu Paul MIKAT, Art. Ehe, in: Handwörterbuch zur deutschen Rechtsgesch. 1, 1971, Sp. 825f.; R. SCHULZE, Art. Eherecht, in: Reallex. f. germ. Altertumskunde [RGA] 6, 2. Aufl., 1986, S. 498ff.

49 Gregor von Tours, Historiae, liber II,34, ed. BUCHNER (wie Anm. 24) S. 124f. Vgl. dazu Max BURCKHARDT, Die Briefsammlung des Bischofs Avitus von Vienne (Abhandlungen zur Mittleren und Neueren Geschichte, Heft 81), Berlin 1938, S. 55ff.; WOOD, Avitus (wie Anm. 20) S. 161ff.

50 Vgl. NOLTE (wie Anm. 44) S. 26ff.

51 Liber Constitutionum 34, ed. VON SALIS (wie Anm. 48) S. 68: *1. Si qua mulier maritum suum, cui legitime est iuncta, dimiserit, necatur in luto.* (»Wenn eine Frau ihren Mann, dem sie rechtmäßig verbunden ist, verläßt, soll sie in einem Sumpf getötet werden«). Vgl. MIKAT (wie Anm. 48) Sp. 826; SCHULZE (wie Anm. 48) S. 499.

der sich in theologischen Fragen bei Avitus von Vienne fachkundige Expertisen ein-holte[52], auch in dieser rechtlich wie politisch ebenso diffizilen wie bedeutsamen und ungewöhnlichen Angelegenheit das Gespräch mit beziehungsweise den Rat des Bischofs gesucht hätte. Unter den Briefen des Avitus an den König findet sich nun in der Tat ein Schreiben, das sich einerseits mit dem Problem der Konversion des Königs und andererseits in höchst bemerkenswerter Weise mit Schriftstellen ausein-andersetzt, die vom Verlassen der Familie handeln[53]. Allerdings gestattet die Ant-wort des Avitus nur Vermutungen über den genauen Inhalt der Fragestellung und namentlich über den Anlaß der nicht überlieferten Anfrage Gundobads, eine leider nur allzu häufige *crux* bei der Interpretation der Korrespondenz des Metropoliten der Viennensis. Die eigenartige Verquickung der beiden Themenbereiche Familie und Konversion in *epistula* VI erfordert im Hinblick auf unseren Problemzusam-menhang aber eine besondere Beachtung und sorgfältige Prüfung dieses Schreibens.

Das Problem – so eröffnet Avitus seinen Brief –, das der König ihm zur Erörte-rung vorgelegt habe, solle mittels einer geistlichen Betrachtungsweise auf seinen inneren Gehalt hin kurz wiederholt werden. Es werde nämlich nicht versprochen, daß hundertfach vergolten werde, was jemand aus Mitleid frommen Sinnes an Almosen einem Armen übergebe. Beim Almosengeben komme es eher darauf an, wie als was man gebe, nicht die Größe der Gabe, sondern das Ausmaß der Anstren-gung sei ausschlaggebend. Aus der Lektüre des Evangeliums folge, daß die beschei-dene Opfergabe von zwei *nummi* den großzügigen Weihegeschenken an Gold und Silber vorgezogen werde. Würde der Witwe ihre Spende hundertfach vergolten, so erhielte sie auch dann noch weniger als die reichen Spender. Daher sei auch dem hei-ligen Petrus auf seine Feststellung: ›Siehe, wir haben alles verlassen und sind dir nachgefolgt‹ – wobei es sich ja nur um die Netze gehandelt habe, die er für seinen bescheidenen Lebensunterhalt als Fischer benötigte – geantwortet worden: ›Jeder, der um meines Namens willen sein Haus oder Brüder, Schwestern, Vater, Mutter, Gattin, Kinder oder Äcker verläßt, wird dafür das Hundertfache erhalten und das ewige Leben gewinnen.‹ Da in den heiligen Schriften die Zahl Hundert wegen ihrer Vollkommenheit geheiligt sei, müsse man unterscheiden, daß hundertfach nicht ver-golten werde, was man in Christi Namen spende, sondern was man um des Namens Christi willen verlasse. Der Lohn für das heilsame Almosengeben möge zwar groß sein, unvergleichlich größer sei es, alles zu verlassen als vieles zu verteilen[54].

---

52 Vgl. BURCKHARDT (wie Anm. 49) S. 53ff. WOOD, Avitus (wie Anm. 20) S. 156ff.

53 »... he [sc. Gundobad] asked for interpretations of various passages of scripture, most notably pas-sages involving the abandonment of family and questions of war and peace [letzteres in einem ande-ren Zusammenhang, s. Avitus, Epistulae XXI u. XXII] – all topics which must have seemed appli-cable to his own life«, WOOD, Avitus (wie Anm. 20) S. 161.

54 *Quaestio, quam pietas vestra disserendam proposuit, tota prorsus ad interiorem figuram spiritali consideratione referenda est. Neque enim illud centuplicatio faenore promittitur reformandum, quod unusquisque animo miserendi alimoniae pauperum pia professione contulerit. Quia et in hac ipsa elemosynaria largitate, in qua operantis sensus potius quam census aspicitur, non est doni quan-titas pensanda, sed studii. Quo factum est per evangelicam lectionem, ut infinitis auri argentique donariis paupertina numi duplicis praeferatur oblatio; quae si utique viduae donatrici ad mensuram centupli redderetur, sine dubio cunctis minus reciperet, quae minus omnibus intulisset. Unde et sanc-tus Petrus, cum dixisset: Ecce nos reliquimus omnia et secuti sumus te: qui certe, sicut lectio docet, nihil aliud quam retia reliquerat, quibus tenuem victum piscandi artificio transigebat, responsum illi*

Der König müsse allerdings darauf hinweisen, daß dies allein über das Martyrium vorhergesagt werde, dessen Krone mit keinem Verdienst eines menschlichen Werkes auf eine Stufe gestellt werde. Die Erwartung des zukünftigen ewigen Lebens sei die hundertfältige Frucht, die die Märtyrer für die während der Erdenzeit erduldeten Mißhandlungen entschädige. Das werde auch an anderer Stelle des Evangeliums durch das Herrenwort bezeugt, daß das auf guten Boden gefallene Getreide hundertfache Frucht trage[55].

Eltern, Gattin, Kinder und Brüder dürften aber nur um Christi Namen willen verlassen werden, das heißt, man dürfe sie nur aufgeben, um das Bekenntnis seines Namens sicherzustellen, nicht aber zum Schutz irgendwelcher geistiger oder leiblicher Bedürfnisse. Über diese Trennung sage der Herr an anderer Stelle: ›Ich bin gekommen, um die Söhne von den Eltern, die Schwiegertochter von der Schwiegermutter zu trennen.‹ Das sei dahingehend zu verstehen, daß Personen, die uns in unserem Streben nach Christus wegen irgendwelcher Leidenschaften nicht folgen wollten, zu verlassen seien. Sowohl aufgrund von Beispielen wie der Vernunft sei einsichtig, daß verwandtschaftliche Beziehungen nicht grundlos aufzulösen seien. So seien Verwandte, die durch Weltflucht und Todesüberwindung den Kronen des Himmels zueilten, natürlich nicht zu entlassen. Auch könne man den Gläubigen nicht anraten, Ehegatten und Eltern zu verlassen, angesichts der Herrenworte: ›Es ist dem Mann nicht gestattet, seine Ehefrau zu verlassen‹ und ›Was Gott verbunden hat, soll der Mensch nicht trennen‹ und der Mahnung des Apostels Paulus ›Wer für seine Verwandten, insbesondere die nächsten, nicht sorgt, der verleugnet den Glauben und ist schlimmer als ein Ungläubiger‹. Petrus sei dem Herrn und Petrus die eigene Ehefrau gefolgt. Die geschlechtlichen Gewohnheiten hätten aufgehört, geblieben sei der geistliche Trost. Auch als sich Andreas seinem Bruder anschloß, habe er weder Bruder noch Gattin verlassen, sondern sei in Gemeinschaft mit ihnen den Spuren Christi gefolgt. Zu hüten habe man sich also nur vor solchen Verwandten, die einem auf dem Weg zu Gott im Wege ständen[56].

---

est: Omnis qui reliquerit domum aut fratres aut sorores aut patrem aut matrem aut uxorem aut filios aut agros propter nomen meum, centuplum accipiet et vitam aeternam possidebit. *Namque cum in scripturis sanctis centenarius numerus omni perfectione sacratus sit: discernite, quod reddantur in centuplum non quae tribuuntur in Christi nomine, sed quae pro Christi nomine relinquuntur. Quia licet magna salutaris prosit merces elemosynae, incomparabiliter tamen maius est omnia dimittere, quam plurima dispensare,* Avitus, Epistula VI, ed. Peiper (wie Anm. 4) S. 34, Z. 15- S. 35, Z. 2.

55 *Quo circa definiat gloria vestra de solo istud martyrio praedicari, cuius coronae nullum penitus meritum humani operis exaequatur. Iste est centesimus fructus, qui in futuro quidem vitam aeternam expectat, sed in praesenti quoque saeculo illatas martyribus contumelias mirificato honore compensat. Unde et alio evangelii loco dominicus sermo testatur, quod ad centenariam frugem cadens in terram bonam nutritae sementis germen exierit,* ebd., S. 34, Z. 2–7.

56 *Parentes ergo, uxorem vel filios sive fratres pro Christi tantum consecrat nomine relinquendos, id est cum pro adserenda nominis confessione non tantum huiusmodi necessitudinem, sed animarum quoque nobis corporumque facienda iactura sit; de qua divisione idem dominus alio loco:* Veni, inquit, separare filios adversus parentes, nurum adversus socrum; *id est ut quorumlibet affectuum personae tendentibus nobis ad Christum, si comitari noluerint, deserantur. Excepto autem hoc sensu propinquitates istas non semper nobis ut praeiudicatas debere dimitti et exemplis et ratione colligitur. Nec enim et illi propinqui dimittendi sunt, qui ad caelestes coronas contemptu saeculi calcata morte festinant; neque suadere fidelibus possumus, ut coniugia vel parentes abiciant, cum dominus clamet, quod non liceat homini dimittere uxorem, et:* Quod deus, inquit, coniunxit, homo non separet. *Et*

Wenngleich nach dem Worte Gottes alle Menschen ohne Ansehen des Geschlechtes, Standes oder Amtes das Himmelreich erlangen könnten, sei es unbesonnen, auch den Königen, die nach Gottes Willen die Regierung ausübten, im obigen Sinne zu raten, alles zu verlassen. Auch ihnen müsse die Verachtung der Welt empfohlen und das Himmelreich verheißen werden, da der Apostel, wie sich Gundobad erinnern werde, an vielen Stellen verkünde, ›sie sollten reich sein in guten Werken und sich einen Schatz als gute Grundlage ansammeln, um das wahre Leben zu erlangen‹. Gemäß dieser Aussage könne ihnen der Gebrauch von Land und Einkünften von Nutzen sein, wenn nicht die Begehrlichkeit nach ihnen schade[57].

Es gäbe aber noch eine andere Art der Heiligkeit, in der, wenn keine Verfolgung herrsche, das volle Bekenntnis das Martyrium sozusagen nachahmen könne. Wenn jemand die alte Gewohnheit oder Glaubensrichtung der Eltern gegen einen besseren Glauben eintausche und eben nicht der Gewohnheit verhaftet bleibe, dann entlasse dieser Eltern, Brüder und Schwestern in nützlicher Weise, gleichsam wie der göttliche Abraham, denn die Glaubenswahrheit rufe die Liebe zum Heil hervor. Abraham habe – sich an allen himmlischen Gaben erfreuend und unter richtiger Nutzung von Kindern, Knechten, Gold, Silber, väterlichem und mütterlichem Erbgut – wegen seines Gelöbnisses, den Glauben zu wechseln, die Trennung zwischen seinem Heimatland und seiner Verwandtschaft vollzogen und – indem er, der bereits an der Schwelle des Greisenalters stand, das Zeichen der Beschneidung, wodurch das Christentum symbolisiert werde, annahm – geweissagt, daß durch die Konversion auch in vorgerücktem Alter Stehende zu Kindern gemacht werden könnten. Das sei auch durch den Propheten Isaia (65,20) bezeugt, wo es heiße, daß als jung gelte, wer mit hundert Jahren stürbe, das heißt er empfange das Hundertfache, weil er zum Kind gemacht worden sei[58].

apostolus protestatur, quod qui suis et maxime propinquis non providet, fidem neget sitque deterior infideli. Dominum Petrus, Petrum coniunx propria sequebatur; cessante carnali usu manebat spiritale solacium; et comitante se Andrea germano nec fratrem nec uxorem dimiserat, in quorum contubernio Christi vestigiis adhaerebat. Quapropter personas huiusmodi non obesse nobis, sed impedire timendum est, ebd., S. 34, Z. 7–23.

57 *Nam cum omnino hominum generi, ordini, dignitati obtinendum caeleste regnum divinus sermo proponat: est temerarius praedicator necessitati principum, quae* [lies: *qui*] *regnum divinis nutibus administrat* [lies: *administrant*], *si omnia, quae supra diximus, reliquenda suaserit, cum tamen etiam personis huius culminis contemptus mundi suggeri et caelorum regnum debeat repromitti, apostolo, sicut recolitis, protestante locupletibus, ut divites sint in operibus bonis et thesaurizent sibi fundamentum bonum, ut apprehendant veram vitam. Quibus secundum hanc sententiam agrorum sive redituum et prodesse usus poterit, si non nocuerit appetitus*, ebd., S. 34, Z. 23–31.

58 *Est tamen et aliud sanctitatis genus, in quo, si tempus persecutionis absistat, martyrium quoddam plena confessio queat imitari. Si quis enim antiquam parentum consuetudinem sive sectam melius credendo commutet nec teneatur privilegio consuetudinis, cum veritas provocat ad dilectionem salutis, utiliter hic parentes, fratres sororesque dimittit: velut Abraham dives, qui cunctis caelestibus donis fruens, filiis famulis, auro argento, patrimonio matrimonio recte usus, patriae se tamen et cognationi suae voto mutandae religionis excussit et imminente iam senio signum circumcisionis, quo Christianitas figurabatur, accipiens provectos iam per aetatem conversione pueros fieri posse praemonuit; de quibus et propheticus sermo: Puer, inquit, centum annorum morietur, id est centuplum accipiet, quod puer factus est; quem praefata sacrati numeri pluralitate praestantem sicut aetate matura vivendi novitas fecit puerum, sic custodita renovatio immortali facit longaevitate perfectum*, ebd., S. 34, Z. 32 – S. 35, Z. 5.

Eine Beziehung der Ausführungen des Avitus zu den im Zusammenhang mit den Aussagen des Epitaphs über die asketischen Bestrebungen Caretenas aufgetretenen Fragen ist auf den ersten Blick kaum erkennbar. Nicht zu übersehen ist dagegen, daß Probleme behandelt werden, die für den Adressaten von persönlicher Relevanz sind. Das wird besonders deutlich am Ende des Briefes, wo Avitus auf die noch nicht erfolgte Konversion Gundobads eingeht, den er auffordert, sich von dem sektiererischen Bekenntnis seiner Eltern loszusagen. Auch die Frage der Werkgerechtigkeit, die zu Beginn des Schreibens erörtert wird und die, wenn sie »sich als der eigentliche Weg der Rechtfertigung gezeigt hätte … die Frage des Dogmas im engeren Sinne«, das heißt die ja im Bereich der Christologie liegende Differenz zwischen Arianismus und Katholizismus, entwertet und »damit auch den Übertritt in den Hintergrund« gedrängt hätte[59], beschäftigte den König offensichtlich besonders, wie auch die *epistula IV*[60] zeigt, in der Avitus Fragen beantwortet, die Gundobad ihm nach der Lektüre von Schriften des Bischofs Faustus von Riez gestellt hatte, der semipelagianische Positionen vertrat[61].

Das legt die Vermutung nahe, daß Avitus auch mit den Bemerkungen im mittleren Briefteil, die sich mit dem Verlassen von Angehörigen befassen, nicht ein rein theoretisch-theologisches Interesse seines Adressaten befriedigte, sondern auf ein Problem einging, das von unmittelbarer Bedeutung für Gundobads Leben war, näherhin auf sein Verhältnis zu Caretena, zumal andere Anlässe, weshalb Gundobad sich für dieses spezielle Problem besonders hätte interessieren sollen, weder überliefert und auch nur schwer vorstellbar sind.

Wenden wir uns nun den Argumenten des Avitus im einzelnen zu. Sie lassen – trotz ihrer allgemein gehaltenen Form – eine ganz bestimmte Intention erkennen, wenn man davon ausgeht, daß Gundobad sich mit dem Gedanken trug, Caretena zu verlassen beziehungsweise die Trennung von ihr bereits vollzogen hatte. Unter dieser Voraussetzung ist die von Avitus zunächst erwähnte prinzipielle Erlaubnis, Verwandte um der Sicherung des Bekenntnisses Christi willen zu verlassen, im Fall des Arianers Gundobad, der als Häretiker eine Gefährdung dieses Bekenntnisses darstellt, als Verbot aufzufassen. Auch die Feststellung des Avitus, daß Personen, die wegen ihrer Leidenschaften einem nach Christus Strebenden nicht folgten, verlassen werden dürften, kann sich auf Caretena wegen ihres katholischen Bekenntnisses und ihrer asketischen Lebensweise nicht erstrecken. Sie ließe sich aber als Rechtfertigung für eine Trennung Caretenas von ihrem arianischen Ehemann deuten, der durch Verweigerung der Konversion seiner nach Christus strebenden Frau nicht nachfolgte und zwar vermutlich wegen einer neuen Partnerschaft, worauf der Terminus *affectus* hinzudeuten scheint. Das Verbot, Ehen ohne rechtliche Gründe (»*praeiudicatas*«) aufzulösen, wird mit – allerdings *expressis verbis* nicht genannten – Beispielen und der Ratio begründet. Damit scheint sich Avitus gegen die Scheidungsbestimmungen des *Liber Constitutionum* zu wenden, der in cap. 2 und 4 des Titels 34 dem Mann die Trennung von seiner Frau ohne Angabe von Gründen und ohne

---

59 BURCKHARDT (wie Anm. 49) S. 72.
60 Ed. PEIPER (wie Anm. 4) S. 29ff.
61 Vgl. BURCKHARDT (wie Anm. 49) S. 71f.

gerichtliches Verfahren gestattete, Bestimmungen, die wohl noch auf zählebigen nichtchristlichen Rechtsgewohnheiten fußten, gegen die die christliche Auffassung von der Unauflöslichkeit der Ehe nur schwer anzukommen vermochte. Danach führt Avitus, dem rhetorischen Prinzip der Steigerung folgend, als gewichtigere Argumente Herrenworte, auf die sich das kirchliche Scheidungsverbot gründet (Math 19,6; Tim I 5,8), an, die er noch durch ein Pauluszitat (Röm 4,11) unterstreicht. Daß Verwandte, die durch Weltflucht und Todesüberwindung den Kronen des Himmels zueilten, das heißt durch eine asketische Lebensweise das ewige Leben zu erlangen trachteten – und genau um eine solche Verwandte handelte es sich im Falle Caretenas – nicht verlassen werden dürften, wird mit dem Beispiel des apostolischen Brüderpaares Petrus und Andreas begründet, die um der Nachfolge Christi willen sich ja auch nicht von ihren Frauen getrennt, sondern lediglich die eheliche Geschlechtsgemeinschaft aufgegeben hätten. Zudem dürften Könige, weil sie ja im Auftrag Gottes die Regierung ausübten, um der Nachfolge Christi willen nicht alles, also auch nicht die Ehefrau verlassen.

Die Ausführungen im mittleren Teil des Briefes erweisen sich somit als die Zurückweisung von Argumenten, die Gundobad für eine Trennung von seiner Frau offenbar vorgebracht hatte oder hätte vorbringen können. Die Intention des Avitus, eine Scheidung des burgundischen Herrscherpaares zu verhindern, ist somit unübersehbar[62]. Daß Avitus eine direkte Erwähnung des königlichen Eheproblems vermied, dürfte sich aus dem Respekt erklären, den er seinem Adressaten schuldete, und aus dem durch die Klugheit gebotenen Bemühen des Bischofs, eine Regelung des sensiblen Problems in seinem Sinne nicht durch die Verletzung der Formen unnötig zu erschweren[63]. In der Sache selbst aber erwies sich Avitus als unnachgiebiger Verfechter der Auffassung von der Unauflöslichkeit der Ehe. Eine ebenso harte Haltung legte er in zwei weiteren Eherechtsfällen, mit denen er sich während seiner Amtszeit zu beschäftigen hatte, an den Tag. Es handelte sich dabei um die Ehen eines Bürgers aus Lyon namens Vincomalus und des obersten Fiskalbeamten des Burgunderreiches mit Namen Stephanus, die beide die Schwester ihrer verstorbenen Ehefrauen geheiratet hatten, wobei es sich nach kirchlicher Auffassung um verbotene inzestuöse Verbindungen handelte. Der Versuch des Königs Sigismund, die Bischöfe zur Rücknahme eines Synodalbeschlusses, der die Auflösung der Verbindung zwischen Stephanus und Palladia beinhaltete und an dem Avitus noch mitgewirkt hatte, zu zwingen, führte nach dessen Tod (5. Februar 518) zu einer krisenhaften Belastung des Verhältnisses zwischen König und Episkopat des Burgunderreiches.[64] Daß man

---

62 BURCKHARDT (wie Anm. 49) S. 73, konstatierte mit Blick auf die *epistula* VI: »Gundobad wird, so scheint es, von Vertretern einer rein asketischen Auffassung bearbeitet oder steht unter dem Eindruck solcher Schriften«. Diese Vermutung trägt zur Erklärung der Zusammenhänge aber nicht bei. Gleiches gilt für die S. 73, Anm. 1, geäußerten Vermutungen.

63 Ein weiteres Beispiel für den Mut des Avitus, Gundobad gegenüber auch auf höchst brisante Themen einzugehen, ist die *epistula* V (s. Anm. 75). Das diplomatische Geschick, das Avitus in diesem Schreiben bei der Erwähnung des Todes der Brüder Gundobads, den dieser ja selbst zu veranworten hatte, bewies, betont ROUCHE (wie Anm. 9) S. 230f.

64 Vgl. Paul MIKAT, Die Inzestgesetzgebung der merowingisch-fränkischen Konzilien (511–626/27) (Rechts- und Staatswiss. Veröffentl. der Görres-Gesellschaft, N. F. 74), Paderborn etc. 1994, S. 78ff., 106ff.

damals bei der Durchsetzung des kirchlichen Eherechts auch vor einem offenen Konflikt mit dem König nicht zurückschreckte, macht den Stellenwert deutlich, den man in Teilen des burgundischen Episkopats diesem Problem zumaß. Wenn sich aber, wie der Konflikt deutlich werden läßt, die Durchsetzung der Vorschriften des kirchlichen Eherechtes selbst nach der Konversion Sigismunds noch als höchst problematisch erwies, dann wird man der Wirkung der Argumente des Avitus in *epistula* VI auf die Entscheidung des Arianers Gundobad hinsichtlich der Trennung von Caretena nicht allzu hoch veranschlagen dürfen.

Schließlich darf man den Schluß des Briefes als die Bestätiging der bereits geäußerten Vermutung deuten, daß Caretenas Unfähigkeit, Gundobad weitere Nachkommen zu schenken, für den König das Motiv darstellte, sich von seiner Frau zu trennen. Denn bezeichnenderweise wird dem Gundobad als Typus des Konvertiten vorgestellten Abraham in höchst fragwürdiger Wiedergabe des Inhaltes von Gen 17 als Lohn für seine Bekehrung nicht die Geburt eines Sohnes versprochen, sondern Abraham wird wegen seiner Beschneidung als Beleg für das Prophetenwort (Jes 65,20) angeführt, daß Hundertjährige zu Kindern werden können. Die Unterdrückung der Prophezeihung eines Sohnes für den hundertjährigen Abraham und seine neunzigjährige Frau Sara ist ganz offensichtlich eine Folge des Umstandes, daß die Übertragung des Beispiels Abrahams auf Gundobad ihre Grenzen fand an den faktischen Gegebenheiten, das heißt, daß auch Avitus offensichtlich nicht mehr mit weiteren Nachkommen aus der Verbindung Gundobads und Caretenas rechnete. Mittels der Verknüpfung der fragwürdig verkürzten Wiedergabe von Gen 17 und Jes 65,20 gelingt Avitus aber das exegetische Kunststück, Gundobad für seine Konversion den hundertfachen Lohn zu verheißen, der eigentlich nur dem zusteht, der um Christi willen alles verläßt.

Es hat den Anschein, als ob die königliche Ehe zu dem Zeitpunkt, als Avitus seinen Brief an Gundobad verfaßte, in den Augen des Avitus noch nicht gelöst war. Daß eine Trennung erfolgte, legt aber die Aussage des Epitaphs ... *sublimi mente subire / Non sprevit sacrum post diadema iugum* nahe. Die durch das Ablegen des Diadems symbolisierte Abdankung wird eine Folge der Trennung (Ehescheidung?) gewesen sein, die erst den Eintritt in den geistlichen Stand ermöglichte, der seinerseits mit dem Anlegen des geistlichen Gewandes und dem Ablegen des Gelübdes verbunden war.

IV.

Von den 26 Versen des Epitaphs beziehen sich lediglich drei (11f.; 21) auf Caretenas Rolle als Königin. Sie lassen erkennen, daß sie sich nicht nur für die Probleme des Reiches interessierte, sondern auch Einfluß auf deren Lösung nahm. Ferner erscheint sie in der Rolle der Interzedentin bei ihrem königlichen Gemahl, dessen Namen das Grabgedicht zwar nicht überliefert, der aber aufgrund der Vita des Bischofs Marcellus von Die (463–510), deren älteste Fassung bereits um die Mitte des 6. Jahrhunderts entstand[65], eindeutig als Gundobad zu identifizieren ist.

---

65 Wegen augenfälliger inhaltlicher Affinitäten und sprachlicher Übereinstimmungen mit der wohl um 520–530 entstandenen Vita des Bischofs Vivianus von Saintes (Vita Bibiani, ed. Bruno Krusch, MGH SRM 3, S. 94–100) dürfte die ursprüngliche Fassung der Vita Marcelli, die uns nur in einer

Schwieriger gestaltet sich die Bestimmung der weiteren, ebenfalls namentlich nicht genannten Familienmitglieder (Vers 13: *praeclaram subolem, dulcesque ... nepotes*). Daß »*suboles*« hier nicht allgemein als ›Nachkommenschaft‹, sondern gemäß dem nachklassischen und dichterischen Sprachgebrauch als ›Sproß‹ zu verstehen ist[66], folgt aus der anschließenden ausdrücklichen Erwähnung von »*nepotes*«. Angesichts dieses Befundes muß es fraglich erscheinen, ob Gundobads Söhne Sigismund[67] und Godomar[68] sowie seine ohne Namen belegte Tochter sämtlich der Ehe mit Caretena entstammten[69].

Gestützt wird dieser Eindruck durch eine Nachricht der Vita Epiphanii des Ennodius. Der Bischof Epiphanius von Pavia war im Frühjahr 495 im Auftrag des Ostgotenkönigs Theoderich an den Hof Gundobads in Lyon gereist, um die von den Burgundern aus Ligurien entführten Gefangenen auszulösen und um die ostgotisch-burgundische Aussöhnung durch die wohl anläßlich dieser Gesandtschaft geschlossene Verlobung Sigismunds mit der Tochter Theoderichs, Ostrogotho, zu besiegeln[70]. Am Ende seiner vor Gundobad gehaltenen Rede äußerte Epiphanius den Wunsch, dem König möge der legitime Erbe zur Nachfolge heranwachsen und er

---

Überarbeitung vom Beginn des 9. Jhs. vorliegt, erst nach der Vita Bibiani verfaßt worden sein. Eine Datierung ins 6. Jh. legen auch inhaltliche Kriterien nahe. Vgl. François DOLBEAU, La Vie en prose de Saint Marcel de Die, in: Francia 11 (1983), bes. S. 107–112. Dieser Ansatz findet eine weitere Stütze durch folgenden prosopographischen Befund. Von der Heilung der Mutter des *presbyter* Claudius von Valence am Grab des Marcellus berichtet cap. 12 der Vita Marcelli, ed. DOLBEAU, S. 129. Claudius ist zu identifizieren mit dem gleichnamigen Diakon der Vita Apollinaris, der den Bischof Apollinaris von Valence kurz vor dessen Tod nach Arles begleitete. Da Claudius in der Vita dreimal nur als Diakon belegt ist (Vita Apollinaris 8, 10, 13, ed. Bruno KRUSCH, MGH SRM 3, S. 200ff.), ist er erst nach dem Tod des Apollinaris († 520) zum Priester geweiht worden. Wegen der zeitlichen Fixierung der Wunderheilung der Mutter des Claudius (*Nam dum nuperrimo tempore Claudii presbyteri ecclesiae Valentinae ...*, Vita Marcelli 12,1, ed. DOLBEAU, S. 129) ist als *terminus post quem* ein nicht allzuweit nach 520 liegender Zeitpunkt für die älteste Fassung der Vita Marcelli gewonnen.

66 Vgl. auch WOOD, Avitus (wie Anm. 20) S. 151, der unter Verweis auf das Epitaph feststellt, daß Caretena »brought up at least one child as a catholic«.

67 The Prosopography of the Later Roman Empire, by J. R. MARTINDALE, vol. 2 (A.D. 395–527), Cambridge 1980 [=PLRE], S. 100f.; HEINZELMANN, Gallische Prosopographie (wie Anm. 25) S. 694.

68 PLRE 2, S. 517 (Godomarus 2); HEINZELMANN, Gallische Prosopographie (wie Anm. 25) S. 618.

69 Vgl. bereits HEINZELMANN, Gallische Prosopographie (wie Anm. 25) S. 574. WOOD, Avitus (wie Anm. 20) S. 209f., hält dagegen Godomar und die Tochter der *epistula* V für Kinder Caretenas. Unvollständig sind die Bemerkungen von ROUCHE (wie Anm. 9) S. 215: »Son épitaphe nous apprend qu'elle chercha à convertir ›son illustre descendance à la vraie foi‹. Nous trouvons de nouveau le rôle capital des femmes, car ses fils Sigismond et Godomar furent en effet catholiques«. ROUCHE übergeht nicht nur die »*nepotes*«, sondern auch die Schwester der beiden Königssöhne. Hinsichtlich des von ihm für die Konversion Godomars S. 426 angeführten Argumentes – das Epitheton »*piissimi domni*« in Avitus, Epist. LXXXXII, ed. PEIPER (wie Anm. 4) S. 99, Z. 27f., das auf Sigismund und Godomar zu beziehen sei – vgl. aber bereits die Ausführungen bei BURCKHARDT (wie Anm. 48) S. 84, Anm 4.

70 Vita beatissimi viri Epifani episcopi Ticinensis ecclesiae 136–177, ed. Geneviève Marie COOK, The Life of Saint Epiphanius by Ennodius. A Translation with an Introduction and Commentary (The Catholic University of America. Studies in Medieval and Renaissance Latin Language and Literature, vol. XIV), Washington, D. C. 1942, S. 86–105. S. dazu Ludwig SCHMIDT, Die Ostgermanen, 2. Aufl. München 1941 (ND München 1969, 1993), S. 150f.

möge durch die Hoffnung auf einen erwachsenen Sohn für die Regierung der Burgunder wieder aufleben.[71] Diese Äußerungen wären in der vorliegenden Form kaum verständlich, wenn Gundobad zum Zeitpunkt der Rede aus seiner Verbindung mit Caretena, die damals bereits in ihrem 38. Lebensjahr stand, mehrere Söhne und somit mehrere legitime Nachfolger gehabt hätte. Vielmehr wird die bereits geäußerte Vermutung bestätigt, daß Gundobad sich offenbar um den Bestand seiner Dynastie sorgte, der offenbar noch zur Mitte der 490er Jahre einzig auf seinem Sohn Sigismund ruhte.

Eine zweite Ehe Gundobads, der Caretena um ein Jahrzehnt überlebte, ist zwar nicht belegt, wäre aber zu erschließen, wenn der burgundische Überfall auf das in der Auvergne gelegene Brioude in das Jahr 508 zu datieren ist[72], da die bei diesem Anlaß aus der Kirche des heiligen Julian geraubten liturgischen Gefäße auf Veranlassung einer namentlich nicht genannten Königin von Gundobad zurückgegeben wurden[73].

Die Tochter Gundobads starb nach 500[74] als Jungfrau im Brautstand, wie Avitus von Vienne in seiner *epistula consolatoria* an den trauernden Vater ausdrücklich hervorhebt, und der Inhalt des Schreibens deutet darauf hin, daß die Verstorbene eine Katholikin war[75]. Über eine Ehe und Nachkommen Godomars schweigen die Quellen. Dem *argumentum e silentio* kommt aber nur beschränkte Beweiskraft zu. Aufgrund einer Nachricht der *Passio Sigismundi* könnte man vermuten, daß auch Godomar zum Katholizismus konvertierte[76].

---

71 Vita Epifani 163: *Sic in successione regni istius legitimus tibi heres adcrescat, et per spem adultae progenies* [lies: *progeniei*] *ad Burgundionum gubernacula reviviscas*, ed. COOK (wie Anm. 68) S. 98/99. Leider gestattet diese Aussage nur eine relative Chronologie der Lebensdaten Sigismunds. Wenn er Mitte der 490er Jahre noch nicht »adultus« war, dann befand er sich auf der Lebensstufe der »adulescentia«, die das 15. bis 30. Lebensjahr umfaßte. Vgl. E. EYBEN, Die Einteilung des menschlichen Lebens im römischen Altertum, in: Rheinisches Museum für Philologie N.F. 116 (1973), bes. S. 188ff. Daraus ergibt sich als spätester Geburtstermin 480, während aus biologischen Gründen (Geburt Caretenas 456) seine Geburt frühestens um 470 anzusetzen ist. 495 könnte er also zwischen 15 und ca. 25 Jahren alt gewesen sein und bei seinem Tod (523) hätte er ein Alter zwischen 38 und ca. 53 Jahren erreicht gehabt.

72 So mit ansehnlichen Argumenten SCHMIDT (wie Anm. 70) S. 154f.

73 Gregor von Tours, Liber de virtutibus s. Juliani 7f., ed. Bruno KRUSCH, MGM SRM I/2, S 118f. – HEINZELMANN, Gallische Prosopographie (wie Anm 25) S. 574, scheint allerdings an Caretena zu denken. Auf diese bezieht die Stelle WOOD, Avitus (wie Anm. 20) S. 151.

74 Der *terminus post quem* ergibt sich aus Avitus, Epist. V (s. die nächste Anm.), derzufolge Godegisel († 500) beim Tod der Prinzessin nicht mehr lebte. Zu Godegisel vgl. PLRE 2, S. 518 (Godigisel 2); HEINZELMANN, Gallische Prosopographie (wie Anm. 25) S. 618. PERRIN (wie Anm. 10) S. 435, macht sie fälschlicherweise zu einer Tochter Gundioks. Die Ansicht von BURCKHARDT (wie Anm. 49) S. 58, der Brief sei kurz nach 501 und noch einige Zeit vor 507 zu datieren, ist nicht mehr als eine Vermutung. Die im Zusammenhang mit dem Eingehen des Avitus auf das unglückliche Ende der Brüder Gundobads benutzten Zeitadverbien »quondam« und »tunc« und die Gelassenheit, mit der Avitus über die damaligen Ereignisse spricht, scheinen eher darauf hinzudeuten, daß sie bei der Abfassung des Beileidschreibens schon länger zurücklagen.

75 Avitus, Epist.V, deren einschlägige Passage samt der Übersetzung von BURCKHARDT im Anhang, s. u. S. 29f., zitiert ist. Zum Inhalt ebd., S. 57f. Sowohl BURCKHARDT (wie Anm. 49) S. 57, wie WOOD, Avitus (wie Anm. 20) S. 209, halten sie für eine Katholikin.

76 *Natique ei* [sc. *Gundobado*] *sunt duo filii, Sigismundus et Godomarus. Et quia ipse Gundobadus omnisque gens Burgundionum legis Gothicae videbantur esse cultores, tamen filiis suis christianae religionis cultum deservire visus est tradidisse. Qua lege percepta, inluster atque venerabilis Sigismundus puer, cum iam ad perfectam venisset aetatem, tanta devotio circa ecclesias, monasteria vel*

Dagegen war Sigismund mit Ostrogotho-Areagni[77] († vor ca. 520), einer Tochter Theoderichs des Großen, verheiratet. Der Ehe entstammten der Sohn Sigerich[78] und eine namentlich nicht bekannte Tochter[79], später die zweite Gemahlin des Frankenkönigs Theuderich I. Sowohl Sigismund wie seine beiden Kinder aus erster Ehe konvertierten zum Katholizismus, so daß der Schluß naheliegt, die Wendung des Epitaphs *praeclaram subolem dulcesque ... nepotes ad veram doctos ... fidem* auf diese drei Personen zu beziehen. Da Sigerich und seine Schwester erst nach dem Beginn der Alleinherrschaft ihres Vaters (516/17) das katholische Bekenntnis annahmen[80], kann aufgrund der Aussage des Epitaphs, Caretena habe die Erziehung ihres

limina sanctorum ipsum accendit, ut die noctuque vigiliis, ieiuniis, orationibus incessanter assisteret (»Ihm [sc. Gundobad] wurden zwei Söhne geboren. Sigismund und Godomar. Und obwohl Gundobad selbst und das gesamte Volk der Burgunder Anhänger der *lex Gotica* [d. h. des Arianismus] waren, übergab er seine Söhne dem Dienst des katholischen Bekenntnisses [so etwa der Sinn des wohl verderbt überlieferten Textteils]. Als er diese Religion angenommen hatte, entbrannte der erlauchte und verehrungswürdige Knabe Sigismund, als er schon fast erwachsen war, zu solcher Verehrung für die Kirchen, Klöster oder Wohnung der Heiligen, daß er Tag und Nacht ohne Unterlaß an Vigilien, Fasten und Gebeten teilnahm.«), Passio sancti Sigismundi regis 4, ed. Bruno KRUSCH, MGH SRM 2, S. 335. Allerdings ist aus dem Kontext nicht eindeutig zu erschließen, ob »*Qua lege percepta*« auch auf Godomar zu beziehen ist. Mit berechtigter Skepsis stellt WOOD, Avitus (wie Anm. 20) S. 210, fest, daß Godomars »doctrinal position is never revealed and, although it may be assumed that he ruled as a Catholic, his earlier beliefs are unknown«. Eine Konversion kurz nach seinem Bruder nimmt an Hans Hubert ANTON, Art. Godomar II., in: RGA 11, 2. Aufl., 1998, S. 267.

77 Vgl. PLRE 2, S. 138f.; HEINZELMANN, Gallische Prosopographie (wie Anm. 25) S. 559; AMORY (wie Anm. 1) S. 452ff. WOOD, Avitus (wie Anm. 20) S. 151, der mit dem Anonymus Valesianus Theodegotho für die Gattin Sigismunds hielt, ohne die gegenteiligen Nachrichten der übrigen Quellen zu erwähnen, hat in The Merovingian Kingdoms 450–751, London, New York 1994 (4. ND 1997), S. 361 s.v. Suavegotha, seine Ansicht modifiziert, versieht aber Ostrogotho als Gattin Sigismunds immer noch mit einem Fragezeichen. Während NOLTE (wie Anm. 44) S. 34, äußert, es sei nichts darüber bekannt, ob sie zum Katholizismus konvertierte, meint AMORY, ihr Doppelname deute auf katholische Taufe oder Konversion zum Katholizismus (Nachbenennung nach Ariadne, der Gemahlin der Kaiser Zeno und Anastasius und frommen Katholikin, die Flüchtlinge der vandalisch-arianischen Katholikenverfolgung verehrte; vgl. bereits Helmut CASTRITIUS, Namenkundliche Argumentation am Beispiel der Amalersippe, in: Beiträge zur Namenforschung N.F. 20, 1985, S. 267f.). Amorys Vermutung, ihre katholische Taufe bzw. Konversion zum Katholizismus könne auch im Zusammenhang ihrer Ehe mit Sigismund stehen (S. 269), setzt die Konversion des burgundischen Thronfolgers bereits zu diesem Zeitpunkt voraus, was aber nicht zu beweisen ist.

78 Vgl. PLRE 2, S. 1008; HEINZELMANN, Gallische Prosopographie (wie Anm. 25) S. 694.

79 Daß sie nicht mit Suavegotho identifiziert werden kann, hat Eugen EWIG, Die Namengebung bei den ältesten Frankenkönigen und im merowingischen Königshaus, in: Francia 18 (1991) S. 50ff., prosopographische Notizen 7,8,10, überzeugend nachgewiesen. Zweifel bereits bei HEINZELMANN, Gallische Prosopographie (wie Anm. 25) S. 694. Einen überholten Forschungsstand referiert NOLTE (wie Anm. 44) S. 34f. AMORY (wie Anm. 1) S. 453, erwähnt diese Tochter Sigismunds und Ostrogothos nicht. WOOD, The Merovingian Kingdoms (wie Anm. 77) S. 361, folgt der Argumentation Ewigs ohne Angabe von Gründen nicht.

80 Daß Sigerich im Spätjahr 516 noch nicht katholisch geworden war, folgt aus Avitus, Epistula VII, in der er die Anfrage des Bischofs Victorius von Grenoble, ob man die Kirchen der Arianer nach der Konversion für den katholischen Kultus gebrauchen dürfe, u. a. damit ablehnte, daß nach dem Ableben Sigismunds wieder ein Häretiker König werden könnte, der für eine solche Maßnahme Vergeltung üben könne, und des weiteren durch die im selben Schreiben ausgedrückte Hoffnung: *Et forsitan adiciet divina miseratio, ut proles principis, de quo loquimur, per receptam fidei plenitu-*

Sohnes und ihrer Enkel zum rechten Glauben veranlaßt, das Todesjahr der Königin nicht als sicherer *terminus ante quem* für die Konversion Sigismunds gelten[81].

V.

Durch den Vergleich mit zwei berühmten Gestalten des Alten Testamentes besonders hervorgehoben, findet schließlich in den Versen 17–20 die Errichtung einer Basilika für die Chöre der Engel[82] durch Caretena ihre gebührende Würdigung. Darüber berichtet auch die bereits erwähnte Vita des Bischofs Marcellus von Die, derzufolge die Königin der Burgunder Caretena zu Ehren des seligen Erzengels Michael eine Basilika von wunderbarer Ausführung errichtet und zu ihrer Einweihung zahlreiche Bischöfe nach Lyon eingeladen habe. Aus Ehrerbietung für den Hauptpatron der Kirche, der wegen der asketischen Lebensweise der Königin und des Ruhmes seiner Wunder als sehr bekannter und ganz besonderer Fürsprecher bei Gott gegolten habe, sei auch Marcellus anwesend gewesen[83].

War die von Caretena gestiftete Kirche ausweislich des Epitaphs den Chören der Engel geweiht, so nennt die Vita als ihren Hauptpatron den Erzengel Michael. Unter den zahlreichen bei der Kirchweihe anwesenden Bischöfen befand sich neben Marcellus von Die auch der Metropolit Avitus von Vienne, wie aus der von ihm anläßlich der Konsekration einer Basilika zu Lyon gehaltenen Predigt zu schließen ist. Wegen des Vorwurfs des Viventiolus[84], Avitus habe während ihres Vortrages eine Silbe falsch betont, wurde sie zum Gegenstand für eine philologische Auseinandersetzung zwischen den beiden, und diesem Umstand verdanken wir ihre Erwähnung in einem Schreiben des Avitus an den scherzhaft als Rhetor titulierten Viventiolus, in dem er sich gegen den Vorwurf, ihm sei ein sprachlicher Barbarismus unterlaufen, verteidigt[85].

---

dinem catholicum sequatur auctorem. (»Und vielleicht fügt es die göttliche Barmherzigkeit, daß der Sohn des Fürsten, von dem wir reden [sc. Sigismund], durch den Empfang der Fülle des katholischen Glaubens seinem Erzeuger folgt«, ed. PEIPER (wie Anm. 4) S. 36, Z. 6–12. Zur Datierung vgl. BURCKHARDT (wie Anm. 49) S. 51. S. ferner die nur fragmentarisch erhaltene *Homilia dicta in conversione domni Sigistrici* [lies wohl: *Sigirici*] *Lugduni tempore postridie quam soror ipsius ex arriana haeresi est recepta,* Avitus, Homilia XXVI, ed. PEIPER (wie Anm. 4) S. 146.

81 Zur Datierung der Konversion vgl. die Diskussion bei WOOD (wie Anm. 20) S. 209–216.

82 Die Kirche lag auf der im Zusammenfluß von Rhône und Saône gelegenen Insel südlich der hier die Rhône überquerenden Straße von Italien im heutigen Stadtteil Ainay, wo der Platz Saint-Michel noch ihren Standort bezeichnet und sich auch Reste eines alten, allerdings nicht datierten Friedhofs fanden. Vgl. KRÜGER (wie Anm. 10) S. 215.

83 Vita Marcelli 9,1. Das 9. Kapitel der Vita Marcelli stellt neben dem Epitaph die wertvollste Quelle zum Leben Caretenas dar und wird deshalb in seiner gesamten Länge als Anhang, S. 30ff., zitiert.

84 Ob er zu diesem Zeitpunkt bereits Bischof von Lyon war, entzieht sich unserer Kenntnis, da weder sein Pontifikatsbeginn (*terminus post quem* 501, vgl. HEINZELMANN, Gallische Prosopographie S. 716) noch das Weihejahr der Michaelsbasilika (*terminus post quem non* 506) bekannt sind. Vgl. auch COVILLE (wie Anm. 2) S. 309.

85 *Cum rumor ex vobis susurriat, quod in homilia, quam nuper ad populum Lugdunensem in dedicatione basilicae videor* [sc. Avitus] *concionatus, barbarismum me incurrisse dicatis, palam scilicet castigantes, quod publica oratione peccaverim,* Avitus, Epistula LVII, ed. PEIPER (wie Anm. 4) S. 85. Zum Inhalt vgl. BURCKHARDT (wie Anm. 49) S. 35.

Das unter den Homilien des Avitus tradierte Fragment einer Predigt anläßlich der Weihe einer Kirche zu Ehren des Erzengels Michael, das sich nur auf die Stiftung der Königin Caretena beziehen kann[86], ist daher als Teil der im Brief an Viventiolus erwähnten Homelie zu identifizieren[87].

Der erhaltene Teil der Predigt stellt mit seinen Anspielungen auf Texte des Alten und Neuen Testamentes erhebliche Anforderungen an die Schriftkenntnisse der Zuhörerschaft, die Avitus als *populus Lugdunensis* bezeichnet[88] und die sich, neben prominenten Teilnehmern an der Kirchweihe wie der Stifterin und den Bischöfen, folglich hauptsächlich aus den Gläubigen, Klerikern wie Laien, der *civitas* Lyon zusammensetzte[89]. Ob die Schrifttexte, auf die Avitus in seiner Homilie eingeht, Bestandteil der Kirchweihliturgie waren, entzieht sich unserer Kenntnis, da die genaue Ausgestaltung des Kirchweihordo in Gallien zu dieser Zeit nicht bezeugt ist[90]. Aus seinen Ausführungen ist aber ersichtlich, daß – wie durch den Kanon 14 des Konzils von Agde (506)[91] und Kanon 26 des Konzils von Epao (517)[92] belegt – die Salbung des Altars Bestandteil dieser Liturgie war[93]. Ausdrücklich erwähnt Avitus die »*oratio consecrantis*«.

---

86 Die in diesem Zusammenhang zuletzt noch von Krüger (wie Anm. 10) S. 215, geäußerte Skepsis ist nicht angebracht, da das Michaelspatrozinium, für das im Westen die Gründung der Caretena den ältesten Beleg darstellt, um diese Zeit höchst selten war. In Gallien findet es sich erst wieder für die von der 574–ca. 632 amtierenden Äbtissin Rusticula des Johannesklosters in Arles zuerst errichtete kleinere Kirche. Vgl. Eugen Ewig, Die Verehrung orientalischer Heiliger im spätrömischen Gallien und im Merowingerreich, in: Ders., Spätantikes und fränkisches Gallien, Bd. 2 (Beihefte der Francia 3/2), München 1979, S. 399, Anm. 46. Angesichts dieses Befundes darf man ausschließen, daß in Lyon um die Wende des 5. und 6. Jhs. gleich zwei Kirchen dieses Patrozinium erhielten.

87 Vgl. dazu Ian N. Wood, The Audience of Architecture in Post-Roman Gaul, in: L. A. S. Butler, R. K. Morris (Hg.), The Anglo-Saxon Church (The Council for British Archeology, Research Reports 60), London 1986, S. 75 u. 77.

88 S. oben Anm. 85.

89 Vgl. Wood, The Audience of Architecture (wie Anm. 87) S. 74–79.

90 Der Ordo von Saint-Amand, der älteste überlieferte Kirchweihordo für den gallischen Raum, datiert erst aus der ersten Hälfte des 7. Jhs. Vgl. zum Problemkreis Suitbert Benz, Zur Geschichte der römischen Kirchweihe nach den Texten des 6. bis 7. Jhs., in: Enkainia. Gesammelte Arbeiten zum 800jährigen Weihegedächtnis der Abteikirche Maria Laach am 24. August 1956, hg. von Hilarius Emonds, Düsseldorf 1956, S. 62–109.

91 *Altaria vero placuit non solum unctione chrismatis sed etiam sacerdotali benedictione sacrari*, ed. C. Munier, Concilia Galliae a. 314–a. 506 (Corpus Christianorum. Series latina CXLVIII), Turnholti 1963, S. 200.

92 *Altaria nisi lapidea crismatis unctione non sacrentur*, ed. Jean Gaudemet, Brigitte Basdevant, Les canons des conciles mérovingiens (VIᵉ–VIIᵉ siècles). Texte latin de l'édition de C. de Clercq. Introduction, traduction et notes, Bd. 1, Paris 1989, S. 112.

93 *Vbi* [sc. am Erscheinungsort der Himmelsleiter] *parato mysteriis lapide caput effultus futurorum causis aptavit unguentum; sicut cum passuri mediatoris pendulum crinem iustificatae peccatricis obsequio fragrantis alabastri unda perfudit, ut, quod lapidibus vivis in spiritalem fabricam congruenter necessarium flueret, ex inriguo angularis lapidis fonte manaret sicque Abrahae filii per lavacrum ex lapidibus suscitati, ut ariditatem contagii naturalis evadant, odoriferi chrismatis munere gratia fecundante pinguescerent. Istud Iacob sopitus vidit in spiritu, expergefactus gessit in signo. Cum nobis inde oratio consecrantis inclamat, nobis ibi somnium dormientis invigilat*, Avitus, Homilia XVII, ed. Peiper (wie Anm. 4) S. 125, Z. 22–29.

Am Beginn des Predigtfragmentes findet sich ein Verweis auf den Traum Jakobs von der Himmelsleiter[94]. Mit Blick auf die zu weihende Basilika spricht Avitus den Wunsch aus, daß man in ihr ebenso wie in dem Ort, an dem Jakob die Engel auf- und niedersteigen sah, das Haus Gottes erkennen möge[95]. Für unseren Zusammenhang von Belang ist die allegorische Deutung der Himmelsleiter als Stufen des menschlichen Gebetes[96]. »Über diese Stufen des Gebetes steigen die Engel hinauf, wenn die Gebete bis zum Himmel reichen und sie steigen herab, wenn sie die vom Himmel erflehten Dinge überbringen«[97]. Unter den Engeln aber nehme der Fürst Michael[98] den ersten Platz ein. So wie dieser einst dem berühmten Propheten Daniel nach einem dreiwöchigen Fasten zu Hilfe gekommen sei[99], so »möge auch dieser unser Michael Beistand leisten, aufgefordert von der Aufrichtigkeit des Gebetes, der Annehmlichkeit des Ortes und der Verehrung des Volkes«. Gleichzeitig möge aber auch Michael durch Gnadenerweise, insbesondere durch die Möglichkeit der Anschauung Gottes, in dessen Glanz Michael immer stehe, die Gläubigen in seine Kirche ziehen[100]. Mit dem Hinweis, daß man ausweislich zahlreicher Schriftbelege

---

94 Zum besseren Verständnis sei der in diesem Zusammenhang wesentliche Wortlaut aus Gen 28,10ff. angeführt: »Jakob zog aus Beerscheba weg und ging nach Haran. Er kam an einen bestimmten Ort, wo er übernachtete, denn die Sonne war untergegangen. Er nahm einen von den Steinen dieses Ortes, legte ihn unter seinen Kopf und schlief ein. Da hatte er einen Traum: Er sah eine Treppe, die auf der Erde stand und bis zum Himmel reichte. Auf ihr stiegen Engel Gottes auf und nieder. Und siehe der Herr stand oben und sprach: Ich bin der Herr, der Gott deines Vaters Abraham und der Gott Isaaks. ... Jakob erwachte aus seinem Schlaf und sagte: Wirklich, der Herr ist an diesem Ort, und ich wußte es nicht. Furcht überkam ihn und er sagte: Wie ehrfurchtgebietend ist doch dieser Ort! Hier ist nichts anderes als das Haus Gottes und das Tor des Himmels. Jakob stand früh am Morgen auf, nahm den Stein, den er unter seinen Kopf gelegt hatte, stellte ihn als Steinmal auf und goß Öl darauf. Dann gab er dem Ort den Namen Bet-El (Gotteshaus)«. Dieser für die Kirchweihe besonders geeignete Text wurde von vielen Predigern herangezogen, um das Kirchengebäude als die *porta caeli* zu deuten. Vgl. Raymond VAN DAM, Leadership and Community in Late Antique Gaul, Berkely, Los Angeles 1985, S. 243–245. Über die spezifische Auslegung dieser Schriftstelle durch Caesarius von Arles, einen Zeitgenossen des Avitus, s. Albert HÖFLER, Zwei unbekannte Sermones des Caesarius von Arles, in: Revue Bénédictine 74 (1964) S. 49f.
95 *Iste sit ille quam dulcis tam terribilis locus, in quo Iacob cernens dominum scalis innixum perque eas ascendentes descendentesque angelos videns domum divinitatis intellegit. Vbi parato myteriis lapide caput effultus futurorum causis aptavit unguentum*, Avitus, Homilia XVII, ed. PEIPER (wie Anm 4) S. 125, Z. 20–22.
96 Zum Problemkomplex »Engel und Gebet« vgl. Johann MICHL, Art. Engel IV (christlich), in: Reallex. f. Antike u. Christentum 5, 1962, Sp. 163f.
97 *Scalae vero, quas vidit, gradus sunt supplicationis humanae, quibus quisque pro viribus in divinas aures precum qualitate nitatur. Ascendunt autem per eas angeli, cum vota nostra in caelum porrigunt: descendunt, cum de caelis optenta transmittunt. Adsistunt hi precibus nostris, non pennarum flatu, sed donorum spiritu, quorum volasse voluisse est*, Homilia XVII, ed. PEIPER (wie Anm. 4) S. 125, Z. 29.32.
98 Vgl. MICHL, Engel VII (Michael C. Christentum), (wie Anm. 96) Sp. 247ff.
99 Avitus bezieht sich hier auf eine in Dan 10 berichtete Vison des Propheten.
100 *Interque hos sibi vindicat Michahel princeps principem locum. Quem Danihel ille sublimis vir desideriorum, visionum potens, dissolutor aenigmatum, expositor figurarum, hebdomadae triplicis fervente ieiunio parum fuit, ut haberet visibilem, nisi acciperet adiutorem. Quocirca etiam hic Michahel noster, sinceritate voti, iucunditate loci, devotione populi provocatus adstat: conferendo magna, maxima obtinendo conspectum divinitatis, quo semper illustratur, huc attrahat*, Homilia XVII, ed. PEIPER (wie Anm 4) S. 125, Z. 33–126, Z. 4.

mit Hilfe der Engel zu Gott gelange, und mit der Aufforderung an die Festge-
meinde, die ja auf Michael als Fährmann (das heißt als Begleiter ins Paradies) ihre
Hoffnung setze, durch gute Werke und Gebete Vorsorge zu treffen für die ewige
Seligkeit[101], endet das Predigtfragment.

Die Ausführungen des Avitus belegen, daß die von Caretena gestiftete Basilika
den Engeln und namentlich dem an ihrer Spitze stehenden Erzengel Michael
geweiht war. Sie erklären zudem, weshalb sie als Patrone für eine Kirche, das heißt
einen Ort des Gebetes und der Gegenwart Gottes, besonders geeignet sind. Damit
erweist sich die scheinbare Diskrepanz zwischen der Aussage des Epitaphs und der
Vita Marcelli hinsichtlich des Patroziniums als gegenstandslos[102]. Wenngleich die
Ausdeutung des Patroziniums durch Avitus »eher auf eine Votivkirche oder auf
einen Ort der Selbstheiligung zielen« mag, so scheint mit der Hervorhebung des
Erzengels Michael, des Seelenbegleiters und Teufelsbekämpfers, »auch der Charakter der Grabkirche im Titel angedeutet« zu sein[103].

Da nach der Auffassung der Zeit die Jungfrauen von den Engeln, mit denen man
sie wegen ihrer Ehelosigkeit verglich[104], besonders geschützt wurden[105], könnte das
Patrozinium aber auch ein weiterer Hinweis darauf sein, daß sich bei der Kirche der
Caretena ein Frauenkonvent befand[106]. Darauf scheint auch die Formulierung der
Vita Marcelli »*memoratae reginae pro cultu religionis*« hinzudeuten, worunter die
geistlich-asketische Lebensgewohnheit[107] Caretenas zu verstehen ist, die ja auch
durch das Epitaph besonders hervorgehoben wird.

VI.

Eine Bestätigung durch die Vita Marcelli findet auch die im Epitaph erwähnte Rolle
Caretenas als Interzedentin bei ihrem Gemahl Gundobad sowie ihr Interesse an den
öffentlichen Angelegenheiten. Der Bischof Marcellus habe nämlich seinen Besuch
anläßlich der Weihe der Martinsbasilika dazu benutzt, den König Gundobad durch
die Vermittlung Caretenas zur Erleichterung der Bürger und zur Rettung der Stadt
Die um eine Befreiung von der Steuer zu ersuchen. Allerdings habe sich Gundobad

---

101 *Ad quem quia multis scripturarum locis agnovimus subvehentibus angelis sive quod pium poscitur,*
   sive quod rectum geritur, pervenire, acceptabilium operum salubriumque votorum prospiciamus in
   studio beatitudinem, qui providimus in archangelo portitorem, Homila XVII, ed. PEIPER (wie
   Anm. 4) S. 126, 4–7.
102 Abzulehnen ist folglich die Deutung von »*angelicis*« (Vers 20) durch COVILLE (wie Anm. 2) S. 214,
   als allgemeines Epitheton etwa im Sinne von engelgleich, das sich dann auf den Klosterchor bezöge,
   vgl. KRÜGER (wie Anm. 10) S. 217, und ebenso die Ansicht von LECLERCQ, Lyon (wie Anm. 5)
   Sp. 293, das ursprüngliche Engels- sei später durch das Michaelspatrozinium ersetzt worden.
103 KRÜGER (wie Anm. 10) S. 214.
104 Vgl. Joseph WILPERT, Die gottgeweihten Jungfrauen, Freiburg 1892, S. 5f.
105 Vgl. MICHL (wie Anm. 96) Sp. 151f.
106 Diese Auffassung wurde aufgrund des Epitaphs schon öfter geäußert. Vgl. außer der bei KRÜGER
   (wie Anm. 10) genannten Literatur auch WOOD, Avitus (wie Anm. 20) S. 98; DERS., A Prelude to
   Columbanus (wie Anm. 20) S. 11.
107 Zur Bedeutung von *religio* in diesem Sinn auch in dieser Zeit vgl. Albert BLAISE, Dictionnaire latin-
   française des auteurs chrétiens, Turnhout 1954, Sp. 235. DERS., Dictionnaire latin-français des
   auteurs du moyen-âge, Turnhout 1975, S. 786. J. F. NIERMEYER, Mediae Latinitatis Lexicon Minus,
   Leiden 1976 (ND 1984), S. 906.

durch die Bitte Caretenas nicht erweichen lassen. Auch als Marcellus anläßlich einer Abschiedsaudienz die Angelegenheit nochmals zur Sprache gebracht habe, sei der König, der dem Bischof mit der gebotenen Höflichkeit begegnet sei und ihm für die Rückreise ein Quartier auf einem Anwesen des Fiskus bei Vienne habe herrichten lassen, in der Sache hart geblieben. Erst als eine Dienerin der Königin, die nach der Abreise des Bischofs das Augenlicht verloren habe, durch die Wunderkraft des Marcellus geheilt worden sei, habe der König die erbetene Steuerbefreiung[108] gewährt.

Den Grund, weshalb Marcellus um diese Steuerbefreiung »*pro releuatione ciuium in remedio ciuitatis*« bat, nennt die Vita Marcelli in cap. 4f.: Während der Regierung des Königs Eurich (466–484) sei die Stadt Die von den Westgoten erobert worden. Ohne ersichtlichen Grund hätten die arianischen Besatzer aus bloßer Grausamkeit den Bischof Marcellus samt den Bürgern und der gesamten übrigen Einwohnerschaft ins Exil geschickt. Marcellus sei zunächst in Arles interniert worden, wo er mit seinen Begleitern auf wundersame Weise dem Einsturz seines baufälligen Gefängnisses entronnen sei. Aus seinem zweiten Verbannungsort, Couserans in den Pyrenäen, sei er, weil sich sein Ruf als Wunderheiler bis an den westgotischen Königshof von Toulouse erstreckt habe, an das Krankenbett des Sohnes des Königs Eurich gerufen worden. Die Heilung des Königssohnes habe das Ende des Exils für Bischof und Bürgerschaft von Die bewirkt[109].

Trotz der Übereinstimmungen zwischen der Vita Marcelli und der Vita Bibiani im Aufbau der Erzählung[110], ist von ihrem letzten Herausgeber auf den eigenständigen Quellenwert der Vita Marcelli hingewiesen und die Frage aufgeworfen worden, ob nicht auch die nur in der Vita Marcelli belegte Exilierung der gesamten Einwohnerschaft der *civitas Diensium* Vertrauen verdiene[111].

Die beiden Viten stimmen zwar bezüglich der Unterweisung des Vivianus und Marcellus durch ihre Vorgänger im Bischofsamt und die Erteilung der kirchlichen Weihen entsprechend den kanonischen Vorschriften überein. Andererseits sind von der Verschleppung durch die Goten in Saintes nur die »*mediocres*« und »*nobiles*« betroffen, weil sie die von den Goten aufgelegte Steuer nicht aufbringen können,

---

108 Vita Marcelli 9. S. Anhang S. 30ff.

109 Vita Marcelli, ed. DOLBEAU (wie Anm. 65) S. 117ff.

110 »Comme Marcel, Vivien est élevé dès son enfance … par un évêque, celui de Saintes …; lorsqu'il atteint l'âge requis, il est ordonné diacre … et se distingue par la dignité de ses mœurs … Sous la domination des Wisigoths …, les habitants de Saintes sont déportés en masse comme ceux de Die. Parvenu à Toulouse, capitale du royaume …, l'évêque Vivien se rend aussitôt dans une basilique; un prodige, à la suite duquel il voit un agresseur se jeter à ses pieds …, fait connaître le saint à l'un des familiers du roi. Appelé auprès du monarque, l'évêque obtient de retourner dans sa ville avec ses concitoyens … Une relique corporelle du saint – il s'agit ici d'un peu de sang et non d'un crachat – est pieusement recueilli dans un linge par un fidèle …: dans un pays lointain, elle provoque un miracle qui amène la construction d'une basilique en l'honneur de Vivien«, DOLBEAU (wie Anm. 65) S. 108.

111 »La narration de Vulfinus [d. h. dessen Redaktion der Marcellusvita des 6. Jhs.] n'est pas cependant dépourvue d'intérêt documentaire. … C'est grâce à ce document primitif que Vulfinus connaît par exemple l'épouse du roi Gondebaud, les noms de Calumniosus et Felemathia, typiques des Ve–VIe siècles, l'exil du saint à Couserans ou encore l'élection mouvementée de 463, évoquée – sans qu'il soit fait mention de Marcel – dans la correspondance du pape Hilaire. Faut-il accorder le même crédit à la déportation par les Wisigoths de la totalité des habitants de Die, au séjour du saint à Toulouse … ?«, DOLBEAU (wie Anm. 65) S. 112.

während in Die die gesamte Bevölkerung, Laien und Klerus, ins Exil gehen muß. Unterschiede ergeben sich auch hinsichtlich des Aufenthaltes der beiden Bischöfe in Toulouse, wohin Vivianus auf eigene Initiative gelangt, Marcellus hingegen im Verlauf seiner Deportation. Somit lassen sich die Übereinstimmungen im Aufbau der Erzählung der beiden Viten zum Teil ebenso gut aus dem persönlichen Werdegang ihrer Protagonisten und dem Schicksal der Einwohner ihrer Städte erklären, die eine Reihe von Ähnlichkeiten aufweisen. Unübersehbar sind aber auch die inhaltlichen Differenzen. Beides gilt es im Auge zu behalten, um ein einseitiges Urteil zu vermeiden. Vor allem aber ist zu bedenken, daß auch die Vita des Marcellus an seinem Festtag öffentlich vorgetragen wurde[112]. Deshalb dürfte man sich vom Ausmaß der Naivität jener zugestandenermaßen wundergläubigen Zeit eine völlig falsche Vorstellung machen, wenn man davon ausginge, die Zuhörerschaft in Die – zu der angesichts der Entstehungszeit der Vita möglicherweise noch Zeitzeugen gehörten – hätte dem Verfasser der Vita Marcelli ein für die Geschichte ihrer Stadt so einschneidendes Ereignis wie die Exilierung der gesamten Bevölkerung für einen mehrjährigen Zeitraum geglaubt, wenn er ein solches Ereignis lediglich aufgrund ähnlicher Vorgänge erfunden hätte, wie sie seine eventulle Vorlage für die Stadt Saintes überlieferte.

Von den beiden Expansionsunternehmungen Eurichs östlich der Rhône erstreckte sich nur der Feldzug des Jahres 471 auch auf Gebiete nördlich der Durance. Allerdings mußten sich Eurichs Truppen damals vor den Burgundern zurückziehen, die sich erfolgreich gegen die Umklammerung ihrer Südflanke durch die Westgoten zur Wehr setzten. Auf dem Rückzug verbrannten die Eindringlinge die Ernte, was eine Hungersnot in den Gebieten der *civitates* Riez, Arles, Avignon, Orange, St-Paul-Trois-Châteaux, Viviers und Valence zur Folge hatte, die durch die Hilfe des Bischofs Patiens von Lyon gemildert wurde[113], wie aus einem Dankschreiben des Sidonius Apollinaris zu erfahren ist, in dem im gleichen Zusammenhang auch von der »*Gothica depopulatio*« die Rede ist[114]. Darin darf man ebenso ein Indiz für die Glaubwürdigkeit des Berichtes der Vita Marcelli von der Exilierung der Bevölke-

---

112 Vgl. Dieter VON DER NAHMER, Die lateinische Heiligenvita. Eine Einführung in die lateinische Hagiographie, Darmstadt 1994, S. 173f.

113 Zu den Vorgängen vgl. Karl Friedrich STROHEKER, Eurich, König der Westgoten, Stuttgart 1937, S. 33f. und (zur Eingliederung der das Gebiet zwischen Rhône, Durance und Seealpen umfassenden Rest-Provence im Jahr 476) S. 83f.

114 ... *illud autem deberi tibi quodam, ut iurisconsulti dicunt, praecipui titulo nec tuus poterit ire pudor infitias, quod post Gothicam depopulationem post segetes incendio absumptas peculiari sumptu inopiae communi per desolatas Gallias gratuita frumenta misisti, cum tabescentibus fame populis nimium contulisses, si commercio fuisset species ista, non muneri.* ... *quapropter, etsi ad integrum conicere non possum, quantas tibi gratias Arelatenses, Reienses, Avenniocus Arausionensis quoque et Albensis, Valentinaeque nec non et Tricastinae urbis possessor exsolvat,* ..., Sidonius Apollinaris, Epistula VI.XII,5 u. 8, ed. ANDERSON (wie Anm. 12) S. 280, 282. »... but there is one glory which, with all your modesty, you must acknowledge to be due to you ›by special title‹, as the lawyers say. When the crops had been consumed by fire you sent free supplies of corn through all the devastated Gallic lands at your private expense to relieve the public destitution, although you would have conferred an ample boon upon the starving population if that commodity had been offered for sale, not as a gift. ... Accordingly, although I can only partially guess the amount of grateful recognition paid to you by the people of Arles and Riez, your man of Avignon, Orange, Viviers, residents of the cities Valence and Trois-Châteaux ... «, ebd., S. 281, 283. Die Weglassung der »*Gothica depopulatio*« in der Übersetzung ANDERSONS unterschlägt eine wichtige Information des Originals.

rung erkennen wie in dem Umstand, daß die Stadt nicht unter den wegen der Hungersnot unterstützten *civitates* genannt wird, da sich für eine entvölkerte Stadt entsprechende Hilfe erübrigte.

VII.

Das letztlich bescheidene Ergebnis unserer Untersuchung ist eine Folge der Quellenlage. Dem Verfasser des Epitaphs ging es nicht um eine knappe Präsentation der wichtigsten Fakten des *curriculum vitae* der Caretena, vielmehr lag ihm am Herzen zu dokumentieren, was ihm am Leben dieser burgundischen Königin gemäß den zu seiner Zeit besonders betonten Maßstäben der christlichen Lehre bemerkenswert erschien. Diese Perspektive erklärt, weshalb Macht und Reichtum der Verstorbenen nur insofern Beachtung finden, als Caretena diese Mittel zur Unterstützung Armer und Bedürftiger einsetzte. Der durch den Purpur symbolisierte Glanz des höfischen Lebens dient als Kontrast zu ihrer besonders betonten asketischen Lebensweise. Hervorgehoben wird nicht die den Bestand des Geschlechtes sichernde Fruchtbarkeit der Ehe Caretenas, sondern ihre sexuelle Abstinenz. Der Thronfolger und seine Kinder gewinnen ihre Bedeutung nicht unter dynastischen Aspekten, sondern weil sie durch Caretena dem katholischen Bekenntnis zugeführt werden. Seinen Höhepunkt erreicht das irdische Leben der Königin durch ihren Klostereintritt und ihre Kirchenstiftung. Als Lohn für ein Leben entsprechend den asketischen Idealen erlangt die *famula Christi* das ewige Leben, und am Ende des Epitaphs erscheint Caretena wie eine Heilige als Fürsprecherin bei Gott[115].

Die Stilisierung Caretenas als asketische Herrscherin durch ihr Epitaph erweist dessen Affinität mit dem hagiographischen Schrifttum des frühen Mittelalters und konfrontiert uns mit ähnlichen Problemen wie diese Quellengattung: der Auslassung beziehungsweise Umdeutung historischer Vorgänge, der Anpassung individuellen Verhaltens an typisch heilige Verhaltensmuster, dem Verschweigen oder Entschuldigen des Nichtvorbildlichen oder Unheiligen. Auch im Fall des Epitaphs der Caretena gewährt diese »genosgebundene, tendenziöse, ja verfälschende Darstellung«[116] Einblick in die Vorstellung des Verfassers von einer idealen christlichen Lebensgestaltung, die in seinem Fall besonders durch die asketische Lebensform geprägt wird.

Das Vorhandensein weiterer Quellen zum Leben Caretenas gestattete eine teilweise Überprüfung der Nachrichten des Epitaphs. Dabei konnte der aufgrund des

---

115 Teilweise ähnliche Überlegungen bei SOULET (wie Anm. 6). Ihrer Auffassung »C'est l'idéal ascétique par excellence, celui de la *uita contemplatiua*, qui sert d'archétype à l'amour conjugal dans l'éloge funéraire de la reine Caretene« (S. 145) vermögen wir hingegen nicht zu folgen. Aussagen über die eheliche Liebe sucht man im Epitaph nämlich vergebens, und deshalb erübrigt sich in diesem Fall auch ein Archetyp. Als Urbild für die eheliche Liebe eignete sich auch im frühen Mittelalter die asketische, sexuelle Enthaltsamkeit erfordernde Lebensweise nicht. Wertvolle Gedanken zur *famula Christi* sowie zu anderen in den vorangehenden Ausführungen berührten Problemen findet man in der mir erst nach Drucklegung zugänglichen Arbeit von Gisela MUSCHIOL, Famula Dei, Münster 1994, bes. S. 41f., 44ff., 69, 353ff.

116 Sabine GÄBE, Radegundis: sancta, regina, ancilla. Zum Heiligkeitsbild der Radegundisviten von Fortunat und Baudonivia, in: Francia 16 (1989) S. 4.

Epitaphs gewonnene Eindruck, daß von den beiden Söhnen Gundobads nur Sigismund aus seiner Ehe mit Caretena stammte, durch eine Nachricht der *Vita Epiphanii* erhärtet werden. In der *Homilia* XVII des Avitus von Vienne fand sich eine Bestätigung dafür, daß Caretenas Kirche auch den Chören der Engel geweiht war. Hinter diesem Patrozinium könnte sich ein Hinweis darauf verbergen, daß sich bei der von Caretena gestifteten Kirche ein Nonnenkonvent befand, dem auch die Königin beitrat. Damit wie durch die Nachricht der Vita Marcelli von den geistlich-asketischen Lebensgewohnheiten der Königin gewinnt die Interpretation der Aussage des Epitaphs von der Übernahme des heiligen Jochs als Hinwendung zum geistlichen Leben als Klosterfrau eine zusätzliche Stütze und Präzisierung.

Den Grund für Caretenas Klosterleben meinen wir in der wohl wegen des Ausbleibens weiterer Nachkommen erfolgten Trennung (Scheidung?) von Gundobad sehen zu dürfen, die der Verfasser des Epitaphs verschwieg. Damit wäre Caretena unseres Wissens das erste Opfer einer dynastischen Instrumentalisierung des asketischen Ideals in den germanischen *regna*, ein Schicksal, das in der Folge manche ihrer königlichen Geschlechtsgenossinnen mit ihr zu teilen hatten.

Résumé français

Le point de départ de la recherche présente est l'épitaphe de Carétène qui – comme il est démontré pour la première fois – fut érigée en son honneur par son époux, le roi Gundobad. Les messages du poème funéraire, en particulier l'attitude explicitement ascétique de la reine, les indications concernant la famille royale, le rôle de Carétène en tant que reine, et sa fondation d'une église à Lyon, sont examinés de façon critique à partir des sources disponibles (en particulier Avit de Vienne, Epistula VI et Homilia XVII; Vita Marcelli 9, 1–5; Vita Epiphanii 136–177). La raison probable avancée pour le choix de la reine d'une forme de vie conforme à l'idéal ascétique, est la séparation – d'ailleurs passée sous silence par l'auteur de l'épitaphe – de Gundobald de son épouse qui ne put lui donner des descendants à part Sigismond. C'est ainsi que derrière la stylisation de Carétène par l'épitaphe en tant que souveraine ascétique, et par son entrée dans le couvent de l'église à Lyon fondée par elle – fait qui paraît avoir eu lieu effectivement –, on peut discerner un premier cas d'instrumentalisation de l'idéal ascétique dans les *regna* germaniques.

Anhang

Avitus, Epistula V, ed. PEIPER (wie Anm. 4) S. 32f. Übersetzung von BURCKHARDT (wie Anm. 49) S. 105ff.

Avitus episcopus domno regi. Si gratiam priscae pietatis expertus rite artificium sanctae dignationis interpretor, ad consolandum me domnos et conservos meos sacerdotes vobis iubentibus puto venisse. Quod ecce, sub divino testimonio loquar, pro debiti famulatus praecelsissimo domno dependere non praesumpsi. Virtuti enim vestrae derogat, si quis super casu, qui contigit, consolationis aliquid scripto verboque suggesserit. Neque porro cadit in regiam quidem, sed philosophicam mentem maeroris abiectio. Lacessivit, verum est, cunctorum lacrimas amor vester, sed si ambienti saeculo salus vestra concedit, parum est, quod perdidit unum pignus omnium pater. Temporalis luctus est, ubi tam innocens quis obiit, cuius mortem nullus putavit. Iudicet unusquisque quod sentit, nihil umquam vestris temporibus contingere, quod non semper arbiter profuisse. Unde nihil hic casuale praesumo, nil asperum. Ordinavit hunc potius occulta dispensatio quem inflixit angorem. Flebatis quondam pietate ineffabili funera germanorum. Sequebatur fletum publicum universitatis afflictio, et occulto divinitatis intuitu instrumenta maestitiae parabantur ad gaudium. Minuebat regni felicitas numerum regalium personarum et hoc solum servabatur mundo, quod sufficiebat imperio. Repositum est illic, quicquid prosperum fuit catholicae veritatis. Et nesciebamus illud tunc frangi tantum modo, quod deinceps nesciret inflecti. Aut quid de fraterna sorte dicamus? Ipse quem vocitari patruum [Lücke im Text] vestra natura circumdedit bonis vestris, omni malitia militavit; cum saeviret vobis nescientibus, periculum gentis; cum futura pace disponeret, turbatio regionis: experto credite, quicquid hic nocuit, hic profecit; quicquid tunc flevimus, nunc amamus. Nec valentibus ista praescire potest equidem durum videri vicinam thalamis virginem taedio incumbente praereptam. Quae tamen ambita est ut regina, defuncta est incontaminata. Quamquam revera maiorem causam luctus sui reliquisse dixerim, si diem ultimum post recentia vota clausisset. Ibi enim forte potuerat inveniri, ubi mihi post invidiae nondum insultationis dentem fixisset aemulus livor. At vero nunc quae mens tam barbara, quae non misereatur virginis felicitatem, quae in paterno regionisque sinu recepta nec mutavit sedem nec contigit peregrinationem, ubi diu esse potuit domina nec breviter extitit peregrina. ...

»Bischof Avitus an den Herrn König. Wenn ich in Erfahrung alter gnädiger Liebe die zarte Aufmerksamkeit Eurer heiligen Gunst richtig auslege, glaube ich, daß meine Herren und priesterlichen Mitdiener von Euch herbefohlen wurden, um mich zu trösten. Dieses nun, unter Gottes Zeugnis sag' ich's, gemäß der Ehrfurcht geschuldeten Dienertums dem hocherhabenen Herrn zurückzuerstatten habe ich mir nicht angemaßt. Denn Eurer Hoheit tut Abbruch, wer etwa wegen des eingetretenen Todesfalles irgendeinen Trost in Schrift oder Wort zubringen wollte. Und überhaupt paßt es nicht zu einem königlichen, sondern zu einem philosophischen Sinn, die Trauer von sich zu weisen. Es ist wahr, Eure Liebe hat alle zu Tränen gerührt; aber wenn Eure Wohlfahrt sich nach der um Euch bemühten Welt richtet, ist es sehr wenig, daß der Vater Aller ein einziges Kind verloren hat. Zeitlich ist die Trauer, wo ein so unschuldiger Mensch gestorben ist, dessen Tod keiner erwartet ist. Möge ein jeder urteilen, wie er empfindet, meines Erachtens begegnet Euren Zeiten niemals etwas, was nicht noch immer genützt hätte. Daher sehe ich kein Spiel des Zufalls, kein rohes Schicksal. Viel eher hat die verborgene Vorsehung die Beklemmung veranlaßt, als daß sie (uns damit) geschlagen hat. Ihr beweintet einst in unaussprechlicher Liebe den Tod der Brüder. Es folgte die öffentliche Klage der Trauer des ganzen Volkes – und durch das verborgene Walten der Gottheit wurden die Werkzeuge der Traurigkeit hergerichtet zur Freude. Es war das Glück des Reiches, daß die Zahl der königlichen Personen sich verminderte; soviel allein blieb der Welt erhalten, wie für die Herrschaft ausreichte. In diesem hier wurde begründet, was der katholischen Herrschaft zum Segen gewesen ist. Wir aber wußten nicht, daß damals gebrochen wurde, was sich nachher nicht mehr hätte biegen mögen: oder was sollen wir über das Schicksal eures Bruders sagen? Er, den Ihr mit Euren Gütern ausgestattet habt, führte mit aller Arglist den Krieg; als er ohne Euer Wissen wütete, wurde er zur Gefahr für das Volk, als er den künftigen Frieden vorbereitete, zur Verwirrung für das ganze Land. Glaubt einem Erfahrenen: was dort geschadet hat, nützt hier, was wir damals beweint haben, ist uns jetzt lieb. Denjenigen zwar, die nicht imstande sind, das vorauszusehen, mag es hart erscheinen, daß das Mädchen als Braut durch Krankheit weggerafft worden ist, das immerhin zur Königin geworben wurde und ohne Makel gestorben ist. Trotzdem möchte ich sagen, hätte sie wahrscheinlich größere Ursache zur Trauer um sich zurückgelassen, wäre ihr Ende unmittelbar nach der Eheschließung eingetreten. Denn dann hätte vielleicht ein Anlaß gefunden werden können, wo mir feindliche Scheelsucht zu der Schlinge des Neides hinzu den Zahn der Verunglimpfung eingehackt hätte. Aber nun wahrlich, welcher Sinn wäre so barbarisch, daß er nicht bewegt würde von der Glückseligkeit der Jungfrau, die, aufgenommen im Schoße des Vaters und des Reiches, ihre Heimat nicht gewechselt, noch eine Pilgerfahrt hat antreten müssen, da sie lange hat Herrin sein können und auch nicht einmal kurze Zeit eine Fremde gewesen ist.«

Vita sancti Marcelli Diensis episcopi et confessoris 9, 1–5, ed. DOLBEAU (wie Anm. 65) S. 124ff.

9.1 *Nec illud tamen arbitror quodam debere silentio praeterire quod in Lugdunensi urbe gestum esse tenax memoria fideli recordatione perdocuit. Itaque dum regina Burgundionum nomine Carathena in honorem beati archangeli Michaelis basilicam miro opere fabricasset et ad dedicandum sacratissimum locum multorum inuitasset praesentiam sacerdotum, cum quibus et beatus Marcellus antistes pro sui reuerentia principalis inter ceteros affuit, qui memoratae reginae pro cultu religionis uirtutum claritate notissimus specialisque patronus peculiaris in Christo habebatur, celebrato sollemnitatis cultu, non omisit aliqua agere pro ciuibus de immunitate publicae functionis in urbe qua praeerat pro releuatione ciuium in remedio ciuitatis, nisi ut per christianam principis comparem ad aures Gundebaudi regis sancti uiri suggestio perueniret.*

9.1 Deshalb meine ich, daß auch nicht durch irgendein Schweigen übergangen werden darf, was aufgrund zuverlässiger Erinnerung eine hartnäckige Überlieferung über in der Stadt Lyon stattgefundene Ereignisse zu lehren weiß. Als nämlich die Königin der Burgunder namens Carathena zu Ehren des seligen Erzengels Michael eine Basilika von wunderbarer Ausführung errichtet hatte und zur Weihe des sehr heiligen Ortes die Gegenwart vieler Bischöfe eingeladen hatte, mit denen auch der selige Bischof Marcellus aus Ehrerbietung für seinen [d. h. des sehr heiligen Ortes bzw. der Basilika] unter den übrigen hauptsächlichsten Patron anwesend war, der wegen der geistlich-asketischen Gewohnheiten der besagten Königin und des Ruhmes seiner Wunder als sehr bekannter und ganz besonderer Fürsprecher bei Christus galt, und als nun die Einweihungsfeierlichkeiten beendet waren, versäumte er [d. h. Marcellus] es nicht, etwas für die Bürger zu unternehmen wegen der Steuerbefreiung in der Stadt, in der er vorstand, zur Erleichterung der Bürger und zur Rettung der Stadt, damit nur durch die christliche Gattin des Fürsten die Bitte des heiligen Mannes zu den Ohren des Königs Gundobad gelange.

2. *Cumque durus eius animus ad praestandum beneficium minime precatu coniugis flecteretur, sanctus uir ad praesentiam eius ualedicturus adueniens, sub familiari conlocutione proprio sermone preces quas prius intimauerat auribus sum-*

2. Da der harte Sinn des Königs durch die Bitte seiner Gemahlin keineswegs dazu bewegt wurde, die Wohltat zu gewähren, säte der heilige Mann anläßlich seines Abschiedsbesuches beim König während eines freundlichen Gespräches die

mae potestatis inseruit. Ad quod ille nequaquam
uerbis supplicibus acquiescens, fidus de Dei mise-
ricordia sanctus pontifex, quod ille necdum prae-
stiterat, posse se a Deo suo obtinere non tacuit; et
tamen cui munus negauerat impetrandi, ut se uel
in itinere non ostenderet inhumanum, remeanti
ad ciuitatem suam sub octavo lapide Viennensis
urbis in fiscali praedio mansionem praecepit quasi
humanitatis studio praeparari.

3. *Ubi Deo animo deditus cum noctem secundum*
sanctam consuetudinem suam magis uigiliis
deditam quam quieti sedula ante Deum oratione
transigeret, accidit ut puella quae reginae ad
obsequium specialis inter ceteras habebatur et
apud Gundebaudum uidebatur esse non modica,
antiqui hostis infestatione correpta, mox uelut
mortua solo procumbens prostrata iacuerit et
paene iam extremum trahens halitum oculorum
lumine priuaretur. Cumque eam domina pecu-
liari gratia diligeret et a regina plus ceteris ama-
retur, sicut habet diligentia redamantis, uigiliae
suae eam uoluit beneficio consolari; et tamen, ut
adsolet saepe maestum animum somnus inuadere
ut pellat etiam circumstantium inuigilantiam,
sopor in reginam irruit. Quam ob hoc magis sopo-
ratam credendum est ut uideret uisum, et tali
quodam indicio quae erat in beato Marcello uir-
tus diuinae gratiae monstraretur.

4. *Nam subito, prouidente Deo, memoratae*
reginae in uisione uir sanctus appparuit ita ut
quasi infirmam puellam ueniens uisitaret; et sup-
plicante regina, dum ille orans infirmae promitte-
ret sanitatem, uisa sibi est quasi de uestimento
eius partem fimbriae manibus abstulisse. Quae
mox euigilans, in semetipsam rediens post sopo-
rem, miro modo ostendit diuina gratia, iisdem
dormientibus, etiam per seruum suum se fecisse
uirtutem, ut promissionem quam in somnis
audierat euigilans promereretur. Denique mox
quantuluncumque infirma respirans, apertis ocu-
lis, dari sibi aquam frigidam postulauit. Sed illa
mentem suam ad manifestiora conuertens,
domum ubi in ciuitate Lugdunensi beatus Mar-
cellus mansionem habuerat requisiuit.

bereits früher vorgebrachten Bitten mit eigenen
Worten in die Ohren der höchsten Gewalt. Als
daraufhin der König den flehentlichen Worten
keineswegs beipflichtete, verschwieg der heilige
Bischof im Vertrauen auf Gott nicht, daß er von
seinem Gott erlangen könne, was der König
noch nicht gewährt hatte. Dennoch ließ der
König für den in seine Stadt Zurückreisenden,
dem er die erbetene Gnade verweigert hatte,
gleichsam um Höflichkeit bemüht, auf einem
zum Fiskus gehörenden Anwesen, das am achten
Meilenstein vor der Stadt Vienne lag, eine Unterkunft herrichten, um sich nicht auch hinsichtlich
der Reise unmenschlich zu zeigen.

3. Als er, sobald er seine Seele Gott befohlen
hatte, die Nacht seiner heiligen Gewohnheit entsprechend mehr wachend als schlafend in eifri-
gem Gebet verbrachte, geschah es, daß eine Dienerin, die unter den übrigen besonders zum
Dienst für die Königin herangezogen und auch
von Gundobad nicht gering geachtet wurde, von
einem Angriff des alten Feindes [d. h. des Teu-
fels] erfaßt, bald wie tot lang ausgestreckt zu
Boden fiel und, fast schon dem letzten Atemzug
nahe, des Augenlichts beraubt wurde. Da die
Herrin sie durch besondere Gunst ausgewählt
hatte und sie von der Königin mehr als die übrigen geliebt wurde, so wie diese auch die Hochachtung der Wiederliebenden hatte, so wollte die
Königin ihre Dienerin durch die Gunst ihrer
Nachtwache trösten. Dennoch befiel – wie ja der
Schlummer den traurigen Sinn zu überkommen
pflegt, so daß er auch die Wachsamkeit der
Umstehenden vertreibt – ein tiefer Schlaf die
Königin. Daß die Königin eingeschlafen war, ist
aber auch deshalb umso glaubwürdiger, weil sie
ein Gesicht hatte und durch einen solchen
Beweis gezeigt wurde, über welche Kraft der
göttlichen Gnade der selige Marcellus verfügte.

4. Denn infolge der göttlichen Vorsehung
erschien der besagten Königin plötzlich in einer
Vision der heilige Mann so als ob er die kranke
Dienerin besuchen käme. Und während jener
betete und auf Bitten der Königin die Heilung
der Kranken versprach, schien es ihr, sie habe mit
den Händen ein Stück Franse seines Gewandes
abgerissen. Sobald sie erwacht und nach dem tie-
fen Schlaf zu sich gekommen war, da erwies die
göttliche Gnade, daß sie selbst an diesen Schla-
fenden durch seinen Diener ein Wunder wirkt,
so daß die Erwachende die im Schlaf vernom-
mene Verheißung erlangte. Endlich verlangte als-
bald die erst schwach atmende Kranke, nachdem
sie die Augen geöffnet hatte, ihr kaltes Wasser zu
reichen. Die Königin aber begab sich, ihren Sinn
Offensichtlicherem zuwendend, zum Haus, in

5. *Vbi tamen sub celeritate regina concurrens testimonio uirtutis armata, cellam ubi grabatum habuerat uir sanctus, ingreditur et sputum quod in pariete iecerat*[117]*, non crapulae squalore confectum sed ieiunei maceratione mundissimum, diligenter eradens, in linteo pignus sanitatis inuoluit et ad puellam deferens, intingens etiam fimbriam uestimenti quam tempore ualedictionis abstulerat et pro reliquiarum ueneratione seruabat*[118]*, addito liquore recentis aquae, faucibus puellae sitientis infudit. Moxque hausto spiritali antidoto inuocatione diuini nominis fidei integritate confecto, recipere infirma meruit sanitatem. Et cum ad regis notitiam sacra huius rei quemadmodum historia peruenisset, in se reuersus, precum uiri beatissimi recordatus, beneficium quod ante negauerat sancto uiro libens tribuit. Et dum per ipsum Deus puellam a languore infirmitatis absoluit, leuamen ciuibus praestauit.*

dem der selige Mann in Lyon Wohnung genommen hatte.

5. Sobald aber die mit dem Zeugnis des Wunders gerüstete schnell herbeieilende Königin die Zelle, wo der heilige Mann sein Lager gehabt hatte, betreten und den nicht durch den Schmutz des Rausches entstandenen, sondern infolge von Abhärmung des Fastens sehr sauberen Speichel, den er an die Wand geworfen hatte[117], sorgfältig entfernt und als Unterpfand für die Genesung in ein Leintuch gewickelt, zur Dienerin getragen, die Franse des Gewandes, die sie beim Abschied abgerissen und zur Reliquienverehrung bewahrt hatte[118], eingetaucht und frisches Wasser hinzugefügt hatte, goß sie den Trank in die Kehle der dürstenden Dienerin. Nachdem sie das geistliche Gegenmittel getrunken hatte und die Reinheit des Glaubens durch die Anrufung des göttlichen Namens bewirkt war, verdiente es die Kranke, ihre Gesundheit wiederzuerlangen. Als nun auf irgendeine Weise die heilige Geschichte dieses Ereignisses zur Kenntnis des Königs gelangte, da ging dieser in sich, erinnerte sich an die Bitte des seligsten Mannes und gewährte freudig die Gnade, die er dem heiligen Mann vorher verweigert hatte. Und während Gott durch Marcellus die Dienerin von der Schlaffheit der Erkrankung heilte, gewährte Gundobad den Bürgern die Erleichterung.

---

117 Die für unseren Geschmack eher befremdliche Bergung eines Sputumrelikts erklärt sich aus der besonderen Wertschätzung von Körperreliquien in der damaligen Zeit, die aber von einem Lebenden zu erlangen auf Grenzen stieß. Da Fuß- oder Fingernägel bzw. Haare wegen ihrer magischen Verwendung auszuschließen waren, blieben die Ausscheidungen des Körpers, von denen nur Blut und Speichel in Frage kamen. Letzterer hatte zudem bei der Heilung des Blindgeborenen durch Jesus Verwendung gefunden. Vgl. DOLBEAU (wie Anm. 65) S. 125 Anm. 51, und seinen Hinweis auf Grant LOOMIS, White Magic. An Introduction to the Folklore of Christian Legend, Cambridge, Mass. 1948, S. 103f.
118 Zu dem nicht eindeutigen Bericht über die Erlangung der Gewandreliquie (während der Vision in 9.4 bzw. beim Abschiedsbesuch des Marcellus in 9.5) bemerkt DOLBEAU (wie Anm. 65) S. 126, Anm. 52: »Ou bien la vision relatée plus haut s'appuyait sur des faits réels ou bien le narrateur s'est embrouillé dans son récit«.

François Bougard

EN MARGE DU DIVORCE DE LOTHAIRE II:
BOSON DE VIENNE, LE COCU QUI FUT FAIT ROI?

Le destin singulier du comte de Vienne Boson, qui fut beau-frère de Charles le Chauve en 869 et le représenta en Italie à partir de 876, épousa Ermengarde (fille de l'empereur Louis II), fut élu roi à Mantaille le 15 octobre 879 puis défait à l'automne 882 par une coalition réunie contre »l'usurpation« du premier non carolingien ayant réussi à se tailler un royaume sur les dépouilles de l'empire de Charlemagne, fournit régulièrement de belles pages aux synthèses d'histoire politique, qui pour faire bonne mesure voient volontiers dans cet ambitieux le candidat du pape Jean VIII au trône impérial[1]. On évoque moins souvent son homonyme, ce comte installé en Italie qui défraya malgré lui la chronique à partir de la fin des années 850 en multipliant les démarches, vaines au demeurant, pour faire revenir son épouse Engeltrude au foyer conjugal. Celle-ci l'avait quitté pour un vassal, Wangier, avec lequel elle se réfugia de l'autre côté des Alpes d'où elle ne revint pas; leur adultère retint l'attention pendant les mêmes années que le divorce de Lothaire II, sans rejoindre toutefois sa notoriété dans l'historiographie.

Lors du colloque tenu à Lille en mars 1997 sur »la royauté et les élites dans l'Europe carolingienne«, M. Franz Staab a défendu l'idée que ces deux Boson n'en font qu'un[2]: c'est la position des historiens de la Provence sous l'Ancien Régime, à laquelle s'est attaqué René Poupardin dont l'ouvrage sur le royaume de Provence jouirait depuis près d'un siècle d'une autorité fâcheuse[3]. L'enjeu est moins faible qu'il y paraît, puisque notre appréciation sur les conditions d'accès à la royauté à la fin du IXe siècle et sur le degré de »cynisme politique« des contemporains dépend de la pertinence d'une généalogie reconstruite. Il peut paraître en effet surprenant qu'un mari politiquement et socialement en vue, malheureux en ménage mais soucieux de ses ambitions, prenne femme sans avoir formellement répudié celle qui le trahissait, au

---

1 Toutes références utiles dans l'article ›Boso‹ rédigé par Reinhold KAISER pour le Lexikon des Mittelalters, II, Munich, Zurich 1981–1983, col. 477–478, auquel on peut ajouter aujourd'hui Christian SETTIPANI, La préhistoire des Capétiens 481–987, t. I: Mérovingiens, Carolingiens et Robertiens, Villeneuve d'Ascq 1993, p. 369–373. – Les lignes qui suivent reprennent la teneur d'une communication prononcée devant la Société nationale des antiquaires de France le 20 mai 1998.

2 Franz STAAB, Jugement moral et propagande: Boson de Vienne vu par les élites du royaume de l'Est, dans: La royauté et les élites dans l'Europe carolingienne (du début du IXe siècle aux environs de 920) [Lille, 20–22 mars 1997], éd. par Régine LE JAN, Lille 1998, p. 365–382.

3 René POUPARDIN, Le royaume de Provence sous les Carolingiens (855–933?), Paris 1901 (Bibliothèque de l'École des hautes études 131), appendice III, p. 297–306: »Boson, mari d'Engeltrude (844–874/78)«.

prix d'un assassinat (il avait empoisonné sa première femme, d'après les Annales de Fulda) et au moyen d'un rapt (Boson de Vienne avait enlevé Ermengarde, d'après le récit de Réginon de Prüm); qu'il continue malgré cela à bénéficier du soutien sans faille d'une papauté qui venait de lutter pied à pied pour briser la tentative de divorce de Lothaire II. Le présent article veut démontrer après d'autres et en partie sur nouveaux frais que le comte italien et le comte de Vienne ne sont pas le même homme. Ayant rappelé ce point d'histoire bosonide, on risquera un commentaire sur le sens des déboires de l'époux d'Engeltrude et sur leurs conséquences.

Franz Staab voit dans les pages contournées de René Poupardin une raison principale, le refus d'admettre que le prestigieux vassal de Charles le Chauve, pressenti pour l'empire – on en était encore là en 1901[4] –, était un mari trompé: effet pernicieux de la »mentalité bourgeoise« qui sévit toujours chez l'historien moderne. La raison annexe tient à l'antigermanisme de Poupardin, qui voulut exalter la figure du roi »de Provence« et de son ancien protecteur, Charles le Chauve, contre le portrait plutôt noir qu'en donnaient les annalistes »allemands«. L'un d'eux, celui de Fulda, écrit ainsi – il est le seul – que Boson de Vienne s'était d'abord distingué en empoisonnant sa femme avant de prendre Ermengarde pour deuxième épouse[5]. Or le rapprochement des faits s'impose et il faut oser affirmer, comme l'avait fait J. Bouis dès 1641[6] dans un

---

4   Johannes FRIED, Boso von Vienne oder Ludwig der Stammler? Der Kaiserkandidat Johanns VIII., dans: Deutsches Archiv 32 (1976) p. 193–208, a mis fin à ce mythe, encore vivace chez Franz Staab (p. 369).

5   Annales Fuldenses sive annales regni Francorum orientalis, éd. par Friedrich KURZE, MGH, Scriptores rer. German. in us. schol. [7], Hanovre 1891, p. 91.

6   J. BOUIS, La royale couronne des Roys d'Arles. Enrichie de l'histoire des Empereurs Romains, des Roys des Gots, et des Roys de France qui ont résidé dans son enclos ..., Avignon 1641, p. 128–130: »En ce voyage [pour le couronnement impérial de Charles le Chauve] il se maria aux Italies avec Augusta fille du Duc de Pavie, qui estoit estimée la plus belle femme de son temps: ayant espousé ceste Dame resolut de la mener en France, avec toute sorte de contentement [...]. Mais la beauté qui est un don gratuit de la nature abondant plus aux uns qu'aux autres, a cela de mauvais de causer bien souvent du domage aux humains, et principalement aux femmes; les jettant dans des precipices fort dangereux; causant à d'aucunes la perte de l'honneur, à d'autres de la vie, et à plusieurs les deux ensemble: Aussi ceste Dame Augusta estant arrivée en France, et dans la ville d'Arles, saluée de tous les Provençaux, Viennois, et Bourguignons: se complaisant trop à sa beauté, et comme une autre Galiston communicant icelle avec trop de liberté: donna occasion à plusieurs de la tenir en mauvais predicamment, et à son mary subject de jalousie, qui atteint de ce mal ne pouvant supporter une vie si licenciée au prejudice de son honneur, la fit mourir par poison. Ceste Dame estant de celles que Valere compare aux Tygres, les plus beaux des animaux, qui faisant trop de parade de leur beauté n'arrivent jamais à l'accomplissement de ses jours. Dame Augusta estant morte, Boso traicta mariage en seconde nopces avec la princesse Hermengarde, fille unique de l'Empereur Louys second ...«. Je remercie Janine Mathieu de m'avoir procuré la transcription de ce passage. – Nicolas CHORIER, Histoire generale de Dauphiné, Grenoble 1661, p. 675 et 686, et Honoré BOUCHE, La chorographie ou description de Provence et l'histoire chronologique du mesme pays, t. I, Aix 1664, p. 700, qui suivent Bouis sur le fond, ont une version à la fois plus sobre et plus complète de l'affaire car ils connaissent le récit de Réginon (là où Bouis se contente des Annales de Fulda), ce qui leur permet d'indiquer le vrai nom de la »première femme de Boson«, Engeltrude, et de signaler ses tribulations et les condamnations dont elle fut l'objet. – Les historiens allemands, eux, qui ne paraissent pas avoir eu connaissance de ces ouvrages, n'ont pas été effleurés par la tentation de réunir les deux Boson et les ont séparés sans façons: Johann Georg ECKHART, Commentarii de rebus Franciae orientalis et episcopatus Vuirceburgensis, t. II, Wurzbourg 1729, ad indicem; Ernst DÜMMLER, Geschichte des ostfränkischen Reiches, 2e éd. Leipzig 1887, ad Indicem; on ne saurait pourtant les taxer d'antigermanisme.

»petit roman« que dédaigna Poupardin mais qui n'aurait pas choqué Shakespeare, que Boson s'était simplement débarrassé de celle qui l'avait cocufié, gagnant en outre avec Ermengarde une position que son premier mariage avec Engeltrude ne lui aurait pas permis d'obtenir.

Pour affirmer à son tour l'unicité des deux Boson, M. Staab s'appuie sur trois arguments qu'il nous faut infirmer.

a) Réginon de Prüm

Réginon ouvre sa chronique de l'année 879, consacrée aux activités de Boson de Vienne en Bourgogne jusqu'à l'élection de Mantaille, par une incise: Boson, *de quo paulo superius mentionem fecimus*. Les mots *paulo superius* renverraient à l'année 866, où il est question du règlement des affaires conjugales de Lothaire II et de celles de Boson mari d'Engeltrude[7]. Mais M. Staab ne dit pas qu'à l'année 877 [876] – à une page de l'édition imprimée du récit de l'année 879 – Réginon évoquait le retour de Charles le Chauve en Francie occidentale après le couronnement romain de la Noël 875; pendant sa halte en Lombardie, le nouvel empereur donna la fille de Louis II »à Boson frère de la reine Richilde«[8]. *Paulo superius* se rapporte à cet événement et non aux tribulations de l'an 866. La précision de l'état-civil, qui plus est, paraît peu justifiée pour un personnage qui aurait été déjà mentionné dans l'ouvrage.

b) Quondam comes, nuper comes, dudum comes

Les expressions *quondam comes*, *nuper comes* et *dudum comes*, qui qualifient Boson mari d'Engeltrude à des moments où l'on sait que Boson de Vienne est en activité, ne devraient pas être toutes comprises comme »feu le comte Boson« mais la plupart du temps comme l'allusion à un passé récent, celui où Boson, devenu depuis *dux*, ou *princeps*, ou roi, n'avait encore que rang comtal. Serait ainsi discrètement évoquée une situation révolue, en distinguant le temps des déboires conjugaux de celui de la gloire politique; symétriquement, quand Boson est cité comme roi, prince ou duc, il n'y aurait plus de raison de signaler son rang d'autrefois. La contradiction apparente entre le silence des sources sur Boson mari d'Engeltrude après 874 et le fait que Boson de Vienne ne mourut qu'en 887 est ainsi résolue par la grâce d'une chronologie limpide: 874, dernière mention de *Boso comes* [sous-entendu, mari d'Engeltrude]; 876, première mention de Boson duc en Italie, »archiministre du sacré Palais« de Charles le Chauve, mari d'Ermengarde.

Sont d'abord invoquées deux lettres de Jean VIII de 878. Le mari d'Engeltrude est ici *dudum comes*, là *nuper comes*[9]. On ne peut assurément se fonder sur de tels indices pour fixer un terme *ante quem* au décès du comte, puisque *nuper* et *dudum* signifient au sens strict »jusqu'alors« ou »alors«. Il est plus difficile en revanche de

---

7 Reginonis abbatis Prumiensis Chronicon cum continuatione Treverensi, éd. par Friedrich KURZE, MGH, Scriptores rer. German. in us. schol. [50], Hanovre 1880, p. 114 et 84–85.
8 Réginon (cit. n. 7) p. 113.
9 Iohannis papae Registrum, éd. par Erich CASPAR, MGH, Epistolae, t. VII-1 (Karolini aevi V), Berlin 1912, lettre 111 (JAFFÉ 3211), p. 103 l. 3; lettre 130 (JAFFÉ 3168), p. 115 l. 26.

rendre compte de l'adverbe *quondam*, qui s'applique ordinairement sans équivoque aux personnes défuntes, aussi bien dans le style épistolaire que, plus souvent, dans les actes diplomatiques. Ainsi Réginon de Prüm, quand il évoque le conflit entre Engeltrude et Boson, précise que ce dernier est *quondam comes*, dans un passage qui ne laisse pas de doute sur le fait que le malheureux est décédé. Quoi de plus normal, puisque Boson (de Vienne) est mort en 887, tandis que le chroniqueur écrit vers 900? À qui trouverait l'argument spécieux – à ce compte-là, la plupart des héros du récit devraient être dits »quondam« –, on répondra que Boson, au tournant des IXᵉ–Xᵉ siècles, était bien connu comme usurpateur, comme »le [*quondam*]-défunt comte Boson«, avec tout le soulagement implicite que pouvait suggérer l'adverbe chez les lecteurs du Chronicon. Au reste, Franz Staab aurait pu relever pour appuyer cette idée que l'indication *quondam comes* fut placée par Réginon dans un développement inspiré du début d'une lettre d'Arsène d'Orte à Nicolas Iᵉʳ. En 865 le légat s'était rendu à Worms, y avait rencontré Engeltrude et avait obtenu de celle-ci qu'elle l'accompagnât avec Waldrade jusqu'à Rome où elles s'expliqueraient sur leurs cas, l'une pour se plaindre, l'autre pour se défendre; mais toutes deux lui avaient faussé compagnie au moment de franchir le Danube. Arsène d'Orte raconte sa mésaventure dans le rapport adressé au pape à l'automne de la même année, dont Réginon résume les premières phrases avant d'en donner une longue citation. Or, là où l'évêque écrit (*nefandissima scelera*) *Hengeltrudis quondam Bosonis comitis mulier*[10], Réginon écrit *H. uxor quondam Bosonis comitis*. Autant le *quondam Bosonis comitis mulier* d'Arsène doit se rendre par »jadis femme du comte Boson«, car ce dernier était bien vivant en 865[11], autant *uxor quondam Bosonis comitis* ne peut guère être traduit que par »femme de feu le comte Boson«. Écrivant une génération après Arsène, Réginon adaptait son texte et les documents qu'il y insérait à ce qu'il savait des personnages cités.

En 881 ou 882, Jean VIII envoya cependant une autre lettre, à l'archevêque de Cologne, pour lever l'excommunication prononcée contre un prêtre qui avait eu le tort de fréquenter Engeltrude après sa condamnation. La fugitive y est cette fois *Ingeltrudis Bosonis quondam comitis uxor*[12], dans une expression proche à la fois de celle de Réginon et du langage des actes diplomatiques. M. Staab omet de signaler ce texte, qui est cependant d'autant plus décisif qu'il peut être soumis à la contre-épreuve de deux autres missives de 879: à propos des affaires du monastère de Pothières est évoqué son fondateur, feu Gérard de Roussillon, d'abord par l'expression *G. bonae memoriae comes*, puis par les mots *G. quondam comes*[13].

La manière dont le pape a désigné Boson de Vienne dans les mêmes années apporte un éclairage complémentaire. En 874–875, Jean VIII s'adressait à lui en sa qualité de comte[14]. En septembre 876, quelques mois après l'assemblée de Pavie (février) dont

---

10 MGH, Epistolae, t. VI (Karolini aevi IV), Berlin 1912, p. 225 l. 13.

11 En 867 encore, Nicolas Iᵉʳ déplore les réclamations incessantes qu'il fait parvenir à Rome: Nicolai I papae epistolae, éd. par Ernst PERELS, MGH, Epistolae, t. VI (Karolini aevi, IV), Berlin 1912, lettre 49 (JAFFÉ 2874), p. 333 l. 20 et suivantes.

12 Iohannis papae Registrum, lettre 294 (JAFFÉ 3358), p. 257 l. 10.

13 Op. cit., lettre 218 (JAFFÉ 3282), p. 195 l. 15; lettre 221 (JAFFÉ 3285), p. 197 l. 24.

14 Op. cit., lettre fragm. 43 (JAFFÉ 3002).

Boson avait souscrit les actes comme *dux*, *missus Italiae* et *archiminister sacri palatii* et vraisemblablement avant le mariage avec Ermengarde, il lui donne de l'*illustrissimus comes*[15]. En 878 et dans les premiers mois de 879, alors que les relations entre le pape, Charles le Chauve, Boson et Ermengarde sont au beau fixe (Jean VIII est accueilli par B. et E. à Arles en mai, le pape reçoit B. dans sa filiation spirituelle, les époux sont présents avec lui en septembre au concile de Troyes à l'occasion duquel ils convient le souverain et la cour à un banquet, ils raccompagnent enfin le pape jusqu'à Pavie), Boson devient *dilectus*, *princeps*, *gloriosus princeps*, *gloriosus princeps comes*[16]. Dans le courant de l'année 879 – avant l'élection de Mantaille – perce une certaine tension: pour avoir attribué à l'un de ses vassaux une *villa* du monastère de Pothières, fondation placée sous la dépendance immédiate de Saint-Pierre, Boson redevient le »comte Boson«, aux initiatives malvenues[17]. Enfin, l'usurpation est aussitôt sanctionnée: en 880, Jean VIII se cantonne à »Boson« sans autre précision; en 881–882, le nouveau roi est *presumptor*, *perturbator regni/imperii*, tyran[18]. Dans toutes ces années la correspondance pontificale s'adapte à une situation politique changeante. J'y saisis mal, en revanche, la logique qui aurait conduit à donner à Boson de Vienne du »glorieux« ou de l'»illustrissime comte« en septembre 876 et mai 878, du *nuper* ou *dudum comes* en août 878, à nouveau du »comte« en 879.

c) La double carrière de Boson

La carrière de Boson aurait été artificiellement séparée pour remplir l'existence de deux personnages, alors que la chronologie ne s'oppose pas à ce qu'on les réunisse. Il faut pour s'en persuader mettre côte à côte les événements se rapportant à l'un et à »l'autre« jusqu'en 876, année où les intérêts de Boson de Vienne pour l'Italie sont attestés pour la première fois:

---

15 Op. cit., lettres 1, Jaffé 3043 *(illustrissimus comes)* et 8, Jaffé 3048 *(comes)*.

16 Op. cit., lettres 94, 102, 108, 110, 121–122, 171 (Jaffé 3146, 3208, 3204–07, 3234).

17 Il s'agit de l'*invasio* de la *villa* de Vendeuvre, dans l'Aube. Jean VIII l'évoque devant les moines de Pothières et devant Boson lui-même en maintenant le *gloriosus princeps* (op. cit., lettres 218 et 221); mais à la lettre 220 (Jaffé 3284), adressée à l'abbé de Saint-Germain d'Auxerre, il n'est »plus que« *comes*.

18 Op. cit., lettres 257, 268, 292, 299 (Jaffé 3321, 3340, 3357, 3370).

Boson mari d'Engeltrude	*Boson de Vienne*
– 15 juin 844: à Rome, assiste au couronnement de Louis II comme roi d'Italie[19];	
– juin 860: à Coblence pour la réunion entre Charles le Chauve, Louis le Germanique et Lothaire II[20];	
– automne 860: à Tusey (22 octobre–7 novembre), transmet à Charles le Chauve un courrier de Nicolas Ier[21];	
	– fin 869-début 870: aux côtés de Charles le Chauve pour ses fiançailles (12 octobre 869 à Douzy) et son mariage avec Richilde (22 janvier 870 à Aix-la-Chapelle);
	– automne 870: fait campagne sur le Rhône contre le comte Girart de Vienne;
– été 871 (ou 872?): sert aux côtés de Louis II dans la vallée du Volturne[22];	
	– 871, après le 21 juin: [dans l'Aisne?], exécuteur testamentaire du comte Eudes de Troyes[23];
	– vers mai 872: nommé chambrier et maître des huissiers pour l'Aquitaine[24];
– 28 décembre 874: siège à Milan dans un collège judiciaire comme *missus* de Louis II[25];	
	– 876: duc et *missus* d'Italie, archiministre du sacré Palais (février), épouse Ermengarde (automne).

Rien n'empêche à première vue la superposition des deux parcours. Boson serait au fond l'un de ces *fideles communes* qui, comme Évrard de Frioul, furent régulièrement employés dans les relations »internationales« depuis le traité de Verdun et gardèrent des intérêts fonciers dans plusieurs *regna*.

L'emploi du temps chargé qui serait le sien pour les années 870–872 laisse cependant perplexe. En 871 – si l'on retient avec Franz Staab la succession des événements italiens telle que la donne André de Bergame, que de bons auteurs ont contestée

---

19 Le Liber Pontificalis, éd. par Louis DUCHESNE, t. II, Paris 1892, p. 89 (Vita Sergii II, XIV).

20 Hincmar, De divortio Lotharii regis et Theutbergae reginae, éd. par Letha BÖHRINGER, MGH, Concilia, t. IV, supplementum I, Hanovre 1992, p. 244. La mention d'un Boson au bas des actes de la réunion de Coblence (Capitularia regum Francorum, t. II, éd. par Alfred BORETIUS et Victor KRAUSE, MGH, Legum sectio II-2, Hanovre 1897, p. 154) peut se rapporter aussi bien au (futur) beau-frère de Charles le Chauve.

21 Die Konzilien der karolingischen Teilreiche 860–874, éd. par Wilfried HARTMANN, MGH, Concilia, t. IV, Hanovre 1998, p. 13.

22 Andreae Bergomatis historia, éd. par Georg WAITZ, MGH, Script. rer. langobard. et italic. saec. VI–IX, Hanovre 1878, c. 15, p. 228. Boson est désigné comme l'un des *principes* de Louis II, au même titre qu'Unroch (de Frioul) et Egifredus, un proche de l'impératrice Angilberge.

23 René POUPARDIN, Recueil des actes des rois de Provence, Paris 1876, n° 15.

24 Annales de Saint-Bertin, éd. par Félix GRAT, Jeanne VIELLIARD et Suzanne CLÉMENCET, Paris 1964, p. 185, ad a. 872.

25 Cesare MANARESI, I placiti del »Regnum Italiae«, t. I, Rome 1955 (Fonti per la storia d'Italia, 92), n° 78.

depuis longtemps[26] –, Boson devrait à la fois être à la tête du comté de Vienne, qu'il avait obtenu en novembre 870 à l'issue de la campagne victorieuse contre le comte Girart, et combattre les Sarrasins en Italie méridionale. Boson, sans doute, a pu quitter le territoire dont il avait à peine reçu la charge pour une autre campagne militaire au printemps suivant. Mais une telle hypothèse s'accorde mal avec ce qu'on sait des opérations de Louis II dans le sud de l'Italie. L'empereur y était présent depuis l'été 866 et n'en bougea pas jusqu'en 871–872. Il avait avec lui l'ensemble de l'aristocratie franque installée dans la péninsule (dont le Boson que je revendique comme »italien«), dont aucune allée et venue du sud vers le nord n'est signalée pendant ces années, pas plus qu'un éventuel renfort de représentants d'autres royaumes. Surtout, le partage du royaume de Lothaire II entre Charles le Chauve et Louis le Germanique (traité de Meersen, 8 août 870) avait été fait au mépris des droits de Louis II, malgré la ferme intervention de Nicolas Ier. Un tel climat politique n'est guère compatible avec le service de Boson de Vienne, fidèle d'entre les fidèles du roi de Francie occidentale, aux côtés de Louis II.

À la fin de l'année 871 et dans la première moitié de l'année 872, Boson [de Vienne] fut d'abord exécuteur testamentaire du comte de Troyes, puis nommé *camerarius* de Louis le Bègue. Pour faire appliquer la volonté d'Eudes de Troyes et prendre ses fonctions en Aquitaine il lui aurait donc fallu quitter l'Italie dans l'été 871, puis y revenir au plus tard dans les derniers mois de 874 pour siéger à Milan. Ce déplacement est possible sur le papier. De la mi-août à la mi-septembre 871 Louis II fut en effet emprisonné par les Bénéventains, camouflet qui avait suscité la rumeur de sa mort et un mouvement immédiat des troupes de Charles le Chauve en direction des passages alpins. Boson aurait pu être l'un de ces transfuges venus annoncer à Charles le Chauve la nouvelle du décès de l'empereur[27]. Mais on le voit mal revenir impunément dans la péninsule après l'initiative prématurée de son maître. Louis II s'était tiré d'affaire après un mois d'emprisonnement, avait réaffirmé sa légitimité en se faisant couronner une deuxième fois empereur (la »Festkrönung« du 18 mai 872) et termina son règne dans un climat de franche hostilité avec son oncle. Il paraît osé, dans ces conditions, de voir dans le nouveau patron de l'Aquitaine la même personne qui, à la fin de l'année 874, présida un plaid à Milan, au cœur du royaume d'Italie, en qualité de *missus* … impérial. Invraisemblable politiquement, une telle situation serait en outre une première sur le plan institutionnel.

Faire du comte de Vienne et du mari d'Engeltrude un même personnage est pour le moins aventureux, sauf à taire les passages les plus gênants des sources invoquées.

---

26 Les Regesta imperii proposent de fixer la campagne en vallée du Volturne plutôt à l'année 872, ce qui s'accorderait mieux avec l'itinéraire de Louis II: Regesta Imperii, t. I. Die Regesten des Kaiserreiches unter den Karolingern 751–918, nach Johann Friedrich Böhmer neu bearb. von Engelbert Mühlbacher und Joachim Lechner, 2e éd., Innsbruck 1908, n° 1254d, suivi par Herbert Zielinski: Johann Friedrich Böhmer, Regesta Imperii, t. I, Die Regesten des Kaiserreichs unter den Karolingern 751–918 (926) 3, Die Regesten des Regnum Italiae … I, Die Karolinger im Regnum Italiae 840–887 (888), bearb. von Herbert Zielinski, Cologne, Vienne 1991, n° 355. Si cette hypothèse était retenue, elle ne rendrait que plus difficile la présence de Boson de Vienne en Italie méridionale à cette date-là, comme le montre le paragraphe suivant de mon développement.

27 Annales de Saint-Bertin, p. 182, ad a. 871.

J'en tiens donc pour la distinction en vigueur depuis Poupardin[28]. Sans attenter à ses mânes, on peut toutefois aller un peu plus loin qu'il ne l'a fait pour éclairer la personnalité de ce Boson »comte en Italie«. Rappelons d'abord – après Poupardin et d'autres avant lui – qu'il n'est pas seul de ce nom dans la péninsule. En 826, par un diplôme commun de Louis le Pieux et de Lothaire – agissant alors en sa qualité de roi d'Italie –, un comte Boson recevait des biens détachés du fisc de Biella, au comté de Verceil, contre huit manses qu'il donnait aux souverains à proximité de Nimègue[29]. L'échange sanctionnait l'installation du premier Bosonide dans la péninsule, qui fut peut-être renforcée par l'affectation d'autres biens à l'un de ses fils[30]. Plus encore que par l'homonymie, l'indice de sa parenté est fourni par la conservation du diplôme dans les archives de San Sisto de Plaisance, la fondation d'Angilberge (femme de Louis II) dont nous verrons plus loin le lien avec nos personnages. La même année lui fut confiée une enquête sur les biens du patriarcat de Grado, tandis qu'en 827 il représenta l'empereur dans un jugement rendu à Turin[31]. Peut-être fit-il aussi partie de ces personnes enregistrées pour avoir prêté serment de fidélité à l'Empire, dans un texte dont la datation oscille entre la fin des années 820 et les années 840[32].

La situation des biens cédés sur le fisc et le lieu de son activité judiciaire tendraient à faire situer la charge de Boson dans le Piémont. Mais les trois *scabini* qui l'accompagnaient à Turin sont séparés des fonctionnaires locaux dans la présentation de la notice du plaid, qui les rattache au contraire au *missus* impérial (ils sont *scavini Bosoni comes* [sc. *comitis*], les autres *scavini Taurinenses*). Il semble, d'après leurs noms, qu'il s'agisse de juges milanais; d'où la tentation de faire de ce premier Boson un comte de Milan[33], ce qui s'accorde d'une part avec le fait qu'Engeltrude fut

---

28 Une dernière vérification aurait été de comparer les souscriptions des deux Boson. La tradition des actes limite cependant l'enquête: le *missus* de 874 sait – semble-t-il – écrire puisqu'il souscrit la notice du plaid qu'il préside *(ego Boso comes subscripsi)*; Boson de Vienne, lui, souscrit *ego in Dei nomine B.* en 871 et 879 (POUPARDIN, Recueil, n°s 15–16), mais passe au *signum* dans les actes importants, en 876 comme duc, *missus Italiae* et archiministre (MGH, Capitularia, t. II, n°s 220–221, p. 99 et 104), après octobre 879 comme roi (POUPARDIN, Recueil, n°s 17–21). Ces actes ont été transmis en copie à l'exception du n° 20 de POUPARDIN jugé faux.

29 BM², n° 831, original publié par Umberto BENASSI, Codice diplomatico parmense, t. I: secolo VIIII, Parme 1910, p. 99–101. Philippe DEPREUX a consacré une brève notice à ce premier Boson: Prosopographie de l'entourage de Louis le Pieux (781–840), Sigmaringen 1997 (Instrumenta, 1), p. 147.

30 Les »réponses aux *missi*« envoyées probablement en 826 à la suite d'une tournée en Italie en 825 demandent que le »fils de Boson« reçoive l'investiture de biens cédés par »le marquis« (texte placé en appendice à la collection d'Anségise: Die Kapitulariensammlung des Ansegis, éd. par Gerhard SCHMITZ, MGH, Capitularia regum Francorum, n. s., t. I, Hanovre 1996, p. 680). Il est vrai qu'on peut aussi proposer de reconnaître dans ce »fils de Boson« le Boson des années 820 lui-même, qui aurait alors porté le même nom que son père, dont on ne sait rien.

31 BM², n° 838; MANARESI, I placiti …, n° 37.

32 Capitularia regum Francorum, t. I, éd. par Alfred BORETIUS, MGH, Legum sectio II-1, Hanovre 1883, n° 181, p. 377. Le rapprochement est seulement basé sur l'homonymie, car le personnage inscrit sur la liste ne porte pas de titre. Sur ce texte, cf. François BOUGARD, La justice dans le royaume d'Italie de la fin du VIIIe siècle au début du XIe siècle, Rome 1995 (Bibliothèque des Écoles françaises d'Athènes et de Rome, 291), p. 152 n. 48.

33 Hypothèse déjà exprimée dans BOUGARD (cit. n. 32) p. 356, notices »Grauso«, »Leo 1«, »Assolf«. Ernst HLAWITSCHKA, Franken, Alemannen und Burgunder in Oberitalien (774–962). Zum Verständnis der fränkischen Königsherrschaft in Italien, Fribourg-en-Brisgau 1960 (Forschungen zur oberrheinischen Landesgeschichte, 8), p. 29, considérait au contraire que Boson fait partie de

condamnée une première fois à l'issue d'une réunion d'évêques tenue à Milan (voir plus loin), d'autre part avec la présence d'un comte Boson dans la ville en 874. Pour autant, faire de cet immigré des années 820 le même homme que le comte des années 850–870 serait lui accorder une longévité d'exception. Il est préférable de scinder, comme on l'a fait jusqu'à présent, en considérant le premier comme ce Boson [Ier] »l'Ancien«, dont on sait par une lettre de Benoît III qu'il était père de Hubert (abbé de Saint-Maurice d'Agaune) donc aussi de Teutberge (femme de Lothaire II), et par Hincmar qu'il était décédé à l'automne 855, au moment du mariage de cette dernière[34]. L'incertitude demeure sur le point de savoir s'il faut voir en lui le personnage présent à Rome en juin 844 pour le couronnement de Louis II ou si cette mention se rapporte à Boson [II], mari d'Engeltrude attesté comme comte des années 850 à la fin des années 870, comme le pensent René Poupardin et Ernst Hlawitschka[35]. On a reconnu de longue date dans ce deuxième Boson le fils du précédent et le frère de Hubert et Teutberge. À défaut d'une déclaration explicite, un faisceau d'indices plaide pour cette parenté:

– la reine Teutberge avait »des frères«, et plus précisément un frère autre que Hubert[36];

– il est d'usage, voire de règle que le nom paternel se transmette d'une génération à l'autre;

– Engeltrude, pour justifier sa réticence à revenir en Italie, excipait du danger qu'elle courrait à s'aventurer dans les Alpes alors qu'elle était menacée de mort par Hubert de Saint-Maurice[37], dont on peut penser qu'il avait embrassé la cause d'un de ses parents;

– Engeltrude, enfin, eut une fille nommée Teutberge, ce qui renvoie encore aux Bosonides (voir plus loin).

Tout milite donc pour accepter la reconstruction habituelle et faire de notre Boson [II] l'oncle de Boson [III] de Vienne, neveu par sa mère de la reine Teutberge[38]. Une génération sépare les deux hommes.

*

Au-delà de cette dispute généalogique, le litige entre Boson [II] et Engeltrude eut son importance dans les débats politiques et matrimoniaux de la seconde moitié du IXe siècle. Les exégèses sur le divorce de Lothaire II en font état mais se limitent la

---

ces nombreux *missi* présents dans la péninsule dans le premier tiers du IXe siècle, dont l'activité italienne ne fut que passagère. Sa présence à Turin en compagnie de Milanais me semble cependant comparable à celle du comte de Plaisance Aroin, qui fut *missus* avec ses *scabini* dans le duché de Spolète dans les dernières années du VIIIe siècle: cf. BOUGARD, p. 190–191; ajoutons que jusqu'au milieu du IXe siècle, le personnel technique accompagnant les *missi* envoyés directement depuis Pavie ou depuis le nord des Alpes est composé de *judices* et de *notarii* royaux ou impériaux, non de *scabini*, personnel strictement local.

34 Epistolae selectae … Benedicti III., éd. par Adolf VON HIRSCH-GEREUTH, MGH, Epistolae, t. V (Karolini aevi 3), Berlin 1899, p. 612 (JAFFÉ 2669) l. 32; Hincmar, De divortio, p. 184 l. 29.

35 POUPARDIN (cit. n. 3); HLAWITSCHKA (cit. n. 33) p. 158–159.

36 Réginon, p. 82, ad a. 864. Voir HLAWITSCHKA (cit. n. 33) p. 162.

37 MGH, Concilia, t. IV, p. 11.

38 Lien indiqué par Hincmar, Annales de Saint-Bertin, p. 167, ad a. 869.

plupart du temps au constat que les deux affaires apparaissent ensemble dans les mêmes sources, constat assorti d'une explication trop courte pour être pleinement satisfaisante: puisque Lothaire II avait abrité Engeltrude chez lui à cause de leur lien de parenté (on y reviendra), les réflexions sur ce cas d'adultère se mêlèrent dans le dossier du roi à celles autrement plus importantes qui concernaient sa séparation d'avec Teutberge.

Or le conflit entre Engeltrude et Boson est tout autre que marginal, bien qu'il occupe une moindre place dans la documentation. Ce fut à son sujet que la papauté se mobilisa d'abord, même si les plaintes de Teutberge contre les mauvais traitements qu'on lui faisait subir parvinrent à Rome semble-t-il en même temps que celles de Boson[39]. Pendant près de quatre ans, de 858 à 862, Benoît III puis Nicolas Ier multiplièrent les démarches pour soutenir la cause du comte »italien«, alors qu'ils restaient silencieux sur les démêlés de Teutberge et de Lothaire II. Un des derniers actes de Benoît III, en 858, fut d'enjoindre aux cinq rois carolingiens et à leurs évêques de contraindre Engeltrude à revenir à son époux[40]. En juin 859, en application de cette circulaire et sur *interpellatio* de Nicolas Ier, fut tenu le synode de Savonnières où l'absence d'Engeltrude, qui se trouvait alors tantôt en Francie occidentale, tantôt à la cour de Lothaire II, fut une première fois constatée sans que fût déjà envisagée une sanction canonique[41]. Puis Nicolas Ier envoya plusieurs courriers à Hincmar et à travers lui à l'ensemble des évêques de Francie occidentale pour qu'ils renvoient la fugitive à son mari[42]. Enfin, Nicolas Ier prononça l'anathème contre Engeltrude en confirmation de la sentence prononcée par l'archevêque Tadon de Milan – on en déduit que les époux dépendaient de cette province ecclésiastique[43] – et ses suffragants réunis en synode à la demande de Rome[44].

---

39 Dès les premières accusations à son encontre, donc entre le printemps 858 et les premiers jours de 860, Teutberge avait fait parvenir un appel à Rome, se défendant des crimes dont on la chargeait et dénonçant les pressions visant à lui arracher des aveux. Malgré la réitération, *bis et ter*, de sa plainte (Nicolai I papae epistolae, n° 11, Jaffé 2726, p. 277), celle-ci demeura dans un premier temps sans réponse.

40 Jaffé 2673; voir Nicolai I papae epistolae, n° 29 (Jaffé 2764), p. 295 et n° 53 (Jaffé 2886), p. 341. Herbert Zielinski émet l'hypothèse que l'affaire a pu être portée à l'ordre du jour des entretiens entre Louis II et le ou les pape(s) Benoît III (10 avril 858) et/ou Nicolas Ier à l'occasion du séjour que l'empereur fit à Rome en mars-avril 858 (Böhmer-Zielinski 170).

41 Hincmar, De divortio, p. 105, 226 s.; Die Konzilien der karolingischen Teilreiche 843–859, éd. par W. Hartmann, MGH, Concilia, t. III, Hanovre 1984, p. 449.

42 Nicolai I papae epistolae, n° 1 (Jaffé 2684), p. 267, avec mention d'un courrier, perdu, l. 18.

43 Ce que confirme indirectement Hincmar dans le De uxore Bosonis, p. 82 l. 25–27, quand il refuse à Gunther de Cologne le droit de juger Engeltrude, qui ne dépend selon lui que de l'ordinaire du diocèse dans lequel vivait son mari et où elle s'était mariée.

44 Les actes du concile romain d'octobre 863 laissent entendre que Nicolas Ier a prononcé l'anathème contre Engeltrude à la demande de Tadon et de ses suffragants, comme si leur démarche était spontanée (MGH, Concilia, t. IV, p. 153 l. 8), mais le récit que fit le pape de l'ensemble des événements en 867 indique que les évêques s'étaient réunis à Milan en un synode *auctoritate nostra convocata* (Nicolai I papae epistolae, n° 53 [Jaffé 2886], p. 342 l. 3). L'année traditionnellement retenue pour la réunion milanaise et la première condamnation par le pape, fin 859 ou début 860, défendue par Robert Parisot (Le royaume de Lorraine sous les Carolingiens, 843–923, Paris 1898, p. 166) et Charles Joseph Hefele (Histoire des conciles … Nouvelle traduction française … par H. Leclercq, t. IV-1, Paris 1911, p. 249) à la suite de Max Sdralek (Hinkmars von Reims kanonistisches Gutachten über die Ehescheidung des Königs Lothar II., Fribourg-en-Brisgau 1881, p. 189 n. 1) puis

De l'autre côté des Alpes, le cas d'Engeltrude fut évoqué une première fois au concile d'Aix-la-Chapelle de février 860: Boson y était convoqué afin que les époux puissent être examinés ensemble mais ne se présenta pas; en son absence, les évêques lorrains se contentèrent d'enregistrer le fait qu'Engeltrude craignait pour sa vie à cause de la *persecutio* du frère de Boson, Hubert de Saint-Maurice, sans juger au fond[45]. Puis, dans un contexte qui lui était plus favorable, Boson mit à profit sa participation à la réunion de Coblence de juin 860 entre Charles le Chauve, Louis le Germanique et Lothaire II pour y réclamer sa femme[46]. Hincmar, qui était présent, œuvra peut-être avec lui pour faire insérer dans le texte final plusieurs passages de l'accord passé entre Lothaire Ier, Louis le Germanique et Charles le Chauve à Meersen en 851, en particulier l'article 5 qui prévoyait l'extradition des personnes ayant fui leur *regnum* d'origine pour échapper à une condamnation ecclésiastique déjà prononcée ou susceptible de l'être[47]. À l'automne 860, Boson fit encore une démarche au concile de Tusey (22 octobre–7 novembre), où il apportait des lettres de Nicolas Ier, l'une à Hincmar dans laquelle le pape réitérait son exigence précédente à peine d'excommunication pour la récalcitrante, l'autre à Charles le Chauve qui était prié d'avertir son neveu Lothaire II de cesser d'accorder refuge à Engeltrude; si elle repassait en Francie occidentale, qu'elle fût rendue à Boson[48]. Ce fut à l'occasion du concile de Tusey qu'Hincmar rédigea – et prononça? – ce qu'on a appelé le *De uxore Bosonis*, réponse à une consultation de l'archevêque de Cologne qui complétait sur ce point le *De divortio Lotharii* dont la »publication« venait à peine d'être achevée et dans lequel il avait déjà abordé deux fois l'affaire pour les représentants du camp adverse[49].

Nicolas Ier ne réagit à la tentative de divorce de Lothaire II qu'après avoir reçu les actes des trois conciles d'Aix-la-Chapelle de janvier 860, février 860 et avril 862 qui avaient tranché sur la »culpabilité« de Teutberge puis autorisé l'union entre Lothaire II et Waldrade. Le pape avait demandé que la question du divorce fût remise à un

---

reprise avec quelques réserves par Poupardin (Le royaume de Provence, cit. n. 3, p. 302), ne tient pas: d'une part les lettres de Nicolas Ier apportées par Boson à Tusey en octobre 860 (voir ci-après) ne brandissent encore l'excommunication que comme une menace; d'autre part l'archevêque Tadon ne gouverna qu'à partir de la fin novembre 860 (cf. Jean-Charles Picard, Le souvenir des évêques. Sépultures, listes épiscopales et culte des évêques en Italie du Nord des origines au Xe siècle, Rome 1988 [Bibliothèque des Écoles françaises d'Athènes et de Rome, 268], p. 445 n. 159 et p. 742). Même si l'on reste porté à fixer la condamnation pontificale au début de la période, l'autre terme de la fourchette chronologique est juin 863, quand le synode de Metz cassa l'anathème lancé contre Engeltrude (voir plus loin).

45 Hincmar, De divortio, p. 231 (= MGH, Concilia, t. IV, p. 11).
46 Ci-avant, n. 20.
47 Capitularia regum Francorum …, t. II, n° 242, p. 155, c. 5 (= n° 205, p. 73); Hincmar, De divortio, p. 244 n. 8.
48 Nicolai I papae epistolae, n°s 1–2 (Jaffé 2684–85), p. 267–268; MGH, Concilia, t. IV, p. 13 (= Capitularia regum Francorum …, t. II, p. 160).
49 De uxore Bosonis: Hincmari archiepiscopi Remensis epistolae, t. I, éd. par Ernst Perels, MGH, Epistolae, t. VIII-1 (Karolini aevi 4), Berlin 1939, n° 135, p. 81–87. Le De divortio fut publié en deux temps, en mars/mai puis en septembre/octobre 860; y voir les p. 105, 226–231, 244–246. Sur la position d'Hincmar Sdralek (cit. n. 44) p. 188–199; Heinrich Schrörs, Hinkmar Erzbischof von Reims. Sein Leben und seine Schriften, Fribourg-en-Brisgau 1884, p. 209–210; Jean Devisse, Hincmar, archevêque de Reims (845–882), t. I, Genève 1976, p. 429–432.

concile où seraient présents ses légats; lui-même jugerait en dernier ressort de la »justice« des décisions prises. Ce fut le synode de Metz (juin 863), où les deux affaires furent traitées ensemble et où la sentence portée contre Engeltrude à la demande des évêques de la province milanaise fut annulée. Or les actes de Metz, *prostibulum adulteris*, furent cassés par Nicolas Ier sur ce motif. Les trois premiers des sept chefs d'accusation qui entraînèrent la déposition de Gunther et Teutgaud n'avaient pas trait à leur complaisance envers Lothaire II mais établissaient que les prélats avaient fait fi de la condamnation pontificale contre Engeltrude, bafouant les principes gélasiens dont se réclamait Nicolas; l'avaient laissée libre de ses mouvements dans leurs diocèses respectifs; avaient falsifié dans leur sens le message que Nicolas avait fait parvenir au concile sur ce cas précis[50]. L'évêque de Bergame Haganon (suffragant de Milan), qui avait eu un rôle actif dans les débats, fut admonesté[51]. De nouveau anathémisée, Engeltrude fut invitée une fois encore à regagner le foyer conjugal ou à venir chercher une »digne satisfaction« à Rome, seule apte à trancher sur son affaire en dernier ressort[52]. En faisant connaître son jugement à l'ensemble de la hiérarchie »de la Gaule, de l'Italie et de la Germanie«[53], Nicolas Ier élargissait le champ d'un conflit en apparence mineur à la majeure partie de la chrétienté occidentale, au même titre qu'il le faisait des manœuvres de Lothaire. On mesure l'importance de ces condamnations et de la publicité qui leur fut donnée aux perplexités qu'elles firent naître dans le royaume de Charles le Chauve, où il ne manquait pas de gens ayant »communiqué« avec Engeltrude, entraînés avec elle dans l'opprobre[54].

Les déboires de Boson furent ainsi décisifs dans la rupture entre les prélats lorrains et la papauté. Et, en 865, la mission d'Arsène d'Orte eut encore pour but de régler non seulement la réconciliation entre Lothaire II et Teutberge mais de ramener Engeltrude sur le sol italien; son échec fut sanctionné par une nouvelle condamnation, aussi largement diffusée que la précédente[55]. On peut penser, sans doute, que le pape avait trouvé le moyen de ne pas heurter Lothaire II de front en concentrant sa charge sur le plus faible maillon juridique des actes de Metz, auquel il avait beau jeu d'opposer ses sentences exprimées *canonice*. Cela n'enlève rien à l'importance de l'enjeu. Aux yeux de Rome comme à ceux des »Lorrains«, les deux affaires étaient sur le même plan et céder sur une cause équivalait à ruiner l'autre. La manière dont elles furent défendues ne saurait mieux l'exprimer. Lothaire II et Engeltrude voulaient tous deux un jugement canonique les dispensant de reprendre la vie com-

---

50 Nicolai I papae epistolae, n° 29 (JAFFÉ 2764), p. 295–296; n° 53 (JAFFÉ 2886), p. 342 et 344.

51 Le Liber Pontificalis …, II, Vita Nicolai, I, p. 160. La raison de la présence de l'évêque de Bergame à Metz me paraît plus probablement liée au conflit entre Engeltrude et Boson, où il pouvait représenter la province ecclésiastique milanaise, qu'à une délégation de Louis II dans le traitement des affaires matrimoniales de son frère.

52 Nicolai I papae epistolae, n° 18 (JAFFÉ 2748), p. 285–286 (= MGH, Concilia, t. IV, p. 154).

53 Nicolai I papae epistolae, n°s 18–21 (JAFFÉ 2748–2752).

54 Nicolai I papae epistolae, n° 41 (JAFFÉ 2800), p. 314, où est admis que ceux qui ont communiqué avec Engeltrude »par nécessité ou par ignorance« puissent être déliés de la condamnation par Charles le Chauve, au nom de Nicolas Ier.

55 Nicolai I papae epistolae, n°s 41–42 (JAFFÉ 2800, 2808): rappel du danger qu'il y a à communiquer avec Engeltrude *saepe damnata*.

mune[56]. Mais autant le souverain pouvait le dire clairement, autant le silence d'Engeltrude, femme, ne disposant pas des mêmes possibilités d'initiative juridique et aggravant son cas par ses absences répétées aux synodes où elle fut convoquée, a focalisé l'attention sur les plaintes de Boson qui ont occulté ses propres souhaits. De même, les positions de Boson et de sa sœur Teutberge sont symétriques: au début de l'année 867, au moment où Teutberge, de guerre lasse, demandait à être déliée de ses liens conjugaux, renonçait *sponte ac libenter* à sa »dignité royale« et proposait de se retirer dans un couvent, Boson assiégeait le pape en sollicitant l'autorisation de convoler en deuxièmes noces. Dans un cas comme dans l'autre, la réponse ecclésiastique fut négative. Teutberge ne pouvait songer à une dissolution de son mariage pour des raisons de *pudicitia* car le renoncement à tout commerce charnel, aussi noble fût-il, devrait être en ce cas partagé par son époux[57]. Quant à Boson, même en renonçant à Engeltrude comme aurait voulu le faire la reine avec Lothaire, il ne pouvait contracter un deuxième mariage dont il n'était en rien le maître; »innocent« quand il réclamait sa femme, il tombait dans l'*improbitas* et l'*insolentia* en songeant à une union illicite, se trouvant mené à son tour à l'adultère à cause de l'inconduite de sa femme[58].

La similitude des positions de Lothaire II et d'Engeltrude d'une part, de Teutberge et de Boson d'autre part montre que les deux affaires ont été considérées et traitées comme un tout dans l'un et l'autre camp[59]. Le parallélisme va cependant plus loin. La simultanéité des séparations conjugales est en effet aussi parlante que celle de la tentative de conciliation menée par Teutberge et Boson en 867. Si l'on suit l'interprétation la plus convaincante du divorce de Lothaire II, qui le ramène pour l'essentiel à des motivations politiques et diplomatiques[60], Lothaire quitta Teutberge pour revenir à son ancienne concubine Waldrade dès 857, après qu'il eut réglé avec ses frères Louis II et Charles de Provence l'accord sur la stabilité du partage de la Francie médiane consécutif au décès de Lothaire Ier (réunion d'Orbe, à la fin de l'été 856; le pape se portait garant du partage). Or son mariage avec Teutberge, qui avait été provoqué par la disparition de l'empereur (29 septembre 855), avait pour but immédiat de se concilier l'appui des territoires alpins contrôlés par Hubert de Saint-Maurice contre les projets de Louis II, désireux de soumettre à son autorité l'ensemble de l'héritage paternel. L'accord conclu à l'issue de la réunion houleuse d'Orbe retirant son utilité à cette union, Lothaire II s'en considéra délié. Ce fut aussi en 857 qu'En-

---

56 Comme l'a bien exprimé POUPARDIN (cit. n. 3) p. 301.
57 Nicolai I papae epistolae, n° 45 (JAFFÉ 2870).
58 Nicolai I papae epistolae, n° 49 (JAFFÉ 2874), où Nicolas Ier développe l'argument devant Louis le Germanique, invité à contraindre Engeltrude à résipiscence: *vir autem ejus [Ingeltrudae], innocens videlicet, in illis absentia hinc inde labore non modico fatigatur, quoniam nec ipsi reconciliari absenti praevalet nec alterius illa vivente consortium ei conjugale conceditur. Qua de re quoniam improbitatem et insolentiam ejusdem viri continuam patimur, volentis scilicet ardenter ad secundum, immo illicitum convolare conubium …*
59 Le récit qu'en fit Nicolas Ier en 867, avec le recul de quelques années, est particulièrement éclairant: Nicolai I pape epistolae, n° 53 (JAFFÉ 2886), spéc. p. 340 l. 24 et p. 347 l. 3.
60 Voir la revue des différentes positions dans l'introduction qu'a donnée Letha Böhringer à son édition du De divortio, spéc. p. 11 et suivantes; Karl HEIDECKER, Kerk, huwelijk en politieke macht. De zaak Lotharius II 855–869, Amsterdam 1997, p. 62 et suivantes.

geltrude quitta Boson (*circiter per triennium*, dit-on à l'automne 860, *per septem circiter annos* en octobre 863[61]). Il est tentant d'attribuer aux mêmes causes les mêmes effets: leur mariage avait été une réplique à un échelon plus modeste de l'union entre Lothaire II et Teutberge, justifiée par la parenté entre cette dernière et Boson d'une part, entre Lothaire et Engeltrude de l'autre (Engeltrude était *propinqua* de Lothaire[62] à double titre: cousine par alliance puisque fille de Matfrid Ier d'Orléans, qui avait suivi Lothaire Ier, son neveu par alliance, dans son exil italien en 834[63] ; belle-sœur par alliance par ses noces avec le frère de Teutberge). Sa rupture sanctionna le pacte d'Orbe et fit écho ou plutôt fut un signe avant-coureur du divorce royal, qui ne pouvait prendre une voie aussi expéditive. Le ressort de l'affaire est familial, puisque ce sont deux parentés qui s'allient puis s'affrontent[64]. Engeltrude a les mêmes ennemis que Lothaire II; les menaces de mort émanent non seulement de son mari, qui aurait pu y avoir quelque droit[65], mais de l'ensemble des Bosonides menés dans leur vengeance par Hubert de Saint-Maurice. De même, la proposition de règlement amiable de 867 se fait au niveau du groupe de parenté plus qu'à celui des individus. La papauté, elle, ne pouvait prêter son concours à la solution envisagée pour mettre fin à cette guerre privée puisque la forme de conciliation proposée, même si elle pouvait ne pas heurter de front une législation canonique encore incertaine sur le sujet, ruinait à la fois le mouvement de christianisation du mariage dont on a montré la vigueur dans la deuxième moitié du IXe siècle[66] et le principe, autrement plus fort à ce moment-là, de l'autorité du Saint-Siège.

*

61 Hincmar, De uxore Bosonis, p. 83 l. 23; MGH, Concilia, IV, p. 154.

62 Hincmar, De divortio, p. 244 l. 22.

63 Sur lui, voir en dernier lieu Philippe DEPREUX, Le comte Matfrid d'Orléans (av. 815–836), dans: Bibliothèque de l'École des chartes 152 (1994) p. 331–374; ID., Prosopographie (cit. n. 29) p. 329–331.

64 On en trouvera un indice indirect dans la lettre adressée par Nicolas Ier à Hubert de Saint-Maurice en mai 863, qui fait allusion aux plaintes communes et répétées d'Hubert, »de (son) frère et de (sa) sœur«: Nicolai I papae epistolae, n° 16, p. 282.

65 Les représailles du mari sont envisagées dans la consultation de Gunther de Cologne à Hincmar (De uxore Bosonis, p. 82 l. 15–16), comme argument pour ne pas devoir expulser Engeltrude du diocèse où elle a confessé sa faute. Boson, lui, se déclarait prêt à l'indulgence, sur la pression du pape (op. cit., p. 83 l. 20–25), nonobstant le droit que lui conférait la tradition juridique germanique (voir par exemple le capitulaire de Corteolona de 822–823, qui aligne le droit franc sur le droit lombard en prévoyant la *traditio ad vindictam [maritis]*: Capitularia regum Francorum, t. I, n° 157, c. 3).

66 Cf. Pierre TOUBERT, La théorie du mariage chez les moralistes carolingiens, dans: Il matrimonio nella società altomedievale. Settimane di studio del Centro italiano di studi sull'alto medioevo XXIV (Spoleto, 22–28 aprile 1976), t. I, Spolète 1977, p. 233–285 (repr. dans ID., Histoire du haut Moyen Âge et de l'Italie médiévale, Londres 1987, article n° I); ID., L'institution du mariage chrétien de l'Antiquité tardive à l'an mil, dans: Morfologie sociali e culturali in Europa fra tarda antichità e alto medioevo. Settimane di studio del Centro italiano di studi sull'alto medioevo XLV (Spoleto, 3–9 aprile 1997), t. I, Spolète 1998, p. 503–549. – Pour les aspects juridiques, Thomas BAUER, Rechtliche Implikationen des Ehestreites Lothars II.: Eine Fallstudie zu Theorie und Praxis des geltenden Eherechts in der späten Karolingerzeit. Zugleich ein Beitrag zur Geschichte des frühmittelalterlichen Eherechtes, dans: Zs. der Savigny-Stiftung für Rechtsgeschichte, Kan. Abt. 80 (1994) p. 41–87: p. 61–82.

Le litige entre Boson et Engeltrude eut quelques conséquences immobilières et familiales. Les plus connues sont celles dont la papauté eut à s'occuper dans les années 870. Dans une correspondance en partie perdue mais dont ont subsisté trois lettres expédiées dans l'été 878, Jean VIII se fit l'écho de la *reclamatio* des filles de Boson et d'Engeltrude sur l'héritage de leur mère. Il demandait au comte Matfrid II, frère d'Engeltrude, de mettre un terme à l'*invasio* des biens provenant de sa sœur sur le Rhin moyen, tandis que Louis le Jeune pour l'autorité civile et l'archevêque de Mayence Liutbert pour l'autorité ecclésiastique étaient rappelés à l'ordre, sommés de cesser leur soutien plus ou moins avoué à Matfrid et de faire justice à la revendication légitime des filles d'Engeltrude[67]. Non seulement Matfrid avait disposé à son profit de l'héritage maternel de ses nièces, mais Engeltrude avait de son côté transmis sa dot en faveur des »bâtards« (*spurii*, parmi lesquels un certain Godefroi, porteur d'un nom »matfridien«) qu'elle avait eus de Wangier aux dépens des filles de son premier lit, naturellement sans consulter Boson dont l'accord aurait été théoriquement nécessaire pour toute aliénation foncière (c'est sur ce point de droit que les filles spoliées semblent avoir fondé leur action en justice).

Or il existe un pendant italien à ce conflit sur le Rhin. La notice d'un plaid de 874 relate en effet un procès présidé deux ans auparavant à Plaisance par l'impératrice Angilberge[68]. L'affaire avait opposé Ratcausus, sous-diacre de l'église de Plaisance, chapelain impérial, dont le frère avait été lieutenant comtal à Plaisance dans les années 850–860[69], à une certaine Gernia qui l'accusait d'être injustement entré en possession de biens lui appartenant. Il ressort de la notice que:

a) Gernia, fille d'Ælnia, avait pour demi-sœur Teutberge, fille de … feue Engeltrude. La rareté des deux noms dans les sources italiennes du IXe siècle et surtout leur association autorisent à les relier au groupe qui nous occupe et à proposer que cette Teutberge était la fille d'Engeltrude et de Boson (l'une des deux mentionnée en 878 par Jean VIII), qui lui donnèrent le nom de sa tante paternelle. Si l'on accepte cette hypothèse, Boson, passant outre l'interdiction de Nicolas Ier (ou obtenant le consentement de son successeur – Nicolas mourut le 13 novembre 867, quelques mois après la lettre où il se plaignait des démarches de Boson pour obtenir l'autorisa-

---

67   Iohannis papae Registrum, lettres 111, 129–130 (JAFFÉ 3211, 3167–68); voir Ernst HLAWITSCHKA, Die Anfänge des Hauses Habsburg-Lothringen. Genealogische Untersuchungen zur Geschichte Lothringens und des Reiches im 9. und 11. Jahrhundert, Saarbrücken 1969 (Veröffentl. der Kommission für saarländische Landesgeschichte und Volksforschung, 4), p. 159–161, 168–169; Franz STAAB, Untersuchungen zur Gesellschaft am Mittelrhein in der Karolingerzeit, Wiesbaden 1975 (Geschichtliche Landeskunde, 11), p. 442–443.

68   Ettore FALCONI, Le carte più antiche di S. Antonino di Piacenza (secoli VIII e IX), Parme 1959, n° 35. L'édition de Falconi améliore la lecture de MANARESI, I placiti …, n° 77; compléments dans François BOUGARD, Entre Gandolfingi et Obertenghi: les comtes de Plaisance aux Xe et XIe siècles, dans: Mélanges de l'École française de Rome, Moyen Âge 101 (1989) p. 11–66: p. 16, n. 22.

69   Ratcausus, fils de Grégoire, n'apparaît dans la notice qu'en qualité de sous-diacre. Il est chapelain de Louis II à Capoue en 873 (FALCONI, cit. n. 68, n° 32 [BÖHMER-ZIELINSKI 363]). Sa parenté avec le *locopositus* comtal Gaiderisius – sur lequel on verra BOUGARD (cit. n. 68) p. 16 n. 22 – ressort d'un acte inédit des archives de la cathédrale de Plaisance: Cass. 11, Livelli, n° 7 (861); voir aussi FALCONI (cit. n. 68) n° 23 (855), où Ratcausus souscrit une transaction qui avait dû passer par l'exercice de la juridiction gracieuse de Gaiderisius.

tion de prendre une deuxième femme – sans que les sources ecclésiastiques en fassent état), se serait remarié avec Ælnia, issue d'un milieu aisé de l'Émilie, sans relief particulier.

b) Ratcausus avait donné une *curtis* à Gernia, une autre à Teutberge, par deux actes séparés assortis d'une clause de transmission des biens à celle des demi-sœurs qui survivrait à l'autre. Les deux domaines étaient situés au nord de Plaisance, et l'un au moins »entre le Pô et le Lambro«[70]. Mais il avait remis la main sur l'ensemble après le décès de Teutberge, d'où la plainte de Gernia. Le procès fut réglé en deux temps: en juin 872, face à l'absence du défendeur – Ratcausus devait être aux côtés de Louis II qui faisait route de Rome, où il venait de se faire couronner empereur pour la deuxième fois, vers Salerne et Capoue –, le tribunal investit la plaignante des domaines contestés tout en réservant à Ratcausus la possibilité de se présenter en justice ultérieurement, pour qu'on décide au fond[71]; ce que Ratcausus fit en juillet 874 en se présentant à son tour contre la détention »abusive« de ses biens par Gernia et son mari, mais il fut débouté.

La raison des donations du sous-diacre ne peut guère tenir qu'à sa parenté avec Gernia et Teutberge, parenté dont la nature n'est pas précisée par ailleurs ([demi-]frère, cousin, oncle?)[72]. La présence de l'impératrice Angilberge aux audiences de 872 et 874 – les seuls plaids dont elle ait assuré la présidence –, elle, s'expliquerait déjà par ses attaches familiales et foncières à Plaisance, l'un des centres de la fortune des Supponides[73]. Mais la souveraine était surtout occupée à rassembler des terres dans et autour de la ville pour nourrir la dotation du couvent de San Sisto dont elle préparait la fondation, qui date précisément de son séjour de 874[74]. Les biens de Gernia et Teutberge, proches du monastère (celui-ci occupe l'angle nord-ouest de l'enceinte de Plaisance), furent concernés – avec d'autres – par cette entreprise: après l'acte hostile de Ratcausus, selon la notice du plaid, Gernia avait en effet cédé à Angilberge la moitié de ses possessions et de celles de sa demi-sœur, *ad proprietatem abendum*; concrètement n'était concernée que la part de Teutberge, ainsi placée entre les mains d'un tiers pour faire obstacle à l'intervention de Ratcausus. Pour retirer un bénéfice de l'opération quelle qu'en serait l'issue,

---

70 C'est-à-dire dans une zone perturbée par la rupture des digues du Pô à Sanguineta en 1085, qui a provoqué une déviation du cours du fleuve vers le sud. La toponymie du haut Moyen Âge y a été en partie bouleversée et plusieurs habitats sont passés d'un coup du côté de la rive lombarde.

71 C'est le premier exemple connu d'une investiture *salva querela*, procédure appelée à un grand succès dans les décennies qui suivirent: cf. Bougard (cit. n. 32) p. 314.

72 On pourrait penser que Ratcausus était moins proche de Gernia que de Teutberge car il avait déjà fait don de trois *casae massariciae* à celle-ci quand elle n'était encore qu'*infantula* (Falconi, acte cité, p. 60 l. 7–8). Une telle proximité rendrait assez bien compte du fait que Ratcausus, à la mort de Teutberge, ait pu considérer que l'engagement vis-à-vis de Gernia était au fond assez faible pour qu'il pût s'en délier. Mais ce qu'on sait de l'ascendance de Ratcausus rend difficile une insertion dans la généalogie matfridienne.

73 Bougard, Entre Gandolfingi (cit. n. 68) p. 16 n. 22; Id., Engelberga, dans: Dizionario biografico degli Italiani, t. XLII, Rome 1993, p. 668–676: p. 674.

74 La fondation de San Sisto (Santa Resurrezione) de Plaisance est parfois fixée à 870, sur la base d'un diplôme dont Konrad Wanner a récemment démontré la fausseté: Die Urkunden Ludwigs II., MGH, Diplomata Karolinorum, t. IV, Munich 1994, n° 79 et introduction au n° 66 (voir déjà Paul Fridolin Kehr, Italia pontificia, t. V, p. 487 pour la bonne date) [corriger sur ce point notre notice Engelberga citée à la note précédente].

l'impératrice passa un accord complémentaire avec celui-ci pendant que la cour séjournait à Capoue au printemps 873: si Ratcausus gagnait son procès, il s'engageait, »eu égard à son soutien et aux bontés qu'elle lui avait témoignées«, à vendre à Angilberge la totalité de ses biens dans un rayon de deux milles autour de Plaisance, au prix que fixerait son représentant[75]. L'audience de 874 évita cette dépense, ou plaça peut-être Angilberge en position de force pour un arrangement »extra-judiciaire« reprenant les termes de l'accord de Capoue ou les aménageant dans un sens plus favorable à sa fondation (par exemple la »restitution« à Ratcausus de la part de Teutberge en échange de la vente à bas prix de ses possessions urbaines ou suburbaines[76]). Gernia, elle, devint veuve quelque temps plus tard, se retira du monde et vendit ses terres, qui passèrent au chapitre cathédral de Plaisance en 902[77].

Les opérations immobilières d'Angilberge recoupaient le destin des Bosonides et des Matfridiens en Italie. En mettant la main sur tout ou partie des biens d'Engeltrude en Lombardie grâce à la victoire judiciaire de Gernia, elle se trouvait attirée dans le camp des »anti-Matfridiens«, sinon des partisans déclarés des Bosonides. Le mariage d'Ermengarde avec Boson de Vienne, deux ans plus tard, ne pouvait qu'envenimer les choses même s'il y a des raisons de penser (à commencer par le rapt) que l'impératrice n'était pas de prime abord favorable à cette union[78]. On trouve peut-être un écho de ce conflit en 879, dans l'excommunication par Jean VIII du comte Liutfrid II et de sa femme: le cousin de Matfrid[79], fils d'un des plus fervents partisans de Lothaire II dans sa tentative de divorce[80], avait enlevé du couvent de San Sisto une moniale du nom de Gerlinda, que l'on peut soupçonner d'être sa parente[81]. Les liens d'Angilberge avec les Bosonides, cependant, ne s'arrêtent pas là. Rappelons par exemple, sans pouvoir aller au-delà du constat, qu'elle eut – du côté supponide – un neveu nommé Boson, qui fut (peut-être) comte de Parme au début du Xe siècle[82]. Surtout, elle fut dépositaire du premier acte attestant la présence bosonide dans la péninsule, ce diplôme gardé dans les archives de San Sisto par lequel Louis le Pieux et Lothaire Ier avaient attribué quelques domaines à Boson »l'Ancien« (voir ci-avant). Lui fut-il transmis en même temps que les droits sur les biens de Teutberge, la fille d'Engeltrude et de Boson [II]? C'est aussi par San Sisto que sont parvenus les diplômes que Lothaire II avait fait pré-

---

75 Falconi (cit. n. 68) n° 32 (= Böhmer-Zielinski 363).

76 C'est peut-être à cette date qu'il faut faire remonter l'implantation de San Sisto au lieu qui prit par la suite le nom de »Cascina S. Sisto«, à 2,5 km au nord-est de Plaisance sur la rive aujourd'hui lombarde du Pô (carte I.G.M. 1/25 000, 60 II NO, Codogno).

77 Archives de la cathédrale de Plaisance, Cass. 4, mazzo 2, n° 10.

78 Cf. Bougard, Engelberga (cit. n. 73) p. 672.

79 Si l'on accepte le lien suggéré par Depreux, Le comte (cit. n. 63) p. 361–362; voir le tableau généalogique ci-après.

80 Liutfrid Ier était par ailleurs beau-frère de Lothaire Ier. Voir sur lui Hlawitschka (cit. n. 33) p. 221–223.

81 Iohannis papae Registrum, lettres 173, 238, 241 (Jaffé 3235, 3297–98).

82 Hlawitschka (cit. n. 33) p. 162–163 et 308. Un autre Boson, le bâtard du roi d'Italie Hugues, fut évêque de Plaisance (949–951), mais il tient son nom d'une autre voie, celle plus générale des alliances entre les Bosonides et les Carolingiens (tableau – où il ne figure pas – dans Constance B. Bouchard, The Bosonids, or rising to power in the late Carolingian age, dans: French Historical Studies 15 [1988] p. 407–431: p. 423).

parer en 866 et 867 pour sa *dilectissima* (!) Teutberge, au moment où une solution amiable au divorce paraissait proche[83]. Angilberge avait elle-même bénéficié de donations foncières de la part de Lothaire en 866 en remerciement de son entregent diplomatique[84]. Elle contribua encore au rapprochement de Lothaire avec la papauté en négociant la rencontre du roi avec Adrien II au Mont-Cassin en juillet 869; c'est au retour de cette visite que Lothaire II mourut, le 8 août 869, à Plaisance, sur les terres de sa belle-sœur. Angilberge recueillit ainsi les textes qui auraient dû sceller l'accord passé avec Teutberge mais qui, n'ayant plus de raison d'être, passèrent des coffres de la chancellerie à ceux du couvent de San Sisto[85].

*

Il n'y a pas de raison, au terme de notre contre-enquête, de mettre en doute la sagacité de René Poupardin. Le Boson italien, mari trompé, n'est pas le même que Boson comte de Vienne. Au reste, le premier n'aurait pu devenir duc ou roi, non à cause d'un préjugé bourgeois avant l'heure, mais parce que la papauté de Nicolas Ier n'aurait pas soutenu un homme dont les problèmes matrimoniaux n'auraient pas été réglés selon ses vœux. Le remariage de Boson faisait obstacle à ses ambitions s'il en avait eues non seulement par la modestie de son alliance avec Ælnia, mais parce qu'il allait à l'encontre de la solution proposée par Rome (plus qu'à cause d'une réelle impossibilité canonique) et parce qu'il réduisait qui plus est le principe du consentement mutuel entre les époux si cher à Nicolas Ier à la plus caricaturale de ses expressions, en l'utilisant pour un divorce à l'amiable plutôt que pour sceller une union légitime. Boson de Vienne, lui, connut son heure de gloire dans un contexte différent, à un moment où la disparition de Nicolas Ier permettait d'envisager à nouveau de faire passer sans bruit des situations personnelles que l'Église réprouvait mais qu'elle était encore loin de pouvoir sanctionner, sauf par la force d'âme d'un pontife particulièrement jaloux de son autorité. Jean VIII n'a pas fait preuve d'un cynisme politique extrême en œuvrant à la promotion d'un empoisonneur et d'un adepte du rapt »hypergamique« alors en vogue[86], il n'a simplement pas cherché, tant qu'elle restait dans les limites de la légitimité carolingienne, à contrecarrer l'ascension politique d'un homme qui n'avait pas commis l'erreur de s'adresser à la justice ecclésiastique pour résoudre son différend avec son épouse.

---

83 Die Urkunden … Lothars II., éd. par Theodor Schieffer, MGH, Diplomata Karolinorum, t. III, Berlin, Zurich 1966, nos 27, 17 janvier 866, et 32, 24 novembre 867 [sub a. 868 chez Schieffer] (= Umberto Benassi, Codice diplomatico parmense …, nos 6 et 11). La discordance entre les années de règne et l'indiction a suscité un débat sur la datation de ces actes. Contre Schieffer, Louis Dupraz, Deux préceptes de Lothaire II (867 et 868) ou les vestiges diplomatiques d'un divorce manqué, dans: Zs. für schweizerische Kirchengesch. – Revue d'histoire ecclésiastique suisse 59 (1965) p. 193–236, a proposé de repousser le premier à 867, en maintenant le second à 868; on suivra plutôt Heidecker (cit. n. 60) p. 199 n. 91, qui garde la datation de Schieffer pour le premier mais avance le second à 867.

84 Die Urkunden … Lothars II., n° 29 (= Umberto Benassi, Codice diplomatico parmense …, n° 7).

85 Selon l'hypothèse de Louis Dupraz, Deux préceptes (cit. n. 83).

86 Régine Le Jan, Famille et pouvoir dans le monde franc (VIIe–Xe siècle): essai d'anthropologie sociale, Paris 1995 (Publications de la Sorbonne, Histoire ancienne et médiévale, 33), p. 228, 299 et suiv.

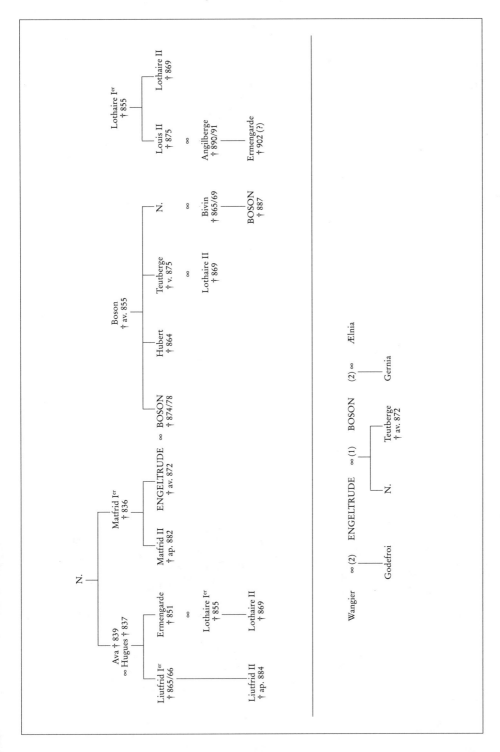

Jörg Oberste

RITTERTUM DER KREUZZUGSZEIT IN RELIGIÖSEN DEUTUNGEN

Zur Konstruktion von Gesellschaftsbildern im 12. Jahrhundert

I. Sozialer Wandel in religiöser Deutung – die Fragestellung

Ritterlich-höfisches Ideal und das soziale Milieu einer zum Niederadel aufstrebenden Ritterschaft stehen sich im hohen Mittelalter scheinbar unvermittelt gegenüber.
Die aus dieser Polarität erwachsende Spannung hat bis in die jüngste Zeit eine rege
Forschungsdiskussion angefacht[1], welche in der von Josef Fleckenstein festgestell-
ten »Ambivalenz des Rittertums« oder in der Formel vom »engeren und weiteren
Begriff von Rittertum und Ritter« einen gemeinsamen, wenn auch gewiß nicht
abschließenden Nenner gefunden hat[2]. Nimmt man diese Ambivalenz ernst und
zwar als Ausdruck einer Differenz zwischen sozialer Realität und ideologisch
geprägter Konstruktion von Gesellschaftsbildern, dann liegt die Frage nach den

---

1 Neben der Literatur zum französischen Rittertum, die in Kapitel II diskutiert wird, sei in Auswahl
hervorgehoben: Joachim Bumke, Studien zum Ritterbegriff im 12. und 13. Jahrhundert, Heidelberg
²1977; Gerd Althoff, Nunc fiant Christi milites, qui dudum extiterunt raptores. Zur Entstehung
von Rittertum und Ritterethos, in: Saeculum 32 (1981) S. 317–333; Linda Paterson, Knights and
the Concept of Knighthood in the Twelfth-Century Occitan Epic, in: Knighthood in Medieval
Literature, hg. von William Henry Jackson, Woodbridge 1981, S. 23–28; The Study of Chivalry
(Cistercian Studies 98), hg. von Howell Chickering, Thomas H. Seiler, Kalamazoo, Mich. 1987
(bes. der Beitrag von Carlson, Religious Writers and Church Councils on Chivalry, S. 141–171,
der allerdings auf die hier behandelten Autoren mit Ausnahme Bernhards nicht eingeht); Das Rittertum im Mittelalter, hg. von Arno Borst, Darmstadt ²1989 (mit dem älteren Forschungsstand)
und neuerdings besonders (mit umfangreicher Bibliographie) Werner Paravicini, Die ritterlich-
höfische Kultur des Mittelalters (Enzyklopädie deutscher Geschichte 32), München 1994, der auf
der Trennung von »Amt, Würde, Stand und Idee« des Rittertums besteht (S. 3).

2 Vgl. die Einleitung zu Josef Fleckensteins Turnierband, der das Turnier als eine »unbestreitbare
Schöpfung des Rittertums« und damit als einen »getreuen Spiegel seiner (i. e. des Rittertums) materiellen Bedürfnisse, seiner Ideale und Möglichkeiten wie seiner Grenzen – und in ihnen der nicht zu
verkennenden Ambivalenz des Rittertums« bezeichnet (Josef Fleckenstein, Einleitung, in: Das
ritterliche Turnier im Mittelalter. Beiträge zu einer vergleichenden Formen- und Verhaltensgeschichte des Rittertums, hg. von Dems., Göttingen 1986, S. 12). Interessant ist, daß dem Band ein
Beitrag über das sozioökonomische und militärische Fundament niederadlig-ritterlichen Aufstiegs
in der spätmittelalterlichen deutschen Gesellschaft vorangestellt ist: Elsbet Orth, Ritter und Burg,
S. 19–74. Das zweite Fleckenstein-Zitat aus der Skizze: Josef Fleckenstein, Über den engeren und
den weiteren Begriff von Ritter und Rittertum (miles und militia), in: Person und Gemeinschaft.
Karl Schmid zum 65. Geb., hg. von Gerd Althoff u. a., Sigmaringen 1988, S. 379–392.

›Konstrukteuren‹ solcher Bilder, ihrem politischen (und ideologischen) Standort sowie dem Wirklichkeitsbezug ihrer Deutungsschemata nahe. Gerade dieser letzte Punkt erweist sich angesichts terminologischer Schwankungen in Quellen wie Forschungen als problematisch. Aus diesem Grunde sei zusammenfassend etwas über den sozialen Ort von *milites* und *equites* im kapetingischen Frankreich des 11. und 12. Jahrhunderts vorausgeschickt. Joachim Bumke charakterisiert den Prozeß der regionalen Dynamisierung, der sich vergleichbar etwa auch in der südwestdeutschen Ministerialität der Salierzeit beobachten läßt: »In einigen Teilen Frankreichs setzte bereits im 11. Jahrhundert eine Umschichtung ein, in deren Verlauf eine Schicht, deren Mitglieder in den Quellen als ›Ritter‹ *(milites)* bezeichnet wurden, sich als niederer Adel verfestigte«[3]. Diese neue Schicht berittener Berufskämpfer etablierte sich unterhalb der großen Châtelains und oft in deren Diensten. Diese hatten bereits in den Jahren 1020 bis 1050 weite Teile Frankreichs mit einem Netz von Burgen überzogen, befestigten Herrensitzen auf Allodialland, die zur Verteidigung der familiären Herrschaftsansprüche dienten und in diesem Sinne von der Forschung als »châteaux privés« gekennzeichnet wurden[4]. Karl Ferdinand Werner hat gezeigt, daß unter diesen ›neuen‹ Herrschaftsträgern auch Angehörige des alten, karolingischen Adels waren, die sozialen Verschiebungen mithin zunächst vertikal die durch Herkunft und Heirat verbundene Gruppe der *nobiles* erfaßten, ehe in ihrem Dienst eine weit weniger homogene Gruppe von *milites* aufsteigen konnte[5]. Doch ist auch hier schon bald ein Verstetigungsprozeß zu spüren, der sich in der Entstehung ritterlicher *familia* und Lehnsgefolgschaften im Dunstkreis der festen Herrschaftssitze äußerte. Diese langsam in den Niederadel aufsteigenden *milites* bilden den sozialhistorischen Ausgangspunkt des vorliegenden Beitrags, entsprechen sie doch weitgehend dem Erfahrungshorizont und Blickpunkt der folgend zu behandelnden Autoren des 12. Jahrhunderts.

Mit dem sozialen Wandel geht eine Verschiebung kirchlicher Wertmaßstäbe einher, die im Pontifikat Gregors VII. mit den Händen zu greifen ist. Noch die römische Fastensynode von 1078 formulierte apodiktisch: Wer das *officium* des *miles* oder *negotiator* ausübe, sei der Sünde verfallen. Um das Seelenheil zu retten, müßten die Waffen abgelegt und die Handelsgeschäfte aufgegeben werden[6]. Zugleich sind es die Ablässe für die spanische Reconquista, die unter demselben Papst den Schulterschluß zwischen Kirche und Rittertum vorzeichnen[7]. Dem vorliegenden Beitrag

---

3   Joachim Bumke, Höfische Kultur. Literatur und Gesellschaft im hohen Mittelalter, München [7]1994, S. 70. Ähnliches hat Fleckenstein für Deutschland untersucht: Josef Fleckenstein, Die Entstehung des niederen Adels und das Rittertum, in: Herrschaft und Stand. Untersuchungen zur Sozialgeschichte im 13. Jahrhundert, hg. von Dems., Göttingen 1977, S. 17–39.
4   Dazu zusammenfassend Dominique Barthélemy, L'ordre seigneurial. XIe–XIIe siècle, Paris 1990, S. 37–46.
5   Karl Ferdinand Werner, Du nouveau sur un vieux thème. Les origines de la »noblesse« et de la »chevalerie«, in: Comptes rendus des séances de l'Académie des Inscriptions et des Belles Lettres, Paris 1985, S. 186–200. Vgl. auch Barthélemy (wie Anm. 4) S. 38f.
6   Mansi XX, Sp. 510.
7   Grundlegend Carl Erdmann, Die Entstehung des Kreuzzugsgedankens, Darmstadt 1955 (zuerst 1935), bes. Kap. VII. »Militia sancti Petri«.

geht es um die historiographischen und politischen Texte zeitgenössischer Kirchenleute, in welchen Vorstellungen und Modelle zum sozialen Wandel im allgemeinen
und zum ritterlichen Aufstieg und Auftrag im besonderen formuliert sind. In unterschiedlicher Weise bündeln sich hier historische Erfahrungen der Kreuzzugszeit,
sodann verschiedene Deutungen, Wertungen und Interessen, die zum einen etwas
über die Wahrnehmung sozialer Phänomene in einer spezifischen Öffentlichkeit
und zum anderen viel über die Instrumentalisierbarkeit des christlich besetzten Ritterideals aussagen. Hinter letzterem steht zugespitzt die Frage, ob eine ›Vermittlung‹
zwischen kulturellem Ideal und sozialem Milieu, wenn sie nicht abseits des zeitgenössischen Problembewußtseins überhaupt lag, so doch zumindest nur eine rein
intellektuelle Leistung, ein theoretisches Konstrukt in bestimmter, primär politischer Absicht war. Für diese Annahme spricht zunächst, daß mittelalterliche Texte
im allgemeinen von einer problemlosen Rezeption der Begriffe ausgehen, wenn sie
etwa im gleichen Atemzuge aufsteigende Ministeriale als *milites* und die Tugenden
des Königs bewundernd als *militaris* kennzeichnen[8]. Der jeweilige Kontext machte
klar, ob von »Amt, Würde, Stand oder Idee« (W. Paravicini) des Rittertums die Rede
war. Daß gerade in historiographischen Entwürfen Überlegungen zum Stand und
zur Idee dennoch zusammengebracht wurden, ist schon deshalb bemerkenswert, da
sich die als ›Ritter‹ bezeichnete soziale Gruppe dem Ethos ›ritterlichen‹ Verhaltens
fast vollständig zu entziehen scheint.

Damit knüpft die Problemstellung an bekannte Forschungshypothesen zur Haltung der Kirche gegenüber dem hochmittelalterlichen Rittertum an: Zum einen hat
man auf die Gottesfriedenskonzile der französischen Kirche des 11. und 12. Jahrhunderts hingewiesen, auf denen eine neue ritterliche Ethik, gleichsam ein neuer,
›säkularer‹ Typus des *miles Christi*, eine Antwort auf unkontrollierbare Fehden und
gewaltsame Übergriffe bewaffneter Adliger gegen Kirchen und Schutzlose geben
sollte[9]. Zum anderen hatte – nach Georges Duby und anderen – ein theologisches
Gesellschaftsmodell Konjunktur, das unter dem Schlagwort der *bellatores* Herrscher, Hochadel, Niederadel und sogar Ministeriale zu einer idealen Funktionsgemeinschaft vereinte, die langsam auch ein adelsübergreifendes Standesbewußtsein
auszuprägen begann[10]. Idee und Ideologie der Kreuzzüge im Umfeld des Reformpapsttums schließlich verschafften der Heiligung des Krieges und der ihm geweiten Lebensform einen Allgemeinplatz in der abendländischen Gesellschaft[11]. Einer
der Anhänger Gregors VII., Bonizo von Sutri, spricht programmatisch von den im
Dienste der Kirche gefallenen Edlen Erlembald und Decentius, *ad quorum sepulcra*

---

8 Vgl. BUMKE (wie Anm. 1) S. 68f.
9 ERDMANN (wie Anm. 7); zusammenfassend Franco CARDINI, Der Krieger und der Ritter, in: Der
   Mensch des Mittelalters, hg. von Jacques LE GOFF, 2., korr. Aufl., Frankfurt a. M., New York 1990,
   S. 87–129, hier S. 91f. Neuere Ergebnisse in dem Sammelband ›Militia Cristi‹ e Crociata nei secoli
   XI–XIII, Mailand 1992.
10 Georges DUBY, Die drei Ordnungen. Das Weltbild des Feudalismus, Frankfurt a. M. 1986 (frz.
   1978); zur Kritik an Duby und zur Präzisierung der hier angedeuteten Zusammenhänge vgl. besonders die Arbeiten von Otto Gerhard OEXLE (wie Anm. 43). Vgl. auch Maurice KEEN, Das Rittertum, Reinbeck 1991, S. 7–33.
11 ERDMANN (wie Anm. 7), Kap. VII; vgl. dazu näher Jean FLORI, L'essor de la chevalerie aux XIᵉ et
   XIIᵉ siècles, Genf 1986.

multa miracula Deus operatur. Ihr Dienst mit dem Schwert, nicht ihre Frömmigkeit habe sie zu Heiligen gemacht: *Igitur pugnent gloriosissimi Dei milites pro veritate, certent pro iustitia*[12]. Forschungen Jean Floris haben zudem aufgewiesen, wie sehr bereits seit karolingischer Zeit an einer christlichen »idéologie du glaive« gearbeitet wurde, die später in der gleichsam liturgischen Zeremonie des Ritterschlags ihren symbolischen Ausdruck fand[13]. – Es ist das intellektuelle Milieu der Kirchenreform und Gottesfrieden, dem im weiteren Sinne die hier behandelten Autoren aus der ersten Hälfte des 12. Jahrhunderts zuzuordnen sind, wenn sie die soziale Problematik des unkontrollierten ritterlichen Aufstiegs und politischen Ordnungsverlusts sowie die Chancen und Gefahren der Kreuzzüge aufgreifen: Guibert von Nogent *(Gesta Dei per Francos, De vita sua)*, Fulcher von Chartres *(Historia Hierosolymitana)*, Bernhard von Clairvaux *(De laude novae militiae)*, Suger von Saint-Denis *(Vita Ludovici Grossi)*.

Unstrittig ist, daß die hier diskutierten Modelle – Gottesfrieden, Kreuzzüge, geistliche Ritterorden und sakralisierte Königsherrschaft – einen engen Bezug zur sozialen Realität suchen. Dies liegt bereits nahe, wenn man bedenkt, daß die ausgewählten Autoren selbst einen prominenten Typus der hochmittelalterlichen Adelsgesellschaft repräsentieren: Als gelehrte Standesgenossen waren sie in kirchen- und allgemeinpolitische Entscheidungsprozesse eingebunden – am exponiertesten natürlich Bernhard und Suger. Als Vertreter eines Klosters – zum Beispiel Guibert als Abt im Territorium der Herren von Coucy oder Suger noch als Prior des kleinen Klosters Toury im Interessengebiet derselben Familie – verfügten sie über genügend leidvolle Erfahrungen mit den Abhängigkeiten gegenüber dem Lokaladel. Alle vier Kirchenleute schließlich nahmen Anteil an der Konzeption und Realisierung der Kreuzzüge: Guibert als Historiograph, Fulcher als Kreuzzugsteilnehmer und Kaplan des ersten Königs von Jerusalem, Bernhard als Propagandist des zweiten Kreuzzugs und Suger als Regent für den kreuzfahrenden König Ludwig VII. Als alleinige Erklärung wird diese literatursoziologische Beobachtung der eigentlichen Leistung des gesellschaftsbezogenen ›Diskurses‹, der in solchen Texten geführt wird, unterdessen nicht gerecht.

II. Melusines Söhne – ritterliche Welt und Werte der Kreuzzugszeit

Zunächst sei ein Mythos und seine von Jacques Le Goff und anderen vorgetragene Interpretation ins Gedächtnis gerufen. Beides hat unmittelbar mit unserer Thematik zu tun, mit dem Aufstieg eines eher unbedeutenden Adelshauses aus dem Poitou zur Zeit und im Gefolge der Kreuzzüge. Die Rede ist vom im Mittelalter vielfach bearbeiteten Melusine-Stoff in den spätmittelalterlichen Versionen des Jean d'Arras (1387/94) und des Pariser Buchhändlers Couldrette (1401/05)[14]. Das im frühen 13.

---

12 Bonizo von Sutri, Liber ad amicum, MIGNE PL 150, Sp. 856.
13 Jean FLORI, L'idéologie du glaive. Préhistoire de la chevalerie, Genf 1984. Zum zweiten Aspekt: DERS., Chevalerie et liturgie, in: Le Moyen Age 84 (1978) S. 247–278, 409–442.
14 Hier und im folgenden Jacques LE GOFF, Melusine – Mutter und Urbarmacherin, in: DERS., Für ein anderes Mittelalter. Zeit, Arbeit und Kultur im Europa des 5. bis 15. Jahrhunderts, Weingarten 1987, S. 147–174 (frz. 1971). Einen stoffgeschichtlichen Überblick bietet neuerdings Claude LE-

Jahrhundert von Walter Map, Gervasius von Tilbury und anderen aufgegriffene Grundmotiv, das in den späteren Bearbeitungen ausgeschmückt, im Kern aber beibehalten wird, ist folgendes: Ein Adliger trifft auf der Jagd oder an einem Fluß eine ihm unbekannte Schönheit, die ihm Reichtum und Wohlergehen verspricht, falls er sie heirate. Nur eine Bedingung sei unumgehbar: Er dürfe sie nie nackt sehen wollen (Gervasius) oder sie müsse jeden Samstag das Recht auf einen freien Tag haben (Jean d'Arras). Die Geschichte nimmt ihren Lauf; Reichtum und vor allem eine große und tatkräftige Nachkommenschaft stellen sich ein, bis zu der Stunde, da durch Neugier oder Intrige der Tabubruch alles Glück mit einem Schlag in Unglück verwandelt. Der Adlige beobachtet seine Frau im Bade oder folgt ihr des samstags in den Wald und entdeckt ihre eigentliche Beschaffenheit, halb Drache (Walter Map) oder Schlange (Jean d'Arras) zu sein. In epischer Breite erzählen die beiden späten Bearbeiter vor allem von den Helden- und Schandtaten der Söhne aus dieser geheimnisvollen Verbindung. Zudem nennen sie – im Unterschied zu den Zeugnissen des 13. Jahrhunderts – die Schlangenfrau und das Adelsgeschlecht mit Namen: Melusine und die Lusignan[15].

Nun ist hier nicht der Ort, um den literaturgeschichtlich interessanten Typus der »gestörten Mahrtenehe« weiterzuverfolgen[16]; vielmehr ist in aller Kürze nach der historischen Familie der Lusignan und ihrer Verbindung zum Melusine-Stoff zu fragen. Arbeiten von Sidney Painter und anderen haben den ungewöhnlichen Werdegang des südwestfranzösischen Adelsgeschlechtes nachgezeichnet[17]: Die kleinen Lehnsleute des Bischofs von Poitiers spielten in Frankreich nach erfolglosen Ambitionen auf das Grafenamt in La Marche allenfalls als Gegner der Grafen von Poitou, seit 1152 die englischen Könige, eine Rolle. Als Kreuzzugsteilnehmer zeichneten sie sich jedoch vor allen anderen aus: Hugo VI. von Lusignan (gest. 1110) begleitete Herzog Wilhelm IX. von Aquitanien im Jahre 1101 nach Jerusalem; sein Sohn, Hugo VII., starb auf dem zweiten Kreuzzug im Gefolge König Ludwigs VII.; Hugo VIII. geriet 1164 nach der Schlacht bei Harim in Gefangenschaft. Erst dessen Söhne Aimerich und Guido ließen sich dauerhaft im Heiligen Land nieder. Guido heiratete 1180 die Schwester des schwerkranken Königs Balduin IV. von Jerusalem, Sibylle, und rückte als Graf von Askalon und Jaffa in eines der größten Kronlehen des Königreiches ein. 1183 bereits zum Vikar des Königs in militärischen Fragen ernannt, setzte sich Guido nach dem Tod Balduins IV. und bald auch seines Neffen Balduin V. im Jahre 1186 (bis 1190) als neuer König durch. Nach der Niederlage von

COUTEUX, Mélusine et le Chevalier au cygne, Paris 1997. Vgl. auch Françoise CLIER-COLOMBANI, La fée Mélusine au Moyen Age. Images, mythes et symboles, Paris 1991.

15 Der Titel des Romans von Jean d'Arras lautet »La noble histoire de Lusignan ou Le Roman de Melusine en prose«; derjenige Couldrettes »Le Roman de Lusignan ou de Partenay ou Mellusine« (LE GOFF [wie Anm. 14] S. 150).

16 Vgl. dazu Lutz RÖHRICH, Erzählungen des späten Mittelalters und ihr Weiterleben in Literatur und Volksdichtung bis zur Gegenwart. Sagen, Märchen, Exempel, Schwänke, Bd. 1–2, Bern, München 1962–1967, bes. Bd. 1, S. 243–253.

17 Hier und im folgenden Sidney PAINTER, The Houses of Lusignan and Châtelleraut 1150–1250, in: Speculum 30 (1955) S. 374–384; DERS., The Lords of Lusignan in the Eleventh and Twelfth Centuries, in: Speculum 23 (1957) S. 27–47. Vgl. mit neuerer Literatur auch Robert FAVREAU, Jean RICHARD, s. v. Lusignan, in: Lexikon des Mittelalters 6, München, Zürich 1993, Sp. 17–21.

Hattin wich er nach Zypern aus, das er als eigenständiges Königreich 1194 seinem
Bruder Aimerich hinterließ. Bis ins 15. Jahrhundert trugen die Lusignan den Titel
der Könige von Zypern, zu dem 1342 auch das Königreich Armenien kam. Der
gesellschaftliche Aufstieg dieser Familie blieb auch in Frankreich nicht ohne Folgen:
So vereinigte man bis zum Tod des kinderlosen Hugo XIII. im Jahre 1303 die Gra-
fenämter von La Marche und Angoulême, die Vizegrafschaft von Châtellerault und
nach der Eroberung des Poitou durch Philipp II. große Teile der dortigen Herrschaften in einer Hand.

In den gerade das Poitou erfassenden Wirren des Hundertjährigen Krieges entstand eine Fassung des Melusine-Mythos, die den Aufstieg des Hauses literarisch
beschrieb. Daß wir hier eine für das Selbstverständnis der Lusignan bedeutsame Fiktion vor uns haben, verrät allein der Umstand, daß Melusine in das Familienwappen
aufgenommen wurde, auch wenn der Zeitpunkt ebenso wie derjenige der ersten
Berührung zwischen Familie und Mythos nicht näher bestimmt werden kann als
zwischen der Mitte des 13. und dem Ende des 14. Jahrhunderts[18]. Sicher ist damit
auszusagen, daß es um eine Ursprungsfiktion der ehedem ritterlichen Familie aus
der rückblickenden Perspektive des längst etablierten Königs- und Grafenhauses
geht. Hier sieht Jacques Le Goff auch die eigentliche Bedeutung der angezeigten
Verbindung: Der erste Lusignan (Raimondin nach Jean d'Arras) ist ein ehrgeiziger
Kleinvasall, dem alle Mittel recht sind, Herrschaft und Territorium zu erweitern.
Die geheimnisvolle Fee ermöglicht einen ungeahnten Aufstieg; Le Goff pointiert:
»Sie ist die symbolische und magische Inkarnation ihres (i. e. der Lusignan) sozialen
Aufstiegswillens«[19]. Die Ritter nehmen skrupellos die ihnen gebotenen Aufstiegs-
chancen an, die die Zeit ihnen – für viele überraschend – bietet. Der Melusine-
Mythos benennt klar die Erscheinungsformen dieses Aufstrebens: Burgenbau und
die Gründung einer Dynastie, territoriale Zuwächse, Klostergründung, Teilnahme
am Kreuzzug, Königsdienst und vorteilhafte Heirat, zeigt aber – am Beispiel des von
Geoffroy zerstörten Klosters Maillezais – schonungslos auch dessen Fundamente:
Gewalt und militärische Macht[20]. Die Lusignan stilisierten mit Hilfe des älteren
Melusine-Motivs ihren Aufstieg im Zeitalter der Kreuzzüge zu einer Wunderge-
schichte, die ihnen historische Legitimation ersetzte und zugleich die Stützen ihrer
Macht deutlich signalisierte. Die Kreuzzüge schufen Bedarf und zugleich soziale
Anreize für jene Schicht berittener Berufskämpfer, die zuvor vielerorts nur durch
Gewalt und Usurpation zu meist unbedeutenden Titeln und Territorien gekommen
waren, ein Prozeß, den Yves Sassier ab etwa 1020 unter dem Stichwort »dissémina-
tion du pouvoir« als die Entstehung der »seigneurie banale« beschreibt[21].

---

18 Le Goff (wie Anm. 14) S. 157f. und Lecouteux (wie Anm. 14) S. 15–24.
19 Ebd. S. 165.
20 In der Fassung des Jean d'Arras und Couldrettes läßt sich dieses Spektrum an der Karriere der
    Söhne Melusines und Raimondins ablesen: Urian wird König von Zypern, Guion König von
    Armenien, Renaud König von Böhmen, Geoffroy kämpft heldenhaft gegen die Sarazenen, brennt
    aber in Frankreich das Kloster Maillezais nieder. Vgl. auch die deutsche Bearbeitung Couldrettes
    des Thüring von Ringoltingen (Elisabeth Pinto-Mathieu, Le roman de Mélusine de Couldrette et
    son adaption allemande dans le roman de prose de Thüring von Ringoltingen, Göppingen 1990).
21 Im Überblick Olivier Guillot, Albert Rigaudière, Yves Sassier, Pouvoirs et institutions dans la
    France médiévale, Paris 1994, Bd. 1, S. 177–182.

Der märchenhafte Kreuzzugserfolg der Lusignan war kein Einzelfall; deshalb diente er hier als Einführung. Das immer noch grundlegende Werk von Du Cange, Les familles d'Outremer (Paris 1869) zeigt in sorgfältigen genealogischen Analysen den Werdegang einer Reihe Ritterbürtiger und Kleinadliger, die in den Kreuzfahrerstaaten zu höchsten Ehren und zur Gründung eigener Dynastien kamen: beispielsweise die Châtillon, Courtenay, Montréal, Ibelin, Giblet und Le Puiset[22]. Vor allem Joshua Prawer hat die Familiengeschichten in den Kreuzfahrerterritorien weitergeführt, indem er mit den Assisen die rechtlichen Voraussetzungen eines solchen für das alte Europa undenkbaren Aufstiegs näher untersuchte[23]. Die Forschung hat insgesamt deutlich machen können, daß es den Kreuzfahrern bis zur Schlacht von Hattin in der Tat gelungen war, ein funktionierendes Feudalsystem einzurichten, dessen Fundamente unzweifelhaft in den vorzüglichen Aufstiegschancen für abendländische Ritter lagen[24]. Niemand formuliert dies im übrigen deutlicher als Fulcher von Chartres, wenn er um 1127 in der Überarbeitung seiner Kreuzzugschronik zu Jerusalem schreibt: »Die wir Abendländer waren, sind jetzt zu Orientalen geworden; wer Römer oder Franzose war, ist in diesem Lande zum Galiläer oder Palästinenser geworden; wer aus Reims oder Chartres stammte, wurde zum Tyrer oder Antiochener. (…) Schon besitzt der eigene Häuser und Diener wie aus väterlichem Erbrecht. (…) Tagtäglich folgen uns unsere Angehörigen und Getreuen; denn wer dort (in der Heimat) mittellos war, den hat Gott hier reich gemacht; wer wenig Geld hatte, besitzt hier zahllose Byzantiner, und wer kein Dorf besaß, dem gehört hier durch die Gabe Gottes eine ganze Stadt«[25].

Die Kreuzfahrerterritorien sind indessen nur der eine Schauplatz jener hochmittelalterlichen »transformations sociales dans le milieu aristocratique«, denen Georges Duby einen erhellenden Artikel widmet[26]. Der andere, längerfristig bedeutsamere liegt in der französischen Heimat. Duby beobachtet Veränderungen in Kampfstil und technischer Ausrüstung sowie in den Heiratsgepflogenheiten des ausgehenden 12. Jahrhunderts, die Aufsteigern den Eintritt in die Aristokratie erleichterten, zugleich aber deren Handlungsfähigkeit gegenüber der Königsgewalt

22 Vgl. dazu das Fazit von Joshua Prawer: »In the eleventh century we shall not find among the great feudal European dynasties the future ancestors of the great tenant-in-chief of Jerusalem« (Joshua PRAWER, Crusader Institutions, Oxford 1990, S. 7) und allgemeiner die Kreuzzugsgeschichte von Steven RUNCIMAN, A History of the Crusades, Bd. 2: The Kingdom of Jerusalem and the Frankish East 1100–1187, London 1952, bes. auch die genealogischen Tafeln des Anhangs.

23 Vgl. im Überblick Hans Eberhard MAYER, Bibliographie zur Geschichte der Kreuzzüge, Hannover 1960, S. 86 (Editionen der Assisen des lateinischen Orients) und S. 199–202 (Forschungen zur Sozial- und Siedlungsgeschichte in den Kreuzfahrerstaaten); dazu Joshua PRAWER, La noblesse et le régime féodal du royaume latin de Jérusalem, in: Le Moyen Age 65 (1959) S. 41–74 und Hans Eberhard MAYER, Bistümer, Klöster und Stifte im Königreich Jerusalem (MGH-Schriften 26), Stuttgart 1977.

24 Hans Eberhard MAYER, Geschichte der Kreuzzüge, Stuttgart [8]1995, S. 141f.; vgl. PRAWER (wie Anm. 22) und Jonathan RILEY-SMITH, The assise sur la ligece and Commune of Tacre, in: Traditio 27 (1971) S. 179–204.

25 Fulcher von Chartres, Historia Hierosolymitana, ed. Hans HAGEMEYER, Heidelberg 1913, Buch III, 37, S. 748. Übersetzung nach MAYER (wie Anm. 24) S. 80.

26 Georges DUBY, Les transformations sociales dans le milieu aristocratique, in: La France de Philippe Auguste. Le temps des mutations, hg. von Robert-Henri BAUTIER, Paris 1982, S. 711–719.

schwächten[27]. Den Aspekt der Königsherrschaft in ihrer Zuordnung zu einer sich stratifizierenden Adelsgesellschaft haben maßgeblich Jean François Lemarignier sowie mehrere seiner Schüler behandelt[28]. Mit der oft konstatierten Schwäche der königlichen Zentralgewalt in den meisten Teilen des kapetingischen *regnum* im 11. Jahrhundert erklären diese Untersuchungen den Verlust öffentlicher Institutionen und die Entstehung lokaler Herrschaften mit eigener Burg und Rechtsprechung. Eine gleichsam gegenläufige Bewegung bot Burgherren, Rittern und Ministerialen dann die Chancen einer Legitimierung dieses Zustands: Bereits Lemarignier hat für die Zeit König Philipps I. (1060–1108) einen erheblichen »progrès des grands officiers dans l'entourage royal« in den Zeugenlisten der königlichen Urkunden festgestellt. Entscheidend ist deren soziale Herkunft: »Ils appartenaient au monde des châtelains de l'Ile-de-France, branches aînées ou cadettes, châtelains majeurs ou mineurs, et aussi des chevaliers«[29]. Mit einer solchen Verbindung Königtum / Ritterschaft war die Möglichkeit eines rechtmäßigen sozialen Aufstiegs für einen Teil der aufstrebenden Gruppen gegeben, welche dem König im Augenblick der Erstarkung das entscheidende Hilfsmittel an die Hand gab. Die zunehmende Indienstnahme ministerialisch-ritterlicher Amtsträger und die parallele Entmachtung konkurrierender Adelsansprüche kann schon für die Zeit Ludwigs VI. (1108–1137) und Ludwigs VII. (1137–1180) als gezielte Strategie königlicher Herrschaftsorganisation angesehen werden. Daß damit ein bestimmtes Konzept der Sakralisierung des Monarchen einherging, wird Thema des Kapitels über Suger von Saint-Denis sein.

---

27 »Les conséquences rapides furent, en élargissant cette strate sociale (i. e. l'aristocratie), de la rendre plus poreuse, moins strictement fermée à la montée des parvenus, et finalement de l'affaiblir pour le plus grand avantage de l'autorité royale« (ebd. S. 716).

28 Jean François LEMARIGNIER, Le gouvernement royal aux premiers temps capétiens (987–1108), Paris 1965; weiterführend vor allem Eric BOURNAZEL, Le gouvernement capétien au XIIᵉ siècle, 1100–1180. Structures sociales et mutations institutionnelles, Paris 1975. Als regionale Studien seien u. a. hervorgehoben: Yves SASSIER, Recherches sur le pouvoir comtal en Auxerrois du Xᵉ au début du XIIᵉ siècle, Paris 1980; Michel PARISSE, Noblesse et chevalerie en Lorraine médiévale. Les familles nobles du XIᵉ au XIIIᵉ siècle, Nancy 1982; Dominique BARTHÉLEMY, Les deux âges de la seigneurie banale, Coucy (XIᵉ–XIIIᵉ siècle), Paris 1984, sowie natürlich die beiden älteren Standardwerke von Robert FOSSIER, La terre et les hommes en Picardie jusqu'à la fin du XIIIᵉ siècle, Paris 1968 und Olivier GUILLOT, Le comte d'Anjou et son entourage au XIᵉ siècle, Paris 1972. Vgl. weiterführend die Synthese: Jean-Pierre POLY, Eric BOURNAZEL, La mutation féodale. Xᵉ–XIIᵉ siècle, Paris ²1991. Zur Rolle der Kirche ebd.: »La ›nouvelle aristocratie‹ du XIᵉ siècle est peut-être une classe sociale, mais il faut reconnaître qu'elle est fort composite. Sa strate supérieure est formée par l'ancienne noblesse issue des temps carolingiens. (…) Les échelons médians paraissaient s'être formés de façon différente au Nord et au Midi. Dans le nord, les alleutiers, intégrés depuis longtemps à l'ost franc, puis passés au service des sires, ont réussi à s'allier aux anciens nobles. (…) Au Midi, c'est plus tard, et par l'intermédiaire de la chévalerie, que se réalise vraiment l'alliance de la noblesse et des petits propriétaires. (…) Cette ›fusion idéale‹ que réalise la chévalerie entre deux niveaux sociaux en fait bien inégaux semble s'être développé à partir de deux foyers distincts: Cluny d'abord (…), les maison militaires épiscopales, de Chartres à Reims, ensuite« (S. 192).

29 LEMARIGNIER (wie Anm. 28) S. 153 und die Tafeln im dortigen Anhang.

III. *Ordo equestris* zwischen Gewaltherrschaft und Gottesdienst: Guibert von Nogent

Einer der frühesten Gewährsleute für die Wahrnehmung und Deutung des Kreuzzugsgeschehens in Frankreich ist der Abt Guibert von Nogent (gest. um 1125), dessen Kreuzzugsgeschichte *(Gesta Dei per Francos)* um 1104/08 und Autobiographie *(De vita sua)* für unsere Thematik aufschlußreich sind[30]. Die Exposition des Themas im ersten Kapitel der Kreuzzugsgeschichte, die in den Fakten weitenteils dem anonymen Augenzeugenbericht der *Gesta Francorum* folgt[31], lohnt eine genauere Betrachtung: Es handelt sich um eine Reflexion über das Verhältnis von Geschichte und Krieg. Eine Reihe großer Heerführer der Antike muß mit dem Vorwurf leben, ohne rechten Grund sei Krieg zu verurteilen, weil er nur die Herrschsucht befriedige[32]. Anders seien freilich die *gesta bellica* der christlichen Völker zu beurteilen, die auf Befehl der Könige und Großen *per Dei gratiam* ausgeführt würden. »Was aber«, so fährt Guibert fort, »soll ich von jenen sagen, die ohne Herrn und König, allein auf Gottes Geheiß, nicht nur aus der heimatlichen Provinz, sondern auch aus ihrem Reich und sogar aus den benachbarten Ländern und Sprachen heraus bis in die Mitte des ganzen Erdkreises aufbrachen?«[33]. Der unvergleichliche Sieg des ersten Kreuzfahrerheeres *(nova et incomparabilis Iherosolimitanae expeditionis victoria)* ist der chronistische Fluchtpunkt dieser Exposition, – ›incomparabilis‹ weist dem Geschehen eine neue Qualität im historischen Ablauf zu, eine heilsgeschichtliche Bedeutung. Auftrag und Motivation der Kreuzfahrer lassen sich, gereinigt von allen weltlichen Infliktionen, auf eine Formel bringen: *pro sola sanctae Ecclesiae tuitione*[34]. Als gerechten Krieg und heiligen Kampf wertet Guibert – noch ganz auf der Linie des Augustinischen *bellum iustum*[35] – das Kreuzzugsgeschehen insgesamt, das jedoch – und hier liegt die Pointe der Argumentation – im heilsgeschichtlichen Plan ein besonderes Anliegen der Zeit erfülle: die Läuterung der Ritterschaft. Gott selbst habe den Kreuzzug befohlen, damit der in Fehden verstrickte Ritterstand einen neuen Heilsweg finde, der ihm die Beibehaltung seiner Lebensform ermögliche: *At quoniam in omnium animis haec pia desinit intentio* (i. e. *tuitio s. ecclesie*) *et habendi cunctorum pervasit corda libido, instituit nostro tempore prelia sancta deus, u t ordo equestris et vulgus oberrans, qui vetustae paganitatis exemplo in mutuas*

---

30 Zu Guibert einführend – neben den Einleitungen der unten genannten Editionen – das Dictionnaire des lettres françaises, Bd. 1: Le Moyen Âge, 2., überarb. Aufl. hg. von Geneviève HASENOHR, Michel ZINK, Paris 1992, S. 588–590, Max MANITIUS, Geschichte der lateinischen Literatur des Mittelalters, Bd. 3, München 1931, S. 416–421. Zur Rezeptionsgeschichte vgl. Robert B. C. HUYGENS, La tradition manuscrite de Guibert de Nogent (Instrumenta patristica 21), Den Haag 1991. Die hier zugrundegelegten Editionen sind: Guibert de Nogent, Autobiographie. Introduction, édition et traduction par Edmond-René LABANDE, Paris 1981; Gesta Dei per Francos, ed. Robert B. C. HUYGENS (CCCM 127 A), Turnhout 1996. Die Werke werden im folgenden zitiert als: De vita sua und Gesta Dei.
31 Dictionnaire des lettres françaises (wie Anm. 30) S. 589f.
32 Gesta Dei I, 1, S. 86.
33 Hier und im folgenden: Gesta Dei I, 1, S. 86 (meine Übersetzung).
34 Ebd.
35 Vgl. Frederick H. RUSSEL, The Just War in the Middle Ages, Cambridge 1974.

versabantur cedes, n o v u m r e p p e r i r e n t s a l u t i s p r o m e r e n d a e g e n u s, ut nec funditus electa, uti fieri assolet, monastica conversatione seu religiosa qualibet professione, seculum relinquere cogerentur, s e d s u b c o n s u e t a l i c e n t i a e t h a b i t u ex suo ipsorum officio dei a l i q u a t e n u s gratiam consequerentur[36].

Die Idee, so faszinierend sie als Deutung der ersten Kreuzzugserfolge scheint, ist nicht originär, sondern nimmt den Grundgedanken der Gottesfrieden wieder auf. In dem französischen Teil der Reimser Kirchenprovinz, in dem Guiberts Diözese Laon liegt, verkündete bereits 1049 Papst Leo IX. eine *Pax Dei*, die gemeinsam mit dem Statut Erzbischof Rainalds I. (1083–1096) sowie dessen Bestätigung durch Manasses II. (1096–1106) die für diesen Landesteil geltenden Friedensgebote formuliert[37]. Für jeden Adligen, der sich verpflichtete, die *Pax* zu respektieren und notfalls mit Waffen wiederherzustellen, sah das Statut des Erzbischofs einen Ablaß vor, der an den wenig später in Clermont versprochenen Kreuzzugsablaß erinnert; jedem Friedens- und Eidbrecher (ausdrücklich spricht der Text die *domini civitatum et castellorum et munitionum* an) drohten hingegen Interdikt und Vergeltungsfeldzug[38]. Guibert, der, aus einem Adelsgeschlecht des Beauvaisis stammend, im Jahre 1104 zum Abt des kleinen Klosters Nogent-sous-Coucy in der Diözese Laon gewählt wurde und sich mehr als einmal als kritischer Beobachter der kirchenpolitischen Verhältnisse in Nordfrankreich zeigt[39], nimmt in seiner Autobiographie das Motiv des Gottesfriedens und der Treuga Dei dort auf, wo er den Feldzug König Ludwigs VI. gegen Thomas von Marle, den berüchtigten Herrn von Coucy, beschreibt: Der Schmerzensschrei der Kirche gegen diesen Tyrannen sei nach einer neuerlichen Mordtat endlich bis an das Ohr des Königs gelangt, der darauf einen Feldzug beschloß. *Tunc archiepiscopus et episcopi, factis in altum gradibus, multitudinem asciverunt, commonitorium eis pro negotio fecerunt, a p e c c a t i s a b s o l v e r u n t et, ut sub nomine poenitentiae castro illi, quod Creciacum (i. e. Crécy) vocant, d e s a l u t e a n i m a r u m tuti irruerent imperarunt*[40]. Die Terminologie ist eindeutig: Guibert stilisiert den Feldzug des Königs unter Beteiligung des hohen Klerus der Reimser Provinz zum Kreuzzug; das Vorbild dafür lieferte ihm das 1114 in Beauvais unter einem Legaten Paschalis' II.

---

36 Gesta Dei I, 1, S. 87 (meine Hervorhebung). Vgl. dazu auch DUBY (wie Anm. 10) S. 320ff.

37 Hartmut HOFFMANN, Gottesfriede und Treuga Dei (MGH-Schriften 20), Stuttgart 1964, bes. S. 185–194.

38 Ebd. S. 187.

39 In seinem dem hl. Bruno von Köln gewidmeten Kapitel der Autobiographie brandmarkt er beispielsweise den Erzbischof Manasses I. von Reims (1069–1080) als Simonist *(Manasses quidam* [...] *praedictae urbis* [i. e. Reims] *regimini simoniace se intrusit)* und als Dummkopf im geistlichen Amt: »Bonus«, ait (Manasses), »esset Remensis archiepiscopatus, si non missas inde cantari oporteret« (De vita sua I, 11, S. 62–64). Als Augenzeuge verfolgte er dann die Streitigkeiten, die um die Neubesetzung des Bistums Laon nach der Ermordung des Bischofs Galdricus im Jahre 1112 ausbrachen. Offen klagte er dabei den König und sein Umfeld der Förderung simonistischer Handlungen an, wenn er für den zweiten Nachfolger des Galdricus, Bartholomäus de Joux, nicht ohne Ironie feststellt: *Quo decedente* (i. e. Bischof Hugo a. 1112/13), *iste* (i. e. Bartholomäus) *legitime et invitus eligitur: in hoc, inquam, legitime, quia in nullo venalis introiit, nec quidquam symoniace agere intendit* (De vita sua III, 14, S. 396).

40 De vita sua III, 14, S. 410 (meine Hervorhebung). Vgl. zu Thomas von Marle auch die Bewertung bei Suger von Saint-Denis, Vita Ludovici Grossi, c. 24, ed. Henri WAQUET, Paris 1929, S. 173–178 sowie die Literatur unter Anm. 42.

abgehaltene Konzil, das Thomas als *hostis Jesu Christi* exkommunizierte und unter Berufung auf die Friedensgebote einen Sühnefeldzug mit Ablaßversprechen proklamierte[41]. Man versteht Guiberts gesellschaftliche Urteile besser, wenn man die endlosen Konflikte und Probleme in Rechnung stellt, die er mit den Herren von Coucy auszutragen hatte, den Stiftern der Abtei und mächtigen Burgherren, unter denen nicht nur besagter Thomas berüchtigt war für seine Gewalttätigkeit[42].

Gleichwohl lassen sich auch abstrakte Konstituenten seines Gesellschaftsbildes festmachen: Sein Blick konzentriert sich auf die ersten beiden Stände, was sich für kirchlich-adlige Historiographie fast von selbst versteht[43]. Die jüngsten bürgerlichen Emanzipationsversuche, die er in der Kommune von Laon aus nächster Nähe verfolgt, erfüllen ihn sogar mit Abscheu und Sorge[44]. Aus seinen Deutungen ist vor allem herauszuhören, daß nur der Adel zu höheren Diensten in Kirche und ›Welt‹ berufen sei[45]. Vielleicht kann man hier ein Mißtrauen gegenüber der zunehmenden Zahl von Unfreien im Dienst König Ludwigs VI. heraushören[46]. – Die gesellschaftstheoretischen Vorstellungen umfassen zudem eine als wesentlich empfundene religiös-ethische Komponente. Die aufstrebenden Freigeborenen müssen ihren Erfolg durch gute Werke – im eigentlichen Wortsinn – verdienen, sei es in der ›Welt‹ oder in der Kirche. Die Bipolarität von ritterlich-adliger und klerikal-monastischer Lebensform zieht sich durch Guiberts erzählerisches Werk wie ein roter Faden[47]; vor dieser Folie entwickelt er seine Werturteile und wird schließlich auch seine heilsgeschicht-

---

41 Mit Auszügen aus den Konzilsakten und Sugers Vita Ludovici Grossi siehe MANSI XXI, 123f.

42 Im Überblick BARTHÉLEMY (wie Anm. 28), die ältere Monographie von Jacques CHAURAND, Thomas von Marle, sire de Coucy, Marle 1963 und illustrativ Barbara TUCHMAN, Der ferne Spiegel. Das dramatische 14. Jahrhundert, München 1982, engl. 1978, hier bes. das Kapitel über das Geschlecht der Coucy, S. 19–36.

43 Eine bemerkenswerte Ausnahme stellt die Schilderung des Begräbnisses im Anschluß an den kommunalen Aufstand in Laon dar. Der Châtelain Guimar und Guiberts Verwandter Rainer zählten neben Bischof Galdericus zu den prominenten Opfern; bei Rainer verbleibt der Chronist einen Augenblick: Neben ihm, auf einen Karren aufgebahrt, hätten zwei Tote gelegen: einer seiner Bauern und ein junges adliges Mädchen aus der Verwandtschaft (*a quodam suo rustico et quadam nobili juvencula, consanguinea sua*). Beide seien genauso beklagenswert wie er (De vita sua III, 10, S. 358). Vgl. allgemein die Beobachtungen von DUBY (wie Anm. 10), bes. S. 319–338. Mit Kritik an Duby, in diesem Punkt jedoch konform Otto Gerhard OEXLE, »Die Statik ist ein Grundzug des mittelalterlichen Bewußtseins«. Die Wahrnehmung sozialen Wandels im Denken des Mittelalters und das Problem ihrer Deutung, in: Sozialer Wandel im Mittelalter. Wahrnehmungsformen, Erklärungsmuster, Regelungsmechanismen, hg. von Jürgen MIETHKE, Klaus SCHREINER, Sigmaringen 1994, S. 45–70.

44 Seine Klage *de execrabilibus communiis illis, in quibus contra jus et fas violenter servi a dominorum jure se subtrahunt* (De vita sua III, 10, S. 360) hat bekannte Nachfolger. Man denke etwa an Ottos von Freising Kommunekritik, insbesondere an dessen Brandmarkung der ungebührlichen Nobilitierungen von Bürgern: *Denique libertatem tantopere affectant, ut potestatis insolentiam fugiendo consulum potius quam imperantium regantur arbitrio. (…) Inferioris conditionis iuvenes vel quoslibet contemtibilium etiam mechanicarum artium opifices, quos caeterae gentes ab honestioribus et liberioribus studiis tamquam pestem propellunt, ad miliciae cingulum vel dignitatum gradus assumere non dedignantur* (Otto von Freising, Gesta Friderici I. imperatoris, II, 13, MGH, SRG in us. schol. 46, ed. Bernhard von SIMSON, Georg WAITZ, Hannover, Leipzig 1912 [ND 1978], S. 116).

45 De vita sua III, 10, S. 360.

46 Edmond-René LABANDE, De vita sua, S. 360f., A. 3.

47 Den Grundkonflikt ›Welt‹ vs. Kirche wirft Guibert zunächst an seiner eigenen Berufung für die klerikal-monastische Laufbahn auf. Die Kapitel I, 4–6 der Autobiographie schildern den strengen

liche Begründung des Kreuzzugs verständlich, wie der Beginn von *De vita sua* verdeutlicht: Es handelt sich hier um einen abgestuften Laster- und Tugendkatalog, dessen Dialektik dem oben genannten Modell folgt. Auf den unteren Stufen der Laster finden sich die Verhaltensweisen der ritterlich-adligen Welt, die Guibert am Beispiel seines jüngeren Bruders expliziert, eines Ritters, der sich mit seinem Lehnsherrn, dem Châtelain von Clermont, über eine bestimmte Schuldensumme überwirft[48]. Die Versuchungen des Geldes bedrohen die ritterliche Moral allenthalben und nicht minder die sexuellen Ausschweifungen[49]. Auf den höheren Stufen kommt es zu einer Wiederholung dieser Gravamina, diesmal jedoch im klerikalen Gewand. Das Kapitel fährt fort mit der Brandmarkung der beweibten Priester, gegen die der heilige Stuhl erst jüngst seine Initiative verstärkt habe, und schließlich des kirchlichen Präbendenwesens, welches dem weltlichen Übel der *avaritia* den Eingang in die Kirche Gottes verschaffe[50]. Am Ende der Skala rangiert dann ein Mönch, der Habgier und Wollust zugleich verfallen ist und zur Strafe von Dämonen gequält wird, eine Geschichte, die an zeitgenössische Exempla erinnert[51]. Das Geld und die Frauen – Guibert ist strikter Gregorianer, der seine Reformvorstellungen nicht am Kloster- oder Kirchenportal enden lassen will. Und die Reihenfolge spricht für sich: unten die Welt, dann die Weltkleriker und an der Spitze die Mönche. Sie gilt für den Gipfel der Tugendhaftigkeit genauso wie für die Verdammnis der Hölle.

Den weltlichen und geistlichen Sündern (wie das Beispiel des von Dämonen befallenen Mönchs zeigt, könnte man bildlich von ›Absteigern‹ – in die Hölle – sprechen) stellt der Abt von Nogent analog zwei Modelle des Aufstiegs entgegen: das Reformmönchtum: *ii qui monasticam vitam instaurarunt* (Kap. 8) und den Grafen Eberhard von Breteuil, der seiner weltlichen Existenz entsagt und zum Mönchsstand konvertiert (Kap. 9), – ›Aufstieg‹ für einen Grafen, der – nach Aussage Guiberts – zu den ersten und berühmtesten Männern Frankreichs zählt[52]. Nicht ohne Stolz läßt der Abt im achten Kapitel eine kurze Geschichte des Mönchtums Revue passieren, in der ihn die Reformanliegen von Äbten und Klostergründern besonders interessieren[53]. Selbst wenn als Beispiel nur Luxeuil und allgemein einige normannische Klöster genannt werden, mußte jeder Zeitgenosse bei dieser Formulierung (auch) an

---

Grammatikunterricht Guiberts in Kindertagen und das schon früh erwachte kritische Interesse an den Geheimnissen des Glaubens. Die Bildung wird hier zum entscheidenden Kriterium für den Klerus erhoben. Einmal mehr erweist sich Guibert als guter Gregorianer (De vita sua I, 4–6, S. 24–42).

48 De vita sua I, 7, S. 42–48.

49 Über einen Verwandten schreibt er in demselben Abschnitt: *Ad hoc patris mei quidam nepos, vir suos cum potentia, tum prudentia praeminens, cum venerio operi adeo pecualiter indulgeret, ut cujuspiam necessitudini feminarum in nullo deferret* (De vita sua I, 7, S. 44).

50 De vita sua I, 7, S. 44–46. Vgl. zum großen Thema ›Nikolaitismus‹ und Kirchenreform Martin BOELENS, Die Klerikerehe in der Gesetzgebung der Kirche unter besonderer Berücksichtigung der Strafe. Eine rechtsgeschichtliche Untersuchung von den Anfängen der Kirche bis zum Jahre 1139, Paderborn 1968.

51 De vita sua I, 21, S. 172–176. Zu Exempla in monastischen Didaxetexten vgl. jetzt neu Aaron GURJEWITSCH, Himmlisches und irdisches Leben. Bildwelten des schriftlosen Menschen im 13. Jahrhundert – die Exempel, Dresden 1997.

52 De vita sua I, 9, S. 52.

53 De vita sua I, 8, S. 50.

Cluny denken, dessen hochberühmter Abt Hugo erst kurz zuvor (1109) in Cluny gestorben und in der Abfassungszeit der Autobiographie heiliggesprochen worden war (am 6. Januar 1120)[54]. Doch die Gefahr der Ernüchterung, des Erlöschens gar des geistlichen Feuers *(sanctae conversationis refrixit caritas)* sei für das alte Mönchtum allgegenwärtig, – auch hier konnte Cluny mit dem Schisma des Abtes Pontius, das seit 1123 für jeden sichtbar war, das beste Beispiel liefern[55]. Neue Impulse für die kontinuierliche Reform des klösterlichen Lebens seien hingegen Werk jener großen Männer, denen Guibert gleich drei Kapitel seiner Autobiographie widmet: adlige Standesgenossen, die Macht, Reichtum und Größe in der ›Welt‹ einlösten gegen ein gottgefälliges Leben im Kloster, um dort ihre hervorragenden Qualitäten einem höheren Zweck zu weihen. Graf Eberhard von Breteuil, der spätere Abt von Saint-Calais und als sein Vorbild der heilige Theobald (gest. 1066; kanonis. 1073), Abkömmling der Grafen von der Champagne[56]; als dritter der Sohn des Grafen Rudolf von Amiens, Simon von Crépy (gest. um 1082), welcher Herrschaft und Erbe seines mächtigen Vaters ausschlägt und in den burgundischen *eremus* flieht[57]; schließlich der heilige Bruno von Köln, der mit anderen adligen Kanonikern den Hof des ruchlosen Erzbischofs Manasses I. von Reims verläßt, um in der Einöde bei Grenoble ein Kloster zu gründen (a. 1084), dessen Gebräuche Guibert seinen Zeitgenossen als vorbildlich empfiehlt. Besonders beeindruckt ihn dabei die Kombination von gelebter Armut, hoher Geburt und reicher Bildung[58]. Jener Erzbischof Manasses wird geradezu zum Antitypus dieses Ideals stilisiert: *vir quidem nobilis, sed nil prorsus serenitatis, quae prima ingenuitatem decet, habens*[59]. Darauf also kam es an: Nobilität ist für Guibert zugleich Prämisse für gesellschaftliche Verdienste und Verpflichtung, die sich einlösen läßt durch Bildung, Gottesfurcht und Tugendhaftigkeit und letztlich erreichen nur in der klösterlichen Lebensform. Weitere ›Antitypen‹ sind in diesem Sinne ritterlich-adlige Gewaltherrschaft – den Prototyp solcher Tyrannei führt Guibert in der Person des Herrn von Coucy Thomas von Marle vor, *cujus crudelitas nostris est intantum saeculis inaudita*[60] – und als zweite all jene, die wider ihren gottgegebenen Stand Herrschaft und Freiheit für sich beanspruchen. Hier findet er das überzeugendste Beispiel in der gewalttätigen Kommunalbewegung zu Laon im Jahre 1112[61].

Und die Ritterschaft des Kreuzzuges, die allein wegen ihrer Heterogenität Guiberts Standesdenken durchaus Probleme bereiten konnte und die sich auch keines-

---

54 Mit der neuesten Literatur vgl. Jörg OBERSTE, s. v. Hugo I., Abt v. Cluny, in: Lexikon für Theologie und Kirche, 3. Aufl., Bd. 5, Freiburg i. Br. 1996, Sp. 306f.

55 Vgl. jüngst Joachim WOLLASCH, Das Schisma des Abtes Pontius von Cluny, in: Francia 23, 1 (1996) S. 31–52.

56 De vita sua I, 9, S. 52–58. Zum hl. Theobald vgl. Emile BROUETTE, s. v. Theobald v. Provins, in: Lexikon für Theologie und Kirche, 2. Aufl., Bd. 10, Freiburg i. Br. 1965, Sp. 22.

57 De vita sua I, 10, S. 58–62.

58 *Cum in omnimoda paupertate se deprimant, ditissimam tamen bibliothecam coaggerant; quo enim minus panis hujus copia materialis exuberant, tanto magis illo, qui non perit, sed in aeternum permanet, cibo operose insudant* (De vita sua I, 11, S. 68).

59 De vita sua I, 11, S. 62 (meine Hervorhebung).

60 De vita sua III, 11, S. 362. Siehe bereits oben bei Anm. 42.

61 Siehe oben bei Anm. 44.

wegs einer klösterlichen Lebensweise verschrieben hatte? Die vor der Autobiographie verfaßte Kreuzzugsgeschichte, die allerdings nach 1114 – und damit zeitgleich – einer Redaktion und Erweiterung unterzogen wurde[62], weicht von dem vorgestellten Schema nicht ab. Sie stellt vielmehr eine notwendige Erweiterung des Modells dar, das der französischen Aristokratie des 12. Jahrhunderts einen Ausweg aus innerer Zerissenheit und Abgrenzungsproblemen zeigen sollte: Die in den Adel drängenden Burgherren und Ritter waren eine soziale Realität, an der aufgrund der physischen Macht dieser Gruppe kein kritischer Beobachter der Zeit achtlos vorbeigehen konnte. Selbst der König konnte den ungehorsamen Sire de Coucy militärisch nicht in seine Schranken weisen, wie Guibert feststellen mußte[63]. – Auch durfte man realistischerweise kaum erwarten, das vorgestellte Idealbild des zum Mönchsstand konvertierten *vir nobilis* würde große Schule machen; dafür fehlte es gerade den ritterlichen ›Aufsteigern‹ vor allem an Bildung und Disziplin. In diesem Dilemma war der Kreuzzug der goldene Mittelweg: Er bot den Rittern eine Möglichkeit, sich vor Gott zu bewähren und sich in den Dienst der Kirche zu stellen, ohne ihre Lebensform zu wechseln – und ohne ihre durchaus weltlichen Aufstiegsambitionen zu vernachlässigen. Genau diesen glücklichen Umstand preist Guibert, wie gesehen, zu Beginn der *Gesta*. Daß der Kreuzritter damit nicht dem allerhöchsten Ideal genügte, deutet der Abt in der relativierenden Bemerkung an, man könne durch diese Lebensform »bis zu einem gewissen Grade« Gottes Gnade erreichen (... *Dei aliquatenus gratiam consequerentur)*[64]. Zudem verdeutlicht Guibert an vielen Episoden seiner Geschichte, deren bezeichnendste diejenige des Ritters Matthäus ist, daß es auf das persönliche Verhalten des Einzelnen auf dem Kreuzzug ankam, wie er die Chance der Heiligung nutzte: Besagten Matthäus hebt Guibert lobend als Vorbild hervor nicht wegen seiner auch zu bewundernden Waffentaten, sondern weil er sich durch den brennenden Wunsch, die Messe zu hören und Almosen zu geben, als wahrer Christ profiliert habe – *ut non videatur militis, sed potius antistitis ejus vita*, fügt der Autor vielsagend hinzu[65]. Der Kreuzzug bot eine Chance auf Heiligung und ›Aufstieg‹, aber wahrlich keine Garantie. Letztlich trat Guibert damit wohl auch dem populären Impetus einer allzu optimistischen Heilsgewißheit entgegen, der durch die Ablaßversprechen bei dem einen oder anderen Kreuzfahrer Ungutes bewirkt haben mochte. Immerhin konnte dabei die Erinnerung daran nachwirken, daß auch Thomas von Marle und sein mit ihm verfeindeter Vater Enguerrand I. von Coucy als Teilnehmer des ersten Kreuzzugs keineswegs geläutert zurückkehrten[66], ja die Übergriffe gegen Dörfer, Städte und Kirchen, gegen König und Papst nachher noch viel unerträglicher wurden.

Es ist wohl keine zufällige Wortwahl, wenn Guibert zu Beginn seiner Kreuzzugsgeschichte den Begriff des *ordo equestris* prägt. *Ordo* kennzeichnet im Verständnis seiner Zeit die Lebensform, die als Teil eines kosmischen *ordo* dessen Ordnung und

62 Manitius (wie Anm. 30) S. 418.
63 De vita sua III, 14, S. 410–416.
64 Gesta Dei I, 1, S. 87 (vgl. das ganze Zitat bereits oben).
65 Gesta Dei IV, 17, S. 197f.
66 Zum Kreuzzug der Herren von Coucy vgl. jetzt Barthélemy (wie Anm. 28) S. 67–70. Zu Thomas und den Coucy siehe auch unten das Kapitel VI. über Suger von Saint-Denis.

Gültigkeit im Konkreten manifestiert, die zumal nach festen Regeln und Gebräuchen organisiert ist. Wenn dabei zuerst an den mönchischen *ordo* zu denken ist[67], scheint damit zugleich die Hoffnung des Abtes von Nogent auf eine dauerhafte Institutionalisierung der ritterlichen Läuterung im Zuge der Kreuzzüge Ausdruck zu finden. Jahre vor der kirchlichen Billigung der ersten Ritterorden hat dieser Gedanke durchaus Visionäres.

IV. Ritterliche Aufstiegschancen in der entstehenden Kreuzzugsgesellschaft: Fulcher von Chartres

Der sich im Verlauf der Kreuzzüge ausbildende ›Typus‹ des Kreuzritters gewann mit der Etablierung der lateinischen Gemeinwesen im Orient an Konturen und – wie gezeigt – auch an Bedeutung für die in Bewegung geratene Aristokratie des Abendlandes[68]. Als Kronzeuge eines gewachsenen, fast nationalen Bewußtseins, das massiv von den ›Mittelschichten‹ der entstehenden Kreuzfahrergesellschaft geprägt wurde, das heißt von niederadligen, ritterlichen und nichtadligen Siedlern der ersten Stunde[69], ist Fulcher von Chartres zu nennen, der Teilnehmer des ersten Kreuzzuges und Kaplan Balduins von Edessa, des ersten lateinischen Königs von Jerusalem (1100–1118)[70]. Die *Historia Hierosolymitana*, die in zwei Fassungen (die zweite bis 1127) vorliegt, verfolgt aus der Perspektive des Neuanfangs und der militärischen Bedrohung eine soziale Konzeption, die stark mit individuellen Aufstiegschancen argumentiert und somit in manchen Punkten ein Gegenbild zur standesbetonten Gesellschaftsethik Guiberts von Nogent entwirft. Dennoch begnügt sich auch Fulcher nicht damit, einer praktischen Notwendigkeit folgend, ritterlichen Aufstieg zu propagieren. Seine gesellschaftstheoretischen Vorstellungen reichen weit in theologische und heilsgeschichtliche Dimensionen hinein[71]. Vor allem in der früheren Fassung überwiegt die unerschütterliche Heilsgewißheit: Gottes *omnipotentia* wiege den akuten Mangel an christlichen Rittern gegen die zahlenmäßig weit überlegenen Feinde auf: *Omnipotens, qui populi sui pro nomine eius desudantis non immemor (…) ei auxilium impendebat*[72]. Kreuzfahrer und auserwähltes Gottesvolk werden in der *Historia* parallelisiert; die ›Franken‹ sind das neue Volk Israel, an dem sich Gottes Wille und Gunst sichtbar erweist.

Nur in diesem Argumentationsschema lassen sich für Fulcher die schier unglaublichen militärischen Siege gegen die seldschukischen und fatimidischen Feinde

---

67 Grundlegend dazu Joachim WOLLASCH, Mönchtum des Mittelalters zwischen Kirche und Welt (MMS 7), München 1974, bes. S. 182ff.
68 Vgl. den Forschungsüberblick oben Kap. II.
69 Vgl. im Überblick PRAWER (wie Anm. 22) S. 102–143.
70 Siehe das Zitat oben bei Anm. 25.
71 Die maßgebliche Edition der Kreuzzugsgeschichte von HAGEMEYER (wie Anm. 25) zitiere ich im folgenden nur noch als Historia. Zum Werk vgl. MANITIUS (wie Anm. 30), Bd. 3, S. 428–430 und mit umfassender Bibliographie Verena EPP, Fulcher von Chartres. Studien zur Geschichtsschreibung des ersten Kreuzzugs, Düsseldorf 1990. Einführend auch das Dictionnaire des lettres français (wie Anm. 30) S. 460f. und Wolfgang GIESE, Untersuchungen zur Historia Hierosolymitana des Fulcher von Chartres, in: Archiv für Kulturgeschichte 69 (1987) S. 62–115.
72 Historia II, 6, S. 389f.

erklären, so bei Ramla 1102 und 1105[73]. Konsequent ist nur, daß Fulcher aus den nicht ausbleibenden Niederlagen der Christen eine Theologie des freien menschlichen Willens entwickelt, die die spätere, zweite Fassung beherrscht: *providentia* sei eine Gabe Gottes und nicht der Menschen, die im Ungewissen vor der Zukunft verharrten und an ihren Taten gemessen werden müßten; ohne seinen eigenen Willen könne der Mensch zu keiner Tat gelangen, auch wenn sich dadurch die Gefahr von Rückschlägen und Deviationen erhebe[74]. Fulcher schließt diese Überlegungen, die sein Geschichtsbild und seine gesellschaftlichen Vorstellungen durchdringen, an die verheerende Niederlage Rogers von Antiochia bei Aleppo im Jahre 1119 an. Der *ager sanguinis*, wie das Schlachtfeld hernach unter Kreuzfahrern hieß, war das erste Trauma des neuen Volkes Israel[75]. Spätestens mit der Eroberung der Grafschaft Edessa durch die Truppen des Imad ad-Din Zengi im Jahre 1144 war – trotz der inzwischen etablierten Ritterorden – aus der latenten Personalkrise die Gewißheit einer akuten militärischen Bedrohung für die ganzen lateinischen Kreuzfahrerstaaten geworden. Die im Abendland einsetzende Propaganda für eine zweite große Waffenfahrt ins Heilige Land nahm das Argument des freien Willens auf; der heilige Bernhard steigert es in der Negation: *Peccatis nostris exigentibus* – der Mensch könne durch seine Sünden die Werke Gottes zerstören[76]. Mit den Niederlagen setzte eine ethische Kritik und Revision des Kreuzrittergedankens ein, die bei Fulcher noch schwach ausgeprägt ist, in Bernhards Templer-Traktat (um 1128) jedoch bereits eine wesentliche Rolle übernimmt, ehe sie sich in seiner Kreuzzugspropaganda zum leitenden Argument entwickelt, wie zu zeigen sein wird.

In diesem Kontext interessieren primär die Vorstellungen der *Historia Hierosolymitana* von sozialer Hierarchie und Mobilität, gründen sie doch – im Unterschied zu den im Abendland verbleibenden Zeitgenossen – in der einzigartigen Erfahrung des Neuaufbaus eines komplexen Feudalsystems und einer zentralistischen Königsherrschaft innerhalb nur weniger Jahrzehnte. Oft hat man das entstehende Gemeinwesen als modellhafte Applikation abendländischer Traditionen beschrieben und vor allem in den aufstrebenden normannischen Herrschaften Europas direkte Vorbilder sehen wollen; neuere Forschungen von Joshua Prawer und anderen haben dagegen mit Recht auf gravierende Probleme und Differenzen im Prozeß der Feudalisierung der Kreuzfahrerstaaten hingewiesen – ein Prozeß, der sich unter den Stichworten Sozialstruktur und soziale Permeabilität sogar deutlich vom Abendland abgrenzen läßt[77]. Wie hat der Chronist im Dienste Balduins I. diese Gesellschaft

---

73 Historia II, 32, S. 498f.; III, 5, S. 630.

74 (…) *numquam posset fore futurum, quia de meditatione veniret ad nihilum sine voluntate, nam cassaret qui praesciret, ne ad factum res exiret* (Historia III, 39, S. 755). Vgl zur Wertung der Schlacht von Aleppo bei Fulcher – allerdings mit falscher Jahresangabe – Epp (wie Anm. 71) S. 50f.

75 Vgl. zur Schlacht bei Aleppo 1119 Mayer (wie Anm. 24) S. 73f.

76 Siehe dazu ausführlicher Paul Rousset, La croyance en la justice immanente à l'époque féodale, in: Le Moyen Age 54 (1948) S. 225–248 und unten das Kapitel IV.

77 Beispielsweise spricht von einem ›importierten Feudalmodell‹ (»féodalité d'importation«) Marc Bloch, La société féodale, Bd. 1, Paris 1939, S. 289. Kritisch zu dieser Diskussion kurz Mayer (wie Anm. 24) S. 138–146 und am eingehendsten Prawer (wie Anm. 22), bes. S. 3–84, Zitat S. 3f.: »But although the term ›feudalism‹ is being used cautiously, there is one exception to the rule: the states founded by the Crusaders in the Orient. One has the impression that European erudition, which has succeeded in considering feudalism in a more realistic light, somehow wants to preserve a kind

gesehen, in der Neuankömmlinge und Aufsteiger das Bild beherrschten? Zuerst interessiert seine deutliche Parteinahme für Urban II. im Investiturstreit, die er mit den Grundgedanken der kirchlichen Reformpolitik der Zeit untermauert: Das Konzil von Clermont, immerhin Ausgangspunkt jeder Kreuzzugsgeschichte, habe zuerst die Anliegen des Gottesfriedens und der Kirchenreform beraten und erst dann den Hilferuf des oströmischen Kaisers[78]. Die bekanntermaßen in ihrer Authentizität umstrittene Konzilspredigt Urbans II. läßt Fulcher im ersten Teil in einer strengen Ermahnung des Klerus gipfeln: *vos ipsos prius corrigite, ut inreprehensibiliter subditos vestros queatis emendare*[79]. In Fulchers Retrospektive hängen beide Konzilsschwerpunkte, Kirchenreform und Kreuzzug, unmittelbar miteinander zusammen, da sich – wie auch Rudolf Hiestand betont – die nach innen gerichtete Bewegung der *libertas* und Reform der abendländischen Kirche gleichsam nach außen in der durch den Kreuzzug realisierten Befreiung der *ecclesia orientalis* fortsetzen ließ[80]. So gilt die Forderung nach Selbstreinigung des Klerus als Voraussetzung für Kirchenreform übertragen auch für die Kreuzfahrer als Bedingung für ihre neuartige *militia Christi*[81].

Was Fulcher demnach an dieser Stelle seiner *Historia* mit Guibert von Nogent verbindet, ist die Hoffnung, die am Kreuzzug teilnehmende Ritterschaft werde von ihrer Sündhaftigkeit gereinigt[82]. Dies klingt zunächst in der traditionellen Formulierung des propagandistisch eingesetzten Ablaßgedankens nicht besonders originell: *Cunctis autem illuc euntibus, si aut gradiendo, aut transfretando, sive contra paganos dimicando, vitam finierint, peccaminum remissio praesens aderit*, gewinnt aber in der weiteren Ansprache Urbans II. deutlich an sozialer Schärfe und Aussagekraft: *Procedant contra infideles ad pugnam iam incipi dignam, trophaeo explendam, qui abusive privatum certamen contra fideles consuescebant distendere quondam. Nunc fiant milites, qui dudum exstiterunt raptores. Nunc rite contra barbaros pugnant, qui olim contra fratres et consanguineos dimicabant. Nunc aeterna praemia nanciscantur, qui dudum pro solidis paucis mercenarii fuerunt. (...) Quinimo hic tristes et pauperes, illic locupletes; hic inimici Domini, illic amici eius erunt*[83]. – An dieser bemerkenswerten Rede fällt zum einen die fast wörtliche Übereinstimmung mit Fulchers erst 1127 verfaßtem Lob der Kreuzfahrergesellschaft auf, das oben bereits zitiert wurde[84]. Aus fast 20jährigem Abstand mißt der Chronist dem Papst eine Initialwir-

---

of ›monumentum aere perennius‹ of that notion for the states founded by the Crusaders. The feudal system of the Latin establishments in the Near East have remained feudalism pure and simple (...) – even in comparison with Anglo-Norman England.«

78 Historia I, 1, S. 120f. Vgl. Epp (wie Anm. 71) S. 169–180.
79 Historia I, 2, S. 123–130. Vgl. dazu den Kommentar und den englischen Text bei Louise Riley-Smith, Jonathan Riley-Smith, The Crusades. Idea and Reality, 1095–1274 (Documents of Medieval History 4), London 1981, S. 41f.
80 Rudolf Hiestand, Die päpstlichen Legaten auf den Kreuzzügen und in den Kreuzfahrerstaaten vom Konzil von Clermont (1095) bis zum vierten Kreuzzug, Habil.-Schrift Kiel 1972, S. 562f. Vgl. dazu Epp (wie Anm. 71) S. 171.
81 Zu Fulchers Bezeichnung der Kreuzfahrer als *milites Christi* vgl. z. B. Historia I, 3, S. 136; II, 11, S. 411f. und II, 18, S. 439. Vgl. dazu Erdmann (wie Anm. 7) S. 301–307.
82 Siehe dazu ausführlich oben Kap. III.
83 Historia I, 2, S. 123–125 (meine Hervorhebung). Vgl. dazu Althoff (wie Anm. 1) S. 317ff.
84 Siehe oben bei Anm. 25.

kung zu, in die zweifellos die Erfahrungen des erfolgreichen Ausgangs und die Notwendigkeit der Kontinuierung der Kreuzzugsbewegung eingeflossen sind. Zum
anderen formuliert Fulcher an keiner zweiten Stelle seines Werkes eine sozialkritische
Position gegenüber den präsumtiven Kreuzzugteilnehmern so ungeschminkt und
deutlich, als wolle er sich hinter dem Zitat des Papstes verschanzen. Denjenigen, die
sich in Frankreich in Familien- und Standesfehden einen unwürdigen Krieg lieferten,
die sich als Räuber – man wird einfügen dürfen: von Kirchengut – betätigten und die
sich als Söldner verdingten, eröffne sich jetzt die Chance auf ewigen Lohn (aeterna
praemia) und Aufstieg zu Gottes Freundschaft (Domini amici).

In dieser Hoffnung stimmen Fulcher und Guibert am vollständigsten überein: der
Kreuzzug als heilsgeschichtlich bedeutsame Form der Domestizierung und Integration einer aufstrebenden, jedoch unkontrollierbaren sozialen Gruppe in den göttlichen ordo der Gesellschaft. Zieht sich dieser Aspekt wie ein roter Faden durch Guiberts Gesta Dei per Francos, wo er letztlich auch Kritik am unwürdigen Verhalten
vieler Kreuzfahrer – gerade auch der Heimgekehrten wie Thomas von Marle – pro-
voziert, bleibt es in der Historia Hierosolymitana beim flüchtigen Anklang in der
Papstrede. Fulcher selbst, so scheint es, ist daran gelegen, die junge Kreuzfahrergesellschaft des Königreichs Jerusalem und der benachbarten Grafschaften nicht an
ihre Fehden und Raubzüge im Abendland zu erinnern, sondern ihre Eintracht durch
das gemeinsam Erreichte und die besondere Gunst Gottes zu beschwören. Dies
mochte umso dringlicher erscheinen, als bereits bei der Amtsübernahme seines
Herrn, König Balduins I., im Jahre 1100 ein Zwist zwischen Adelsparteien auszu-
brechen drohte, der nach Balduins Tod anno 1118 aufs neue und stärker virulent
wurde[85]. Eine solche Gewichtung bestätigt der – notgedrungen flüchtige – Blick auf
Fulchers Entwurf der gesellschaftlichen Stellung von König (rex), hohem Adel
(comites, duces, principates), Ritter (milites) und hohem Klerus. – Was der Chronist
zum Amt des Königs schreibt, ist von zwei Seiten her zu verstehen: Zum einen muß
man seine Erfahrungen im Dienste Balduins von Edessa, insbesondere dessen Konflikte mit dem Patriarchen Daimbert (1099–1102/06) und dem hohen Adel Jerusalems im Umfeld der Königskrönung von 1100 in Rechnung stellen[86]; zum anderen
bringt er deutliche theoretische Positionen im universalen Streit zwischen regnum
und sacerdotium in der Historia unter, die sich allgemein mit den reformpolitischen
Ambitionen Papst Urbans II. und seiner Anhänger decken[87]. Beobachtet man die
Wende in Fulchers Bewertung des Kaisers und der zwei Gewalten nach dem Wormser Konkordat 1122, wie dies Verena Epp unternimmt[88], wird deutlich: Nur in der
Harmonie geistlicher und weltlicher Gewalt sieht Fulcher jenen göttlichen ordo rea-
lisierbar, der der zeitgenössischen Gesellschaft Vorbild und Grundstruktur zugleich
war. Die Vorzüge und die Bedeutung eines Zusammengehens zwischen Reich und

---

85 Zu den Umständen der Wahl Balduins I. im Jahre 1100 vgl. MAYER (wie Anm. 24) S. 62–64; zur
    Situation im Jahre 1118 und zur Vorgeschichte ebd. S. 70–74.
86 Ausführlich beschrieben von MAYER, Bistümer, Klöster und Stifte (wie Anm. 23) S. 1–43.
87 Historia I, 5, S. 148. Vgl. hier und im folgenden EPP (wie Anm. 71) S. 169–180; zur Veränderung
    dieser Stelle in der überarbeiteten Fassung der Historia siehe ebd. S. 175.
88 Ebd. S. 178.

Kirche konnte Fulcher an Ort und Stelle ermessen, da er die Verhandlungen beim Regierungsantritt Balduins zwischen Daimbert und dem lothringischen Adel unter der Führung Balduins miterlebt haben dürfte. Seine Äußerungen zu diesem heiklen Punkt bleiben jedoch vorsichtig allgemein, vielleicht da er als Kanoniker am Heiligen Grab in den 1120er Jahren und damit im Abfassungszeitraum eng an das kirchliche Oberhaupt Jerusalems gebunden war[89]. Die vorhandenen Zwistigkeiten möchte Fulcher auf die Zeit vor dem Regierungsantritt Balduins beschränkt wissen; mit der an Weihnachten des Jahres 1100 in der Marienkirche von Bethlehem *honorifice* erfolgten Krönung suggeriert er – analog zur Wertung des Wormser Konkordates – den Beginn einer harmonischen Zuordnung von *regnum* und *sacerdotium*. Daß diese optimistische Einschätzung bereits 1101 von einem neuerlichen Konflikt zwischen Patriarch und König um die Stellung von 40 Rittern überholt worden war, verschweigt die Chronik[90]. Die Schwerpunkte der *Historia Hierosolymitana* liegen für die nachfolgende Zeit auf den kriegerischen Verwicklungen, Friedensverhandlungen und Siedlungsprojekten der sich etablierenden Kreuzfahrerstaaten; in den Mittelpunkt gerät zunehmend jene ritterliche Mittelschicht, die als militärisches Rückgrat des jungen Gemeinwesens die territoriale Herrschaftsorganisation durch Burgenbau vorantrieb und der Fulcher 1127 sein überschwengliches Lob zollte[91].

Wie beschreibt Fulcher die soziale Stellung der *milites*? Wird angesichts der akuten militärischen Bedrohung und ungelöster Fragen der Kolonisation etwas von ihrem Selbstverständnis sichtbar, das ihrer neuen Rolle und Bedeutung entspringt? Auch wenn die Termini ›miles‹ (103 Belege) und ›militia‹ (17 Belege)[92] durchaus nicht konsequent zur Bestimmung eines sozialen Status herangezogen werden, sondern eher das abendländische Panorama zwischen religiösem Ideal und gesellschaftlicher Praxis abdecken, ist die *Historia* zu dieser Frage ein wertvoller Zeuge. Die Erfahrung gemeinsamen Kämpfens und das Bewußtsein, dies im göttlichen Auftrag zu tun, nivellieren in Fulchers Darstellung hergebrachte soziale Rangunterschiede zugunsten des Bildes einer als Gemeinschaft verstandenen *militia Christi*, in der sich der einzelne sowohl durch militärische als auch durch ethische Vorbildlichkeit exponieren kann. Nur nebenbei sei erwähnt, daß das Epos von der *Conquête de Jérusalem* im ältesten französischen Kreuzliedzyklus zu seinem Helden Thomas von Marle erhebt, der als erster die Mauern Jerusalems erstürmt und bald darauf am Heiligen Grab Tränen der Rührung vergossen habe[93] – jenen Thomas, den Guibert von

---

89 Zu Fulchers Stellung als Kanoniker beim Heiligen Grab vgl. Epp (wie Anm. 71) S. 27–34; zur Frühgeschichte der Gemeinschaft allgemein vgl. Mayer, Bistümer, Klöster und Stifte (wie Anm. 23) S. 222–229. Zu den Verhandlungen zwischen Daimbert und Balduin z.B. Historia II, 3, S. 368f.: *quia de quibusdam apud Balduinum erat (Daimbertus) insimulatus et discordes adinvicem habebantur.*

90 Mayer, Bistümer, Klöster und Stifte (wie Anm. 23) S. 9–11, 226.

91 Raymond C. Smail, Crusader Castles of the Twelfth Century, in: Cambridge Historical Journal 10 (1951) S. 133–149. Im Überblick auch über ältere Forschungsergebnisse Prawer (wie Anm. 22) S. 102–142.

92 Die Zahlen stammen aus Epp (wie Anm. 71) S. 251.

93 Cardini (wie Anm. 9). Zur Überlieferung und Datierung des Epos vgl. L. S. Crist, s. v. Kreuzzugsdichtung (Franz. Literatur), in: Lexikon des Mittelalters, Bd. 5, München, Zürich 1991, Sp. 1519f.

Nogent und Suger von Saint-Denis übereinstimmend als den gottlosesten Ritter ihres Jahrhunderts bezeichnen: moralischer Aufstieg vom ›Raub-‹ zum Kreuzritter oder bloße literarische Fiktion? Ersteres kann man angesichts der ungezügelten Gewaltakte des nach Frankreich zurückgekehrten Burgherrn als unwahrscheinlich hinstellen[94]; festzuhalten bleibt aber, daß die Kreuzzugsdichtung ähnlich wie Fulchers Augenzeugenbericht an der Ausformulierung des Typus eines christlichen Kreuzritters und eines vorbildlichen Verhaltenskodex ihren Anteil hatte, der, bedenkt man die literarische ›Karriere‹ Gottfrieds von Bouillon, nicht geringzuschätzen ist.

Fulcher indes erwähnt die Ruhmestaten des Herrn von Coucy nicht. Im Vergleich der beiden Fassungen der *Historia*, das heißt der nach 1104 beziehungsweise nach 1124 redigierten Teile, ist vielmehr von Interesse, daß sich eine Bedeutungsverschiebung des Begriffs *miles* von ›Reitersoldat‹ zu ›Angehöriger des Ritterstandes‹ andeutet, die mit den inzwischen erfolgten institutionellen Verstetigungen der Kreuzfahrergesellschaft erklärbar werden: *parati sunt ilico milites (…) tam de militibus quam de illis qui equos habere potuerunt vel iumenta*, heißt es in der späteren Überarbeitung einer Kriegsepisode; im Bericht zum Sieg Balduins I. in der Schlacht von Ramla 1105 wird Fulcher noch eindeutiger: *Milites nostri erant quingenti, exceptis illis qui militari nomine non censebantur, t a m e n   e q u i t a n t e s*[95]. Und wenn in demselben Bericht wenig später hinzugefügt wird, es sei besser, sich eines Meineides schuldig zu machen, als einen dummen Tod zu sterben, geht es Fulcher nicht zum einzigen Mal weniger um literarische Didaxe über ritterliche Tugenden als um vernünftiges Handeln angesichts der zu bewältigenden Probleme[96]. Da es in den 1120er Jahren unzweifelhaft zu den vordringlichen Problemen zählte, dem eroberten Gebiet des Königreichs eine kontinuitätsverbürgende politische und soziale Struktur zu geben[97], ist die Beobachtung von größtem Belang, daß und auf welche Weise Fulcher von der Erhebung einfacher Soldaten *(scutigeri, armigeri)* zu *milites* berichtet: In der Vorbereitung der Schlacht gegen die Fatimiden bei Joppe im Jahre 1101 habe der König befohlen *(monente rege)*, um mehr Ritter ins Feld führen zu können *(pro eo quod militum eramus egentes)*, sollten alle Adligen ihre Waffenknechte zum Ritter erheben *(quicumque potuit de armigero suo militem fecit)*[98]. Zum Jahre 1124 berichtet Fulcher von einem verdienten Boten, den der Graf von Tripolis auf Bitten des Königs vom Waffenknecht zum Ritter beförderte *(ab armigero in militem provectus est)* und damit auf eine neue (soziale) Stufe hob *(ad hunc gradum eum sublimavit)*[99].

---

94 Siehe dazu näher Kapitel III und VI.

95 Historia II, 32, S. 495–497 (meine Hervorhebung). Dazu bereits Epp (wie Anm. 71) S. 254f.

96 Die Stelle bezieht sich zwar auf die Sarazenen in der Schlacht von Ramla, ist in ihrer Wertung jedoch durchaus allgemeiner zu verstehen: *In lege sua juraverunt etiam ipsi, numquam propter Francos fugere; sed tandem effugium salus tunc fuit eorum. Maluerunt perjurium incurrere quam morte stulte perire* (Historia II, 32, S. 501).

97 Vgl. Mayer (wie Anm. 24) S. 72–80 und Prawer (wie Anm. 22) S. 20–27 jeweils zur Herrschaft König Balduins II. (1118–1131), die beide von einer starken Königsherrschaft sprechen.

98 Historia II, 11, S. 408f.

99 Historia III, 31, S. 726f.

Andererseits kommt es zu Abgrenzungen einfacher *milites* gegenüber *nobiles* oder *milites nobiles*, die soziale Stratifikationen innerhalb dieser Gruppe wiedergeben: *quam nobiles et probos milites ea tempestate amisimus*, so Fulcher über eine Begebenheit während der ersten Schlacht von Ramla im Jahre 1102[100]. Es ist nicht übertrieben, in dem Augenblick von einem feudalen Ordnungsmodell zu sprechen, da in der späteren Redaktion Ritter vorrangig in ihrer Beziehung zu einem Herrn, zumeist König Balduin, erscheinen: *milites sui*[101]. Die sich herauskristallisierenden Lehnsbindungen, die in der berühmten *Assise de la ligece* im Jahre 1182 noch einmal einer Revision unterzogen wurden[102], gaben der neuen Gesellschaft ihre Statik. Sozialer Aufstieg eines Rittertums im Königsdienst zeichnet sich hier nicht als eine vage Kreuzzugspropaganda ab, sondern als konkrete Bewegung, wenn nicht gar Notwendigkeit der Situation im Heiligen Land in der ersten Konsolidierungsphase. Der Aufstiegsgedanke ist zentral für ein Gemeinwesen, dessen wichtigstes Problem im chronischen Mangel an kriegs- und herrschaftsfähigen Männern lag. Untermauert wird dieser Gedanke bei Fulcher mit einer spezifischen Leistungsethik: Selbst der König muß sein Heil vor Gott ›verdienen‹, sonst führt er sein Volk in die Niederlage[103]. Als im Jahre 1111 die Belagerung von Tyrus scheiterte, warf Fulcher den Kreuzfahrern gar vor, Gott lieber mit Worten als mit Taten zu dienen: *confidunt interdum homines in virtute sua, non considerantes quid apud Deum promeriti sint, qui voce sape illum invocant et operibus negant*[104].

Es ist nur konsequent, daß Fulcher überhaupt nur in den nach 1124 entstehenden Teilen mit seinen Beobachtungen zur Ausbildung eines ritterlichen Mittelstandes Ansätze einer Standesethik verknüpft. Der militärischen und politischen Konsolidierung folgt die soziokulturelle Verstetigung. ›Ritterlich‹ kann in diesem Sinne beim späteren Fulcher bestimmte Verhaltensformen kennzeichnen, unter denen allerdings die militärische Tugend der *probitas* hervorsticht, die den einfachen Ritter genauso ehrt wie den König und sogar die verfeindeten Seldschuken[105]. Den ›höfischen‹ Ritter trifft man in der *Historia* nur schemenhaft an, etwa wenn einmal die *nobilitatis excellentia, militiae probitas, patientiae modestia* und *morum elegantia* Gottfrieds von Bouillon gerühmt werden[106]; auch der fromme Ritter steht nicht im Blickpunkt. Das Modell, auf das es ankam, war funktionalistisch und pragmatisch auf die *probitas* der Kämpfenden und Herrschenden konzentriert, deren Domestizierung über Lehnsbindungen erreicht wurde. Fulcher erlebte und deutete die Bil-

---

100 Historia II, 19, S. 443. Vgl. auch I, 33, S. 331, wo Fulcher die *milites nobiles* eigens hervorhebt. Vgl. Epp (wie Anm. 71) S. 253–259.

101 Verena Epp zählt 17 Stellen dieses Typs, von denen alleine 14 dem König gelten (Epp [wie Anm. 71] S. 257, Anm. 167).

102 Siehe dazu bereits oben Anm. 23.

103 Zum Gedanken der Leistungsethik vgl. J. Riley-Smith, Crusading as an Act of Love, in: History 65 (1980) S. 177–192 und Epp (wie Anm. 71) S. 84–89, 299f. Vgl. Historia II, 21, S. 454 (meine Hervorhebung) zur Niederlage Balduins bei Ramla: *Cur exaudietur, cum apud Deum hoc non sit promeritus? Vel aut quare inculpatur Deus, cum stulto desiderium suum non implet v e l p r o m e r u i t?*

104 Historia II, 46, S. 562.

105 Vgl. beispielsweise für *probitas* Historia I, 17, S. 235 (Kreuzfahrer); Historia I, 22, S. 253: *miles probissimus* für einen Seldschuken; Historia II, 3, S. 365 (König Balduin).

106 Historia I, 30, S. 307f.

dung der Kreuzfahrergesellschaft unter der existenziellen Bedrohung der Exklave in einer feindlich gesinnten Welt. Die christlich-ethische Vertiefung des ritterlichen Modells findet sich bei ihm allenfalls in einem Anfangsstadium; sie blieb weitenteils – aus ersichtlichen Eigeninteressen – den daheimgebliebenen kirchlichen Autoren vorbehalten.

V. Neue Ritterschaft zwischen Tradition und Reform: Bernhard von Clairvaux

Die Idee einer mönchisch lebenden Ritterschaft gewann an Dynamik, als um 1127 der Adlige Hugo von Payens mit einem Hilferuf bei einem Verwandten vorstellig wurde, dem Abt Bernhard von Clairvaux. Hugo hatte bekanntlich um das Jahr 1119/20 mit wenigen Gefährten eine Bruderschaft zum Schutze der Pilger am Heiligen Grab gebildet und sich der Lebensform verpflichtet, die er bei den Augustiner-Chorherren vom Heiligen Grab kennengelernt hatte[107]. Trotz der Unterstützung durch König Balduin II. von Jerusalem (1118–1131) blieb die Resonanz jedoch schwach, so daß Hugo gezwungen war, in Europa für seine Idee zu werben. Bezeichnenderweise bemühen sich weder Guibert von Nogent noch Fulcher von Chartres um die eher bescheidenen Anfänge der Gemeinschaft der Templer; erst aus der Retrospektive, in den Werken Wilhelms von Tyrus, Michaels des Syrers und Walter Maps, die allesamt gegen Ende des 12. Jahrhunderts entstanden, werden die Ritter vom heiligen Tempel zu einer festen Größe der Kreuzzugsgeschichtsschreibung[108]. Sucht man dennoch nach früheren Belegen für die historiographische Rezeption des Themas, stößt man bereits in der Chronik Ottos von Freising aus der Zeit vor dem zweiten Kreuzzug (1143/46) auf eine dezidierte kirchliche, gewissermaßen ›nachbernhardinische‹ Beurteilung der geistlichen Ritterorden[109]: Der Bischof behandelt im siebten Buch seiner *Historia de duabus civitatibus* die gegenwärtige Zeit, der er angesichts des Zerwürfnisses zwischen *imperium* und *sacerdotium* und des Bürgerkriegs zwischen Heinrich IV. und Heinrich V. in heilsgeschichtlicher Apodiktik den Zerfall der gottgewollten

---

107 Aus der unübersehbaren Menge einschlägiger Forschungsarbeiten sei verwiesen auf die neueste Synthese von Malcolm BARBER, The New Knighthood. A History of the Order of the Temple, Cambridge 1994, mit umfangreicher Bibliographie S. 394–419. Aus der älteren Literatur vgl. besonders Etienne DELARUELLE, L'idée de croisade chez saint Bernard, in: Mélanges S. Bernard (24e Congrès de l'Association Bourguignonne des Sociétés Savantes), Dijon 1953, S. 53–67; Antonio OLIVER, El »Libro del Orden de cavalleria« de Ramón Llull y el »De laude novae militiae« de san Bernardo, in: Estudios Lulianos 2 (1958) S. 175–186 und Josef FLECKENSTEIN, Die Rechtfertigung der geistlichen Ritterorden nach der Schrift »De laude novae militiae« Bernhards von Clairvaux, in: Die geistlichen Ritterorden Europas (Vorträge und Forschungen, 26), hg. von DEMS., Manfred HELLMANN, Sigmaringen 1980, S. 9–22.

108 Neben BARBER (wie Anm. 107) S. 6–9 vgl. zur Geschichtsschreibung der Kreuzzüge auch Laetitia BOEHM, »Gesta Dei per Francos« oder »Gesta Francorum«? Die Kreuzzüge als historiographisches Problem, in: Saeculum 8 (1957) S. 43–81 (auch in: Geschichtsdenken, Bildungsgeschichte, Wissenschaftsorganisation. Ausgewählte Aufsätze von L. Boehm, hg. von Gert MELVILLE, Rainer A. MÜLLER, Winfried MÜLLER, Berlin 1996, S. 47–94).

109 Otto von Freising, Chronica sive Historia de duabus civitatibus, ed. Walther LAMMERS, übers. von Adolf SCHMIDT (Ausgewählte Quellen zur deutschen Geschichte des Mittelalters, 16), Darmstadt ⁵1990, zur Datierung S. 24ff. Das Werk wird zitiert als: Chronik.

Ordnung voraussagt. Quasi als Vorstufe beschreibt er eine Polarisierung der Gesellschaft zwischen »den schlimmsten Frevlern« und den »glühendsten Eiferern für Gott«[110]. Wo aber sucht der Ordensbruder des heiligen Bernhard diese Eiferer in seiner Zeit? »So ziehen in dieser Zeit (i. e. um 1100) die einen nach Jerusalem, das Ihre um Christi willen nicht achtend und überzeugt davon, daß sie den Gürtel der Ritterschaft nicht zwecklos tragen, und führen dort, eine neue Art von Ritterschaft begründend (*novum militiae genus*[111]), die Waffen gegen die Feinde des Kreuzes Christi, und zwar so, daß sie immerfort das Zeichen des Kreuzestodes Christi an ihrem Körper tragen und in Lebensführung und Wandel nicht Ritter, sondern Mönche zu sein scheinen. Auch begann seither im Mönchs- und im Klerikerstande die Strenge bis auf den heutigen Tag zuzunehmen, so daß nach gerechtem Ratschluß Gottes die Anhänger der Welt immer tiefer im Schmutz versinken und die Anhänger Gottes durch seine Gnade immer höher zur höchsten Tugend aufsteigen«[112].

Der Bischof von Freising erhebt die Ritter des Kreuzzugs zu den Hoffnungsträgern seiner Gesellschaft, die den geschichtlichen Sinn ihres Standes erkannt hätten (*alii contemptis suis pro Christo ac militiae cingulum gestare*). Die Angehörigen des Templerordens stellt er in der Reihenfolge der Anhänger Gottes sogar noch vor seine zisterziensischen Mitbrüder. Der Gedanke des *ad summam virtutum magis ac magis proficere* ist das Aufstiegsmodell, auf das es dem Chronisten angesichts des bevorstehenden Weltendes ankommt. Seine Vorstellung einer *nova militia* scheint gleichsam von sozialen und politischen Implikationen ›gereinigt‹ und in ein eschatologisches Denkmodell integriert, das keine Vermittlung zur sozialen Realität anstrebt. Damit unterscheidet er sich allerdings wesentlich von allen hier untersuchten Autoren. Man muß sich eingedenk des geringen zeitlichen Abstands vor allem die grundverschiedene Ausgangslage vor Augen halten, die für Bernhards richtungsweisende Behandlung der Templerfrage auf dem Konzil von Troyes im Jahre 1128 galt, auf dem als Ergebnis die unter seiner Beteiligung entstandene Templerregel bestätigt wurde[113]. Die programmatische Schrift *De laude novae militiae* wird kurz darauf abgefaßt worden sein[114]. Da die Einstellung des Abtes von Clairvaux zu Kreuzzügen und Templern bereits umfassend untersucht worden ist[115], seien im fol-

---

110 »Und beachte, daß in unserer jetzigen Zeit, die ja als die letzte gilt, die dazu bestimmt ist, den früheren Verbrechen ein Ende zu setzen, die durch die Scheußlichkeit der Laster das Ende der Welt und durch das Gegenteil davon das Herannahen des Reiches Christi ankündigt, – daß in dieser Zeit also einerseits die schlimmsten Frevler und die lüsternsten Liebhaber der Welt leben, andererseits aber auch Menschen voll des glühendsten Eifers für Gott und voll Sehnsucht nach dem Himmelreich« (Chronik VII, 9, S. 515).

111 Wörtliches Zitat aus Bernhard von Clairvaux, Ad milites Templi. De laude novae militiae, in: Sämtliche Werke lateinisch-deutsch, ed. Gerhard B. WINKLER, Bd. 1, Innsbruck 1990, S. 270. Das Werk wird im folgenden zitiert als: De laude.

112 Chronik VII, 9, S. 514f.

113 Die ursprüngliche Templerregel, ed. Gustav SCHNÜRER, Freiburg 1903; vgl. auch die neuere Edition und Übersetzung: La règle des Templiers, ed. u. übers. von Laurent DAILLIEZ, Nice 1977.

114 De laude I, S. 257–325. Zur Datierung der Schrift vgl. ebd. S. 259. Die Briefe Bernhards werden unter Angabe der Nummer nach derselben Ausgabe zitiert (Bd. 2–3, Innsbruck 1992).

115 Siehe v. a. unter Anm. 107 die Beiträge von FLECKENSTEIN, OLIVER und DELARUELLE. Einen neuesten Überblick gibt die lesenswerte Bernhard-Biographie von Peter DINZELBACHER, Bernhard von Cairvaux. Leben und Werk des berühmten Zisterziensers, Darmstadt 1998, bes. S. 114–124.

genden nur einige prägnante Ideen zur sozialen Problematik des Rittertums aus den
ersten Kapiteln der Schrift im Vergleich mit den bereits diskutierten Kreuzzugs-
historiographen eingebracht.

Bevor Bernhard in den ersten vier Kapiteln von *De laude* die Vorstellung des
Mönchsritters zur Synthese bringt, lassen sich in seinen Briefwechseln Entwick-
lungsmomente dieser Idee festmachen, von denen zwei hier zu nennen sind. Anfang
1125 beglückwünscht der Abt den Grafen Hugo von der Champagne, Förderer der
Abtei Clairvaux seit frühesten Tagen und zugleich Lehnsherr Hugos von Payens in
der Champagne[116], zu seinem Eintritt in die Gemeinschaft der Tempelritter: Um der
causa Dei willen habe sich der Graf zu einem Ritter und der Reiche zu einem Armen
erniedrigt[117]. Zwei Jahre später relativiert Bernhard indessen den Gedanken des
kämpfenden Gottesdieners in einer Weise, die letztlich das Eintreten für die Templer
nur aus der besonderen Situation der Kreuzfahrerstaaten oder der Verpflichtung
gegenüber Hugo von Payens beziehungsweise Hugo von der Champagne plausibel
erscheinen läßt. An den Benediktiner Suger von Saint-Denis, den engen Vertrauten
König Ludwigs VI., richtet er – unter Anspielung auf Sugers eigene Stellung am
Königshof – ungewöhnlich harsche Worte der Kritik für die Anmaßung einer
zugleich klerikalen und ritterlichen Lebensform: »Ich frage, welch ein Ungeheuer
der ist, der zugleich als Kleriker und Ritter erscheinen will, aber keins von beiden ist.
(…) Er vermischt ganz und gar die Stände *(confudit penitus ordines)* und mißbraucht
mit viel Genuß beide Dienste, indem ihm auf der einen Seite der Prunk, nicht aber
die Verpflichtung des weltlichen Lebens gefällt *(eum delectat poma, non militia
saecularis)*, auf der anderen Seite die Einkünfte, nicht die Pflege des geistlichen
Lebens«[118]. Bernhard offenbart hier, kurz vor dem Konzil von Troyes, einen traditionellen ethischen Begriff von der weltlichen Ritterschaft, der treffend mit den *bellatores* des älteren funktionalen Dreiständeschemas umrissen wäre und als dessen
Exponent der König erscheint, dem jede sakrale Aura abgesprochen wird: »Ebenso
stützt sich die königliche Würde mehr auf Waffen als auf Psalmen«[119]. Die Bewaffneten sind zur Wahrung der weltlichen Friedensordnung berufen; der Klerus zum
Gottesdienst. Diesen Grundsatz betont er zu einem Zeitpunkt, da er bereits unmittelbar mit der Abfassung der Templerregel und der Vorbereitung des Konzils
beschäftigt war. Man muß sich dies ins Gedächtnis zurückrufen, besonders wenn
man das zweite Kapitel von *De laude* mit dem Titel *De militia saeculari* zu deuten
hat.

Bereits in der Anrede der Lobschrift wendet der Abt von Clairvaux den alten
monastischen Topos des *miles* beziehungsweise der *militia Christi*, den er in seinem

---

116 Vgl. BARBER (wie Anm. 107) S. 11.
117 Ep. 31, Bd. 2, S. 410–413.
118 Ep. 78, Bd. 2, S. 642–661, hier 656f. (meine Hervorhebung). Zu Suger vgl. ausführlich das folgende
    Kapitel dieses Beitrags. Fast wörtlich greift um 1145 ein englischer Archidiakon den Gedanken
    Bernhards zur Kritik an den geistlichen Ritterorden auf, wenn er an den Bischof Heinrich von
    Winchester schreibt über das »neue Ungeheuer, das aus Reinheit und Verdorbenheit besteht, und
    zugleich Mönch und Ritter ist« (nach BARBER [wie Anm. 107] S. 41).
119 Ep. 78, Bd. 2, S. 659.

gesamten Werk selbst gerne als Bild für die mönchische Berufung gebraucht[120], konsequent auf die Tempelritter unter ihrem Meister Hugo von Payens an[121]. Daß es sich dabei um ein *novum militiae genus* handelt, ist Thema und Leitmotiv des anschließenden *Sermo exhortatorius* (Kapitel 1 der Schrift) an die *milites Templi*. Typologisch erinnert die Predigt an den Kampf Christi gegen die *tenebrarum principes* an eben den Stätten, die jetzt erneut von den Ungläubigen beherrscht seien[122]. Die Metapher, die Bernhard im folgenden zur Charakterisierung der ritterlich-mönchischen Synthese verwendet, ist die eines doppelten Feindes und doppelten Kampfes: des ritterlichen Kampfes gegen Feinde von Fleisch und Blut und des mönchischen Kampfes gegen Dämonen und Laster *(vitiis sive daemoniis bellum)*[123]. Hielt er im Suger-Brief von 1127 noch beide Funktionen unter Hinweis auf den gesellschaftlichen *ordo* auseinander, spricht er jetzt vom *homo uterque*, der das Schwert (der Ritterschaft) und den Gürtel (das *cingulum castitatis* der Mönche) vereint trage. Eine solche ›Qualifikation‹ schütze vor Dämonen und Menschen gleichermaßen, so daß Bernhard den Templern zuruft: »Schreitet also sicher voran, ihr Ritter, und vertreibt unerschrocken die Feinde des Kreuzes Christi *(inimicos crucis Christi)*«[124]. Keinen Zweifel läßt die Metaphorik daran, daß der Abt von Clairvaux die Templer als das qualifizierte und erfolgversprechende Modell zur Lösung der militärischen Aufgaben im Heiligen Land ansieht. Das Kapitel 4 der Schrift *De conversatione militum Templi* konkretisiert diesen Gedanken: »Den Kampf, und nicht die Pracht, den Sieg, und nicht den Ruhm haben sie im Sinn; sie mühen sich mehr, Furcht zu erregen als Bewunderung«[125]. Aber es ist unzweifelbar ein Modell, das auf die besondere Situation in den chronisch bedrohten Kreuzfahrerstaaten zugeschnitten ist, für den gesellschaftlichen *ordo* im Abendland mithin ohne direkte Folge bleibt. Zentrale Aufgabe der Templer sei – so insistiert die Schrift am Ende von Kapitel 4 –, das Heilige Grab zu bewachen *(sepulcrum vigilanter fideliterque custodiant)*, dafür trügen sie ihr Schwert und schulten sie sich für den Kampf[126].

Wie Guibert von Nogent und auch Suger von Saint-Denis räumt Bernhard dem realistischen Erscheinungsbild der abendländischen Ritterschaft einen hohen argumentativen Stellenwert ein: »Was ist der Zweck, was die Frucht dieser weltlichen, ich nenne sie nicht Ritterschaft *(militia)*, sondern Verderbtheit *(malitia)*, wenn dabei sowohl der Tötende eine Totsünde begeht als auch der Getötete ewig zugrundegeht?«[127] Den *bellator* als Hüter der weltlichen Friedensordnung vermißt der Abt in

---

120 Vgl. beispielsweise die berühmte Apologie an den Abt Wilhelm von Saint-Thierry aus dem Jahre 1125, ediert in der Gesamtausgabe (wie Anm. 111), Bd. 2, S. 182; das Offizium des hl. Victor (nach 1137), ebd. S. 212; unter Verwendung von 2 Tim 2,3 in Ep. 1, ebd. S. 260 (1125); Ep. 2, ebd. S. 268 und 284 (um 1120); Ep. 65, ebd. S. 560 (vor 1131) u. ö.
121 *Hugoni, militi Christi et magistro militiae Christi* (De laude, Prolog, S. 268).
122 De laude I, S. 270. Die Kapitel 5–9 der Schrift sind im einzelnen dem Leidensweg Christi im Heiligen Land gewidmet.
123 De laude I, S. 270.
124 Ebd.
125 *Pugnam quippe, non pompam, victoriam, sed non gloriam cogitantes, et studentes magis esse formidini quam admirationi* (De laude IV, S. 284).
126 Ebd.
127 *Quis igitur finis fructusve saecularis huius, non dico, militiae, sed malitiae, si et occisor letaliter peccat, et occisus aeternaliter perit?* (De laude II, S. 274).

seiner eigenen Zeit. Deswegen verzichtet er im Kapitel »Von der weltlichen Ritter-schaft« demonstrativ auf die Verwendung des Begriffs *militia*. – »Nur die unver-nünftige Leidenschaft des Zorns oder die Gier nach eitlem Ruhm oder die Begierde nach irdischem Besitz erregen und wecken unter euch Kämpfe und Streitigkei-ten«[128]. In seiner Geißelung unberechenbarer Fehden und eines luxuriösen Lebens-stils sieht man wiederum die Anklänge an ein älteres Ideal, das noch vor den Gottes-friedenskonzilen den illustrativsten Ausdruck in der Vita des Grafen Gerald von Aurillac aus der Feder Abt Odos von Cluny (927–942) erfuhr[129]. Erstmals findet sich dort formuliert, wie man auch als *bellator* Erlösung und sogar Heiligkeit errei-chen konnte: Liebe zu den Armen, Keuschheit, Gerechtigkeit, Bußfertigkeit und Frömmigkeit[130]. Das mönchische Ideal konnte dem Adel vorgehalten werden, auch ohne – wie Guibert von Nogent – die Konversion und damit den Wechsel der Lebensform einzufordern[131]. Bernhard rekurriert aus mehreren Gründen auf dieses alte Modell: Auf der einen Seite konnte man vor dem weithin akzeptierten, trostlo-sen Erscheinungsbild der *militia saecularis* den Reformgedanken einer *nova militia* – wer denkt nicht an das *novum monasterium* – als vordringlichen und gottgewollten Auftrag definieren. Damit nimmt er der präsumtiven Kritik die Spitze, die er selbst vormals auf den Begriff des ›ordines confudare‹ gebracht hatte[132]. Das ethische Ideal des mönchisch gesinnten Ritters war gegen diesen Vorwurf immun. Der christliche Auftrag des Kreuzzugs stellte dabei das plausible Verbindungsglied zwischen dem älteren Heiligkeitstopos und der gesellschaftlichen Wirklichkeit her.

Auf der anderen Seite ließen die Erfahrungen des ersten Kreuzzugs kaum zu, daß Bernhard den Kreuzzug an sich als heilsstiftend definierte. Bekanntlich themati-sierte er später die Sündhaftigkeit der Kreuzritter in seinen Predigten zum zweiten Kreuzzug, als er den Verlust Edessas gegen die Feinde des Glaubens zu erklären hatte[133]. Damit schließt sich der Gedankengang zu einem klaren Bild, das den Ver-hältnissen im Heiligen Land und in der Heimat gerecht zu werden scheint: Die ethi-sche Läuterung des waffentragenden Adels nach einem mönchischen Ideal ist das übergreifende, höchst traditionelle Modell Bernhards, das zu seiner Zeit besondere Brisanz durch die Gewaltsamkeit ritterlicher Aufsteiger vom Typ eines Thomas von Marle beziehen mochte. Der Kreuzzug an die Stätten des Wirkens Christi, der ja dezidiert mit dem Sündenablaß verknüpft war, bot den sowohl historisch-politisch als auch heilsgeschichtlich bedeutsamen Anlaß, die angestrebte Reform des Ritter-tums institutionell zu festigen. Und es kann nicht erstaunen, daß ein Zisterzienser zu

---

128 Ebd.
129 Zu Bedeutung und Inhalt der Vita jetzt Joachim WOLLASCH, Cluny – »Licht der Welt«. Aufstieg und Niedergang der klösterlichen Gemeinschaft, Zürich, Düsseldorf 1996, S. 39–43. Grundlegend zu unserer Frage Paul ROUSSET, L'idéal chevaleresque dans deux Vitae clunisiennes, in: Etudes de civilisation médiévale (IXᵉ–XIIᵉ siècles). Mélanges offerts à Edmond-René Labande, Paris 1975, S. 623–633.
130 WOLLASCH (wie Anm. 129) S. 40f.
131 Siehe bereits oben Kapitel III.
132 Siehe oben bei Anm. 118.
133 Vgl. z. B. Ep. 457 *Ad universos fideles*, Bd. 3, S. 890–892 von 1147: *Suscitavit proinde semen nequam, filios sceleratos, paganos, quos ut pace vestra dixerim, nimis diu sustinuit christianorum fortitudo, perniciose insidantes dissimulans* (…).

diesem Zweck dem Organisationsmodell des Ordens die Bewahrung essentieller ethischer und spiritueller Verpflichtungen zutraute[134]: Einer weitgehend unkontrollierbaren, weder durch alte Traditionen, noch durch aktuelle Hierarchien zu bindenden Ritterschaft stellte Bernhard das Modell des zentralen, asketischen und auf christliche Tugenden verpflichteten Ritterordens entgegen, dessen primärer Auftrag der des christlichen *bellator* am Heiligen Grab war. Wenn der heilige Bernhard ritterlichen Aufstieg im Blick hat, ist dies die Rückkehr zum alten Ideal des weltlichen *miles Christi*, ob in der korporativen und modernen Form des Ritterordens im Heiligen Land oder in der Individualität des frommen Adligen vom Schlag eines Gerald von Aurillac. Sein Briefverkehr mit den Grafen Hugo von der Champagne und Wilhelm II. von Nevers bringt jedenfalls die Freude darüber zum Ausdruck, daß die Idee des mönchischen Adligen auch in der Heimat noch Anhänger fand[135].

VI. Der sakrale König als Steigerung des *miles Christi*: Suger von Saint-Denis

Der berühmte Abt des Königsklosters Saint-Denis endlich stellt ritterlichen Aufstieg und ritterliches Verhalten in jenen Bezugsrahmen, als dessen Architekt man ihn selbst bezeichnen könnte: denjenigen der Königsideologie[136]. In dieser Sicht bündelt die *Vita Ludovici Grossi*, die Suger zwischen 1138 und 1144 verfaßte, einerseits die Erfahrungen mit den Insubordinationen einer gewaltsamen Ritter- und Burgherrenschicht, die nur durch die königliche Autorität zu zügeln war, und andererseits den Aufstieg eines ritterlichen Ethos, das für König und Adel verbindliche Werte und Normen formulierte. Im Helden der *Vita*, König Ludwig VI. (1108–1137), finden sich diese gleichsam personifiziert, so daß man hier nach einer politischen Indienstnahme des *miles Christi* für den Königsgedanken zu fragen hat. Und dies zu einem Zeitpunkt, da man mit jenem Terminus bereits eindeutig den Kreuzfahrer und Mönchsritter konnotierte, welcher Ludwig – anders als sein Sohn – nun gerade nicht war. Die historische Bedeutung dieses Königs sieht bereits sein Biograph auf einem anderen Feld: Ludwig VI. steht am Beginn des innenpolitischen Zentralisierungs-

---

134 Zu diesem Aspekt ausführlich u. a. Jörg OBERSTE, Visitation und Ordensorganisation. Formen sozialer Normierung, Kontrolle und Kommunikation bei Cisterziensern, Prämonstratensern und Cluniazensern (12.– frühes 14. Jahrhundert), Münster 1996, bes. S. 140–159.

135 Zum Brief an Hugo von der Champagne und seinem Eintritt in den Templerorden siehe oben bei Anm. 117; zu Wilhelm von Nevers, der Kartäuser wurde, vgl. Ep. 515, Bd. 3, S. 474: *Et quidem dignum erat terminare, carissime, tam laudabile tuae conversionis initium digno te fine quantocius perficere* (...).

136 Im Überblick das Dictionnaire des lettres françaises (wie Anm. 30) S. 1412–1414; neuerdings zu Suger Michel BUR, Suger, abbé de Saint-Denis, régent de France, Paris 1991; immer noch wichtig Otto CARTELLIERI, Abt Suger von Saint Denis, 1081–1151, Berlin 1898. Zur politischen Aktivität König Ludwigs VI. vgl. Achille LUCHAIRE, Louis VI le Gros. Annales de sa vie et de son règne, Paris 1890; Jean DUFOUR, Louis VI, roi de France (1108–1137) à la lumière des actes royaux et des sources narratives, in: Comptes rendus de l'Académie des Inscriptions et Belles Lettres, Paris 1990, S. 456–482. Zum Verhältnis Sugers zu den Kapetingern vgl. auch die beiden Sammelbandbeiträge Eric. BOURNAZEL, Suger and the Capetians, in: Abbot Suger and Saint-Denis, hg. von Paula GERSON, New York 1986, S. 55–72 und Michel BUR, A Note on Suger's Understanding of Political Power, ebd. S. 73–75.

prozesses der kapetingischen Königsherrschaft, der 100 Jahre später in der Zeit Philipps II. Augustus (1180–1223) vollends zum Durchbruch kam. Yves Sassier unterstreicht, daß es sich bei dem Prozeß, den er als »Le retour de la royauté (1108–1223)« überschreibt, vor allem um eine Restauration der rechtlichen Lehnsbindungen handelte: »Le nouvel ordre qui se dessine au XIIᵉ siècle est bien, sous cet angle, un ordre féodal«[137]. Abt Suger wird auf diesen Aspekt zu sprechen kommen.

Blicken wir zuerst auf das christlich-ritterliche Tugendsystem, das voran der König und abgestuft alle positiv besetzten Personen der *Vita* verkörpern, fällt der geradezu schematisch wiederholte Entwurf dieses Verhaltenskodex ins Auge: Wahrung des Rechts, Schutz von Kirchen, Frauen, Kaufleuten und Hilflosen, Wohltaten gegenüber Armen und Kirchen, Demut vor Gott und den Heiligen, kämpferische Tugenden gegen die Feinde Gottes und der weltlichen Ordnung. Auch Suger ist demnach den Idealen der Gottesfriedenskonzile verpflichtet, er gibt ihnen nur eine besondere Richtung, indem er den König (und eben nicht die Bischöfe) zum höchsten Sachwalter dieser Ziele bestimmt. Zwischen Prolog und Schlußkapitel der *Vita* entspannt sich ein Bogen über dem Themenfeld des frommen Königs: Gleich zu Beginn wird Ludwigs kämpferischer Eifer *(strenuitas) circa cultum ecclesiarum Dei devotionem et circa regni statum mirabilem* lobend hervorgehoben[138]. Gottesdienst und erfolgreiche Königsherrschaft gehören zusammen – wie sehr, das demonstriert im letzten Kapitel der Abschiedsgruß des sterbenden Königs an seinen Sohn: ›*Protegat te et tuos, fili karissime, omnipotentis Dei, p e r q u e m r e g e s r e g n a n t, validissima dextera*‹[139]. Die gleiche Argumentation verfolgt auch die Krönungsszene des 14. Kapitels, in der es heißt, der Erzbischof Daimbert von Reims habe Ludwig mit der Salbung das Schwert der w e l t l i c h e n R i t t e r s c h a f t genommen *(abjecto saecularis militiae gladio)* und ihn mit dem geistlichen Schwert gegen alle Sünder gegürtet *(ecclesiastico [gladio] ad vindictam malefactorum accingens)*[140]. Die qualitative Steigerung, die in dieser Aussage liegt, ist aufschlußreich, da Ludwig sich schon vor seiner Krönung als Freund der Kirche und kompromißloser Verfechter des Rechts erwiesen hatte[141]. Übte mithin der junge Ludwig bereits alle Tugenden des christlich geprägten Rittertums, handelte er erst nach der Königsweihe und -salbung in sakraler Funktion als Stellvertreter Gottes. Die Sakralisierung des Königsamtes stellt sich bei Suger als Steigerung der Vorstellung vom *miles Christi* dar.

Diese Beobachtung schließt freilich nicht aus, daß auch der gesalbte König späterhin mit vollem Lob als »wahrer Ritter« oder »wahrhaftig ritterlich« bezeichnet wer-

---

137 GUILLOT/RIGAUDIÈRE/SASSIER (wie Anm. 21), Bd. 1, S. 244.
138 Suger von Saint-Denis, Vita Ludovici Grossi, MIGNE PL 186, Sp. 1253–1340 (bis Kap. 21); neuere Ausgaben und Übersetzungen liegen vor mit Suger, Vie de Louis VI le Gros, ed. Henri WAQUET, Paris 1929 (kritische Edition) und neuerdings Suger, The Deeds of Louis the Fat, ed. Richard CUSIMANO, John MOORHEAD, Washington, D.C. 1992. Zitiert wird im folgenden nach Waquet nur: Vita Ludovici, hier Prolog, S. 4.
139 Vita Ludovici 34, S. 280 (meine Hervorhebung). Vgl. Prv. 8,15: *per me reges regnant et legem conditores iusta decernunt.*
140 Vita Ludovici 14, S. 86.
141 *Praefatus autem Ludovicus, quoniam in adolescentia ecclesie amicitiam liberali defensione promeruerat, pauperum et orphanorum causam sustentaverat, tirannos potenti virtute perdomuerat* (Vita Ludovici 14, S. 84).

den kann: Den Feldzug, der im Jahre 1130 dem Tyrannen Thomas von Marle das Leben kostete und dessen Ländereien der Krone zuführte, beschloß Ludwig mit der Belagerung des rebellischen Herrn der Burg Livry (bei Paris). Als sein Cousin, der Graf Rudolf von Vermandois, verletzt wurde, warf sich der König persönlich in die Schlacht, wie es einem wahrhaftigen Ritter ziemt *(quia militaris vir erat)*[142]. ›Ritter-lich‹ bleibt bei Suger häufig das Attribut für den erfolgreichen Kampf in gerechter Sache, bei dem es dann keineswegs auf christliche Milde und Gnade ankam, sondern auf harte Bestrafung der Feinde und auf den dauerhaften Erfolg der militärischen Operationen. In dieser ›weltlichen‹ Verwendung des Begriffs ist es kein Wider-spruch zum Ethos, wenn das königliche Heer – wie es mittelalterlicher Strategie ent-sprach – zur Niederwerfung Heinrichs I. von England die Normandie plünderte[143] oder wenn Suger bei der Eroberung der Burg eines verräterischen Seigneurs die Ver-stümmelung der Mannschaft als einen Akt der Frömmigkeit beschreibt: *gladiis eis* (i. e. den Feinden) *eos aggrediuntur, impios pie trucidant, membris emutilant, alios dulcissime eviscerant (…). Nec discredendum est divinam manum tam celerem maturasse ultionem, cum et per fenestras vivi aut mortui proitiuntur*[144]. Der rächende Gott und der rächende König gehören fest in Sugers Bild von Gerechtigkeit und Gesetzmäßigkeit. Über die Gewalttaten des Burgherrn Hugo von Le Puiset brach-ten im Jahre 1111 die Barone und Bischöfe der Ile-de-France erbitterte Klage vor den König, *quia eorum terras lupo rapacior devorabat*[145]. Suger fährt fort, diese Großen baten darum, *ut partem Dei, cuius ad vivicandum portat rex imaginem, vicarius eius liberam restituat*[146]. Der sakrale König und *miles Christi* hatte nach Sugers Begriff den Kampf im eigenen Land zu führen, wo rebellische Ritter und Burgherren den von Gott gesetzten *ordo* störten. Nicht weniger als 19 von 34 Kapi-teln der *Vita* enthalten Episoden über königliche Vergeltungsfeldzüge in der Ile-de-France, Champagne, Auvergne und Normandie, aus denen Ludwig immer wieder siegreich hervorgeht. Aus heutiger Sicht gilt, daß er damit die Grundlagen für eine Durchsetzung zentraler königlicher Rechtsansprüche und Ordnungsautorität über das Krongut hinaus gelegt hat[147].

Fast schematisch entwerfen solche Episoden zugleich auch den Antitypus des christlichen Ritters. Beispielhaft sei das Kapitel 15 herausgegriffen, das sich unmit-telbar an die Königskrönung Ludwigs am 3. August 1108 in Orléans anschließt. Suger leitet zum königlichen Alltag über mit der Bemerkung, Ludwig habe als König nicht unterlassen können, was er bereits als junger Mann auf sich genommen habe, *videlicet ecclesias tueri, pauperes et egenos protegere, paci et regni defensioni*

---

142 Vita Ludovici 31, S. 256.
143 *Rex itaque Ludovicus, cum terram Normannie ea de parte in conspectu suo silere coegisset, modo multa, modo pauca manu, indifferenter rapinis eam exponebat, tam regem quam suos longa devexa-tionis consuetudine omnino floccifaciens vilipendebat* (Vita Ludovici 26, S. 196).
144 Vita Ludovici 17, S. 120 (meine Hervorhebung).
145 Vita Ludovici 19, S. 134.
146 Ebd.
147 Vgl. zur Bewertung der Regierungszeit Ludwigs VI. neben den Angaben unter Anm. 136 auch GUILLOT/RIGAUDIÈRE/SASSIER (wie Anm. 21), Bd. 1, S. 244–251 und BOURNAZEL (wie Anm. 28) S. 35–70.

insistere[148]. Die folgende Beschreibung des rebellischen Hugo von Crécy macht deutlich, gegen wen Kirche und Reich einer Verteidigung bedurften: *Hugo Creciacensis juvenis idoneus, armis strenuus, tam rapinis quam incendiis aptus tociusque regni turbator celerrimus*[149]. Nur den berüchtigten Thomas von Marle schildert die *Vita* in noch dunkleren Farben als *hominem perditissimum, Deo et hominibus infestum*, dessen Tyrannei selbst sein eigener Vater fürchtete und dessen Tod im Jahre 1130 Suger ein ganzes Kapitel wert ist[150]. Übergriffe gegen Kirchen und Kaufleute waren für Ritter dieses Schlags an der Tagesordnung[151]; beide fielen indessen unter die Schutzbestimmungen der Gottesfriedenskonzile und damit unter eine besondere Form des Königsschutzes[152]. Daß Ludwig sich dieser Verpflichtung bewußt war, bringt sein Biograph mehrfach zum Ausdruck. In der Formel des zweiten Kapitels, *defensor oratorum, laboratorum et pauperum*[153], klingt das Friedenskonzept durch; in der Fehde gegen den Grafen Ebles von Roucy läßt Ludwig sein Heer samstags und sonntags pausieren, um die Treuga Dei nicht zu verletzen[154]. Überhaupt ist für den Abt von Saint-Denis das Recht der ureigenste Fundus königlicher Herrschaft, *cum et rex et lex eandem imperandi excipiant majestatem*[155]. Ludwigs Eingriff in der Auvergne im Jahre 1109 wird von Suger mit der Bemerkung gerechtfertigt, die Königsherrschaft ende nicht an den Grenzen des Kronlandes[156]. Die Königsmacht hatte im ganzen Reich die Friedensordnung zu wahren und einen unkontrollierten Aufstieg zu unterdrücken.

Für diese Aufgabe war dem Abt von Saint-Denis der Kreuzzug freilich kein geeignetes Modell, ging es ihm doch nicht primär um die ›Domestizierung‹ der aufstrebenden Ritterschaft in einer begrenzten Dienstverpflichtung, sondern um die dauerhafte Regelung von Landbesitz, Burgenbau und Friedenswahrung. Die Kreuzzüge blieben für Suger ein Abenteuer, auf dem man freilich – wie der Graf Robert von Flandern – ritterliche Ehre gewinnen oder – wie der Châtelain Hugo von Le Puiset – sich von seiner Sündenlast reinigen konnte[157]. Im Jahre 1146 mußte der Abt den jungen Ludwig VII. – bekanntermaßen erfolglos – vor der Kreuznahme sogar warnen, um den Gegnern des Königs keinen Vorteil zu verschaffen[158]. Für die Umsetzung

148 Die ganze Stelle lautet: *Ludovicus igitur Dei gratia rex Francorum, quoniam in adolescentia idipsum consueverat, dissuescere non potuit, videlicet ecclesias tueri, pauperes et egenos protegere, paci et regni defensioni insistere* (Vita Ludovici 15, S. 88).
149 Ebd.
150 Das Zitat aus Vita Ludovici 7, S. 30; sein Tod wird beschrieben ebd. 31, S. 250–256.
151 Vgl. die Überfälle auf Kaufleute, über die in Vita Ludovici 11, S. 70; 31, S. 252 und 33, S. 274 berichtet wird, sowie z. B. den Angriff des Herrn von Le Puiset auf das Priorat Toury (ebd. 21, S. 152–168).
152 Allgemein HOFFMANN (wie Anm. 37), bes. S. 240–245 und GUILLOT/RIGAUDIÈRE/SASSIER (wie Anm. 21), Bd. 1, S. 203–211.
153 Vita Ludovici 2, S. 14.
154 Vita Ludovici 5, S. 26. Vgl. dazu HOFFMANN (wie Anm. 37) S. 245.
155 Vita Ludovici 16, S. 106 (meine Hervorhebung).
156 Vita Ludovici 25, S. 180.
157 Über Robert von Flandern heißt es: *comite Flandrense Roberto accito, viro mirabili, Christianis et Sarracenis a primordio Hierosolymitanae viae armis famosissimo (…)* (Vita Ludovici 19, S. 142); zu Hugos Fahrt ins Heilige Land vgl. ebd. 22, S. 170.
158 In diesem Sinne äußert sich Wilhelm von Saint-Denis, der Schüler und Biograph Sugers in der Vita Sugerii Abbatis, III, 1, MIGNE PL 186, Sp. 1201.

seiner Königsideologie griff Suger auf ein älteres Modell zurück, das sich allerdings als höchst zukunftsträchtig für die hochmittelalterliche Verfassung Frankreichs erweisen sollte: den »ordre féodal«, den Yves Sassier mit dem Herrschaftsantritt Ludwigs VI. 1108 beginnen läßt und dessen Gesetzmäßigkeiten Neuaufsteigern im Adel nur dann Chancen einräumten, wenn sie sich in den Dienst des Königs oder eines Fürsten stellten[159]. Suger stellt dar, wie dieser »ordre« den König band, seiner höchstrichterlichen Autorität jedoch zugute kam. Er berichtet in der *Vita* vom Feldzug Ludwigs VI. gegen den Grafen der Auvergne aufgrund einer Fehde mit dem Bischof von Clermont im Jahre 1126: Der Herzog Wilhelm VIII. von Aquitanien, Lehnsherr des Grafen und Vasall des Königs, forderte, daß man den Beschuldigten vor das Königsgericht rufen solle, damit er, der Herzog, seine Pflicht als Ratgeber und Helfer seines Lehnsmannes erfüllen könne, ohne gegen den König kämpfen zu müssen. Dieser seinerseits mußte den Feldzug beenden und sich mit dem zufriedengeben, was im Rahmen des Lehnsrechtes erlaubt war[160].

VII. Schluß

Suger hat im Anfangsstadium miterlebt, was sich erst unter Philipp II. Augustus und seinen Nachfolgern in der Praxis bewähren sollte: Das Lehnsrecht untermauerte die Position des Königs, wenn er es extensiv nutzte und als höchster Lehnsherr in den Prozessen vor der *curia regis* seine Ansprüche durchzusetzen oder das Lehen einzuziehen versuchte[161]. Der berühmteste Fall ist sicher der Prozeß gegen Johann ohne Land im Jahre 1202, der wegen Nichterfüllung seiner Vasallenpflichten aller französischen Lehen für verlustig erklärt wurde[162]. Die jüngste Untersuchung von Marie-Thérèse Caron[163] zeigt aber das Systematische dieser Entwicklung. – Halten wir als erstes Fazit fest: Am Ende der Kreuzzugsepoche, das sich freilich bis zur Rückkehr Ludwigs des Heiligen (1226–1270) aus Akkon im Jahre 1254 hinzog, hatte sich das Gesicht des französischen König- und Rittertums entscheidend gewandelt. Die kirchlichen Gelehrten, die im 12. Jahrhundert Zeuge dieser Transformationen waren, haben auf unterschiedliche Weise versucht, den unübersehbaren Machtzuwachs vieler kleiner Burgherren und die Entstehung einer quasi unkontrollierbaren Schicht von Berufskriegern, den Rittern, in die Bahnen der Kirche oder des Königtums zu lenken. Sie taten es, indem sie legitime Wege gesellschaftlichen Aufstiegs vorzeichneten. Die ersten drei hier behandelten Autoren unternahmen, anknüpfend

---

159 GUILLOT/RIGAUDIÈRE/SASSIER (wie Anm. 21) Bd. 1, S. 247–274. Vgl. zu dieser Vorstellung bei Suger bereits DUBY (wie Anm. 10) S. 334–338.

160 Vita Ludovici 29, S. 232–240. Zu dieser Stelle vgl. bereits François L. GANSHOF, Was ist das Lehnswesen?, Darmstadt 1961, S. 175f.

161 Vgl. die Einschätzung von Yves Sassier zur Bedeutung Ludwigs VI. in dieser Entwicklung: »Le règne de Louis VI marque à cet égard le véritable tournant: en défendant les églises contre les seigneurs d'Ile-de-France, la royauté sait (...) utiliser sa force coercitive pour, finalement, faire prévaloir le principe en vertu duquel toute décision de sa cour (...) possède pleine force exécutoire« (GUILLOT/RIGAUDIÈRE/SASSIER [wie Anm. 21], Bd. 1, S. 252).

162 Vgl. GANSHOF (wie Anm. 160) S. 177.

163 Marie-Thérèse CARON, Noblesse et pouvoir royal en France (XIIIe–XVIe siècle), Paris 1994, bes. S. 23–73.

an ältere Vorstellungen der Gottesfrieden und mönchischer Viten, den Versuch einer moralischen Einbindung in den Kodex des christlichen Ritters. Die Kreuzzüge und die Ritterorden waren dabei allerdings mehr als ein abstraktes Denkmodell, sie entsprangen einem politischen Projekt, das – zumindest für kurze Zeit – von der Fiktion einer neuen lateinisch-christlichen Gesellschaft im Heiligen Land genährt wurde. Bei Suger übernimmt der König und das mit ihm verbundene Recht die Funktion der Ordnung des Ganzen und Legitimation des Neuen. Denkt man an den dauerhaften Aufstieg zahlloser kleiner Herrschaftsträger im königlichen Dienst – etwa in den Ämtern der Grands officiers[164] – und das ebenfalls dauerhafte Wiedererstarken der königlichen Zentralmacht, ist er der politischste Autor dieser Untersuchung.

Wie tiefgehend diese neuen Strukturen den älteren »ordre seigneurial« (Sassier) in Frankreich veränderten, können vielleicht am eindringlichsten die Urkunden Philipps II. nach der Eroberung der Normandie und dem Waffenstillstand von Thouars im Oktober 1206 belegen[165]: Philipp belehnte in großem Maßstab seine eigenen Amtsträger mit normannischen Lehen in den Termini des alten ligischen Lehnsrechtes[166]. Unterdessen hatte sich in den Kreuzfahrerstaaten wegen des ständigen Mangels an militärischer Schlagkraft eine Sozialstruktur ausgebildet, die den Qualifikationen und Erwartungen abendländischer Ritter auf das beste entgegenkam. Primär aus dieser Notwendigkeit bildeten sich nicht zuletzt die geistlichen Ritterorden, deren hochrationale Organisation eher den Anforderungen des gemeinschaftlichen Kämpfens und der Schaffung einer militärischen Infrastruktur genügte, als der Umsetzung eines religiösen Ideals[167]. In beiden Fällen könnte man von pragmatischen, machtpolitischen Impulsen für soziale Veränderungen sprechen. Kirchenleute, wie die hier untersuchten, haben darauf mit theoretischen Konstruktionen reagiert, ohne die eine theologisch fundierte Sicht auf und transzendentale Begründung von Geschichte, Gesellschaft und Herrschaft im Mittelalter nicht auskommen durfte[168].

164 Im Überblick bei BOURNAZEL (wie Anm. 28), passim.

165 Zum politischen Hintergrund vgl. John W. BALDWIN, Philippe Auguste et son gouvernement. Les fondations du pouvoir royal en France au Moyen Age, Paris 1991, engl. 1986, bes. S. 250–269, 285–300. Als Edition liegt vor: Recueil des actes de Philippe Auguste, roi de France, ed. Jacques MONICAT, Jacques BOUSSARD, Bd. 3: Années du règne 1206–1215, Paris 1966.

166 Actes de Philippe Auguste, Nr. 975 aus dem Jahre 907; vgl. auch die Nrn. 986, 994, 995, 1024, 1075, 1076, 1078, 1128, 1156, 1159, 1186, 1195 und 1224 (alle zwischen 1207 und 1211).

167 Michael der Syrer berichtet über die Anfänge der Templer im Jahre 1118/19, daß König Balduin II. eingedenk der militärischen Schwäche seines Reichs die Gefährten um Hugo von Payens von der Nützlichkeit einer gemeinschaftlichen Lebensform überzeugt habe (zitiert bei BARBER [wie Anm. 107] S. 7).

168 Vgl. dazu allgemein Gert MELVILLE, Wozu Geschichte schreiben? Stellung und Funktion der Historie im Mittelalter, in: Formen der Geschichtsschreibung, hg. von Reinhart KOSELLECK, Heinrich LUTZ, Jörn RÜSEN, München 1982, S. 86–146; Otto Gerhart OEXLE, Deutungsschemata der sozialen Wirklichkeit im frühen und hohen Mittelalter. Ein Beitrag zur Geschichte des Wissens, in: Mentalitäten im Mittelalter. Methodische und inhaltliche Probleme (Vorträge und Forschungen, 35), hg. von Frantisek GRAUS, Sigmaringen 1987, S. 65–117. Neuerdings vgl. insbesondere den Sammelband: Sozialer Wandel im Mittelalter (wie Anm. 43).

Über die Funktion und soziale Bedeutung solcher Konstruktionen läßt sich auch im Kontext moderner soziologischer Theorien etwas sagen: Um zu zeigen, aus welchen Gründen veränderte sozioökonomische Parameter ein gesellschaftliches System auf Dauer zur Akzeptanz zwingen, liefert die Evolutionstheorie unter dem Stichwort ›Stabilität durch Anpassung‹ ein altbewährtes Erklärungsmodell, in dessen Zentrum die verfügbaren »Wissensressourcen« stehen, die ein System über die im Fluß befindlichen Bedingungen ins Bild setzen. Unkontrollierbare sozioökonomische und emergente Prozesse seien auf diesem Wege in gesteuerte Strukturveränderungen zu übersetzen[169]. Nach den anfänglichen Beobachtungen könnte man unterstellen, daß die gesellschaftsorientierten Reflexionen mittelalterlicher Kirchenleute maßgeblich sowohl die notwendigen sozialen »Wissensressourcen« als auch die traditionalen Normen und Werte bereitstellte, um die Ziele und Dimensionen von bewußten Anpassungsvorgängen zu formulieren. Man könnte zuspitzen: Aufstieg ist in der mittelalterlichen Ständegesellschaft als Anpassungsphänomen zu bewerten, um neuen wirtschaftlichen und politischen Notwendigkeiten gerecht zu werden; allerdings muß er sich gegen ein konservatives und restriktives Normensystem erst durchsetzen[170]. In diesem Prozeß spielte die Kirche die entscheidende Vermittlungsrolle.

Damit ist für das Hoch- und Spätmittelalter ein geradezu typischer institutioneller Mechanismus beschrieben: Die Erfahrung einer dynamischen sozialen Mobilität, die man in der ersten Hälfte des 12. Jahrhunderts im Adel und in den städtischen Kommunen sammeln konnte, hatte etwas grundsätzlich Beunruhigendes. Während die Integration städtischer Freiheiten und bürgerlicher Lebensformen in den gesellschaftlichen *ordo* eine Leistung vor allem spätmittelalterlicher dominikanischer und franziskanischer Theologen war[171], reflektieren die hier ausgewählten Vertreter des älteren Mönchtums über die neue Ordnung an der Spitze der Gesellschaft, den Adel. In der sozialen Realität, deren gewaltsame Züge gerade auch für Kirchen und Klöster alltäglich erfahrbar waren, gerierte sich der aufstrebende Ritterstand als Usurpator von Titeln und Territorien. Die Frage seiner ›Domestizierung‹ war zugleich die Frage der Gültigkeit einer durch weltliche und geistliche Große repräsentierten Friedensordnung, mithin die Kernfrage königlicher und adlig-feudaler Herrschaft überhaupt. Darauf suchten alle Autoren eine Antwort, indem sie – auf höchst unter-

---

169 In einer auch für das Mittelalter trefflichen Auflösung des rein statischen Charakters beschreibt Winfried Schulze die frühneuzeitliche ständische Gesellschaft als »Gesellschaft begrenzter Ressourcen, die mit einem statischen Normensystem ihre Mobilität kontrollierte«: Winfried SCHULZE, Die ständische Gesellschaft des 16./17. Jahrhunderts als Problem von Statik und Dynamik, in: Ständische Gesellschaft und soziale Mobilität (Schriften des Historischen Kollegs, Kolloquien 12), hg. von DEMS., München 1988, S. 1–17, hier S. 13.

170 Am problematischen Verhältnis »Kaufleute und Kirche/Kirchenrecht« ist dies schnell einsichtig zu machen. Vgl. hierzu aus der umfangreichen Literatur: John W. BALDWIN, The Medieval Merchant Before the Bar of Canon Law, in: Papers of the Michigan Academy of Science, Arts and Letters 44 (1959) S. 287–299; I. IBANÈZ, La doctrine de l'Eglise et les réalités économiques au XIIIᵉ siècle: l'intérêt, les prix et la monnaie, Paris 1967 und neuer Jacques LE GOFF, Wucherzins und Höllenqualen. Ökonomie und Religion im Mittelalter, Stuttgart 1988, frz. 1986.

171 Vgl. neuerdings beispielsweise Ulrich MEIER, Mensch und Bürger. Die Stadt im Denken spätmittelalterlicher Theologen, Philosophen und Juristen, München 1994.

schiedliche Weise – mit dem alten Ideal des *miles Christi* operierten. Man könnte diesem Typus von Gesellschaftsdiskurs bei Kirchenleuten des 12. Jahrhunderts verallgemeinernd das Anliegen unterstellen, über Aufstiegsmodelle Vorstellungen von Legitimität und Mobilität miteinander zu vereinen. Dafür reichte es freilich nicht aus, das überlieferte Bild aus der Vita Geralds von Aurillac und den Canones der Gottesfriedenskonzile zu rezitieren. Nur durch Vorschläge einer Applikation auf zeitgenössische Entwicklungen und Lebensumstände war überhaupt an gesellschaftliche Wirksamkeit zu denken. Der *Policraticus* Johannes' von Salisbury aus dem Jahre 1159 etwa greift die Frage des Rittertums gleichsam aus staatstheoretischer Perspektive auf: Zwei Dinge, die auch ein Kleriker benötigt, brauche es, um ein Ritter zu werden, *electio* und *professio*[172]. Unter Wahl versteht Johannes die Auswahl eines Ritters durch einen *dux*; unter Profeß den Treueschwur gegen seinen Lehnsherrn. Und indem Johannes über den Ritus des Ritterschwurs nachdenkt, dessen Kern er im kirchlichen *sacramentum fidelitatis* sieht, definiert er die *legitima professio militiae* zugleich als eine Treuebindung gegenüber christlichen Prinzipien[173]. Was hier – nach dem Scheitern des zweiten Kreuzzugs – geschieht, ist die Rationalisierung eines ritterlichen Aufstiegsmodells, indem der Zugang zur Ritterschaft formalisiert und zugleich mit der ethischen Verpflichtung zu christlicher Tugend verbunden wird.

Die Idee dieses Beitrags war es, angesichts einschlägiger Färbungen eines nicht geringen Teils der mittelalterlichen Historiographie und eines Teils der Traktatliteratur den religiösen Diskurs über gesellschaftlichen Wandel als elementares Bedürfnis der mittelalterlichen Herrschaftsordnung zu definieren. Dessen Leistung war als Anpassungs- und Vermittlungsleistung zu beschreiben, die nicht nur eine retrospektiv-bewertende Seite hatte, sondern vielmehr dort auf sozialen Wandel prospektiv einwirken konnte, wo sie verbindliche Normen und Werte für einen legitimen Wandel projizierte. Dem emergenten sozialen, wirtschaftlichen und militärischen Aufschwung des französischen Rittertums versuchte man so, das Modell eines von weltlicher und kirchlicher Seite sanktionierten Aufstiegs entgegenzuhalten. – Der Melusine-Mythos hat in seiner spätmittelalterlichen Form den Aufstieg und die Läuterung eines Rittergeschlechtes aus eigener Kraft inszeniert: militärische Macht, Burgenbau, Herrscherdienst, Kreuzzug, Klostergründung und günstige Heirat[174]. Das mochten aus der Sicht der Lusignan und ihrer Standesgenossen die entscheidenden Momente gewesen sein. Aus der quasi gegenüberliegenden Sicht der alten adligen und kirchlichen Eliten bedurfte es vor allem regulierender Steuerungsmöglichkeiten. Als Bausteine einer solchen restriktiven Ethik ritterlichen Aufstiegs wurden das Ideal des *miles Christi*, die Kreuzzugsteilnahme, die Ritterorden und das sakrale Königtum in den vorgestellten Texten des 12. Jahrhunderts instrumentalisiert. Diese

---

172 John of Salisbury, Policraticus, ed. Clement Webb, London 1909 (ND Frankfurt a. M. 1965), VI, S. 16–24. Vgl. zur Interpretation dieser Textstelle auch Poly/Bournazel (wie Anm. 28) S. 178–184. Einführend mit Überblick über Editionen und Forschungsliteratur Repertorium Fontium Historiae Medii Aevi, Bd. 6, Rom 1990, S. 408f.

173 Policraticus, VI, S. 24. Diesen Gedanken führt Jean Flori am Beispiel des Ritterschlags weiter fort: Chevalerie et liturgie (wie Anm. 13), bes. S. 409–442.

174 Siehe ausführlich oben Kap. II.

konstruierte ›Neuordnung‹ darf nicht darüber hinwegtäuschen, daß die neuen Familien – kraft der Normativität des Faktischen – einen Umsturz der bisherigen Adelsstrukturen herbeiführten. Was könnte dies besser zum Ausdruck bringen als das berühmte Losungswort der mächtigen Herren von Coucy[175]: *Roi ne suis / Ne prince, ne duc, ne comte aussi / Je suis le Sire de Coucy.*

RÉSUMÉ FRANÇAIS

À la fin de l'époque des croisades qui s'est inexorablement rapprochée avec le retour de Saint Louis (1226–1270) d'Acre en 1254, le visage de la royauté et de la chevalerie françaises a changé de manière décisive. Les érudits ecclésiastiques qui, au XIIᵉ siècle, furent les témoins de cette transformation, ont cherché de différentes façons à orienter dans les voies de l'Église ou de la royauté l'augmentation immense de la puissance de nombreux petits châtelains et la naissance d'une classe quasi incontrôlable de combattants professionnels, les chevaliers. Ils l'ont fait en déterminant les chemins légitimes de l'ascension sociale. Les trois premiers auteurs traités ici (Guibert de Nogent, Foucher de Chartres et Bernard de Clairvaux) ont entrepris, en relation avec les représentations plus anciennes de la Paix de Dieu et des Vies monastiques, une tentative d'intégration morale dans le code du chevalier chrétien. Les croisades et les ordres de chevalerie y étaient cependant plus qu'un modèle de pensée abstrait, elles avaient leur source dans un projet politique qui – au moins pour une brève période – fut nourri de la fiction d'une nouvelle société latine et chrétienne en Terre Sainte. Chez Suger, le roi, et le droit lié à lui, assument la fonction de mise en ordre de la totalité, et de légitimation de la nouveauté. Entre-temps, du fait du besoin constant d'une force de frappe militaire, s'était formée dans les États croisés une structure sociale qui correspondait au mieux aux qualifications et aux attentes des chevaliers occidentaux. A partir de cette nécessité les ordres religieux de chevalerie se sont formés en premier lieu, dont l'organisation hautement rationnelle satisfaisait plutôt aux exigences du combat commun et à la création d'une infrastructure militaire qu'à la mise en pratique d'un idéal religieux. Dans ce cas, on pourrait parler d'impulsions pragmatiques, et fondées dans une politique de puissance, données à des changements sociaux. Les gens d'Église, et parmi eux ceux qui font l'objet de cette étude, y ont réagi par des constructions théoriques indispensables quant à une vision théologiquement fondée de l'histoire, de la société et du pouvoir au Moyen Âge.

---

175 Nachweis in André DUCHESNE, Histoire généalogique des maisons de Guînes, d'Ardres, de Gand et de Coucy, Paris 1631. E. de l'EPINOIS, Histoire de la Ville et des Sires de Coucy, Paris 1858, S. 129f. schreibt diese Devise Enguerrand III. (1190–1242) zu. – Für weiterführende Hinweise habe ich Werner Paravicini, Gert Melville und Rolf Große zu danken.

Martin Kintzinger

PHISICIEN DE MONSEIGNEUR DE BOURGOINGNE

Leibärzte und Heilkunst am spätmittelalterlichen Fürstenhof

1. Gelehrte und praktische Ärzte

Zum alltäglichen Erfahrungswissen mittelalterlicher Menschen gehörte es, daß ihnen ein Arzt in zweierlei Art begegnen konnte: als praktischer Heiler und als buchgelehrter Doktor. Noch im England der Tudors und Stuarts blieb ein großer Teil der Bevölkerung »dependent upon traditional folk medicine«, wie es Keith Thomas formuliert[1]. Was sich so hartnäckig im Volk hielt, war eine Mischung aus religiösen und magischen Vorstellungen darüber, wie Krankheit zustande käme und wie sie zu bekämpfen sei – und eine tiefsitzende Skepsis gegen die lateinische Buchwissenschaft.

Deren Angehörige wiederum faßten denselben Gegenstand in ein gelehrtes Modell. Das Speculum doctrinale des Vinzenz von Beauvais, in der Mitte des 13. Jahrhunderts entstanden, unterscheidet zwischen einer *practica* und einer *theorica medicina*[2]. Dabei blieb es fortan, und wenn noch Enea Silvio (Pius II.) von einem *sine litteris medicus – ut dicunt – empiricus* spricht, so meinte er nichts anderes[3].

---

1   Keith Thomas, Religion and the decline of magic. Studies in popular beliefs in sixteenth- and seventeenth-century England, Harmondsworth 1971 (ND 1984) S. 210. Andrew Wear, Medical ethics in early modern England, in: Clio Medica 24 (1993) S. 98–130, bes. S. 98f., 124. Harold J. Cook, Good advice and little medicine: the professional authority of early modern english physicians, in: Journal of British studies 33 (1994) S. 1–31. Richard van Dülmen, Kultur und Alltag in der Frühen Neuzeit, 3, Religion, Magie, Aufklärung. 16.–18. Jahrhundert, München 1994, bes. S. 82, 84, 200f.; 2, Dorf und Stadt. 16.–18. Jahrhundert, München 1992, bes. S. 84, 241. Für das Mittelalter jetzt Ernst Schubert, Fahrendes Volk im Mittelalter, Bielefeld 1995, S. 348–350 u. ö. In der Tradition der Sagen und Märchen dominierte die Figur des Arztes als Wunderheiler. Wayland D. Hand, (Art.) Arzt, in: Enzyklopädie des Märchens 1, 1977, Sp. 849–853, hier Sp. 849. Zuletzt Michael Mc Vaugh, Bedside manners in the middle ages, in: Bulletin of the history of medicine 71 (1997) S. 201–223, zu dem seit 1300 deutlicher empfundenen Unterschied zwischen gelehrtem Buchwissen und praktischer Therapie am Krankenbett S. 208.

2   Vincentius Bellovacensis [Vincent de Beauvais], Speculum doctrinale [ca. 1256/59] (ND der Ausgabe 1624), Graz 1965, lib. XII, Sp. 1073–1168, lib. XIII, Sp. 1169–1280. Vgl. Barbara Obrist, Alchemie und Medizin im 13. Jahrhundert, in: Archives internationales d'histoire des sciences 43 (1993) S. 209–246, bes. S. 217–227. Als Übersicht Heinrich Schipperges, (Art.) Medizin. Mittelalter und Renaissance, in: Hist. Wörterbuch der Philosophie 5, 1980, Sp. 976–984, hier Sp. 982. Ders., (Art.) Medizin, in: LMA [= Lexikon des Mittelalters] 6, 1993, Sp. 452–459, mit schematischer Aufstellung Sp. 457.

3   Pii II. Commentarii rerum memorabilium que temporibus suis contigerunt, hg. von Adriano von Heck. 1.2 (Studi e testi, 312/13), Città del Vaticano 1984, lib. I, S. 42, Zeile 1–5.

Einem empirisch versierten Praktiker wurde ein wissenschaftlich geschulter Theoretiker gegenübergestellt – jener ein Handwerker, dieser ein Universitätsabsolvent, im besten Fall mit dem höchsten akademischen Grad versehen – ein »Doktor«.

Zwei Studienstätten überragten alle übrigen in ihrem Rang für das Medizinstudium: Salerno und Montpellier[4]. Im 11. und 12. Jahrhundert hatte das Studium in Salerno seinen Höhepunkt erreicht, als es die Schriften griechischer und arabischer Autoritäten an das Abendland zu vermitteln half[5]; von hier aus wurden schließlich die Universitäten in Paris und Montpellier gegründet.

Seit dem frühen 12. Jahrhundert florierten in Montpellier medizinische Studien. Erst 1289 kam es zur offiziellen Gründung eines Studium generale und als die ersten Statuten im frühen 14. Jahrhundert erlassen wurden, folgten sie dem Bologneser Muster. Ihre drei Nationen – Provence, Burgund und Katalonien – zeigen an, woher der größte Teil ihrer Studenten kam. Vor allem während des 14. Jahrhunderts wirkten die berühmtesten Ärzte ihrer Zeit, Arnold de Villanova, Bernard de Gordon und andere in Montpellier, auch der bekannte, 1368 gestorbene Chirurg und päpstliche Leibarzt, Guy de Chauliac. Seine *Chirurgia magna* gilt als das bedeutendste Chirurgiebuch des Mittelalters[6].

Nicht nur aus Frankreich strömten die angehenden Mediziner bevorzugt nach Montpellier wie auch nach Paris[7]. Dort wurden, anders als in Montpellier, nur wenige maßgebliche wissenschaftliche Traktate erarbeitet, dafür aber erheblich mehr späterhin praktizierende Ärzte ausgebildet[8]. Ausschlaggebend für die Wahl dieser Studienorte war zweifellos deren räumliche Nähe und vielfältige Verflechtung mit

---

4   Für das folgende Franco CARDINI, M. T. Fumagalli BEONIO-BROCHIERI, Universitäten im Mittelalter. Die europäischen Stätten des Wissens, Mailand 1991, bes. S. 208f., 214. Zu Paris Eduard SEIDLER, Die Heilkunde des ausgehenden Mittelalters in Paris. Studien zur Struktur der spätscholastischen Medizin (Sudhoffs Archiv. Beihefte, 8), Wiesbaden 1967, passim.

5   Gundolf KEIL, (Art.) Salerno. Die medizinische Schule, in: LMA 7, 1995, Sp. 1297–1300. Gerhard BAADER, Die Schule von Salerno, in: Medizinhistorisches Journal 13 (1978) S. 124–145. Zu den Übersetzerschulen von Salerno und Toledo, durch die eine unmittelbare Rezeption des antiken heilkundlichen Wissens an die scholastische, universitäre Lehre vermittelt wurde, Rudolf SCHMITZ, Der Arzneimittelbegriff der Renaissance, in: Humanismus und Medizin, hg. von Rudolf SCHMITZ, Gundolf KEIL (Mitteilung der Humanismus-Kommission, 11), Weinheim 1984, S. 1–21, hier S. 6f. Das von Schipperges entworfene Phasenmodell zur Entwicklung des medizinischen Arabismus im Abendland wird referiert S. 7f., Anm. 18. Zum Hintergrund Gerhard ENDRESS, Die Wissenschaftliche Literatur, in: Grundriß der Arabischen Philologie, 3. Supplement, hg. von Wolfdietrich FISCHER, Wiesbaden 1992, S. 3–152, hier S. 116–138.

6   Nancy SIRAISI, Die medizinische Fakultät, in: Geschichte der Universität in Europa 1. Mittelalter, hg. von Walter RÜEGG, München 1993, S. 321–342, hier S. 337. Gundolf KEIL, (Art.) Guy de Chauliac, in: LMA 4, 1989, Sp. 1806f. William COSSGRAVE, Die deutsche Sachliteratur des Mittelalters (Germanistische Lehrbuchsammlung, 63), Bern u. a. 1994, S. 74. Zuletzt: Jean-Patrice BOUDET, Le bel automne de la culture médiévale (XIVᵉ–XVᵉ siècle), in: Michel SOT, Jean-Patrice BOUDET, Anita GUERREAU-JALABERT, Histoire culturelle de la France, 1. Le moyen âge, Paris 1997, S. 225–357, bes. S. 352f.

7   Danielle JACQUART, Le milieu médical en France du XIIᵉ au XVᵉ siècle. En annexe 2ᵉ supplément au »Dictionnaire« d'Ernest WICKERSHEIMER (Centre de recherches d'histoire et de philologie de la IVᵉ section de l'Ecole pratique des Hautes Etudes, 5. Hautes études médiévales et modernes, 46), Paris 1981, S. 90, 96.

8   SIRAISI, Medizinische Fakultät (wie Anm. 6) S. 331f. Jacques VERGER, (Art.) Montpellier, Schule und Universität, in: LMA 6, 1993, Sp. 815f.

den Höfen des Papstes in Avignon und des Königs in Paris, die gute Karriereaussichten versprachen. Von der Kurie in Avignon zogen sogar etliche der Absolventen aus Montpellier weiter an den Königshof von Aragón[9].

Wissenschaftliche Leistung und politische Kontakte empfahlen Montpellier indessen nicht nur für das akademische Studium. Von ebensolchem Rang und Zulauf war die dortige medizinische Ausbildung auch für die Chirurgie, wie schon das Beispiel Guy de Chauliacs gezeigt hat. Während die letzte Phase der Schule von Salerno im späten 12. und 13. Jahrhundert von der zunehmenden Ausgrenzung der praktischen Chirurgie als Handwerk aus der akademischen Lehre gekennzeichnet war, die Chirurgen in Paris keine Aufnahme in die medizinische Fakultät fanden und sich gleichzeitig in Bologna eine eigenständige Chirurgenschule zu etablieren begann[10], brach die Kluft zwischen beiden Arten medizinischer Lehre in Montpellier offenbar nicht mit gleicher Heftigkeit auf[11].

Dennoch wurde der Unterschied zwischen dem Theoreticus der akademischen Lehre und dem Practicus der handwerklich organisierten Ausbildung auch dort, wie überall, beachtet. Der in Paris zwischen 1334 und 1342 lehrende Artist Konrad von Megenberg riet dem Medicus, sich weder mit dem Experiment im Einzelfall zu begnügen noch mit einer Wissenschaft ohne Erfahrung[12]. Vielmehr solle der Empiriker darauf sehen, seine Kunst (ars) gründlich zu lernen und der Theoretiker nicht vergessen, wieviel er von Dialektik und Naturphilosophie verstehen müsse[13].

Damit sind beide Arten der Medizin in Beziehung zu dem klassischen Fächerkanon der Artes gesetzt. Die empirische *medicina* wurde ohnehin traditionellerweise den Artes mechanicae zugerechnet, denen es um praktischen Nutzen für das menschliche Leben zu tun war[14]. Megenberg bezeugt zudem ein verbreitetes, aus der

---

9 Jacquart, Milieu médical (wie Anm. 7) S. 98.

10 Keil, (Art.) Salerno (wie Anm. 5) Sp. 1299. Ders., (Art.) Chirurg, Chirurgie, in: LMA 2, 1983, Sp. 1845–1859, hier Sp. 1849. Siraisi, Medizinische Fakultät (wie Anm. 6) S. 337f.

11 Wohl blieben akademisch gebildete Chirurgen eine seltene Ausnahme, doch hörten vielfach Studenten anderer Disziplinen und vielleicht auch angehende Chirurgen gelegentlich medizinische Vorlesungen, so daß die gelehrte Medizin keineswegs ohne Einfluß auf die nicht akademisch geschulten Ärzte war. Siraisi, Medizinische Fakultät (wie Anm. 6) S. 323, 331, 334.

12 Konrad von Megenberg, Werke. Monastik, hg. von Sabine Krüger (MGH 500–1500. Staatsschriften des späteren Mittelalters, 2/4), Stuttgart 1992, S. 79, Zeile 4f., 8–10.

13 Konrad von Megenberg, Werke. Ökonomik. Buch III, hg. von Sabine Krüger (MGH 500–1500. Staatsschriften des späteren Mittelalters, 3/3), Stuttgart 1984, S. 22, Zeile 1f. In der mittelalterlichen Spruchweisheit schlug sich die Erkenntnis nieder: *Medicus curat, natura sanat.* Carmina medii aevi posterioris latina. II/2. Proverbia sententiaeque latinitatis medii aevi. Lateinische Sprichwörter und Sentenzen des Mittelalters in alphabetischer Anordnung, hg. von Hans Walther, 2, Göttingen 1964, S. 848, Nr. 64e. Auf eine wissenschaftsinterne Differenzierung zwischen theoretischen und praktischen Teilen der gelehrten Medizin seit dem 12. Jh. verweist Ortrun Riha, Die subjektive Objektivität der mittelalterlichen Medizin, in: Beiträge zur Wissenschaftsgeschichte 18 (1995) S. 1–13, zum Verständnis der »Medizin als Teilgebiet der Naturphilosophie« S. 2. Danielle Jacquart, L'enseignement de la médecine: quelques termes fondamentaux, in: Methodes et instruments du travail intellectuel au moyen âge. Etudes sur le vocabulaire, hg. von Olga Weijers (Civicima. Etudes sur le vocabulaire intellectuel du moyen âge, 3), Turnhout 1990, S. 104–120, hier S. 104–111. Zum Hintergrund auch: Ria Jansen-Sieben, Repertorium van de Middelnederlandes Artes-literatur, Utrecht 1989.

14 Fritz Krafft, (Art.) Artes mechanicae, in: LMA 1, 1980, Sp. 1063–1065, hier Sp. 1063. Mitunter wurde gerade die Medizin aus dem Kanon der Mechanicae herausgenommen und ihr vorgeordnet.

Salernitaner Tradition stammendes und bis in die Frühe Neuzeit hinein rezipiertes Verständnis der gelehrten Medizin, wonach sie der Kenntnisse in den Artes liberales bedürfe und selbst zur Philosophie zähle: *Medicus eciam quidam philosophus est naturalis*[15].

Zu seiner Zeit war bereits eindeutig, wer mit dem Medicus und Physicus gemeint war. Schon seit dem 12. Jahrhundert verwendete man beide Begriffe synonym und grenzte die Medizin aus einer zuvor umfassenden Physica aus, die nun im Sinne theoretischer Physik eingeschränkt wurde[16].

Für Frankreich im 14. Jahrhundert hat Jacquart am königlichen Hof fast 100, an den Höfen der Fürsten von Geblüt mehr als die doppelte Anzahl, zudem in Adelshäusern nochmals über 60 gelehrte Mediziner nachweisen können, in den Städten hingegen weniger als 40. Allerdings fiel der Anteil der handwerklichen Ärzte gegenüber den akademisch gebildeten in den Kommunen mit insgesamt der Hälfte an Stellen erheblich günstiger aus als an den Höfen[17]. So kamen in Saint-Quentin auf einen gelehrten Arzt fünf Chirurgen, in Douai und Lille auf zwei Physici vier beziehungsweise sieben und in Cambrai vier Chirurgen[18]. Nicht nur zwischen fürstlichen und städtischen Ärzten ist dabei zu differenzieren, sondern nochmals auch innerhalb der handwerklichen Medici: Bei ihnen konnte es sich um Chirurgen/Wundärzte, Barbiere, Bader

---

Daß einige Mechanicae eher als Scientiae denn als Artes gelten sollten, wie es mitunter hieß, mag auch gerade angesichts der Medizin erkannt worden sein. Unbestreitbar bedurfte es zu ihrer Ausführung neben handwerklichen Fertigkeiten auch eines erlernten Wissens.

15 Megenberg, Ökonomik, 3 (wie Anm. 13) S. 26, Zeilen 13–15. Die arabische und galenische Tradition einer Verbindung von Philosophie und Medizin erwähnt ENDRESS, Wissenschaftliche Literatur (wie Anm. 5) S. 117. Vgl. zur Entwicklung und zu zeitgenössischen ikonographischen Zeugnissen Kitti JURINA, Vom Quacksalber zum Doctor Medicinae. Die Heilkunde in der deutschen Graphik des 16. Jahrhunderts, Köln, Wien 1985, S. 14f. Zur frühneuzeitlichen Rezeption [Thomas Garzonus], Piazza universale: Das ist: Allgemeiner Schauplatz / Marckt und Zusammenkunfft aller Professionen / Kuensten / Geschaefften / Handeln und Handwercken / etc. [...]. Frankfurt a. M. 1659, S. 181. Ähnlich S. 179: *Die Kunst des Artztes erhoeht ihn und macht ihn groß bey Fuersten und Herrn* (dt. Ausg.) S. 181f. Hierzu bereits Hermann PETERS, Der Arzt und die Heilkunst in der deutschen Vergangenheit (Die deutschen Stände in Einzeldarstellungen), Jena 1924, passim.

16 JURINA, Quacksalber (wie Anm. 15) S. 14. Hans Martin KLINKENBERG, Homo faber mentalis. Über den Zusammenhang von Technik, Kunst, Organisation und Wissenschaft (Archiv für Kulturgeschichte, Beiheft 37), Köln 1995, S. 340–344. Erich MEUTHEN, Die alte Universität (Kölner Universitätsgeschichte, 1), Köln, Wien 1988, S. 18. Grundlegend Heinrich SCHIPPERGES, Zur Bedeutung von »physica« und zur Rolle des »physicus« in der abendländischen Wissenschaftsgeschichte, in: Sudhoffs Archiv 60 (1976) S. 354–374, zur Entwicklung im 12. Jh. S. 355–359.

17 JACQUART, Milieu médical (wie Anm. 7) S. 371–374. Zusammenfassend auch Pierre DUHAMEL, Histoire des médecins français, Paris 1993, S. 130. Zu Gerona im katalonischen Grenzgebiet zu Frankreich: Christian GUILLERÉ, Le milieu médical Géronais au XIVe siècle, in: Santé, médecine et assistance au moyen âge (Actes du 110e congrès nat. des soc. savantes. Section d'histoire médiévale et de philologie, 1), Paris 1987, S. 263–281, hier S. 264f. Zu Stadtärzten künftig Martin KINTZINGER, Status medicorum. Mediziner in der städtischen Gesellschaft des 14. bis 16. Jahrhunderts, in: Städtisches Gesundheits- und Fürsorgewesen im Mittelalter und in der Frühen Neuzeit, hg. von Peter JOHANEK (Städteforschung, A). Vgl. auch DERS., Heimat auf Zeit. Medizinisches Fachpersonal in mittelalterlichen Städten, in: Historische Wanderungsbewegungen. Migration in Antike, Mittelalter und Neuzeit, hg. von Andreas GESTRICH, Harald KLEINSCHMIDT, Holger SONNABEND (Stuttgarter Beiträge zur Historischen Migrationsforschung, 1), Münster, Hamburg 1991, S. 79–99.

18 JACQUART, Milieu médical (wie Anm. 7) S. 134.

oder Scherer, Zahnbrecher und andere handeln. Das von Jacquart verwendete Schema »Médecins–chirurgiens–barbiers« hat sich hierfür bewährt[19].

Für die studierten Ärzte konnten kommunale Anstellungen oft kaum mehr als Durchgangsstationen auf dem Weg zu einer Karriere am Hof sein[20]. Drei Viertel der nachweisbaren Physici und immerhin noch zwei Drittel der Chirurgen und Barbiere in Frankreich fanden sich im Dienst des Königs, des Papstes, eines Fürsten oder adeligen Herrn[21]. Eine bedeutende Einnahmequelle für fürstliche wie städtische Ärzte war allerdings das ihnen vielfach zugestandene freie Praktizieren auf eigene Rechnung, das vorzugsweise in großen Städten den erhofften Ertrag versprach, weshalb renommierte Ärzte deren Nähe suchten[22]. Jeder siebte gelehrte Arzt, jeder vierte Chirurg und jeder fünfte Barbier Frankreichs praktizierte in Paris[23].

Urbane Zentren zogen Ärzte an und erhöhten damit auch die Attraktivität benachbarter Fürstenhöfe als Tätigkeitsfeld. Diese Rolle spielten im späten Mittelalter Avignon für den Papst- und Paris für den Königshof. In der Bretagne fehlte ein städtisches Zentrum, was der herzogliche Hof nicht auszugleichen vermochte. In Burgund hingegen ergänzten sich der bedeutende herzogliche Hof und die prosperierende Stadt Lille gegenseitig[24].

2. Ärzte am burgundischen Hof

Für die Herzöge von Burgund sind die ausführlichsten Zeugnisse über ärztliche Tätigkeit an einem französischen Fürstenhof erhalten. Vom 12. bis zur Mitte des 14. Jahrhunderts (1361) lassen sich nach Wickersheimer und Jacquart 16 gelehrte Ärzte, drei Chirurgen und neun Barbiere nachweisen[25]. Für die Zeit von Philipp dem Küh-

---

19 In Jost Ammans Ständebuch von 1568 finden sich der *Doctor der Artzney*, der *Balbierer*, der *Zahnbrecher* und der *Bader*. Der Chirurg wird nicht eigens erwähnt. Jost AMMAN, Das Ständebuch, hg. von Manfred LEMMER, Leipzig 1989, S. 11, 51–53. Ikonographisch dem Barbier gleich wird der Feldscher vorgeführt. Ibid. S. 131.

20 Ibid. S. 136. Vgl. Cay-Rüdiger PRÜLL, Die »Karrieren« der Heilkundigen an der Kölner Universität zwischen 1389 und 1520, in: Gelehrte im Reich. Zur Sozial- und Wirkungsgeschichte akademischer Eliten des 14. bis 16. Jahrhunderts, hg. von Rainer Christoph SCHWINGES (Zs. für Historische Forschung, Beiheft 18), Berlin 1991, S. 135–158, hier S. 157: »Der gelehrte Professor an der Universität und auch die (medizinische) Tätigkeit im Dienst des Adels sind höhere Ziele als die Stadtarzttätigkeit.« Unter den Medizinern der Universität zwischen 1389 und 1520 lag der Anteil späterer Leibärzte bei unter 10%. Ibid. S. 142.

21 JACQUART, Milieu médical (wie Anm. 7) S. 97.

22 Wilhelm TREUE, Mit den Augen ihrer Leibärzte. Von bedeutenden Medizinern und ihren großen Patienten. Düsseldorf 1955, S. 22. SIRAISI, Medizinische Fakultät (wie Anm. 6) S. 336f.

23 JACQUART, Milieu médical (wie Anm. 7) S. 91. Die Mengenangaben sind nach den Prozentzahlen der Vorlage gerundet.

24 JACQUART, Milieu médical (wie Anm. 7) S. 91, 134. Zur Geschichte der Stadt Lille vgl. Alain DERVILLE, De 1300 à 1500: des grands malheurs ou de petits bonheurs, in: Histoire d'une métropole. Lille–Roubaix–Tourcoing, hg. von Louis TRENARD, Toulouse 1977, S. 133–173, zu Gesundheitsfürsorge und Krankheit S. 136–138.

25 Als biographische Nachschlagewerke grundlegend: Ernest WICKERSHEIMER, Dictionnaire biographique des médecins en France au moyen âge 1.2, Paris 1936. Ernest WICKERSHEIMER [Danielle JACQUART], Dictionnaire biographique des médecins en France au moyen âge, Nouvelle édition sous la direction de Gay BEAUJOUAN. Danielle JACQUART, Supplément (Centre de recherches d'histoire et de philologie de la IVe section de l'Ecole pratique des Hautes Etudes 5. Hautes études

nen (1363) bis Karl dem Kühnen (1477) sind es 87 studierte Ärzte, 27 Chirurgen und 20 Barbiere[26]. Erneut fällt der überdurchschnittlich hohe Anteil der Universitätsabsolventen auf, der das ärztliche Personal an den Höfen kennzeichnete.

In den Archives départementales de la Côte-d'Or in Dijon ist ein Bestand (B 388) mit Originalabrechnungen über geleistete ärztliche Dienste erhalten geblieben[27]. Sein herausragender Wert für eine Sozialgeschichte der Mediziner zeigt sich in zwei Besonderheiten: zunächst in der belegten Zeitspanne – es finden sich Zeugnisse des gesamten 14. und noch des frühen 15. Jahrhunderts –, sodann in der Überlieferung von Originalbelegen – nicht, wie gewöhnlich, nur von Kurzeinträgen in den Registerbänden der Kanzlei. Insgesamt 50 Abrechnungsurkunden sind in dem Bestand überliefert[28]. Neben auffälligen Besonderheiten wird so gerade das Alltägliche der Medizinversorgung am Hof deutlich: Umfang und Dauer einer Konsultation zum Beispiel oder das Beschäftigungsverhältnis, in dem der jeweils konsultierte Arzt zu seinen fürstlichen Patienten stand[29].

médiévales et modernes, 35), Genf 1979. Danielle JACQUART, Milieu médical (wie Anm. 7). Vgl. auch die folgenden Einzelstudien: Ernest WICKERSHEIMER, La médecine et les médecins en France à l'époque de la Renaissance, Paris 1905 (ND Genf 1970). DERS., Maître Jean de Gispaden, chirurgien annécien et grenoblois de la fin du XVe siècle (Communication faite au Ve congrès international d'histoire de la médecine), Genf 1926. Danielle JACQUART, La pratique médicale dans la région du Nord au XVe siècle, in: Actes du 101e congrès nat. des soc. savantes, Lille 1976. Sciences, fasc. III, Paris 1977, S. 7–19. Aufschlußreiche Quellenbelege jetzt in: Portugal et Bourgogne au XVe siècle. Recueil de documents extraits des archives bourguignonnes (1384–1482), hg. von Jacques PAVIOT, Lissabon, Paris 1995, bes. S. 187, 231. Den neuesten Forschungsstand zum französisch-burgundischen Raum bietet jetzt Holger KRUSE, Hof, Amt und Gagen. Die täglichen Gagenlisten des burgundischen Hofes (1430–1467) und der erste Hofstaat Karls des Kühnen (1456) (Pariser Historische Studien 44), Bonn 1996, mit zahlreichen Quellenangaben zum ärztlichen Personal; zu einer Hofordnung von 1456 s. S. 255. Als bedeutende Quellengrundlage für die künftige Forschung haben die Editionen der burgundischen Hofordnungen zu gelten, die Werner Paravicini bislang für die Jahre 1407–1437 vorgelegt hat: Die Hofordnungen Herzog Philipps des Guten von Burgund, Edition I, in: Francia 10 (1982) S. 131–166 [S. 142f., 147, 152f.]; II in: ibid. 11 (1983) S. 257–301 [S. 278f., 280, 288]; III in: ibid. 13 (1985) S. 191–211 [S. 193, 204]; IV in: ibid. 15 (1987) S. 183–231 [S. 193, 208f.]; V in: ibid. 18/1 (1991) S. 111–123.

26 JACQUART, Milieu médical (wie Anm. 7) S. 116f. Zuletzt umfassend Monique SOMMÉ, Isabelle de Portugal, duchesse de Bourgogne. Une femme au pouvoir au XVe siècle (Histoire et civilisations), Villeneuve d'Asq 1998. Zur Differenzierung der Qualifikaton und Funktionsbezeichnung bes. S. 328–331; zur Verortung innerhalb des Gefolges der Herzogin S. 235–238 u. ö. mit der Feststellung, das Amt des Physicus sei eine »véritable profession dans l'hôtel« gewesen (S. 481).

27 Archives départementales de la Côte-d'Or, Dijon [künftig zit. ACO] B 388. Die Einzelstücke des Bestandes sind nicht gezählt; zur Angabe wird daher im folgenden auf das Ausstellungsdatum des betreffenden Stückes verwiesen. Vgl. Jean RICAULT, Guide des archives de la Côte d'Or, Dijon 1984, S. 65.

28 Es handelt sich um Papierstreifen von ungefähr 25 cm Breite und zwischen 6 und 10 cm Länge. Sämtliche Stücke sind besiegelt und in einer sorgfältigen Kanzleikursive geschrieben. Sie erhalten die notwendigen Angaben darüber, aus welcher Kasse und durch welche Hofbeamten, an wen und für welche Leistung das jeweilige Entgelt gezahlt wurde. Genaue Orts- und Datumsangaben erlauben, den jeweiligen Vorgang chronologisch einzuordnen. Zumeist wird die Zahlung des Behandlungsentgelts angewiesen, mitunter dessen Empfang bestätigt, in sechs Fällen sind beide Vorgänge belegt.

29 Exemplarisch: ACO B 388, ad 6. Dezember 1396 – Abrechnung für 18 Behandlungen. Zum heutigen methodischen Zugriff auf die Rekonstruktion spätmittelalterlichen Hofpersonals vgl. KRUSE, Hof (wie Anm. 25) S. 279, zu Einzelfällen von Krankheitsversorgung S. 286 u. ö.

Die früheste der Urkunden datiert auf 1309, die späteste auf 1421[30]. Bei unterschiedlich großen Zeitabständen zwischen den einzelnen Ausstellungsdaten sind (mit Ausnahme der dreißiger und vierziger Jahre des 14. Jahrhunderts, also auch der Zeit der ersten Pestwelle)[31] sämtliche Jahrzehnte zwischen den genannten Eckdaten mit mindestens einem Stück vertreten; besonders häufig die 80er und 90er Jahre des 14. Jahrhunderts. Hinzu kommen zwei Apothekenregister der Jahre 1390/91 und 1398 bis 1400[32].

Aufgrund etlicher Mehrfachnennungen aus verschiedenen Jahren, die Näheres über den Werdegang der betreffenden Mediziner verraten, reduziert sich die Zahl der in den 50 Urkunden erwähnten Personen auf 24. Hinzu kommt ein weiterer Arzt, der nur in einem der Apothekenregister genannt ist[33]. Nicht weniger als 14 der 25 Genannten sind als akademische Ärzte ausgewiesen, jeweils vier als Chirurgen und Barbiere sowie einer ohne genaue Zuordnung.

19 der 25 im Bestand ACO B 388 genannten Mediziner sind in Wickersheimers Dictionnaire erwähnt, der Bestand selbst wird dort allerdings nur ein einziges Mal zitiert[34]. Während die Dienstabrechnungen nur eine Momentaufnahme im Leben der Ärzte darstellen, bietet das Dictionnaire von Wickersheimer/Jacquart darüber hinaus wesentliche Angaben zu Lebensgeschichte, Bildungsstand und Karriere der Betreffenden, die im folgenden mit berücksichtigt werden[35]. Ergänzend werden Abrechnungen ärztlicher Dienste aus den Beständen des Archives in Dijon sowie der Archives départementales du Nord in Lille herangezogen[36].

---

30 Zu nicht überlieferten oder unlesbaren Datierungen vgl. die Übersicht im Anhang.
31 Die Pest grassierte in den Städten des Herzogtums seit dem Spätsommer 1348 und in Schüben während der 50er und 60er Jahre. Ob die beschriebenen Überlieferungslücken darauf zurückzuführen sind, läßt sich nicht sicher sagen. Generell enthält der Bestand keine auswertbaren Angaben zu den Pestzügen. Vgl. DERVILLE, 1300 (wie Anm. 26) S. 137f. Mit neuerem Datenmaterial Martine AUBRY, Les mortalités lilloises (1328–1369), in: Revue du Nord 65 (1983) S. 327–342. 1348 wurde die Universität um ein Gutachten für König Philipp ersucht, das die Ursachen der Pest erklären sollte. SIRAISI, Medizinische Fakultät (wie Anm. 6) S. 329. Gerhard BAADER, Medizinische Theorie und Praxis zwischen Arabismus und Renaissance-Humanismus, S. 197f. Zur Auswirkung der Pestzüge auf die heilkundlichen Berufe Robert S. GOTTFRIED, Plague, public health and medicine in late medieval England, in: Maladies et société (XIIe–XVIIIe siècles). Actes du colloque de Bielefeld, novembre 1986, hg. von Neithard BULST, Robert DELORT, Paris 1989, S. 337–365.
32 In ihnen findet sich weiterhin eine Aufstellung zur Barbiertätigkeit am Hof aus dem 17. Jh. Die Register werden hier nur insoweit ausgewertet, als sie ärztliches Personal erwähnen. Sie als pharmaziegeschichtliche Quellen vorzustellen muß einer separaten Untersuchung vorbehalten bleiben, die in Zusammenarbeit mit Prof. Dr. Gundolf Keil (Würzburg) vorbereitet wird. Weitere handschriftliche Überlieferungen zur burgundischen Hofapotheke sind in Anm. 38 nachgewiesen.
33 ACO, B 388, [Apothekenregister] 1398/1400, Kopftext.
34 Die Bestandserwähnung: Dictionnaire (wie Anm. 25) S. 180.
35 Leistung und Grenzen des Werkes von Wickersheimer würdigt Danielle JACQUART in ihrem 1991 erschienenen Beitrag: Ernest Wickersheimer (1880–1965) et son approche de la médecine médiévale, in: Questions d'histoire de la médecine (Actes du 113e congrès nat. des soc. savantes. Section d'histoire des sciences et des techniques, 2), Paris 1991, S. 9–16. Als Résumé S. 16: »Alors qu'il était ouvert aux aspects irrationnels des thérapeutiques traditionelles, il demeura peu sensible à l'apport intellectuel de la médecine scolastique. Les historiens comme les savants ont parfois ces aveuglements.«
36 Die Durchsicht der reichhaltigen Überlieferung beider Archive erfolgte nach systematischen Stichproben, die vor allem zu einer Ergänzung um im Bestand ACO B 388 nicht belegte Jahre führen

3. Kompetenz, Kosten und Karriere

Bevorzugt beschäftigten die Herzöge von Burgund einheimische Kräfte, die – zumindest während des 14. Jahrhunderts – fast ausnahmslos in Paris studiert hatten. Der hohe Anteil von graduierten Akademikern am ärztlichen Hofpersonal ist nicht nur im Verhältnis zu den Chirurgen und Barbieren aufschlußreich. Neuerdings wurde betont, daß von den mehr als 4000 Physici, die zwischen dem 12. und 15. Jahrhundert in Frankreich praktizierten, nur für die Hälfte ein Universitätsstudium (und noch längst nicht eine Graduierung) nachweisbar sei[37]. Nicht nur hinsichtlich ihrer sozialen Stellung als fürstliche Medici, sondern auch nach ihrer fachlichen Qualifikation können die gelehrten Leibärzte als Elite angesprochen werden[38].

---

sollte. Die Nachweise werden im Einzelfall mitgeteilt; das Archiv in Lille wird im folgenden als ADN zitiert. Für Hinweise auf einschlägige Bestände danke ich Herrn Prof. Paravicini (Paris). Vgl. Werner PARAVICINI, L'embarras de richesse: comment rendre accessibles les archives financières de la Maison de Bourgogne-Valois, in: Bulletin de la Classe des Lettres et des Sciences Morales et Politiques de l'Académie Royale de Belgique, Sér. 6, tom. 7 (1996) S. 21–68, bes. S. 48–59. Ergänzend zu ACO B 388 einschlägige Überlieferungen zur Hofapotheke: ACO B 342, 1494, 1495 *(Espiceries et apoticaries)*, 5518, 5519, 5520. ADN B 1877/52.956; 1894; 1920; 3.246/112.148. Im ACO enthält lediglich der Bestand B 342 (wie ACO B 388) Originalbelege ärztlicher Dienstabrechnungen; ein unbesiegeltes Exemplar ist unter dieser Signatur geführt, die übrigen, besiegelten, sind in einem Separatbestand zusammengefaßt. Im ADN enthalten die Bestände B 3245, 3246 und 7784 entsprechende Originalurkunden, allerdings nur Pensionszahlungen, keine einzelnen Dienstabrechnungen. Sonderfälle: ACO B 5519 fol. 45v: Barbier ohne Namensnennung; fol. 48r: heilkundige Hilfe eines Dieners. Ansonsten können Leibärzte unter den Rubriken Pensionen, Gagen, Geschenke oder Reisen erwähnt sein.

37 SIRAISI, Medizinische Fakultät (wie Anm. 6) S. 321f. Zur Relation: Nach JACQUART, Milieu médical (wie Anm. 7) S. 363, sind zwischen dem 12. und 15. Jh. in Frankreich insgesamt 4104 gelehrte Mediziner, 881 Chirurgen und 2119 Barbiere nachweisbar, von denen 136 als Barbier-Chirurgen zu bezeichnen sind. Vgl. Markus BERNHARDT, Cay-Rüdiger PRÜLL, Zu Problemen der mittelalterlichen Medizingeschichte, in: Zs. für Historische Forschung 15 (1988) S. 312.

38 Der Elitebegriff ist hier sicher einem oligarchischen Verständnis vorzuziehen. Vgl. Michael HARSGOR, Un très petit nombre. Des oligarchies dans l'histoire de l'Occident, Paris 1994, S. 252–254. Ob sie bereits für das 14. und 15. Jh. als »Kolleg« (Kühnel) oder »Sozietät« (Heinig) anzusprechen sind, ist nach den Quellen kaum zu entscheiden. Im Sinne einer nicht verfaßten berufsständischen Zusammengehörigkeit der gelehrten Ärzte innerhalb der Hofgesellschaft dürfte ein solches Beschreibungsmodell allerdings zutreffen. Paul-Joachim HEINIG, Musik und Medizin am Hof Kaiser Friedrichs III. (1440–1493). Studien zum Personal der deutschen Herrscher im 15. Jh., in: Zs. für Historische Forschung 16 (1989) S. 151–181, hier S. 180 mit Anm. 138. Am englischen Hof Heinrichs VI. waren die Chirurgen offenbar organisatorisch zusammengefaßt, wie der folgende Antrag zeigt: [...] *graunter pour vous et les gens de vostre hostell, pour diverses Medicines, Instrumentz, Estuffes, et autres Necessaires, besoignables, et appartenantz a l'Office de Sirurgerie* [...]. Foedera, conventiones, literae, et cuiuscunque generis Acta Publia inter Reges Angliae et alios quosvis Imperatores, Reges, Pontifices, Principes, vel Communitates ..., hg. von Thomas Rymer, 4/2, Den Haag 1740, 4/4, S. 157 (1. März 1430). In der wissenschaftlichen Aufarbeitung spätmittelalterlicher Medizingeschichte während des 18. Jhs. (Samuel Wilhelm OETTER, Der Arzt in Deutschland in den älteren und mittlern Zeiten: historisch vorgestellt in einem Schreiben an den Herrn S. T. Heinrich Friederich Delius Hochfürstl. brandenburg. geheimen Hofrath und ersten Lehrern der Arzneiwissenschaften auf der hohen Schule zu Erlang etc. [...]. Nürnberg 1777, S. 100) wurde gern darauf verwiesen, man habe mehrere Doktorate in verschiedenen Fakultäten erworben. Dies wird neuerdings bestätigt für die »élite fourteenth-century doctors« in England: Faye GETZ, Medical education in later medieval England, in: The history of medical education in Britain, hg. von Vivian NUT-

Von den 14 Physici, die in den Urkunden aus Dijon genannt sind, führten vier akademische Grade. Drei von ihnen bekleideten universitäre Ämter, was nur jedem fünften der studierten Ärzte in Frankreich gelang[39]: Jean Vignon gab 1398 seinen Posten als Dekan der medizinischen Fakultät in Paris auf, um Arzt bei Herzog Philipp und anschließend dessen Sohn Johann Ohnefurcht zu werden[40]. Im selben Jahr und bis 1436 ist auch Jacques Sacqueespee als herzoglicher Leibarzt nachweisbar. In den folgenden beiden Jahren und nochmals 1434 bis 1435, also während seiner Tätigkeit am Hof, war er Dekan resp. gehörte zu den Professoren der medizinischen Fakultät der Pariser Universität[41]. Beide, Vignon und Sacqueespee, hatten zuvor in Paris studiert. Dasselbe gilt für Henri Scatter, 1408 und erneut 1410 Rektor in Paris; in diesem Jahr erhielt er eine herzogliche Zuwendung zu seiner Promotionsfeier und war bereits burgundischer Leibarzt[42]. 1434 und 1435 bekleidete er nochmals universitäre Ämter, als Dekan der medizinischen Fakultät und Rektor der Universität Löwen[43].

Zwischenzeitlich war Scatter, wie auch die beiden vorgenannten herzoglichen Leibärzte, mit anderen Aufgaben betraut worden. 1421 hatte er einen diplomatischen Auftrag am Hof des Herzogs von Brabant zu erfüllen, von 1424 an war er drei Jahre lang Rat des burgundischen Herzogs und besuchte 1431 das Baseler Konzil im Auftrag des Bischofs von Utrecht. Das Konzil sandte ihn 1432 nach Rom und als er 1434 wieder in Basel erschien, handelte er im Auftrag seiner Universität Löwen.

Graduierte Mediziner waren nicht nur wegen ihres ärztlichen Rates gefragt. Sie sind vielfach als politische Berater ihrer Herren herangezogen worden und als Diplomaten und Botschafter zum Einsatz gekommen[44]. 1412 schickte Johann Ohnefurcht seinen Arzt Geoffroy Manpoiurt als Gesandten nach Arras und Rouen[45]. Im folgenden Jahr

---

TON, Roy PORTER, Amsterdam 1995, S. 76–93, hier S. 83. Dagegen jetzt am Beispiel der Universität Köln Markus BERNHARDT, Gelehrte Mediziner des späten Mittelalters: Köln 1388–1520, in: Gelehrte im Reich. Zur Sozial- und Wirkungsgeschichte akademischer Eliten des 14. bis 16. Jahrhunderts, hg. von Rainer Christoph SCHWINGES (Zs. für Historische Forschung. Beiheft 18), Berlin 1991, S. 113–134, bes. S. 145f., der davon spricht, dieses Phänomen sei im späten Mittelalter »bis zur Bedeutungslosigkeit« (S. 134) zurückgegangen.

39 SIRAISI, Medizinische Fakultät (wie Anm. 6) S. 322. Für die Zeit Karls des Kühnen KRUSE, Hof (wie Anm. 25) S. 88, 112, 115, 219.

40 ACO B 388, [Apothekenregister] 1398/1400, Kopftext. Dictionnaire (wie Anm. 25) S. 501.

41 ACO B 388, ad 4. März 1398. Dictionnaire (wie Anm. 25) S. 337. Supplément (wie Anm. 25) S. 111.

42 ACO B 388, ad 16. September 1410. Der Zusammenhang ist aus der Erklärung erschlossen: ... pour moy aider a faire ma feste en medecine ... Er wurde im selben Jahr »reçu maître en médecine«. Dictionnaire (wie Anm. 25) S. 286f. Unter dem Gesichtspunkt beginnender Professionalisierung untersucht solche und andere mehrfache Zuständigkeiten PRÜLL, Karrieren (wie Anm. 20) S. 153–155 u. ö.

43 Hierzu und zum folgenden: Dictionnaire (wie Anm. 25) S. 48.

44 An der Universität lehrende Mediziner wurden entsprechend häufig zur Behandlung fürstlicher Patienten gebeten. Pearl KIBRE, Arts et médecine in the university of the later middle ages, in: The universities in the late middle ages, hg. von Jozef IJSEWIJN, Jacques PAQUET (Mediaevalia Lovaniensia, Series 1, Studia, 6), Leuven 1978, S. 213–227, hier S. 227. Vgl. SOMMÉ, Isabelle (wie Anm. 26) S. 352.

45 Dictionnaire (wie Anm. 25) S. 179f. WICKERSHEIMER zitiert im Zusammenhang mit Manpoiurt den Bestand ACO B 388. COSSGRAVE, Sachliteratur (wie Anm. 6) S. 103f., verweist auf die Gesandtentätigkeit des Johannes Hartlieb, Leibarzt bei den Wittelsbacher Herzögen in München in der Mitte des 15. Jhs.

wurden seine Dienste als *conseiller et premier physicien* des Herzogs abgerechnet[46]. Ihre besondere akademische Qualifikation und die durch ihr ärztliches Amt bestehende Nähe zu den fürstlichen Personen gaben ihnen Rang und Kompetenz, um auf höchster Ebene im Auftrag handeln zu können. Sie trafen sich darin mit Angehörigen des Hochadels und den aus gelehrten Juristen rekrutierten Räten. Als der König von Frankreich 1406 eine feierliche Gesandtschaft zu den rivalisierenden Päpsten ausschickte, zählten zu ihr hochrangige geistliche und weltliche Würdenträger *cum multis aliis notabilibus personis. In theologia, jure canonico et civili, nec non in medicina et in artibus graduati*[47]. Gewiß sah man in dieser Formation die Universität Paris repräsentiert. Unter den beiden *in medicina magistri*, die namentlich genannt sind, erscheint allerdings auch der herzoglich-burgundische Leibarzt Jean Vignon[48].

Für solche Aufgaben kam nur ein akademisch gebildeter Physicus in Frage, kein Handwerksmediziner. So jedenfalls berichtet Philipp de Commynes über König Ludwigs XI. Versuch, eine Ausnahme von dieser Regel zu machen. Ludwig schickte seinen Barbier zur Tochter des Herzogs von Burgund, um sie in seinem Sinne zu beeinflussen. Der Mann bemühte sich nach Kräften, vermochte aber diesen Auftrag nicht zu erfüllen[49]. Unpassend gekleidet, unter falschem, adeligem Namen und in Unkenntnis höfischen Verhaltens blieb ihm nur, seinem König gegen den Herzog an anderer Stelle durch List und Gewalt zu nutzen. Mit den Mitteln der Ständesatire beschreibt der Chronist den Vorgang ausführlich, um den König schließlich zu tadeln, daß er für eine große Aufgabe einen geringen Mann ausgewählt habe.

Derartige Bedenken mögen für heikle diplomatische Geschäfte gegolten haben. Am eigenen Hof hingegen fand der Fürst vielfältige Aufgaben außerhalb der Medizin auch für seine Barbiere. Wie häufig, wurde zwischen 1389 und 1392 ein Barbier in Burgund zugleich als *varlet* (Diener) geführt, hatte also noch weitere Funktionen innerhalb der Hierarchie der Hofbediensteten zu übernehmen[50]. Zu den exponiertesten Chirurgen am burgundischen Hof zählte Jean le Conte, der 1385 in Dienst genommen und gleich mit Hofkleidung, seinerseits einem Diener (vielleicht einem

---

46 ACO B 388, ad 4. September 1413.

47 Chronique du religieux de Saint-Denis [Michel Pintoin], contenant le règne de Charles VI. de 1380 à 1422, hg. von M. L. Bellaguet, 1842 (ND Paris 1994), tom. 3, lib. 27, cap. 26, S. 512, 514.

48 Es ließ sich sogar ausdrücklich auf ärztliche Verdienste hinweisen, um die Reputation eines Gesandten an fremden Höfen zu begründen. 1462 wurde der aus Italien stammende Arzt Lazzaro da Piacenza mit einem Brief nach Mailand gesandt. Dort traf unter demselben Datum ein zweiter Brief eines unbekannten Absenders ein, der hervorhob, welche Hochachtung der Arzt in Burgund wegen der erfolgreichen Behandlung des Herzogs genieße. Der Nachweis in: Der Briefwechsel Karls des Kühnen (1433–1477), hg. von Werner Paravicini 1.2 (Kieler Werkstücke, D, 4/1.2.), Frankfurt a. M. u. a. 1995, hier 1, S. 72, Nr. 105 (9. Februar 1462). Weitere Belege zur diplomatischen Tätigkeit von Ärzten 1, S. 288f., Nr. 900 (1468/70); 2, S. 180, Nr. 2586f. (1474). Zum Hof Friedrichs III. Heinig, Musik und Medizin (wie Anm. 38) S. 179.

49 Zit. nach Philippe de Commynes, Mémoires, hg. von Joseph Calmette (Les classiques de l'histoire de France au moyen âge, 5), Paris 1925, V, 14, S. 176–181.

50 ACO B 388, ad 3. Februar 1389 *(barbier et varlet)*, ad 10. August 1392 *(barbier et varlet de chambre)*. Es handelt sich um Richart Fonqueve (Fontqutre), der bei Wickersheimer und Jacquart nicht erfaßt ist.

Barbier?) und zwei Pferden ausgestattet wurde[51]. Er begleitete 1398 einen Sohn des Herzogs, der von einem tollwütigen Hund gebissen worden war, auf Reisen. Aus den Jahren 1397 und 1398 finden sich insgesamt vier Abrechnungen für ihn in dem Dijoner Bestand. Er hatte zunächst für den Herzog sieben Pferde gekauft[52], ihn sodann auf einer Reise in das Deutsche Reich begleitet[53] und erhielt schließlich die Bestätigung, *des bons et agreables services* geleistet zu haben[54]. Unter derartigen Formeln konnten sich demnach ärztliche wie andere Dienste gleichermaßen subsumieren lassen.

Die Rangabstufung zwischen Barbieren und Chirurgen stand allerdings nicht einer Übertragung anspruchsvoller Aufgaben zumindest an den *premier barbier* entgegen. Als solcher, zugleich als *varlet de chambre* (Kammerdiener) fungierte von 1401 bis 1426 Richart le Conte[55]. 1402 bestätigte er den Erhalt seines Lohnes dafür, dem Herzog einige Bücher besorgt zu haben *(pour courir certains livres)*. Dies hatte er in einer dritten Funktion getan, derjenigen des *garde des livres*[56]. Kurz darauf erwarb er für seinen Herrn fünf weitere Bücher, darunter die Ethik und Politik des Aristoteles[57].

Grundsätzlich kannte man zwei verschiedene Zahlungsmodalitäten: die regelmäßig vergebene Pension an die Inhaber bestimmter Funktionen am Hof und die Bezahlung im Einzelfall für jeweils erbrachte Dienste. Es war keine Seltenheit, daß ein Fürst Ärzte eines anderen Hofes, auch des Königs oder einer Stadt anforderte, um ihren Rat einzuholen. Sie wurden dann für ihre Leistung bezahlt. Ebenso verfuhr man mit jenen Kräften, die bereitstanden, um fallweise beansprucht zu werden und ansonsten anderen Tätigkeiten am Hof oder bei anderen Auftraggebern nachzugehen[58].

51 ACO B 388, ad 5. Februar 1385 (Ernennungsurkunde). Er war später (1389–1390) als vereidigter Chirurg in Paris tätig, dort auch mit der Armenfürsorge im Hôtel-Dieu betraut, wurde sodann Vorstand der Pariser Chirurgenschule und schließlich Hofarzt König Karls VI. von 1418 bis zu dessen Tod 1422. Ende 1433 gestorben, hatte er es in seinen verschiedenen Ämtern zu ansehnlichem Wohlstand gebracht; Dictionnaire (wie Anm. 25) S. 432.
52 ACO B 388 ad 30. November 1397 (Zahlungsanweisung). Eine nicht spezifizierte Zahlungsanweisung findet sich zum 16. April 1397.
53 ACO B 388, ad 1. März 1398 (Empfangsbestätigung).
54 ACO B 388, ad 8. August 1398 (Empfangsbestätigung).
55 Dictionnaire (wie Anm. 25) S. 702; als herzoglicher Barbier erneut 1430 nachgewiesen. Nach den bisher vorliegenden Teilen der Edition burgundischer Hofordnungen des 15. Jhs. zeigt sich, daß die Barbiere gewöhnlich unter die Kammerdiener gerechnet wurden. Zu den Nachweisen vgl. Anm. 27. Bei Rechnungseinträgen, die die medizinische Tätigkeit eines Kammerdieners erwähnen, kann dieser also mit einem Barbier identifiziert werden. Exemplarisch: Comptes de l'hôtel des rois de France aux XIVᵉ et XVᵉ siècles. Bearb. von M. L. DOUËT-D'ARQ (Soc. de l'histoire de France. Publications. Série antérieure à 1789, 130), Paris 1865, S. 297 (16. Februar 1397). Vgl. auch KRUSE, Hof (wie Anm. 25) S. 205, 219 (barbier/chirurgien et valet de chambre; zu 1456/57).
56 ACO B 388, ad 21. Februar 1402. Vgl. exemplarisch: Patrick DE WINTER, La bibliothèque de Philippe le Hardi. Etude sur les manuscrits à peinture d'une collection princière à l'époque du »style gothique international«, Paris 1985.
57 ACO B 388, ad 4. April 1402 (... *deux autres livres dont lun sappelle le livre de etiques et lautre polithique*).
58 So auch SOMMÉ, Isabelle (wie Anm. 26) S. 252. Zwischen regelmäßig oder nur fallweise am Hof verfügbaren Ärzten ist in der Frühen Neuzeit genauer unterschieden worden. Dazu Laurence BROCKLISS, The literary image of the Médecins du Roi in the literature of the Grand Siècle, in: Medicine at

Mit einer regelmäßigen Pension war allerdings mehr ausgedrückt als die Tatsache, daß der Betreffende in einem festen Dienstverhältnis stand. Gewöhnlich erst nach längerer Zeit ununterbrochener Tätigkeit für einen Herrn wurde eine Pension verliehen, die Lohn und Anerkennung zugleich war und eine weiterhin feste Bindung des Empfängers an den Hof seines fürstlichen Patienten anzeigte. Gleichwohl konnten Pensionszahlungen wieder ausgesetzt werden und hatten insofern nicht den Rang einer dauerhaften Versorgung. Lediglich neun der 25 in den Urkunden aus Dijon Genannten erhielten ihr Entgelt *a cause de ma pension*[59] oder *a cause des gages*[60], sechs von ihnen waren gelehrte Ärzte[61].

Hinzu kamen drei handwerkliche Mediziner. Der Erste Barbier, Kammerdiener und Hüter der Bibliothek, Richart le Conte, wurde ebenso als Pensionär geführt[62] wie der angesehene Chirurg Jean le Conte[63]. Sein Beispiel zeigt überdies, daß neben der Pension noch weiterhin Einzelzuwendungen für besondere Leistungen gezahlt werden konnten[64]. Die weitestgehende Zusage – *ma vie durant*[65] – erhielt 1395 der Chirurg Thibaut de Montcornet (Thibaut de Langres), der dem burgundischen Hof mehr als dreißig Jahre lang diente, von 1368 bis 1401. Er hatte nicht nur dem Herzog auf Reisen ins Poitou und nach England zu folgen, sondern sich insbesondere auch um die Herzogin zu kümmern, bereits 1372, als sie an einer Beinverletzung litt. 1396/97, während eines anhaltenden, schweren Gichtanfalls, blieb er ein halbes Jahr bei ihr, die sich damals in Hesdin und Arras aufhielt[66].

Ob die Damen der Höfe über eigenes ärztliches Personal verfügten, ist bislang nicht generell festzustellen. In Burgund scheint die herzogliche Familie, einschließlich der Herzogin selbst, von den Medici am Hof behandelt worden zu sein. Auch daß 1403 der gelehrte Mediziner Henry Carpentin bestätigte, als *phisicien de monseigneur de Bourgogne et de ma dame la duchesse* ärztliche Hilfe geleistet zu haben,

---

the courts of Europe, 1500–1837, hg. von DERS. (The wellcome institut series in the history of medicine), London, New York 1990, S. 121f. Unter Friedrich III. war die »Mehrzahl [der Ärzte] nicht ständig am Hofe präsent, sondern stand gewissermaßen auf Abruf bereit«. Fürstlicher Leibarzt zu sein konnte sich so entwickeln zu einem »Prädikat, mit dem im Fall der Abwesenheit vom Hof wohl keine automatische materielle Versorgung verbunden war«. HEINIG, Musik und Medizin (wie Anm. 38) S. 180. Grundlegend dazu jetzt KRUSE, Hof (wie Anm. 25) S. 67–145: »Wechselnde Formen des Unterhalts«, mit tabellarischer Aufstellung, die auch ärztliches Personal nennt, S. 88.

59 ACO B 388, ad 24. Dezember 1318, ad 3. Dezember 1359 und 3. Juli 1360, ad 10. März 1383, ad 26. Mai und 20. Juni 1386, ad 15. Dezember 1391, ad 7. Dezember 1395, ad 13. August 1396, ad 4. September 1413, ad 26. Februar 1402. Zum Hintergrund JACQUART, Milieu médical (wie Anm. 7) S. 180f.

60 ACO B 388, ad 5. Mai 1377, ad 5. Februar 1385, ad 17. Dezember 1397.

61 Exemplarisch: ACO B 388, ad 16. Juli 1383 (Jehan de Pouilly).

62 ACO B 388, ad 26. Februar 1402.

63 ACO B 388, ad 5. Februar 1385.

64 ACO B 388, ad 16. April 1387, ad 29. November 1387, ad 1. März 1388, 8. August 1388. Im Einzelfall ist abzuwägen, ob eine fehlende Nachweisbarkeit gleichzeitiger Pensionszahlungen überlieferungsbedingt ist oder darauf hindeuten kann, daß der Zahlungsmodus geändert wurde. Dann wäre der Betreffende, zuvor als Pensionär geführt, wieder über Einzelfallentlohnung bezahlt worden.

65 ACO B 388, ad 7. Dezember 1395 (Zitat). Abrechnung auch ad 16. Juli 1368. Vgl. SOMMÉ, Isabelle (wie Anm. 26) S. 364.

66 Dictionnaire (wie Anm. 25) S. 751. Suppl. (wie Anm. 25) S. 271.

klärt seine Zuständigkeit noch nicht[67]. Einer der als Pensionäre geführten Physici, Jehan de Chalon, Leibarzt zwischen 1399 und 1420, wurde eigens beauftragt, für die Gesundheit der Frau und Kinder des Herzogs ebenfalls Sorge zu tragen[68]. Es ist denkbar, daß sich hieraus in Begriff und Verständnis der Unterschied zwischen dem »Leibarzt« des Fürsten und dem »Hofarzt« entwickelte, der für die fürstliche Familie und das höfische Gefolge zu sorgen hatte[69].

Zu einer solchen Entwicklung mögen auch finanzielle Überlegungen beigetragen haben, die es geraten sein ließen, die qualifizierten und teuren Medici möglichst umfassend einzusetzen. Insbesondere bei den gelehrten Ärzten stellte sich auch die Frage, wie man sich auf längere Frist ihrer Dienste versichern und diese angemessen entgelten könne, ohne das eigene Budget übermäßig zu belasten. Kostengünstig für den Fürsten und einträglich für seinen Arzt war das seit langem bewährte Verfahren, den Bediensteten durch kirchliche Pfründen zu versorgen. Von den 14 in den Urkunden des Bestandes aus Dijon insgesamt genannten Physici sind elf als Inhaber von Parochial- und vor allem Stiftspfründen belegt[70]. Mit noch größerem Geschick handelte der erwähnte Physicus Henry Carpentin, der nach seiner Tätigkeit am Burgunder Hof zunächst für die wohlhabende Stadt Brügge arbeitete, um sich sodann in Tournai niederzulassen, wo er als Kanoniker bepfründet war[71].

Daß handwerklichen Ärzten diese Möglichkeit verschlossen blieb, hatte kirchenrechtliche Hintergründe. Klerikern war es spätestens seit dem 4. Laterankonzil von 1215 untersagt, als Chirurgen oder Barbiere zu arbeiten, was im Gegenzug bedeutete, daß diese keine geistlichen Würden erhalten durften[72]. Unberührt war davon aber das Verfassen heilkundlicher, durchaus auch chirurgischer Traktate durch

---

67 ACO B 388, ad 26. Juli 1403. Eine andere Abrechnung bereits ad 14. Juni (?) 1385. Es handelt sich um Henry Carpentin. Vgl. Dictionnaire (wie Anm. 25) S. 276. Suppl. (wie Anm. 25) S. 116.

68 Dictionnaire (wie Anm. 25) S. 380. Suppl. (wie Anm. 25) S. 150. Abrechnungen in ACO B 388 ad 13. August 1396, ad 17. Dezember 1397. Nicht identisch mit dem gleichnamigen Physicus ad 24. Dezember 1318. Vgl. Dictionnaire, ibid. S. 378. Suppl., ibid. S. 150.

69 In diesem Sinne zur Frühen Neuzeit Brockliss, Literary image (wie Anm. 58) S. 137 (*médecins du cour* und *premier médecin*). Vgl. auch Hugh Trevor-Roper, The Court physician and Paracelsianism, in: Medicine at the courts (wie Anm. 58) S. 79–94, hier S. 87 (*Leibarzt, Premier Médecin*). Vgl. exemplarisch Robert Jütte, Ärzte, Heiler und Patienten. Medizinischer Alltag in der frühen Neuzeit. München, Zürich 1991, S. 91, der von der Konsultation des Leibarztes des Kölner Erzbischofs durch einen Angehörigen von dessen Gefolge berichtet. Zum »médecin de la cour«, der bei Bedarf die herzogliche Familie betreute: Sommé, Isabelle (wie Anm. 26) S. 328.

70 Dictionnaire (wie Anm. 7) S. 17f., 179f., 232, 276, 286f., 328, 337, 378, 380, 395, 468, 501, 760. Suppl. (wie Anm. 25) S. 116, 138, 150, 154, 175. In England wurde 1422 der Physicus des Königs auf eine Präbende der St.-Georgs-Kapelle in Windsor-Castle präsentiert. Foedera (wie Anm. 38), 4/4, S. 84 (21. Dezember 1430). Zuletzt exemplarisch Malte Prietzel, Jacques Maes († 1465). Lebensführung und Wirkungskreis eines flämischen Kanonikers, in: Zs. für Historische Forschung 23 (1996) S. 325–354, hier S. 328 mit Anm. 11.

71 Dictionnaire (wie Anm. 25) S. 276.

72 Auf diese Zusammenhänge kann hier nur summarisch verwiesen werden. Ausführlich hierzu und zum folgenden künftig Kintzinger, Status medicorum (wie Anm. 17). Dazu André Goddu, The effect of canonical prohibition on the faculty of medicine at the university of Paris in the middle ages, in: Medizinhistorisches Journal 20 (1985) S. 342–362. Die Situation in der Frühen Neuzeit beschreibt John R. Guy, The episcopal licensing of physicians, surgeons and midwives, in: Bulletin of the history of medicine 56 (1982) S. 528–542.

Geistliche und vor allem deren Studium der Medizin. Seit dem späten 13. Jahrhundert florierten entsprechende Schriften, namentlich aus dem Umkreis der Bettelorden, während die Weltkleriker, insbesondere die Stiftskanoniker, sich dem medizinischen Studium zuwandten. Zwischen 1362 und 1395 studierten nachweislich 84 Kleriker an der Universität Paris Medizin[73]. Gerade während des 14. Jahrhunderts scheint der Zulauf von Geistlichen zur akademischen Medizin einen Höhepunkt erreicht zu haben, bevor die Reformkonzilien des 15. Jahrhunderts erneut gegensteuerten[74].

Die Versorgung gelehrter Mediziner mit Pfründen, vornehmlich mit Stiftskanonikaten, mag von dieser Entwicklung begünstigt worden sein. In allen genannten Fällen aus Burgund wurde zwar ein langjährig bewährter Arzt bepfründet, niemals aber ein Kleriker als Arzt angestellt. Wenn die Kirche ein akademisches Studium der Medizin für Geistliche, im besonderen für bereits bepfründete Stiftskanoniker duldete, so wollte man damit deren Bildungsinteressen entgegenkommen, keinesfalls aber zulassen, daß sie selbst praktizierten. Die hohe Zahl gelehrter Ärzte als Pfründeninhaber zeugt also lediglich von einer gern genutzten Versorgungsmöglichkeit für fürstliche Physici.

Jahrzehntelange Dienstzeiten lassen sich anhand der Biographien der Ärzte am Burgunder Hof ebenso nachweisen wie mehrfache Wechsel der Dienstherren. Kontinuität zeichnete eher Barbiere und Chirurgen aus, Mobiliät eher die gelehrten Ärzte. Solche Mobilität zeigte sich in dreifacher Hinsicht: als häufiges Reisen für den Herzog oder in seinem Gefolge, mit medizinischem oder sonstigem Auftrag[75], als Tätigkeit für andere Auftraggeber als den eigenen Dienstherrn und als Stellenwechsel. Schon der Chirurg und erst recht der Physicus bekamen aus gutem Grund Pferde gestellt und die diplomatischen Aktivitäten der Physici sind ihnen zweifellos dadurch erleichtert worden, daß sie häufiges Reisen mit selbständigem Handlungsauftrag ohnehin gewohnt waren.

Erst der Wortlaut einer Abrechnung für geleistete ärztliche Hilfe verrät, ob der betreffende Mediziner im Dienst seines Patienten stand oder nur aus aktuellem

---

73 Cornelius O'Boyle, Medicine, God, and Aristotle in the early universities: prefatory prayers in late medieval medical commentaries, in: Bulletin of the history of medicine 66 (1992) S. 185–209, hier S. 202.

74 Exemplarisch Jacquart, Milieu médical (wie Anm. 7) S. 159. Noch bis 1452 forderte die medizinische Fakultät der Universität Paris von den Angehörigen ihres Lehrkörpers den Zölibat. Seidler, Heilkunde (wie Anm. 4) S. 13. Prüll, Karrieren (wie Anm. 20) S. 154 weist darauf hin, daß »im Rahmen einer gewissen Säkularisierung der Heilkunde« seit dem ausgehenden 14. Jh. die Pfründenversorgung der Mediziner insgesamt und vor allem auf Universitätsangehörige zurückgegangen sei. Sommé, Isabelle (wie Anm. 26) S. 328, spricht von den Ärzten als einem »milieu des gens d'église«. Vgl. die Belege für Karrieren von Medizinern in kirchlichen Ämtern und entsprechende Pfründreservationen, ibid. S. 329–331. Zahlreiche Nachweise für eine Bepfründung fürstlicher Physici auch in: Dictionnaire (wie Anm. 25), passim. Dort ebenfalls Belege für ausdrückliche (päpstliche) Legitimation zur Übernahme akademischer Ämter in einer medizinischen Fakultät für Kleriker, ibid. S. 276 (zu 1379), u. ö. Zur medizinischen Versorgung im Kloster vgl. Barbara Harvey, Living and dying in England 1100–1540. – The monastic experience, Oxford (1993) ND 1995, S. 72–111, 231–235.

75 Auf diese Zusammenhänge ist bereits verschiedentlich hingewiesen worden; sie sollen hier nur in Erinnerung gebracht sein.

Anlaß konsultiert wurde. Nicht zu klären ist freilich, ob er in letzterem Fall von seinem Dienstherrn »ausgeliehen« oder auf eigene Rechnung tätig war. Einen der in den Urkunden aus Dijon genannten Ärzte hatte der Herzog 1364 zwar angefordert, doch gehörte er nicht zu seinem Personal, sondern stand im Dienst des Königs: Der Physicus Jacques du Bourt, dem bei seinem Tod 1382 der Sohn im Amt als königlicher Leibarzt nachfolgte[76].

Ein Sonderfall (zumindest in dem zitierten Bestand aus Dijon) zeigt sich bei den Konsultationen des gelehrten Arztes Jehan de Pouilly, der seit 1370 für Herzog Philipp von Burgund tätig war[77]. Eine Dienstabrechnung sieben Jahre später nennt ihn als Pensionsempfänger am burgundischen Hof[78]. Als er 1383 und 1384 erneut für den Herzog tätig wurde, stellte sich die Situation jedoch anders dar: Er selbst bezeichnete sich als *phisicien du Roy et de mon-seigneur le duc de Bourgogne* und wurde durch den Herzog entsprechend tituliert als *phisicien de monseigneur le Roy et le nostre*[79]. Er war es auch, von dem der Herzog 1383 (wie erwähnt) sagen ließ, er habe bisher täglich seinen Dienst versehen *(de jour en jour continuellement)* und man hoffe, daß er dies auch künftig tun werde. Ausdrücklich hielt er aber zugleich fest, daß anderweitige Entgelte und Pensionen davon unberührt sein sollten[80]: Ein Sicherungsvorbehalt zugunsten des Königs? Es bleibt unklar, wie man sich dieses Dienstverhältnis vorzustellen hat[81]. Offenkundig diente er beiden Herren gleichzeitig, wurde aber seit 1387 wieder ausschließlich als burgundischer Leibarzt tituliert[82].

In der herzoglichen Kanzlei wurde die Tätigkeit eines königlichen Arztes und ein doppeltes Dienstverhältnis nicht als Regelfall behandelt – obwohl sich derartige Verfahren auch an anderen Höfen nachweisen lassen[83]. Sowohl für Jacques du Bourt wie auch für Jehan de Pouilly sind sämtliche Abrechnungsbelege mit ihren Gegenstücken überliefert, also die Zahlungsanweisung zugleich mit der Empfangsbestäti-

---

76 ACO B 388, ad 6. März sowie ad 28. Oktober 1364 (Zahlungsanweisung) sowie ad 6. März und ad 15. Juli 1364 (Empfangsbestätigungen): Jacques DU BOURT (de Lome, du Bouir dit Jacobin cirurgien). Dictionnaire (wie Anm. 25) S. 328. Er ist zugleich ein Beispiel für einen angesehenen gelehrten Arzt ohne geistliche Weihen. Auf die Möglichkeiten, Kanonikatspräbenden auch ohne die erforderlichen Weihen beanspruchen, zumindest ihren finanziellen Ertrag nutzen zu können, kann hier nicht näher eingegangen werden.

77 Dictionnaire (wie Anm. 25) S. 468. Suppl. (wie Anm. 25) S. 175.

78 ACO B 388, ad 5. Mai 1377.

79 ACO B 388, ad 16. (Zahlungsanweisung) und 21. Juli 1383 (Empfangsbestätigung). Ebenso im Folgejahr, ad 9. September (Zahlungsanweisung) und 20. Oktober 1384 (Empfangsbestätigung).

80 ACO B 388, ad 16. Juli 1383.

81 Vgl. Dictionnaire (wie Anm. 25) S. 468. Suppl. (wie Anm. 25) S. 175. WICKERSHEIMER geht davon aus, daß Pouilly seit 1384 auch im Dienst des Königs gestanden habe (»il fut aussi physicien de Charles VI.«). JACQUART weist auf die Überschneidung der Zuständigkeiten und Zahlungen hin.

82 ACO B 388, ad 24. Dezember 1387.

83 1464 schickte Herzog René von Lothringen und Bar seinen Arzt zu den ihm verwandten Angehörigen des englischen Königshauses, die sich auf einer Reise durch Frankreich befanden und erkrankt waren. Ralph A. GRIFFITHS, The reign of King Henry VI. The exercise of royal authority, 1422–1461, London 1981, S. 894, Anm. 23. Zur Entwicklung der Medizin in den Ländern des Hauses Anjou Alfred COVILLE, La vie intellectuelle dans les domaines d'Anjou-Provence de 1380 à 1435 (ND der Ausgabe Paris 1940), Genf 1974, S. 533–542. Exemplarischer Beleg zur reisenden Behandlung anderer fürstlicher Patienten durch königliche Ärzte: Comptes (wie Anm. 55) S. 377 (ca. 1479).

gung. Ansonsten war dies eher selten der Fall und auch bei de Pouilly nicht mehr, seit er wieder ausschließlich für den Herzog tätig war[84].

Es wird deutlich, wie sehr Mobilität in ihren verschiedenen Erscheinungsformen zu einem Kennzeichen der gesellschaftlichen Stellung gelehrter Ärzte wurde[85]. Hierin deutet sich eine Entwicklungstendenz an, die für diesen Berufsstand prägend bleiben sollte. Zu seinen herausragenden Vertretern aus späterer Zeit, dem 16. Jahrhundert, gehörten die Brüder Felix und Thomas Platter aus Basel. Beide hatten langjährige medizinische Studien in Montpellier und ausgedehnte Reisen mit Kontakten zu anderen Medizinern und eigener Praxiserfahrung unter anderem durch Frankreich absolviert, bevor sie sich als Ärzte im städtischen und im fürstlichen Dienst einen Namen machten[86]. Über ihre individuellen Lebensläufe hinaus repräsentieren sie die Chancen ihrer Profession im Übergang vom Mittelalter zur Frühen Neuzeit. Emmanuel Le Roy Ladurie sprach 1996 von einem »Jahrhundert der Platter«, denen es gelang, über drei Generationen hinweg durch hohe persönliche und regionale Mobilität einen beeindruckenden sozialen Aufstieg zu erreichen[87].

In der Burgunder Überlieferung des 14. Jahrhunderts zeigen sich die Anfänge solcher Mobilität. Graduierte Universitätsabsolventen stammten zumeist aus gesicherten bürgerlichen, seltener aus kleinadeligen Verhältnissen[88]. Akademische Studien verhießen für sie die Möglichkeit, ihre soziale Stellung zu wahren. Karriere und sozialer Aufstieg begannen, wenn es gelang, Stadtphysikus einer bedeutenden Kommune zu werden. Leibarzt am Hof des Herzogs von Burgund zu sein, markierte einen Gipfelpunkt des Erreichbaren, nicht nur hinsichtlich der Reputation und Einkünfte. Man gehörte dann zur unmittelbaren Umgebung des Fürsten und hatte durch das ärztliche Amt Aussicht, als sein persönlicher Vertrauter zu gelten[89].

---

84 Unsicherheiten bleiben bei solchen Überlegungen selbstverständlich bestehen. Sie klären nicht, warum in einigen anderen Fällen, die eindeutig herzogliche Ärzte betrafen, auch Zahlungsanweisungen und Empfangsbestätigungen nebeneinander erhalten sind. Da über die Einzelfälle nichts anderes zu erfahren ist, als was in den Urkunden selbst geschrieben steht, werden sich eventuell kompliziertere Hintergründe nicht mehr erhellen lassen. In der auffälligen Dokumentation der beiden genannten Sonderfälle wird jedoch kaum bloßer Überlieferungszufall gesehen werden können.

85 Für den kommunalen Kontext vgl. dazu KINTZINGER, Heimat auf Zeit (wie Anm. 17), passim. Die beschriebenen Verfahren des Stellenwechsels sowie der Tätigkeit bei anderen fürstlichen Patienten als dem eigenen Dienstherrn finden sich auch am Hof Friedrichs III. Dazu HEINIG, Musik und Medizin (wie Anm. 38) S. 174–176. Vgl. auch JACQUART, Milieu médical (wie Anm. 7) S. 117–119.

86 Felix PLATTER, Tagebuch (Lebensbeschreibung). 1536–1567, hg. von Valentin LÖTSCHER (Basler Chroniken, 10), Basel, Stuttgart 1976; zu den Erlebnissen im Gefolge fürstlicher Dienstherren sowie zu Krankenvisiten Kap. 13–15 und Kap. 11. Thomas Platter d. J., Beschreibung der Reisen durch Frankreich, Spanien, England und die Niederlande. 1595–1600, hg. von Rut KEISER, 1.2 (Basler Chroniken, 9/1.2.), Basel, Stuttgart 1968. Félix et Thomas Platter à Montpellier. 1552–1559 – 1595–1599. Notes de voyage de deux étudiants Bâlois (ND der Ausgabe Montpellier 1892), Marseille 1979. Vgl. zuletzt Peter MÜLLER, Ein »schoulmeister« erzählt seine Lebensgeschichte. Thomas Platters Autobiographie – neu gelesen, in: Basler Zs. für Geschichte und Altertumskunde 95 (1995) S. 43–55.

87 Emmanuel LE ROY LADURIE, Le siècle des Platter. 1499–1628, 1, Le mendiant et le professeur, Paris 1996.

88 Nähere Angaben zu den Einzelpersonen sind in der Regel nicht möglich, doch erlaubt der Gesamteindruck eine derartige Feststellung.

89 Hierzu PRÜLL, Karrieren (wie Anm. 20) S. 140: »Die Tätigkeit als Leibarzt am Königs- oder Adelshof versprach ebenfalls ein gutes Auskommen und hohes Ansehen. ... so war der gelehrte Medizi-

4. Principes patientes. Medizin, Astrologie und Religion[90]

Über das Politikum einer Förderung der Pariser medizinischen Fakultät durch die Könige im 14. Jahrhundert sind wir durch die Arbeit Eduard Seidlers von 1967 unterrichtet; sie beschreibt auch die Bibliothek des Königshauses in der Zeit des »Roi lettré«, Karls V.[91] Er selbst hatte in seiner Jugend Studien betrieben zur Philosophie, zu Recht, Medizin und Astrologie. Seine erste Biographin, Christine de Pisan, war die Tochter des Thomas de Pisan, Leibarzt des Königs und sein Hofastro-

ner doch insgesamt eine Institution an den Höfen der Regierenden.« Als Jehan le Conte 1385 zum Chirurgen des burgundischen Herzogs befördert wurde, erhielt er seine Ernennungsurkunde von den Vorstehern des herzoglichen *Hôtel*; seine Entlohnung sollte künftig unter der *despense de nostre dit hostel* verrechnet werden. ACO B 388, ad 5. Februar 1385. Entsprechend ist der gesamte Bestand der Abrechnungsurkunden aus Djion archivalisch heute unter den Ausgaben des herzoglichen *Hôtel* eingeordnet. Aus den bislang vorgelegten Teilen der Edition burgundischer Hofordnungen (Philipps des Guten, aus den Jahren 1407 bis 1437) wird ersichtlich, daß Ärzte unter verschiedenen Rubriken geführt wurden. So erschienen 1415 der Physicus unter dem Dienstpersonal, die Barbiere hingegen unter den Kammerdienern. Paravicini, Hofordnungen (wie Anm. 25) 1, S. 152f. 1426/27 wurden Chirurgen, Physici und ein Leibarzt (ohne Titulatur!) zugleich unter den Kammerdienern genannt und in den allgemeinen Bestimmungen erneut zusammen erwähnt. Ibid. 2, S. 179f., 288. 1430 zählte der Physicus zur Fourriere. Ibid. 3, S. 193, 204. 1433 hingegen erscheinen zwei Physici und vier Barbiere wieder unter den Kammerdienern. Ibid. 4, S. 193, 208f. Vgl. auch Ders., Karl der Kühne. Das Ende des Hauses Burgund (Persönlichkeit und Geschichte, 94/95), Göttingen 1976, S. 62–66. Der Kurfürst von Brandenburg verlieh an den *physicum et familiarem nostrum* 1366 Einkünfte auf Lebenszeit. Riedel's Codex diplomaticus Brandenburgensis [...], Reihe 1, 19. Berlin 1860, S. 29, Nr. 49. Zum Hof Friedrichs III. Heinig, Musik und Medizin (wie Anm. 38) S. 173. Heinrich VI. von England wurde 1430 gebeten, vier Hofchirurgen das Recht zu verleihen, *d'estre residencers deinz vostre treshonorable hostell*. Foedera (wie Anm. 38), 4/4, S. 157. Dazu die Zahlungsanweisung: Proceedings and ordinances of the Privy Council of England, 4. 8 Henry VI. to 14 Henry VI, hg. von Harris Nicolas o. O. 1835, S. 30. Derselbe Vorgang zu 1432 in lateinischer Fassung: ibid. S. 131. Vgl. Anthony Steel, The receipt of the exchequer. 1377–1485, Cambridge 1954, S. 246 (1442–1452), 329 (1442–1462) – zur Verrechnung der »king's physicians« innerhalb des Royal household.

90   Der folgenden Akzentuierung sind weitere Gesichtspunkte hinzuzufügen, die in dem Urkundenbestand ACO B 388 nicht dokumentiert sind und daher hier unberücksichtigt bleiben: das vielfach hohe Ansehen jüdischer Ärzte gerade an fürstlichen Höfen, die Bedeutung von Kriegsereignissen (wie dem Hundertjährigen Krieg während des Berichtszeitraumes des Dijoner Bestandes) und diejenige von weiblichen Heilern. Hinzu kommt die tiefgreifende Zäsur der Seuchenzüge, auf die bereits an anderer Stelle hingewiesen wurde. Zu jüdischen Ärzten jetzt, mit methodischem Anliegen: Robert Jütte, Zur Funktion und sozialen Stellung jüdischer »gelehrter« Ärzte im spätmittelalterlichen und frühneuzeitlichen Deutschland, in: Gelehrte im Reich (wie Anm. 20), passim. Kriegsereignisse haben zu einer verstärkten Inanspruchnahme wundärztlicher Kräfte geführt und bisweilen zu einer Effektivierung von deren Fertigkeiten; medizingeschichtlich markante Entwicklungen wurden dadurch nicht eingeleitet. Vgl. Robert S. Gottfried, Doctors and medicine in medieval England 1340–1530, Princeton 1986, S. 130–167 (surgeons at war). Weibliche Heilkundige am Hof sind häufig – so auch in den hier untersuchten Beständen – nicht nachweisbar. Sie spielten hingegen eine gewichtige Rolle in der Rezeption medizinischer Kenntnisse im Volk, wie einzelne Lebensberichte (Butzbach) und die zeitgenössische Satire (Brant) beweisen. Einschlägige Arbeiten hierzu sind im Zusammenhang nachgewiesen.

91   Seidler, Heilkunde (wie Anm. 4) S. 63–70. Jeannine Quillet, Charles V. le roi lettré. Essai sur la pensée politique d'un règne, Paris 1983, bes. S. 6–105. Zu Kastilien im 13. Jh. jetzt: Joseph F. O'Callaghan, The learned King. The reign of Alfonso X of Castile, Philadelphia 1993.

loge[92]. In Karls bedeutender Bibliothek fanden sich keine medizinischen Traktate im engeren Sinne, wohl aber verschiedene Seelenspiegel und Texte zur Astrologie. Hierin liegt ein Ansatzpunkt zum zeitgenössischen Verständnis der Medizin.

Im Zuge der Aristotelesrezeption und vor allem während des 14. Jahrhunderts steigerte sich das Ansehen der Astrologie erheblich, wenn auch nicht unwidersprochen[93]. Personell und inhaltlich waren dabei Astrologie und Medizin eng verbunden; die Astrologie wurde in die medizinischen Fakultäten eingeführt[94] und namhafte Ärzte, wie der von König Karl geförderte Geoffroi de Meaux, waren Vertreter einer astrologischen Medizin, die in Theorie und Praxis um sich griff[95]. Der Zeitgenosse Geoffrey Chaucer führt in seinen bekannten Canterbury Tales den Mediziner ein mit den Worten: *A doctor of physic there was with us, too. / In all the world was not another who / Matched him in physic and surgery, / For he was grounded in astrology*[96]. Einige Jahrzehnte später resümierte der Arzt Marsilio Ficino: *Denique concludamus cum Galeno, Astrologiam esse medico necessariam*[97].

Tatsächlich traf sich die Astrologie mit einer Medizin galenischer Prägung darin, daß sie neben den Himmelskräften die tradierte Ordnungsvorstellung der Elemente hochschätzte, die auch die humoralpathologische Viersäfte- und Temperametenlehre in sich schloß[98]. Einer Rezeption durch weitere, gebildete Kreise kam diese

---

92 SEIDLER, ibid. S. 64. Auf die Verarbeitung der königlichen Neigung zur Astrologie in der höfischen Literatur deutet Jacques LEMAIRE, Les visions de la vie du cour dans la littérature française de la fin du Moyen Âge (Académie royale de langue et de littérature françaises), Brüssel, Paris 1994, S. 99. Entsprechend zu Karl VII. S. 142. Über die Dienste Thomas de Pisans für Karl VI. führt DUHAMEL, Histoire (wie Anm. 17) S. 134, aus, er habe »son illustre client autant d'horoscope que de remèdes« versorgt. Auf den Einfluß der Hofastronomen unter Friedrich III. verweist HEINIG, Musik und Medizin (wie Anm. 38) S. 181. Vgl. auch Danielle JACQUART, Die scholastische Medizin, in: Geschichte des medizinischen Denkens. Antike und Mittelalter, hg. von Mirko GRMEK, München 1996, S. 252–255.

93 QUILLET, Charles V. (wie Anm. 91) S. 101f., 105–114. Aristotelische Schriften ließ sich bekanntlich auch der Herzog von Burgund in derselben Zeit besorgen.

94 Zur weiteren, auch akademischen Rezeption der Astrologie vgl. Markus FIERZ, Girolamo Cardano (1501–1576). Arzt, Naturphilosoph, Mathematiker, Astronom und Traumdeuter, Basel, Stuttgart 1977, bes. S. 91–96.

95 John D. NORTH, (Art.) Astrologie (III–VIII), in: LMA, 1, 1980, Sp. 1137–1143. Luis GARCÍA-BALLESTER, (Art.) Astrologische Medizin, in: ibid. Sp. 1145.

96 Zit. nach: Medieval culture and society, hg. von David HERLIHY (Documentary history of western civilization), New York, etc. 1968, S. 373. Vgl. auch Geoffrey Chaucer, The physician's tale, hg. von Helen STORM CORSA (A variorum edition of the works of Geoffrey Chaucer, 2, 17), Oklahoma 1987.

97 Marsilio FICINO, Opera omnia (Monumenta politica et philosophica rariora. Series I, Num. 7–8) (ND der Ausgabe Basel 1576), Turin 1962, S. 543. Auch S. 73: *Tenendo tamen species necessaria, cum Astrologia copulans Medicinam*. Zur Ergänzung von Philosophie und Medizin bei Ficino: Gerhard BAADER, Die Antikerezeption in der Entwicklung der medizinischen Wissenschaft während der Renaissance, in: Humanismus und Medizin (wie Anm. 5) S. 51–66, hier S. 53. Christina VANJA, Krankheit. Mittelalter, in: Europäische Mentalitätsgeschichte. Hauptthemen in Einzeldarstellungen, hg. von Peter DINZELBACHER, Stuttgart 1993, S. 195–200, hier S. 198. Eugenio GARIN, Der Philosoph und der Magier, in: Der Mensch der Renaissance, hg. von DEMS., Frankfurt a. M., New York 1990, S. 175–214, hier S. 193. Exemplarisch zur Biographie eines Humanisten als fürstlichen Leibarztes: Heinz FINGER, Gisbert Longolius. Ein niederrheinischer Humanist (Studia humaniora, Series minor, 3), Düsseldorf 1990, passim.

98 Zum Hintergrund: Martin KINTZINGER, Norma elementorum. Studien zum naturphilosophischen und politischen Ordnungsdenken des ausgehenden Mittelalters (Sudhoffs Archiv, Beiheft 34),

Ausrichtung der Medizin entgegen. Mittels der Astrologie konnte man bekanntlich Voraussagen treffen, was sich mit ärztlichem Rat verknüpfen ließ[99]. Dies bot schließlich sogar Anknüpfungspunkte für den Einzug der Magie in die Medizin[100]. Eine magisch verstandene praktische Heilkunst wurde in Mittelalter und Früher Neuzeit auch im Volk breit aufgenommen – und als Gegensatz zur gelehrten, galenischen Medizin verstanden. Doch selbst in der gelehrten Tradition führte man die Medizin nicht nur auf Philosophen, sondern auch auf Magier zurück[101].

Gern betonte man zugleich, daß sie sich von Königen herleite und verwies auf den Gebrauch, den diese seit jeher von heilkundlicher Hilfe gemacht hätten. Sinnbild dafür war der alttestamentliche König Saul, dessen Leiden von Davids Harfenspiel gelindert werden konnte. Ein weites Verständnis von Heilkunst wurde in diesem Bild tradiert und zugleich die wirkmächtige Bestimmung eines Morbus regius – der Melancholie als Teil der überlieferten Temperamentenlehre[102]. In den Fürstenspiegeln findet sich üblicherweise zwar die Ermahnung, guten Rat einzuholen, die sich aber nicht auf die Gesundheit bezieht. Ihr gilt, und auch dies erst spät und selten, lediglich der Hinweis, sich vor der Melancholie zu hüten[103].

Stuttgart 1994, zum humoralpathologischen Viersäfteschema S. 26 u. ö. Die arabische Tradition erwähnt ENDRESS, Wissenschaftliche Literatur (wie Anm. 5) S. 130.

99 Vgl. exemplarisch zu einem Ereignis des 11. Jhs. Maria Elisabeth WITTMER-BUTSCH, Zur Bedeutung von Schlaf und Traum im Mittelalter (Medium aevum quoditianum. Sonderband 1), Krems 1990, S. 129.

100 Zum wachsenden Einfluß magischer Techniken in der Medizin, zunächst als Reaktion auf ärztliche Hilflosigkeit während der Pestzüge, dann als allgemeines Kennzeichen der Entwicklung im 15. Jh.: Danielle JACQUART, Theory, everyday practice, and three fifteenth-century physicians, in: Osiris, 6 (1990) S. 140–160, hier S. 142, 160. Christoph DAXELMÜLLER, (Art.) Magie, in: LMA, 6, 1993, Sp. 82–86. Den hohen Rang magischen Denkens in der Medizin der Renaissance betont GARIN, Philosoph (wie Anm. 97) S. 196–199, 208f.

101 Exemplarischer Beleg: FICINO, Opera omnia (wie Anm. 97) S. 759. Zuletzt: Janine FONTAINE, Médecine astrologique des trois corps 1. Le corps physique, Paris 1997. Chiara CRISCIANI, Alchemy and medicine in the middle ages. Recent studies and project for research, in: Bulletin de philosophie médiévale 38 (1996) S. 9–21.

102 Zur Rezeption des Saul-Motivs in der Frühen Neuzeit: Grimmelshausen, Simplicianischer Zweyköpffiger Ratio Status, hg. von Wolfgang TAROT (ND der Ausgabe 1670), Tübingen 1968, S. 22. Nach Birgit STUDT, Exeat aula qui vult esse pius. Der geplagte Alltag des Hofliteraten (S. 113–136, hier S. 135), war die Melancholie, seit Ficino als spezifisches Leiden genialischer Gelehrter verstanden, in »gesellschaftlichen Führungschichten weit verbreitet«. Zur Bedeutung der Melancholie für das philosophische und medizinische Denken im 16. und 17. Jh. vgl. GARIN, Philosoph (wie Anm. 97) S. 176f. Die Zuordnung der Melancholie zu den Intellektuellen beschreibt Mariateresia FUMAGALLI BEONIO BROCCHIERI, Der Intellektuelle, in: Der Mensch des Mittelalters, hg. von Jacques LE GOFF, Frankfurt a. M. New York 1989, S. 198–231, hier S. 227f. Ernesto GRASSI, Die Macht der Phantasie. Zur Geschichte des abendländischen Denkens, Frankfurt a. M. 1992, S. 163, hebt hervor, daß nach Bonaventura den mechanischen Künsten – zu denen die Medizin gehörte – die Aufgabe zugewiesen worden sei, die Melancholie zu überwinden; Quellenbegriff ist hierbei tristitia. Zur humanistischen Deutung der Melancholie auch als typische Krankheit von Künstlern: Harald TERSCH, Melancholie in österreichischen Selbstzeugnissen des Späthumanismus. Ein Beitrag zur Historischen Anthropologie, in: Mitteil. des Instituts für Österreich. Geschichtsforschung 105 (1997) S. 130–155. Zuletzt als Übersicht: Melancholie, hg. von Lutz WOLTHER, Leipzig 1999. In franz. Übersetzung nun Robert BURTON, Anatomie de la mélancolie, Bde. 1–3, Paris 2000.

103 Bruno SINGER, Die Fürstenspiegel in Deutschland im Zeitalter des Humanismus und der Reformation. Bibliographische Grundlagen und ausgewählte Interpretationen: Jakob WIMPFELING, Wolfgang SEIDEL, Johann STURM, Urban RIEGER (Humanist. Bibliothek. Abhandlungen-Texte-Skripten, I, 34), München 1980, S. 251–253, auch S. 253–255. Aus der besonderen Situation unter

Darin also lag der erwartete Nutzen astrologischer Medizin für den Fürsten, Hilfe bei körperlichen Gebrechen wie gegen die Gefahr der Melancholie zu finden, also zur Heilung von Körper und Geist. Ein anderes Sinnbild zum Ursprung der Medizin fließt hier ein; noch einmal mit den Worten Marsilio Ficinos: *Christus* [...] *generis humani Medicus*[104]. Der göttliche Ursprung ärztlicher Hilfe begründet die Ansicht, daß der Arzt sich des Körpers und der Seele gleichermaßen anzunehmen habe und dabei göttlicher Hilfe bedürfe[105]. Ungeachtet kirchenrechtlicher Maßnahmen, um Clerici und Medici zu unterscheiden, rückten sie im Verständnis der Patienten zusammen[106]. Bald stand auch der Arzt neben dem Priester am Totenbett[107].

Karl VI., auf die im folgenden eingegangen wird, erklärt sich der Rat eines französischen Fürstenspiegels: *Item, que le roy doit cognoistre sa condicion et sa complexion, et doit par le conseil de ses phisiciens soy adapter à besoigner continuelment es besoignes de son royaume, afin que les trois estaz de son royaume en soient bien contens et lui aident à soustenir sa guerre plus liement.* Advis à Isabelle de Bavière. Mémoire politique adressé à cette Reine vers 1434, hg. von A. Vallet de Viriville (Bibliothèque de l'Ecole des Chartes, 27), Paris 1846, S. 143, Abs. 39. Ebenso: *Item, que un roy, tout ainsi que il doit avoir necte conscience, et se doit tenir nectement, selon l'ame, aussi se doit il tenir nectement en son corps et en sa char, c'est assavoir, soy nectoier par l'ordonnance de ses phisiciens, par estuves, par bains et par autres lavements, afin que le regard et maintien de lui soit plus plaisant à ses subgiez et sa conversacion sur tous loable et agreable,* ibid. S. 147, Abs. 78.

104 Ficino, Opera Omnia (wie Anm. 97) S. 645. Aus den alttestamentlichen Überlieferungen sei exemplarisch auf 2. Mose [Exodus] 15, 26 verwiesen; in der Fassung der Biblia Vulgata latina: ... *Deus dominus sanator tuus.* In diesem Sinne auch Albrecht van Eyb, Spiegel der Sitten, hg. von Gerhard Klecha (Texte des späten Mittelalters und der frühen Neuzeit, 34), Berlin 1989, S. 508f. Der Satiriker Sebastian Brant, der ärztliche Hilflosigkeit, abergläubische Volksheilkunst und den mangelnden Gehorsam der Patienten gegen ärztlichen Rat gleichermaßen bloßstellt, rückt das Verhältnis von Religion und Medizin zurecht und mahnt, sich zuerst auf Gott zu besinnen und dann den Arzt zu rufen. Sebastian Brant, Narrenschiff, hg. von Friedrich Zarncke (ND der Ausgabe Leipzig 1854), Hildesheim 1961, Nr. 38, S. 41, Zeilen 69–74.

105 Exemplarisch hierzu: Nicolai de Cusa, Idiota de mente. Der Laie über den Geist, hg. von Renata Steiger (Philosophische Bibliothek, 432), Hamburg 1995, hier Kap. 8, § 112, S. 70, Zeile 5. Theologisch und artistisch geprägte Lehren wie auch die Rezeption durch (gelehrte) Patienten im 14. und 15. Jh. ist von einer theoretischen Trennung der Zuständigkeitsbereiche von Körper (Medizin) und Seele (Studia humanitatis) zu unterscheiden, wie sie die Renaissancehumanisten vertraten. Zur Medicina animae im Verständnis des Hochmittelalters Stephen R. Ell, The two medicines: some ecclesiastical concepts of disease and the physician in the high middle ages, in: Janus 68 (1981) S. 15–25, hier S. 16f., 22. Im politischen Kontext ließ sich dieses Denken variieren, wie es im englischen Parlament 1421 geschah: [...] *for so moche as a man hath thre things to governe, that is to say, Soule, Body, and wordly Goudes, the whiche ought and shulde ben principaly reweled by thre Sciences, that ben Divinite, Fisyk, and Lawe, the Soule by Divinite, the Body by Fisyk, wordly Goudes by Lawe, and these conynges sholde be used and practised principaly by the most connyng men in same Sciences, and most approved in cases necessaries to encrese of Vertu, long Lyf, and Goudes of fortune, to the worship of God, and comyn profyt,* Rotuli Parliamentorum ut et Petitiones, et Placita Parliamento. o. O. [London 1832], 4, S. 158 (2. Mai 1421). Zur Kritik an Judenärzten vor diesem Hintergrund Jütte, Funktion (wie Anm. 90) S. 176f.

106 Über diese Zusammenhänge ausführlicher künftig Kintzinger, Status medicorum (wie Anm. 57). In der mittelalterlichen Spruchweisheit findet sich sowohl das gewichtige Diktum *Medicus nihil aliud est quam animi consolatio* als auch die Warnung *Medici animarum exorbitent parum*. Carmina (wie Anm. 13), 2, S. 848, Nr. 66 und S. 847, Nr. 63. Einfluß hierauf wird nicht zuletzt von der Übertragung der lateinischen Traktatliteratur in die Volkssprachen ausgegangen sein. Exemplarisch sei darauf verwiesen, daß Petrarcas »De remediis utriusque fortunae« in der deutschen Ausgabe als »Artzney bayder Glück des guoten und widerwertigen« erschien. Francesco Petrarca, Heilmittel gegen Glück und Unglück. Lateinisch-deutsche Ausgabe in Auswahl, übersetzt und kommentiert

Zwei Beipiele aus dem französischen Spätmittelalter mögen abschließend die Möglichkeiten und Grenzen illustrieren, die sich dem Leibarzt boten, seinem Herrn nicht nur zur körperlichen Heilung zu raten. 1415 geriet Herzog Karl von Orléans bei der Schlacht von Azincourt in englische Gefangenschaft, aus der er erst 25 Jahre später wieder entlassen wurde. Zwar schmachtete er nicht im Kerker, sondern nahm Teil am englischen Hofleben, aber dennoch als Gefangener des Königs. Körperliche Schäden trug er nicht davon, doch zeigen seine Gedichte aus jenen Jahren deutliche Spuren von Melancholie. So kann es nicht erstaunen, daß zu seiner unmittelbaren Umgebung eine große Zahl von Ärzten gehörte, akademisch wie handwerklich geschulte gleichermaßen. Sie wurden ihm zu engen Vertrauten, einige zu persönlichen Freunden, an deren Leben er ebenso Anteil nahm wie sie an dem seinen[108].

Der wohl berühmteste Kranke des französischen Spätmittelalters war König Karl VI., der spätestens seit August 1392 an einer schubweise und mit unterschiedlicher Dauer auftretenden Geisteskrankheit litt, die heute »als eine von starkem Verfolgungswahn geprägte Schizophrenie diagnostiziert« wird[109]. Während des ersten heftigen Anfalls schlug der König mit dem Schwert um sich, tötete mehrere Personen seiner Umgebung und ging selbst auf seinen Bruder los. Unter dem Schock des

von Rudolf Schottlaender, hg. von Eckhard Kessler. Mit den zugehörigen Abbildungen aus der deutschen Ausgabe Augsburg 1532 (Humanist. Bibliothek. Texte und Abhandlungen, II, 18), München 1988, hier S. 9, 43.

107 Zum Bild eines Totenoffiziums von 1470, das einen gelehrten Arzt am Sterbebett zeigt: Jacques Chiffolean, La religion flamboyante (v. 1320–v. 1520), in: Histoire de la France religieuse, hg. von Jacques Le Goff, René Rémond, Paris 1988, S. 156. Mit einer Datierung in die Frühe Neuzeit: Claudine Herzlich, Janine Pierret, Kranke gestern, Kranke heute. Die Gesellschaft und das Leiden, München 1991, S. 230 (nach Michel Vovelle). Dazu künftig auch: Kintzinger, Status medicorum (wie Anm. 17). Einen Überschneidungsbereich von Medizin, Religion und Magie beschreibt Edina Bozóky, Mythic mediation in healing incantations, in: Health, disease and healing in medieval culture, hg. von Sheila Campbell, Bert Hall, David Klausner, New York 1992, S. 84–92. Klaus Schreiner, Der Tod Mariens als Inbegriff christlichen Sterbens. Sterbekunst im Spiegel mittelalterlicher Legendenbildung, in: Tod im Mittelalter, hg. von Arno Borst u. a. (Konstanzer Bibliothek, 20), Konstanz ²1995, S. 261–312, hier S. 286. Vgl. Joseph Ziegler, Medical similes in religious discourse. The Case of Giovanni di San Gimignano OP (ca. 1260–ca. 1333), in: Science in context 8 (1995) S. 103–131, hier S. 111.

108 Ausführlich dazu Pierre Champion, Vie de Charles d'Orléans (1394–1465), Paris ²1969. Wegen des fehlenden Sachregisters seien die einzelnen Seitenzahlen genannt: S. 59, 100, 107, 111, 348f., 367, 389f., 409, 437, 476, 486f., bes. S. 499–501, 516f., 530f., 566–577, 600–607, 626f., 650–653. Auf die neueren Arbeiten zur Lyrik Karls von Orléans kann hier nicht im einzelnen eingegangen werden. Zu den politischen Hintergründen: Martin Kintzinger, Geiseln und Gefangene im Mittelalter. Zur Entwicklung eines politischen Instrumentes, in: Ausweisung und Deportation. Formen der Zwangsmigration in der Geschichte, hg. von Andreas Gestrich, Gerhard Hirschfeld, Holger Sonnabend (Stuttgarter Beiträge zur Historischen Migrationsforschung, 2), Stuttgart 1995, S. 41–59. Kurt Kluxen, Geschichte Englands, Stuttgart 1991, S. 134, verweist darauf, daß König Heinrich VI. von England, mit einem ähnlichen Krankheitsbild wie Karl VI., angeblich an Melancholie gestorben sei. Vgl. Dirk Matejovski, Das Motiv des Wahnsinns in der mittelalterlichen Dichtung, Frankfurt a. M. 1996, passim.

109 Heribert Müller, Karl VI. (1380–1422), in: Die französischen Könige des Mittelalters. Von Odo bis Karl VIII. 888–1498, hg. von Joachim Ehlers, Heribert Müller, Bernd Schneidmüller, München 1996, S.303–320, hier S. 310. Gaston Dodu, La folie de Charles VI, in: Revue historique 150 (1925) S. 161–188. Bernard Guenée, Le vœu de Charles VI. Essai sur la dévotion des rois de France aux XIIIe et XIVe siècles, in: Journal des savants 1996, S. 67–137, S. 67, 119, 127, 130. Françoise Autrand, Charles VI. La folie du roi, Paris 1986, bes. S. 304–318.

Erlebten spekulierten die Augenzeugen, was dem König zugestoßen sei. Ausführlich referiert der Chronist Michel Pintoin die vorgetragenen Erklärungen: Manche meinten, es sei eine Strafe Gottes, andere dachten, der König sei verzaubert worden. Sein Bruder Ludwig, mit dem ihn eine schwierige Haßliebe verband, und der willig dem Rat seiner Astrologen folgte, stand ohnehin im Verdacht der Magie.

Hingegen stellten die Ärzte *(medici)* fest, der Grund für die Krankheit des Königs sei eine *colera nigra et adusta* (Schwarze Galle, erhitzt), zudem erschwert durch *iracundia* (Jähzorn)[110]. In der Vermischung ansonsten getrennter Qualitäten oder in deren Übersteigerung aber lag das Problem: Nach der Lehre der Humoralpathologie entsprach die Schwarze Galle den Eigenschaften Kälte und Trockenheit und kennzeichnete gerade nicht den jähzornigen Choleriker – sondern den Melancholiker[111].

Medizinische Hilfe war in diesem Fall nicht möglich. Nachdem man zunächst mit allen erlaubten und unerlaubten Mitteln, wie der Chronist sagt – von akademischer Medizin bis zur Magie – vegeblich versucht hatte, dem König zu helfen[112], nahm man seine Krankheit und ihre weitreichenden politischen Folgen als gegeben hin, und wer es vermochte, nutzte die Situation zu eigenem Vorteil. Anders als bei Karl von Orléans ist über den kranken König kaum zu erfahren, daß er regelmäßig von Ärzten beraten oder behandelt worden wäre. Die wenigen Stellen in der umfangreichen Chronik Michel Pintoins, die über Ärzte berichten, zeugen zumeist von deren diplomatischen Missionen. Lediglich zweimal, 1395 und 1397, wird deutlich, daß Mediziner an den Hof kamen, die sich erboten, den König zu heilen und sich dann wegen des ausbleibenden Erfolges zu verantworten hatten[113].

---

110 Chronique du religieux de Saint-Denis (wie Anm. 47), tom 2., Lib. 13, cap. 6, S. 24. Die doppelte Wortbedeutung von adurere (verbrennen, erfrieren lassen) erschwert ein eindeutiges Verständnis dieser Stelle. Durch den Hinweis auf einen nach der Ordnung der Säfte nicht zu erwartenden Jähzorn wird eher von der Bedeutungsvariante »verbrennen« auszugehen sein.

111 Grundlegend Raymond KLIBANSKY, Erwin PANOFSKY, Fritz SAXL, Saturn und Melancholie. Studien zur Geschichte der Naturphilosophie und Medizin, der Religion und der Kunst, Frankfurt a. M. 1990, S. 151–153, 160f., 172–199, 319f. Die zeitgenössische Diagnose und Behandlung pathologischer Melancholie ist eindrücklich beschrieben bei: Henri-Maxime FERRARI, Une chaire de médecine au XVe siècle. Un professeur à l'Université de Pavie de 1432 à 1472 (ND der Ausgabe Paris 1899), Genf 1977, S. 191–194. Eingehend auch Danielle JACQUART, Le regard d'un médecin sur son temps: Jacques Despars (1380–1458), in: Bibliothèque de l'École des Chartes 138 (1980) S. 35–86, hier S. 60–76, bes. S. 68 (»pour un médecin, il ne s'agit pas d'un etat d'âme, mais d'une veritable maladie«). Zur Störung des Gleichgewichts der Säfte und Temperamente (hippokratische Dyskrasie) als Krankheitsursache auch Wolfram SCHMITT, Zur Literatur der Geheimwissenschaften im späten Mittelalter, in: Fachprosaforschung. Acht Vorträge zur mittelalterlichen Artesliteratur, hg. von Gundolf KEIL, Peter ASSION, Berlin 1974, S. 167–182, hier S. 180. Zum Hintergrund vgl. KINTZINGER, Norma elementorum (wie Anm. 98) S. 26. Klaus BERGDOLT, Gundolf KEIL, (Art.) Humoralpathologie, in: LMA 5, 1991, Sp. 211–213. Heinrich SCHIPPERGES, Homo patiens. Zur Geschichte des kranken Menschen, München 1985, S. 86–90.

112 Chronique du religieux de Saint-Denis (wie Anm. 47), Tom. 2, Lib. 18, cap. 2, S. 542 *(curare licitis et illicitis)*. Vgl. hierzu LEMAIRE, Visions (wie Anm. 92) S. 115f.; zu Modetendenzen der Pariser Medizin ibid. S. 41f. Die Hilflosigkeit im Umgang mit der Krankheit des Königs beschreibt eindrücklich (wenn auch verkürzend) Johann HUIZINGA, Herbst des Mittelalters. Studien über Lebens- und Geistesformen des 14. und 15. Jahrhunderts in Frankreich und in den Niederlanden, hg. von Kurt KÖSTER, Stuttgart 1987, S. 22.

113 Chronique du religieux de Saint-Denis (wie Anm. 47), tom 2, Lib. 16, cap. 20, S. 404. Lib. 18, cap. 2, S. 542. Forschungsgeschichte und Quellenlage zur rechtlichen Überprüfung ärztlicher Tätigkeit im

Mangelnder Behandlungserfolg konnte jeden fürstlichen Arzt in Mißkredit bringen und trug ihm nicht nur Zweifel an seiner Qualifikation ein. Rasch war die Umgebung des Fürsten auch mit Magie-Vorwürfen zur Hand und im schlimmsten Fall mit dem Verdacht, der Arzt habe dem fürstlichen Patienten nach Gesundheit oder Leben getrachtet. Vor allem der plötzliche Tod von Fürsten löste diesen Verdacht aus, zumal nicht wenige unter ihnen von politischen Widersachern durch Vergiftung aus dem Weg geräumt wurden.

Arzt und Patient mußten unter solchen Umständen zueinander finden und es mag beiden gleich schwer gefallen sein. Als der Dauphin Ludwig von Guyenne 1415 Grund zu der Annahme hatte, sein Unwohlsein rühre von einem versuchten Giftmord her, verweigerte er sich dem Rat der Ärzte *(medicorum consilium noluit observare)* – und starb wenig später, vielleicht in der Tat als Opfer eines Giftmords[114]. Karl VII., 1461 in derselben Lage, wurde von seinen Ärzten zwangsernährt, und sein geschwächter Körper erlag dieser Tortur[115]. Ludwig XI. hingegen, stets in größter Sorge vor dem Tod, hatte gute Erfahrungen mit seinen Ärzten gemacht. Dennoch setzte er, als er das Lebensende nahe fühlte, mehr auf die Hilfe eines wundertätigen Einsiedlers, den er rufen lassen wollte. Seine beiden großzügig entlohnten Leibärzte stellten sich diesem Vorhaben aber in den Weg und ließen ihn wissen, er müsse nun sterben und es gebe keine Hoffnung mehr[116].

Schon einmal hatte einer von ihnen die Macht ausgespielt, die von ärztlicher Kunst ausging. Mit Abscheu berichtet Philippe de Commynes, wie der König den Arzt habe wissen lassen, er sei nicht mehr zufrieden mit ihm – woraufhin dieser geantwortet haben soll, wenn er ihn fortschicke, werde er in acht Tagen nicht mehr leben. Aus Angst habe der König ihn daraufhin behalten und künftig um so mehr mit Anerkennung und Lohn überhäuft[117].

Auch wenn Legende und Wirklichkeit in solchen Berichten zusammenfließen mögen; daß der fürstliche Patient von seinen Ärzten ebenso abhängig war wie gewöhnliche Menschen und durch ihre Fehler oder Falschheit erst recht gefährdet, ist wohl allgemein und auch den Fürsten selbst bewußt gewesen. Wie sich ihr persönliches Verhältnis zu den Leibärzten gestaltete, war dadurch nicht unerheblich

spätmittelalterlichen Burgund referiert jetzt Nicole GONTHIER, Les médecins et la justice au XVe siècle à travers l'exemple dijonnais, in: Le moyen-âge 101 (1995) S. 277–293.

114 Chronique du religieux de Saint-Denis (wie Anm. 47), tom. 5, Lib. 36, cap. 14, S. 586.

115 Zit. nach COMMYNES, Mémoires (wie Anm. 49), VI, 6, S. 283. Zum medizinhistorischen Hintergrund: Voeding en geneeskunde: acten van het colloquium Brussel 12.10.1990: Alimentation et médecine, hg. von Ria JANSEN-SIEBEN (Archives et bibliothèques de Belgique, Numéro spécial, 41), Brüssel 1993.

116 Zit. nach COMMYNES, Mémoires (wie Anm. 49) VI, 11, S. 314f. Zuletzt dazu Holger KRUSE, Ludwig XI., in: Die französischen Könige (wie Anm.109) S. 337–361, bes. S. 360f. Werner PARAVICINI, Sterben und Tod Ludwigs XI., in: Tod im Mittelalter (wie Anm. 107) S. 77–168, hier S. 85, 101f.

117 COMMYNES, Mémoires, ibid. S. 319. Zum Verhalten dieses Arztes LEMAIRE, Visions (wie Anm. 92) S. 261: »[il] ne met aucune limite à sa rapacité«. PARAVICINI, Sterben (wie Anm. 116) S. 84f., 100f. Vgl. Luis GARCÁ-BALLESTER, Medical ethics in transition in the latin medicine of the thirteenth and fourteenth centuries: new perspectives on the Physician-Patient-Relationship and the doctor's fee, in: Doctors and ethics: the earlier historical setting of professional ethics, hg. von Andrew WEAR, Johanna GEYER-KORDESCH, Roger FRENCH, Amsterdam 1993, S. 38–71, bes. S. 41–47. Solche Erfahrungen sind gebündelt in der zeitgenössischen Spruchweisheit: *Medicus et amicus in necessitate probantur*, Carmina (wie Anm. 13) S. 848, Nr. 65.

beeinflußt. Es blieb nicht zuletzt abhängig davon, wie der Fürst sich zu Krankheit und Tod stellte, was er von der zeitgenössischen Medizin verstand und von ärztlicher Kunst erwartete[118]. Als Gradmesser dafür galt stets auch die Sorgfalt, die er auf die Auswahl seiner Ärzte verwendete, und der finanzielle Aufwand, den er sich die heilkundliche Versorgung seiner Person und Familie kosten ließ.

Résumé français

L'histoire des médecins attitrés princiers de la fin du Moyen Âge, sujet longtemps ignoré et depuis peu au centre d'intérêt des historiens, apporte des éléments importants pour une recherche socio-historique sur la Cour. Grâce à des fonds d'archives abondants, notamment en ce qui concerne le XIVe siècle, il est possible de reconstituer le recours au conseil médical à la cour bourguignonne plus en détail que c'est le cas pour d'autres cours princières. Fréquemment, la cour ducale demandait du secours aux médecins-savants tandis que les villes avaient plutôt recours au médecins-pratiquants. Mais les gens de cour s'adressaient aussi bien à des médecins qui avaient fait des études qu'à ceux qui avaient uniquement reçu une formation pratique et qui furent recrutés de préférence sur le territoire même. Grâce à leur accès direct à la personne même du prince, les médecins attitrés tenaient une position de confiance particulière; ils accompagnaient, par moments, constamment leur seigneur et se voyaient confiés de missions diplomatiques difficiles ainsi que de tâches concernant les affaires personnelles ou familières du duc. Cependant, les médecins ne furent souvent qu'appelés en cas de besoin et rémunérés individuellement pour le secours apporté. Rares étaient ceux qui réussirent à obtenir une pension fixe et à être employé à la cour de manière durable. Les plus réputés entre eux se trouvaient dans la position de travailler pour plusieurs seigneurs à la fois, tenaient le rang de »spécialistes« qui furent prêtés entre les différentes cours en cas de besoin. Mais ce personnel médical était coûteux et c'est ainsi que les médecins attitrés bourguignons restaient pour la plupart des ecclésiastiques que le duc présenta sur prébende.

118 Vgl. Hans HECKER, Kranksein im Zwiespalt der Macht. Ivan IV. als kranker Herrscher, in: Der kranke Mensch in Mittelalter und Renaissance, hg. von Peter WUNDERLI (Studia humaniora, 5), Düsseldorf 1988, S. 79–98.

Anhang

Alphabetisches Verzeichnis der im Bestand ACO B 388 genannten Leibärzte und ergänzende Angaben aus den Beständen ACO und ADN

Nachweise ohne Herkunftsangabe entstammen dem Bestand ACO B 388. Die Befunde der einzelnen Quellenstücke sind, chronologisch geordnet, untereinander gestellt. Datierungen werden in der gegebenen Form mitgeteilt. Die Angabe »Pension« ist in jedem Fall aus der Quelle übernommen, »Titulatur« verweist auf eine förmliche Funktionsbezeichnung in der Abrechnungsurkunde. »Herzogin«, »Kinder« u. ä. nennen den außerhalb des Herzogs von dessen Leibarzt behandelten, in der Abrechnungsurkunde erwähnten Personenkreis. Literatur- und Editionsangaben verweisen auf den Anmerkungsapparat des Textes.

Adam
barbier du comte de Flandres et concierge de sa maison de Bruges
ADN B 3238/111.789. 16.6.1381
Dictionnaire 6. Suppl. 10 (?)

Simon (de) Baudoin
Physicus
ACO B 5520, fol. 99v. 4.1.1403.
Herzogin und Kinder.
Dictionnaire 64 (?)
Bendut s. Sedrem

Pierre Bertiot (Bernicot)
[Nur in Apothekenregister erwähnt. 1398/1400]
Dictionnaire 617 (?)

Pierre Blanchet (Blanqueti)
[Nur in Apothekenregister erwähnt. 1410/11]
Dictionnaire 61. Suppl. 228

Jean Blondeau
[Nur in Apothekenregister erwähnt. 1398/1400]
Dictionnaire 364. Suppl. 146 (?)

Guillaume de bouchier
Physicus
(18 Behandlungen). 6.12.1396. Titulatur
Jacques du Bouir (Bourt) s. Jacques de Lome
Dictionnaire 232
Jacques du Bouir/Bourt s. de Lome

Guillaume Bourgors (Guillaume de bouchier, Guillaume Bourgeois/Bourgers)
Physicus
ADN B 1894, fol. 65v–66r. 13.5.1411. Pension
Dictionnaire 229. Suppl. 100f.

Henry Carpentin
Physicus
Datum der Behandlung 14.6(?)1385. Titulatur.
22.10.1385

26.7.1403. Titulatur. Herzogin
ACO 1508, fol. 36 v. 1396. Pension
1520, fol. 49v. 1399/1400. Pension
Dictionnaire 276. Suppl. 116

Jehan de Chalon
Physicus
24.12.1318. Titulatur. Pension
Suppl. 150
Nicht identisch mit:

Jehan de Chalon
Physicus
13.8.1396. Pension
17.12.1397. Titulatur. Pension
ACO B 1515, fol. 46r. 1398.
chanoine de sa chapelle a dijon. Kinder. Pension
1518, fol. 47r. 1399/1400.
chanoine de sa chapelle a dijon.
Dictionnaire 380. Suppl. 150

Jacques de Chananges
Chirurg
25. 9.1412. Titulatur
Dictionnaire 323. Suppl. 133

Jehan le Conte
Chirurg
5.2.1385 (förmliche Aufnahme in das Hôtel)
16.4.1387. Titulatur
(Behandlung 30?.10.). 1.3.1388. Titulatur
en recompensation des bons et agreables services que Je lui ay fais. (Behandlung 3.5.).
8.8.1388. Titulatur. Gegenstück dazu:
(für Kauf von 7 Pferden). 29.11.1387
Dictionnaire 432

Richart le Conte (Le Comte, Leconte)
premier barbier et garde des livres. pour courir certains liures qui sont a mon dit seigneur. Titulatur. 26.2.1402.

barbier et varlet de chambre. (für Bücher u. a.).
4.4.1402.
ADN B 1933. 1425/26
Dictionnaire 702

Humbert Contral
Physicus
maistre en ars et licencie en medicine. Titulatur.
24.3.1421
Dictionnaire 299 (?)

Jean Cotereau (Jean Cettereau)
Physicus
ADN B 1933, fol. 40v. St. Johannes 1426.
ADN 1923, fol. 99v. 5.1.1420, 114r–v. 2.10.1421,
que en temps passe il lui auait fais audit office fai-
sait continuelment de Jour en Jour et espeoir que
fate au temps avenir
1927, fol. 47v. 1411/12, pension
Dictionnaire 387
Paravicini, Hofordnungen IV, 209/327 (1437)

Henry de Courtray (Coutoyes)
Chirurg
ADN B 1927, fol. 110v. 1422/23.
Dictionnaire 276

Dysmenche Dalixandre
Physicus
ACO B 1460, fol. 26r. 1383. Herzogin und Kin-
der. Pension
1490, fol. 46r. 1493
Nicht identisch mit:
ACO B 1503, fol. 35v. 2.7.1395
Descarampes s. Sedremp

Henry Detroyes (de Troyes)
Chirurg
ADN B 1933, fol. 40v. 1426
Dictionnaire 289. Suppl. 119
Paravicini, Hofordnungen II, 279/283 (1419/21);
IV, 209/329 (1433).

Jehan Durant
Physicus
[8.2.1391; Apothekenregister]
15.12.1391. Titulatur. Pension
2.3.1396. Titulatur. Pension
[20.4.1398–1.2.1400; Apothekenregister]. Titulatur. Pension
ACO B 1495, fol. 22r. 1392. Pension
1503, fol. 35r–v. 1395, fol. 36v. 1396
1508, fol. 36v. 1396. Pension
1511, fol. 24v. 1396. Pension
1517, fol. 48v. 1398/99. Pension
1519, fol. 62 r. 1399

Dictionnaire 395. Suppl. 154

Enart (Aimar)
Barbier
ACO B 1460, fol. 112v. ?.2.1382. Herzogin
Dictionnaire 10. Suppl. 12

Ffrohart Fognere
barbier et varlet de chambre
ACO B 1460, fol. 114v. 1382
Identisch mit:?

Richart Fonqueve/Fontqutre
barbier et varlet. (Behandlung 3.2.1389). 3.2.1389
(sic). Titulatur.
barbier et varlet de chambre. Titulatur 10.8.1392.

Jean de Huesdaing (Honesdaing,
Jean Proper de Huesdan)
Physicus
ADN B 1858/51.536. 20.9.1396
1860/51.740. 4.1.1396. Pension
Dictionnaire 469f.

Jacquemart (Jacquart)
Jacquemart le Barbier
ADN B 1852/50.834. 18.7.1392. Pension
Dictionnaire 317.
(Nicht identisch mit: Suppl. 130)

Jean Lanternier
barbier et varlet de chambre
ACO B 1765. 1468/69
Dictionnaire 429

Jehan Lauantage (Jean Avantage)
Physicus
ADN B 1927, fol. 48r (1413); 1933, fol. 40v. 1426
Dictionnaire 355f.
Paravicini, Hofordnungen II, 280/290 (1426/27);
IV, 209/328 (1433)
Sommé, 329f. (1430)

Elies de levyniwude
meistre en medicine et physicus. 6.7.14??. Titulatur
Dictionnaire 127 (?)

Jacques de Lome
Cirurgien du Roy. 28.10.1364. Gegenstück dazu:
Cirurgien du Roy. 6.3.1364
(Namensform du Bourt)
Cirurgien. 15.7.1364
(Namensform du bouir dit Jacobin)
Dictionnaire 328

Pierre Miotte (Niotte)
Physicus
ADN B 1893/53713. 31.1.1410
Dictionnaire 650. Suppl. 239

Cinebant de Montornet/Moncomet (Thibaut
de Montcornet)
Chirurg
pour cause de certaines visitations. 16.7.1368.
Titulatur.
7.12.1395. *ma vie durant.* Titulatur.
ACO B 1494, fol. 59r. 6.6.1394
Suppl. 271, 338, 751

Gieffroy [Geoffroy] Manpoiurt
(Malpouire, Manpouire)
conseiller et premier physicien. Pension. 4.9.1413.
Titulatur.
[20.4.1398–1.2.1400; Apothekenregister]. Titulatur.
ACO B 5520, fol. 135v. 1405
ADN B 1894, fol. 211v. 28.2.1416
Dictionnaire 179f.

**Jacobus dictus Mabon de Gatitate/ mabons de
la cherite sus loyre**
barberius/barbiers. 16.1.1324
(Heirat. Notariatsinstrument).
barbier. St. Nicolas 1324.
(Herzogliche Bestätigung
der Zuwendungen an Barbier und Frau).

Hugues Picolin (Picotin)
*maistre en ars estudiant en la faculte de medecine
… pour don alui fait … pour avoir un livre de
médecine*
ACO 5519, fol. 47v. 1400/02
Dictionnaire 307

Jean de la Plache (Jean de Platea)
ADN B 1380/111.756. 4.1.1381.
physicien du comte de Flandres
Dictionnaire 466

Jehan de Poilly (Poligny)
physicien … a cause des gages. 5.5.1377.
*physicien du Roy et le nostre … En recompensa-
tion des bons et agreables services quil nous a fais
on temps passe fait de jour en jour continuellement et esperons que encore fate Et aussi pour
acheter une hagnenee pour soy monter en nostre
service … non obstant outres dons gaiges pensions
proffis …* 16.7.1383. (Förmliche Anstellungsbe-
stätigung durch den Herzog). Gegenstück dazu:
*physicien de Roy et de monseigneur le duc
de bourgoigne.* 21.7.1383.

physicien du Roy. 9.9.1384. Gegenstück dazu:
physicien du Roy. 20.10.1384.
physicien. 24.12.1387.
ACO B 1460, fol. 105v. 13.11.1382. Pension.
110r. 1392. Pension
*clerc physicien de … Madame Jehanne de Bre-
taigne dame de Cassel*
ADN B 3245/112.111. 5.9.1335
3245/112.113. 2.2.1336. Pension
3246/112.127. 6.8.1337
7784/150.499. 7.7.1338. Pension.
3246/112.144. 24.1.1339. *maitre en médecine,
physicien.* Pension.
3246/112.145. 27.6.1342
Dictionnaire 468. Suppl. 175

Andrieu (Andrey) de Puessieux
Physicus
3.12.1359. Titulatur. Pension. Gegenstück dazu:
3.7.1360. Pension
Dictionnaire 25

Regnauldin
Regnauldin le barbyer
ADN B 1920, fol. 92r. 26.2.1399
Dictionnaire 690f. (?).
(Nicht identisch mit: Suppl. 255)

Richart
Barbier
ACO B 1460, fol. 103r. ?.7.1382
ADN B 1933, fo. 99v
(undat.: *varlet de chambre et barbier*)
Dictionnaire 693f. (?)
Paravicini, Hofordnungen II, 278/266 (1426/27)

Guillaume Roussel
Physicus
ADN B 1894, fol. 64v. 2.9.1412 und 30.8.1411.
Pension.
215v. 20.9.1412
Dictionnaire 263

Jacque Sacqueespee
maistre en ars et en medecine. 4.3.1398
Dictionnaire 337. Suppl. 138

Martin Sacquespée
ADN B 1877/52.956
(28.6.1405: Apotheker in Arras).
1893/53712. 12.10.1410. fisicien
Sommé 329 (1431)
Nicht identisch mit:
Jehan Sacquespée
1893 (30.8.1411 und 20.5.1411: conseiller)

Guillaume de Saint Paul
Chirurg
10.3.1383. Pension
Suppl. 111

Henry Scatter
maistres es arts et licentie en medicine, a present
recteur de luniversite de paris [...] pour moy aider
a faire ma feste en medicine. 16.9.1410. Titulatur.
Dictionnaire 286f.

Sechemp de Sechempes/ Sedremp de Sedrem-
pes/ Sedrenq/ Descarampes/ Sedrenz Des-
carempes/ [descarempes]/ Scarenz Descarem-
pes/ Descarampes
Physicus
??.1309. Titulatur (Fragment)
??.1310.
St. Remigius 1309. Titulatur
Ostern 1309. Titulatur
??. et Bendut son compaignon de dyion. 1309.
St. Laurentius 1309. Titulatur
(Datierung nicht mehr lesbar). Titulatur
Trinitas 1309. Titulatur
Dictionnaire 139, 145 (?)

Symonos/Symonot
Barbier
(Dijon?). Assumptio 1313.
Dictionnaire 736

Brission de Thyans
physicien de la comte de Flandres ... chanoine
ADN B 1561, fol. 141v (St. Lucas 1270)
Dictionnaire 92f.

Richard de Verone
phisicien de la dame de cassel
ADN B 3245/112.110. 19.5.1335. Verone, lom-
bart phisicien. Pension
Dictionnaire 703. Suppl. 259

Thomas de Vienne
(Thomas Froissart de Voyenne)
Physicus
pour avoir un cheval et lui monter en nostre ser-
vice. 20.6.1386.
pour avoir un cheval en son service. Titulatur.
26.5.1388.
ACO B 1460, fol. 25r, 1381/82
26r. 1383. Pension
1475. 1388/89
1503. 1390–92. Pension
Dictionnaire 760. Suppl. 274

Jehan Vignon (Voignon)
Physicus
[20.4.1398–1.2.1400; Apothekenregister]. Titulatur
Dictionnaire 501. Suppl. 190.

Pierre Monnet

ÉLITES DIRIGEANTES ET DISTINCTION SOCIALE À FRANCFORT-SUR-LE-MAIN (XIVe–XVe SIÈCLES)

L'objectif de cet article est de présenter une synthèse récente, sans être exhaustive, sur les élites d'une ville allemande à la fin du Moyen Âge, c'est-à-dire en un temps déjà éloigné de la formation des communes puis des grands conflits de métier et en même temps antérieur à l'émergence plus décisive, au sommet de la cité, d'une élite de juristes, de spécialistes de l'administration, de serviteurs des princes, des rois et de l'État au sens déjà plus moderne et territorial-absolutiste du terme. Pour résumer, il s'agit d'une période où les maîtres locaux de l'économie sont encore les maîtres locaux de la politique[1]. Le contexte local n'est pas moins important que la chronologie. Francfort compte entre 8000 et 10000 habitants aux deux siècles finaux du Moyen Âge (pour un nombre à peu près stable de contribuables évoluant entre 2500 et 3000)[2], un chiffre qui présente une indéniable tendance à la stagnation. Quelles furent les conséquences d'une telle tendance sur la mobilité sociale en ville et donc sur la constitution des élites? Un niveau de croissance démographique étal signifie-t-il pétrification sociale et immuabilité politique? La conjoncture économique constitue également un cadre fondamental d'analyse. On s'est finalement dépris assez récemment de la vision pessimiste d'un médiocre XVe siècle francfortois (compris entre 1360 et 1470) au profit de l'hypothèse d'une économie plus active que prévue, fondée sur des foires tirées non pas tant par l'augmentation des échanges de biens et de produits mais plutôt par une restructuration profitant au commerce de l'argent, des changes et du crédit. Mais qui profite de cette activité économique, qui en dirige et en contrôle les fluctuations, qui en oriente les modifications? Il faut enfin faire la part du profil politique de la cité: comment, plus particulièrement au XVe siècle, les élites politiques se comportent-elles dans une ville marquée par l'absence d'intervention directe d'un prince territorial ou même du roi dans son régime politique? Comment s'agence, dans ces cadres, la supériorité liée au pouvoir, au savoir et à la richesse? Comment se manifeste enfin cette autre forme plus subtile de domination, peut-être la plus déterminante car elle introduit une hiérarchie plus invisible et plus durable, que constituent la renommée et la mémoire d'appartenir aux Meilleurs, l'honneur d'être un »grand« de la ville?

---

1 Giovanni Petti Balbi (dir.), Strutture del potere ed élites economiche nella città europee di secoli XII–XVI, Napoli 1996 (Europa mediterranea, 10), en particulier Rainer Gömmel, Economia e politica nell'attività dei ceti imprenditoriali di Ratisbona e Norimberga nei secoli XIII–XVIII, p. 349–360 et Rainer Postel, Iniziative economiche e obiettivi politici dei detentori del potere e delle élites imprenditoriali, mercantili e finanziarie tra XIII e XVIII secolo: l'esempio di Amburgo, p. 361–375.

2 Karl Bücher, Die Bevölkerung von Frankfurt am Main im 14. und 15. Jh., Tübingen 1886.

Pour répondre partiellement à ces questions et faire parler un exemple qui conserve, dans sa présentation empirique, un caractère monographique, il convient d'abord d'exposer sommairement les cadres et les méthodes de la recherche historique appliquée aux couches supérieures de la société urbaine, particulièrement en Allemagne. On est en effet en droit de penser qu'une réflexion sur les origines, les modes d'expression et de perpétuation d'une oligarchie dans la société urbaine tardo-médiévale doit s'inscrire dans une recherche plus vaste sur les systèmes de distinction qui »sont bien souvent moins sujets à l'écart qu'on a tendance à le penser«[3].

I. Élites et patriciat: aperçus historiographiques et problématiques

1. Géographie de la recherche: le paradigme de la ville rhénane et méridionale

En premier lieu, exposer le cas de Francfort-sur-le-Main a pour ambition de contribuer à combler une lacune historiographique, tant il est vrai que la ville du Main n'avait pas joui, jusqu'à une date récente[4], de l'attention soutenue des chercheurs qui se sont penché sur les groupes dirigeants des villes germaniques aux XIVᵉ et XVᵉ siècles.

Comme dans d'autres domaines, ainsi des rapports entre la ville et la noblesse[5], la recherche sur les couches dirigeantes urbaines s'est intéressée aux »grandes« villes du Sud[6]. C'est le cas pour Nuremberg qui bénéficie en la matière d'une très longue tra-

3   Élisabeth CROUZET-PAVAN, Les élites urbaines: aperçus problématiques (France, Angleterre, Italie) in: Les élites urbaines au Moyen Âge (XXVIIᵉ Congrès de la SHMES, Rome 1996), Paris 1997, p. 9–28, ici p. 10.
4   On nous permettra de renvoyer à nos travaux: Pierre MONNET, Les Rohrbach de Francfort. Pouvoirs, affaires et parenté à l'aube de la Renaissance allemande, Genève 1997. Michael ROTHMANN, Die Frankfurter Messen im Mittelalter, Stuttgart 1998. Felicitas SCHMIEDER vient d'achever un travail d'habilitation sur la vie religieuse et politique de Francfort à la fin du Moyen Âge. Ces trois auteurs ont présenté à l'Historikertag de Francfort en 1998 les résultats de leurs recherches dans une section consacrée à l'histoire de la ville. Un numéro spécial de la revue Archiv für Frankfurts Geschichte und Kunst, à paraître en 2000, reprendra l'ensemble de cette section. Enfin, l'Historisches Museum de Francfort présentera à l'automne 2000 une exposition consacrée au patriciat de la ville du XIVᵉ au XVIIIᵉ siècle.
5   Gerhard PFEIFFER, Nürnberger Patriziat und fränkische Reichsritterschaft, in: Norica. Beiträge zur Nürnberger Geschichte, Nürnberg 1961. Josef FLECKENSTEIN, Vom Stadtadel im spätmittelalterlichen Deutschland, in: Zs. für Siebenbürgische Landeskunde 4 (1980) p. 1–13. Thomas ZOTZ, Adel, Bürgertum und Turnier in deutschen Städten vom 13. bis 15. Jahrhundert, in: Josef FLECKENSTEIN (dir.), Das ritterliche Turnier im Mittelalter. Beiträge zu einer vergleichenden Formen- und Verhaltensgeschichte des Rittertums, Göttingen 1985, p. 450–499. Rudolf ENDRES, Adel und Patriziat in Oberdeutschland, in: Winfried SCHULZE (dir.), Ständische Gesellschaft und soziale Mobilität, München 1988, p. 221–238. Knut SCHULZ, Stadtadel und Bürgertum vornehmlich in oberdeutschen Städten im 15. Jahrhundert, in: Stadtadel und Bürgertum in den italienischen und deutschen Städten des Spätmittelalters, Berlin 1991, p. 161–181. Michael DIEFENBACHER, Stadt und Adel. Das Beispiel Nürnberg, in: Zs. für die Geschichte des Oberrheins 141 (1993) p. 51–69. Thomas ZOTZ, Adel in der Stadt des deutschen Spätmittelalters. Erscheinungsformen und Verhaltensweisen, in: ibid., p. 22–50. Sur ce thème, voir plus généralement la mise au point de Joseph MORSEL, La noblesse et les villes à la fin du Moyen Âge. Nouvelles perspectives de recherche, in: Bulletin d'Information de la Mission Historique Française en Allemagne 32 (1996) p. 33–54.
6   Voir ici la table des matières du recueil dirigé par Hellmuth RÖSSLER, Deutsches Patriziat 1430–1740, Limburg a. d. Lahn 1968. Ingrid BATORÍ, Das Patriziat der deutschen Stadt. Zu den

dition ancrée dans l'histoire même de la ville et de ses familles jusqu'au XIXᵉ siècle et fondée sur un état documentaire exceptionnel autorisant aussi bien la monographie familiale[7] que l'étude d'ensemble[8] conçue tant sous un angle économique[9] que politique[10], jusque dans ses prolongements en termes de mémoire historique ou de mémoire familiale[11]. Augsbourg aussi a récemment fait l'objet d'une étude approfondie[12], et la Souabe fut et demeure un terrain privilégié pour l'étude des élites urbaines[13]. On peut ici songer aux études classiques menées sur les patriciats de

Forschungsergebnissen über das Patriziat besonders der süddeutschen Städte, in: Zs. für Stadtgeschichte, Stadtsoziologie und Denkmalpflege 2 (1975) p. 1–30. Jürgen ELLERMEYER, Sozialgruppen, Selbstverständnis, Vermögen und städtische Verordnungen, in: Blätter für deutsche Landesgeschichte 113 (1977) p. 203–275. Carl-Hans HAUPTMEYER, Probleme des Patriziats oberdeutscher Städte vom 14. bis 16. Jahrhundert, in: Zs. für bayerische Landesgeschichte 40 (1977) p. 40–58. Ulf DIRLMEIER, Merkmale des sozialen Aufstiegs und der Zuordnung zur Führungsschicht in süddeutschen Städten des Spätmittelalters, in: Hans-Peter BECHT (dir.), Pforzheim im Mittelalter. Studien zur Geschichte einer landesherrlichen Stadt, Sigmaringen 1983, p. 77–106.

7   Gerhard HIRSCHMANN, Die Familie Muffel im Mittelalter, in: Mitteil. des Vereins für die Geschichte Nürnbergs [MVGN] 41 (1950) p. 257–392. Theodor AIGN, Die Ketzer. Ein Nürnberger Handelsherren- und Jerusalempilgergeschlecht, Neustadt a. d. Aisch 1961. Ludwig GROTE, Die Tucher. Bildnis einer Patrizierfamilie, München 1961. Christoph VON IMHOFF, Die Imhoff. Handelsherren und Kunstliebhaber. Überblick über eine 750 Jahre alte Nürnberger Ratsfamilie, in: MVGN 62 (1975) p. 1–42. Christa SCHAPER, Die Ratsfamilie Rummel, in: MVGN 68 (1981) p. 76–110.

8   Hanns Hubert HOFMANN, Nobiles Norimbergenses. Beobachtungen zur Struktur der reichsstädtischen Oberschicht, in: Zs. für bayerische Landesgeschichte 28 (1965), p. 114–150. Gerhard HIRSCHMANN, Das Nürnberger Patriziat, in: RÖSSLER (dir.), Deutsches Patriziat (cit. n. 6) p. 257–276. Kurt SCHALL, Die Genannten in Nürnberg, Nürnberg 1971.

9   Wolfgang VON STROMER, Oberdeutsche Hochfinanz 1350–1450, Wiesbaden 1970 (Vierteljahrshefte für Sozial- und Wirtschaftsgesch. [= VSWG], Beihefte 55–57). Wolfgang VON STROMER, Reichtum und Ratswürde. Die wirtschaftliche Führungsschicht der Reichsstadt Nürnberg, in: Herbert HELBIG (dir.), Führungskräfte der Wirtschaft in Mittelalter und Neuzeit 1350–1850, Limburg a. d. Lahn 1973, p. 1–50.

10 Valentin GROEBNER, Ratsinteressen, Familieninteressen. Patrizische Konflikte in Nürnberg um 1500, in: Klaus SCHREINER, Ulrich MEIER (dir.), Stadtregiment und Bürgerfreiheit. Handlungsspielräume in deutschen und italienischen Städten des Späten Mittelalters und der Frühen Neuzeit, Göttingen 1994, p. 278–308. Gerhard FOUQUET, Die Affäre Niklas Muffel. Die Hinrichtung eines Nürnberger Patriziers im Jahre 1469, in: VSWG 83 (1994) p. 459–500.

11 Helmut Freiherr HALLER VON HALLERSTEIN, Nürnberger Geschlechterbücher, in: MVGN 65 (1978) p. 212–235. Martial STAUB, Memoria im Dienst von Gemeinwahl und Öffentlichkeit. Stiftungspraxis und kultureller Wandel in Nürnberg um 1500, in: Otto Gerhard OEXLE (dir.), Memoria als Kultur, Göttingen 1995 (Veröffentl. des Max-Planck-Instituts für Geschichte 121), p. 285–334. Martial STAUB, Zwischen Denkmal und Monument. Nürnberger Geschlechterbücher und das Wissen von der Vergangenheit, in: Pirckheimer Jahrbuch für Renaissance- und Humanismusforschung 15 (2000) p. 83–104.

12 Jörg ROGGE, Für den gemeinen Nutzen: politisches Handeln und Politikverständnis von Rat und Bürgerschaft in Augsburg im Spätmittelalter, Tübingen 1996. On signalera le catalogue rédigé par Pia Maria GRÜBER, »Kurweil viel ohn' Maß und Ziel«. Alltag und Festtag auf den Augsburger Monatsbildern der Renaissance, München 1994.

13 Ludwig KLAIBER, Beiträge zur Wirtschaftspolitik oberschwäbischer Reichsstädte im ausgehenden Mittelalter [Isny, Leutkirch, Memmingen und Ravensburg], Stuttgart 1927 (VSWG, Beiheft 10). Peter EITEL, Die oberschwäbischen Reichsstädte im Zeitalter der Zunftherrschaft. Untersuchungen zu ihrer politischen und sozialen Struktur unter besonderer Berücksichtigung der Städte Lindau, Memmingen, Ravensburg und Überlingen, Stuttgart 1970. Rolf KIESSLING, Die Stadt und ihr Land: Umlandpolitik, Bürgerbesitz und Wirtschaftsgefüge in Ostschwaben vom 14. bis ins 16. Jahrhundert, Köln, Weimar, Wien 1989.

Constance[14], de Hall[15], de Heilbronn[16], de Lindau[17], de Memmingen[18], de Ravensbourg[19], de Rottweil[20]. Profitant de cette active recherche, quelques villes suisses ont également été étudiées depuis le sommet de leur corps social, ainsi pour Lucerne[21] et Berne[22]. Il est d'ailleurs significatif de constater que les recherches menées sur le patriciat des villes méridionales allemandes depuis une vingtaine d'années ont bénéficié du profond renouvellement qu'ont connu les études portant sur la noblesse[23]. C'est sous cet angle par exemple que des travaux sont en cours sur la ville de Passau[24]. Toutes les cités de l'Allemagne méridionale sont loin d'être aussi bien couvertes, ainsi de Munich pour laquelle cependant le matériel ne manque pas[25] ou encore de Ratisbonne sur laquelle il reste à écrire[26]. Mais la situation d'ensemble autorise à penser que l'on commence à bien comprendre l'organisation de ces sociétés urbaines proches de l'Italie et emportées par le cours du Danube. Sans quitter la grande moitié méridionale des pays allemands de l'Empire, on se souvient de l'article

14 Klaus D. BECHTOLD, Zunftbürgerschaft und Patriziat. Studien zur Sozialgeschichte der Stadt Konstanz im 14. und 15. Jahrhundert, Sigmaringen 1981.

15 Gerd WUNDER, Die Bürger von Hall. Sozialgeschichte einer Reichsstadt 1216–1802, Sigmaringen 1980.

16 Alfons SCHAEFER, Das Heilbronner Patriziat zur Zeit der Geschlechterherrschaft bis 1371, Heilbronn 1954.

17 Alfred Otto STOLZE, Der Sünfzen zu Lindau. Das Patriziat einer schwäbischen Reichsstadt, Lindau, Konstanz 1956.

18 Raimund EIRICH, Memmingens Wirtschaft und Patriziat von 1347 bis 1551. Eine wirtschafts- und sozialgeschichtliche Untersuchung über das Memminger Patriziat während der Zunftverfassung, Weißenhorn 1971.

19 Alfons DREHER, Das Patriziat der Reichsstadt Ravensburg, Stuttgart 1966.

20 Ruth ELBEN, Das Patriziat der Reichsstadt Rottweil von den Anfängen bis zum Jahre 1550, Stuttgart 1964.

21 Josef KURMANN, Die politische Führungsschicht in Luzern 1450–1500, Luzern 1976.

22 François DE CAPITANI, Adel, Bürger und Zünfte im Bern des 15. Jahrhunderts, Bern 1982. François DE CAPITANI, Sozialstruktur und Mechanismen der Herrschaft in der spätmittelalterlichen Bern, in: Rudolf ENDRES (dir.), Nürnberg und Bern. Zwei Reichsstädte und ihre Landgebiete, Erlangen 1990, p. 39–48.

23 Kurt ANDERMANN, Studien zur Geschichte des pfälzischen Niederadels im späten Mittelalter. Eine vergleichende Untersuchung an ausgewählten Beispielen, Speyer 1982. Karl-Heinz SPIESS, Familie und Verwandtschaft im deutschen Hochadel des Spätmittelalters: 13. bis Anfang des 16. Jahrhunderts, Stuttgart 1993 (VSWG, Beiheft 111).

24 Richard LOIBL, Passaus Patrizier. Zur Führungsschicht der Bischofs- und Handelsstadt im späten Mittelalter, in: Zs. für bayerische Landesgeschichte 62 (1999) p. 41–98.

25 Michael SCHATTENHOFER, Das Münchner Patriziat, in: Zs. für bayerische Landesgeschichte 38 (1975) p. 877–899. Helmuth STAHLEDER, Beiträge zur Geschichte Münchner Bürgergeschlechter im Mittelalter, in: Oberbayerisches Archiv 113 (1990) p. 195–229; 114 (1990) p. 227 281; 116 (1992) p. 115–180; 117/118 (1993–1994) p. 175–260; 120 (1996) p. 211–263; 121 (1997) p. 297–337; 122 (1998) p. 135–218.

26 Fritz MORRÉ, Ratsverfassung und Patriziat in Regensburg bis 1400, in: Verhandl. des Hist. Vereins für Oberpfalz und Regensburg 85 (1935) p. 1–147. Karl BOSL, Die Sozialstruktur der mittelalterlichen Residenz- und Fernhandelsstadt Regensburg, München 1966. Berta RITSCHER, Die Entwicklung der Regensburger Ratsverfassung in der gesellschaftlichen und wirtschaftlichen Struktur der Zeit von 1245–1429, in: Verhandl. des Hist. Vereins für Oberpfalz und Regensburg 114 (1974) p. 7–126; 115 (1975) p. 7–64; 116 (1976) p. 7–110. Johann SCHMUCK, Ludwig der Bayer und die Reichsstadt Regensburg. Der Kampf um die Stadtherrschaft im späten Mittelalter, Regensburg 1997.

célèbre que Philippe Dollinger a consacré au patriciat strasbourgeois[27], enquête élargie aux villes du Rhin supérieur[28]. Le problème a été repris depuis dans une étude plus complète pour Strasbourg[29] et pour les villes du Haut-Rhin[30]. En suivant le Rhin, Cologne, dont le nom est associé au regroupement d'une partie de ses élites dans la *Richerzeche*, a fait l'objet d'une légitime attention[31], de même que la ville de Trèves[32].

Dans la moitié septentrionale cette fois, les recherches sur les élites urbaines sont longtemps demeurées tributaires d'un modèle de la ville hanséatique qui sécréterait un type particulier d'élitisme économique, politique et social fortement marqué par l'organisation des affaires dans le monde de la Hanse. Pour la première de ces villes, Lübeck, les études ne manquent pas, suscitées par la question de savoir si l'on peut ou non parler d'un patriciat lübeckois. Le grand historien de la Hanse et de Lübeck, Ahasver von Brandt[33], avait conclu à l'inexistence d'un patriciat dans cette ville où le commerce, ses risques et ses conjonctures, auraient contraint la couche dirigeante à une ouverture incompatible avec la notion même de patriciat constitué. Sans vouloir assimiler Lübeck au type méridional des villes à patriciat plus serré, les études récentes nuancent l'interdit prononcé par Brandt[34] et dégagent chez les élites de la ville des formes de représentation, de définition et de conscience, une stabilité et une solidité, qui permettent de les comparer aux cercles restreints de supériorité du Sud

27 Philippe DOLLINGER, Patriciat noble et patriciat bourgeois au XIVe siècle, in: Revue d'Alsace 90 (1950–1951) p. 52–82.

28 Philippe DOLLINGER, Le patriciat des villes du Rhin supérieur et ses dissensions internes dans la première moitié du XIVe siècle, in: Schweizerische Zs. für Geschichte 3 (1952) p. 248–258.

29 Martin ALIOTH, Gruppen an der Macht. Zünfte und Patriziat in Straßburg im 14. und 15. Jahrhundert. Untersuchungen zu Verfassung, Wirtschaftsgefüge und Sozialstruktur, Basel, Frankfurt a. M. 1988.

30 Odile KAMMERER, Entre Vosges et Forêt-Noire: pouvoirs, terroirs et villes de l'Oberrhein 1250–1350, thèse d'habilation soutenue en 1999. Voir du même auteur: Réseaux de villes et conscience urbaine dans l'Oberrhein (milieu XIIIe siècle–milieu XIVe siècle), in: Francia 26 (1999) p. 123–175.

31 Knut SCHULZ, Richerzeche, Meliorat und Ministerialität in Köln, in: Edith ENNEN, Hugo STEHKÄMPER (dir.), Köln, das Reich und Europa. Abhandlungen über weiträumige Verflechtungen der Stadt Köln in Politik, Recht und Wirtschaft im Mittelalter, Köln 1971, p. 149–172. Wolfgang HERBORN, Die politische Führungsschicht der Stadt Köln im Spätmittelalter, Bonn 1977. Klaus MILITZER, Führungsschicht und Gemeinde in Köln im 14. Jahrhundert, in: Wilfried EHBRECHT (dir.), Städtische Führungsgruppen und Gemeinde in der werdenden Neuzeit, Köln, Wien 1980, p. 1–24. Günther HIRSCHFELDER, Die Kölner Handelsbeziehungen im Spätmittelalter, Köln 1994. Wolfgang SCHMID, Stifter und Auftraggeber im spätmittelalterlichen Köln, Köln 1995. Manfred GROTEN, Köln im 13. Jahrhundert. Gesellschaftlicher Wandel und Verfassungsentwicklung, Köln, Weimar, Wien 1995.

32 Knut SCHULZ, Ministerialität und Bürgertum in Trier. Untersuchungen zur rechtlichen und sozialen Gliederung der Trierer Bürgerschaft vom ausgehenden bis zum Ende des 14. Jahrhunderts, Bonn 1968.

33 Ahasver VON BRANDT, Die gesellschaftliche Struktur des spätmittelalterlichen Lübeck, in: Klaus FRIEDLAND, Rolf SPRANDEL (dir.), Lübeck, Hanse und Europa. Gedächtnis für Ahasver von Brandt, Berlin, Wien 1979, p. 209–232.

34 Klaus WRIEDT, Zum Profil der lübischen Führungsgruppe im Spätmittelalter, in: Antjekathrin GRASSMANN (dir.), Neue Forschungen zur Geschichte der Hansestadt Lübeck, Lübeck 1985, p. 41–49.

de l'Allemagne[35]. De manière plus générale, les études récentes consacrées aux élites des villes du Nord de l'Allemagne mettent l'accent sur une organisation et un exercice du pouvoir ainsi que sur des formes d'oligarchisation[36] qui autorisent des comparaisons plus fructueuses avec les cités de l'ensemble méridional[37]. Ce n'est pas là qu'une question de similarité des méthodes employées par les médiévistes, et il se pourrait bien qu'une étude comparée et systématique des élites urbaines renvoie l'image d'une proximité plus grande que prévue des organisations sociales urbaines du Nord et du Sud de l'Allemagne à la fin du Moyen Âge[38], ce qui n'est pas sans conséquences sur l'interprétation de la pénétration de la Réforme en ville ici et là[39]. Il est en tout cas relativement étonnant que ce rapprochement n'ait pas donné lieu à une production historiographique récente aussi abondante sur les élites urbaines de l'Allemagne moyenne, un espace précisément à même de vérifier l'hypothèse d'une fluidité des modèles sociaux entre le Nord et le Sud. De ce point de vue, le cas de Francfort-sur-le-Main peut paraître exemplaire. Il est d'ailleurs singulièrement absent (faute de recherches et non par mauvaise volonté de l'auteur) de la synthèse d'Eberhard Isenmann sur la ville allemande de la fin du Moyen Âge dont le panorama, sur la question précise du patriciat urbain, demeure balisé par les trois pôles nurembergeois, colonais et lübeckois[40]. Pour des raisons que peuvent expliquer à la fois l'état des sources et des traditions locales de recherche, Francfort n'a pas été intégrée à ce vaste mouvement historiographique[41] centré sur l'étude des élites urbaines qui a plus généralement laissé de côté le couloir géographique des villes grossièrement comprises entre le Rhin et le Danube.

---

35 Rainer DEMSKI, Adel und Lübeck: Studien zum Verhältnis zwischen adliger und bürgerlicher Kultur im 13. und 14. Jahrhundert, Frankfurt a. M. 1996. Sonja DÜNNEBEIL, Die Lübecker Zirkel-Gesellschaft. Formen der Selbstdarstellung einer städtischen Oberschicht, Lübeck 1996.

36 Heinrich RUETHING, Hoexter um 1500. Analyse einer Stadtgesellschaft, Paderborn 1986. Helge STEENWEG, Göttingen um 1400. Sozialstruktur und Sozialtopographie einer mittelalterlichen Stadt, Bielefeld 1994.

37 Voir ici les contributions publiées dans deux catalogues récents d'exposition: Cord MECKSEPER (dir.), Stadt im Wandel. Kunst und Kultur des Bürgertums in Norddeutschland 1150–1650, Stuttgart 1985, 4 vols. et Mathias PUHLE (dir.), Hanse, Städte, Bünde. Die sächsischen Städte zwischen Elbe und Weser um 1500, Magdeburg 1996, 2 vols.

38 Sur la question des échanges et des comparaisons entre Nord et Sud, voir le recueil édité par Werner PARAVICINI (dir.), Nord und Süd in der deutschen Geschichte des Mittelalters, Sigmaringen 1990.

39 Bernd MOELLER, Reichsstadt und Reformation, Gütersloh 1962.

40 Eberhard ISENMANN, Die deutsche Stadt im Spätmittelalter: 1250–1500, Stuttgart 1988, p. 268–283.

41 Hans KÖRNER, Frankfurter Patrizier. Historisch-Genealogisches Handbuch der Adeligen Ganerbschaft des Hauses Alten-Limpurg zu Frankfurt am Main, München 1971. Andreas SCHLUNK, Stadt ohne Bürger? Eine Untersuchung über die Führungsschichten der Städte Nürnberg, Altenburg und Frankfurt um die Mitte des 13 Jahrhunderts, in: Uwe BESTMANN, Franz IRSIGLER, J. SCHNEIDER (dir.), Hochfinanz, Wirtschaftsräume, Innovationen. Fs. für W. von Stromer, Trier, Auenthal 1987, p. 189–244. Le déficit n'est pas moins grand pour les villes de la Wetterau: Heinz Friedrich FRIEDERICHS, Herkunft und ständische Zuordnung des Patriziats der wetterauischen Reichsstädte bis zum Ende des Staufertums, in: Hessisches Jahrbuch für Landesgeschichte 9 (1959) p. 37–75, ou pour des espaces proches: Karl E. DEMANDT, Das Fritzlarer Patriziat im Mittelalter, in: Zs. des Vereins für Hessische Geschichte 68 (1957) p. 95–124.

2. Questions de stratification sociale et de définition de la ville médiévale

Occasion sera naturellement donnée de revenir sur le cas précis francfortois, mais cette remarque sur la répartition des points forts de la recherche urbaine, et plus spécialement de l'étude des élites citadines, permet de mettre en exergue le rôle qu'a pu jouer ce que l'on pourrait appeler le paradigme de la ville méridionale allemande entre les XIIIe et XVe siècles. Laissons de côté le cas nurembergeois, longtemps érigé en modèle, mais dont on a fini par penser qu'il faisait un peu figure d'exception pour l'Allemagne (un peu comme l'Italie est plutôt l'exception que le modèle pour le reste de l'Occident médiéval). Si l'on s'en tient à l'abondance des études consacrées, comme on l'a vu, à l'espace souabe, force est de constater qu'il y eut là une école active, conduite dans ses approches par la *Sozialgeschichte* de Karl Bosl[42] et par les travaux pionniers d'Erich Maschke[43] en partie influencé par la théorie wébérienne de la ville occidentale médiévale[44] et des modes de domination qu'y sécrètent les patriciens par le prestige, la cooptation et la disponibilité. Les recherches d'Erich Maschke s'inscrivaient très bien dans le courant dominant des études urbaines allemandes (mais de l'Ouest ...) mêlant à la fois une histoire économique et sociale sérielle et quantitative (comme en France) et une histoire toujours aussi dynamique (cette fois bien plus qu'en France au même moment) des institutions et du droit urbains. Par ses études sur les couches inférieures, moyennes et supérieures de la société urbaine, Erich Maschke a donné à toute une génération d'historiens les notions et les méthodes d'approche d'une société urbaine que l'on pouvait diviser en strates sociologiquement définissables. De la sorte, c'était en grande partie la vision par trop »économiste« de la ville médiévale imposée par Hans Planitz[45], et relayée en

---

42 Karl Bosl, Frühformen der Gesellschaft im mittelalterlichen Europa. Ausgewählte Beiträge zu einer Strukturanalyse der mittelalterlichen Welt, München 1964; Die Gesellschaft in der Geschichte des Mittelalters, Göttingen 1966; Die Grundlagen der modernen Gesellschaft im Mittelalter. Eine deutsche Gesellschaftsgeschichte des Mittelalters, Stuttgart 1972; Gesellschaft im Aufbruch: die Welt des Mittelalters und ihre Menschen, Regensburg 1991.

43 On recourera par commodité au recueil de ses articles paru sous le titre Städte und Menschen. Beiträge zur Geschichte der Stadt, der Wirtschaft und der Gesellschaft, Wiesbaden 1980 (VSWG, Beiheft 68). On y trouvera: Verfassung und soziale Kräfte in der deutschen Stadt des späten Mittelalters, vornehmlich in Oberdeutschland, p. 170–274 (accessible en français sous le titre: Continuité sociale et histoire urbaine médiévale, in: Annales E.S.C. 15, 1960, p. 936–948); Die Unterschichten der mittelalterlichen Städte Deutschlands, p. 306–380; Die Schichtung der mittelalterlichen Stadtbevölkerung Deutschlands als Problem der Forschung, p. 157–169. Voir également Mittelschichten in deutschen Städten des Mittelalters, in: Erich Maschke, Jürgen Sydow (dir.), Städtische Mittelschichten, Stuttgart 1972, p. 1–31. Se reporter enfin à sa contribution Soziale Gruppen in der deutschen Stadt des späten Mittelalters, in: Karl Stackmann, Josef Fleckenstein (dir.), Über Bürger, Stadt und städtische Literatur im Spätmittelalter, Göttingen 1980, p. 127–145.

44 Christian Meier (dir.), Die okzidentale Stadt nach Max Weber. Zum Problem der Zugehörigkeit in Antike und Mittelalter, München 1994 (Hist. Zs., N.F. 17), en particulier la contribution d'Otto Gerhard Oexle, Kulturwissenschaftliche Reflexionen über soziale Gruppen in der mittelalterlichen Gesellschaft: Tönnies, Simmel, Durkheim und Max Weber, p. 115–157.

45 Hans Planitz, Die deutsche Stadt im Mittelalter. Von der Römerzeit bis zu den Zunftkämpfen, Graz 1954. Et plus précisément sur cette question, du même auteur: Studien zur Rechtsgeschichte des städtischen Patriziats, in: Mitteil. des Instituts für österreich. Geschichtsforschung 58 (1950) p. 317–335.

certains aspects par Edith Ennen[46], qui s'en trouvait renouvelée. Sur la question particulière des couches supérieures, les travaux de Maschke ont d'une part mis en lumière l'importance du rôle de la ministérialité dans la formation des élites, interprétation amplifiée et confirmée par les recherches de Knut Schulz[47] et de Tadeusz Roslanowski[48] sur les villes rhénanes, et conclu d'autre part à l'existence d'un noyau patricien dont la domination na pas été remise en cause par la diversité des organisations institutionnelles et juridiques des villes allemandes aux XIVe et XVe siècles. Les prolongements de cette stratification, qui a non seulement insisté sur les effets de mobilité et de passage d'une couche à l'autre mais également ouvert la voie à un rapprochement entre ville et noblesse et à un réajustement consécutif des relations ville–campagne, ont été très fructueux, depuis les analyses de niveaux de fortune[49] jusqu'à l'observation de la socio-topographie urbaine[50]. Sur la question plus précise des élites patriciennes, Erich Maschke s'était toutefois gardé en son temps d'une trop grande causalité entre ministérialité et élites bourgeoises, ce que Josef Fleckenstein avait bien montré à partir des exemples plus septentrionaux de Hildesheim et de Brunswick en introduisant la question de la chevalerie urbaine[51]. Mais les discussions sur la théorie de la ministérialité comme facteur explicatif de la formation des élites urbaines allemandes à la fin du Moyen Âge, tout comme les débats qui les avaient précédées sur la théorie de la marchandise et des marchands, ont bien montré le rôle central que la ville rhéno-méridionale a pu tenir dans cette historiographie. Peut-être faut-il chercher derrière ce paradigme privilégiant un grand Sud-Sud-Ouest une image latente de la ville médiévale et de sa société chez les historiens allemands d'après-guerre. Travailler sur les élites de Nuremberg, d'Augsbourg, de Cologne et des cités voisines, c'était travailler sur les premières villes historiques des pays germaniques, têtes de pont d'une urbanisation se répandant depuis l'Ouest et le Sud. C'était aussi privilégier des villes, en l'occurence celles du Sud, bâtissant leur autonomie dans un rapport de proximité avec un roi-empereur en butte aux pouvoirs territoriaux. C'était également choisir des cités expérimentant à travers les ligues urbaines les premières formes d'un prétendu fédéralisme bourgeois. C'était

---

46 Edith ENNEN, Frühgeschichte der europäischen Stadt, Bonn 1953; Die europäische Stadt des Mittelalters, Göttingen 1972.

47 Voir note 32 et la référence de ses travaux sur Trèves.

48 Tadeusz ROSLANOWSKI, Recherches sur la vie urbaine et en particulier sur le patriciat dans les villes de la moyenne Rhénanie septentrionale, fin du XIe–début du XIVe siècle, Varsovie 1964.

49 On se contentera d'évoquer ici les travaux d'Ulf DIRLMEIER, Untersuchungen zu Einkommensverhältnissen und Lebenshaltungskosten in oberdeutschen Städten des Spätmittelalters (Mitte 14. bis Anfang 16. Jh.), Heidelberg 1978.

50 Bonnes mises au point bibliographiques et historiographiques par Hans Christoph RUBLACK, Pro bleme der Sozialtopographie der Stadt im Mittelalter und in der Frühen Neuzeit, in: Wilfried EHBRECHT (dir.), Voraussetzungen und Methoden geschichtlicher Städteforschung, Köln, Wien 1979, p. 177–193 et par Dietrich DENECKE, Sozialtopographie und sozialräumliche Gliederung der spätmittelalterlichen Stadt. Problemstellungen, Methoden- und Betrachtungsweisen der historischen Wirtschafts- und Sozialgeographie, in: STACKMANN, FLECKENSTEIN (cit. n. 43) p. 161–202. Winfried SCHICH, Würzburg im Mittelalter. Studien zum Verhältnis von Topographie und Bevölkerungsstruktur, Köln, Wien 1977.

51 Josef FLECKENSTEIN, Ministerialität und Stadtherrschaft. Ein Beitrag zu ihrem Verhältnis am Beispiel von Hildesheim und Braunschweig, in: Kurt-Ulrich JAESCHKE, Reinhard WENSKUS (dir.), Fs. für Helmut Beumann zum 65. Geburtstag, Sigmaringen 1977, p. 349–364.

enfin retenir des centres économiques alliant la production, le commerce et le crédit, et désigner des villes par lesquelles passaient la modernité italienne de la renaissance culturelle et du droit romain. Il y avait donc là comme le modèle idéal d'un patriciat érigé en intermédiaire entre le seigneur et la ville, en passeur de tous les renouveaux.

3. Quelques tendances récentes de la recherche

Sans complètement briser ces idoles, les recherches récentes sur les élites urbaines ont insisté sur des points complémentaires. Tout d'abord, les études sont sorties d'un cloisonnement géographique qui avait longtemps habitué à travailler au sein d'espaces réputés homogènes et assurant les cadres presque naturels d'une comparaison entre élites réputées apparentées, étude qui n'était pas toujours consciente que cette géographie reprenait plus ou moins les contours de régions dessinées par ce que les juristes avaient appelé des »familles« de droits urbains dont le substrat demeurait en partie fondé sur une approche encore marquée par les grands ensembles ethniques. Les comparaisons actuellement menées opèrent par plus large rayon et réunissent plus souvent qu'avant le Nord et le Sud, l'Est et l'Ouest: l'organisation des élites reflète bien un système social urbain complet dont les caractères apparaissent souvent bien plus par comparaison ou par opposition avec des cités plus lointaines[52].

On tend également aujourd'hui à observer la porosité sociale plus qu'à tracer des frontières imperméables et l'on s'attache à chercher les ouvertures des élites patriciennes en direction des métiers d'une part, de la noblesse et du plat pays de l'autre. L'idée de couche est ainsi enrichie par celle de réseaux et de relations entre familles et individus[53]. C'est ainsi que l'on a pu mesurer la grande complexité de la recherche par les élites de leur propre légitimité et leur souci du consensus politique et social. Dans le même temps, une attention plus grande a été accordée aux oppositions qui traversaient le groupe dirigeant, non seulement en termes de factions et de partis, mais aussi de concurrence et de corruption dont le procès politique est un élément qui met à jour l'honneur exacerbé de ces Grands. On semble aussi avoir renoncé à l'idée d'une ligne continue de développement social et économique pour placer au centre des réflexions la diversité des origines et des modes d'ascension. Peut-être

---

52 Pour citer des entreprises comparables en histoire moderne, on rappellera l'étude que Peter BURKE a consacrée aux élites de Venise et Amsterdam (Venice and Amsterdam. A Study of Seventeenth-Century Elites, Cambridge 1988) et celle de Alexander F. COWAN sur les patriciats de Lübeck et Venise (The Urban Patriciate: Lübeck and Venice 1580–1700, Köln, Wien 1986). D'autre part, un recueil paru en 1985 s'attachait à dégager les points de comparaison possibles entre les villes du Nord de l'Allemagne et celles des Pays-Bas: Heinz SCHILLING, Herman DIEDERIKS (dir.), Bürgerliche Eliten in den Niederlanden und in Nordwest-Deutschland, Köln, Wien 1985. On signalera à cet endroit que l'une des motivations initiales de la présente mise au point était l'ambition d'un double article comparatif consacré aux élites de Francfort et de Leyde (voir l'ouvrage du co-auteur d'abord prévu Hanno BRAND, Over macht en overwicht. Stedelijke elites in Leiden [1420–1510], Leuven 1996. Voir également du même auteur: Urban policy or personal government: the involvement of the urban élite in the economy of Leiden at the end of the Middle Ages, in: Herman DIEDERIKS, Paul HOHENBERG, Michael WAGENAAR [dir.], Economic Policy in Europe since the Late Middle Ages. The Visible Hand and the Fortune of Cities, Leicester, London, New York 1992, p. 17–34).
53 Jürgen ELLERMEYER, »Schichtung« und »Sozialstruktur« in spätmittelalterlichen Städten. Zur Verwendbarkeit sozialwissenschaftlicher Kategorien in historischer Forschung, in: Geschichte und Gesellschaft. Zs. für historische Sozialwissenschaft 6 (1980) p. 125–149.

parce que la sociologie contemporaine a récemment travaillé sur les notions de capital culturel et symbolique, les modes de représentation et de transmission de la domination ont recueilli une attention plus soutenue dans les dernières années, l'accent se plaçant sur la discipline sociale et la discipline conjointe des mœurs. Mais la question demeure de savoir alors quel modèle est suivi et le problème de la réception par les élites urbaines d'une culture nobiliaire et courtoise fait l'objet d'appréciations encore divergentes: que les patriciats urbains n'aient pas puisé en ville même les modèles culturels de leur domination et de leur représentation paraît une évidence. Mais il semble non moins évident que ces mêmes modèles, empruntés essentiellement au registre d'une culture chevaleresque et courtoise, ont désormais besoin de la ville et du théâtre urbain pour exister et s'enrichir.

À suivre ces évolutions très sommairement caractérisées de la recherche, on demeure frappé par la diversité des approches adoptées pour saisir les élites et en même temps par le constat selon lequel seul le croisement des perspectives et des sources peut susciter le moins d'erreurs. On sait en effet bien mieux faire le départ entre les critères de condition et les critères de définition des élites, entre d'un côté la richesse nécessaire mais non point suffisante (car d'autres y ont accès, à tout moment) et, de l'autre, la supériorité sociale donnant accès au pouvoir de commande et tournée vers les critères de naissance et de légitimité. Dans cette recherche des critères constitutifs de définition, le patriciat est globalement conçu comme un état social-politique doté d'un honneur social-politique qui peut s'apparenter à celui de la noblesse (ce qui ne veut pas dire que le patriciat urbain veut gouverner la ville c o m m e le ferait la noblesse …). Cela fait bien comprendre que la naissance et le mariage se trouvent au centre de ce prestige et suscitent des productions adéquates de mémoire, mais d'une mémoire qui soit intégratrice car les élites urbaines, pour ne point mourir, ont besoin du renouvellement démographique par l'alliance. Cette opération de sélection des critères par l'historien oblige toujours à mêler démarche empirique, démarche conceptuelle et analyse des discours. Elle l'oblige surtout à faire des choix entre deux approches globales, selon que l'on opte pour une histoire des fonctions ou pour une histoire des valeurs.

La première voie repose, pour faire bref, sur l'idée selon laquelle toute société humaine organisée doit régler, pour survivre, le problème de la domination et de la conduite du pouvoir. Ce qui compte alors, ce qui constitue le groupe dirigeant, se mesure à l'aune de l'efficacité et de la performance. C'est donc par la maîtrise des fonctions que se fonde et se perpétue la domination. La seconde voie met l'accent sur le pouvoir lié au prestige, sur la conduite dotée d'un charisme qui donne à la notion d'élite un caractère éthique-politique: il sagit alors de vivre p o u r la politique et non d e la politique, le processus d'oligarchisation s'articulant autour de la manifestation des valeurs du groupe orienté lui-même vers la monopolisation du Bien Commun. Il n'y a pas opposition complète entre ces deux voies: le modèle fonctionnel n'exclut pas par exemple que les élites aient eu en tête l'idéal du Bien Commun. De tels rapprochements peuvent-ils donner naissance à une troisième voie? On peut imaginer que, tirant des éléments d'analyse et d'interprétation des deux premières[54], cette voie

---

54 Un recueil récent de contributions sur la question: Claude PETITFRÈRE (dir.), Construction, reproduction et représentation des patriciats urbains de l'Antiquité au XXe siècle, Tours 1999, reflète bien

produise une interprétation, une qualification et une définition des élites adaptées à chaque système urbain. Mesurant le danger de dispersion qui pourrait en résulter, une partie de la recherche actuelle tente de classer les résultats et les approches en définissant des cercles de domination[55]. Le premier cercle englobant serait celui d'une couche supérieure dans laquelle entreraient les détenteurs de la richesse, du prestige et de la domination politique. On se situe alors au sein de cette couche selon la part d'additions ou de densité des trois éléments mentionnés considérés comme nécessaires et non point suffisants. Nous aurions là les maîtres potentiels de la cité. Il est raisonnable de penser que l'on peut repérer une telle couche dans toutes les villes, presque sans égard à leur taille. Au second degré, les membres de cette couche supérieure qui détiennent en outre les positions et les fonctions politiques d'influence et de décision constituent l'élite à proprement parler: nous entrons là dans le monde des choix et des intérêts, condition d'appréciation d'un patriciat de fait car l'on imagine mal un patricien qui ne siège pas au Conseil, ne serait-ce que temporairement et par allié ou familier interposé. Mais suffit-il de trouver des patriciens pour avoir un patriciat? Le troisième cercle de la domination, celui de la couche proprement dirigeante, rassemblerait alors les membres de l'élite appartenant à un cercle restreint, aux conditions d'accès définies, exerçant le pouvoir pour durer. Nous entrons là dans la sphère des privilèges du pouvoir liés à la fixation des normes et de l'institutionnalité de ce pouvoir. Par ce biais, le cercle dirigeant crée son identité et renvoie l'image d'un groupe habilité à gouverner (conception fortement liée à la définition de la ville médiévale comme communauté de droits et de privilèges où l'important est bien de gouverner ...). Il nous semble que c'est le passage du deuxième au troisième cercle qui pose véritablement la question du patriciat car cette transition engage une idée de densité de pouvoir, de masse critique, de frontière qui inclut et exclut (rendant ainsi possible l'explication des conflits au sein des élites).

Une autre caractéristique des productions actuelles sur les élites urbaines réside dans le constat suivant lequel il ne semble pas encore possible de vraiment dépasser la synthèse aujourd'hui réalisée entre les deux anciennes théories explicatives de la formation des couches supérieures, la première qui privilégiait l'élément marchand et la seconde l'élément ministériel. Il paraît généralement admis que l'opposition entre marchand-artisan et ministériel-chevalier (qui repose sur une certaine vision de l'opposition entre libres et non-libres) se révèle trop réductrice et chacun s'accorde à reconnaître la diversité des origines des élites depuis le XIIIe siècle (c'est-à-dire le temps de formation des communes, n'oublions pas ce parallèle chronologique). Cette diversité présente en effet le grand avantage de laisser ouvertes les options d'oligarchisation selon chaque ville et de rendre compte d'autre part des conflits et des disparités relevés au sein même des couches dirigeantes. Les débats d'interprétation ont donc changé d'objets et portent au moins sur deux points. Il s'agit tout d'abord de savoir si l'origine sociale des élites peut expliquer l'évolution institution-

---

ce mélange des approches en distinguant trois chapitres d'analyse: Les processus de formation, pérennisation ou remplacement du patriciat; Instrumentalisation et légitimation du pouvoir patricien; Le patriciat en représentation, représentation du patriciat.

55   Voir ici Ingrid Batorí, Erdmann Weyrauch (dir.), Die bürgerliche Elite der Stadt Kitzingen, Stuttgart 1982 et en particulier le chapitre »Zum Studium historischer Eliten« par Erdmann Weyrauch, p. 205–218.

nelle et juridique du gouvernement urbain ou bien si l'organisation politique revêt une certaine autonomie et n'a finalement qu'une influence limitée sur les modes de domination des élites (le patriciat étant loin d'être parvenu, à de rares exceptions près, à monopoliser le pouvoir et surtout ses bases légitimes, celles du droit de bour-geoisie, dans la ville tardo-médiévale). La question se pose ensuite de l'ouverture ou de la fermeture de ces cercles d'élite, et donc du renouvellement et des modes d'as-cension, problèmes liés en fait au mariage et à la naissance, mais aussi à l'étranger en ville. Car ce qui est en jeu n'est rien moins que la naissance probable vers la fin du XVe siècle, d'une nouvelle couche sociale étroite et fermée, tendant à former un état propre, un *Stand*[56], notion qui réintroduit plus que ne le fait celle de couche l'idée de la naissance et de l'origine.

Or, c'est bien une telle connotation que comporte finalement le terme tout ana-chronique de patriciat dont l'emploi traduit le souci des historiens de suivre la manière dont les maîtres de la cité, dans leur entreprise d'auto-légitimation, ont voulu transformer l'état de fait en état de droit, à créer de l'ancien à partir du relati-vement neuf: quand, au début du XVIe siècle, le nurembergeois Christoph Scheurl emploie pour la première fois le terme de *patricii*, c'est aussi parce que, souhaitant nommer la noblesse urbaine, proprement urbaine, il ne pouvait ou ne voulait pas dire *nobiles* ... C'est une connotation un peu semblable que l'on retrouve, cette fois un peu plus tôt, sous la plume d'un chroniqueur de Francfort, Bernhard Rohrbach, qui dans son livre de famille rédigé vers 1478–1480, parle des vieux lignages de la ville en employant le terme de »patriarches«[57]. Patriciat, terme anachronique certes, mais qui soulève la question très actuelle des modes de formation des groupes sociaux dans la société médiévale. En troisième lieu, mais ce point est lié au précédent, il semble toutefois qu'aucun consensus ne se dégage encore sur la meilleure manière de dénommer ces élites: patriciat, groupes au pouvoir, couches dirigeantes, cercles gou-vernants ... Ce consensus est-il d'ailleurs nécessaire et souhaitable? N'oublions pas que les contemporains ont eu à cœur d'utiliser une large palette de termes pour dési-gner leurs Meilleurs: parfois *burger*, c'est-à-dire tout simplement bourgeois, ou bien plus classiquement *majores*, *meliores*, *optimi*, *honorabiliores*, *sapientiores*, *prudentes*, *discreti*, *wisesten* (les très sages), *witigsten* (les plus importants), *geschlechter* (les lignages), *genannten* (les nommés), *müßiggänger* (les oisifs), *gude lute* (les bons hommes), *erbmänner* (les héritiers) ...[58]. Quant aux intéressés, car les auteurs de traités des états et conditions dans les villes allemandes de la fin du Moyen Âge appartenaient pour la plupart au groupe des dominants, ils démontraient une per-ception claire et variée des composantes de la supériorité. Qu'il s'agisse du *Tractatus de civitate Ulmensi* du dominicain Felix Faber (1488) pour la ville d'Ulm ou bien des

---

56 Ce n'est pas un hasard que cette question soit posée par un spécialiste de l'histoire anthropologique de la famille: Michael MITTERAUER, Probleme der Stratifikation in mittelalterlichen Gesellschafts-systemen, in: Jürgen KOCKA (dir.), Theorien in der Praxis des Historikers. Forschungsbeispiele und ihre Diskussion, Göttingen 1977, p. 13–43.

57 Fol. 9 de la *Stirps* de Bernhard Rohrbach, Stadtarchiv Frankfurt a. M. Voir MONNET, Les Rohrbach (cit. n. 4) p. 193.

58 Pierre MONNET, Doit-on encore parler de patriciat (dans les villes allemandes de la fin du Moyen Âge)?, in: Bulletin d'Information de la Mission Historique Française en Allemagne 32 (1996) p. 54–66, ici p. 57.

réflexions de Conrad Celtis (entre 1495 et 1502) et de Christoph Scheurl (1516) pour Nuremberg, ou encore de celles de Diebold Schilling, Thüring Frickart, Niklaus von Diesbach et Peter Kistler pour Berne, on demeure étonné de voir combien, sous leur plume, la notion de groupe supérieur et dirigeant était riche et variée[59]. Toutes les composantes de la domination recensées dans leurs livres de bonne conduite et de recettes pour une ascension réussie – c'est-à-dire l'origine, l'honneur, le mariage, l'exercice du pouvoir, la propriété, le métier, le prestige et la vie sociale – ne sont pas seulement conçues comme des facteurs objectifs ou de froides mesures, mais se révèlent chargées de valeurs et de symboles, et à ce titre éminemment mouvantes et fluides. On le voit, la conscience de la supériorité renforce encore la position dominante. Il se peut bien qu'érigée en système et en »vision du monde«, cette conscience-là forme une des bases de l'être patricien qui ne considère pas richesse et pouvoir comme des valeurs en soi ou des buts à atteindre, mais comme les moyens de concrétisation et de perpétuation d'une domination. Il y a donc fort à parier que les historiens auront autant de mal à s'accorder sur une définition des élites urbaines qu'ils ont de difficulté à s'accorder sur une définition de la ville médiévale[60]. Et justement, on doit considérer, comme l'avait pressenti Max Weber, que la définition des unes et la définition de l'autre sont étroitement liées, car la question du patriciat renvoie à celle de l'organisation institutionnelle et juridique de la ville[61] et aux possibilités d'ascension que ménage son organisation sociale[62].

II. Les élites de Francfort entre ville et Empire

À côté de Nuremberg, Francfort est vraisemblablement une des villes qui présentent le plus spécifiquement dans la période un régime politique fortement dominé par un groupe restreint de familles dont les pères, fils, oncles, neveux et beaux-frères tiennent ensemble les rouages principaux de la politique intérieure et extérieure, veillent au bon déroulement des foires, des diètes et des élections royales, et entretiennent avec le souverain des relations fondées sur une réciprocité de services. Il convient aussitôt d'ajouter que bien des signes témoignent de la conscience fortement partagée dans ce milieu d'une telle domination.

---

59 DIRLMEIER, Merkmale (cit. n. 6).

60 Carl-Hans HAUPTMEYER, Vor- und Frühformen des Patriziats mitteleuropäischer Städte. Theorien zur Patriziatentstehung, in: Die alte Stadt. Zs. für Stadtgeschichte, Stadtsoziologie und Denkmalpflege 6 (1979) p. 1–20.

61 Gerhard DILCHER, Bürgerrecht und Stadtverfassung im europäischen Mittelalter, Köln, Weimar, Wien 1996. ID., Die stadtbürgerliche Gesellschaft und die Verrechtlichung der Lebensbeziehungen im Wandlungsprozeß zwischen Mittelalter und Neuzeit, in: Hartmut BOOCKMANN et alii (dir.), Recht und Verfassung im Übergang vom Mittelalter zur Neuzeit I, Göttingen 1998, p. 93–114 et toujours de Gerhard DILCHER avec Karl S. BADER, Deutsche Rechtsgeschichte. Land und Stadt – Bürger und Bauer im alten Europa, Berlin 1999, en particulier le chapitre Die Rechtsgeschichte der Stadt, p. 251–827.

62 Jürgen MIETHKE, Klaus SCHREINER (dir.), Sozialer Wandel im Mittelalter. Wahrnehmungsformen, Erklärungsmuster, Regelungsmechanismen, Sigmaringen 1994, en particulier la contribution d'Otto Gerhard OEXLE, »Die Statik ist ein Grundzug des mittelalterlichen Bewußtseins«. Die Wahrnehmung sozialen Wandels im Denken des Mittelalters und das Problem ihrer Deutung, p. 45–72.

Avant d'observer certains des aspects les plus spectaculaires de cette domination, la question des origines d'une couche dirigeante urbaine ne manque pas de devoir se poser. Le problème des origines en histoire est toujours délicat à résoudre, particulièrement en matière sociale. Il est certain que le groupe des ministériaux du roi a joué à Francfort un rôle important, partculièrement au XIIIᵉ siècle, en raison du statut même de la ville dépendant du roi, et de l'activité de son avoué et de son écoutête tous deux entourés d'officiers et de serviteurs. Une des particularités tient ici au fait que ces ministériaux ne se sont pas tenus à l'écart de la ville mais y ont résidé, particulièrement à Sachsenhausen sur la rive gauche du Main et, sur la rive droite cette fois, en plein centre, dans le complexe du Saalhof près du futur Hôtel de ville. Cette implantation en ville dura bien au-delà de la fin des Staufen et demeura effective, c'est-à-dire associée à un véritable pouvoir politique, jusque dans les dernières décennies du XIIIᵉ siècle[63]. À Francfort, l'écoutêterie elle-même fut longtemps aux mains des familles de ministériaux d'Empire. L'importance de cette ministérialité d'origine était ici renforcée par l'étroitesse des liens qui unissaient Francfort à d'autres villes royales des environs, particulièrement les cités de Wetzlar, Friedberg et Gelnhausen qui formèrent à partir de 1285 et peut-être dès 1275 avec Francfort une des premières ligues urbaines, celle dite de la Wetterau, et entre lesquelles non seulement circulaient mais s'apparentaient les groupes familiaux dominants des ministériaux du roi et de ses représentants. Or, cette géographie politique des voisinages au sein d'un espace dit de »proximité« avec le pouvoir royal jusqu'au XIIIᵉ siècle, s'est rapidement doublée d'une géographie économique qui en a suivi les grands axes. On voit ainsi croître depuis le XIIIᵉ siècle des familles de marchands influents que l'on retrouve dans plusieurs des cités nommées car ces villes formaient comme autant de points aisés de contrôle et d'accès aux foires de Francfort qu'un privilège de Frédéric II consolide en leur apportant la protection royale par privilège de 1240. C'est vraisemblablement dans cette constellation formée par le groupe des villes royales de la Wetterau d'un côté et la mise en place d'un réseau d'échanges tourné précocement vers les foires de Francfort de l'autre que l'on peut trouver la raison de la faible place occupée par la noblesse dans la formation du patriciat francfortois. Il n'est pas interdit de voir là l'une des raisons pour lesquelles la charge d'écoutête royal tomba assez facilement aux mains du Commun des bourgeois entre 1366 et 1372, en dépit des menées de la noblesse territoriale voisine, à commencer par les comtes de Hanau, lesquels ne disposaient pas en ville même de relais suffisants pour appuyer leur politique. Quoi qu'il en soit, on peut raisonnablement penser que les ministériaux, surtout après 1250 quand l'effondrement des Staufen ne permettait plus aux premiers de s'appuyer sur un pouvoir royal actif et assuré de la durée, ont effectué un mouvement de rapprochement avec les marchands de la cité qui étaient déjà attestés depuis le XIIᵉ siècle comme les pourvoyeurs de biens et d'argent de la *Pfalz* royale. Ce rapprochement ne doit pas être interprété comme un mouvement unilatéral (au risque de donner implicitement raison à une vision de la ville des

---

63 Fred SCHWIND, Beobachtungen zur Lage der nachstaufischen Ministerialität in der Wetterau und am nördlichen Oberrhein, in: Bernhard DIESTELKAMP (dir.), Beiträge zum spätmittelalterlichen Städtewesen, Köln, Wien 1982, p. 72–93. Elsbeth ORTH, Freiheit und Stadt: Der Fall Frankfurt, in: Johannes FRIED (dir.), Die abendländische Freiheit vom 10. zum 14. Jahrhundert, Sigmaringen 1991, p. 435–460.

XIIIᵉ–XVᵉ siècles comme siège d'une bourgeoisie marchande conquérante attirant à elle les anciennes élites en déclin …), mais a dû s'opérer de plusieurs manières: intermariages sans doute mais aussi diversification des activités et des patrimoines qui permirent à un lignage de ministériaux, profitant des libertés peu à peu accordées aux *cives* de Francfort en matière de contrats et d'échanges et sans renoncer à leurs possessions et à leur ancrage dans le pays environnant, de se livrer aux activités générées par les privilèges de foire[64]. C'est en tant qu'hommes de la ville et bénéficiaires dans la cité de Francfort des libertés du XIIIᵉ siècle qu'il faut imaginer une partie de ces ministériaux libres de commercer et rencontrant ainsi les intérêts des marchands que l'on retrouve parmi les familles d'échevins au même moment. Ce n'est qu'une fois atteint un certain degré d'amalgame entre une partie des ministériaux et la marchandise que l'élite du XIIIᵉ siècle semble se scinder en deux ensembles: un élément de plus en plus impliqué dans les affaires et le pouvoir urbain des *consules* d'un côté et l'autre partie constituée de *milites* détenteurs de fiefs aux alentours. On peut tout à fait souscrire sur ce point aux conclusions avancées par Elsbeth Orth quant à la différence de logique et d'intérêt des deux groupes ne poursuivant plus les mêmes objectifs de paix et de droit en ville même[65]. Quant à l'importance précoce de l'élément marchand dans le milieu des échevins, elle se remarque à plusieurs signes. Tout d'abord, il faut rappeler qu'un marché annuel était attesté à Francfort depuis le milieu du XIIᵉ siècle et que la circulation monétaire avait été activée par les frappes d'atelier dès les années 1170. Il convient aussi de redire que le privilège de foire octroyé par Frédéric II en 1240 a été suscité par la demande qu'exprimèrent les citadins, et parmi eux les marchands, puisque le texte répond en quelque sorte à la question de savoir qui, parmi les communautés de marchands extérieurs, pouvait ou ne pouvait pas bénéficier de la protection royale pour se rendre aux foires. D'une certaine manière, c'est donc déjà de la ville même, et en fonction des intérêts du marché, que provient ce souci d'organisation économique. On rappellera qu'un an après l'octroi de 1240, Francfort se trouve être la ville la plus imposée de l'Empire à en croire le matricule fiscal de 1241, une position sans aucun doute due à la bonne marche du commerce. On peut également percevoir l'importance de la logique des affaires dans le corps de ville en constitution à la manière dont les représentants de l'*universitas civium* ont obtenu du roi à la fin du XIIIᵉ siècle qu'une des premières libertés garanties concerne l'égalité d'un père et d'un fils émancipé de conduire des affaires de commerce, ce qui signifie qu'en quittant la maison de son père, un jeune homme pouvait poursuivre et étendre l'activité marchande paternelle en jouissant des mêmes droits et des mêmes protections accordés aux bourgeois de Francfort. C'est donc dès l'origine, semble-t-il, que les privilèges et les libertés (d'où sortiront les institutions urbaines et finalement la politique du Conseil) ont été marqués de l'empreinte économique. La constitution de l'élite dirigeante de Francfort en fut marquée bien au-delà de la fin du XVᵉ siècle.

---

64 Heinz Friedrich FRIEDERICHS, Herrkunft und ständische Zuordnung des Patriziats der wetterauischen Reichsstädte bis zum Ende des Staufertums, in: Hessisches Jahrbuch für Landesgeschichte 9 (1959) p. 37–75. SCHLUNK, Stadt ohne Bürger? (cit. n. 41).

65 Elsbeth ORTH, Frankfurt am Main im Früh- und Hochmittelalter, in: Frankfurt am Main. Die Geschichte der Stadt in neun Beiträgen, Sigmaringen 1991, p. 9–52, ici p. 44–50.

1. La domination politique

À Francfort, l'existence d'élites constituées en une société réglée, codifiée et d'accès limité est associée au nom du cercle dit de l'Alt-Limpurg, fondé, d'après la copie d'un acte sujet à interprétation, en 1357. La seule étude monographique qui lui ait été consacrée[66] est représentative d'une historiographie qui voyait dans la ville médiévale un corps étranger à la société féodale. À l'origine de l'Alt-Limpurg, d'après cette étude, se tiendrait une couche supérieure formée par le groupe des ministériaux locaux du roi et augmentée par des ministériaux des environs (principalement des autres cités de la Wetterau) auxquels se seraient agrégés des nobles ruraux. Aux yeux de l'auteur, le patriciat francfortois est essentiellement non noble et, pour une part importante, d'origine rurale.

Outre que, comme nous l'avons vu, bien des signes militent en faveur d'une origine plus diversifiée de l'élite francfortoise, la chronologie même d'un tel acte de naissance appelle plusieurs remarques. Tout d'abord, si l'on s'accorde à dater de 1357 les débuts du premier regroupement fermé du groupe dominant de la ville (car il y en aura d'autres), il convient de reconnaître que sa constitution intervient dans un contexte particulier qui fut tout d'abord celui de la première vague de peste. Cette mention conduit de manière générale à souhaiter que soit posée plus systématiquement la question de l'ouverture ou de la fermeture des élites urbaines à la lumière de la chronologie de la grande pandémie européenne entre 1350 et 1500. Cette création intervient donc dans une phase de forte perturbation démographique, de fragilisation des familles et de mouvements de migration entre villes voisines. Elle intervient également un an après l'adoption de la Bulle d'Or qui faisait de Francfort le lieu officiel de l'élection du Roi des Romains[67]. Elle intervient enfin dans un contexte d'agitation des métiers, des troubles sensibles depuis 1350–1352 et dirigés, non point contre le patriciat comme on l'a toujours prétendu sans songer qu'à cette date aucune confrérie ou aucune organisation ne pouvait désigner un groupe d'élites constitué à la vindicte des métiers, mais bien contre le Conseil, et là encore non point tant pour son orgnanisation politique encore inachevée et perfectible comme la suite le montrerait, mais contre sa politique fiscale et économique liée au commerce des foires pas toujours compatible avec l'activité artisanale des métiers de la ville. En vérité, comme dans d'autres villes, les meneurs de ces revendications se révélèrent constituer la meilleure partie des métiers les plus riches et honorés, et étaient animés du souci d'entrer dans l'élite dirigeante car il estimaient en avoir déjà la richesse. L'Alt-Limpurg se forme donc en une période d'identification et de sélection sociales où le prestige devait désormais être autant reconnu que le pouvoir politique et la richesse pour faire partie des élites de droit. Qui plus est, la consolidation de cette société patricienne se produit au moment où, entre 1357 et 1366, le Conseil dominé par les familles anciennes parvient, grâce à l'appui royal (car Francfort en tant que ville d'Empire fait toujours sanctionner ses évolutions politiques par des privilèges royaux), à couper court aux revendications des métiers. Non seulement ces derniers

---

66 Franz LERNER, Die Frankfurter Patriziergesellschaft Alten-Limpurg und ihre Stiftungen, Frankfurt a. M. 1952.
67 La chapelle dite de l'élection ne sera construite qu'entre 1425 et 1538.

n'obtiendront pas l'entrée dans le cercle étroit du pouvoir (qui signifiait déjà l'entrée dans le cercle étroit du patriciat depuis la fondation du cercle Alt-Limpurg en 1357), mais ils n'obtiendront pas non plus l'obligation d'incorporation *(Zunftzwang)* qui ailleurs permit aux métiers d'encadrer les élites non artisanales et contraignit même le patriciat à former une *Zunft* … Ici, tout artisan pouvait s'inscrire soit dans un corps professionnel, soit dans la commune *(Gemeinde)*[68] et l'on peut considérer que la part de la population masculine et active déclarée sans rattachement à un corps de profession fait jeu égal avec la population enregistrée dans un métier réglé. On s'en rendit compte lorsqu'en 1387 un dénombrement des jeunes hommes de plus de douze ans prêtant serment de bourgeoisie fit apparaître 1 378 personnes du côté des quelque 60 à 70 métiers organisés et 1 526 échappant à ce cadre[69]. D'un autre côté, et ce ne fut pas sans influence sur le comportement et le renouvellement des élites en la matière, l'absence d'un réseau de métiers et de corps capables d'organiser l'ensemble des activités de production et de distribution en ville fait que la foire ne fut pas non plus soumise à ce régime et que chacun pouvait y vendre sans appartenance obligée à un métier: il n'y aura donc pas de monopole marchand sur la foire, une mesure qui ne découle pas de l'organisation même du marché mais de certains choix politiques pris au sommet de la cité. On aura déjà caractérisé de ce fait une partie du régime politique francfortois, et donc des orientations de la meilleure part de son Conseil, en disant, pour faire bref, qu'aux deux siècles finaux du Moyen Âge, les dirigeants du Conseil sont parvenus à une forme assez poussée d'instrumentalisation des métiers. Ce principe ne sera jamais remis en cause de manière durable. On peut raisonnablement déjà lancer l'hypothèse selon laquelle c'est une forme semblable d'instrumentalisation qui anime, cette fois de manière profitable, les relations entre le Conseil et les sociétés d'élite qui, telle l'Alt-Limpurg, regroupent les dirigeants eux-mêmes.

En tout cas, les institutions urbaines reflètent jusqu'à un certain point ces grands équilibres, ou plutôt déséquilibres. Les métiers francfortois, du moins ceux qui depuis la première moitié du XIVᵉ siècle étaient déclarés aptes à cette fonction politique, c'est-à-dire *Ratsfähig*, demeurèrent aux XIVᵉ et XVᵉ siècles limités au troisième banc du Conseil et se partageaient donc 15 des 43 sièges, les deux autres bancs étant respectivement celui des échevins *(Schöffenbank)* exclusivement réservé aux lignages patriciens et celui de la commune *(Gemeindebank)*, occupé de fait par le même groupe d'élite. En théorie également, mais en théorie seulement, le troisième banc des métiers pouvait participer à la désignation des deux bourgmestres de la ville attestés à Francfort depuis 1311. Le premier bourgmestre, appelé également *älterer Bürgermeister*, était désigné par les échevins du premier banc tandis que le second, *jüngerer Bürgermeister*, était désigné par le deuxième banc secondé à certains moments par le troisième banc des métiers désignant six représentants issus de six métiers distingués. Cependant, la quasi-totalité des bourgmestres provint jusqu'au début du XVIᵉ siècle des cercles des lignages organisés en sociétés fermées au som-

68 Felicitas Schmieder, Kerstin Schulmeyer, Bürgerstadt, in: Lothar Gall (dir.), Frankfurt am Main 1200. Traditionen und Perspektiven einer Stadt, Sigmaringen 1994, p. 43–66.
69 Bücher, Die Bevölkerung (cit. n. 2) p. 60. Michael Rothmann, Die Frankfurter Wirtschaft im Mittelalter, in: M. Rothmann, Wilfried Forstmann, Toni Pierenkemper (dir.), Wirtschaftschronik der Stadt Frankfurt am Main, Wien 1994, p. 15–56, ici p. 19.

met desquelles se situait l'Alt-Limpurg. Si l'on ajoute à cette remarque que l'on était conseiller à vie, qu'on le devenait par cooptation, et qu'une disposition de 1476 n'autorisait à résilier ses fonctions qu'avec l'assentiment des autres magistrats (*Amtszwang*)[70], il apparaît clairement que »l'esprit« des institutions parlait en faveur d'un régime contrôlé par une oligarchie fortement individualisée depuis le milieu du XIVe siècle. Il n'est pas sans importance de noter que la société Alt-Limpurg se constitue en 1357 dans ce contexte d'une cristallisation précoce et poussée non seulement des institutions urbaines, mais aussi d'une communauté civique orientée vers la jouissance des privilèges économiques en dehors du cadre des métiers autour d'un Conseil dominé par les deux bancs de la commune et des échevins patriciens[71], un Conseil par lequel tout passe de la maîtrise des affaires à la maîtrise des crises. Il importe de remarquer cependant que les membres du Conseil prêtent le même serment que les autres *cives* de la ville: la supériorité politique du Conseil n'est donc pas avant tout de qualité ou de droit, mais bien plutôt d'exercice. Elle se fait par le service et le comportement politique.

Il convient de le souligner fortement, car cette caractéristique différencie la métropole du Main de nombreuses autres cités d'Empire et de l'Empire, et peut-être plus encore des villes de Flandre et des Pays Bas, Francfort n'a pas été, de toute la fin du Moyen Âge, une ville des métiers et l'extraordinaire tient à ce que la ville ne le paya pas par des révoltes professionnelles … Une des explications de cette paix des métiers, en dehors de la part de profit qu'ils tiraient finalement des foires et dont le Conseil ne les avait judicieusement pas exclus, tient à la relative faiblesse du groupe des travailleurs, manœuvres et salariés dans une ville où l'artisanat, à l'exception de la production textile, se limite essentiellement à la production régionale puisque le reste provient, deux fois par an, des échanges entraînés par la tenue des foires. C'est donc dans une ville où les métiers et la société productrice tiennent une place politique et sociale mesurée que grandit, depuis 1357, la première des structures constituées de l'élite locale. Une dernière remarque sur la chronologie de la société Alt-Limpurg doit encore être apportée. Entre 1357 et 1497, cette société vécut et prospéra sans charte écrite de son organisation et des formalités d'accès. Ce n'est en effet qu'à l'extrême fin du XVe siècle que chaque membre dut confirmer son appartenance par un serment prêté sur une ordonnance qui met en exergue les conditions familiales et financières d'entrée, la tenue, l'observation des repas rituels et les obligations de nature confraternelle. Comme on le verra plus en détail, cette charte, qui va dans le sens d'une fermeture plus grande du cercle, fut adoptée à la suite de deux événements conjoints. Tout d'abord l'achat en 1497 d'une vaste maison pour les réunions de la société. L'aspect de fondation a joué là un grand rôle, comme c'était déjà le cas dans les chapelles des églises et des couvents de la ville: c'est en effet sous cette forme que Daniel Bromm, membre de la société et du Conseil, offrit à l'Alt-Limpurg la maison Laderum qui jouxtait le *Römer*, l'Hôtel du Conseil, et manifestait ainsi

---

70 Dispositions du 10 août 1475 et du 2 mai 1476. *Gesetzbuch* IIa 114a et III 1. Reproduit par Armin WOLF (éd.), Die Gesetze der Stadt Frankfurt am Main im Mittelalter, Frankfurt a. M. 1969, n° 283, p. 372.
71 Gerhard DILCHER, Zum Bürgerbegriff im späten Mittelalter. Versuch einer Typologie am Beispiel von Frankfurt am Main, in: FLECKENSTEIN, STACKMANN (cit. n. 43) p. 59–106.

publiquement le lien étroit qui unissait la société à l'exercice du pouvoir urbain. Mais 1497 marque également le départ des juristes de la Chambre impériale de justice *(Reichskammergericht)* inaugurée en 1495 à Francfort par l'empereur. La venue de juristes et de grands nobles en ville, parmi lesquels se trouvait le comte Eitel Friedrich de Zollern, le premier président de la Chambre, constituait une sérieuse menace pour le monopole social et politique qu'exerçait depuis au moins un siècle et demi le patriciat local. Les grandes familles ne firent rien pour faciliter l'installation de ces nouveaux venus, concurrents potentiels et candidats à l'alliance, et allèrent jusqu'à renoncer temporairement aux fêtes et processions qui marquaient chaque année l'existence et la cohésion de la société, ainsi que le rapporte un chroniqueur[72].

Que l'adoption écrite de critères pour donner accès à la société Alt-Limpurg corresponde au départ des juristes de la Chambre d'une ville qui n'en voulait apparemment pas ne relève par conséquent pas du hasard. La constitution d'une société d'élite telle que l'Alt-Limpurg de Francfort doit donc, en 1357 comme en 1497, être observée au regard des définitions sociales d'un groupe face à ceux qu'il veut tenir à l'écart, du bas (1357) comme du haut (1497) de l'échelle sociale. Il n'y a pas d'élite, aussi soudée soit-elle intérieurement, sans la conscience d'une menace et d'une concurrence extérieures: ce n'est pas que le patriciat francfortois refusait l'ouverture ou du moins une dose nécessaire de renouvellement (son refus équivaudrait à un suicide), mais il voulait en contrôler les règles du jeu.

La domination politique exercée sur les institutions du Conseil par un groupe restreint de familles appartenant aux cercles triés de la société patricienne est assez bien reflétée par la liste des bourgmestres de Francfort. Si l'on suit un compte fidèlement tenu à partir des actes eux-mêmes[73], on peut observer une emprise considérable des plus vieux lignages attestés dans la plus prestigieuse société de l'Alt-Limpurg sur les deux plus importantes magistratures de la ville. De 1311 (date de la première évocation d'un Conseil et de bourgmestres habituellement au nombre de deux) à 1350, sur 73 différents magistrats, 33 appartiennent à l'une des cinq familles Frosch (12), Glauburg (1), Holzhausen (10), Knoblauch (5) et Weiß (5) qui figurent parmi les fondateurs du cercle Alt-Limpurg. Pour la seconde moitié du XIVe siècle, cette domination ne se dément pas en dépit d'un aménagement temporaire des institutions du Conseil pour faire provisoirement place aux représentants des métiers. De 1351 à 1400 en effet, sur 138 bourgmestres attestés (compte tenu des renouvellements en cours de mandat annuel et de l'introduction d'un troisième bourgmestre des métiers depuis 1389), 75 appartiennent aux cinq familles précédemment nommées des Frosch (7), Glauburg (2), Holzhausen (23), Knoblauch (12) et Weiß (31, ce dernier chiffre englobant les différentes lignées parallèles des Weiß zum Kranich, zum Löwenstein, zum Rebstock, zum Wedel, zum Wissen). Tout au long du XIVe siècle,

---

72 Il s'agit de Job Rohrbach: MONNET, Les Rohrbach (cit. n. 4) p. 200, 297, 339. Sur ce point voir P. MONNET, Des juristes en ville: le *Reichskammergericht* à Francfort. Aspects politiques et sociaux d'une brève histoire (1495–1497), in: Les juristes et la ville (actes du colloque du Centre Européen d'Etudes Bourguignonnes tenu à Wetzlar en 1999), à paraître.

73 On se reportera ici aux listes commodes établies par Georg Ludwig KRIEGK, Deutsches Bürgertum im Mittelalter nach urkundlichen Forschungen mit besonderer Beziehung auf Frankfurt am Main, Frankfurt a. M. 1868, p. 479–508.

cinq groupes familiaux, qui plus est très étroitement apparentés, contrôlent à 50% la direction du Conseil urbain. Dans le dernier tiers du XIVe siècle, un certain renouvellement intervient qui permet à quelques nouveaux noms de venir renforcer ce cercle restreint. En effet, l'acquisition en 1372 par le Conseil de la charge d'écoutête sous la forme d'un rachat au roi a permis à plusieurs familles de faire leur entrée dans les allées du pouvoir. Cette opération politique complexe[74] a vu se former un groupe de soutien à l'entreprise d'acquisition menée de main de maître par Siegfried zum Paradies. On y trouve en particulier les tenants d'une économie plus ouverte favorable à la monétarisation et à l'expansion du crédit et du change dans le cadre du commerce des foires. Le succès de l'opération permet ainsi à des familles de se hisser au sommet du pouvoir et des affaires, et l'on voit parallèlement ces familles influentes occuper les postes de bourgmestres et faire leur entrée dans le cercle Alt-Limpurg. C'est ainsi que les Stralenberg, les Schwarzenberg, les Vom Rhein, les Steinhaus, les Palmstorffer fournissent respectivement autour de cinq bourgmestres dans la période 1400–1430. Ce renouvellement ne remet pas vraiment en cause le noyau ancien des cinq grands lignages puisque sur 125 bourgmestres repérés de 1401 à 1450, 37 appartiennent encore aux Frosch (2), Glauburg (9), Holzhausen (4), Knoblauch (5) et Weiß (17). Ce n'est cependant plus la moitié des cas. Mais, si l'on regarde le nombre de bourgmestres appartenant à des familles de la société Alt-Limpurg dans ce demi-siècle, on parvient à un total de 76 sur 125. C'est une proportion semblable que l'on peut observer pour la deuxième moitié du XVe siècle: sur 116 bourgmestres attestés de 1451 à 1500, ce ne sont pas moins de 81 qui appartiennent à des lignages »alt-limpurgeois«. Cette proportion des deux tiers reflète bien l'évolution des pratiques politiques et de la répartition des richesses en ville, mouvements qui traduisent un pouvoir croissant des familles patriciennes sur les affaires de la cité à mesure que l'on approche de 1500. Sur les 81 bourgmestres »alt-limpurgeois«, 35 appartiennent encore au groupe original des cinq lignages du premier XIVe siècle qui n'ont donc ni disparu ni perdu de leur influence. Au total, de 1311 à 1500, ces cinq familles auront de pères en fils, d'oncles en neveux et de cousins en cousins, occupé à 180 reprises les deux sièges du jeune et de l'ancien bourgmestre. Ce n'est pas tout, car si l'on regarde maintenant les noms des conseillers qui ont exercé la charge de *Schultheiß*, cet office d'écoutête impérial représentant du roi en ville que le Conseil avait acquis à grand frais en 1372 en faveur des bourgeois, on trouve de 1341 à 1500 vingt fois le nom d'un Frosch, trois fois celui d'un Glauburg, sept fois celui d'un Holzhausen, cinq fois celui d'un Knoblauch et neuf fois celui d'un Weiß. Seul le lignage »nouveau« des Schwarzenberg (attesté dans l'Alt-Limpurg depuis 1411) vient au XVe siècle faire concurrence à cette emprise des cinq vieilles familles sur l'exercice de l'écoutêterie. On rappellera pour mémoire que l'on retrouve encore en 1800 un Holzhausen à la tête du Conseil francfortois.

On pourrait naturellement conduire une enquête similaire dans d'autres secteurs de l'administration et de la politique du Conseil, qui n'aboutirait pas à des résultats différents compte tenu de l'emprise des élites patriciennes sur les deux premiers

---

74 Pierre MONNET, Le financement de l'indépendance urbaine par les élites argentées: l'exemple de Francfort au XIVe siècle in: L'argent au Moyen Âge (XXVIIIe Congrès de la SHMES de Clermont-Ferrand, mai 1997), Paris 1998, p. 187–207.

bancs des conseillers. Ce serait également vrai de la distribution au sein d'un groupe restreint de familles des curatèles sur les aumôneries, hôpitaux et fondations caritatives urbaines dont le Conseil généralise l'institution tout au long du XVe siècle. C'est bien le cas pour l'une des premières d'entre elles, la maison de pestilence dite des »bonnes gens« (Gutleuthof), attestée comme léproserie dès 1283[75] et qui regroupait un hôpital, un four, des granges et une chapelle. On retrouve ainsi aux fonctions financières et juridiques de Pfleger, de curateur dont les attributions officielles sont fixées par le Conseil en 1390, 1403 et 1407[76], les Rohrbach, les Frosch, les Holzhausen et les Breidenbach, tous membres de la société Alt-Limpurg au XVe siècle. On peut de la sorte repérer, parmi les établissements de soins et de charité de la ville, des curatèles occupées de manière préférentielle par de grands blocs familiaux patriciens du Conseil qui y établissaient de façon privilégiée des fondations pieuses, de père en fils le plus souvent. De cette manière, le Conseil achevait de prendre le contrôle des grandes institutions ecclésiastiques de la ville, mouvement fermement entrepris en 1315 lorsque la fabrique de la collégiale Saint-Barthélemy devient gérée par deux échevins et quand le couvent des Dames Blanches est flanqué de deux tuteurs du Rat. Ce mouvement est poursuivi dans la seconde moitié du XVe siècle surtout à partir du moment où le Conseil parvient à contrôler la confrérie du Rosaire en 1452, à placer des procurateurs auprès des Franciscains en 1469, auprès des Carmes en 1470 et des Dominicains en 1474. Ainsi, l'Hôpital du Saint-Esprit, fondé autour de 1267, était plutôt une chasse gardée des Zum Jungen, Knoblauch, Heller et Holzhausen. Le Gutleuthof recevait plutôt la préférence des Frosch, Weiß, Glauburg et Schwarzenberg. L'Hôpital des Rois Mages de Sachsenhausen, fondé en 1341, attirait en revanche la générosité et l'attention des Kämmerer et Stralenberg. Enfin, l'aumônerie de Saint-Nicolas, fondation purement laïque due à la générosité d'un médecin, Johann Wiesebeder, qui légua au Conseil en 1428 un capital de 3200 florins, jouissait de la bienveillance et des faveurs de tous, mais plus spécialement des Breidenbach, des Blum, des Geuch et des Rohrbach[77].

Il n'en allait pas autrement d'un autre secteur de l'action politique en plein essor au XVe siècle, celui de la conduite de la diplomatie et de l'intervention extérieure[78]. Le détail de ce chapitre dépasserait de loin le cadre imparti à cette brève étude. Qu'il soit seulement permis de rappeler que les missions les plus importantes conduites au XVe siècle au nom de la ville et du Conseil auprès du roi, de l'archevêque de Mayence,

---

75 Werner MORITZ, Die bürgerlichen Fürsorgeanstalten der Reichsstadt Frankfurt am Main im späten Mittelalter, Frankfurt a. M. 1981, p. 60–78; liste des curatèles, p. 228–257 (à partir des Rats- und Ämterbestellungen).

76 Dispositions du 28 août 1403 (Gesetzbuch Ib fol. 16, II fol. 9 et III fol. 32) et du 1er décembre 1407 (Gesetzbuch II fol. 31, II fol. 19). WOLF (éd.), Die Gesetze (cit. n. 70) n° 93 (p. 90) et n° 121 (p. 212).

77 MONNET, Les Rohrbach (cit. n. 4) p. 277–279.

78 Pierre MONNET, »Wan es steht ubel in diesin landen mit grossem kriege …«. Die Außenbeziehungen der Reichsstadt Frankfurt am Main im Spätmittelalter, in: Horst BRUNNER, Rolf SPRANDEL (dir.), Die Wahrnehmung und Darstellung von Kriegen im Mittelalter und in der Frühen Neuzeit, Wiesbaden 2000, p. 165–187. ID., Diplomatie et relations avec l'extérieur dans quelques villes de l'Empire à la fin du Moyen Âge, in: Heinz DURCHHARDT, Patrice VEIT (dir.), Krieg und Frieden im Übergang vom Mittelalter zur Neuzeit. Theorie – Praxis – Bilder. Guerre et paix du Moyen Âge aux Temps Modernes. Théories – pratiques – représentations, Mayence 2000, p. 73–102.

lors des diètes royales ou princières, ou bien auprès de représentants de regroupements urbains comme celui de Souabe, furent menées par un personnel dont la composition était choisie. On y retrouve les conseillers les plus influents, par groupe de deux ou trois, souvent mais pas toujours en compagnie d'un des deux bourgmestres. Ce sont des membres des familles connues et influentes de l'élite locale, et là encore les noms des Holzhausen, des Glauburg, des Frosch, des Schwarzenberg[79] pour ne citer qu'eux, reviennent à de très nombreuses reprises dans la correspondance échangée avec le Conseil[80]. Ils semblent choisis parmi ceux dont l'expérience et la proximité avec le pouvoir royal les rend aptes à comprendre et discuter la nature des problèmes envisagés qui touchent à la position de Francfort, ville de foires, de diètes et d'élection, dans les affaires à large rayon de l'Empire. Il faut justement signaler que ce sont ces trois occasions, foires, diètes et élections royales, qui fournissent à intervalle régulier aux meilleurs de la ville l'occasion de renforcer d'une autre manière encore leur contrôle politique des affaires importantes de la cité.

En effet, on comprend aisément ce que peuvent signifier matériellement le passage régulier des souverains (52 séjours pour Louis le Bavarois [1314–1347], 14 pour Charles IV [1346–1378], 10 pour Ruprecht de Wittelsbach [1400–1410], un seul pour Sigismond [1410–1437] et plusieurs pour Frédéric III [1440–1493]), l'organisation de deux foires annuelles et les diètes régulières qui se réunissaient à Francfort (56 *Hoftage* entre 1388 et 1437). Le Conseil fut rapidement conscient de cette charge et adopta une ordonnance concernant l'accueil et l'entrée du roi à Francfort, texte pour la première fois contenu dans les livres du Conseil de 1442, repris régulièrement ensuite et adapté aux circonstances pour mettre en place une véritable logistique d'accueil. Or, tout semble montrer que le Conseil reçoit ici le soutien du patriciat qui possède la place et l'argent pour faire de ces diètes, visites, séjours et entrées une opération stratégiquement réussie pour la ville. Quelques exemples parmi d'autres: lors de la diète de 1397, les grandes familles patriciennes, dont les Frosch, Weiß et Monis, accueillirent dans le centre de la ville 549 chevaux et 262 seigneurs répartis en 41 maisons[81]. Lors de la visite impériale de 1474, les mêmes offrent des services analogues pour 681 chevaux[82]. À mesure que le siècle avance et que les responsabilités de la ville s'affirment, cette organisation paraît atteindre des sommets et devient une vaste entreprise bien rodée puisque les grands noms du Conseil et les grandes fortunes de la ville peuvent ensemble accueillir 3141 chevaux répartis en 262 maisons en 1484[83]. Il y a là comme le versant intérieur d'un rayonnement extérieur qui mobilise l'élite de la cité. Avant de revenir plus loin sur ce point, on peut d'ores et déjà avancer que l'existence d'une culture de la fête et des réceptions particulièrement développée chez les élites francfortoises pouvait bien provenir de cette répétition de rites et de cérémoniels

---

79 Franz KIRCHGÄSSNER, Walter von Schwarzenberg. Ein Frankfurter Gesandter des 15. Jahrhunderts, Marburg 1910. Harry GERBER, Drei Jahre reichsstädtischer hauptsächlich Frankfurter Politik, im Rahmen der Reichsgeschichte unter Sigismund und Albrecht II. 1437–1439, Marburg 1914.
80 Johannes JANSSEN (éd.), Frankfurts Reichscorrespondenz nebst andern verwandten Aktenstücken 1376–1519, Fribourg i. Br. 1863–1866.
81 Gustav BECKMANN, Das mittelalterliche Frankfurt am Main als Schauplatz von Reichs- und Wahltagen, in: Archiv für Frankfurts Geschichte und Kunst (III, 2) 1889, p. 32.
82 Ibid. p. 34.
83 Ibid. p. 35.

déployés lors des diètes, des élections et des foires. Il s'agit là d'une figure importante de la domination politique en ville.

Cette pratique en quelque sorte familiale du pouvoir, qu'il s'agisse des bourgmestres, des conseillers, des curateurs ou des agents de finance, mais aussi des moyens de représentation et de rayonnement extérieurs de la cité, était si bien ancrée qu'elle généra des formes particulières de sociabilité politique qui retiennent l'attention. L'une de ces manifestations, comme il se doit dans la ville médiévale, se produisait lors de repas communs. Il ne s'agit pas seulement du repas annuel réunissant les conseillers autour d'une viande de cerf *(convivium cervi, bacchanalia cervi)* et peut-être chargé de rappeler le souvenir de l'animal qui, selon la légende rapportée par Thietmar de Mersebourg et reprise par Otton de Freising[84], aurait montré à Charlemagne un gué tout désigné pour une avantageuse retraite militaire et dont la ville aurait tiré son nom, le »gué des Francs« *(Franken-Furt)*. Il existait une autre tradition de sociabilité éminemment politique, celle du *Taggut* rapporté par plusieurs chroniqueurs, qui consistait, au sein de la société patricienne Alt-Limpurg, à mettre en gage le prochain banquet *(Gelag)* que devrait payer celui qui, présent au repas, serait désigné comme un des futurs bourgmestres ou échevins de la ville. Or, c'est une procédure analogue qui était suivie si l'un des mêmes membres de la société, encore célibataire, se mariait dans l'année. Se marier ou entrer au Conseil, les deux événements semblent recueillir aux yeux des Alt-Limpurgeois une égalité de valeur. On ne peut donc mieux dire: si l'état de mariage et l'état de conseiller sont si intimement liés dans leur esprit, c'est bien que l'équivalence correspond à une pratique entérinée par l'aspect héréditaire de l'entrée à l'Alt-Limpurg (par naissance ou par alliance) et par l'aspect oligarchique des institutions urbaines. On voit bien que, dans une ville allemande de la fin du Moyen Âge, le cercle patricien *(Stube)* remplissait parfaitement, à travers les occasions sociales qu'il offrait, les fonctions politiques qu'on en attendait. C'est ainsi que le calendrier des festivités du cercle Alt-Limpurg, dont la fête patronale dédiée à saint André, le 30 novembre, et les réjouissances d'avant-Carême *(Fastnacht)* constituaient les deux sommets mondains[85], était chargé de donner régulièrement en spectacle la solidarité exclusive ainsi que le pouvoir social et politique de l'élite dirigeante et économique de la ville. Le déroulement de l'entrée en Carême que rapporte un chroniqueur, Bernhard Rohrbach, pour l'année 1466[86], mêle justement banquet, bal et parade extérieure dans une cérémonie qui semble obéir à un rituel bien réglé visant à occuper l'espace urbain de la rive droite à la rive gauche du Main.

Il s'agissait en vérité de la première manifestation à laquelle, en tant que nouveau membre de la »gesellschaft Limpurg« comme il l'écrit dans son journal, ce chroniqueur pouvait participer. Son récit en profite pour établir à cette date la liste des Alt-

---

84 Carmen SCHENK, Burkhard KLING, Karl der Große und Frankfurt, in: Liselotte E. SAURMA-JELTSCH (dir.), Karl der Große als vielberufener Vorfahr. Sein Bild in der Kunst der Fürsten, Kirchen und Städte, Simaringen 1994, p. 139–173; et dans le même recueil Hans-Joachim JACOBS, Das Bild Karls des Großen in der Stadt Frankfurt im 14. Jahrhundert, p. 63–86. La dimension politique de cette commémoration est d'autant plus significative que Francfort avait été une des premières villes à accueillir le culte de Charlemagne après sa canonisation. Robert FOLZ, Études sur le culte liturgique de Charlemagne dans les églises de l'Empire, Paris 1951, p. 32–35.

85 LERNER, Alt-Limpurg (cit. n. 56).

86 MONNET, Les Rohrbach (cit. n. 4) p. 201–203.

Limpurgeois, de ces sociétaires si l'on cherche à traduire les termes de *gesellen* ou *socii* qui en désignent les membres[87]. 78 compagnons sont ainsi recensés à la date de 1466, regroupés par famille, selon un ordre qui combine à la fois l'ancienneté (familles Holzhausen, Weiß et Glauburg en tête) et le prestige politique. L'écoutête et le capitaine de ville y figurent tout au sommet et le reste de la liste égrène les bourgmestres, conseillers et échevins de la ville. Trente ans plus tard, le fils de ce chroniqueur, Job Rohrbach, consigne dans son journal[88] le changement de local de la société Alt-Limpurg qui élit domicile dans une vaste demeure toujours à proximité du complexe architectural de l'Hôtel de ville. Il en coûta 2800 florins d'or à la société, somme couverte par une cotisation de 20 à 30 florins par sociétaire, soit dix fois la cotisation annuelle ordinaire et, avec toutes les précautions qu'implique une telle conversion, l'équivalent d'une année complète de revenu d'un travailleur du bâtiment en ville. Pour l'année suivante, le journal tient une liste de sociétaires similaire à celle consignée par la chronique paternelle[89]: on y relève 45 membres dont la presque totalité appartient à dix familles parmi lesquelles on repère encore et toujours les Holzhausen, les Weiß, les Glauburg, les Frosch et les Knoblauch attestés depuis le XIVe siècle au sommet de la cité. La liste comprend également le *scultetus* et les deux *magistri civium*. Il s'agit là des hommes qui furent capables sans sourciller de payer une vingtaine de florins pour le seul fait de changer l'adresse de leur local de sociabilité.

2. Sources d'enrichissement, niveaux de fortune et patrimoines

Qu'il s'agisse de la liste établie par le premier chroniqueur en 1466 ou bien de celle constituée par son fils en 1496, on y trouve recensées les familles qui possèdent l'une au moins, mais le plus souvent chacune des trois sources principales d'enrichissement en ville: la participation au grand commerce, les rentes et des biens immobiliers, tant en ville même qu'hors les murs.

Il n'est pas ici question de réécrire une histoire du commerce francfortois ou de présenter une synthèse sur les foires qu'un récent ouvrage vient d'éclairer[90]. Il importe bien plutôt de noter que les premières familles qui apparaissent dès le XIVe siècle à la tête du Conseil, qui furent à l'origine de la constitution de la société Alt-Limpurg et continuèrent de maintenir leur prospérité au XVe siècle, sont également celles qui ont su épouser l'évolution du grand commerce lié aux foires. Un des exemples le mieux à même d'illustrer ce propos est constitué par le vin qui fut à l'origine de nombreuses fortunes du XIVe siècle et bénéficiait de l'attention soutenue des membres du Conseil de ville à raison même de l'implication de ces derniers dans ce commerce. On en veut pour preuve la politique douanière du Conseil vis-à-vis d'une ville comme Stras-

---

87 Publié par Richard FRONING (éd.), Frankfurter Chroniken und annalistische Aufzeichnungen des Mittelalters, Frankfurt a. M. 1884, p. 206–209.

88 Tagebuch, fol. 41 et 41 v., édité par FRONING, Frankfurter Chroniken (cit. n. 87) p. 260.

89 Tagebuch, fol. 76 et 76 v.

90 ROTHMANN, Frankfurter Messen (cit. n. 4), qui remplace avantageusement Nils BRÜBACH, Die Reichsmessen von Frankfurt am Main, Leipzig und Braunschweig, Stuttgart 1994. Voir les mises au point bibliographiques à ce sujet par P. MONNET dans: German Historical Institute London, Bulletin XXI/2 (1999) p. 52–57 et Bulletin d'Information de la Mission Historique Française en Allemagne 35 (2000) p. 110–116.

bourg, lieu d'approvisionnement privilégié en vin, entre 1370 et 1440, ou bien l'importance accordée par le Conseil à l'accise sur le vin *(Weinungeld)*[91] pour remplir les caisses de la ville (autour du tiers des revenus indirects de la ville entre 1350 et 1500[92] grâce au rapport du »douzième denier«[93]). On peut également invoquer l'organisation même du marché et de la vente (en 1331 et 1351 deux grues furent construites sur les quais du Main pour l'acheminement du produit par le fleuve et à partir de 1421 le commerce du vin est réservé par le Conseil aux seuls bourgeois de la ville qui avaient juré depuis un an et un jour et possédaient une résidence fixe en ville) ainsi que la transformation de cette denrée en véritable objet de spéculation, pour démontrer que cette branche d'activités a fait l'objet d'une attention des grandes familles actives dans ce commerce et bien placées au Conseil pour en organiser avantageusement les bénéfices[94]. De surcroît, le vin n'était pas qu'une denrée économique, il était également lié à l'activité politique: c'était celui qu'on servait en grande quantité lors des diètes et des réunions princières, c'était celui qu'on offrait au roi et à sa suite lors de ses fréquents passages. C'est en tout cas dans cette branche témoignant d'un degré poussé d'organisation que se bâtirent au XIVe siècle des fortunes considérables au profit de familles qui vécurent sur ce trésor tout au long du XVe siècle, formant comme une aristocratie du vin, et que l'on retrouve tant au Conseil qu'au sommet des sociétés patriciennes. Le rôle symbolique du vin fourni en nature pour honorer ses invités se retrouve en effet dans toutes les festivités du patriciat de la ville. Le plus ancien règlement de la *Stube* dite Frauenstein, un cercle concurrent de celui de l'Alt-Limpurg, enjoint à chacun des nouveaux membres de ne servir que du »meilleur vin« à toute la compagnie en plus de son droit d'entrée de plusieurs florins[95]: les *Stuben* patriciennes étaient bien aussi des *Weinstuben*.

Dans la seconde moitié du XVe siècle, le chroniqueur francfortois dont il fut déjà question, Bernhard Rohrbach, alors devenu membre éminent de plusieurs sociétés patriciennes de la ville, évoquait l'origine de la fortune de son grand-père à la fin du XIVe siècle en parlant du »commerce du vin d'Alsace venu par bateau, activité qui de son temps marchait encore, bien qu'elle se trouve aujourd'hui fort diminuée, tant il est vrai qu'on raconte que ces affaires des Alsaciens *(gewerbe der Elsesser)* furent à l'origine de la construction d'aussi vastes et somptueuses maisons que celles de Braunfels ou de Paradies«[96]. Cette remarque traduit bien l'origine, à côté du drap,

---

91 Wolfgang Habich, Das Weinungeld der Reichsstadt Frankfurt am Main: die Entwicklungsgeschichte einer Getränkesteuer in Mittelalter und Neuzeit im Zusammenhang mit dem sogenannten Kingenheimer-Prozess, Frankfurt a. M. 1966.

92 Dès 1404–1406, la part des accises sur la consommation et la circulation des denrées atteint 62% des revenus de la ville, proportion qui demeure une constante au XVe siècle. Karl Bücher, Der öffentliche Haushalt der Stadt Frankfurt am Main im Mittelalter, in: Zs. für die gesamte Staatswissenschaft 52 (1896) p. 1–19.

93 Alexander Dietz, Frankfurter Handelsgeschichte, Frankfurt a. M. 1910–1924, tome 1, p. 329.

94 Rothmann, Frankfurter Messen (cit. n. 4) p. 128–137 et 167–197. Id., Die Frankfurter Messe als Weinhandelsplatz im Mittelalter, in: Michael Matheus (dir.), Weinbau zwischen Maas und Rhein in der Antike und im Mittelalter, Mainz 1997, p. 365–419.

95 Georg Ludwig Kriegk, Deutsches Bürgerthum im Mittelalter. Nach urkundlichen Forschungen mit besonderer Berücksichtigung auf Frankfurt am Main, Frankfurt a. M. 1868–1871, tome 2, annexes, texte 31, article V, p. 430.

96 Stirps, fol. 12.

des plus belles fortunes repérées à Francfort dans le dernier tiers du XIVe siècle et dans le premier tiers du XVe siècle et auxquelles les noms déjà connus des Weiß, des Holzhausen, des Zum Paradies, des Glauburg et des Frosch sont associés. Le cas des Holzhausen si souvent cités, membres fondateurs la société patricienne Alt-Limpurg et qui occupent déjà le sommet du pouvoir dès les débuts du Conseil et de l'institution des bourgmestres dans la première moitié du XIVe siècle, est de ce point de vue révélateur. L'origine de ce lignage, sa position en ville, ses possessions immobilières dans le plat pays francfortois, sa proximité avec l'écoutète et, au-delà, la cour du roi, auraient pu laisser penser qu'un engagement dans le commerce actif n'était pas ou plus nécessaire pour augmenter son pouvoir et sa fortune. Or, on voit au contraire les Holzhausen s'engager activement dans le commerce du vin entre 1390 et 1410, pour des opérations de quelques centaines à quelques milliers de florins, s'associant pour l'occasion à des familles moins anciennes et moins arrivées qu'elle[97]. On le voit, il ne s'agit pas là de familles d'*homines novi* conquérant à la hussarde et en une seule génération les moyens matériels de leur ascension sociale et politique: ce sont les familles déjà en place des hommes influents du Conseil qui investissent dans les nouvelles affaires. Ce n'est pas un hasard si, dès les années 1400, les patrimoines imposés pour des montants situés entre 10 000 et 20 000 livres regroupent les noms des plus anciens Alt-Limpurgeois qui correspondent à ceux que l'on a rencontrés chez les bourgmestres et dans les deux premiers bancs du Conseil et que l'on peut suivre au moins jusque dans les années 1450 dans les différentes sociétés d'affaires bien implantées dans le commerce des foires et spéculant sur le vin et le drap.

Car le drap formait l'autre secteur d'activités à la fois lucratif et spéculatif dans lequel, dès les années 1360, les familles d'échevins des Glauburg et Knoblauch par exemple sont actives. Il est intéressant de noter que c'est dans ce commerce du drap que certaines familles plus nouvelles ont réussi à s'implanter tout en demeurant liées aux familles plus assises. Les Dorfelder, Wixhäuser, Leidermann et Werstadt dominent pendant au moins le premier tiers du XVe siècle le commerce du drap. Toutes ne parviendront pas à entrer dans le cercle plus étroit des sociétés patriciennes mais certaines donneront au Conseil plusieurs échevins. On les voit de toute façon associées pour leurs affaires à des familles plus établies, celles des Neuhaus, des Weiß et des Vom Rhein. Les liens étaient ici de deux nature, liens financiers par regroupement d'investissements et liens familiaux par intermariages. C'est sur ces deux piliers, alliance patrimoniale et alliance matrimoniale, que les grandes sociétés de commerce de Francfort, aux formes plus compliquées et d'une durée mieux fixée, se constituent au cours du XVe siècle. L'important est que l'on y retrouve toujours les noms de l'élite patricienne et de l'élite politique de Francfort: en dépit des transformations du marché, de l'évolution du commerce des foires et des changements de stratégie commerciale, les élites attestées à Francfort depuis le XIVe siècle ne sont pas remplacées par des hommes nouveaux et des fortunes récentes, mais contrôlent le renouvellement par l'entrée calculée de nouvelles figures, et surtout ne se laissent pas distancer en se désengageant des sources commerciales et marchandes du profit. On a même plutôt l'impression, au milieu du XVe siècle, que s'opère une concentra-

---

97 Franz LERNER, Gestalten aus der Geschichte des Frankfurter Patrizier-Geschlechtes von Holzhausen, Frankfurt a. M. 1953, p. 42–45.

tion des compagnies de commerce au profit d'un petit groupe de familles apparentées qui font partie en même temps des trois cercles de l'élite alors constitués en sociétés à l'accès règlementé: la Laderum, la Frauenstein et l'Alt-Limpurg. C'est dans le cercle Laderum que l'on trouve inscrites les familles actives à cette date dans le commerce du drap et réunies en compagnies opérant entre les Flandres et Venise: les Ganz, les Geuch, les Kämmerer, les Breidenbach et les Rohrbach. C'est aussi à la Laderum que siège Klaus Stalburg qui avait formé avec son frère Kraft et leur beau-frère Hans Bromm la très puissante compagnie Bromm-Stalburg active dans le commerce vénitien. À la Laderum toujours étaient présents les Schott qui avec les Guldenschaff s'illustrent également dans le commerce avec la Sérénissime. La société Frauenstein comptait parmi ses membres les Blum et les Heller, mais aussi les Schott, les Stalburg et les Rohrbach: on rencontre donc le cas d'une double appartenance patricienne chez ces derniers, qui facilitait sans doute les affaires communes. Une triple appartenance est même attestée pour les Rohrbach, les Bromm, les Stalburg que l'on retrouve dans la société patricienne Alt-Limpurg qui comptait également les Geuch, les Kämmerer, les Breidenbach et les Blum. On retrouve ainsi le noyau des grandes familles patriciennes dans les puissantes sociétés d'affaires ou bien sur les places importantes du commerce. Dans la seconde moitié du XVe siècle, les Stalburg, les Bromm, les Blum, les Heller et les Rohrbach sont attestés au comptoir des Allemands de Venise soit comme facteurs soit comme membres actifs de compagnies marchandes[98]. C'est également autour des affaires de la société Blum que se sont retrouvées bon nombre des familles déjà mentionnées. Avec Cologne, les relations étaient étroites et passaient également par le biais de sociétés formées en grande partie sur des alliances matrimoniales et des regroupements familiaux. Les noms des Rinck et des Melem du côté colonais et ceux des Heller, des Rohrbach, des Dorfelder et des Neuhaus du côté francfortois sont étroitement mêlés à ces échanges[99]. C'est à la faveur de ce commerce colono-francfortois que les Melem de Cologne prennent pied à Francfort à partir du milieu du XVe siècle, y acquièrent une des plus belles maisons en pierre de la ville et font ensuite leur entrée dans l'Alt-Limpurg. Le célèbre livre généalogique des Melem composé au milieu du XVIe siècle porte témoignage de cette ascension très emblématique de l'entrée dans le patriciat local par le mariage et le commerce[100].

Nuremberg était donc loin d'avoir monopolisé les affaires de Cologne avec l'espace méridional, manière de souligner que Francfort n'était pas seulement une place occasionnelle et temporaire d'échanges mais, par l'engagement particulier de ses élites économiques et politiques, un lieu qui demeurait actif tout au long de l'année. C'est donc

---

98 Henry SIMONSFELD, Der Fondaco dei Tedeschi in Venedig und die deutsch-venezianischen Handelsbeziehungen, Stuttgart 1887, vol. 2, p. 67–69.

99 Franz IRSIGLER, Köln, die Frankfurter Messen und die Handelsbeziehungen mit Oberdeutschland im 15. Jahrhundert, in: Hugo STEHKÄMPER (dir.), Köln, das Reich und Europa, Köln 1971, p. 341–429. HIRSCHFELDER, Kölner Handelsbeziehungen (cit. n. 31) p. 467–489. SCHMID, Stifter und Auftraggeber (ibid.).

100 Rolf WALTHER, Das Hausbuch der Familie Melem. Ein Trachtenbuch des Patriziats aus dem 16. Jahrhundert, Frankfurt a. M. 1968. Pierre MONNET, La ville et le nom. Le livre des Melem, une source pour l'histoire privée des élites francfortoises à la fin du Moyen Âge, in: Journal des Savants (1999) p. 491–538.

dire si, contrairement aux idées reçues, les familles de l'élite francfortoise ne se sont pas contentées de toucher en quelque sorte une rente de situation en se limitant à l'accueil des deux foires annuelles, mais ont activement composé des sociétés de commerce familiales à large rayon d'action. Il convient également d'insister sur la relative continuité caractérisant la présence des familles patriciennes dans le grand commerce et de remarquer d'autre part la relative longévité des sociétés d'affaires qui, dans leurs composantes personnelles, n'ont pas été ces »entreprises temporaires« naguère définies par Karl Bücher[101]. On ne peut pas plus souscrire à une autre idée reçue selon laquelle l'entrée dans les sociétés patriciennes fermées de la ville aurait correspondu au couronnement d'une ascension sociale débouchant inévitablement sur le retrait des affaires actives et le refuge dans la rente et l'imitation de la noblesse … Jusqu'au XVIe siècle, en compagnie des familles déjà parvenues au sommet du pouvoir urbain depuis le XIVe siècle, la plupart des nouvelles recrues des sociétés patriciennes ont continué de s'engager dans le commerce actif. On peut même penser que c'est justement l'entrée dans les sociétés patriciennes, constituant de ce point de vue un cadre idéal de collaboration et de rapprochement, qui a prolongé et renforcé la constitution de compagnies d'affaires sur la base de la famille et du capital investi en commun. Un des indices, parmi d'autres, de cette implication active des élites répertoriées au sein des sociétés patriciennes fermées dans le grand commerce urbain, est constitué par la manière dont leurs vastes demeures, présentant une architecture justifiant leur nom de cours (curiae), non seulement servaient tout au long de l'année d'entrepôts, mais étaient également mises au service des foires comme lieu d'hébergement des marchands et de magasins pour leurs produits. C'est ainsi que les contrats de location conservés pour le temps des foires font apparaître les Zum Paradies, les Knoblauch, les Glauburg (pour leur demeure du Nürnberger Hof) comme de grands pourvoyeurs de logis pour les marchands de la foire. À la fin du XVe siècle, le riche marchand patricien Jakob Heller, qui avait racheté le Nürnberger Hof, pouvait extraire de la location de cette demeure en temps de foire un bénéfice pouvant atteindre jusqu'à 600 florins. Les noms des demeures patriciennes du type des Augsburger Hof, Trierischer Hof, Ulmer Hof, Baseler Hof, Straßburger Hof ou Brüsseler Hof peuvent s'expliquer en raison de la présence régulière des marchands originaires de ces villes qui y faisaient étape pendant les foires[102]. Il n'en va pas autrement pour la maison dont le nom a donné l'appellation de la société patricienne Alt-Limpurg. Cette maison, dont une façade regardait vers la place centrale sur laquelle donnait l'Hôtel du Conseil, tirait son nom de la fréquentation usuelle des marchands originaires de la ville de Limpurg pendant les foires. Même si la société patricienne y a élu domicile depuis 1405, et finit donc par adopter son nom, cette demeure reste marquée de cette empreinte orginelle puisque la lettre du contrat de location de 1423 entre le propriétaire de la maison et la société patricienne prévoit que la bâtisse soit réservée aux marchands et aux affaires de la foire pendant les deux rendez-vous commerciaux annuels. On remarquera également que ces grandes demeures habitées par les familles du Conseil, du grand com-

101 Bücher, Die Bevölkerung (cit. n. 2).
102 Günther Nagel, Das mittelalterliche Kaufhaus und seine Stellung in der Stadt. Eine baugeschichtliche Untersuchung an südwestdeutschen Beispielen, Berlin 1971, p. 96–121. Rothmann, Frankfurter Messen (cit. n. 4) p. 108–118.

merce et des cercles patriciens étaient géographiquement concentrées dans le centre de la cité, autour de l'axe est-ouest qui réunissait la place du *Römer* d'un côté et la collégiale Saint-Barthélemy de l'autre, cœur économique, politique et symbolique de la cité.

L'engagement de la plupart des familles patriciennes connues de la ville, et pas simplement des plus récentes, dans le grand commerce, et cela pas seulement jusque vers 1450, date présumée d'une décélération de la croissance, mais encore au-delà, n'empêche pas ces mêmes familles d'avoir voulu diversifier leur patrimoine et investir dans plusieurs domaines à la fois. Plutôt que d'interpréter cette diversification, en particulier l'investissement dans les rentes et les possessions immobilières, comme le signe d'une frilosité économique ou bien de la sempiternelle jalousie des élites urbaines envers l'état de noblesse (comme si les nobles ne vivaient que de la terre et ne participaient en rien aux affaires lucratives des cités aux XIVe et XVe siècles!), rien n'interdit de voir ici le reflet d'une mentalité marchande qui invite à partager les risques. Et de fait, les fortunes patriciennes de Francfort sont loin, spécialement à partir du milieu du XVe siècle, de n'offrir que le reflet d'engagements commerciaux ou de »parts« de sociétés par dots et héritages interposés. Notre étude du patrimoine des Rohrbach au XVe siècle a pu montrer une indéniable augmentation du capital investi, à hauteur de plusieurs milliers de florins d'or, en rentes perpétuelles assises sur les caisses des autres villes allemandes (7310 florins pour être exact en 1430 et près de 2000 encore dans les années 1490)[103], en forêts et prés situés dans les villages du plat pays, en maisons de ville. Un long et précieux testament, celui que rédigea en 1519 le patricien Jakob Heller, membre de la société Alt-Limpurg et plusieurs fois associé dans les grandes compagnies d'affaires francfortoises de la seconde moitié du XVe siècle, renvoie la même image d'un patrimoine diversifié. Quelque 5000 à 6000 florins de capital mobilier et d'argent liquide, un montant équivalent investi en rentes viagères, quelque 3000 florins de biens immobiliers (champs, prés, vignes … troupeaux de plusieurs centaines de bêtes), la vaste demeure dite Nürnberger Hof acquise en 1496 pour 4250 florins d'or et restaurée et aménagée pour près de 2000 florins supplémentaires, une valeur de 800 florins d'argent en métal et pour 400 florins de bijoux, 3000 florins hérités par testament de son épouse[104]. L'inventaire dressé en 1524 des biens du très riche et entreprenant patricien et marchand Klaus Stalburg (1469–1524), issu d'une famille établie à Francfort dans les années 1430, fils de cet autre Klaus Stalburg que nous avions vu former une compagnie avec les Bromm au milieu du XVe siècle, et associé lui-même aux grandes compagnies de commerce de la ville dans les années 1480–1500, laisse également entrevoir une palette très riche de biens mobiliers et immobiliers sans pour autant que l'activité marchande ait jamais été laissée de côté. Au contraire, les pièces attestant un engagement actif des Stalburg dans le commerce traduisent une continuité d'activité sur plus d'un demi-siècle avec les Bromm et leurs alliés[105].

---

103 MONNET, Les Rohrbach (cit. n. 4) p. 241–244.

104 Friedrich BOTHE, Das Testament des Frankfurter Großkaufmanns Jakob Heller 1519. Ein Beitrag zur Charakteristik des bürgerlichen Vermögen und der bürgerlichen Kultur am Ausgange des Mittelalters, in: Archiv für Frankfurts Geschichte und Kunst III/9 (1907) p. 339–401.

105 Friedrich BOTHE, Patriziervermögen im 16. Jahrhundert, Berlin 1908, p. 1–117.

Nous pensons que c'est précisément cette diversification au sein de laquelle la rente est censée équiliber le risque lié au grand commerce, grand commerce continuant cependant de rapporter, qui permet aux riches patrimoines patriciens de progresser dans la seconde moitié du XVᵉ siècle, progression que traduit un déséquilibre croissant de la répartition de la fortune et des biens en ville. En effet, sur les 2500 contribuables recensés en 1495, la moitié ou presque n'étaient enregistrés que pour une somme inférieure à 20 florins tandis que seuls 520 avaient déclaré posséder plus de 200 florins de biens, chiffre qui est encore loin de mettre l'intéressé en position d'appartenir aux sociétés fermées du patriciat local. Parmi les contribuables de 1495, seuls 137 se rangeaient dans la tranche située entre 1000 et 5000 florins et 70 avaient déclaré plus de 5000 florins. Soixante-dix, c'est à peu près le nombre de membres inscrits à cette date dans la société Alt-Limpurg, chiffre que l'on peut doubler avec le nombre d'inscrits à la société Frauenstein … Au total, ce sont par conséquent quelque 120 à 140 contribuables qui peuvent faire état d'un patrimoine de plusieurs milliers de florins d'or. Ce chiffre est stable tout au long du siècle car il correspond peu ou prou à ce que laissaient entrevoir les registres de l'impôt de 1420 sur lesquels, parmi 2382 contribuables déclarés, 132 payaient un impôt supérieur à dix livres. Les deux contribuables les plus imposés étaient alors deux patriciens des familles Holzhausen et Weiss. C'est à peu près le cas 70 ans plus tard. Or, seules des fortunes d'un tel gabarit, plusieurs milliers de livres en 1420 ou de florins d'or en 1495, peuvent supporter les sommes que nous voyons investies chez les Meilleurs de la ville dans les dots des jeunes épouses (1000 florins à plusieurs reprises chez les Rohrbach entre 1420 et 1490), dans les parts de société (1000 et 600 florins par exemple dans le contrat de la société Bromm-Stalburg de 1457 ou bien encore 3000 florins investis par Jakob Heller dans une société francfortoise en 1487), dans les rentes viagères, dans les grandes maisons de ville, ainsi de Daniel Bromm déboursant 2800 florins pour l'achat d'un nouveau domicile destiné à la société Alt-Limpurg en 1495.

Parallèlement, l'inégalité fiscale semble s'accentuer: si 3% des contribuables les plus imposés réglaient en 1475 plus de la moitié de l'impôt total, 4% (c'est-à-dire une centaine) des 2500 contribuables les plus imposés de 1495 ne règlent plus que 38% de la somme totale[106]. La couche supérieure de l'élite urbaine dans laquelle nous estimons que se retrouvent presque tous ceux que répertorient les sociétés patriciennes fermées de la ville est donc à la fois plus riche à la fin du XVᵉ siècle qu'elle ne l'était et parvient en même temps à payer moins d'impôt. On ne peut se contenter ici de la simple constatation d'un état de fait. Il faut y voir le reflet d'une domination politique finalement acceptée, y compris par les artisans regroupés en métiers, soit les éléments a priori les plus organisés de la communauté citadine (en 1495, les artisans déclarés inscrits dans un corps de métier forment seulement 3% des contribuables situés dans le groupe d'un patrimoine évalué à plus de 1000 florins), puisque ces évolutions de fortune et de fiscalité se sont faites à institutions égales. Le consensus politique, la paix de la cité ne sont pas encore sorties troublés de ces déséquilibres. C'est donc qu'en dépit de l'inégalité d'accès aux multiplicateurs de la

---

106 Konrad Bund, Frankfurt am Main im Spätmittelalter 1311–1519, in: Frankfurt am Main. Die Geschichte der Stadt in neun Beiträgen, Sigmaringen 1991, p. 53–151, ici p. 140.

richesse, une forme d'accord politique se manifeste de la part de l'ensemble du Commun des bourgeois face à une gestion acceptée de la conduite de la cité par une poignée de familles affichant par ses manières d'être et de dépenser non pas un état de droit mais un état de fait différent des autres corps de la ville.

C'est bien la politique du Conseil, en grande partie déterminée par une élite étroite, qui fixe la direction principale: à Francfort, la production artisanale n'était pas plus le monopole des métiers que le commerce n'était celui des marchands. Tout l'édifice règlementaire repose sur cette conception qui fut une constante de la politique du Conseil dont le noyau patricien a maintenu ce cap car il y voyait la base d'un consensus permettant le relatif partage d'une partie des richesses issues des foires, petits bénéfices pour tous qui étaient autant de gages de la paix sociale. Ce n'est pas un droit inégalitaire de citoyenneté, l'addition ou la soustraction de privilèges différents qui fondent la pauvreté et la richesse et pourraient alors fournir une explication au processus d'oligarchisation, mais c'est bien plutôt la participation même à l'instance de décision politique, le Conseil, chargé pour sa part de fixer et de garantir les règles d'une certaine égalité du droit urbain, qui fait la différence. Ce qui importe donc, c'est de gouverner, d'être plus largement aux affaires, non pas pour s'attribuer plus de droits que les autres (toutes les élites urbaines qui ont suivi une telle politique à la fin du Moyen Âge ont été confrontées à de graves troubles, ce qui ne fut pas le cas à Francfort depuis le dernier tiers du XIVe siècle), mais pour établir la paix et fixer les règles du partage dont bien entendu ces élites profitent. Surtout, il s'agissait de maintenir l'ouverture de l'économie urbaine sur le marché des foires, sur l'échange des produits et surtout des capitaux en pratiquant un subtil mélange: une ville modeste en tout mais ouverte sur tout, au profit des habitants munis du droit de bourgeoisie et d'une élite stable, contrôlant de bout en bout l'ouverture et la fermeture, pour la cité comme pour elle-même. Finalement, ce n'est pas en masquant mais bien plutôt en revendiquant ses compétences économiques, fondées en grande partie sur la maîtrise du grand commerce et sur l'organisation réussie des foires, que l'élite patricienne du Conseil a légitimé sa domination. N'a-t-elle pas su, par l'arme financière, récupérer pour plusieurs dizaines milliers de florins en 1372 l'écoutêterie, c'est-à-dire assurer pour le reste du Moyen Âge l'autonomie politique de la ville? N'a-t-elle pas su encaisser le choc financier de la défaite de la cité en 1389, déroute militaire rachetée par près de 80 000 florins payés en moins de cinq ans? N'a-t-elle pas su éviter à Francfort le lourd endettement des villes voisines de Wetzlar ou de Mayence, cités qui perdirent là les bases mêmes de leurs libertés urbaines? N'a-telle pas su enfin, cette élite, suffisamment jouer auprès du roi et de ses conseillers de la double arme politique et financière pour dissuader le souverain, qui reste seigneur de la cité, d'engager sa ville royale de Francfort par hypothèque comme il le fit pour tant d'autres villes d'Empire tout au long du XVe siècle[107], et pour empêcher le même roi d'accorder à une autre ville, Strasbourg, Mayence ou Nuremberg par exemple, sa protection aux marchands se rendant aux foires?

Les élites du Conseil ont joué de cette légitimité d'un savoir-faire avantageux dans leur conduite des affaires de la ville dont chacun voyait que si elles profitaient d'abord

---

107 Goetz LANDWEHR, Die Verpfändung der deutschen Reichsstädte im Mittelalter, Köln, Graz 1967. ID., Die rechtshistorische Einordnung der Reichspfandschaften, in: Hans PATZE (dir.), Der deutsche Territorialstaat im 14. Jahrhundert, Sigmaringen 1970, p. 97–116.

aux meilleurs, tout le monde avait intérêt à voir durer une autonomie et une stabilité reposant sur le subtil équilibre entre une relative moyenne et d'occasionnels mais temporaires et profitables responsabilités exceptionnelles (foires, diètes, élections). Les élites patriciennes contrôlant les deux premiers bancs du Conseil, les deux bourgmestres et l'écoutête, se sont bien gardées de se produire en un état politique distinct. Elles n'en ont tout simplement pas eu vraiment besoin car, pour récapituler, on s'aperçoit qu'en ville, seuls le Conseil lui-même et d'autre part le patriciat regroupé dans les sociétés d'élite et s'associant pour une partie dans des compagnies de commerce constituées, se révèlent être les instances de pouvoir et de décision le mieux organisé puisque l'artisanat n'a finalement pas l'influence politique correspondant à son organisation et ne forme pas un véritable contre-pouvoir de pression et d'influence. Dans sa récente étude sur les foires de Francfort, Michael Rothmann[108] a bien montré qu'il fallait attribuer à la politique du Conseil lui-même le succès des foires favorisé par un cadre institutionnel, juridique et règlementaire. Ce n'est en effet pas au sein des métiers ou sous la pression des sociétés de commerce qu'une législation favorable aux affaires s'est développée, mais dans le milieu et les instances du Conseil dominé par les grands marchands dont on retrouve la majeure partie dans les société patriciennes. Un des signes indirects de cette particularité tient à l'implication importante des grandes familles francfortoises elles-mêmes dans les affaires du change et le contrôle de la monnaie dont il est assuré que ce n'était pas au Moyen Âge un marché libre mais un secteur très étroitement contrôlé par les autorités. Dès 1340 par exemple, Louis le Bavarois avait cédé la frappe monétaire en ville à Jakob Knoblauch, membre d'une famille de l'élite du Conseil et sans doute de l'Alt-Limpurg dès le XIVe siècle. Plus généralement, à la différence d'autres villes, on ne rencontre pas de présence massive de Juifs (en tout cas plus au XVe siècle, ce qui serait moins vrai du siècle précédent), de Lombards ou autres »Cahorsins« dans le commerce du change et de l'argent francfortois. De même, ce sont les grandes familles à l'origine de la société patricienne Alt-Limpurg et établies au Conseil dès 1350–1370 qui se révèlent les acteurs importants du crédit accordé par Francfort à d'autres villes: les Frosch (1354), les Brun von Braunfels (1385), les Glauburg (1362), les Zum Paradies (1362). On retrouve ces mêmes noms, un siècle plus tard, lors de la débâcle financière de Mayence en 1462 (qui ne provoqua nullement la ruine de ces familles) ou bien pour les prêts accordés à la ville de Bâle sous forme de constitution de rentes en 1474–1475 (Weiss, Holzhausen, Frosch, Glauburg, Monis). Dans le dernier tiers du XVe siècle, les détenteurs de rentes assises sur la ville de Erfurt par exemple sont presque exclusivement les membres d'une dizaine de familles occupant au même moment les sièges du Conseil et les premières places des sociétés patriciennes: les Frosch, les Glauburg, les Holzhausen, les Rohrbach, les Heller, les Wixhäuser et les Vom Rhein[109]. Or, le choix de telles villes ne relève pas de la seule décision de quelques investisseurs, mais reprend au même moment les axes privilégiés de l'action extérieure du Conseil envers des points politiques et économiques importants.

---

108 ROTHMANN, Frankfurter Messen (cit. n. 4) p. 57–80.
109 MONNET, Les Rohrbach (cit. n. 4) p. 261–263 et ROTHMANN, Frankfurter Messen (cit. n. 4), tableau 51 de la page 473.

La domination politique étant finalement bien exprimée et monopolisée par le Conseil élargissant de manière contrôlée ses compétences économiques (et tel n'est pas toujours le cas dans toutes les villes allemandes au même moment), les signes de distinction sociale et culturelle des élites dirigeantes se sont multiplié sur d'autres terrains, l'art de vivre et la conscience généalogique en particulier.

3. Esprit de corps, esprit de famille, esprit de clocher

Nous avons vu à plusieurs reprises combien le bloc familial jouait un rôle important, tant pour la conduite des affaires politiques et économiques que pour l'ancienneté d'appartenance aux sociétés patriciennes. Pour l'Alt-Limpurg, l'habitude existe au moins depuis les premières listes de membres conservées en 1406 et 1407 (enregistrant respectivement 64 et 60 »sociétaires«, *Gesellen* ou *socii*) de respecter l'ancienneté des familles dans l'ordre de leur entrée dans la société. En 1406 et 1407, les Holzhausen, les Weiß et les Glauburg occupent les trois premières places et totalisent plus du tiers des membres. C'est donc dire si l'on ne se contentait pas d'être Alt-Limpurgeois de père en fils, mais également en grand nombre sur une même génération, plusieurs frères siégeant à la fois. On a même l'impression que plus la famille est ancienne et donc élevée dans le »tableau« de la société, et plus les différentes branches de la famille y sont inscrites. C'est le cas pour les familles Frosch et Marpurg (zum Paradies) situées juste en dessous des trois suscitées dans l'ordre de leur entrée et de leur prestige, mais qui tout au long du XVe siècle comptèrent en permanence et au même moment plusieurs sociétaires d'une même génération. Les procédures d'admission y invitaient, qui limitaient, en dehors de la naissance et du mariage, l'entrée aux bourgeois de Francfort parrainés par des membres déjà inscrits. De ce fait, les grandes familles du haut du tableau ont toujours tenu à privilégier l'entrée des collatéraux et à limiter le nombre des membres d'une même famille dans le bas du tableau. En effet, en 1407, les 64 sociétaires appartiennent à un total de 29 familles différentes mais, comme on l'a vu, trois familles seulement occupaient plus du tiers des sièges … En dressant en 1466 la liste des membres de l'Alt-Limpurg, le chroniqueur Bernhard Rohrbach suit fidèlement l'ordre d'entrée et de prestige dans le tableau (sa chronique indique bien en allemand »*in die tafeln geschrieben*«), et son répertoire fait apparaître que les trois familles des Holzhausen, des Weiß et des Glauburg regroupent encore 20 des 66 membres (répartis en 37 familles différentes). Or, cette liste est d'autant plus précieuse que le chroniqueur fournit parallèlement les listes des autres sociétés concurrentes de la Laderum et de la Frauenstein (cette dernière tirant son nom de la maison acquise en 1423 par une poignée de riches bourgeois qui en profitent pour se doter de nouveaux statuts modifiant un premier règlement de 1408)[110]. La liste des membres de la Laderum recense alors 43 personnes relevant de 35 noms de famille différents. La comparaison des deux chiffres montre bien que la concentration au profit de quelques blocs familiaux ne caractérisait pas ce cercle. Ce n'était pas plus le cas pour la société Frauenstein dont une liste établie postérieurement par le chroniqueur Bernhard Rohrbach recense en 1479 24 membres

---

110 Fascicules du *Liber Gestorum* publiés par Froning (éd.), Frankfurter Chroniken (cit. n. 87) p. 202–210.

appartenant à 19 noms de famille différents. Ce sont des proportions presque sem-
blables que traduit une liste de 1504 pour la société Frauenstein. En 1497, la liste de
la société Alt-Limpurg établie cette fois par Job Rohrbach, le fils du chroniqueur
précédemment évoqué, comptabilise 14 Holzhausen, Weiß et Glauburg sur les 67
membres de la société[111]. En 1504, les Holzhausen, Weiß et Glauburg n'ont plus que
10 membres sur les 66 alors recensés, mais la plupart de leurs alliances matrimoniales
en font les parents des dix familles suivantes dans le tableau. Par son ancienneté, mais
aussi par la présence »physique« qu'y exerçaient les plus vieilles familles de la ville, la
société Alt-Limpurg était de loin le plus prestigieux des cercles patriciens de Francfort, ce que traduisent non seulement son organisation mais aussi la conscience
généalogique particulièrement poussée de ses membres.

L'organisation des différentes sociétés de l'élite francfortoise présentait dans ses
grandes lignes des traits communs tels que la procédure contrôlée d'admission ou le
paiement d'une cotisation annuelle. Très vite, la possession du droit de bourgeoisie
de la ville fut exigée. Elle est attestée depuis 1435 et émane en fait du Conseil lui-
même[112], le document en question évoquant les *Stubengesellschaften* existant »par
l'autorisation et le bon vouloir du Conseil«. Voilà un nouveau signe de l'importance
de la domination politique exercée par le Conseil en ville puisque les corps de métier
tout comme les sociétés de l'élite (il est notable que, de ce point de vue, ces deux
types de corps soient traités sur un plan d'égalité) ne pouvaient exister que si leurs
statuts étaient autorisés par le Conseil. Un autre signe de l'emprise du Conseil sur la
vie et l'organisation de ces sociétés tient au fait que toutes les amendes levées au sein
des cercles pour contravention aux statuts et dispositions devaient être partagées
entre les caisses du Conseil et celle de la société en question[113]. Le plus extraordinaire
tient au fait que la meilleure de ces sociétes, l'Alt-Limpurg, fut sans doute celle qui
vécut le plus longtemps sans charte écrite de ses statuts. Il ne faut pas voir là un souci
quelconque de la part de ses membres de se soustraire à l'obligation d'autorisation et
d'enregistrement auprès du Conseil, mais au contraire le fait que cette société étant
celle qui regroupait en fait la plupart des conseillers et des bourgmestres, elle pouvait
se permettre de fonctionner ainsi. Cependant, en 1495, lors du déménagement de la
société Alt-Limpurg dans les murs de la maison dite Laderum (qui avait donné son
nom au cercle disparu en 1480), une ordonnance de plusieurs dizaines d'articles fut
adoptée le 2 octobre 1497[114] et dûment présentée aux membres du Conseil, aux
bourgmestres et à l'écoutête qui se trouvaient être également membres de longue
date de l'Alt-Limpurg. Des nouveautés sont introduites par rapport au fonctionnement et à l'organisation précédemment attestés. Tout d'abord, un serment de respect
de ces règles est exigé de tous les membres et deux contrôleurs sont nommés le jour
du patron de la société, saint André, afin de faire observer le règlement. Les condi-

---

111 Tagebuch, fols. 76, 76 r. et 77.
112 Ordonnance du 18 avril 1435 publiée par Karl Bücher, Benno Schmidt (éds.), Frankfurter Zunft-
     urkunden bis zum Jahre 1612, Frankfurt a. M. 1914, tome 1, p. 12.
113 Egalement publié par Bücher, Schmidt (éds.), Zunfturkunden (cit. n. 112), tome 2, n° 240, p. 384
     et suiv.
114 Détaillée par Lerner, Alten-Limpurg (cit. n. 56) p. 42–49. L'original conservé aux Stadtarchiv de
     Francfort Holzhausen Archiv Kasten 165, comme le remarque l'auteur dans la note 82, n'a en effet
     jamais été édité.

tions d'appartenance sont également modifiées: aux règles anciennes du mariage et de la naissance et à l'obligation de possession du droit de bourgeoisie de la ville s'ajoute la reconnaissance d'un pouvoir économique puisque seuls sont reconnus pleinement sociétaires les membres actifs qui se sont acquittés en 1495 des 20 florins destinés à rembourser une partie du capital d'achat de la maison Laderum. Les enfants de ces cotisants fondateurs n'auront plus ensuite qu'à verser 7 florins tandis que tout nouvel arrivant devra aussitôt débourser 20 florins en souvenir de la dépense de 1495. À cette somme s'ajoute le versement d'un forfait de 3 florins par mariage déjà contracté ou pour tout mariage survenant après l'entrée en société. D'autres clauses méritent l'attention, en particulier celles qui touchent les »étrangers«, c'est-à-dire des membres qui ne sont pas nés à Francfort et adoptent seulement le droit de bourgeoisie au moment de leur entrée dans l'Alt-Limpurg. Pour eux, la preuve de leur honnête naissance d'un couple marié est exigée et un droit d'entrée de 30 florins, et non plus seulement de 20 florins, est réclamé. Une différence était faite dans les rites d'admission: le fils d'un Alt-Limpurgeois devait se contenter de demander son droit d'entrée tandis qu'une période probatoire de six mois était imposée à celui qui épousait une fille ou une veuve d'un Alt-Limpurgeois mais dont la famille n'avait encore jamais fait partie de la société. Si de la sorte un nouveau nom de famille était enregistré dans la société, il prenait place par ordre d'arrivée en bas du tableau.

On le voit, c'est la descendance et l'ancienneté du nom qui sont ici consacrées, sans égard à la qualité du nouvel impétrant, noble ou non noble, possédant ou non des armes de chevalerie reconnues par l'empereur. De la sorte, la faveur impériale fut loin de constituer un facteur automatiquement favorable à l'admission dans la société Alt-Limpurg. La résidence à Francfort, l'engagement local dans les affaires économiques et politiques de la cité, la volonté de faire souche avec un lignage local étaient primordiaux. Sans fermer les portes du cercle, pratique qui eût irrémédiablement conduit à son épuisement démographique, ce nouveau règlement en 37 articles signale la consécration de l'existence d'un esprit de corps chez les membres de l'Alt-Limpurg, communauté en particulier fondée sur le mariage et sur l'esprit de famille. Il est également intéressant que cette charte ait été adoptée au moment où, par l'achat d'une vaste demeure proche du cœur politique de la cité, la société consacrait en quelque sorte par la possession de murs propres son assise et sa longévité: elle n'était plus locataire mais propriétaire. Cependant, et pour bien démontrer que le cercle est aussi un mode d'existence et un art de vie en société, 20 des 37 articles sont consacrés à l'organisation des réunions et au comportement exigé des membres: interdiction des jeux de hasard, des grossièretés, des tenues vulgaires, des jurons et des faux serments, tarification des consommations, procédures d'élection des responsables journaliers des boissons et enfin règles de réconciliation et d'arrangement à l'amiable en cas de dispute entre les membres. Les cas de dispute sont ici détaillés comme dans presque tous les actes constitutifs des corps de la société urbaine médiévale: injures, coups, menaces au moyen d'une arme, blessures volontaires et involontaires. Mais surtout, le crime le plus lourdement puni (du point de vue financier et symbolique) touchait en fait à la mémoire: quiconque s'avisait d'effacer un nom du tableau de la société ou de vouloir modifier son ordre d'ancienneté était puni de l'exclusion immédiate (alors qu'en cas de meurtre cette exclusion dépendait du jugement émis par le tribunal urbain) et du

paiement d'une amende énorme de 20 florins (somme équivalente au montant origi-
nel du droit d'entrée). On ne trouve pas de prescription aussi détaillée et surtout aussi
ferme sur le rang dans les autres statuts des autres cercles patriciens. On trouve seulement dans les règlements du cercle Frauenstein postérieurs à 1423 un article expli-
quant que si l'un des membres »s'arrachait du tableau *(sich usz der tafeln riesze)*« ou
se mettait indûment en congé *(orlaub neme),* sa peine ne devait pas consister en une
amende pécuniaire mais, disposition bien plus grave, en une sorte de *damnatio memoriae* provisoire puisque si ledit membre voulait réintégrer la société, il devait être inscrit comme le dernier venu et redémarrer par le bas du tableau *(unden an die tafeln
seczen).* On pratiquait donc ailleurs comme une arme dissuasive et comme un moyen
de promotion l'ancienneté d'inscription, mais elle était poussée le plus loin dans la
société Alt-Limpurg. Ici, le pouvoir de l'ancienneté était consacré par les dispositions
suivant lesquelles un Conseil restreint intérieur des 15 anciennes familles choisissait
les deux maîtres annuels de la société *(Stubenmeister).* 15, c'est le nombre des
conseillers du premier banc contrôlé par les lignages de la société Alt-Limpurg et les
mêmes familles siègent ici et là. La mise en forme écrite d'un tel esprit de communauté
n'a pas été seulement motivée par l'achat d'une nouvelle maison, mais résulte aussi de
la rencontre avec les juristes du *Reichskammergericht.* En effet, en 1495, année de
l'acquisition du nouvel édifice, la Chambre impériale de justice était officiellement
installée à Francfort par l'empereur Maximilien Ier. La venue de juristes et de nobles en
ville était une nouveauté: elle représentait une sérieuse concurrence pour une élite qui
s'était jusqu'à présent satisfaite de rester dans ses murs et d'accueillir à intervalles
réguliers, mais pour une durée limitée, les Grands de l'Empire. Avec le *Reichskammergericht,* c'est l'arrivée permanente d'une élite concurrente qui se profilait à l'horizon. Comme nous avons pu le montrer par ailleurs, et contrairement aux interprétations couramment avancées sur cet épisode, l'élite francfortoise a réagi dans sa grande
majorité avec méfiance[115]. On ne constate en effet aucun empressement de sa part à
trouver des logements adéquats pour le personnel du Tribunal, alors que toutes les
grandes familles s'ingénient à loger les marchands et les princes pendant les foires et
les diètes. On ne voit pas plus le Conseil s'efforcer de bien installer la chambre de justice. En 1496, le chroniqueur Job Rohrbach rapporte même que »notre société [il
pense bien entendu à l'Alt-Limpurg qu'il appelle un peu à tort Laderum] fit le mort
car les assesseurs, autres docteurs nobles *(doctores nobiles),* avocats et procurateurs
nous faisaient embarras«[116]. On ne voit pas non plus de tentatives franches de rapprochement entre les élites de l'Alt-Limpurg et le milieu des juristes du tribunal d'Empire
et il n'y eut pas de mariages comme on aurait pu s'y attendre. Deux ans plus tard, en
1497, l'année de l'adoption des nouveaux statuts, le tribunal quittait Francfort pour
Worms. La greffe n'avait pas pris, faute de volonté des élites locales qui préféraient la
grandeur provisoire de leur cité lors de grands épisodes commerciaux et politiques à
l'installation permanente d'une administration centrale. De la sorte, c'était le plus sûr
moyen de préserver du dehors la domination patiemment construite du Conseil et de
ses familles dirigeantes. On aurait pu expecter de la venue des juristes de la Chambre
le réveil d'une concurrence aux honneurs entre les divers cercles de l'élite locale. Tel ne

---

115 MONNET, Des juristes en ville (cit. n. 72).
116 Tagebuch, fol. 50 v.

fut pas le cas, signe de l'emprise qu'exerçait le cercle Alt-Limpurg sur les autres regroupements supérieurs.

La prééminence de la société Alt-Limpurg sur les autres cercles de création plus récente s'est également traduit par une relative exclusivité d'appartenance. Le cas typique du chroniqueur Bernhard Rohrbach qui fut successivement membre des trois grands cercles de l'élite atteste une telle pratique: membre de la Laderum en 1462, il la quitte en 1467 car il vient d'être élu à l'Alt-Limpurg[117]. En 1480, il participe à la liquidation de la société Laderum et organise la venue d'une douzaine de transfuges dans l'Alt-Limpurg. En revanche, l'appartenance conjointe à la Frauenstein et à l'Alt-Limpurg semble avoir été possible si l'on en croit le même Bernhard Rohrbach qui fut membre de la première en 1479, 12 ans après son admission dans la seconde. Il semble que l'exclusivité ne se soit pas exercée de la part de l'Alt-Limpurg à l'encontre de sa principale rivale en raison même de la concurrence qui opposait les deux cercles: peut-être les Alt-Limpurgeois pensaient-ils plus opportun de contrôler la Frauenstein de l'intérieur en laissant entrer dans ce cercle des hommes qui leur étaient dévoués. En outre, comme on l'a vu, cette double appartenance concernait également les familles Blum, Heller, Schott, Stalburg et Melem, familles qui se trouvent être dans les années 1470–1490 les plus impliquées dans le grand commerce avec Venise. Il se peut que des investissements communs et des compagnies communes aient ici motivé la constitution d'une sorte de second réseau d'affaires doublant celui de l'Alt-Limpurg qui se voulait en même temps plus qu'un simple groupement d'intérêts marchands.

L'importance de la constitution de la communauté et de l'esprit de corps de la société Alt-Limpurg sur des bases familiales se remarque à la manière dont de nombreuses cérémonies de mariage furent célébrées dans les locaux mêmes du cercle et non dans les demeures privées des grandes familles. On note même une accentuation de cette pratique à mesure que l'on avance dans le XVᵉ siècle: 13 mariages de 1404 à 1455 mais 72 de 1455 à 1486 dans les locaux de la maison Limpurg[118]. Il s'agit ici d'une pratique que l'on ne rencontre pas dans les autres sociétés d'élite de la ville. On en veut pour preuve que le dernier article du règlement de 1497 stipule que la maison acquise en 1495 ne puisse jamais servir à des fins privées sauf pour l'organisation des mariages des sociétaires (c'est d'ailleurs l'un des signes du caractère public de cette cérémonie). L'article précise qu'à cette occasion, et à cette occasion seulement, la vaisselle et le mobilier peuvent être employés aux fins d'une fête autre que celle du saint patron, de la réception des princes et de leur suite ou de l'entrée en Carême … Un fait demeure, celui de l'accélération des intermariages soudant les grandes familles de l'Alt-Limpurg entre elles dans la seconde moitié du XVᵉ siècle. Si l'on admet cette hypothèse, cela signifie que la constitution d'un milieu par les liens du mariage accompagne la formation d'un milieu assez homogène d'affaires en même temps qu'elle s'accompagne de la formation d'un esprit de corps. Or, entre 1450 et 1500, une telle évolution se fait dans le calme, sans pression extérieure (ni guerres ni troubles sociaux), et sans le recours à un réflexe de fermeture instinctive face à un milieu concurrent (ce ne serait le cas que vers 1495).

---

117 Froning (éd.), Liber Gestorum (cit. n. 87) p. 204–205.
118 Lerner, Alten-Limpurg (cit. n. 56) p. 39–40.

Comme on le voit, l'organisation sur des bases familiales de la société Alt-Limpurg s'est renforcée tout au long du siècle et fut consacrée par les statuts de 1497 qui font une plus large place aux femmes »qui auparavant n'étaient pas admises« comme le dit le chroniqueur Job Rohrbach. Même avant cette date, on ne saurait qualifier ce cercle d'hommes de société masculine. Les femmes y ont toujours joué un rôle éminent puisqu'elles détenaient deux clés d'accès à la société par le mariage et la naissance. Elles transmettaient également les droits d'admission d'une famille et collaboraient au maintien du rang d'ancienneté dans le tableau d'inscription. Après 1497, elles participent plus activement à toutes les réunions et paient la cotisation annuelle à la mort de leur époux. Elles pouvaient inviter à certaines festivités comme elles le faisaient chez elles. Le principe de l'égalité d'accès des enfants était reconnu. Chaque fils d'un membre Alt-limpurgeois pouvait déposer une demande d'admission: il n'y avait pas de droit d'aînesse. En revanche, un gendre n'était pas automatiquement membre mais devait être parrainé. Les liens du sang et les structures familiales offraient donc toute une palette de droits, de frontières et de restrictions possibles. Le cas francfortois a ceci de particulier qu'il mêle intimement, on le voit par le rôle des femmes, la sphère privée et la sphère publique. On se comporte dans ce cercle comme chez soi et l'on verra d'ailleurs certaines festivités de groupe émigrer de temps en temps dans le cadre privé d'une grande demeure familiale patricienne. C'est peut-être cette proximité entre famille et société Alt-Limpurg qui confère au cercle francfortois un aspect un peu plus ouvert, moins lignager, que celui de Nuremberg (évidemment la taille de la ville joue: avec 8000 à 9000 habitants au XVe siècle, un chiffre bien inférieur à celui de la population nurembergeoise, la population de Francfort doit se renouveler, ce qui vaut aussi pour ses élites). Toutes les familles possèdent bien entendu des armes, que l'on retrouve affichées en ville sur la façade des maisons, sur les chapelles des églises, ou bien lors de l'enterrement des échevins. Mais il ne semble pas exister à Francfort une focalisation aussi agressive et sourcilleuse sur le maniement symbolique des armes que celle que l'on peut rencontrer à Nuremberg ou même à Ratisbonne. Le patriciat francfortois ne devait en fait craindre que l'épuisement biologique pour sa disparition car, en l'absence de luttes de factions et de partis, on connaît très peu de cas d'exils politiques ou de proscriptions massives qui aient frappé de grandes familles patriciennes. De même, la structure des affaires (les foires), n'obligeait pas à une émigration de nature commerciale: on pouvait à Francfort se livrer à la grande marchandise sans trop bouger.

L'esprit de famille a donc supporté l'esprit de corps qui n'a pas remplacé le premier. C'est ce que montrent les productions de mémoire laissées par les chroniqueurs de la ville à la fin du Moyen Âge. Il s'agit là d'une écriture élaborée dans le milieu privilégié d'action de l'élite francfortoise: celui du Conseil mais aussi celui de la collégiale Saint-Barthélemy. Il convient de remarquer à cet endroit que le rapprochement enre milieu du Conseil et milieu de la collégiale, par familles interposées, se produisit d'autant plus facilement depuis la fin du XIVe et le début du XVe siècle que, à côté du compromis trouvé entre la collégiale et le Conseil sur le régime fiscal, le doyen et le prévôt de Saint-Barthélemy obtinrent gain de cause sur la résidence des chanoines[119], mesure

---

119 Erich KELLNER, Das Reichsstift Sankt-Bartholomäus zu Frankfurt im Spätmittelalter, Frankfurt a. M. 1962, p. 43.

qui accrut le caractère local du recrutement. Dans la seconde moitié du XVe siècle, on note une plus grande fréquence de chanoines issus des grands lignages membres des sociétés patriciennes, un mouvement qui correspond aussi à l'académisation remarquable du collège canonial francfortois, processus qui favorise à nouveau les fils des riches familles envoyés étudier à Orléans, à Mayence ou en Italie. Les noms mêmes des chroniqueurs francfortois parlent en faveur d'une origine sociale concentrée dans le milieu dirigeant, ce qui peut fournir une clé d'explication à un type de mémoire qui mêle intimement l'histoire publique de la ville et l'histoire privée de la famille.

Nous avons déjà maintes fois rencontré le nom des deux Rohrbach, auteurs de journaux de famille et de chroniques urbaines qui suivent le destin de leur famille depuis son arrivée prétendue en ville vers 1370 jusqu'à la consécration sociale que constitue l'admission dans le cercle Alt-Limpurg. Sur ce parcours se greffe un récit des festivités, de la vie sociale et des usages respectifs des trois grandes sociétés patriciennes de la ville. Enfin, par un véritable système d'emboîtement de la mémoire, une chronique plus classique des événements marquants survenus à Francfort vient s'insérer dans cette œuvre produite sur deux générations: guerres privées que la ville dut affronter, visites des rois et des princes, tenues des foires, travaux du Conseil … Cette synthèse entre autobiographie, livre de famille, parole du groupe des élites et chronique urbaine n'est pas la seule attestée à Francfort à la fin du Moyen Âge. Elle puise d'ailleurs dans une tradition établie depuis le XIVe siècle. Les premières rédactions de chroniques de la ville sont l'œuvre d'anonymes que l'on croit néanmoins pouvoir situer parmi le clergé de la ville, plus exactement le chapitre de la collégiale Saint-Barthélemy qui se révéla ensuite un des grands ateliers de l'histoire urbaine[120]. C'est le cas des *Deutsche Annalen* qui couvrent la période 1306–1343 et furent continuées jusqu'en 1364 sous le titre d'*Annales Francofurtani*, source continûment utilisée au siècle suivant. On doit également citer le nom de Baldemar von Peterweil, appelé aussi Fabri, chanoine de Saint-Barthélemy de 1342 jusqu'à sa mort en 1384 et auteur d'une chronique relatant en particulier les événements tragiques de 1349 ainsi que d'un livre du protocole de la réception et de l'élection des rois à Francfort, livre recopié au XVe siècle par Johannes Königstein, doyen de Saint-Barthélemy. On doit également à Baldemar von Peterweil une description des rues, fontaines, places et quartiers de Francfort qu'il rédigea en complément du *Liber censuum*, le rôle des taxes qu'il avait établi en 1350 pour recenser les revenus de la collégiale en ville. Il convient enfin d'ajouter que Baldemar von Peterweil a été reconnu comme l'auteur du célèbre *Dirigierrolle*, rouleau de parchemin du XIVe siècle, en latin et moyen-allemand, portant le texte de la première représentation du Jeu de la Passion donné vraisemblablement à Francfort en 1349. Les productions de la collégiale sont poursuivies au XVe siècle avec le doyen Johannes Königstein, auteur d'un *Modus regem Romanorum electum Francofurdiae introducendi exaltandi*, et initiateur de la rédaction de notices historiques sur les événements marquants de la ville entre 1410 et

---

120 Pierre MONNET, Particularismes urbains et patriotisme local dans une ville allemande de la fin du Moyen Âge: Francfort et ses chroniques, in: Rainer BABEL, Jean-Marie MOEGLIN (dir.), Identité régionale et conscience nationale en France et en Allemagne du Moyen Âge à l'époque moderne, Sigmaringen 1997, p. 389–400. Pour les références des textes et des sources, se reporter à ID., Les Rohrbach (cit. n. 4) p. 62–68.

1497, successivement entreprise par Nikolaus Gerstung (mort vers 1420), Wigand Konecken (doyen de la collégiale mort en 1480), Kaspar Feldener (mort en 1481) et Georg Schwarzenberg (1442–1500). Ce dernier nom est bien connu du cercle patricien Alt-Limpurg où cette famille est attestée tout au long du XVe siècle, tandis que toute une série de mariages rapprochent dans la seconde moitié du XVe siècle les Schwarzenberg et les Rohrbach et Melem, familles de chroniqueurs et d'auteurs de livres généalogiques. Quant aux Königstein, on les retrouve dans des compagnies de commerce aux côtés des Ganz, des Geuch, des Melem et des Rohrbach. Autant de relations et de correspondances ne sont pas le fruit du hasard, elles parlent en faveur d'un milieu d'écriture homogène. Au XVIe siècle, il appartiendra aux héritiers de cette tradition historiographique mi-cléricale et mi-patricienne (écrits des chanoines Johannes Latomus et Wolfgang Königstein) de poursuivre le travail et d'achever ainsi un véritable cycle de la mémoire urbaine.

L'autre milieu, mais il s'agit en vérité des mêmes cercles familiaux, dans lequel se développe une mémoire mêlant destin familial et histoire urbaine est bien celui du Conseil et des cercles patriciens de la ville. On peut y ranger pour le XVe siècle et le début du XVIe siècle les Rohrbach, Vom Rhein, Heller et Melem. Nous avons pu calculer dans le cas précis des Rohrbach que les chroniques du père et du fils rédigées dans le dernier tiers du XVe siècle comportaient au total 464 noms différents dont près de la moitié, 211 pour être exact, se retrouvaient au moment de leur évocation comme membres de l'un des trois cercles Alt-Limpurg, Frauenstein et Laderum. Parmi ces 211 personnages convoqués par l'entreprise de mémoire, le cercle proche de la parenté des Rohrbach en regroupe la moitié, 95. La proportion d'évocation par famille est importante car en tête viennent dans la chronique les Holzhausen, les Weiß, les Glauburg et les Knoblauch, soit le quarté des plus vieilles et influentes familles du Conseil, des affaires et de l'Alt-Limpurg. C'est sur ce socle du pouvoir et de l'ancienneté des lignages que se bâtit, et pas seulement chez les Rohrbach, une conscience généalogique poussée qui prend en charge, à des fins de légitimation, le passé urbain dont les familles de l'élite seraient les dépositaires et les garants tout ensemble. C'est à ce compte, semble-t-il, que les productions de mémoire de la ville créent une identité proprement urbaine, isolée, détachée du territoire environnant et de sa noblesse, parce qu'elle réalise une inscription spatiale forte de l'historiographie capable d'intégrer une histoire privée-familiale et une histoire politique-publique.

On voit alors poindre, dans le récit de l'ancienneté de la cité, de sa fierté d'être la ville de l'élection des rois et des foires de tout l'Empire, les traces d'un patriotisme urbain[121] d'adhésion à l'empereur fondé sur la reconnaissance et l'exaltation du rôle »impérial« de la cité. On voit également surgir les manifestations d'un patriotisme de défense[122] contre certains seigneurs territoriaux particulièrement »indifférents au roi« *(königsfern)* dans cette région de l'Allemagne. Ces mêmes écrits fournissent également l'occasion de cerner les expressions d'un particularisme local fondé sur la

---

121 Rudolf Hiestand, Civis romanus sum. Zum Selbstverständnis bürgerlichen Führungsschichten in den spätmittelalterlichen Städten, in: Peter Wunderli (dir.), Herkunft und Ursprung. Historische und mythische Formen der Legitimation, Sigmaringen 1994, p. 91–110.
122 Klaus Graf, Schlachtengedenken in der Stadt, in: Bernhard Kirchgässner (dir.), Stadt und Krieg, Sigmaringen 1989, p. 83–104.

conscience développée par les familles dirigeantes d'après lesquelles le destin hors du commun de leur ville est bien leur œuvre, et qui estiment que cette réussite doit être préservée par la fermeture des cercles patriciens, le fonctionnement orthodoxe d'un Conseil réduisant l'influence des métiers réglés, la défense d'un monopole économique sur les foires, la relative indépendance des alliances diplomatiques. L'hypothèse que l'on pourrait en dégager tient dans la manière dont ce contraste entre l'ouverture imposée aux élites par les responsabilités de Francfort et la fermeture de son régime et de ses cercles dirigeants fut, mieux qu'un difficile équilibre, un choix résolu et accepté, un véritable mode de gouvernement de la ville où la consolidation des acquis l'emporte sur la conquête. Ce fut peut-être une construction dangereuse pour l'avenir, mais ce fut, au moins pour un temps, une défense efficace pour les intéressés qui en étaient en même temps les bénéficiaires.

Quoi qu'il en soit, la mémoire urbaine et l'exaltation du rôle particulier de la cité au sein de l'Empire furent bien, à Francfort à la fin du Moyen Âge, l'affaire des deux hauts lieux politiques et spirituels qui, chacun à leur manière, représentent les intérêts ou le souvenir de l'empereur en ville: le chapitre collégial de Saint-Barthélemy et le Conseil. Il n'est pas étonnant, sous cet angle, qu'un des points de cristallisation de la mémoire impériale en ville fut »saint« Charlemagne en personne dont le culte a été particulièrement répandu dans tout l'Empire[123] et spécialement à Francfort[124] où les célébrations de son *Natale* le 28 janvier et de sa *Translatio* le 27 juillet revêtaient un caractère particulièrement appuyé et festif. Entre 1340 et 1360, tout un programme iconographique représente Charlemagne sur le portail et surtout sur les bans canoniaux du chœur de la collégiale Saint-Barthélemy. Or, on l'a vu, le collège des chanoines a été l'un des lieux de prédilection du patriciat francfortois et le souvenir de Charlemagne a joué ici un rôle identificateur fort entre le milieu du Conseil et le milieu de la collégiale. Les noms de grandes familles de l'élite francfortoise, telles les Monis et Königstein, sont associées à ces commandes artistiques qui eurent à cœur de célébrer Charlemagne en patron de la ville et en protecteur des lois de la ville d'Empire, symboles qui furent mis en légende sur plusieurs monnaies de la cité dont la frappe était également aux mains de noms connus du patriciat dans la première moitié du XVᵉ siècle, ainsi les Groß et les Knoblauch. En 1499, c'est le Conseil tout entier qui finance une fresque associant les armes de la ville aux deux saints patrons urbains, Barthélemy et Charlemagne[125]. Cette fresque ornait les murs du réfectoire du Couvent des Carmes qui constituait, avec l'église des Dominicains, un des endroits privilégiés des commandes des grandes familles.

Ainsi, l'intérieur de l'église des Dominicains, dans laquelle les rois Adolphe de Nassau, Henri VII de Luxembourg et Günther de Schwarzbourg avaient été élus, accueillit-elle les œuvres de Hans Holbein l'Ancien, Dürer et Grünewald. Les

123 Robert Folz, Le souvenir et la légende de Charlemagne dans l'Empire germanique médiéval, Paris 1950. Id., Études sur le culte liturgique de Charlemagne (cit. n. 84).

124 Saurma-Jeltsch (dir.), Karl der Große (cit. n. 84), en particulier: Hans-Joachim Jacobs, Das Bild Karls des Großen in der Stadt Frankfurt im 14. Jahrhundert, p. 63–86 et Carmen Schenk, Burkhard Kling, Karl der Große und Frankfurt. Der Aufbau einer Tradition und die Bildwerke vom Spätmittelalter bis zum 19. Jahrhundert, p. 139–173.

125 Carl Wolff, Rudolf Jung, Die Baudenkmäler in Frankfurt am Main, Frankfurt a. M. 1896, tome 1, p. 92.

fenêtres, les voûtes et les autels, avaient aussi entièrement été financés par les dons des riches familles qui y avaient en outre apposé leurs blasons gravés: les Blum, les Heller, les Holzhausen, les Knoblauch, les Melem, les Monis, les Rohrbach[126]. C'est par exemple dans cette église que fut placé un vitrail rond spécialement composé vers 1505 sur la demande de Jakob Heller et de sa femme Katharina von Melem pour rassembler les blasons des deux familles[127], œuvre réalisée au même moment et dans le même atelier que la *Wappenscheibe*, également placée dans l'église des Dominicains, représentant cette fois Bechthold Heller (le père de Jakob) et sa femme Katharina Blum accompagnés des écus respectifs de leur famille. Un très grand nombre de membres du cercle Alt-Limpurg trouvèrent ici leur dernier repos: Margarethe Holzhausen et Guda Knoblauch, Karl Hynsberg, Johann Holzhausen et Jakob Heller, Wicker Knoblauch en 1500, Heinrich vom Rhein en 1509, Georg et Wolf Blum en 1515[128]. Les Monis et les Heller y possédaient leur propre chapelle privée. C'est aussi dans l'église des Dominicains que furent placées la peinture d'autel commandée par Jakob Heller à Dürer et Mathis Gothard dit Grünewald et celle des Monis réalisée vers 1490 peut-être par le Maître du Cabinet d'Amsterdam appelé aussi Maître du Livre de Raison *(Hausbuchmeister)*[129]. Ce sont les mêmes familles, affiliées cette fois à la confrérie de Sainte-Anne, la *Annenbruderschaft* apparue à Francfort peut-être dès 1475 et incorporée aux Carmes en 1479–1481[130], qui avaient financé en 1515 les fresques (9,80 m sur 4,42 m de haut) réalisées par Jerg Ratgeb[131] travaillant sur commande de Klaus Stalburg qui s'y fit enterrer. Le peintre Jerg Ratgeb[132], né vers 1470/75 et mort après 1525, commença à être actif vers 1503 à Francfort et composa l'année suivante les portraits ornant l'autel de la chapelle privée de la maison de Klaus Stalburg, peinture en pied figurant Klaus à l'âge de 35 ans et son épouse Margarethe à 20 ans[133]. Vers 1505, c'est la famille Heller qui charge cet artiste de la décoration de la Weißfrauenkirche. Le cycle des fresques des Carmes, un des plus importants de cette époque dans l'Allemagne méridionale, est symboliquement centré autour de la métaphore du jardin arboré, allusion à l'origine même du nom du Mont Carmel, et inclut dans les scènes vétéro- et néotestamentaires représentées les commanditaires regroupés par famille.

---

126 Ibid., tome 2, p. 70–71.

127 Frankfurt im Spätmittelalter. Kirche, Stifter, Frömmigkeit, n° 54. Catalogue de l'exposition permanente de l'*Historisches Museum*. Représentation dans Lothar GALL (dir.), Frankfurt am Main 1200. Traditionen und Perspektiven einer Stadt, Frankfurt a. M. 1994, p. 66.

128 Heinrich Hubert KOCH, Das Dominikanerkloster zu Frankfurt am Main (13.–16. Jahrhundert), Frankfurt a. M. 1912, p. 100–104.

129 Frankfurt im Spätmittelalter. Kirche, Stifter, Frömmigkeit, n° 47. Catalogue de l'exposition permanente de l'*Historisches Museum*. Heinrich WEIZSÄCKER, Die Kunstschätze des ehemaligen Dominikaner-Klosters, Frankfurt a. M., München 1923, p. 97–104. Vom Leben im späten Mittelalter. Der Hausbuchmeister oder Meister des Amsterdamer Kabinetts, Frankfurt a. M., Amsterdam 1985. Daniel HESS, Meister um das »mittelalterliche Hausbuch«. Studien zur Hausbuchmeisterfrage, Mainz 1994, p. 172–176.

130 Angelika DÖRFLER-DIERKEN, Vorreformatorische Bruderschaften der hl. Anna, Heidelberg 1992, p. 88–93.

131 Jörg Ratgeb's Wandmalereien im Frankfurter Karmeliterkloster, Frankfurt a. M. 1987.

132 Ute-Nortrud KAISER, Jerg Ratgeb. Spurensicherung, Limburg 1985.

133 Ibid., p. 59–67.

À regarder ces commandes, force est de constater que les artistes engagés par le petit cercle des mécènes fortunés de Francfort proviennent d'écoles et d'ateliers extérieurs et sont principalement originaires de villes du couloir rhénan ou de l'Allemagne du Sud. En dépit des nombreuses commandes de l'élite urbaine[134], en dépit de la présence des foires internationales et d'un marché de l'édition, en dépit (ou dans ce cas peut-être à cause) des visites régulières des princes et des rois lors des diètes et des élections, il n'y eut pas de tradition locale capable de susciter un atelier urbain ou une génération d'artistes francfortois. On peut certes invoquer le souci des commanditaires et des fondateurs d'avoir voulu ainsi porter témoignage de ne reculer devant rien pour le souvenir et le salut de leur âme, de ne pas même renoncer à faire appel à de lointains et coûteux artistes. En même temps, on peut lire dans un tel choix un signe supplémentaire de l'ouverture de la ville du Main sur les modèles extérieurs et les influences plus lointaines, tout autant que le reflet, à cette échelle des témoignages artistiques d'une élite, de la situation même de Francfort à mi-chemin entre les influences et les courants d'échanges du Rhin d'une part et du Midi de l'Empire de l'autre. De la sorte se confirme aussi l'idée d'une circulation accélérée des influences, des modèles et des modes non seulement entre villes du Sud de l'Allemagne mais également par Cologne qui semble bien avoir joué un rôle décisif dans la transmission à l'Allemagne d'éléments venus des Pays Bas méridionaux[135]. Cette élite, dont la tendance à la fermeture s'accroît à mesure que le XVᵉ siècle avance, restait ouverte aux renouvellements que les grands rendez-vous dont la ville était le théâtre régulier ne manquaient pas d'introduire.

Conclusions

La manière dont l'historien Peter Moraw a tenté de caractériser les élites dirigeantes des villes allemandes nous semble à la fois résumer la situation particulière de Francfort et refléter en même temps plus généralement l'approche suivie par une école historiographique qui depuis trois décennies s'interroge sur la définition sociale de l'exclusivité: »Si l'on observe la situation économique des grandes et petites villes de la fin du Moyen Âge, on peut isoler à chaque génération un nombre d'individus et de familles particulièrement aisées. Mieux encore, on peut constater qu'ils conservent sur plusieurs générations la position acquise. Si l'on se tourne maintenant vers les forces politiques dirigeantes, c'est-à-dire le groupe de ceux qui occupent les sièges de l'échevinage et du Conseil, on peut aboutir avec plus de certitude à la même conclusion. Si l'on étudie enfin, sous l'angle de la répartition des groupes sociaux, l'exclusivité de ces familles, dans leur politique matrimoniale par exemple, c'est le même

---

134 Wolfgang KLÖTZER, Schwerpunkte kulturellen Lebens in der mittelalterlichen Stadt, besonders Frankfurt am Main, in: Erich MASCHKE, Jürgen SYDOW (dir.), Stadt und Kultur, Sigmaringen 1983, p. 29–56.

135 Werner Paravicini parle de manière pénétrante des plates-formes d'échanges culturels entre Nord et Sud, et Est et Ouest, que furent par exemple les Pays-Bas ou bien la Bavière et l'Autriche: introduction au recueil Ingrid KASTEN, Werner PARAVICINI, René PÉRENNEC (dir.), Kultureller Austausch und Literaturgeschichte im Mittelalter. Transferts culturels et histoire littéraire au Moyen Âge, Sigmaringen 1998, p. 17 et PARAVICINI (dir.), Nord und Süd (cit. n. 38).

schéma qui prévaut. Si l'on rencontre dans les trois cas les mêmes familles, il est alors possible de parler de patriciat«[136].

Une telle définition corrobore bien le fait que la situation économique était néces-saire mais non point suffisante pour appartenir au groupe des élites. Il faut pour cela durer, et c'est une vérité reconnue que la force et le prestige d'une grande famille dans la ville de la fin du Moyen Âge se mesuraient déjà à sa capacité à nouer des alliances, bref à attirer. De ce point de vue, l'ancienneté de l'origine (réelle ou reconstruite) d'une part et l'organisation familiale de l'autre se révèlent primordiales et entraînent avec elles le pouvoir, le comportement individuel et collectif ... Toutes deux sont de surcroît liées à la mémoire. Cette interprétation est renforcée par les représentations des contemporains qui, lorsqu'ils cherchent à décrire leur supériorité, parlent toujours des origines, de l'ancienneté, et non de leur niveau de fortune, et mettent en priorité l'accent sur ce qui fonde ou prolonge la qualité de leur état. Cependant, il ne faut pas négliger le fait que les types mêmes de biens possédés ont été valorisés, indépendam-ment de leur montant: capital, rentes, biens fonciers ou droits seigneuriaux ...

Et justement, on a longtemps cru que l'acquisition de biens immobiliers dans le pays satisfaisait la soif de reconnaissance sociale noble et le souci des élites urbaines de grimper dans l'état de noblesse (une sorte de trahison de la bourgeoisie). Mais on oublie que l'investissement dans la terre était souvent une opération d'immobilisa-tion du capital marchand par précaution, une sorte d'assurance contre les dangers du commerce, bref un partage des risques. Preuve en est que l'investissement foncier ne signifie en rien l'arrêt des activités marchandes, surtout dans une ville de foire comme Francfort où capitaux, marchands et produits traversent justement le plat pays. Précisément, et ce sera le second point, on oublie également que l'investisse-ment foncier peut être souvent considéré comme un élément d'une politique territo-riale ou extérieure proche conduite par les élites du gouvernement. Il est frappant de constater que les élites francfortoises investissent là où la ville acquiert des droits, et suivant les axes majeurs de la politique de protection et d'alliance de la cité. En tout état de cause, la projection des élites urbaines vers la campagne par leurs acquisitions foncières ne peut en rien être interprétée comme un désengagement général des affaires commerciales et de l'économie marchande urbaine. Au Moyen Âge, le com-merce ne disqualifie pas: l'incompatibilité entre noblesse ou souci d'aristocratisation (cas des élites urbaines regroupées en cercles exclusifs) d'une part et commerce de l'autre est un problème des temps modernes.

L'exemple francfortois a également permis de montrer que ni la richesse ni le mariage n'assuraient un passage ou un maintien automatiques dans l'élite. Il existait des règles spécifiques du jeu qu'il convenait de respecter au risque de susciter la jalou-sie: les élites médiévales ont semble-t-il éprouvé une grande aversion pour les parve-nus, ce qui ne saurait être confondu avec le simple mépris ou un pur exclusivisme social. En dernier lieu, ce qui pose le plus problème, c'est bien la reconnaissance sociale entre gens du même milieu ou bien par un milieu situé juste en deçà ou juste au-delà. Cette considération explique que les danses, les processions, les costumes, l'en-semble du paraître, soient moins destinés aux autres couches sociales, dont on sait per-

---

136 Peter MORAW, Von offener Verfassung zu gestalteter Verdichtung. Das Reich im späten Mittelalter 1250 bis 1490, Frankfurt a. M. 1989, p. 117–118.

tinemment qu'elles ne font pas partie des Meilleurs (pourvu que ces derniers soient constitués en sociétés à l'accès règlementé), mais bien plutôt conçus avant tout à usage interne. Qui fait partie du petit groupe, qui y aspire, qui s'en détache, autant de questions qui méritent un inventaire régulier et visible. De ce point de vue, le tournoi urbain, le blason, les manières courtoises sont peut-être des imitations de noblesse mais sont aussi, de l'intérieur, des procédés de vérification sociale (et donc pas seulement de concurrence sociale). Cette vérification s'amplifie à mesure que l'on avance dans le XVᵉ siècle, non par peur d'accueillir du »vilain« dans un cercle comme l'Alt-Limpurg par exemple, mais parce que les notions d'honneur (entendu comme une qualité individuelle mais aussi comme un *medium* qui permet la communication sociale) et d'ancienneté ne cessent de jouer un rôle symbolique interne croissant qui se reporte sur le mariage, la conduite, la description de sa parenté. Etre accepté dans le patriciat est un acte social: ici, la protection royale ne sert à rien[137]. C'est aussi un acte de reconnaissance collectif, confirmant une vérité déjà énoncée selon laquelle »Il n'y a pas d'ambition solitaire« à la fin du Moyen Âge[138]. La patience est donc une vertu: il n'y a pas d'ascension sociale spectaculaire qui soit bien acceptée. La libéralité et la dépense ne sont pas érigées en valeurs en soi, et n'excluent pas ainsi une forme de gestion soigneuse et économe. L'essentiel était bien en fait de dépenser à peu près ensemble et à la même échelle: ne l'oublions pas, il existe une forme d'égalitarisme au sein des élites. Car, à Francfort comme ailleurs, les cercles de sociabilité exclusifs doivent faire face aux ambitions de nombreux aspirants, ces derniers peut-être plus volontiers portés à dépenser sans compter. Comment dès lors accueillir les uns et rejeter les autres sans susciter de troubles, de ressentiments et de haines sociales qui mettraient en péril la paix politique de la cité? Car, dans la ville médiévale, il s'agit bien de cela: aucune élite, aussi fermée, aussi habile fût-elle, n'a pu se maintenir durablement au pouvoir sans assurer ce fondement pour lequel le droit de la cité a été créé.

Or, on l'a vu, à Francfort, parvenir aux magistratures, c'est faire partie du patriciat, et la performance politique de ce dernier tient à sa capacité durable à contrôler et à diriger un gouvernement dont les tâches, les fonctions et les compétences se spécialisent et s'étendent. À Francfort, malgré une politique des foires plus compliquée, une activité économique plus complexe, une politique extérieure plus ambitieuse, une implication plus importante dans les institutions caritatives et hospitalières, ce sont les mêmes hommes qui restent au pouvoir, parce que le processus d'académisation n'a pas été raté par les élites politiques francfortoises, ni bloqué ou refusé comme ce fut par exemple le cas à Nuremberg où les docteurs étaient proscrits du Conseil. Mais il n'y a pas de domination politique sans culture du pouvoir comprise au sens large.

De ce point de vue, à côté de la domination politique, sociale et économique, le pouvoir culturel paraît, dans une ville comme Francfort, composer le quatrième élément déterminant de la supériorité. Ce n'est pas ainsi dans toutes les villes. Ici, la maîtrise des représentations et de leurs codes, la manière de les écrire et de les mettre en scène,

---

137 Kurt ANDERMANN, Zwischen Zunft und Patriziat. Beobachtungen zur sozialen Mobilität in oberdeutschen Städten des späten Mittelalters, communication présentée au colloque de la Reichenau d'octobre 1998 sur le thème »Zwischen Adel und Nicht-Adel«.

138 Bernard GUENÉE, Entre l'Église et l'État: quatre vies de prélats francais a la fin du Moyen Âge (XIIIᵉ–XVᵉ siecle), Paris 1987.

contribuent à consolider, et parfois à retoucher, l'échelle de la domination. Pourquoi Francfort, dont l'exemple serait ici à rapprocher de Nuremberg et d'Augsbourg? Car, semble-t-il, nous avons le cas d'une ville dans laquelle l'histoire, la mémoire du passé, paraissent jouer précocement un rôle de légitimation. Il s'agit d'autre part d'une cité dont les fonctions suprarégionales, foires et élection, créent un honneur et un prestige dont la gestion a été accaparée par les élites. Il s'agit enfin d'une ville où le théâtre de la représentation ne se limite pas à la référence princière, mais mêle en permanence le roi, l'empereur, l'idée d'Empire, les princes et les états de la société, parmi lesquels on compte les autres villes, régulièrement réunies lors des différentes diètes dont Francfort fut la scène très fréquente. C'est cette théâtralisation du pouvoir que les élites ont en permanence sous les yeux: il s'agit moins là d'un modèle imposé de l'extérieur à la ville mais bien plutôt d'une riche combinaison, renouvelée à chaque grande occasion, et qui fournit aux élites locales toute une palette de représentations et de distinctions possibles. Nous touchons donc là aux influences que peut exercer une fonction urbaine insigne et capitale sur son organisation sociale et sur ses reflets culturels.

À Francfort, les pratiques de représentation du patriciat par chroniques, fêtes et architecture interposées, semblent revêtir un usage à la fois interne et externe: de manière interne non pas contre les artisans et les métiers finalement assez bien tenus et peu dangereux pour la domination patricienne, mais pour établir une hiérarchie entre les lignages eux-mêmes et les différentes sociétés patriciennes (on retrouverait là une dynamique de concurrence repérée pour Nuremberg)[139]; et parallèlement de manière externe à l'adresse des nobles de passage (diètes, élections, création de la Chambre impériale de justice, visites royales …) et des très riches marchands venus pour les foires.

Le comportement des élites, voilà peut-être une des clés majeures d'explication des bonheurs et des malheurs des villes allemandes de la fin du Moyen Âge dont la hiérarchie est en pleine modification.

---

139 Thomas Zotz, La représentation de la noblesse urbaine en Allemagne médiévale: les tournois et les premiers livres de famille, in: Petitfrère (dir.), Patriciats urbains de l'Antiquité au XXᵉ siècle (cit. n. 54) p. 431–445.

Miszellen

ANDREAS SOHN

STADTGESCHICHTSFORSCHUNG UND DENKMALSPFLEGE IN DER FRANZÖSISCHEN CAPITALE

Zum 100jährigen Bestehen der Commission du Vieux Paris[*]

Wer die Prachtallee der Champs-Elysées, die verkehrsumbrauste Place de la Concorde und den geometrisch angelegten Park der Tuilerien hinter sich läßt, betritt den sich weit öffnenden, von den in den Jahrhunderten zwischen der Renaissance und dem Kaiserreich Napoleons III. entstandenen Flügeln eingeschlossenen westlichen Hof des Louvre und gelangt zur lichtdurchfluteten Glaspyramide des Stararchitekten Ieoh Ming Pei. Seit dem Jahre 1989 dient diese als Zugang zu einem der größten und reichsten Museen der Welt, das mehr als 30 000 Kunstwerke beherbergt. Gewöhnlich beginnt für denjenigen, der zum erstenmal in diesen Kunsttempel der Moderne (und Postmoderne) kommt und sich kaum der Faszination der Historizität und Futurismus miteinander verbindenden Architektur des gesamten baulichen Ensembles entziehen kann, der Rundgang mit einer Besichtigung der erhaltenen mittelalterlichen Festungsanlagen. Im Eingangsbereich »Sully«, im Untergeschoß, machen mehrere Ausstellungsräume den Besucher zunächst mit der Geschichte der königlichen Residenz von den hochmittelalterlichen Anfängen an vertraut, die erstmals im Zuge der Französischen Revolution im Jahre 1793 als Museum eröffnet wurde[1]. Dann gelangt er unter dem Pavillon de l'Horloge von Jacques Lemercier aus dem beginnenden 17. Jahrhundert zu dem Kern des in 800 Jahren geformten, immer wieder veränderten Baukomplexes, nämlich zu der Burg, deren Errichtung auf den französischen König Philipp II. (1180–1223) zurückgeht: Der Rundgang führt durch die breiten Burggräben, vorbei an den hoch aufragenden, aus wuchtigen Pariser Kalksteinen bestehenden Festungsmauern mit den vorspringenden Ecktürmen – das spärliche Licht der wenigen Scheinwerfer unterstreicht die Monumentalität der Wehranlage –, und schließlich von der Seineseite aus zum Herzstück der Burg, zum gewaltigen Donjon. Dessen Anblick löst noch heute wie im Mittelalter vielfach

---

[*] Für vielfältige Unterstützung bei der Vorbereitung des Beitrages danke ich herzlich der Commission du Vieux Paris, insbesondere dem Vizepräsidenten und Generalsekretär Michel Fleury.

[1] Zu der Gestaltung des »Großen Louvre-Museums« (»Grand Louvre«) und seiner Einfügung in die mittelalterliche und neuzeitliche Königsresidenz, auch zum Rundgang, siehe den reich bebilderten Band Der Louvre, Paris 1998 (Connaissance des Arts), besonders mit Jean LEBRAT, Für ein neues Museum, S. 9–15, und Guy NICOT, Die Restauration des Louvre-Palastes, S. 16–19, sowie den Lageplan auf S. 115 und 116. Die Ausstellungsräume bieten historische Schautafeln mit einführenden Darstellungen, Photos und Pläne von archäologischen Ausgrabungen nebst Erläuterungen, Gemälde mit Ansichten des mittelalterlichen und neuzeitlichen Louvre beziehungsweise Paris, Abbildungen aus Handschriften, Exponate usw. Welche einzelnen Teile der mittelalterlichen Anlage erhalten sind und besichtigt werden können, ist dem instruktiven Plan bei Michel FLEURY/Venceslas KRUTA, Le château du Louvre, Paris 1989, im Anhang, zu entnehmen.

Erstaunen aus, obgleich eine Betondecke in mehr als 6 m Höhe – im (Erd)Geschoß darüber
werden Sammlungen aus dem antiken Griechenland und dem Ägypten der Pharaonen
gezeigt – eingezogen worden ist. Schon in der frühen Neuzeit sah man indes kaum mehr
von dem einst 30 m emporragenden Bergfried, denn der französische König Franz I. ließ
ihn im Jahre 1528 gewissermaßen bis auf den Sockel abreißen[2].

Daß heute Millionen von Besuchern aus der gesamten Welt alljährlich die mittelalterliche
Anlage besichtigen können, ist einer mehrjährigen archäologischen Ausgrabung zu verdanken, welche Michel Fleury und Venceslas Kruta von seiten der Commission du Vieux Paris
geleitet haben[3]. Dieses Forschungsunternehmen hat wie kaum ein anderes ein weltweites
Echo in den Massenmedien gefunden und das Interesse einer breiten gesellschaftlichen
Öffentlichkeit nicht nur in Frankreich an der Arbeit der Commission du Vieux Paris (neu)
geweckt. Am 18. Dezember 1897 wurde diese gegründet; am Freitag, dem 28. Januar 1898,
trat sie erstmals um 10 Uhr im Hôtel de Ville, wo bis heute die monatlichen Sitzungen stattfinden, zusammen. Nachdem genau 100 Jahre seither vergangen waren, wurde am 28.
Januar 1999 eine Ausstellung im Pariser Rathaus eröffnet, welche die archäologische und
historische Denkmalskommission zur Feier ihres Centenaire veranstaltete[4].

Im folgenden soll die Commission du Vieux Paris – »une institution unique en France et
… au monde«[5] – näher vorgestellt werden, nämlich ihre Genese, ihre Aufgaben, ihre wissenschaftlichen und kulturellen Arbeiten. Dies kann nur gerafft und beispielhaft geschehen,
hier vornehmlich aus der Perspektive der stadtgeschichtlich interessierten und zugleich
komparatistisch ausgerichteten Mediävistik. Dabei wird deutlich werden, welche bedeutenden Verdienste in der Aufarbeitung der historischen Entwicklung des Pariser Raumes – der
untersuchte Zeitraum reicht über Tausende von Jahren: von der Ur-, Vor- und Frühgeschichte[6] über die Antike und das Mittelalter bis hin zum 20. Jahrhundert – der Kommission zukommen. Im Vordergrund soll dabei die Geschichte der Seinestadt im Mittelalter
und in der beginnenden Neuzeit stehen. Welche Hilfsmittel und Instrumente die Commission du Vieux Paris der vergleichenden Stadtgeschichtsforschung bietet, ist weithin – die
deutsche Wissenschaft eingeschlossen – noch nicht in angemessener Weise beachtet und für
Forschungen ausgeschöpft worden.

2   Die Abbildung bei Fleury/Kruta (wie Anm. 1) S. 57, vermag einen Eindruck vom Größenver-
    hältnis der zu besichtigenden Teile zur Gesamthöhe der Mauerzüge und Türme zu vermitteln.
    Siehe ergänzend die Abbildungen bei M. Fleury, Le Louvre de Philippe Auguste, in: L'enceinte et
    le Louvre de Philippe Auguste, présenté par la Délégation à l'Action Artistique de la Ville de Paris
    sous la direction de Maurice Berry et Michel Fleury, Paris 1988, S. 147, 161.
3   Auf diese Ausgrabung wird weiter unten noch ausführlicher zurückzukommen sein.
4   Sehr informativ der Ausstellungskatalog zur Geschichte und zum Wirken dieser Kommission:
    Cent ans d'histoire de Paris. L'œuvre de la Commission du Vieux Paris 1898–1998. Catalogue établi
    sous la direction de Michel Fleury et Guy-Michel Leproux, Paris 1999; siehe zudem M. Fleury,
    La Commission du Vieux Paris de 1898 à 1998, in: Administration 181 (1999) S. 24–28.
5   Fleury (wie Anm. 4) S. 25.
6   Beispielsweise führten die Ausgrabungen in Bercy auf dem rechten Seineufer (12. Arrondissement)
    1991 zu Aufsehen erregenden Funden sogar aus der Bronzezeit und dem Neolithikum und brach-
    ten Spuren der menschlichen Besiedlung dieses Raumes ab dem 7. Jahrtausend vor Christi Geburt
    ans Licht. Hierzu der Ausstellungskatalog Les pirogues néolithiques de Bercy. Exposition à la Mai-
    rie du XIIe arrondissement, 15 janvier–15 février 1992, Paris 1992; V. Kruta, Paris avant l'histoire,
    in: Cent ans (wie Anm. 4) S. 19–21, Präsentation von Funden auf S. 23–35.

I.

Die Gründung der Commission du Vieux Paris vor mehr als 100 Jahren verlief weniger spektakulär, als man es sich heute vielleicht vorstellen mag[7]. Die Initiative hierzu ging interessanterweise nicht von einem Universitätsprofessor für Geschichte oder einem Kreis von engagierten Wissenschaftlern aus, die sich von Berufs wegen an einem Forschungsinstitut oder wo auch immer mit der Historie und der Archäologie zu beschäftigen haben, sondern von einem promovierten Mediziner und Pharmazeuten: Alfred Lamouroux (1840–1890)[8]. Dieser erblickte im Viertel der berühmten »Hallen« das Licht der Welt. Die Interessen der Bewohner dieses Viertels sollte er von 1872 an, insgesamt 28 Jahre lang, im Pariser Stadtrat politisch vertreten. Nicht nur Fragen der Hygiene und der Statistik trieben ihn im besonderen um, sondern auch die Geschichte und die Sorge um die Bewahrung des kulturellen Erbes seiner Heimatstadt, wovon unter anderem sein Wirken in der Société des Amis des monuments parisiens seit ihrer Gründung im Jahre 1884 zeugt. Der erbitterte Gegner des Second Empire wurde von den gewaltigen urbanistischen Umwälzungen nachhaltig geprägt, welche der Baron George-Eugène Haussmann (1809–1891) als Präfekt von 1853 bis 1870 im Auftrag des Kaisers Napoleon III. kraftvoll durchführte, ohne größere Rücksichten auf das in Jahrhunderten gewachsene topographische Gewebe und die vielfältigen Bindungen der Einwohner zu ihrem Viertel und »ihrem Paris« zu nehmen[9].

Da sich die bauliche Destruktionspolitik, wie Alfred Lamouroux meinte, unter den Nachfolgern des Barons Haussmann nicht grundsätzlich geändert hatte, überdies Historische Vereine wie die im Jahre 1874 gegründete Société de l'histoire de Paris et de l'Ile-de-France oder andere im Bereich eines Arrondissement kaum dem anhaltenden Verlust des

---

7   Zur Gründung: M. FLEURY, Les origines et le rôle de la Commission du Vieux Paris (1898–1980), in: La Commission du Vieux Paris et le Patrimoine de la Ville (1898–1980), Exposition organisée par la Délégation à l'action artistique de la Ville de Paris et la Commission du Vieux Paris, Paris 1980, S. 5f.; Jean TIBERI, Introduction, in: Cent ans (wie Anm. 4) S. 9–13.

8   Siehe zu Alfred Lamouroux unter der vorherigen Anmerkung, ferner M. FLEURY, Notices biographiques des membres de la Commission du Vieux Paris, in: Cahiers de la Rotonde 21 (1999) (im Druck). Dieser Beitrag wird nähere biographische Angaben zu allen Mitgliedern der Commission du Vieux Paris seit den Anfängen enthalten. Hätte Alfred Lamouroux im übrigen nicht einen Artikel im Dictionnaire de biographie française verdient gehabt?

9   Zu George-Eugène Haussmann und seinen urbanistischen Eingriffen vgl. Louis GIRARD, La Deuxième République et le Second Empire 1848–1870, Paris 1981 (Nouvelle histoire de Paris), besonders S. 171–203; Pierre LAVEDAN, Histoire de l'Urbanisme à Paris. Réimp. de l'éd. originale avec un complément bibliographique et un supplément (1974–1993) par Jean BASTIÉ, Paris ²1993 (Nouvelle histoire de Paris), S. 413–483; Louis RÉAU, Histoire du vandalisme. Les monuments détruits de l'art français. Éd. augmentée par M. FLEURY et Guy-Michel LEPROUX, Paris 1994, S. 723–748; jüngst Jeanne GAILLARD, Paris, la ville: 1852–1870, Paris 1997; Jean FAVIER, Paris. Deux mille ans d'histoire, Paris 1997, S. 203–213, eine Karte mit den großen Bauprojekten des Präfekten auf S. 206f. Jean Favier stellt heraus, daß dieser der Stadt Paris, wo er immerhin geboren worden war, ebenso wie Napoleon III. in gewisser Hinsicht fremd blieb, und fügt hinzu: »Haussmann n'est retenu par aucun attachement sentimental envers l'ancienne ville …« (ebd. S. 204). Siehe ferner Paris menacé par le vandalisme urbain? Actes du colloque tenu le 23 octobre 1997 sous la présidence de Jean-Marie Rouart et Michel Fleury, Paris 1998, besonders M. FLEURY, Le vandalisme de la Révolution au Second Empire, S. 9–18, und Alexandre GADY, Les destructions causées par l'urbanisme haussmannien et par la Commune, S. 19–28. Aus einer vergleichenden europäischen Perspektive betrachtet und bewertet der Stadt- und Architekturhistoriker Leonardo Benevolo die »Hausmannisierung«: DERS., Die Stadt in der europäischen Geschichte, München 1999 (Beck'sche Reihe 4021), S. 196–217. Vgl. hierzu Andreas WIRSCHING, Paris in der Neuzeit (1500–2000), in: Andreas SOHN/ Hermann WEBER (Hg.), Hauptstädte und Global Cities an der Schwelle zum 21. Jahrhundert, Bochum 2000 (Herausforderungen. Historisch-politische Analysen, 9), S. 114–118.

architektonischen Kulturerbes wirkungsvoll entgegentreten konnten und die auf ganz Frankreich ausgerichtete Commission des monuments historiques mit dem Schutz überfordert schien, reifte in dem politisch engagierten Mediziner und Pharmazeuten während der Dritten Republik allmählich der Plan heran, eine neue städtische Institution mit einer beratenden Funktion ins Leben zu rufen[10]. Diese sollte die Entscheidungsträger in der sich schnell entwickelnden und immer weiter ausgreifenden Metropole sachgerecht über die historischen, kulturellen und denkmalpflegerischen Aspekte in Kenntnis setzen, die in bezug auf eine verantwortliche Politik der Stadtentwicklung und auf jeden Eingriff in die Bausubstanz zu beachten wären. Lamouroux, unterstützt von zahlreichen Stadtverordneten, brachte seinen Vorschlag am 15. November 1897 in den Stadtrat ein, der sich diesen zu eigen machte. So entstand schließlich mit der präfektoralen Verfügung vom 18. Dezember 1897, die am selben Tag im Bulletin municipal officiel de la Ville de Paris veröffentlicht wurde, die »Commission du Vieux Paris«. Deren Aufgabenstellung wurde im ersten Artikel wie folgt umschrieben: »Cette Commission sera chargée de rechercher les vestiges du vieux Paris, de constater leur état actuel, de veiller, dans la mesure du possible, à leur conservation, de suivre, au jour le jour, les fouilles qui pourront être entreprises et les transformations jugées indispensables et d'en conserver des preuves authentiques«[11].

An dieser Zielsetzung, an der Verbindung von Stadtgeschichtsforschung und Denkmalspflege, hat sich im wesentlichen bis heute nichts geändert. Der Commission du Vieux Paris obliegt es nach wie vor, die Überreste des alten Paris in einem umfassenden Sinn zu erfassen und zu erforschen sowie über ihre angemessene Erhaltung zu wachen. Gemäß dieser anspruchsvollen Aufgabenstellung ist die städtische Kommission auf eine profunde Sachkompetenz ihrer Mitglieder angewiesen, was sich in der Zusammensetzung klar widerspiegelt. Von Rechts wegen stand dem Préfet de la Seine die Präsidentschaft zu; so leitete der Präfekt Justin de Selves (1848–1934) als erster die Commission du Vieux Paris, zu deren Vizepräsidenten wurde – das überrascht nicht – ihr eigentlicher Initiator Alfred Lamouroux bestellt. Mit Jacques Chirac, der am 25. März 1977 zum Maire de Paris gewählt wurde, löste der Bürgermeister den vom Staatspräsidenten ernannten Präfekten in der Leitung der Kom-

---

10 Aufschlußreich ist in diesem Zusammenhang die Begründung, die Alfred Lamouroux seinem Vorschlag am 15. November 1897 beifügte (abgedruckt in Procès-Verbaux de la Commission du Vieux Paris [künftig PVCVP abgekürzt], séance du 28 janvier 1898, S. 2–4). Es heißt dort unter anderem: »… L'année dernière, on a démoli sans protestation et sans nécessité la partie de l'enceinte de Philippe Auguste qui se voyait dans la rue Clovis … n'avons-nous pas vu au mois de juillet de cette année disparaître, sans que la Ville conservât ni une photographie, ni un moulage, ni un souvenir quelconque, un hôtel du XVIIᵉ siècle, l'hôtel d'Anglade, 66, rue des Archives, hôtel bâti par de Cotte, élève de Mansart, orné de sculptures de Coysevox dans ses mascarons et ses consoles? Il y avait trois plafonds de Delafosse, élève de Lebrun. On a vendu ces plafonds 25 000 francs et les sculptures 1500 à 2000 francs. Or, l'hôtel construit pour le Juge, fermier général sous Louis XIV, était en parfait état; et savez-vous ce que l'on va mettre à la place? De grands magasins pour approvisionner des bazars! …« (ebd. S. 3).

11 Die Verfügung des Präfekten Justin de Selves ist veröffentlicht im Ausstellungskatalog La Commission (wie Anm. 7) S. 12 (aus Bulletin municipal officiel de la Ville de Paris vom 18. Dezember 1897). Ausführlicher hatte Lamouroux zu Beginn seines Vorschlags vom 15. November 1897 die Aufgabenstellung der neuen Kommission umrissen: »… une proposition relative à la création d'une commission chargée de rechercher les vestiges du vieux Paris, d'en dresser l'inventaire, de constater leur état actuel, de veiller dans la mesure du possible à leur conservation, de recueillir les épaves de ceux qu'il serait impossible de conserver, de suivre au jour le jour les fouilles qui pourraient être entreprises et les transformations de Paris jugées nécessaires, au point de vue de l'hygiène, de la circulation et des nécessités du progrès, et d'en fixer des images authentiques; en un mot, de tenir les Parisiens, par l'intermédiaire de leurs élus, au courant de toutes les découvertes intéressant l'histoire de Paris et son aspect pittoresque« (PVCVP, séance du 28 janvier 1898, S. 2f.).

mission ab[12]. Nach Chiracs Wahl zum französischen Staatsoberhaupt im Jahre 1995 folgte ihm Jean Tiberi in beiden Ämtern. Darin, daß dem Bürgermeister die Präsidentschaft zukommt, zeigt sich die spezifische Rolle der Kommission als städtische Einrichtung. Während diese früher für das gesamte Département Seine zuständig war, ist sie nun mit dem eigentlichen Stadtgebiet von Paris befaßt.

Seit den Anfängen werden bedeutende Gelehrte und Persönlichkeiten des öffentlichen Lebens, die nicht selten dem Institut de France, der französischen Akademie der Wissenschaften, angehören, in die Kommission berufen, damit sie mit ihrer großen und vielfältigen Sachkompetenz dieser bei der Erfüllung der höchst anspruchsvollen Aufgaben dienen können. Unter den ersten Mitgliedern, die in der präfektoralen Verfügung vom 18. Dezember 1897 angeführt werden, finden sich herausragende Vertreter des französischen Geisteslebens jener Zeit. Zu ihnen zählen beispielsweise Léopold Delisle (1826–1910), der mit mehr als 2000 (!) Veröffentlichungen ausgewiesene Historiker und Administrateur général der Pariser Nationalbibliothek, der Mediävist Auguste Longnon (1844–1911), Directeur d'études an der IVe Section des École pratique des Hautes Études und Professor am Collège de France, G. Lenôtre, eigentlich Théodore Gosselin (1855–1935), der bekannte Historiker der Französischen Revolution, der Kunsthistoriker und Archivar Jules Guiffrey (1840–1918), Administrateur du Mobilier national, der Architekt Charles Normand (1858–1934) und der Rechtshistoriker Paul Viollet (1840–1914), Professor an der École des chartes. Auch Künstler wie die Maler Édouard Detaille (1848–1912) und Georges Cain (1853–1919), seit 1898 Leiter des Musée Carnavalet, und der Dramatiker Victorien Sardou (1831–1908) sind vertreten, nach dessen Textbuch von 1887 bekanntlich Giacomo Puccini 13 Jahre später die Oper »La Tosca« schuf[13]. Im Jahre 1898 sicherte sich die Stadt zudem den Rat des Mediziners und Anthropologen Louis Capitan (1854–1929) in dem erlauchten Gremium[14].

Insgesamt 457 Mitglieder gehörten der Commission du Vieux Paris bis zum Beginn des Jahres 1999 an[15]. Auch in den letzten Jahrzehnten zeichnete diese aus, daß in ihr namhafte Historiker, Archäologen und Kunsthistoriker sowie weitere renommierte Persönlichkeiten aus Wissenschaft, Kultur und Politik wirkten und so zum Ansehen beitrugen, das sich die

---

12   Die 1977 erfolgte Wahl eines Bürgermeisters gemäß dem Gesetz vom 31. Dezember 1975 stellt eine wichtige Zäsur in der mehr als 2000jährigen Geschichte von Paris und damit in der Genese der städtischen Selbstverwaltung dar (vgl. FAVIER [wie Anm. 9]). Denn bis dahin gab es nur für relativ kurze Zeiten das Amt eines Bürgermeisters, so im Zuge der Französischen Revolution, während fünf Monaten im Revolutionsjahr 1848 und in zehn Monaten der Jahre 1870 und 1871. Ein Verzeichnis der Pariser Amtsträger bis heute bei Alfred FIERRO, Histoire et dictionnaire de Paris, Paris 1996, S. 968. Im Blick auf die hoch- und spätmittelalterlichen Verhältnisse betont der Mediävist Jacques Le Goff: »Elle [la ville de Paris, d. Vf.] n'avait pas … de maire, mais un quasi-maire, le prévôt des marchands« (J. LE GOFF, Saint Louis, Paris 1996, S. 238). – Einen raschen Überblick über die gegenwärtige Struktur der Pariser Stadtverwaltung, auch im Kulturbereich, ermöglicht Frédéric VASSEUR, La mairie de Paris, Paris 1999 (Que sais-je?, 3481).

13   Zu diesen siehe FLEURY (wie Anm. 8), ferner: G. HUARD, (Art.) Delisle, Léopold-Victor, in: Dictionnaire de biographie française [= DBF] 10, Paris 1965, Sp. 842–844; Martin PERSCH, (Art.) Delisle, Léopold-Victor, in: LThK³ 3, Freiburg 1995, Sp. 76; SERÉVILLE, (Art.) Gosselin, Louis-Léon-Théodore, in: DBF 16, 1985, Sp. 656f.; E. HUBERT, (Art.) Guiffrey, Jules-Marie-Joseph, ebd. 17, 1986, Sp. 79f.; M.-L. BLUMER, (Art.) Detaille, Jean-Baptiste-Édouard, ebd. 11, 1967, Sp. 145f.; M. FLEURY, Édouard Detaille, in: Cent ans (wie Anm. 4) S. 347; M.-L. BLUMER, (Art.) Cain, Georges-Jules-Auguste, in: DBF 7, 1956, Sp. 872; Jean-Marie BRUSON, Georges Cain, in: Cent ans (wie Anm. 4) S. 173; M. FLEURY, Victorien Sardou, ebd., S. 175.

14   Zu Louis Capitan: Roman d'AMAT, (Art.) Capitan, Joseph-Louis, in: DBF 7, 1956, Sp. 1066f.; M. FLEURY, Louis Capitan, in: Cent ans (wie Anm. 4) S. 176; DERS. (wie Anm. 8).

15   Jean TIBERI, Introduction, in: Cent ans (wie Anm. 4) S. 10; FLEURY (wie Anm. 8).

städtische Einrichtung in Paris, Frankreich und darüber hinaus im Laufe der vergangenen 100 Jahre erworben hat. Daß die 40 Mitglieder auf Lebenszeit vom Pariser Bürgermeister ernannt werden, verleiht dem Gremium eine beachtliche Stabilität, auch eine gewisse Unabhängigkeit, und schützt seine Arbeit mit vor den politischen Wechselfällen des öffentlichen Lebens in der französischen Hauptstadt und vor dem Druck gesellschaftlicher und industrieller Interessengruppen. Der Kommission stehen heute neben dem Pariser Bürgermeister drei Vizepräsidenten vor: Hélène Macé de Lépinay, Michel Junot und Michel Fleury, der zugleich das Amt des Generalsekretärs wahrnimmt und immerhin schon seit 1955 dem Gremium angehört[16]. Die Funktion des Vizepräsidenten wurde diesem im Jahre 1975 übertragen.

Einmal im Monat tagt die Kommission im Pariser Rathaus. Über jede Sitzung wird Protokoll geführt, das dann als Beilage zum Bulletin municipal officiel de la Ville de Paris veröffentlicht wird und so zur Transparenz der vom Gremium geleisteten Arbeit beiträgt. Gemäß der gültigen Rechtslage müssen jede bauliche Veränderung und jeder Abriß eines Hauses oder eines architektonischen Komplexes von der Stadtverwaltung beziehungsweise vom Bürgermeister genehmigt werden. Die Gesuche – ihre Zahl beläuft sich jährlich auf etwa 1000 – prüft die Commission du Vieux Paris, führt gegebenenfalls einen formellen Beschluß herbei, der beispielsweise eine Modifizierung oder eine Ablehnung des Bauprojekts beinhalten kann, und setzt davon die städtische Verwaltung beziehungsweise den Bürgermeister in Kenntnis[17]. Ob die politischen oder administrativen Entscheidungsträger der Stadt dem Beschluß folgen, ist ihnen anheimgestellt. Insofern hängt es nicht nur von dessen Kohärenz und dem Gewicht der vorgetragenen Erwägungen und Argumente, sondern auch von der Einsichtsfähigkeit und der kulturellen Aufgeschlossenheit der jeweiligen Amtsträger in Paris ab, ob und inwieweit dem Ansinnen der Commission du Vieux Paris entsprochen wird. Diese reagiert freilich nicht nur auf Eingaben und Gesuche hin, sondern wird auch selbst präventiv tätig, wenn der erhaltenswerte Baubestand in irgendeiner Weise bedroht ist. So kommt ihr ebenfalls die Rolle eines »konservatorischen architektonischen Frühwarnsystems« im besten Sinne des Wortes zu. Unstrittig dürfte über alle Parteigrenzen und gesellschaftlichen Fraktionsbildungen hinaus sein, daß die Kommission in anerkennenswerter Weise die Sensibilität für die Bedeutung des kulturellen Erbes in der französischen Capitale gefördert und zur Erhaltung des historischen Baubestandes in einem wesentlichen Maße beigetragen hat.

Als gelungenes Beispiel für eine konstruktive, der Authentizität verpflichteten Denkmalpflege auf modernstem konservatorischen und architektonischen Stand aus jüngster Zeit, das ein enges und harmonisches Zusammenwirken zwischen der Commission du Vieux Paris, dem Bürgermeister, der Stadtverwaltung und einem Architektenteam zeigt, darf im übrigen die Renovierung des sogenannten Château oder Hôtel de la Reine Blanche im 13. Arrondissement (17–19, rue des Gobelins; 12–18, rue Berbier-du-Mets; 4–8, rue Gustave-Geffroy) gelten. Das nahe der Bièvre gelegene bauliche Ensemble stammt aus dem ausgehenden 15. Jahrhundert und der frühen Neuzeit[18]. Die Grundsteinlegung für die Renovierung erfolgte am 6. Juli 1999.

16 Zu wissenschaftlichem Werdegang und Œuvre des Historikers und Archäologen von internationalem Renommee: »Si le roi m'avait donné Paris sa grand' ville …« Travaux et veilles de Michel Fleury. Avec un discours liminaire de Bernard BILLAUD et une postface de Geneviève DORMANN, Paris 1994 (Bibliographie auf S. 449–523), siehe auch die Ansprachen bei der Überreichung dieser Schrift (Remise à M. Michel Fleury d'un recueil de ses travaux édité par ses amis et élèves à Paris le 5 avril MCMXCV, Paris 1995).

17 Vgl. FLEURY (wie Anm. 4) S. 27f.

18 Der Namen der Residenzanlage ist freilich legendären Ursprungs. Daß Blanche von Kastilien (1188–1252), die Mutter Ludwigs des Heiligen, oder dessen Witwe Margarete von der Provence (1221–1295) oder eine andere französische Königin des Mittelalters eine Zeitlang hier lebten, läßt

Und noch eine spezielle Aufgabe obliegt der Kommission, deren Arbeitsergebnisse von Touristen aus aller Welt schon betrachtet worden sind: Bevor die Stadt Paris Gedenktafeln anbringen läßt, verifiziert die Kommission den Inhalt der Texte und überprüft auch die formale Richtigkeit. So trägt die archäologische und historische Denkmalskommission dazu bei, daß Paris als urbaner Memorialraum konstituiert wird.

II.

Die Commission du Vieux Paris stellt der Forschung und der kulturgeschichtlich interessierten Öffentlichkeit weitaus mehr Arbeitsinstrumente, Hilfsmittel und Veröffentlichungen zur Verfügung, als man zunächst zu vermuten geneigt ist. In mehreren Publikationsreihen berichtet sie eingehend von ihrer Arbeit und ihren Forschungen. Diese dürften nicht nur für die Stadtgeschichte, sondern auch für die politische, Wirtschafts-, Sozial- und Kirchengeschichte, die historischen Hilfswissenschaften und Nachbardisziplinen interessant sein.

Seit dem Jahre 1976 verfügt die Commission du Vieux Paris über ein modernes Forschungsinstitut in der Rotonde de la Villette, das vor mehr als 20 Jahren von Hartmut Atsma in dieser Zeitschrift bereits vorgestellt worden ist[19]. Dort, im Nordosten der Stadt gelegen[20], verlief der im Jahre 1797 fertiggestellte, 23 km lange Zollring, der zugleich die sechste Pariser Stadtmauer darstellt. In einem ehemaligen Zollhaus des Architekten Claude-Nicolas Ledoux (1736–1806)[21], für die Zwecke der Kommission hergerichtet, ist das Forschungsinstitut untergebracht. Hierzu gehören ein archäologisches Depot, Ateliers für Photographie, für Karten und Pläne, für Konservierung und Restaurierung, eine Bibliothek, eine Phototek und Ausstellungsräume.

In der Rotonde de la Villette befindet sich der »Casier archéologique« der Commission du Vieux Paris, der auf eine Entscheidung des Präsidenten Marcel Delanney (1863–1944), Préfet de la Seine, aus dem Jahre 1916 zurückgeht, um den baulichen Bestand von Paris systematisch zu erfassen und zu dokumentieren[22]. Es handelt sich um ein bemerkenswertes, in Dossiers gegliedertes Inventar für jedes der 20 Arrondissements der Seinemetropole; noch 1916, mitten im Geschehen des Ersten Weltkriegs, war mit Begehungen und Erfassungen im ersten Arrondissement begonnen worden. Die Dossiers des Inventars bieten

---

sich in den Quellen nicht nachweisen. Vgl. Marcel LECOQ/Louis BONNY, La Folie Gobelin ou l'Hôtel dit la Reine Blanche, in: Bull. de la Soc. hist. et archéol. du XIIIe arrondissement (Décembre 1963) S. 19–21; La Commission (wie Anm. 7) S. 44; Michel LE MOËL, Le mythe de l'hôtel de la Reine Blanche, 17 e 19, rue des Gobelins (XIIIe arr.), in: Cahiers de la Rotonde 11 (1988) S. 49–100; PVCVP, séance du 6 octobre 1998, S. 20f.

19 Hartmut ATSMA, La Rotonde de la Villette. Ein neues archäologisches Forschungsinstitut der »Commission du Vieux Paris«, in: Francia 7 (1979) S. 429–437. Siehe auch den folgenden Beitrag zur Tagung »Le sous-sol de Paris et de l'Ile-de-France«: M. FLEURY, Les relations entre les découvertes archéologiques et les grands travaux (de 1955 à 1988): L'œuvre de la Commission du Vieux Paris, in: Cahiers du CREPIF [= Centre de recherches et d'études sur Paris et l'Ile-de-France] 23 (1988) S. 55f.

20 Place de la Bataille de Stalingrad, 75019 Paris.

21 Eine Abbildung der Rotonde de la Villette bei LAVEDAN (wie Anm. 9) S. 678 (oben).

22 Jean-Pierre BABELON, Le Casier archéologique de la Ville de Paris, in: Cahiers de la Rotonde 1 (1978) S. 9–14; DERS., Le Casier archéologique de la Commission du Vieux Paris et la protection du patrimoine architectural de la capitale, in: La Commission (wie Anm. 7) S. 9–11; FLEURY (wie Anm. 19) S. 44–55. Zum Präfekten Marcel Delanney: H. TEMERSON, (Art.) Delanney, Marcel, in: DBF 10, 1965, Sp. 689; FLEURY (wie Anm. 8). Der »Casier archéologique« fiel in den Aufgabenbereich der ersten von ursprünglich drei eingerichteten Unterkommissionen (de l'Inventaire, des fouilles, des Aspects pittoresques et artistiques), die jedoch nach dem Zweiten Weltkrieg nicht mehr zusammentraten (FLEURY [wie Anm. 4] S. 26f.).

gewöhnlich einen Auszug aus dem Katasterplan, besitzgeschichtliche und bibliographische Hinweise, eine photographische Dokumentation, Auszüge aus archivalischen Quellen und Publikationen. Welche Bedeutung dieser »Casier archéologique« für die Denkmalspflege, die Geschichtswissenschaft und ihre Nachbardisziplinen besitzt, läßt sich leicht ermessen. Zudem ist das Inventar nicht nur interessant für Althistoriker, Mediävisten und Historiker der frühen Neuzeit, sondern auch für Zeithistoriker, weil architektonische Ensembles aus dem 19. und 20. Jahrhundert mit erfaßt sind.

Nicht unerwähnt sollte in diesem Zusammenhang ein reich bebildertes Verzeichnis der Bauten bleiben, die in diesen beiden Jahrhunderten architektonisch verändert oder errichtet worden sind. Es ist nach den Namen der Architekten gegliedert, die im Zusammenhang mit den beantragten Baugenehmigungen genannt sind, und liegt inzwischen für die Zeit von 1876 bis 1899 in vier Bänden vor[23]. Für die historische Forschung ist die mit zahlreichen bibliographischen Angaben versehene Publikation hinsichtlich der Prosopographie dieser Berufsschicht und der Pariser Topographie nützlich.

Die »Carte archéologique« der Commission du Vieux Paris, wovon im Jahre 1971 die erste Lieferung erschien, ging aus den Ergebnissen der eigenen archäologischen Sondierungen und Ausgrabungen seit 1898 hervor[24]. Auch die mehr als 10 000 Notizen, die Théodore Vacquer (1824–1899) im Zusammenhang mit seinen Grabungskampagnen, beginnend 1844 auf der Ile-de-la-Cité, und seiner Tätigkeit als Inspecteur du Service historique de la Ville de Paris ab 1866 angefertigt hatte, wurden einbezogen und ausgewertet[25]. Das Kartenwerk der Kommission hat sich inzwischen als ein unverzichtbares Arbeitsinstrument für die archäologische und historische Forschung in Paris erwiesen und kann in seiner Bedeutung für die Topographie der Seinestadt kaum unterschätzt werden. Zugleich sollte es, so die Intention der Bearbeiter, der Stadtverwaltung hinsichtlich urbanistischer Projekte anzeigen, wie der Untergrund beschaffen ist beziehungsweise sein könnte und worauf man vielleicht bei Grabungen stoßen könnte.

Seit kurzem liegt im Rahmen der »Carte archéologique de la Gaule« der Band zu Paris vor, den Didier Busson von der Commission du Vieux Paris erstellt hat[26]. Diese Synthese der archäologischen und historischen Forschungen, die mehr als 600 Seiten umfaßt und mit vielen Abbildungen versehen ist, reicht zeitlich von 800 vor Christi Geburt bis 700 nach seiner Geburt. Es ist abzusehen, daß es den Rang eines unentbehrlichen Standardwerks der Geschichtsforschung zum antiken und frühmittelalterlichen Paris einnehmen wird. Auf eine umfangreiche Bibliographie folgt eine lesbar geschriebene Darstellung, die nach Stadt-

23 Dictionnaire par noms d'architectes des constructions élevées à Paris aux XIXᵉ et XXᵉ siècles. Première série, période 1876–1899, établies sous la direction de Michel Fleury par Anne DUGAST et Isabelle PARIZET, I–IV, Paris 1990–1996 (Ville de Paris. Commission des travaux historiques. Sous-commission de recherches d'histoire municipale contemporaine XVIII,1–4), zum Aufbau das Vorwort von M. FLEURY in Band I, S. VII–XIV, ein Musterartikel auf S. 8. Ein Registerband ist in Vorbereitung.

24 Carte archéologique de Paris, première série, notices nᵒ 1 à 903, établies d'après les dossiers de l'Inspection des Fouilles archéologiques et les Procès-Verbaux de la Commission du Vieux Paris, par Marie-Edmée MICHEL, Alain ERLANDE-BRANDENBURG et Catherine QUÉTIN, sous la direction de Michel Fleury, Paris 1971 (Text- und Tafelband mit 9 Planches zu den 20 Arrondissements), zum besonderen Wert dieser Publikation vgl. das Vorwort von M. FLEURY auf S. 1–5, erläuternde Vorbemerkungen auf S. 7f. Siehe auch DERS., Le Plan archéologique de Paris du XIIIᵉ au XVIIᵉ siècle et la Topographie historique du Vieux Paris, in: »Si le roi …« (wie Anm. 16) S. 89–94 (Erstveröffentlichung 1959), und ATSMA (wie Anm. 19) S. 431f.

25 Die Notizen, Skizzen und Pläne von Théodore Vacquer werden in der Bibliothèque historique de la Ville de Paris aufbewahrt.

26 Didier BUSSON, Paris, Paris 1998 (Carte archéologique de la Gaule, 75), mit Karte.

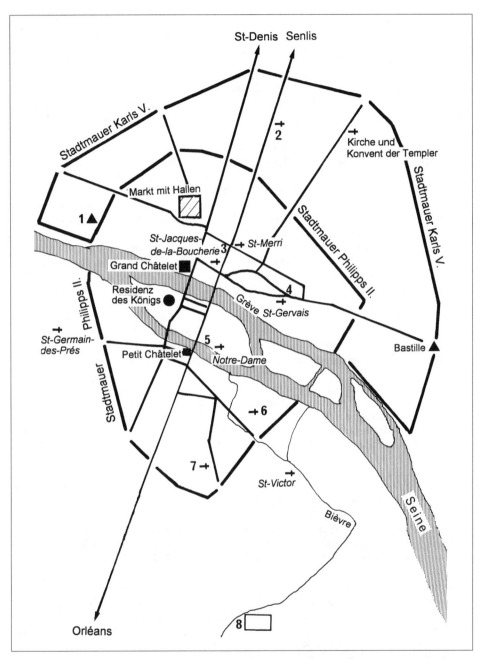

Paris am Ende des 14. Jahrhunderts. Mit einer Lokalisierung der archäologischen Ausgrabungen der Commission du Vieux Paris.
1: Louvre [Punkt im Innenbereich > Donjon]; 2: Saint-Martin-des-Champs; 3: Rue des Lombards; 4: Place Baudoyer; 5: Vorplatz von Notre-Dame (u. a. Kathedrale Saint-Étienne); 6: (Kirche und) Kolleg der Zisterzienser; 7: Kapelle Notre-Dame-de-la-Miséricorde (Baukomplex Sainte-Geneviève); 8: Necropole Saint-Marcel.

viertel, Straße und Epoche geordnet ist. Mehrere Register ermöglichen dem Leser einen schnellen Zugriff. So kann er sich beispielsweise bequem über die Ausgrabungen in einer gesamten Straße informieren. Bei merowingischen Kirchen wie Saint-Germain-des-Prés, vormals Sainte-Croix-et-Saint-Vincent, werden Architektur und Geschichte anhand der Schriftzeugnisse und archäologischer Befunde dargelegt, Zeugnisse zu Bestattung und Grab von Heiligen, kirchlichen und weltlichen Würdenträgern – in diesem Fall von dem heiligen Germanus († 576) und Angehörigen der königlichen Dynastie – mitgeteilt, Gang und Ergebnisse archäologischer Ausgrabungen aufgezeigt, worauf eindeutig der Schwerpunkt liegt[27].

Die Sitzungsprotokolle der Kommission, die procès-verbaux, die als Beilage zum »Bulletin municipal officiel de la Ville de Paris« veröffentlicht werden, sind bei weitem nicht so spröde, wie schriftliche Erzeugnisse dieser Art im allgemeinen erscheinen mögen. Ganz im Gegenteil: Der gewählte Schriftsatz, die klare Strukturierung der behandelten Materien, die gewöhnlich einfache Darstellung auch komplizierter historischer, archäologischer und denkmalpflegerischer Sachverhalte, eine großzügige Ausstattung mit Abbildungen aus historischen Stadtplänen und archivalischen Quellen sowie Photos von Häusern, Straßen, Kirchen, Plätzen, Brunnenanlagen usw. aus dem 19. und 20. Jahrhundert tragen dazu bei, daß sich die Beiträge durch Lesbarkeit und große Anschaulichkeit auszeichnen. So kann sich jeder, der an der Arbeit der Commission du Vieux Paris interessiert ist, mittels der Sitzungsprotokolle schnell und relativ umfassend informieren. Da auch knapp gehaltene Anmerkungen in der Regel längeren Ausführungen beigegeben sind, könnte die Durchsicht von Bänden der Procès-Verbaux überdies für denjenigen hilfreich sein, der zum Beispiel über einen bestimmten Aspekt der Genese eines Pariser Stadtviertels arbeitet, bibliographische Informationen zu einem Straßenzug, einer Pfarrgemeinde oder einer Kirche erhalten oder sich den neuesten Forschungsstand hinsichtlich archäologischer Ausgrabungen erschließen möchte.

Einer Feststellung von Jeanne Pronteau vor mehr als 30 Jahren ist ohne weiteres zuzustimmen: »Ces procès-verbaux constituent une mine de renseignements de tout ordre, dont on ne saurait trop souligner l'importance ... «[28]. Welche Fülle an Informationen die Publikationsreihe seit 1898 bietet, sei hier beispielhaft am Jahresband 1995 verfolgt, der Protokolle von zehn Monatssitzungen (Januar bis Juli, Oktober bis Dezember) mit insgesamt 247 Seiten umfaßt. Der letzten Niederschrift sind eine Jahresübersicht mit den Namen der Referierenden und den Themen ihrer Vorträge, Berichte, Besprechungen und Anzeigen beigegeben (S. 237–240), ferner ein Register (S. 241–247), das Verweise zu historischen Persönlichkeiten wie dem merowingischen König Chlodwig († 511) und seiner Gemahlin Chlothilde († 544/48), zu mittelalterlichen Kirchen wie Sainte-Geneviève, Ausgrabungen, Architekten, Häusern, Baukomplexen, Stadtvierteln, Straßen und Plätzen und anderes mehr enthält. Es sei jedoch einschränkend hinzugefügt, daß eine solche für den Benutzer höchst willkommene, weitreichende Erschließung leider nicht für jeden Jahresband der Sitzungsprotokolle erfolgt ist.

Das Spektrum der in den Sitzungen des Jahres 1995 behandelten Programmpunkte – eine Übersicht über die Tagesordnung und die anwesenden Kommissionsmitglieder gehen den Niederschriften voran – ist weit gespannt. Naturgemäß spielen Berichte über eigene Publikationen, Ausstellungen, Ortsbesichtigungen, Forschungen, Restaurierungen, archäologische Ausgrabungen, deren Funde und Auswertungen, Diskussionen über neue erfolgversprechende Grabungskampagnen, Stellungnahmen zu Gesuchen um partielle und vollstän-

---

27 Ebd. S. 349–363.
28 Jeanne Pronteau, Les numérotages des maisons de Paris du XVe siècle à nos jours, Paris 1966 (Ville de Paris. Commission des travaux historiques. Sous-commission de recherches d'histoire municipale contemporaine VIII), S. 207.

dige Umbau- oder Abrißgenehmigungen bei den Zusammenkünften eine wichtige Rolle. Auch Nachrufe auf verstorbene Mitglieder – eine jeweils traurige Pflicht geschuldeter Pietät – und die Vorstellung ihrer Nachfolger sind den Protokollen zu entnehmen. So spiegeln sich in den procès-verbaux zugleich mehr als 100 Jahre französischer Forschungs- und Wissenschaftsgeschichte in Auszügen.

Einige ausgewählte Beispiele aus dem Jahresband 1995 mögen die thematische Breite der Sitzungen veranschaulichen und zugleich andeuten, wie sehr die Protokolle das Interesse der Geschichtsforschung nicht nur im Hinblick auf die Seinestadt verdienen. Hélène Verlet zeichnet Leben und Werk eines langjährigen Kommissionsmitgliedes, des Historikers Henry de Surirey de Saint Remy (1916–1994), nach, der als conservateur en chef mit dem Umzug »seiner« Bibliothèque historique de la Ville de Paris ins Hôtel d'Angoulême-Lamoignon im Herzen des Marais betraut war[29]. Noch heute ist diese große, der Geschichte der Seinestadt gewidmete Bibliothek dort untergebracht, in der Rue Pavée Nr. 24, obgleich sie an ihre Kapazitätsgrenzen stößt. Funde einer Grabungskampagne unter der Leitung von Didier Busson werden vorgestellt, die in der ehemals römischen Stadt, *Lutetia*, auf dem linken Seineufer, genauer im Bereich des heutigen Boulevard Saint-Michel, durchgeführt wurden[30]. Die Archäologen förderten unter anderem ein gallo-römisches, 11 mm langes Onyxintaglio, mehrere mittelalterliche Keramiken aus einer Latrine des 14. Jahrhunderts und einige Renaissanceglaspokale zutage. Zu bemerkenswerten Aufschlüssen über die Genese der Nekropole von Saint-Marcel, die außerhalb der antiken und frühmittelalterlichen Stadt im Südosten lag, tragen c-14-Analysen der im Verlauf der Ausgrabungen von 1972, 1987, 1988 und 1991 gefundenen sterblichen Überreste an der Universität Claude Bernard in Lyon bei[31]. Danach stammen die untersuchten Skelette im wesentlichen aus der Zeit von der Mitte des 5. bis zum Ende des 6. Jahrhunderts. Guy-Michel Leproux, inzwischen (seit 1997) stellvertretender Generalsekretär der Commission du Vieux Paris, geht näher auf sieben, heute in England und Belgien aufbewahrte Renaissanceglasfenster aus der Pariser Kirche im dritten Arrondissement ein, in deren Besitz einst die Templer waren und die noch heute allgemein »église du Temple« genannt wird[32]. Bei dieser kunstgeschichtlich ausgerichteten »communication« von mehr als 20 Seiten, denen 32 Abbildungen und ein eigener Anmerkungsapparat beigegeben sind, handelt es sich sogar um einen wissenschaftlichen Aufsatz im eigentlichen Sinn.

Im Hinblick auf die spätmittelalterlichen und frühneuzeitlichen Residenzen in Paris sind die Mitteilungen von Jean-Pierre Jouve, architecte en chef des Monuments historiques, sehr interesssant, der sich mit der Geschichte des Hôtel de La Faye im Marais und den architektonischen Veränderungen im Laufe der Jahrhunderte beschäftigt hat[33]. Wahrscheinlich entstand der Baukomplex – wie das ähnlich konzipierte, aber weitaus bekanntere Hôtel de Sens – zu Beginn des 16. Jahrhunderts. Dafür, daß er Eustache L(h)uillier, dem Prévôt des Marchands in den Jahren 1505 und 1506, der mit einer Enkelin des berühmten Großkaufmanns und königlichen Bankiers Jacques Cœur (um 1395–1456) verheiratet war, als Unterkunft diente, wie hier und da zu lesen ist, fanden sich keine Quellenhinweise[34]. Als erster

---

29 PVCVP, séance du 9 janvier 1995, S. 4f.

30 Ebd. S. 7–9. Siehe auch Didier Busson, Le grand égout antique du boulevard Saint-Michel, ouvrage méconnu de Lutèce, in: Documents d'histoire parisienne 2 (1994) S. 13–25; Ders. (wie Anm. 26) ad indicem. Vgl. zur Topographie und Genese der römischen Stadt Paul-Marie Duval, De Lutèce oppidum à Paris capitale de la France (vers –225?/500), Paris 1993 (Nouvelle histoire de Paris).

31 PVCVP, séance du 7 novembre 1995, S. 202–212 (Ausgrabungsfunde im Bereich der Nummern 19 und 21, Rue de la Reine Blanche, 13. Arrondissement).

32 Ebd., séance du 4 avril 1995, S. 78–100.

33 Ebd., séance du 9 mai 1995, S. 108–115. Das Hôtel de La Faye befindet sich in der Rue Sainte-Croix de la Bretonnerie Nr. 5 im vierten Arrondissement.

34 Ebd. S. 108.

Eigentümer ist um das Jahr 1520 der königliche Notar und Sekretär Raoul de La Faye belegt. Die Struktur der Residenzanlage nachzuzeichnen, ermöglicht unter anderem ein Inventar, das nach dessen Tod am 19. April 1544 erstellt worden ist. Aufschlußreiche Grundrisse und mehrere Aufnahmen, unter anderem vom großen Saal im Erdgeschoß, sind den Ausführungen beigegeben.

Daß die frühneuzeitliche Geschichte von Paris selbst im fernen Japan Beachtung findet, zeigt die Veröffentlichung von Plänen dieser Stadt aus dem 18. und 19. Jahrhundert an, die zu Beginn des Jahres 1995 im Tokioter Verlag Kashiwashobo erschien und mit einem 98seitigen Kommentar, natürlich in Japanisch, versehen ist[35]. Wenn in den Sitzungsprotokollen auf wichtige Neuerscheinungen hingewiesen wird, sei es auf die Dissertation von Pauline Prevost-Marcilhacy über die berühmte Bankiersfamilie Rothschild, deren Angehörige auch in Paris große Residenzen erwarben oder erbauen ließen, sei es auf ein reich bebildertes Kompendium der Kirchen der Seinestadt, dann wird dies der interessierte Historiker gewiß stets dankbar vermerken[36]. Denn die Publikationen werden hier vor dem Hintergrund der Stadtgeschichtsforschung und nicht zuletzt der wissenschaftlichen Erträge der Arbeiten der Commission du Vieux Paris in der Regel kompetent und kritisch besprochen.

Um die wissenschaftliche Bedeutung des »Dictionnaire des églises de Paris«, von Georges Brunel, Marie-Laure Deschamps-Bourgeon und Yves Gagneux erstellt, zu unterstreichen, sei hier hinzugefügt, daß die Autoren Kapellen und andere Gotteshäuser ohne den Rang von Pfarrkirchen berücksichtigt haben, was in der von Maurice Dumolin und George Outardel besorgten Zusammenstellung aus dem Jahre 1936 fehlt[37], und die vielfältigen liturgischen Einrichtungen im Sakralraum mit erfassen. Auf einen historischen und kunsthistorischen Überblick – die Autoren legen überdies im Vorwort kurz und prägnant die spezifischen, aus der nichtfranzösischen Perspektive verwirrend erscheinenden Eigentumsrechte des Staates, der Stadt Paris, der christlichen Kirchen und der religiösen Gemeinschaften an den Gotteshäusern dar[38] – folgt ein alphabetisch angeordnetes Verzeichnis mit zahlreichen Abbildungen in Farbe. Den Artikeln sind bibliographische Verweise beigegeben. Die Neuerscheinung macht indes das dreibändige, ausführlichere Werk von Amédée Boinet zu den Pariser Kirchen keineswegs überflüssig, insbesondere, was das Mittelalter anbelangt[39].

Auf der Sitzung vom 14. Dezember 1995, die schon im Zeichen des in der französischen Öffentlichkeit lange heftig diskutierten Gedenkens an die Taufe des fränkischen Königs Chlodwig mit den entsprechenden Implikationen im Jahre 1996 stand, beschäftigte sich die Commission du Vieux Paris mit dem verschiedentlich gewünschten Projekt, am Ort seiner Bestattung, nämlich in der von ihm gegründeten Apostelkirche, eine große Grabungskam-

---

35 Ebd., séance du 13 juin 1995, S. 124 (Autoren Hirojuki Ninomiya und Norihiko Fukui).
36 Ebd., séance du 7 novembre 1995, S. 200–202. – Pauline Prevost-Marcilhacy, Les Rothschild, bâtisseurs et mécènes, Paris 1995, eine genealogische Tafel (ab dem ausgehenden 18. Jh.) S. 12, ein Verzeichnis der Pariser Residenzen innerhalb des Katalogs auf S. 301–359, zum Beispiel auf S. 311–323. – Georges Brunel/Marie-Laure Deschamps-Bourgeon/Yves Gagneux, Dictionnaire des églises de Paris. Catholique – orthodoxe – protestant, Paris 1995. Die drei Autoren sind Conservateur des Services des objets d'art des églises de la Ville de Paris.
37 Maurice Dumolin/George Outardel, Les églises de France. Paris et la Seine, Paris 1936 (chronologisch aufgebaut).
38 Brunel/Deschamps-Bourgeon/ Gagneux (wie Anm. 36) S. 11f.
39 Amédée Boinet, Les églises parisiennes, 1–3, Paris 1958–1964. Der erste Band ist dem Mittelalter und der Renaissance gewidmet. Immer noch nützlich ist Yvan Christ, Églises parisiennes actuelles et disparues, Paris 1947, und J.-P. Babelon u. a., Dictionnaire des Églises de France, IVc: Paris et ses environs, Tours 1968. Zu dem Archäologen und Kunsthistoriker Yvan Christ (1919–1998), der 34 Jahre der Commission du Vieux Paris angehörte, siehe den Nachruf in PVCVP, séance du 6 octobre 1998, S. 4f.

pagne durchzuführen, um dessen sterbliche Überreste zu finden. Damit sollte gewissermaßen das Gedenken an Chlodwig in Paris und Frankreich gekrönt werden. Michel Fleury,
einer der besten Kenner der merowingischen Zeit, trägt die diesbezüglichen Quellenbe-
funde zusammen, diskutiert in Anlehnung an Gregor von Tours die Bedeutung von *sacra-
rium* als Ort des Begräbnisses, lotet die Möglichkeiten einer genauen Lokalisierung nüchtern aus, berichtet über die Ergebnisse der Ausgrabung von 1807 im Kirchenschiff und
kommt abschließend zu dem Ergebnis, daß für eine neue, kostspielige Grabungskampagne
mit dem oben genannten Ziel keine berechtigten Erfolgschancen bestehen würden[40]. In
Anwesenheit des Bürgermeisters Jean Tiberi verzichtete das Gremium danach darauf, für
eine archäologische Ausgrabung vor und in der Kirche Sainte-Geneviève – die Grabbasilika
Chlodwigs nahm bekanntlich später das Patrozinium der gleichfalls dort beigesetzten heiligen Genoveva an – zu plädieren, womit den Pariser Bürgern zugleich eine mehrmonatige
Sperrung der Rue Clovis beim Panthéon im fünften Arrondissement erspart blieb. Diese
Diskussion zeigt an, wie sehr sich die Kommission von rein wissenschaftlichen Erwägungen in ihrer Arbeit leiten läßt, wovon im übrigen auch der Katalog der Ausstellung »Paris
de Clovis à Dagobert« aus dem Jahre 1996 zeugt, und wie sorgfältig sie Erfolgsaussichten
von Grabungskampagnen prüft[41].

Somit gewinnt der Leser anhand des Jahresbands 1995 der Sitzungsprotokolle einen
instruktiven Einblick in die alltägliche Arbeit der Commission du Vieux Paris. Diese hat
sich mit einem weiten Spektrum an thematischen Herausforderungen zu beschäftigen, das
in jenem Jahr zumindest von spätantiken Sarkophagen bis hin zu baulichen Veränderungen
an der Außenfassade des Hotels Ritz an der Place Vendôme mitten im Zentrum der Capitale reichte[42].

Auf den Nutzen der Niederschriften für bibliographische Recherchen ist schon hingewiesen worden, der in Ausnahmefällen ungeahnte Dimensionen erreichen kann. Im Jahre
1964 findet sich in den procès-verbaux sogar einmal die vollständige Bibliographie eines
Wissenschaftlers, nämlich des in Paris geborenen Kunsthistorikers Louis Hautecœur
(1884–1973), anläßlich seines 80. Geburtstages. Als Anhang zum Protokoll der Sitzung vom
9. Juli 1964 (Separatdruck Paris 1968) wurde die beeindruckende Bibliographie des
langjährigen, einflußreichen Kommissionsmitgliedes veröffentlicht, die 56 Buchpublikatio-
nen, 534 Beiträge einschließlich Zeitungsartikel, 48 Vorworte und 905 Rezensionen umfaßt.
Er nahm zum Beispiel verantwortungsvolle Aufgaben am Louvre und am Musée du
Luxembourg wahr, lehrte unter anderem an der École nationale supérieure des Beaux-Arts,
an den Universitäten Caen und Genf und wurde 1952 in die Académie des Beaux-Arts aufgenommen, der er als secrétaire perpétuel von 1955 bis 1964 diente[43]. Zu seinen Hauptwer-
ken zählt eine dreibändige, im Jahre 1959 erschienene »Histoire de l'art«; im Hinblick auf
Paris verdienen seine facettenreichen Studien zum Louvre genannt zu werden, darunter
eine Gesamtdarstellung von den hochmittelalterlichen Anfängen bis zum 20. Jahrhundert[44].

---

40 PVCVP, séance du 14 décembre 1995, S. 223–230 (mit Abbildungen). Zu der Kirche und der Gra-
    bungskampagne unter Napoleon siehe auch die Angaben im Ausstellungskatalog Paris de Clovis à
    Dagobert, Catalogue établi sous la direction de Michel FLEURY, Guy-Michel LEPROUX et Dany
    SANDRON, Paris 1996, S. 32–37, ferner den Beitrag von M. FLEURY, Topographie de Paris au VIe
    siècle, S. 19–22. Vgl. Patrick PÉRIN, La tombe de Clovis, in: Media in Francia … Recueil de Mélan-
    ges offert à Karl Ferdinand Werner …, Maulévrier 1989, S. 363–378.
41 Paris de Clovis à Dagobert (wie Anm. 40).
42 Zum Hôtel Ritz PVCVP, séance du 9 octobre 1995, S. 170f.
43 Zu Louis Hautecœur: E. HUBERT, (Art.) Hautecœur, Louis-Eugène-Georges, in: DBF 17, 1986,
    Sp. 746f.; M. FLEURY, Louis Hautecœur, in: Cent ans (wie Anm. 4) S. 184.
44 Louis HAUTECŒUR, Histoire de l'art, 1–3, Paris 1959; DERS., Histoire du Louvre. Le château, le
    palais, le musée des origines à nos jours (1200–1928), Paris ³1948.

Die Kommission publizierte interessanterweise auch einen Band der Memoiren eines langjährigen Mitglieds zu dessen 100. Geburtstag im Jahre 1979, womit zugleich dessen unermüdliche Mitarbeit in dem Gremium von 1942 an geehrt werden sollte: Charles Samaran († 1982), der als Directeur des Archives de France, Professor an der École des chartes und Directeur des études an der École pratique des Hautes Études wirkte und im Jahre 1941 in die Académie des Inscriptions et Belles-Lettres aufgenommen wurde, schilderte hierin nicht ohne Humor und recht detailliert unter anderem seine Studien und die Anfänge seiner wissenschaftlichen Tätigkeit in Paris und an der École française in Rom[45].

Zu den weiteren, regelmäßig erscheinenden Publikationen der Commission du Vieux Paris gehört seit 1978 die Zeitschrift »Cahiers de la Rotonde«, die nach dem Sitz des schon erwähnten Forschungsinstituts in der Rotonde de la Villette benannt ist. Hierin finden sich Beiträge zu allen historischen Epochen einschließlich der Zeitgeschichte. Wer sich schnell und nahezu umfassend über die Ausgrabungen und Forschungen der Kommission informieren möchte, sollte nicht darauf verzichten, die zumeist jährlich erscheinenden Bände einzusehen. Die Beiträge zeichnen sich in der Regel durch Lesbarkeit und klare Gliederung aus und sind nicht mit Fachtermini übersättigt.

Einige Bände haben thematische Schwerpunkte, beispielsweise ist der dritte (1978) dem Architekten Claude-Nicolas Ledoux gewidmet und dient zugleich als Führer einer Ausstellung der Commission du Vieux Paris. Um zwei weitere Beispiele zu nennen: Der achte Band (1985) bezieht sich ausschließlich auf eine Ausgrabung aus dem Jahre 1978 in der Rue Amyot (5. Arrondissement), nahe beim antiken Forum, und stellt die Bergung, Restaurierung und Auswertung der Funde, insbesondere gallo-römischer Wandmalereien, vor. Der neunte Band (1986) gilt dem ältesten Pariser Stadtplan von Truschet und Hoyau aus der Mitte des 16. Jahrhunderts, dem sich Jean Derens eingehend zuwendet. Zuweilen wird dieser Stadtplan mit dem Zusatz »von Basel« versehen, weil das aufschlußreiche Zeugnis dort entdeckt worden ist und noch heute in der Universitätsbibliothek aufbewahrt wird.

Daß die Zeitschrift immer wieder Raum für die Präsentierung spektakulärer Funde und Erkenntnisse bietet, kann nicht überraschen. Was die antike Topographie im nördlichen Teil der größten Seineinsel anbelangt, kann Didier Busson – gestützt auf ältere Beobachtungen und Studien der Forschung – einen basilikalen Bau ohne religiöse Funktion am heutigen Marché aux Fleurs nachweisen[46]. Zu der heftig diskutierten Frage nach der Datierung des Ablebens der Königin Arnegundis, der Gemahlin Chlothars I. († 561), deren Grab Michel Fleury in der Kirche Saint-Denis 1959 auffinden konnte, steuert ein wissenschaftliches Gutachten auf der Basis der Knochenanalyse Erhellendes bei; demnach verstarb sie etwa zwischen 550 und 560, gewiß nicht später als 575[47].

So ergänzen die »Cahiers de la Rotonde«, in denen sich die vielfältigen, oft detailreichen Forschungen der Commission du Vieux Paris, ihrer Mitglieder, Mitarbeiter und wissenschaftlichen Wegbegleiter widerspiegeln, die traditionellen Publikationsorgane für Studien zur Archäologie und Historie in Paris und der Ile-de-France.

---

45 Charles SAMARAN, Enfance et jeunesse d'un centenaire, Paris 1979. Zu Samaran ein Nachruf von Jean FAVIER, Charles Samaran (1879–1982), in: Bibliothèque de l'École des chartes 141 (1983) S. 410–426; ferner M. FLEURY, Charles Samaran, in: Cent ans (wie Anm. 4) S. 184f.

46 Didier BUSSON, La basilique du Marché aux Fleurs, sa place dans la topographie et l'histoire du Bas-Empire à Paris, in: Cahiers de la Rotonde 16 (1995) S. 75–105. Siehe auch DUVAL (wie Anm. 30) S. 305.

47 Vgl. M. FLEURY, L'âge au décès de la reine Arégonde, épouse de Clotaire Ier, d'après une nouvelle expertise ostéo-archéologique, in: Cahiers de la Rotonde 14 (1993) S. 169f.; Pierre-L. THILLAUD, Compte rendu d'expertise ostéo-archéologique, in: Ebd. S. 171f.

III.

Eine ganze Reihe von Veröffentlichungen der Commission du Vieux Paris ergibt sich direkt aus ihrer originären Aufgabe, zur Erhaltung des Denkmalbestandes und vor Eingriffen in die historische Bausubstanz archäologische Sondierungen beziehungsweise Ausgrabungen vorzunehmen. Deren Zahl beläuft sich von 1898 bis heute auf insgesamt mehr als 1300, was in der Tat eine bemerkenswerte Größenordnung darstellt. Welch immenses Quellenmaterial damit für die archäologische und historische Forschung erschlossen worden ist, läßt sich kaum ermessen. Daß die Sicherung, gegebenenfalls Konservierung der Befunde und deren Auswertung nicht zuletzt aufgrund der Quantitäten ihre Zeit, das heißt im Regelfall Jahre, beanspruchen, bedarf eigentlich keines Hinweises.

Die Ergebnisse der Grabungskampagnen werden der interessierten Pariser Öffentlichkeit in Ausstellungen – zum Beispiel zog diejenige zu »Paris de Clovis à Dagobert« im Jahre 1996 110 000 Besucher an[48] – präsentiert und in entsprechenden Katalogen oder Publikationen der Kommission wie den Sitzungsprotokollen, den »Cahiers de la Rotonde« und darüber hinaus veröffentlicht. Interessanterweise fanden einige Ausstellungen nicht nur in der Seinestadt, sondern auch in Italien statt, so diejenige zum Louvre vom September 1986 bis zum Juni 1988 nacheinander in Mailand, Parma, Florenz, Como und Volterra[49]. Auf die Initiative der Kommune Fiorano Modenese, in der Nähe von Modena in der Emilia Romagna gelegen, ist es zurückzuführen, daß Keramiken, Teile von Fußböden und andere Befunde aus verschiedenen Ausgrabungen jüngst im Castello Spezzano gezeigt wurden[50]. Im übrigen böte es sich an, die Commission du Vieux Paris und ihre Arbeit auch einmal im Rahmen einer Ausstellung in Berlin näher vorzustellen. Ein solches Projekt würde sich bestens in die an Intensität gewonnenen kulturellen Beziehungen zwischen den Hauptstädten an der Seine und der Spree einordnen.

Es gehört zu den paradox anmutenden Umständen in den vergangenen 100 Jahren, daß gerade größere städtische Bauprojekte zu einer Vielzahl von Ausgrabungen geführt haben: so von 1899 an besonders der Bau der Metrolinien, nach dem Ersten Weltkrieg vor allem die Anlage eines urbanen Heizungssystems und in den letzten Jahrzehnten die Errichtung geräumiger Parkhäuser unter der Erde[51]. Wie archäologische Forschungen unsere Kenntnis des mittelalterlichen Paris vertieft und bereichert haben, läßt sich an drei Beispielen verdeutlichen, welche der königlichen, bischöflichen und kanonikalen beziehungsweise monastischen Sphäre entnommen sind. Die ausgewählten Grabungskampagnen beziehen sich auf den Louvre, die Kathedrale des Bischofs und Saint-Martin-des-Champs und verdienen übrigens auch im Hinblick auf die mittelalterliche Hauptstadtwerdung von Paris großes Interesse[52].

Anders als in Deutschland, wo die systematische Erforschung der Pfalzen unter Federführung des Max-Planck-Instituts für Geschichte in Göttingen bekanntlich seit Jahrzehn-

---

48 FLEURY (wie Anm. 4) S. 27.
49 Il castello del Louvre ritrovato. Scavi nella »Cour Carrée« 1983–1985, Commission du Vieux Paris [a cura di Michel Fleury e Venceslas Kruta], Museo archeologico, Milano, 19 settembre–30 novembre 1986, Paris 1986.
50 Il tempo ritrovato. Terrecotte di Parigi dal Medioevo al Rinascimento XIII–XVI secolo. Pavimenti e vasellame da recenti scavi urbani della »Commission du Vieux Paris« della Città di Parigi, a cura di Michel FLEURY e Venceslas KRUTA, Castello di Spezzano, Fiorano Modenese, 19 luglio–20 settembre 1998, Modena 1998.
51 Vgl. FLEURY (wie Anm. 19) S. 34–44.
52 Hierzu Andreas SOHN, Von der Residenz zur Hauptstadt. Paris im hohen Mittelalter (Drucklegung in Vorbereitung).

ten betrieben wird und zu einer Reihe von instruktiven Publikationen geführt hat, fehlt ein entsprechendes französisches Pendant[53]. Um so begrüßenswerter ist generell jeder Forschungsbeitrag, gleich welcher wissenschaftlichen Provenienz, welcher den Kenntnisstand erweitert. Dies gilt mutatis mutandis auch für den Louvre, das königliche *palatium* auf dem rechten Seineufer, dem freilich seit jeher großes Interesse der französischen Geschichtsforschung zuteil geworden ist[54]. Nicht alle Fragen seiner Genese sind bis heute geklärt worden. Der Namen der Festung leitet sich von der bis dahin gängigen Bezeichnung des Ortes, *Lup(p)ara* oder *Luppera*, ab, dessen etymologische Bedeutung ungeklärt ist. Vielleicht geht der Ortsname auf einen ursprünglich dort angesiedelten Hundezwinger für die Jagd auf Wölfe zurück[55].

Für die historische und archäologische Forschung sollte es sich in gewisser Hinsicht als eine glückliche Konstellation im nachhinein erweisen, daß der französische Staatspräsident François Mitterrand (1916–1996) zu Beginn seines Septennats im Jahre 1981 die keinesfalls unumstrittene Umgestaltung des Louvre zum größten Museum der Welt im Rahmen der Grands Travaux verkündete. Im November 1983 wurde unter dem Vorsitz von Emile J. Biasini eine Anstalt des öffentlichen Rechts, Établissement Public du Grand Louvre, gegründet, welcher der Aus- und Umbau des Museums oblag. Nach ersten archäologischen Sondierungen im selben Monat kam es dann 1984 zu den Ausgrabungen in der sogenannten Cour carrée, wofür Michel Fleury im übrigen schon im Jahre 1977 ein Projekt entworfen hatte[56]. Ihm und Venceslas Kruta von seiten der Commission du Vieux Paris war die Leitung der Grabungskampagne anvertraut worden. Damit wurde zum erstenmal eine archäologische Ausgrabung im Bereich des mittelalterlichen Louvre durchgeführt, die diesen Namen verdiente. Im Jahre 1866 hatte dort der Historiker Adolphe Berty, der im Auftrag des Präfekten Haussmann eine historische Topographie der Stadt Paris vom 13. bis zum beginnenden 17. Jahrhundert erstellen sollte, nur relativ punktuelle und oberflächliche Sondierungen vornehmen können[57]. Gleichwohl erlaubten Berty diese, einige Behauptungen

---

53　Vgl. Palais royaux et princiers au Moyen Age. Actes du colloque international tenu au Mans les 6–7 et 8 octobre 1994, sous la dir. d'Annie RENOUX, Le Mans 1996; interessant die Einleitung der Herausgeberin S. 1–3. Siehe auch Carlrichard BRÜHL, Palatium und Civitas. Studien zur Profantopographie spätantiker Civitates vom 3. bis zum 13. Jahrhundert, 1, Köln, Wien 1975; Palais médiévaux (France – Belgique). 25 ans d'archéologie, sous la dir. d'Annie RENOUX, Le Mans 1994.

54　Statt vieler Titel: L'enceinte et le Louvre (wie Anm. 2). Die Publikation erschien zum 90jährigen Bestehen der Commission du Vieux Paris. – Zur Lage des Louvre siehe die Abb. von S. 171, für deren Ausführung ich Frau Ursula Hugot (Paris) herzlich danke.

55　Le Guide du Patrimoine. Paris, sous la dir. de Jean-Marie PÉROUSE DE MONTCLOS, Paris 1994, S. 284: »… chenil pour la chasse au loup? …« (nach Michel Fleury). Vgl. Du Cange, Glossarium mediae et infimae latinitatis, Art. Lupara, 4, ND Graz 1954, S. 154; ferner Henri SAUVAL, Histoire et recherches des antiquités de la ville de Paris, II, Paris 1724, ND Paris, Genf 1974, S. 9f.

56　Il castello (wie Anm. 49) S. 9; FLEURY (wie Anm. 2) S. 137. Damals schlug Michel Fleury bereits vor, eine archäologische Krypta unterhalb der Cour Carrée zu errichten.

57　Adolphe BERTY, Topographie historique du Vieux Paris, I–II: Région du Louvre et des Tuileries, Paris ²1885 (Histoire générale de Paris), siehe zur Genese des Louvre Bd. I, S. 113ff., eine Karte mit der mittelalterlichen Festung zwischen S. 128 und 129, eine weitere zur Gesamtanlage in der Renaissance zwischen S. 228 und 229; zu den Ausgrabungen II, S. 109–134; ergänzend ebd. Henri LEGRAND, Notice complémentaire sur les fouilles du Louvre, S. 135–168 (mit einigen Korrekturen an der Darstellung von Adolphe Berty); der Band wurde erstmals posthum im Jahre 1868 veröffentlicht. Vgl. Il castello (wie Anm. 49) S. 8. Der Umfang der archäologischen Sondierungen, die Berty vornahm, sind dem Plan des Louvre bei M. FLEURY/V. KRUTA, Premiers résultats des fouilles de la Cour carrée du Louvre, in: Comptes rendus des séances de l'Académie des Inscriptions et Belles-Lettres (1985) S. 650 (oben) zu entnehmen.

und Darstellungen des Historikers Henri Sauval (1623–1676) zu berichtigen, so zum Beispiel, daß sich der Donjon genau in der Mitte des Burghofes befunden hätte[58]. Wie die Ausgrabungen des Jahres 1984 zweifelsfrei zeigten, ist der Bergfried näher zur nördlichen Festungsmauer zu lokalisieren.

Wann der Louvre erbaut worden ist, läßt sich aufgrund der fragmentarischen schriftlichen Quellenlage nicht genau bestimmen, jedoch zeitlich näher eingrenzen[59]. Bevor Philipp II. am 4. Juli 1190 von Vézelay aus zum Dritten Kreuzzug ins Heilige Land aufbrach, erließ er eine Reihe von Anordnungen, welche die Regentschaft in seinem Reich bis zur Rückkehr sichern sollten[60]. Dazu gehörte auch die Verfügung, eine Stadtmauer auf dem rechten Seineufer zu errichten[61]. Daher dürfte frühestens im Jahre 1190 mit dem Bau der Festung begonnen worden sein. Diese, auf einem alluvialen Wulst fast unmittelbar an der Seine gelegen, war dem Mauerring im Westen vorgelagert und sollte einen feindlichen Angriff über den Fluß oder in dessen Nähe auf dem Landweg abwehren. Im Verteidigungssystem der Stadt fiel der Burg eine Schlüsselstellung zu. Bis zum November des Jahres 1202 war die Festung fertiggestellt; über deren Errichtung wachte Philipp II. seit seiner Rückkehr vom Kreuzzug im Dezember 1191[62]. Der Bau, bezeichnenderweise im Westen des Pariser Verteidigungsringes, ordnet sich in die militärischen Auseinandersetzungen der kapetingischen Könige mit den Herzögen der Normandie beziehungsweise den englischen Monarchen ein. Die Kämpfe mit den Plantagenêts trieben zu Beginn des 13. Jahrhunderts einer Entscheidung entgegen.

Die in gängigen Darstellungen zu Frankreich, dem kapetingischen Königtum und Paris nicht immer hinreichend beachteten Ausgrabungen unter Leitung von Michel Fleury und Venceslas Kruta erbrachten eine Reihe höchst instruktiver Ergebnisse, die nach mehreren Auswertungsphasen mitgeteilt wurden und im übrigen die Forschungsbilanz eines internationalen Pariser Kongresses zur Herrschaft Philipps II. im Jahre 1980 ergänzten[63]. Bis in die

58 BERTY (wie Anm. 57) I, S. 129f., II, S. 121; siehe auch die Ausführungen von LEGRAND ebd. S. 142f. Vgl. die Darstellung des mittelalterlichen Louvre bei SAUVAL (wie Anm. 55) II, S. 7–25. Zu Henri Sauval und seinem Werk: M. FLEURY, Notice sur la vie et l'œuvre de Sauval, in: »Si le roi ... « (wie Anm. 16) S. 305–324; im Blick auf den Louvre auch DERS./KRUTA (wie Anm. 57) S. 649–651.

59 Zu den schriftlichen Quellen FLEURY/KRUTA (wie Anm. 57) S. 649, 651.

60 Allgemein zur Herrschaft Philipps II.: La France de Philippe Auguste. Le temps des mutations. Actes du Colloque international organisé par le C.N.R.S. (Paris, 29 septembre–4 octobre 1980), publiés sous la dir. de Robert-Henri BAUTIER, Paris 1982 (Coll. internationaux du CNRS, n° 602); Joachim EHLERS, Philipp II. 1180–1223, in: DERS./Heribert MÜLLER/Bernd SCHNEIDMÜLLER, Die französischen Könige des Mittelalters. Von Odo bis Karl VIII. 888–1498, München 1996, S. 155–167. Zu den Verfügungen Philipps II. vor dem Aufbruch zum Kreuzzug: Ebd. S. 158f.; John W. BALDWIN, Philippe Auguste et son gouvernement. Les fondations du pouvoir royal en France au Moyen Age, Paris 1991, S. 141–145, 379–382.

61 *Precepit etiam civibus Parisiensibus, quod civitas Parisii, quam rex multum diligebat, muro optimo cum tornellis decenter aptatis et portis diligentissime clauderetur ...* (Rigordus, Gesta Philippi Augusti, in: Œuvres de Rigord et de Guillaume le Breton. Historiens de Philippe-Auguste, hg. von H. François DELABORDE, 1, Paris 1882, S. 105, vgl. S. 129). – Ein Plan von Paris mit den verschiedenen Stadtmauern in Mittelalter und Neuzeit findet sich bei LAVEDAN (wie Anm. 9) S. 8f.

62 Vgl. zur Bauzeit des Louvre: FLEURY (wie Anm. 2) S. 137 und 140 (»... entre environ 1190 et novembre 1202 ...«); BALDWIN (wie Anm. 60) S. 381f. (»... la tour du Louvre ... probablement commencée en même temps que l'enceinte de 1190 ...«).

63 Siehe zur mittelalterlichen Genese des Louvre den gerafften Überblick von M. FLEURY in Le Guide (wie Anm. 55) S. 281–291; ferner L'enceinte et le Louvre (wie Anm. 2). Bezüglich der Ergebnisse der archäologischen Ausgrabungen M. FLEURY/V. KRUTA, Les fouilles de la Cour carrée du Louvre, in: Archéologia 197 (1984) S. 20–29; DIES. (wie Anm. 57) S. 649–672 (mit Photos und Plänen); Il castello (wie Anm. 49) S. 9ff.; Le Louvre des rois. Les fouilles de la Cour Carrée, in: Dossiers Histoire et Archéologie 110 (1986) S. 6–92 (Beiträge von P. QUONIAM, M. FLEURY, V. KRUTA, J.

jüngste Zeit hinein gelangen aufgrund des immensen zutage geförderten archäologischen Quellenmaterials, auch unter steter Hinzuziehung der schriftlichen mittelalterlichen und frühneuzeitlichen Zeugnisse, weiterführende Beobachtungen.

Die quantitativen Ausmaße der Grabungskampagne deuten die Größenordnung der zu bewältigenden Aufgabe an: 16 000 Kubikmeter Erde mußten bewegt werden, davon befanden sich drei Viertel in den Gräben der Anlage. Um das Hauptergebnis des archäologischen Unternehmens vorwegzunehmen: Die Ausgrabungen haben beachtliche Teile der Festungsanlagen aus der Zeit Philipps II. bis zu einer Höhe von mehr als 6 m freigelegt. Darüber erhob sich der Louvre der Neuzeit mit seinen vielfältigen Wachstumsschüben. Um die recht unterschiedlichen Ausmaße des mittelalterlichen und neuzeitlichen Bauensembles zu verdeutlichen: Die hochmittelalterliche Festung bezeichnet ungefähr nur ein südwestliches Viereck in der sogenannten Cour carrée.

Ähnlich wie im königlichen *palatium* auf der Insel in der Mitte des Flusses diente ein gewaltiger, zylinderförmiger Donjon aus Pariser Kalkstein als Kern der gesamten Verteidigungsanlage, der ohne äußere Restaurierungen die Jahrhunderte überstand: Er maß am Sockel im Durchmesser bis zu 18 m, hatte eine Mauerstärke von 4 m, ragte etwa 30 m in die Höhe und wurde von einem kegelförmigen Dach gekrönt, wie uns im beginnenden 15. Jahrhundert die häufig abgebildete Miniatur in der Handschrift »Très Riches Heures«, vom Herzog Johann II. von Berry († 1416) in Auftrag gegeben, zeigt[64]. Über die Raumaufteilung läßt sich nichts Näheres aussagen, vermutlich gab es in jedem Geschoß einen gewölbten Raum von etwa 6 m Durchmesser[65]. Da der Bergfried den letzten Zufluchtsort in der Festung darstellte, lag die Annahme einer eigenen Wasserversorgung nahe, die es der verteidigenden Burgmannschaft erlaubt hätte, feindlicher Belagerung zu trotzen. Tatsächlich stießen die Ausgräber auf einen Brunnen mit 1 m im Durchmesser und eine tiefe, rechteckige Zisterne im Donjon, den ein runder fortlaufender Graben umgab[66]. Außerdem gab es einen weiteren, schon 1977 erfaßten Brunnen, fast in der südöstlichen Ecke des Burghofes gelegen, der 1,30 m im Durchmesser maß[67]. Anders als der Rundgraben um den Donjon, 7,50 m an der Basis breit, führte der äußere Burggraben Wasser, das wohl mittels eines Pumpsystems aus der Seine gewonnen wurde und nicht über Quellen im Osten gespeist worden ist[68].

BABELON, X. FAIVRE, C. BRUT, M. FERRÉ, F. LAGARDE, P. L. THILLAUD); FLEURY/KRUTA (wie Anm. 1), mit aufschlußreichen Farbbildern von den Ausgrabungen und Funden; Le Louvre des rois. De Philippe Auguste à François Ier, in: Dossiers d'Archéologie 192 (1994) S. 2–88 (Beiträge von M. FLEURY, V. KRUTA, F. LAGARDE, C. BRUT, G.-M. LEPROUX), bibliographische Hinweise auf S. 87f. Vgl. La France de Philippe Auguste (wie Anm. 60), besonders BOUSSARD, Philippe Auguste et Paris, S. 323–340; ERLANDE-BRANDENBURG, L'architecture militaire au temps de Philippe Auguste: une nouvelle conception de la défense, S. 595–603.

64 Zum Donjon: FLEURY/KRUTA (wie Anm. 1) S. 10f., eine Übersicht über die Maße der verschiedenen Teile der ausgegrabenen Festungsanlage auf S. 17; Le Guide (wie Anm. 55) S. 284 (Michel Fleury). Bezüglich der Form des Donjon merkt John Baldwin an: »La forme cylindrique offre la meilleure résistance externe et les voûtes de pierre des étages empêchent les assaillants d'incendier l'intérieur.« (DERS. [wie Anm. 60] S. 384). – Die Handschrift wird aufbewahrt im Schloß Chantilly nördlich von Paris. Bei der Darstellung des Louvre handelt es sich um das Monatsblatt Oktober.

65 Le Guide (wie Anm. 55) S. 284 (Michel Fleury).

66 FLEURY/KRUTA (wie Anm. 57) S. 657, zur Lage siehe die beiden Pläne auf S. 650 (Zisterne nahe des westlichen Runds des Donjon, Brunnen nahe des östlichen).

67 Ebd. S. 657, hinsichtlich der Lage siehe den Plan unten auf S. 650. Zu den Brunnen auch Catherine BRUT, Le puits de l'ancienne cour du Louvre médiéval, in: Dossiers d'Archéologie 207 (1995) S. 106f.

68 FLEURY/KRUTA (wie Anm. 57) S. 657; Xavier FAIVRE, La vie quotidienne au Louvre d'après les fouilles de la Cour Carrée, in: Dossiers d'Archéologie 207 (1995) S. 98.

Nachdem der Kapetinger Philipp II. am 27. Juli 1214 in der Schlacht von Bouvines nahe bei Lille über das Heer des welfischen Kaisers Otto IV., der gemäß den traditionellen Familienbanden mit dem englischen König Johann (Ohneland) aus dem Hause Plantagenêt verbündet war, triumphiert und damit zugleich den Machtkampf im deutschen Reich zugunsten des Staufers Friedrich II. entschieden hatte, wurde Ferrante von Portugal, der Graf von Flandern, als Gefangener nach Paris gebracht und *in turri nova extra muros* eingekerkert[69]. Der »neue« Donjon – der »alte« befand sich in der königlichen Residenz auf der Seineinsel – bot sich als sicheres Verlies für gefährliche Feinde des französischen Königtums an und sollte noch häufiger für diese Zwecke genutzt werden.

Einen Zugang zum Bergfried, welchen der König Franz I. bis auf den Sockel abtragen ließ, um ein neues Schloß im Stil der Renaissance zu erbauen, gab es vom südöstlichen Teil des Burghofes[70]. Diesen schützte eine umlaufende, an einigen Stellen mehrfach restaurierte Wehrmauer, die an der nördlichen Seite 72 m lang war und aus in Paris gebrochenen, verputzten Kalksteinen bestand. Mit insgesamt zehn Türmen war die Burgmauer bewehrt, mit jeweils einem in der Eckposition, ein weiterer schützte in der Mitte die Seiten, an denen man den feindlichen Angriff normannischer oder englischer Truppen erwartete, nämlich im Westen und im Norden. Zwillingstürme sicherten das Haupttor, das sich zur Flußseite hin befand, und eine kleinere Toröffnung an der östlichen Seite, wo mittels einer Zugbrücke die Verbindung zur eigentlichen Stadt hergestellt werden konnte[71]. Dort trennten nur wenige Meter die Stadtmauer vom äußeren Burggraben, dessen Breite 10,80 m an der Basis und 12,20 m an der Spitze der ausgegrabenen Festungsanlagen war. Die Archäologen stießen auf den stark beschädigten Sockel des nächstgelegenen Turmes der Stadtmauer im Norden, nahe der sogenannten Porte Marengo, 75 m von der Verbindungsstelle zur Burg an deren östlicher Seite entfernt[72].

Nur wenige Teile der An- und Umbauten aus der Zeit Karls V. (1364–1380) förderten die Ausgrabungen zutage, welcher die architektonisch betont nüchtern gestaltete, ganz auf den Verteidigungsfall ausgerichtete Burg zu einer eleganten königlichen Residenz verändern wollte[73]. Ansätze hierzu in der Nutzung gab es vermutlich schon zu Zeiten Philipps IV. des Schönen (1285–1314), doch wäre dies im einzelnen noch näher zu erhellen[74]. Karl V. ver-

---

69 Guillelmus Armoricus, Gesta Philippi Augusti, in: Œuvres (wie Anm. 61) I, S. 293.

70 FLEURY/Kruta (wie Anm. 57) S. 655: »… il existe en effet, contre la contrescarpe du fossé, vers le sud-est, un gros contrefort qui, à notre sens, ne peut être interprété que comme une avancée permettant de diminuer la portée d'une passerelle de charpente donnant accès au donjon depuis la cour …«.

71 Ebd. S. 657f., siehe auch das Photo auf S. 659 oben. Ein Brückenpfeiler konnte ausgegraben werden.

72 Ebd. S. 658, siehe zur Lage des Wehrturmes der Stadtmauer den Plan auf S. 654 oben.

73 Ebd. S. 658–660; M. FLEURY, Le Louvre de Philippe Auguste à François Ier, in: Dossiers d'Archéologie 192 (1994) S. 20–25; V. KRUTA, L'exploration archéologique du Louvre médiéval, in: Ebd. S. 42f.; vgl. Mary WHITELEY, Le Louvre de Charles V: dispositions et fonctions d'une résidence royale, in: Revue de l'art 97 (1992) S. 60–71. Zu Karl V. und seiner Herrschaft: Heinz THOMAS, Karl V. (1364–1380), in: EHLERS/MÜLLER/SCHNEIDMÜLLER (wie Anm. 60) S. 285–302; hinsichtlich der Rolle von Paris und den Residenzen des Königs: Raymond CAZELLES, Paris de la fin du règne de Philippe Auguste à la mort de Charles V 1223–1380, Paris 1994 (Nouvelle histoire de Paris); passim; Jean FAVIER, Conjoncture politique et chantiers de construction dans le Paris de Jean II et de Charles V, in: Vincennes aux origines de l'État moderne. Actes du colloque scientifique sur *Les Capétiens et Vincennes au Moyen Age* organisé par Jean Chapelot et Elisabeth Lalou à Vincennes les 8, 9 et 10 juin 1994, Paris 1996, S. 289–295, interessante Diskussionsbeiträge auf S. 297f.; ferner Mary WHITELEY, L'aménagement intérieur des résidences royales et princières en France à la fin du XIVe et au début du XVe siècle, in: Ebd. S. 299–303.

74 Vgl. den Diskussionsbeitrag von Robert-Henri BAUTIER im Anschluß an den Bericht von FLEURY/KRUTA (wie Anm. 57) S. 670f.; Jean FAVIER, Philippe le Bel, Paris 1978, ad indicem; Elisabeth

fügte den Bau einer weiteren Stadtmauer, die über das einstige umwehrte städtische Areal während der Herrschaft Philipps II. hinausging und ungefähr in Höhe des heutigen Pont du Carrousel die Seine erreichte, also zwischen dem kleinen Triumphbogen und der Place du Carrousel verlief[75]. Seit der Herrschaft Karls V. sicherte die neue Stadtmauer den Louvre, nicht umgekehrt wie noch im Jahrhundert zuvor. In der Zeit von Franz I. bis zu Ludwig XIV., von 1528 bis 1660 sollte der Louvre mehr und mehr seine mittelalterlichen Züge verlieren[76].

Ein außergewöhnlicher Fund gelang den Ausgräbern im Jahre 1984, als sie die Bodenschichten des Brunnens im Donjon untersuchten. Sie stießen auf insgesamt 155 Fragmente, die als Teile des vergoldeten Kupferhelmes Karls VI. (1380–1422) – nach Heribert Müller ein »Liebhaber der Frauen und Feste«[77] – identifiziert werden konnten[78]. Bis heute handelt es sich um die einzige in Europa aufgefundene Paradehaube aus dem Mittelalter; der Helm, den Karl VI. der Kathedrale von Chartres schenkte, war für den Einsatz im Gefecht bestimmt[79]. Aufgrund der zusammengesetzten Fragmente konnte eine Nachbildung der Paradehaube aus Galvanoplastik hergestellt werden. Original und Kopie werden in der sogenannten »Salle Saint-Louis« im Louvre-Museum gezeigt, auf die man schon im Jahre 1882 gestoßen war und die bis 1364 den Raum in der ersten und zweiten Etage in der nordwestlichen Ecke des Louvre einnahm[80]. Nach dem Stil der Kapitelle wurde wohl um die Mitte des 13. Jahrhunderts, also während der Herrschaft Ludwigs IX. (1226–1270), eine Einwölbung vorgenommen[81]; daher rührt die Bezeichnung für den Raum, der etwa 16 m in der Länge und 8,50 m in der Breite mißt. Die archäologischen Untersuchungen im Brunnen des Donjon förderten weitere interessante Funde von Objekten zutage, die Karl VI. oder seinem Sohn Ludwig (1397–1415), dem Herzog von Guyenne, gehörten, so zum Beispiel ein verzierter Ledergürtel, Zinnteller oder ein emailliertes Medaillon mit dem Wappen des Dauphin[82].

Lalou, Vincennes dans les itinéraires de Philippe le Bel et de ses trois fils (1285–1328), in: Vincennes (wie Anm. 73) S. 193.

75 Zum Verlauf der Stadtmauer Karls V. siehe Lavedan (wie Anm. 9) S. 8f. und – im Bereich des Louvre – den Plan in Il castello (wie Anm. 49) S. 19. Weiter unten wird auf den neuen Wehrring zurückzukommen sein.

76 J.-P. Babelon, L'histoire du Louvre de François Ier à Louis XIV, in: Dossiers d'Archéologie 207 (1995) S. 90–97 (mit bibliographischen Hinweisen).

77 Heribert Müller, Karl VI. 1380–1422, in: Ehlers/Müller/Schneidmüller (wie Anm. 60) S. 305.

78 Fleury/Kruta (wie Anm. 57) S. 667f.; Dies. (wie Anm. 1) S. 62–65 (mit Abbildungen); Il castello (wie Anm. 49) S. 15; M. Fleury, Le chapel doré de Charles VI, in: Dossiers d'Archéologie 192 (1994) S. 74–86; Paul Merluzzo/Patrick Pliska, Étude et restauration du casque de Charles VI, in: Cahiers de la Rotonde 16 (1995) S. 5–30; F. Delamare/B. Guineau/J.-N. Barrandon, Le »chapel de fer doré« de Charles VI, in: Ebd. S. 31–73; Il tempo (wie Anm. 50) S. 54. Vermutlich war die Paradehaube in Hunderte von einzelnen Fragmenten zerlegt worden, um das Gold von diesen – zum Beispiel im Feuer – zu lösen. Eine Beschreibung in einer Abrechnung der Ecurie Karls VI. aus dem Jahre 1411, aufgefundene Embleme der königlichen Macht und der persönlichen Herrschaft (Lilien, geflügelter Hirsch, Devise »EN BIEN«), die am Helm angebracht waren, ermöglichten die Identifizierung. – Zu Karl VI. und zur Entwicklung von Paris während seiner Herrschaft: J. Favier, Paris au XVe siècle (1380–1500), Paris ²1997 (Nouvelle histoire de Paris), ad indicem.

79 Il tempo (wie Anm. 50) S. 54.

80 Il castello (wie Anm. 49) S. 9; Whiteley (wie Anm. 73) S. 64; M. Fleury, La Salle Saint-Louis, in: Dossiers d'Archéologie 192 (1994) S. 41.

81 Fleury/Kruta (wie Anm. 1) S. 52, Abbildungen auf S. 52f. Der Rundgang durch die archäologische Krypta des Louvre führt auch in diesen Raum.

82 Ebd. S. 66–69 (mit Abbildungen).

Es versteht sich, daß die bislang vorliegenden Ergebnisse der Ausgrabungen für die internationale und interdisziplinäre Residenzenforschung von großer Bedeutung sind, auch im Hinblick auf die Gestaltung des Louvre seit der Zeit Karls V.[83]. Außerdem verdienen die archäologischen Forschungen das Interesse der Sozialhistoriker, weil vielfältige Funde Rückschlüsse auf das Alltagsleben im mittelalterlichen und frühneuzeitlichen Louvre ermöglichen[84]. In den verschiedenen Gräben stießen die Ausgräber auf zahlreiche Keramiken, eine königliche Schachfigur aus dem 14. Jahrhundert, eine bronzene Statue aus dem 13. Jahrhundert, Glaswaren, in der Mitte geteilte Schädel von Ziegen, Knochenreste von Wildschweinen, Kerne von Datteln und Pfirsichen und anderes mehr.

In diesem Zusammenhang sollte ergänzend auf die Ausgrabungen hingewiesen werden, die ab 1983 in der Cour Napoléon und den Jardins du Carrousel durchgeführt worden sind[85]. Hier sei die Aufmerksamkeit besonders auf die letzte Phase der archäologischen Operation des Grand Louvre, die 18monatige Grabungskampagne in den Gärten um den kleinen Triumphbogen von 1989 bis 1990, gelenkt, welche der belgische Archäologe Paul Van Ossel geleitet hat und die interessante Aufschlüsse über die Zone westlich der von Philipp II. erbauten Festung erbrachte. Die archäologischen Ergebnisse wurden jüngst einer breiten Öffentlichkeit im Museum des Louvre vorgestellt und in einem umfangreichen, fast 400 Seiten umfassenden Ausstellungskatalog erläutert, worauf hier nur kurz eingegangen werden kann[86].

Spuren menschlicher Besiedlung in dieser Zone, die bis ins späte Mittelalter hinein ländlich geprägt blieb, reichen in die Vor- und Frühgeschichte zurück. Im 14. Jahrhundert mehren sich die Hinweise auf eine allmählich voranschreitende Einbeziehung in das urbane Areal von Paris. Reste eines Wohnhauses, darunter auf Gips aufgetragene Wandmalereien, konnten freigelegt werden, welches der neuen Stadtmauer Karls V. weichen mußte[87]. Die Qualität der figürlichen und geometrischen Dekore, auch die Leuchtkraft der Farbgebung und heraldische Motive sowie die Größe des Hauses lassen auf die Bedeutung des Auftraggebers schließen. Die Zusammenschau mit Schriftzeugnissen erlaubt es wohl, Pierre des Essars, der über Jahre hinweg als Vertrauter in der engeren königlichen Umgebung reüssierte, nobilitiert wurde und dessen Tochter Étienne Marcel, den bekannten Prévôt der Pariser Kaufleute, heiraten sollte, als einen Besitzer zu identifizieren[88]. Pierre des Essars fiel im September 1349 der grassierenden Pest zum Opfer.

Für die Erforschung der Pariser Stadtmauern dürfte es bedeutsam sein, daß diejenige Karls V., von der sich übrigens im heutigen Stadtbild kaum sichtbare Spuren erhalten haben, deren Verlauf freilich ungefähr die großen Boulevards teilweise folgen, über die Länge von

---

83 Vgl. unter anderem WHITELEY (wie Anm. 73) S. 60–71 (mit Plänen zur Funktionsbestimmung der Räume); SÓHN (wie Anm. 52).

84 Il castello (wie Anm. 49) S. 10–13, 17; Catherine BRUT, Le verre à Paris au Moyen Age. L'apport essentiel des fouilles archéologiques de la Cour Carrée du Louvre pour le XIIIᵉ siècle, in: Dossiers d'Archéologie 192 (1994) S. 56–59; DIES., Le fossé du donjon, in: Ebd. S. 60–63; DIES., La céramique du fossé du donjon, in: Ebd. S. 66–71; Xavier FAIVRE, La vie quotidienne au Louvre d'après les fouilles de la Cour Carrée, in: Dossiers d'Archéologie 207 (1995), S. 98–105 (zur frühen Neuzeit).

85 Zu den verschiedenen Ausgrabungen siehe die Einführung in Les jardins du Carrousel (Paris). De la campagne à la ville: la formation d'un espace urbain, sous la dir. de Paul VAN OSSEL, Paris 1998 (Documents d'archéologie française 73), S. 12–21, eine Karte auf S. 15.

86 Les jardins (wie Anm. 85), bibliographische Hinweise auf S. 360–374, die vorausgegangenen Publikationen unter der Leitung des Archäologen Van Ossel sind verzeichnet auf S. 373. Der Ausstellungskatalog enthält zahlreiche Abbildungen. Bei der Fülle der detailreichen Informationen wäre für den Leser ein Register dienlich gewesen.

87 Vgl. ebd. S. 114–140.

88 Ebd. S. 138f. Zu Pierre des Essars: CAZELLES (wie Anm. 73) ad indicem.

fast 200 m freigelegt werden konnte[89]. Einem Erdwall und zumindest einem Graben, der mit Wasser gefüllt war, waren hier zwei Trockengräben und eine Erdaufschüttung vorgelagert. Nicht nur die spätmittelalterliche Militärarchitektur, sondern auch die sozial- und wirtschaftsgeschichtlich wichtige Genese eines Handwerkerviertels konnte erhellt werden[90]. Teile von mehreren, nebeneinander liegenden Ziegeleien – die *tuileries* sollten ja später für die Gärten und das auf Anordnung Katharinas von Medici (1519–1589) gebaute Schloß namengebend werden – kamen ans Licht; dank einer relativ günstigen schriftlichen Quellenlage konnten ihre Betreiber größtenteils identifiziert werden.

Neben dem Louvre und seiner Umgebung ist ein weiterer topographischer Schwerpunkt archäologischer Forschungen in der Seinestadt zu nennen. Wenn umfangreiche Ausgrabungen auf der größten Insel in der Mitte des Flusses durchgeführt werden, dürfen sie immer mit dem starken Interesse der Geschichtswissenschaft rechnen, weil sich hier der mittelalterliche, antiken Vorgängerbauten folgende Stadtkern von Paris und zugleich ein machtpolitisches Gravitationszentrum königlicher und bischöflicher Provenienz befunden haben. Wie in Antike und Mittelalter bot sich die Insel, 35 bis 36 m über dem Meeresspiegel gelegen und nach Norden hin spürbar abfallend, auch später noch als Übergang über den Fluß und als strategisch günstiger Ort an. Im Westen erstreckte sich die königliche Residenz, im Osten der bischöfliche Kathedralbezirk. Unter dem Vorplatz der heutigen Kathedrale Notre-Dame – dieser wies im übrigen bis ins 18. Jahrhundert hinein nur eine Tiefe von 17 m auf – wurden mehrere ergebnisreiche Grabungskampagnen der Commission du Vieux Paris, die ursprünglich dem Bau einer großen Tiefgarage vorangehen sollten, in verschiedenen Etappen durchgeführt, zunächst von 1965 bis 1972 unter der Leitung von Michel Fleury, dann von 1974 bis 1988 unter derjenigen von Venceslas Kruta[91]. Insgesamt reichen die archäologischen Funde von der gallo-römischen Zeit bis zum beginnenden 20. Jahrhundert.

Den ersten Ausgrabungen ist zu verdanken, daß Teile der Grundmauern der merowingischen Kathedrale freigelegt wurden. So konnte nachgewiesen werden, daß dieses Gotteshaus wie die römischen Basiliken Sankt Peter und Sankt Johannes im Lateran aus fünf Schiffen – nicht aus drei, wie bis dahin vielfach zu lesen war – bestand[92]. Zugleich unter-

89 Vgl. Les jardins (wie Anm. 85) S. 144–203, eine Karte auf S. 144.
90 Ebd. S. 262–310, siehe auch S. 206–260.
91 Über die Ausgrabungen unter dem Vorplatz von Notre-Dame (siehe Abb.), mit denen bereits Théodore Vacquer im Jahre 1847 begonnen hatte, gibt Busson (wie Anm. 26) S. 453–457 einen Überblick.
92 M. Fleury, L'Époque gallo-romaine et le Haut Moyen Age, in: Ders., A. Erlande-Brandenburg, J.-P. Babelon, Paris monumental, Paris 1974, S. 18–20, ein Grundriß der merowingischen Kathedrale auf S. 18; Trois fouilles récentes en Ile-de-France. Saint-Étienne de Paris, Saint-Germain-des-Prés, Châteaubleau-en-Brie [Ausstellungskatalog], Paris 1982, S. 1–10; M. Fleury, Point d'archéologie sans histoire, in: The Zaharoff Lecture for 1986–7, Oxford 1988, S. 6–8; Ders., La cathédrale mérovingienne Saint-Étienne de Paris, plan et datation, in: »Si le roi ...« (wie Anm. 16) S. 161–174 (Erstveröffentl. in Landschaft und Geschichte. Fs. für Franz Petri zu seinem 65. Geb., 1970), für die Datierung besonders interessant S. 169–174, zudem Ders., La construction de la cathédrale de Paris par Childebert Ier d'après le *De ecclesia Parisiaca* de Fortunat, in: Ebd., S. 175–182 (Erstveröffentlichung 1977); zuletzt Ders., Paris gallo-romain et mérovingien, in: Cent ans (wie Anm. 4) S. 41–44, und Busson (wie Anm. 26) S. 464–471. Auf die Kontroversen um Datierung und Interpretation der Ausgrabungsfunde – ebenso wie auf die Diskussionen um den Bau einer Kathedrale bereits im 4. Jh. – kann hier nicht näher eingegangen werden. Die divergierenden Forschungsmeinungen sind zusammengefaßt ebd. S. 467–471. Es sei hier nur angefügt, daß unter anderem Alain Erlande-Brandenburg die Datierung einer ersten, fünfschiffigen (!) Kathedrale ins 4. Jh. postuliert hat (Ders., Notre-Dame in Paris. Geschichte – Architektur – Skulptur, Freiburg, Basel, Wien 1992, S. 15–19). Vgl. Brühl (wie Anm. 53) S. 14–16; Jacques Boussard, Paris de la fin du siège de 885–886 à la mort de Philippe Auguste, Paris ²1997 (Nouvelle histoire de Paris), S. 140f.; Duval (wie Anm. 30) S. 351 und die obigen Literaturhinweise in dieser Anm.

streicht dies den gewaltigen Anspruch, welchen der wahrscheinliche Erbauer, der merowingische König Childebert I. (511–558), dessen Vater Chlodwig als Begründer des fränkischen Großreiches im Jahre 508 Paris zum Zentrum erhob, mit dem Bau der Kathedrale Saint-Étienne verband. Diese maß mehr als 70 m in der Länge und mehr als 36 m in der Breite – das Mittelschiff 10 m – und war somit die größte Kirche im damaligen Gallien. Wegen der Außenmauer des äußeren südlichen Seitenschiffes wurde der römische Wehrring aus dem ausgehenden 3. Jahrhundert nach Christi Geburt teilweise abgetragen. Der Umriß der merowingischen Kathedrale mit Ausnahme des äußeren nördlichen Seitenschiffes – die Straße vor dem Hôtel-Dieu verläuft heute dort – ist in der modernen Pflasterung des Vorplatzes von Notre-Dame nachgezeichnet. Die dem Protomärtyrer Stephan geweihte Kirche erhob sich etwa 20 m vor der heutigen Hauptfassade des gotischen Gotteshauses und stand zu dieser in einem leicht nach Norden geneigten Winkel.

Um sich die Bedeutung der Funde, welche die Ausgrabungen unter der Leitung von Michel Fleury und Venceslas Kruta erbrachten, zu ermessen, ist es angebracht, sich die Topographie in diesem Bereich der Insel zu vergegenwärtigen[93]. Der römische *cardo* verlief gemäß der heutigen Rue Saint-Jacques durch die antike Stadt auf dem linken Ufer und führte über eine kleine Brücke schnurgeradeaus weiter bis zum nördlichen Inselufer. Auch für die Genese des mittelalterlichen Straßennetzes blieb diese Achse – mit ihrer Verlängerung auf dem rechten Seineufer – bestimmend[94]. Als Maurice de Sully im Jahre 1163 mit dem Bau der neuen Kathedrale Notre-Dame begann, ließ er eine Straße anlegen, die vom *cardo* aus direkt auf das mittlere Portal der gotischen Hauptfassade zulaufen sollte.

Wesentliche Ergebnisse der Ausgrabungen können noch heute, zum Teil in situ, in der sogenannten archäologischen Krypta unter dem Vorplatz von Notre-Dame besichtigt werden, die im Jahre 1980 vom damaligen Bürgermeister Jacques Chirac eröffnet wurde[95]. Diese Krypta, die 117 m in der Länge und bis zu 29 m in der Breite mißt, ist – so Michel Fleury – »la plus grande crypte archéologique existante«[96]. Sie birgt unter anderem Reste des spätantiken, aus wuchtigen Steinquadern bestehenden Wehrrings, der teilweise auf der älteren Kaimauer, vermutlich aus der Zeit Tiberius' (14–37 nach Christi Geburt) oder früher[97], ruht und zum Schutz vor den Gallien bedrohenden germanischen Invasionen errichtet worden ist, des weiteren hypokaustisch geheizte Räume eines gallo-römischen Gebäudes, zudem Fundamente und Keller mittelalterlicher Häuser, welche die neue Straße des Bischofs Sully säumten und im Jahre 1745 teilweise für deren Erweiterung beim Bau der

---

93 Vgl. die in der vorangehenden Anm. zitierte Literatur, ferner Adrien FRIEDMANN, Paris, ses rues, ses paroisses du moyen âge à la Révolution. Origine et évolution des circonscriptions paroissiales, Paris 1959, S. 49–65; R.-H. BAUTIER, Paris au temps d'Abélard, in: Abélard en son temps. Actes du colloque international organisé à l'occasion du 9ᵉ centenaire de la naissance de Pierre Abélard (14–19 mai 1979), Paris 1981, S. 42–44, 47–49; die Beiträge von V. KRUTA/Colette BÉMONT/Marie TRUFFEAU-LIBRE, in: Cahiers de la Rotonde 6 (1983) S. 7–34.

94 Siehe die Karte bei FAVIER (wie Anm. 9) S. 178 (oben); bezüglich des 12. Jhs. die Karte bei Andreas SOHN, Die Kapetinger und das Pariser Priorat Saint-Martin-des-Champs im 11. und 12. Jahrhundert. Mit Ausblicken auf die Beziehungen zwischen dem Konvent und den englischen Königen, in: Francia 25/1 (1998) S. 78.

95 La crypte archéologique du parvis Notre-Dame, in: Archéologia 147 (1980) S. 8–29 (hier mehrere Beiträge dazu von Michel Fleury); M. FLEURY/V. KRUTA, La crypte archéologique du parvis Notre-Dame, Rennes 1990 (instruktiver Führer mit zahlreichen Abbildungen). Vgl. zu den Ergebnissen der Ausgrabungen die unter Anm. 92 und 93 zitierte Literatur, ferner La Commission (wie Anm. 7) S. 23–26, ein Modell der Gesamtanlage auf S. 25; BUSSON (wie Anm. 26) S. 453–465.

96 FLEURY (wie Anm. 4) S. 27.

97 KRUTA (wie Anm. 93) S. 12; BUSSON (wie Anm. 26) S. 458. Aus der Zeit des Kaisers Tiberius stammt der bekannte Stein mit der Inschrift der *nautae Parisiaci*.

Anstalt für Findelkinder abgerissen wurden, Vitrinen mit antiken Fundgegenständen, zum Beispiel diversen Keramiken, Nadeln und einem Kamm aus Knochen, einer kleinen bronzenen Glocke und einem Medaillon aus Hirschgeweih. Teile der spätantiken Wehrmauer sind mitten im Keller eines mittelalterlichen Hauses erhalten geblieben. Das Bodenniveau war in der Antike und im Mittelalter tiefer als das heutige des Vorplatzes von Notre-Dame. Die neue Straße des 12. Jahrhunderts war etwa 1,50 m tiefer gelegen, die (spät)antiken Wege verliefen noch 2,50 m darunter[98]. Im übrigen haben die Archäologen mit der Schlußfolgerung, daß sich der römische Hafen an der südlichen Inselseite – und nicht am rechten Seineufer etwa beim heutigen Rathaus (Grève) – befand, einen neuen Beitrag zur Diskussion um die Lokalisierung der ersten Hafenanlagen geliefert[99].

Unter dem Vorplatz der Kathedrale werden Antike und Mittelalter dem kulturgeschichtlich Interessierten ganz plastisch vor Augen geführt, überdies mittels Informationstafeln in einer didaktisch ansprechenden Form. Daher sollten diese archäologische Krypta und diejenige des Louvre nicht im Programm schulischer oder universitärer Exkursionen fehlen, in deren Verlauf die Genese von Paris thematisiert wird. Wenn es Michel Fleury gegen manche Widerstände gelingen sollte, eine dritte archäologische Krypta mit antiken und mittelalterlichen Originalzeugnissen im Bereich des Tribunal de Commerce, des Handelsgerichts, und des Marché-aux-Fleurs, des Blumenmarktes, nahe des nördlichen Inselufers einzurichten, dann wäre dies ein weiterer Gewinn für die Bewahrung eines außerordentlich reichen architektonischen Kulturerbes der Seinemetropole und für dessen sichtbare Vermittlung an die interessierte Öffentlichkeit[100].

Im Blick auf das dritte Beispiel für archäologische Ausgrabungen, nämlich in der hoch- und spätmittelalterlichen Kirche Saint-Martin-des-Champs, können die Ausführungen wesentlich knapper als für die voraufgegangenen ausfallen, weil hierauf bereits jüngst in zwei Veröffentlichungen näher eingegangen worden ist[101]. Für die Geschichte von Paris war es höchst bedeutsam, daß der kapetingische König Heinrich I. kurz vor seinem Tode im Jahre 1060 das Regularkanonikerstift, an der Verlängerung des römischen *cardo* auf dem rechten Seineufer gelegen, gründete und sein Sohn Philipp I. (1060–1108) dieses 19 Jahre später der Abtei Cluny übertrug.

Die Ausgrabungen, deren Durchführung Catherine Brut von der Commission du Vieux Paris anvertraut waren, konnten zum erstenmal den archäologischen Nachweis erbringen, daß sich an diesem Ort eine Kirche aus merowingischer Zeit, wohl aus der zweiten Hälfte des 6. Jahrhunderts oder aus dem beginnenden 7. Jahrhundert, erhoben hat[102]. Die Bedeutung der Funde ist für die Genese von Paris auf dem rechten Seineufer nicht zu unterschätzen; überdies wird damit eine weit zurückreichende Diskussion unter Historikern und Archäologen beendet, die um den Standort einer in früh- und hochmittelalterlichen Schriftquellen genannten Martinskirche kreiste. Im Laufe der Grabungskampagne 1993/94 wurden Teile einer Basilika, deren Mauern noch bis zu einer Höhe von 1 m erhalten waren, frei-

---

98 FLEURY/KRUTA (wie Anm. 95) S. 13.

99 KRUTA (wie Anm. 93) S. 12; FLEURY (wie Anm. 19) S. 37.

100 Siehe die Ansprache von Jean Derens am 5. April 1995 (Remise [wie Anm. 16] S. 5). Vgl. Carte archéologique de Paris (wie Anm. 24) I, S. 153–162, II, planche II; BUSSON (wie Anm. 26) S. 471–476.

101 Andreas SOHN, Vom Kanonikerstift zum Kloster und Klosterverband. Saint-Martin-des-Champs in Paris, in: Hagen KELLER/Franz NEISKE (Hg.), Vom Kloster zum Klosterverband. Das Werkzeug der Schriftlichkeit, München 1997 (Münstersche Mittelalter-Schriften, 74), S. 206–238, zu den Ausgrabungen und zur Topographie S. 214–217; SOHN (wie Anm. 94) S. 77–121, zu den Ausgrabungen S. 81 mit Anm. 16 (hier Veröffentlichungen zu den Ausgrabungsfunden zusammengestellt). Zur Lage von Saint-Martin-des-Champs im mittelalterlichen Paris siehe auch die Abb. S. 171.

102 SOHN (wie Anm. 101) S. 216f.; BUSSON (wie Anm. 26) S. 513–515, Abb. auf S. 514.

gelegt und rund 100 Sarkophage gefunden[103]. Die ausgegrabene Apsis hatte eine Länge von 1,50 m bis 2 m und eine Breite von weniger als 5 m. Bei Arbeiten im Februar 1998 stieß man außerdem im Kirchenschiff von Saint-Martin-des-Champs auf einen mittelalterlichen Fußbodenbelag in situ, der sich über 16 m Länge und 1 m Breite erstreckt und wohl zumindest nach der *traditio* des Stifts an die Cluniacenser datiert werden darf[104].

In diesem Zusammenhang sei angemerkt, daß weiterführende Beobachtungen vor kurzem zur Datierung des frühgotischen Chores von Saint-Martin-des-Champs – des ersten überhaupt in Paris – gelangen, dessen Errichtung seit den Zeiten von Dom Martin Marrier irrtümlicherweise einem Prior namens Hugo mit der Amtszeit von 1130 bis 1142 zugeschrieben wird[105]. Diesen hat es freilich zu dieser Zeit gar nicht gegeben ...

Einige weitere Ausgrabungen der Commission du Vieux Paris aus den letzten Jahren – auf sie kann hier nur hingewiesen werden – betrafen beispielsweise auf dem linken Seineufer den Bereich der antiken und frühmittelalterlichen Necropole Saint-Marcel[106], Teile des Collège des Bernardins in der Rue de Poissy und die Kapelle Notre-Dame-de-la-Miséricorde im heutigen Lycée Henri IV (Baukomplex von Sainte-Geneviève); auf dem rechten Seineufer fanden archäologische Untersuchungen unter anderem in der Rue des Lombards[107] und an der Kirche Saint-Gervais im vierten Arrondissement (Place Baudoyer) statt[108]. Die genaue Lage dieser topographisch interessanten Örtlichkeiten im mittelalterlichen Paris ist unserer Abbildung (S. 171) zu entnehmen.

Insgesamt vermittelten die Ausgrabungen von seiten der Commission du Vieux Paris, ihrer Mitglieder oder Mitarbeiter wichtige Aufschlüsse zur Genese der Seinestadt in Antike und Mittelalter und darüber hinaus[109]. Unser Bild des urbanen Raumes, das von den Ansichten frühneuzeitlicher Stadtpläne[110] – von Truschet und Hoyau (gegen 1550), Merian (1615), Le Vau (1662), Gomboust (1665), Turgot (1734–1739), Verniquet (1791), Vasserot (1830) und anderen – mit geprägt ist, erfährt dadurch eine Bereicherung und Präzisierung in vielerlei Hinsicht. Die topographische Kenntnis des mittelalterlichen Gewebes der Stadt hat im Laufe der vergangenen 100 Jahre stetig zugenommen, und zwar in beträchtlichem Maße.

Daß die archäologischen Ausgrabungen der Commission du Vieux Paris immer wieder die Aufmerksamkeit der Massenmedien in Paris und darüber hinaus finden, sei nur neben-

---

103 Zu den Ergebnissen siehe Catherine Brut, Saint-Martin-des-Champs. La basilique mérovingienne et le prieuré clunisien. Résultats des fouilles archéologiques au Musée des Arts et Métiers (Paris IIIᵉ), in: La Cité 15 (1996) S. 21–37; die Angaben und die bibliographischen Verweise bei Sohn (wie Anm. 101) S. 216f., und Ders. (wie Anm. 94) S. 81 mit Anm. 16; zudem Busson (wie Anm. 26) S. 514f.

104 Eine Bergung oder Konservierung des Fundes war den Ausgräbern leider verwehrt, doch konnte er wenigstens photographisch aufgenommen werden. Vgl. die Abbildungen in Il tempo (wie Anm. 50) S. 72, 74, eine kurze Angabe zum Fund auf S. 56 (dort ohne nähere Datierung).

105 Sohn (wie Anm. 94) S. 110–117.

106 Vgl. Busson (wie Anm. 26) S. 302ff. (»le site archéologique parisien le plus important«).

107 Il tempo (wie Anm. 50) S. 57–59 (zu den drei Ausgrabungen).

108 Busson (wie Anm. 26) S. 502–504.

109 Vgl. Duval (wie Anm. 30); Boussard (wie Anm. 92); Cazelles (wie Anm. 73); Favier (wie Anm. 9); Ders. (wie Anm. 78); Andreas Sohn, Hauptstadtwerdung in Frankreich. Die mittelalterliche Genese von Paris (6.–15. Jh.), in: Ders./Weber (wie Anm. 9) S. 82–89.

110 Vgl. zum Beispiel Le plan de Paris par Truschet et Hoyau 1550 dit plan de Bâle. Commentaire de Jean Dérens, Paris 1986 (Cahiers de la Rotonde 9); Lavedan (wie Anm. 9) S. 12–19; Alfred Bonnardot, Études archéologiques sur les anciens plans de Paris des XVIᵉ, XVIIᵉ, XVIIIᵉ siècles, et appendice aux études archéologiques sur les anciens plans de Paris. Réédition en fac-similé, avec une introduction et un complément bibliographique par Michel Fleury, Paris 1994 (Erstveröffentlichung der Studien 1852, des Appendix 1877).

bei bemerkt[111]. Wenn so Forschungen über den wissenschaftlichen Elfenbeinturm dank der journalistischen Berichterstattung in den Raum der gesellschaftlichen Öffentlichkeit hinausdringen, ist dies gewiß uneingeschränkt zu begrüßen.

IV.

Eine Gesamtbilanz der Arbeit der Commission du Vieux Paris in den vergangenen 100 Jahren zu ziehen, möge denen überlassen bleiben, die dazu berufener sind. Daß diese nicht immer den Verlust wertvollen historischen Baubestandes verhindern konnte, liegt auf der Hand[112]. Ohne ihr engagiertes Wirken, gestützt auf eine fundierte wissenschaftliche Sachkompetenz, wären freilich noch weitaus größere Einbußen des architektonischen Kulturerbes zu beklagen gewesen. Im übrigen könnten die überaus reichen Erfahrungen, welche die archäologische und historische Denkmalskommission im Laufe ihres Bestehens gesammelt hat, auch ihre vielfältigen wissenschaftlichen Hilfsmittel und Instrumente, ähnlichen Einrichtungen in anderen Städten und Staaten Europas nützlich sein. Ein Austausch könnte von wissenschaftlichen, städtischen und staatlichen Institutionen gerade in den Teilen der Welt erwünscht sein, wo Stadtgeschichtsforschung und Denkmalspflege noch aufgebaut und entwickelt werden müssen. Kontakte zu der Kommission oder ihrem Umfeld, aus denen sich gegebenenfalls eine schrittweise zu vertiefende Kooperation entwickeln könnte, sind beispielsweise bereits aus Palästina und dem Libanon geknüpft worden.

Wenn ein »›urbanisme à visage humain‹«[113] – so Jean Tiberi, der Bürgermeister der französischen Capitale – Ziel politischen und gesellschaftlichen Handelns sein soll, dann gehört dazu zweifellos die Bewahrung des kulturellen Erbes einer so bedeutenden Metropole wie Paris[114]. An dieser Aufgabenstellung mit den je eigenen Möglichkeiten und Mitteln mitzuwirken, sollte eine bleibende Herausforderung für Historiker, Kirchen- und Kunsthistoriker, Archäologen und andere Wissenschaftler darstellen, die sich mit der Vergangenheit und Gegenwart von Paris, zuweilen in einer vergleichenden französischen, europäischen oder globalen Perspektive, beschäftigen. Der zu führende Dialog dürfte um so konstruktiver zu gestalten sein, je mehr es gelänge, ihn zielorientiert, interdisziplinär, transnational und in Überwindung überkommener Grenzziehungen wissenschaftlicher Schulbildungen voranzutreiben.

---

111 Aus der Flut der Berichterstattung in den letzten Jahren seien hier nur zwei journalistische Beiträge in der Tagespresse angeführt: Jean-Paul DUFOUR, Les Mérovingiens de la rive droite, in: Le Monde vom 23. Februar 1994; Gilles LAHOURCADE, L'archéologie fait parler le passé médiéval de Paris, in: La Croix vom 21. April 1994.

112 Vgl. zu Paris während der Fünften Republik, also ab 1958, die signifikanten Ausführungen in RÉAU (wie Anm. 9), beispielsweise S. 948ff.; ferner auch über diese Zeit hinaus La Commission (wie Anm. 7) S. 33–38, 52–55; Paris menacé (wie Anm. 9), passim; FLEURY (wie Anm. 4) S. 28. Zu den Stadtvierteln, die nahezu ausradiert wurden, gehört unter anderen dasjenige der Hallen. Doch wurde dieses, Haus um Haus, Straße um Straße, immerhin vor dem Abriß vollständig inventarisiert und photographisch dokumentiert. Vgl. J.-P. BABELON/M. FLEURY/Jacques DE SACY, Richesses de l'art du quartier des Halles maison par maison, Paris 1968. Im Jahre 1969 wurde der Pariser Markt nach Rungis vor den Toren der Stadt verlegt. Damit endete eine mehr als 800jährige topographische Kontinuität, denn Ludwig VI. (1108–1137) hatte hier einen Markt errichten lassen. Die ersten Hallen wurden unter Philipp II. im Jahre 1183 gebaut.

113 PVCVP, séance du 14 décembre 1995, S. 221.

114 Vgl. die Beobachtungen zum Kulturerbe einiger Hauptstädte oder Global Cities in SOHN/WEBER (wie Anm. 9), zum Beispiel die Beiträge von Derek KEENE und Peter ALTER (zu London), Hans-Ulrich THAMER, Maria Constanza LINARES LÓPEZ und Volker HASSEMER (Berlin), Brian H. FLETCHER (Canberra), Catherine POUZOULET (New York), Hermann WEBER (Mexico-City), Elmar SALMANN (Rom), Michael INGBER und Nazmi AL-JUBEH (Jerusalem).

Es sollte an dieser Stelle nicht vergessen werden, daß sich neben der Commission du Vieux Paris eine Vielzahl von Forschern und Einrichtungen in Wissenschaft und Kultur mit der Geschichte der Ile-de-France und der Stadt Paris auseinandersetzt. Sie haben mit äußerst zahlreichen Publikationen, die in den letzten Jahrzehnten erschienen sind und selbst von Spezialisten kaum noch überschaut werden können, dazu beigetragen, den Forschungsstand hinsichtlich der Geschichte von Paris in Antike, Mittelalter und Neuzeit beträchtlich zu verbessern[115]. Ihre Verdienste können in diesem Zusammenhang nicht im einzelnen gewürdigt, wohl aber zumindest auf sie hingewiesen werden.

Der Commission du Vieux Paris ist zu ihrem 100jährigen Bestehen weiterhin ein so reges fruchtbares Wirken wie in der Vergangenheit zu wünschen, den politischen und administrativen Entscheidungsträgern der französischen Capitale eine noch wachsende Aufgeschlossenheit für ihre Anregungen und Beschlüsse. In diesem Sinne: Ad multos annos!

---

115 Auf einige jüngst erschienene Publikationen zur Pariser Stadtgeschichte wird der Verfasser im nächsten Band der Francia (28/1, 2001) näher eingehen.

Jean Durliat

BULLETIN D'ÉTUDES PROTOMÉDIÉVALES

VI: Les ordres et les statuts[*]

Les hasards de l'édition offrent une riche production sur les groupes sociaux à notre époque et posent d'emblée de redoutables questions de traduction. Les *nobiles* sont-ils nobles? Les *pauperes* sont-ils pauvres? Les *servi* sont-ils des esclaves? Quant aux membres du clergé, si une longue tradition nous certifie que les termes par lesquels on les désignait ont un sens univoque, quelle était leur situation exacte dans la société? Appartenaient-ils à une association privée, vivant des offrandes présentées par les fidèles et devant son prestige à la qualité des ecclésiastiques ou à la haute mission que la population leur reconnaissait? Ou bien, l'Église était-elle si profondément intégrée dans l'organisation étatique que ses ministres exerçaient, avec des moyens publics et un statut public, des charges que les États considéraient comme de leur ressort?

Ces diverses questions se ramènent à une seule. Les groupes sociaux étaient-ils d'abord considérés d'après leur place dans la société ou leur place dans l'État? Était-on noble par ses qualités personnelles – ou par les qualités communes à tous les nobles – ou parce qu'on jouissait d'un statut, accompagné de privilèges, fixé et garanti par le souverain? Un *servus* sert-il l'administration ou le maître qui l'a acheté? En d'autres termes, la distinction la plus importante pour les hommes de l'époque protomédiévale concernait-elle la situation sociale ou le statut reconnu par le souverain? Nos sources insistent-elles sur les catégories sociales

---

[*] Sont recensés ici: 1) ouvrages reçus par Francia: Frank M. Ausbüttel, Die Verwaltung des römischen Kaiserreiches. Von der Herrschaft des Augustus bis zum Niedergang des weströmischen Reiches, Darmstadt (Wissenschaftliche Buchgesellschaft) 1998, X–222 p. [cité: Ausbüttel]. – Santiago Castellanos, Calagurris tardoantigua. Poder e ideología en las ciudades hispanovisigodas, Murcia (Compobell) 1999, 101 p. [cité: Castellanos]. – Heike Grieser, Sklaverei im spätantiken und frühmittelalterlichen Gallien (5.–7. Jh.). Das Zeugnis der christlichen Quellen, Stuttgart (Steiner) 1997, X–299 p. (Forschungen zur antiken Sklaverei, 28) [cité: Grieser]. – Les Églises d'Orient et d'Occident [432–610], sous la responsabilité de Luce Pietri, Paris (Desclée) 1998, 1321 p. (Histoire du Christianisme des origines à nos jours, 3) [cité: HC]. – Dirk Henning, Pereclitans res publica. Kaisertum und Eliten in der Krise des Weströmischen Reiches, 454/455–493 n. Chr., Stuttgart (Steiner) 1999, 362 p. (Historia. Einzelschriften, 133) [cité: Henning]. – Monika Johlen, Die vermögensrechtliche Stellung der weströmischen Frau in der Spätantike. Zur Fortgeltung des römischen Rechts in den Gotenreichen und im Burgunderreich, Berlin (Duncker und Humblot) 1999, 212 p. (Freiburger Rechtsgeschichtliche Abhandlungen. Neue Folge, 31) [cité: Johlen]. – Reinhold Kaiser, Churrätien im frühen Mittelalter, Bâle (Schwabe und Co.) 1998, 290 p. [cité: Kaiser]. – Lex Baiwariorum, hg. von Ernst von Schwind, Hannover (Hahnsche Buchhandlung) 1997 [Reprint], VIII–314 p. (MGH, Leges nationum germanicarum, 5, 2) [cité: Lex Baiwariorum]. – Strategies of distinction. The construction of Ethnic Communities, 300–800, edited by Walter Pohl et Helmut Reimitz, Leyde, Boston, Cologne (Brill) 1998, VIII–347 p. [cité: Strategies]. – Karl Ferdinand Werner, Naissance de la noblesse, Paris (Fayard) 1998, IV–597 p. [cité: Werner].

2) ouvrage reçu par l'auteur: V. Neri, I marginali nell'Occidente tardoantico. Poveri, ›infames‹ e criminali nella nascente società cristiana, Bari (Edipuglia) 1998, 565 p. [cité: Neri]. – Abréviation: BEP = Bulletin d'études protomédiévales.

telles que nous les connaissons ou sur l'appartenance à un ordre, comme c'était le cas sous l'empire romain puis dans la suite de moyen-âge et à l'époque moderne?

Avec la flamme qu'on lui connaît, WERNER convainc d'emblée que la classe dominante, de l'empire romain au moyen-âge classique, existe d'abord dans ses rapports avec le souverain: l'empereur puis les rois ou les princes territoriaux. Comme il est rendu compte par ailleurs de ce grand livre (voir Francia 26/1, p. 280–283), les lignes qui suivent se borneront à noter les apports essentiels pour la compréhension de notre époque. On verra ensuite si telle ou telle de ses conclusions n'aide pas à résoudre certaines difficultés rencontrées au détour des lectures.

Malgré ce que laisse croire un titre accrocheur choisi par l'éditeur, WERNER établit la continuité d'une noblesse à travers les bouleversements politiques qui agitèrent l'Europe du IIIᵉ au VIIᵉ siècle. La noblesse sénatoriale survécut à la grande crise de l'Empire et conserva sa fonction de contrepoids à la toute-puissance impériale. Les sénateurs forment le conseil de l'empereur, occupent les places principales dans d'administration civile et militaire, puis religieuse, tirent de ces fonctions la fortune indispensable pour assurer leur train de vie, se transmettent héréditairement les titres qu'elles leur procurent et mènent une vie consacrée à l'*otium* – la méditation et la culture –, loin des préoccupations sordides qui retiennent toute l'attention du peuple. Ils doivent, en effet, consacrer toute leur énergie au service de l'État, ce qui justifie les privilèges dont ils jouissent, essentiellement celui de relever du tribunal impérial et d'échapper aux peines corporelles. Le service *(servitium)* de la chose publique (la *res publica*) constitue leur gloire et leur raison d'être. Quand un homme nouveau accède à ces hautes responsabilités, il entre au Sénat, après avoir reçu un codicille impérial, avec la dignité correspondante, car ce sont des fonctions anoblissantes.

Le système n'est pas figé. Si l'empereur choisit normalement ses agents parmi les nobles, assurant la continuité du Sénat, il complète celui-ci par l'*adlectio* qui permet de remplacer les familles éteintes et explique, en particulier, l'accès des chefs barbares à cette assemblée dès le IVᵉ siècle: l'hérédité des titres ne conduit pas encore à l'hérédité des fonctions. En outre, l'empereur n'est, depuis Auguste, que le *primus inter pares* du Sénat et doit respecter ses privilèges. Il ne peut ni prendre une décision contre l'avis de son conseil, dont les membres sont des sénateurs, ni se livrer impunément à des dénis de justice.

L'installation des barbares après la signature d'un *foedus*, même en cas de victoire sur les armées impériales, s'accompagne de leur intégration dans la noblesse romaine. Le roi est nommé général en chef *(magister militum)*, chargé, avec l'armée *(exercitus)* que forme son peuple, de défendre une partie de l'Empire. On pourrait ajouter qu'il dirigeait l'administration civile avec le rang de préfet du prétoire. De même qu'Auguste dut tenir compte de la noblesse préexistante, de même, il respecta la noblesse romaine établie sur place et choisit dans ses rangs les hauts fonctionnaires, dont les évêques. Les privilèges des nobles s'exprimèrent, en particulier, dans la fixation d'un wergeld supérieur pour protéger ceux qui avaient mission d'agir au nom du roi. Donc les familles nobiliaires survécurent au fractionnement de l'Empire et à la disparition du Sénat en Occident et fusionnèrent avec les familles nobles des peuples barbares. La continuité des lignages et de leurs relations avec le chef de l'État était assurée, quelques modifications de détail que la nouvelle donne politique ait provoquées. WERNER les note assez soigneusement pour qu'on ne puisse l'accuser de dogmatisme réducteur.

Comme tous les grands livres, celui-ci incite à pousser l'analyse plus avant. Le byzantiniste, familier des sources orientales de l'empire romain, affinera l'étude en se fondant, par exemple, sur la correspondance de l'empereur Julien et sur les papyrus. La première confirme l'existence de nobles, illustre leur fonction dans l'État et leur genre de vie. Elle montre, mieux que les sources occidentales, la place éminente qu'y tient l'éducation (la *paideia*). Les seconds offrent une documentation abondante, de plus en plus utilisée pour interpréter les autres sources orientales, car l'Égypte n'était qu'une province de l'empire romano-byzantin, singulière sur un point essentiel: le climat désertique y permit la conservation des documents les plus humbles de la pratique. La comparaison entre ces actes d'une part, les formulaires mérovingiens et les trop rares actes authentiques conservés en Occident, d'autre part, ferait apparaître qu'ils sont tous fondamentalement romains. En outre, les listes de préséance byzantines révéleraient des similitudes découlant de l'origine romaine commune aux régimes politiques occidentaux et orientaux. L'indispensable et féconde comparaison est esquissée par WERNER qui ne pouvait la développer dans un livre suffisamment dense et abondant. Elle progressera quand s'effondrera le mur arbitraire, mais confortable, dressé entre l'Orient et l'Occident.

Il faudra aussi préciser la limite inférieure de la noblesse. WERNER note justement que les juristes romains distinguaient deux grandes catégories: celle des *honestiores* – des nobles – et celle des *humiliores*, appelés aussi *pauperes*. Les curiales appartiennent donc à la noblesse dont ils possèdent tous les caractères. Cela n'est pas sans importance pour comprendre le statut des *pagenses*, ensemble des nobles locaux qui ont survécu en tant que groupe dirigeant, en se mêlant aux *clarissimi* provinciaux, bien qu'ils aient cessé de se réunir dans une assemblée selon des procédures strictes.

L'historien du droit précisera la définition des lois barbares et la vraie nature de la ›personnalité‹ des lois. Les Germains ont-ils pu légiférer sans modifier les principes constitutionnels de leur royaume? L'existence légale de deux peuples n'interdisait-elle pas la formation d'une noblesse homogène? Mais les lois ne seraient-elles pas le code de l'*exercitus*, du peuple considéré comme l'armée du royaume et des provinces romaines protégées?

Les recherches futures approfondiront et nuanceront parfois certaines conclusions. Elles ne pourront contester l'existence d'un groupe dominant défini d'abord par son statut: l'ordre de la noblesse. Les objections possibles reposent sur des contresens amplifiés par une pesante tradition historiographique, comme le prouve l'A., et aussi par l'obligation d'utiliser l'édition ancienne d'une loi et le sens qu'elle suggère pour les termes difficiles.

Une simple réimpression de la LEX BAIWARIORUM (voir n. *), trop connue pour qu'on la commente ici, permet seulement d'évoquer ce point de méthode et de se demander si les armées barbares, fortement encadrées dans le cadre des *foedera* passés avec l'Empire se sont transformées en regroupement aléatoire de volontaires dans les royaumes germaniques indépendants. Depuis 1926, la recherche a beaucoup évolué. Or cette vieille édition induit le lecteur peu ou pas spécialiste à considérer comme vraies les interprétations proposées dans les notes de bas de page et à les reproduire dans ses travaux. Pour éviter la répétition d'opinions dépassées, il serait souhaitable que des spécialistes nourrissent plus souvent les rééditions des acquis ou des incertitudes récents.

Pour prendre un exemple, qui désigne *quis* dans les articles de la Loi des Bavarois commençant par *si quis*, à l'intérieur du titre II explicitement consacré à l'armée: *De ducibus et eius causis, quae ad eum pertinent*? S'agit-il de tous les hommes qui se rendent à l'armée de leur propre chef? Dans ce cas, que signifie la formule *Si quis in exercitu quem rex ordinavit vel dux de provincia illa …*? Qui sont les *duces* capables de rassembler l'armée sinon les équivalents barbares des *magistri militum* romains? Qui désigne *quis* sinon un soldat? Une étude rigoureuse des lois barbares montrerait que *quis* signifiait à l'origine le membre du *populus*, considéré comme l'*exercitus* chargé par les empereurs de défendre une partie de l'État et que *barbarus, Francus, Gothus, Vandalus* et autres termes de même nature sont des synonymes parfaits de ›soldat‹ (voir, à ce sujet, J. DURLIAT, Recherches sur la Loi salique et la société gallo-franque, dans: Antiquités nationales 29 [1997] p. 267–279). Par la suite, en particulier dans la Loi des Bavarois, *quis* désigne les militaires quand la loi s'adresse à eux, et toute la population, quand elle le précise, comme dans le titre I: *Hoc decretum est apud regem et principes eius et apud cunctum populum christianum, qui infra regnum Meruuungorum consistunt.* D'ailleurs pourquoi préciser que ce titre s'adresse à une toute la population si le suivant ne s'adresse pas à une catégorie particulière de destinataires? La Loi des Bavarois se compose donc d'abord de dispositions générales destinées à préciser le droit dans le cadre du Code

Théodosien, ensuite de chapitres prévoyant des peines particulières pour les ›Bavarois‹, considérés comme les membres de l'*exercitus* ou du *populus* qui protège le duché: un homme qui entre dans l'armée – quelle que soit son origine ethnique – est considéré comme barbare ou Bavarois, et devient Romain s'il la quitte pour des activités civiles.

La restitution aux lois ›nationales‹ de leur signification exacte résout donc un petit mystère. Si les Germains possédaient une armée à leur entrée dans l'Empire, s'ils l'ont défendu en tant que corps de mercenaires placés sous l'autorité de leur chef, il serait surprenant que l'armée ait ensuite disparu et que tout un chacun ait pu décider de participer ou non aux expéditions en fonction de ses seuls intérêts personnels, comme le donnerait à croire la lecture rapide de Grégoire de Tours et des autres sources narratives. Dans ces textes, *populus* désigne en réalité l'armée et *homo* le soldat.

*

STRATEGIES propose une série de réflexions sur la manière dont les Romains et les barbares se voyaient les uns les autres. W. POHL remarque dans l'introduction (p. 1–15) que la question est très complexe et note, en particulier, que Paul Diacre se considère comme Romain alors que son frère, resté dans la carrière militaire, est un Lombard (p. 10) puis constate, dans une longue contribution (p. 17–70), que les ethnographes, dont Isidore, sont incapables de fournir des critères sûrs de distinction entre les divers groupes ›ethniques‹, qu'ils la cherchent dans la langue, l'armement et les techniques de combat, le costume ou la coiffure. Ensuite douze contributions envisagent le cas des Avars (F. DAIM), la situation des tribus qui disparaissent et réapparaissent, comme celle des Hérules et celle des Ruges (P. HEATHER), des Lombards (B. POHL-RESL) et des Wisigoths, considérés à travers les lois ou l'archéologie (D. CLAUDE, W. LIEBESCHUETZ, G. RIPOLL LOPEZ, H. SIVAN). Ce dernier auteur établit qu'il n'y eut jamais de loi interdisant les mariages entre Goths et Romains lorsqu'ils habitaient le même État (p. 189–203). Il devait en aller de même dans les autres royaumes. Un enfant né d'un père barbare et d'une mère romaine est-il barbare ou romain?

On ne peut résumer la richesse de l'information apportée par ces contributions. On y voit presque toutes les formes possibles d'installation des barbares et de relations entre eux et les Romains, vite si intimes que rien, ou presque, ne distingue les uns des autres. En conclusion, I. WOOD constate la diversité des significations de ›barbare‹ et des noms de peuple selon les lieux et les époques: »Malgré la limitation des sources, il faut admettre que [le monde étudié] était un monde d'individus faisant des choix conscients et inconscients« (p. 301). C'est indubitable.

Que signifient alors les concepts de ›romain‹ et de ›barbare‹, constamment utilisées par les sources, narratives, législatives ou autres? Des sociétés possédant une culture écrite de haut niveau ne sauraient se contenter, pour des notions aussi importantes de »connaissance sans concept« (p. 6–7). Certes, les Irlandais, les habitants de l'ancien empire ou les membres des nations installées ne voyaient pas le ›barbare‹ de la même manière. Mais un barbare devait avoir une identité permettant de le distinguer, même si rien ne la dénotait dans son comportement. Derrière la diversité des acceptions possibles dans la vie courante, fort bien décrite dans tout le livre et, en particulier, dans la conclusion, un terme constamment utilisé doit avoir un sens compris de tous pendant toute la durée de son utilisation. Les barbares étaient entrés dans l'Empire avec le statut de militaire. ›Barbare‹ a continué à désigner ceux qui devenaient soldats. C'est pourquoi le frère de Paul Diacre conserva ce statut, avec les attributions, les contraintes et les privilèges judiciaires afférents, puisqu'il succédait à son père dans une fonction qui impliquait le commandement de l'armée, tandis que lui-même les perdait pour acquérir ceux qui conviennent à un homme qui ne sert pas dans l'armée. En dernière analyse, ›barbare‹ correspond donc à un statut.

*

AUSBÜTTEL propose une introduction à l'histoire des institutions romaines entre l'avènement d'Auguste et la disparition de l'Empire, en s'attachant plus particulièrement à l'administration provinciale. Dans une série de chapitres courts, denses et limpides, il envisage les
cadres généraux, la défense, la justice, les finances, puis, rapidement, les routes, la poste,
l'approvisionnement en eau, les autres constructions publiques, la question des subsistances
et de l'assistance sociale (les *alimenta*) avant de s'interroger sur les moyens et l'efficacité de
cette administration. Les sources principales sont citées dans le texte et une bibliographie
succincte renvoie le lecteur aux ouvrages essentiels. On regrettera seulement qu'il ne mentionne pas la thèse de P. PETIT (Libanius et la vie municipale à Antioche au IVᵉ siècle après
J.-C., Paris 1955) qui, malgré son âge, propose la meilleure approche des institutions
civiques dans leur fonctionnement concret et montre aussi bien leur permanence à la fin de
l'Empire que leurs implications sociales.

L'historien de l'époque protomédiévale, peu familier du Haut-Empire, appréciera la présentation rapide de procédures qui, pour la plupart, ont fonctionné correctement jusqu'à l'arrivée des barbares, en Occident, et, en Orient, au moins jusqu'au règne de Justinien. L'empire
romain, créé par la conquête, resta une monarchie militaire. L'image d'empereurs habillés en
civil, le faste des cités et l'abondance de la législation les concernant ne doivent pas faire illu-
sion. L'armée restait au cœur du système (ch. 1). Tout le fonctionnement de l'État était délégué
à des décurions, sous l'autorité des gouverneurs et de leurs bureaux, seulement chargés de
transmettre les ordres et de contrôler la régularité des actes. La noblesse locale assurait bien la
totalité des opérations indispensables au bon fonctionnement de l'État en assumant les magistratures *(honores)* (p. 42). Les lois relatives au statut des *honestiores* auraient pu être évoquées.

On partagera cependant le malaise de l'A. en lisant le dernier ch. du livre. Il se heurte à l'épineux problème de la fin de l'Empire: pourquoi disparut-il en Occident? À la suite d'une déli-
quescence ou par simple fractionnement en royaumes? La question reste sans réponse.
AUSBÜTTEL note la remilitarisation des titres et des fonctions qui s'explique aisément par le
retournement de la situation sur les frontières. L'Empire conquérant couvrait sans peine ses
dépenses par le butin. L'Empire triomphant négligea un peu l'armée. La pression sur les frontières provoqua une contraction des dépenses civiles. Il suit la tradition qui, voyant dans les
sources la mention de plus en plus fréquente des *potentes*, croit qu'ils perturbèrent le fonctionnement normal de l'administration traditionnelle. Apparaissent-ils alors ou bien les
empereurs, de plus en plus soucieux de rigueur financière, ont-ils pourchassé plus sévèrement
leurs abus? Surtout l'A. constate, sans l'expliquer, que l'évêque tient une place grandissante.
Mais s'est-il substitué à une curie défaillante ou reçut-il des pouvoirs comme une conséquence naturelle de la christianisation de l'État? C'est là que la notion d'empire chrétien, élaborée par WERNER, devient éclairante et rend surprenante l'absence d'un chapitre sur les institutions religieuses. Tout État avait – et a peut-être encore – besoin d'une idéologie fédéra-
trice. Le passage d'une religion impériale au christianisme provoqua une profonde mutation,
source de vastes changements. Tant que les historiens ne lui auront pas accordé sa vraie place,
ils seront troublés par le mélange confus de permanences et de ruptures et chercheront dans
le prétendu effondrement provoqué par les barbares la cause de la disparition d'un système de
pensée et d'un système de gouvernement qui, en réalité, survécut jusqu'à la mutation du XIᵉ
siècle. Louis, fils de Charlemagne, ne se prétendait-il pas *pius* comme Auguste, au sens de
souverain qui protège les cultes et entretient des relations privilégiées avec la divinité?

*

HENNING étudie précisément les ›élites‹ occidentales à l'extrême fin de l'Empire – qu'il
désigne aussi comme une aristocratie – pour proposer une réponse à la question

qu'Ausbüttel a éludée: pourquoi et comment l'Empire a-t-il sombré? On s'étonne, au premier abord, qu'il hésite sur le terme alors que les sources emploient constamment le nom ou l'adjectif *nobilis*, comme cela apparaît dans ses citations: ainsi Petronius Maximus est *nobilis* (p. 29–32). Or le dictionnaire Robert, rappelant l'étymologie du mot aristocrate, définit l'aristocratie comme une »forme de gouvernement où le pouvoir souverain appartient à un petit nombre de personnes, et particulièrement à une classe héréditaire«. Dans ce sens du terme, il ne peut y avoir d'aristocrates dans un gouvernement monarchique. Il donne aussi le sens de »Ensemble des nobles, des privilégiés« qui a, depuis le XVIIIe siècle, une connotation péjorative: les aristocrates jouiraient de privilèges indus. Cette acception ne convient pas car tout le livre de Henning montre que ces nobles jouent un rôle de premier plan dans la vie politique et administrative de l'Empire et justifient leur retrait provisoire par la nécessité de pratiquer l'*otium*, c'est-à-dire de consacrer une partie de leur temps à la réflexion pour mieux s'occuper de la chose publique (*res publica*), pour se libérer de leurs passions et méditer les grands exemples du passé, conformément au programme stoïcien que Cicéron avait fixé pour tous les nobles, et qui demeurait valable au Ve siècle.

Excepté la timidité lexicale qui interdit à l'A. de rompre avec l'*opinio communis* pour suivre l'évidence des sources, l'ouvrage est remarquable de rigueur et de finesse. Il montre, en outre, qu'il est impossible d'étudier la vie politique en Occident sans une solide connaissance du grec et de la *Pars Orientis*. Le chapitre II, événementiel, montre que le meurtre d'Aétius par Valentinien III provoqua à la fois des troubles dans l'armée et la désaffection de la noblesse gauloise. Dans le chapitre III, la prosopographie des empereurs révèle que leur origine ne les préparait pas à fédérer les groupes de pression à l'intérieur de la noblesse. On y constate, en outre, que la noblesse forme un groupe remarquablement cohérent. Les luttes intestines au sein de la noblesse conduisirent à la prise du pouvoir par un général barbare, Odoacre. Dans les chapitre IV et V, la prosopographie des hauts fonctionnaires et l'étude des rapports entre le pouvoir et la noblesse sénatoriale, à Rome et dans les provinces, l'armée et l'Église aboutit à la conclusion que le meurtre d'Aétius distendit les liens entre l'empereur et la noblesse, provoquant à terme la disparition de l'Empire.

La première partie se clôt sur l'analyse des rapports avec l'Orient. Ensuite l'A. envisage la l'émancipation progressive des royaumes méridionaux des Wisigoths, des Burgondes et des Vandales puis la montée de l'affrontement entre le souverain et le *magister militum*, le problème financier, les mesures prises pour tenter de conjurer la crise et la réaction du Sénat face à celle-ci (ch. VIII), enfin les sécessions en Dalmatie et en Gaule (ch. IX). Les médiévistes non spécialistes trouveraient matière à réflexion dans les deux chapitres de conclusion (ch. VII et XI) qui dévoilent l'organisation des sociétés occidentales dans un brillant essai sur la vie politique, un genre trop souvent délaissé pour l'étude soit des institutions sans la chair des événements, soit des événements, dans leur apparente incohérence. La transition entre l'empire romain et le moyen-âge se fit non dans l'anarchie mais par une adaptation constante des structures aux nouvelles conditions nées, un siècle plus tôt, avec l'entrée des barbares dans l'Empire.

La chute de l'empire romain est donc une affaire militaire. Les nobles occupaient tour à tour des fonctions dans la haute administration civile et dans l'armée. Les Germains qui dirigeaient ces deux administrations avec le rang, et parfois le titre, de préfets du prétoire et de *magister militum*, se proclamèrent indépendants quand le meurtre d'Aétius distendit le réseau de relations qu'il avait tissé dans tout l'Occident et que la dynastie théodosienne était incapable de tenir fermement.

*

Tome III de l'Histoire du Christianisme des origines à nos jours (HC, voir n. *) constitue aussi bien le dernier tome de »la série de volumes consacrés à la période antique« (p. 5) que le premier des tomes consacrés à la période médiévale, à moins qu'il ne soit plus justement, selon la perspective tracée par WERNER, le second tome de la période dédiée à l'empire chrétien. Depuis l'édit de Milan, en effet, le clergé, intégré dans l'appareil d'État, constitue un ordre, ouvrant la discussion sur l'organisation de la société jusqu'à l'élaboration, par Adalbéron de Laon, de la distinction fameuse entre les trois ordres, laquelle découle directement de la décision prise par Constantin et ne doit rien à la tripartition indo-européenne puisque les fonctions ecclésiastiques ne sont jamais héréditaires, du moins en droit.

Ce livre constituera la référence obligatoire pour longtemps car il fait le point sur presque toutes les questions posées actuellement par l'histoire de l'Église. Il dresse, en effet, un bilan circonstancié de nos connaissances à propos de l'organisation ecclésiastique – depuis les relations entre les patriarcats jusqu'aux rapports entre les évêques et les desservants des paroisses – ou de la christianisation des populations, de l'extension du réseau paroissial, de l'architecture religieuse, de la liturgie, des discussions théologiques tant à l'intérieur des communautés catholiques qu'entre ces communautés et les hérétiques, dont les ariens, sans oublier la production hagiographique ou le financement des dépenses. Les sources sont largement citées ou analysées en détail, par exemple celles qui concernent les conciles les plus importants: Chalcédoine (p. 72–106) ou Orléans I (p. 348–350). L'enquête est exhaustive puisqu'elle embrasse toutes des Églises de l'Irlande à la Perse. Le croisement d'informations fournies par diverses catégories de sources aurait donné plus de chair à des exposés, parfois trop abstraits. Sans parler des papyrus, trop souvent négligés, les vies de saints, comme la ›vie‹ de Jean l'Aumônier – en fait, un recueil de miracles – éclairent la signification sociale des conflits doctrinaux ou des décisions canoniques.

On relève cependant quelques coquilles – par exemple dans l'index, où Grégoire de Tours devient le petit cousin du roi Sigebert – ou la lecture trop rapide de certaines sources. Ainsi le terme d'évergétisme chrétien – produit par l'imagination de H.-I. Marrou et à qui le prestige de son auteur promet un bel avenir – apparaît-il pour caractériser l'attitude des bailleurs de fonds qui financèrent la reconstruction de la cathédrale à Narbonne (p. 221). Pourtant, il ne s'agit pas de généreux »amis et connaissances« car l'essentiel fut fourni par le préfet des Gaules, agissant ès qualité, *per biennium administrationis suae*.

L'ouvrage suit le plan général de la collection en distinguant très nettement l'Occident et l'Orient. Ce choix, sans doute inévitable, conduit à des difficultés parfois gênantes. Ainsi l'action de Grégoire le Grand, sujet de l'empire byzantin, est décrite dans la partie consacrée à »l'émergence des Églises nationales en Occident«. Il serait pourtant nécessaire de rappeler que le monde méditerranéen constitue encore un espace homogène au début de la période et de s'interroger sur la rapidité et l'ampleur des divergences qui apparaissent progressivement, sans doute moins fortes vers 600 que la vigueur des affrontements entre les patriarches de Rome et de Constantinople ne le donnent spontanément à penser. Une réflexion sur la nature des églises rurales en Occident (p. 986–1001) gagnerait en rigueur si l'on savait que le terme de *parochia* est employé par Grégoire le Grand, en Italie byzantine, dans le sens strict et univoque de ›paroisse‹, alors que, en Occident, le sens précis des termes doit se déduire du contexte. HC souffre, comme toute l'histoire de la période, d'une trop grande spécialisation des chercheurs.

La première partie traite du concile de Chalcédoine. Les débats doctrinaux sont clairement exposés. Mais, au lieu de couper artificiellement le récit des décisions qui conduisirent à la réunion de cette assemblée dans la ville de Chalcédoine (p. 72–80), il eût peut-être été bon de rappeler que le concile fut réuni selon une procédure constante depuis Nicée I, fort bien connue et résumée par WERNER (p. 338). L'empereur convoque les évêques pour trancher sur un point litigieux du dogme car les discussions entre chrétiens menacent l'ordre public. Il fixe donc l'ordre du jour, préside les séances, lui-même ou par l'intermédiaire de hauts fonctionnaires, laisse officiellement toute liberté aux pères pour fixer la vérité, puis s'empresse de la publier sous forme de loi civile pour avoir le droit de pourchasser les contestataires. Faute de connaître ce cadre strict et la dépendance des royaumes germaniques par rapport à l'Empire, on méconnaît les conditions exactes dans lesquelles furent réunis les conciles nationaux. Le roi, agissant avec les attributions d'un préfet du prétoire, réunit dans les mêmes conditions les évêques résidant dans la région qu'il administre, avec cette seule réserve que son rang inférieur dans la hiérarchie impériale et les limites de son État lui interdisent de convoquer une concile œcuménique, donc d'aborder les questions de dogme. Les conciles nationaux traitent de la discipline en rappelant constamment qu'ils précisent les décisions des grands conciles. PIETRI définit ainsi les conciles mérovingiens (p. 761) mais aurait dû préciser que, si Clovis crée un précédent en Gaule mérovingienne, il se situe dans une longue traduction qui remonte au concile gaulois d'Arles (314), par l'intermédiaire de Nicée I et, peut-être, du concile d'Agde (506).

Il est, dans ces conditions, difficile d'appliquer le terme de ›concordat‹ aux décisions du concile d'Orléans, en 511 au moins parce qu'un concordat est signé avec le pape (p. 758). Or celui-ci n'était alors qu'un patriarche, revendiquant la primauté d'honneur et refusant l'œcuménicité à son collègue de Constantinople, mais incapable d'intervenir directement hors des limites de son État. Il ne se reconnaissait que le droit de répondre aux questions posées par les souverains. Ainsi s'explique le retard de douze ans entre la conversion de Reccared et la connaissance officielle de cette grande nouvelle par Grégoire le Grand, la parcimonie de son intervention en Gaule ou les conditions exactes de la conversion du Kent. Le pape envoie des missionnaires à la demande expresse du roi Aethelbert. Il est donc excessif de dire que Grégoire le Grand »dote le Siège apostolique des moyens nécessaires au gouvernement temporel de la chrétienté« (p. 839). Pour grand qu'il fût, il n'avait pas les prétentions de son homonyme du XIe siècle: »Il ne fait que répondre« (p. 874, 875…).

D'autre part, la vraie nature des pouvoirs de l'évêque dans la cité apparaît mieux. Ses pouvoirs judiciaires ne peuvent avoir d'autre origine qu'impériale puisqu'ils sont définis par la loi, et s'expliquent très simplement. Comme il n'existait pas de service de la justice, les empereurs, imités par les rois, accordaient le droit de rendre la justice à tous les dépositaires d'une parcelle d'autorité publique. Quand le christianisme fut reconnu comme l'une des religions officielles de l'État, en 313, puis comme religion d'État, en 381, les évêques furent intégrés dans la hiérarchie de l'État en tant que responsables du culte public, et reçurent *ipso facto* des compétences judiciaires. Quant aux autres responsabilités civiles, elles découlent non d'une substitution de l'évêque aux autorités civiques défaillantes mais de décisions législatives qui firent d'eux les chefs de l'administration municipale. Il aurait au moins fallu supprimer la discordance entre la p. 220 où PIETRI constate sans l'expliquer que »ce sont les évêques que l'on voit le plus souvent intervenir en première ligne pour défendre les intérêts de leur cité«, la p. 391, où MARAVAL note justement que la loi »les [les évêques] met à la tête de l'administration financière des ville«, et la p. 495, où FLUSIN les voit »prenant la tête de la cité«. Il existe bien une ›Stadtherrschaft‹ de l'évêque, largement documentée par la ›vie‹ de Jean l'Aumônier et par les sources occidentales (voir, à ce sujet, M. HEINZELMANN, Bischof und Herrschaft vom spätantiken Gallien biz zu den karolingischen Hausmeiern. Die institutionellen Grundlagen, dans: Herrschaft und Kirche, éd. F. PRINZ, Stuttgart 1988, p. 23–82).

Nommés avec l'accord du souverain, voire à son initiative, intégrés dans l'appareil d'État, s'acquittant de charges religieuses et civiles conformément à la loi, jouissant en contrepartie de privilèges judiciaires et autres, comme le droit d'utiliser la poste publique, les membres du haut clergé séculier – en attendant que les Carolingiens en fassent de même pour les abbés – constituent donc le premier ordre de l'État. Dans la période considérée, ils sont généralement issus de la noblesse locale.

*

NERI étudie les marginaux, une catégorie du troisième ordre, celui qui est exclu de la chose publique, celui des *humiliores*, comme disent les lois romaines depuis le IIIe siècle, celui des *pauperes*, pour adopter le terme le plus fréquent à notre époque. Mais il ne faut pas oublier que, à la différence des mots juridiques anciens, univoques, tous les mots empruntés au vocabulaire courant – dans le grand effort de modernisation du droit entrepris au IVᵉ siècle – comme *pauper*, *servus*, *villa* et beaucoup d'autres, possède à la fois un ou plusieurs sens juridiques et un ou plusieurs sens courants. Tous les *pauperes* ne sont pas *indigentes*, indigents. Les marginaux appartiennent évidemment à ces derniers. Mais le vocabulaire ecclésiastique donne aussi à l'expression *bona pauperum* un sens particulier, celui de ›biens d'Église‹ dont un quart seulement est affecté à l'assistance. Ce sens est connu de l'A. Cependant, faute d'insister sur ce point, l'ouvrage, par ailleurs fort bien documenté et précis, manque un peu de rigueur, car l'A. cherche dans la sociologie moderne la définition d'un groupe qui manque d'unité et la première partie, consacrée aux mendiants, aux vagabonds et aux travailleurs des professions infamantes, comporte, dans son titre, le mot ›poveri‹ qui aurait demandé quelques éclaircissements. Au lieu de deux parties, trois auraient évité toute confusion car, si les mendiants et les vagabonds appartiennent un groupe assez homogène, les travailleurs des professions infamantes forment une catégorie distincte, comme les criminels, étudiés dans la troisième partie.

Le choix d'une longue durée est justifié car, pour se faire une idée précise de personnes dont on parle rarement, sauf en termes généraux et stéréotypés, il est indispensable de dépouiller une masse considérable de sources. L'étude est conduite du IIIᵉ au VIᵉ siècle, des Sévères à Grégoire le Grand, dans un cadre cohérent qui englobe à la fois la vaste législation du Bas-Empire et les nombreuses sources narratives de la période postérieure. Elle éclaire les uns par les autres ces deux types de documents. On serait tenté de reprocher à l'A. un plan thématique qui ne met pas en évidence la vision chrétienne des marginaux, pourtant annoncée dans le sous-titre du livre. La conclusion donne une réponse convaincante: les hommes d'Église considèrent les indigents en général, et en particulier ceux qui retiennent l'attention de Neri, comme l'›immagine del Cristo‹ sans abandonner pour autant le point de vue traditionnel et, par exemple, le mépris commun des prostituées (p. 499). Le christianisme ne modifia pas de manière perceptible l'attitude du pouvoir envers les marginaux ou le volume de l'aide qui était attribuée aux mendiants. Il aurait fallu rappeler que la charité est une vertu théologale, définissant les relations de l'âme avec Dieu et que la générosité n'est que la manifestation sensible d'une disposition de l'âme, non l'exigence d'une redistribution des richesses. D'ailleurs, nombre d'auteurs chrétiens, dont Jean Chrysostome, insistent sur le privilège qu'ont les indigents d'être aimés de Dieu. Les enrichir les plongerait dans les tentations du monde.

Il est très difficile de dépasser cette impression générale. En effet, si les pauvres reçoivent le quart des revenus des Églises, quelle part de ce montant revient aux mendiants et aux vagabonds, à côté des familles en difficulté, des pèlerins et des autres assistés? Quel fut leur situation réelle et changea-t-elle en quatre siècles?

On lira donc les dossiers fort complets prudemment et sans chercher à déterminer le nombre et la situation économique exacte des marginaux. Il n'est pas sûr, en effet, que les circoncellions aient formé des groupes de marginaux demandant l'assistance (p. 168–177). Il est sûr que les bagaudes n'appartenaient pas à cette catégorie, comme le note l'A. (p. 400–417). L'obligation d'envisager non seulement les personnes qui entrent dans son sujet mais aussi de démontrer qui n'en fait pas partie conduit à un éparpillement inévitable de la réflexion.

*

Grieser revient sur un sujet largement étudié, celui de l'esclavage dans la Gaule mérovingienne. Sans doute pour éviter de reproduire les analyses de H. Nehlsen, l'A. néglige les sources juridiques: la Loi salique n'est citée que deux fois. Son travail se limite donc presque à l'analyse des sources ecclésiastiques, en particulier des conciles et des écrits de Grégoire de Tours. Une perspective aussi étroite exclut une comparaison circonstanciée entre la situation dans l'empire romain et le monde franc. Mais l'indigence des sources conduit à utiliser des documents dont la présence surprend dans ce travail comme les conciles wisigothiques et les œuvres de Grégoire le Grand, davantage citées que le Code Théodosien bien que ce recueil de loi ait été largement exploité par les Francs.

Le postulat de départ est simple. *Servus* et ses nombreux synonymes désigneraient l'esclave même si l'A. sait que cette affirmation ne satisfait pas tous les historiens (p. 4) et qu'il est impossible d'expliquer pourquoi les sources utilisent un si grand nombre de termes: est esclave toute personne qui ne possède pas la *libertas plena* (p. 5) car, d'après Gaius, il n'existe que deux catégories de personnes: *omnes homines aut liberi sunt aut servi* (p. 18). Pour l'A., l'esclavage était répandu dans l'empire romain et n'a pu que se développer à cause des guerres; donc les esclaves étaient nombreux dans la Gaule mérovingienne. L'étude se présente comme un commentaire des sources, soigneusement rassemblées et parfois citées, sans discuter leur signification exacte, car GRIESER accepte, sans trop de recul, celle des opinions existantes qui lui paraît la plus acceptable.

Après une présentation succincte de la situation politique, économique et sociale, le livre aborde la vie sociale dans la *familia* mérovingienne, qui continuerait la tradition antique et chrétienne. On trouverait des esclaves dans tous les métiers, y compris parmi les médecins ou les musiciens (p. 71) mais la plupart travailleraient la terre, probablement avec des statuts différents (p. 77). Suit l'étude de points particuliers: l'origine des esclaves, leurs droits – ils auraient pu posséder des biens et même d'autres esclaves –, leur fuite éventuelle, leur libération pour des raisons religieuses ou autres, et leur entrée dans le clergé. La fin du livre constate que les auteurs chrétiens ne remettent pas en cause l'existence de l'esclavage et insistent davantage sur la libération ›intérieure‹ qui ouvre les portes du paradis que sur la libérations extérieure et ses avantages matériels.

Sans revenir sur les nombreuses difficultés qui ne sont pas soulignées – comment peut-on être esclave et propriétaire? pourquoi un esclave a-t-il le droit d'aliéner des biens qui sont censés ne pas lui appartenir? comment tous les écrivains ecclésiastiques ont-ils pu accepter sans la moindre hésitation une situation aussi contraire à leur idéal? – il est bon de signaler une question intéressante: que signifie l'opposition de *servus* et de *liber*? Outre la différence entre l'esclave et l'homme libre, le *servus* est, dans le sens religieux, le pécheur, et le Christ, prenant la *forma servi*, assume les conséquences de la faute. Mais il existe un troisième sens, irréductible aux deux premiers, qui apparaît lorsque, par exemple, Éloi, évêque de Noyon, se proclame *servus servorum Dei* (p. 205), en reprenant la formule de Grégoire le Grand. La seule traduction possible de cette formule est »serviteur des serviteurs de Dieu«. *Servus* renvoie donc à la notion large de *servitium*, de service, que l'A. mentionne, sans se demander si elle ne s'applique pas à tous les *servi*, ou à une partie d'entre eux: le *servus* assurerait le service public – la ›liturgie‹ *(leitourgia)* disent les sources grecques –de l'impôt, ou le service de la dette contractée, dans le cas des ›esclaves‹ pour dettes bien connus du droit antique et des formules mérovingiennes. Comme toujours, depuis que le vocabulaire du droit fut modernisé, il conviendrait de conduire une analyse lexicographique rigoureuse avant d'interpréter des textes clairs pour leurs contemporains mais déroutants pour nous.

Quoi qu'il en soit, il existe un groupe social qui ne se définit ni par ses fonctions, puisqu'on trouve aussi bien des agriculteurs que des musiciens, ni par son niveau de richesse, puisque certains *servi* possèdent des *servi*, et qui se distingue donc par un statut social à préciser.

*

JOHLEN revient, elle aussi, sur une question largement étudiée et l'envisage dans un espace limité, pendant une courte période, à partir d'une série limitée de sources: les lois romaines des Wisigoths et des Burgondes. L'A. y joint, sans le justifier, les articles de l'Édit de Théodoric qui intéressent son sujet. C'est donc, en réalité, une étude des lois romaines publiées par les souverains germaniques au sujet du patrimoine des femmes, qui exclut le cas des femmes barbares. Certes elle connaît et cite abondamment les documents juridiques romains mais ne les discute pas. Surtout, elle ignore l'excellent livre de A. Arjava, Women and Law in Late Antiquity, Oxford 1996 (voir notre BEP V dans: Francia 25/1, 1998, 240–241).

Le livre se présente sous la forme d'un catalogue consciencieux mais sans perspective. Chaque chapitre rappelle et discute la définition des termes couramment admise par les historiens du droit romain puis cite et commente les textes juridiques. Il manque au moins une réflexion sur la nature des lois romaines publiées par les rois germaniques. Par exemple, l'A. s'étonne, en conclusion, que les lois germaniques reprennent des textes anciens ne figurant pas dans le Code Théodosien. Elle semble ignorer que le Code publie les lois promulguées depuis l'avènement de Constantin pour adapter le droit. Les dispositions manquantes n'ont donc pas été modifiées entre le IIIe et le Ve siècle. Elle se prive aussi des trop rares sources narratives, pourtant utiles quand il faut préciser le sens d'un terme juridique, comme toujours employé par les lois sans le définir. Elle ne se demande pas pourquoi les Francs n'ont pas éprouvé le besoin de publier une *Lex romana*, ou quel était le statut des femmes barbares mariées à des Romains.

Le livre envisage successivement le cas de la femme soumise à l'autorité de son père ou de son mari, le statut des biens donnés par le père, les biens propres de la mère et la dot; puis celui de la femme *in sua potestate*, de la femme consacrée à Dieu, de la femme mariée, de la divorcée et de la veuve. La situation particulière de l'esclave et de la colone est traité à part. On passe ensuite à la perte des droits et aux procédures, avant de rappeler les dispositions prévues dans l'Édit de Théodoric.

L'A. corrige certaines interprétations traditionnelles et insiste sur la continuité du droit. Ainsi le *peculium* du fils ou de la fille fut toujours placé sous la puissance paternelle (p. 53–54). Elle note les rares divergences entre les droits nationaux qui portent sur des détails et consistent à choisir librement parmi des dispositions variables successivement prévues dans le droit romain (par exemple, p. 67–73).

Comme souvent, en lisant des travaux sur le droit protomédiéval, l'historien de la société s'interroge sur les conséquences pratiques des dispositions légales. Quelle était la situation sociale réelle des femmes? Que signifie exactement, pour les rapports entre le père et son fils que ce dernier soit mis sur le même plan qu'un esclave (p. 34, n. 65)? Que vaut la distinction entre les esclaves et les colones si leurs biens sont soumis aux mêmes contraintes (p. 168–171)? Les distinctions sociales se sont-elles atténuées au point de ne plus être sensibles, à moins que les deux termes *servus* et *colonus* soient des synonymes?

Surtout, de notre point de vue, il faudrait rappeler avec force que les lois romaines des barbares se contentent de résumer le Code Théodosien et que celui-ci demeure valable pour les cas laissés en suspens par ces lois. L'absence de toute distinction autre que celle des laïques et des femmes consacrées ou celle des libres et des esclaves, auxquels les colons sont assimilés, ne prouve pas, par exemple, que la noblesse a disparu. Dans le cas particulier des droits patrimoniaux, hommes et femmes nobles étaient soumis aux mêmes normes que le reste de la société.

*

Kaiser offre un exemple d'histoire régionale, pour la principauté épiscopale de Coire, qui pourrait constituer un modèle pour les débutants, car il présente une interprétation globale des sources, et inciter les spécialistes d'une catégorie de sources à ne pas négliger le reste de la documentation. Il envisage, en effet, l'histoire politique de cette région successivement placée aux marges de l'empire romain, du monde franc et du royaume italien, puis la vie religieuse et culturelle, enfin la vie économique et sociale. L'étude, facilitée par l'abondance et la variété des sources, permet de dresser un tableau précis, largement illustré par d'excellentes photos et par des cartes.

Au IVe siècle, la Rhétie Première avait son gouverneur *(prases)* et se trouvait sous l'autorité militaire d'un *dux* commun aux deux Rhéties. La situation ne changea guère jusqu'à l'effondrement du royaume ostrogothique. Puis la province passa sous le contrôle politique des Francs, sans perdre son autonomie administrative qui se manifeste par le maintien de la distinction entre les fonctions civiles exercées par le *praeses* et les fonctions militaires d'un *dux* (ou *tribunus*), par la promulgation d'une loi particulière, la *Lex romana Curiensium*, et par la quasi-indépendance de l'évêque vis-à-vis de son métropolitain. La province, dont les limites évoluèrent sensiblement, se trouvait sous l'autorité d'une famille dont on suit la trace du VIe siècle au IXe siècle, et qui se répartissait les commandements religieux, civils et militaires.

Les Carolingiens procédèrent à la *divisio inter episcopatum et comitatum* comme ailleurs et se réservèrent le comté. L'évêché fut rattaché à la métropole de Mayence, ce qui orienta définitivement la région vers le nord, tout comme son intégration dans le royaume germanique, à la suite des partages de l'empire carolingien. Après une phase d'incertitudes, d'ailleurs mal connues, au IXe siècle, le comté fut rattaché au duché de Souabe.

La christianisation de la province suit l'évolution générale du monde romain. Les dernières preuves formelles de paganisme datent du milieu du IVe siècle mais les sépultures ne sont orientées qu'à partir du début du Ve siècle et un lieu de culte païen ne fut détruit que vers 600; au VIIe siècle, un prêtre luttait encore contre le paganisme. La première mention d'un évêque, en 451, est évidemment postérieurs à l'apparition de la fonction. Les constructions d'églises et l'action des missionnaires atteste d'une christianisation progressive. L'appartenance de l'évêché au *Regnum Francorum* et la participation des évêques aux conciles nationaux détendit les liens avec la métropole de Milan.

Si l'on regroupe les informations, on constate que, dans le diocèse, l'évêque disposait de tous les pouvoirs, à l'époque mérovingienne, comme les autres détenteurs de principautés ecclésiastiques (p. 45–50), qu'il promulgua une loi (p. 42–43) et que, sous l'autorité des Carolingiens, il dut lutter pour défendre ses droits (p. 113–126). L'A. hésite sur la nature de la ›Loi‹ qui pourrait être de nature privée. La structure du texte suggère une autre hypothèse, plus satisfaisante car elle permet de le comparer à la Loi des Bavarois. Ce serait, sous réserve de vérifications minutieuses, la promulgation, dans une partie du *Regnum Francorum*, d'un texte qui suit, en l'adaptant, la législation du royaume. Cela correspond exactement à la situation de la région, partie intégrante de l'État mais administrée par les descendants de Zacco. Ici plus nettement qu'ailleurs, les nobles ont pour fonction de servir la chose publique en participant à l'élaboration des décisions, au point de préciser le cadre légal de leur action sous forme d'un texte rappelant les actuels décrets d'application ou les arrêtés des préfets, maires ou autres.

La fin du livre brosse un tableau aussi précis que possible de la situation économique et sociale. On retiendra que la société est divisée selon le statut juridique de ses membres (p. 195–206). La noblesse occupe les fonctions de commandement et comporte une hiérarchie en fonction du pouvoir possédé. Les *mediocres* ou *liberi* apparaissent trop rarement pour qu'on puisse cerner leur statut exact. Enfin les colons se distinguent peu des *servi casati* et se trouvent sous le contrôle, en particulier judiciaire, des nobles. N'est-ce pas parce que ceux-ci rendent la basse justice au nom de l'État dans une société d'ordres?

*

On mentionnera seulement CASTELLANOS qui présente, peut-être pour satisfaire la curiosité des »amigos de la historia de Calahorra«, une série d'hypothèses à partir de quelques extraits de chroniques, d'une lettre pontificales et de signatures épiscopales. La ville antique de Calagurris aurait possédé un évêque, une curie puis un groupe de notables. Elle aurait possédé un groupe épiscopal et des églises où l'on aurait spécialement vénéré les martyrs locaux, Emeritus et Celedonius, dont une vie nous est parvenue. Dont acte.

*

Les ouvrages recensés font tous apparaître, implicitement ou explicitement, trois ordres, dans la société romaine tardive comme dans les sociétés barbares, et montrent que les Germains furent établis ou s'établirent en tant que militaires dans les provinces occidentales de l'ancien empire. Dans un cas particulier, celui de l'Italie, la richesse de la documentation et l'acribie d'un chercheur dévoilent précisément comment s'est effectuée la transition entre l'empire unique et la diversité des royaumes: les nobles, liés au *magister militum* Aétius, ont perdu confiance après son assassinat; l'armée, avec Ricimer, les grandes familles et l'empereur d'Orient ont tenté de restaurer le pouvoir; mais les intérêts divergeaient trop pour qu'on pût solidariser à nouveau les éléments qui avaient fait la puissance de Rome. La noblesse des provinces reconnut les rois barbares comme les chefs des États et mit ses compétences et son autorité à leur service. Les souverains maintinrent la situation sociale en l'état et le clergé, dont les membres les plus éminents étaient issus de cette noblesse, admit le principe d'une Église nationale. Quant aux humbles, ils continuèrent à produire et à obéir. Germains et Romains se marièrent alors librement, échangeant leurs coutumes, leur manière de vivre et de s'habiller au point qu'il fut impossible de les distinguer après un temps plus ou moins long. Finalement des formes de civilisation nationales s'élaborèrent dans les royaumes où l'on vivait entre soi. Mais on se souvint longtemps que le nouvel état de choses remontait à l'époque où les empereurs avaient confié la défense des provinces aux troupes barbares: les soldats des armées nationales conservèrent le nom du peuple qui les avait créées. Le droit des femmes, le statut des paysans, la situation des marginaux évoluèrent peu dans le cadre d'une société d'ordres où la noblesse et le clergé, qui en était issu, dominaient la société aux côtés de rois qu'ils servaient sans obséquiosité. Nous devrions éviter de projeter sur une époque fort bien organisée les concepts de la sociologie actuelle et de conclure, s'ils sont inadéquats, que l'on vivait alors dans le désordre et la pure violence.

KLAUS ZECHIEL-ECKES

ZWEI ARBEITSHANDSCHRIFTEN PSEUDOISIDORS

(Codd. St. Petersburg F. v. I. 11 und Paris lat. 11611)*

I. Die Ausgangsposition

Licht in die Genese des pseudoisidorischen Fälschungskomplexes zu bringen, diese Aufgabe stellt nach wie vor eine Herausforderung dar[1]. Und man fragt sich, welches Rüstzeug der Historiker, der sich auf die Jagd nach dem Phantom begibt, eher mitbringen sollte: rechtsgeschichtliches, philologisches oder detektivisches. Am besten alles zusammen, dies gepaart mit der festen Überzeugung, daß es im Leben kaum etwas Schöneres geben kann als in großen Handschriftenbibliotheken Tag für Tag, Woche für Woche in frühmittelalterlichen Codices zu blättern. Doch Spaß beiseite:»Der dichte Schleier, den der Verfasser oder die Verfassergruppe über sich gebreitet hat, ist bis zum heutigen Tage nicht gelüftet, und er wird auch vermutlich, falls nicht ein günstiger Zufall zu Hilfe kommt, niemals zu lüften sein.« Dieser Einschätzung Emil Seckels[2], wiewohl schon im Jahr 1905 formuliert, ist in ihrem ersten Teil, auch an der Schwelle des neuen Jahrtausends, in vollem Umfang stattzugeben: Wir kennen die Identität des Autors (beziehungsweise des um ihn gescharten und seine Zielvorgaben umsetzenden Teams) nicht – noch nicht. Hingegen sind Fortschritte zu vermelden gegenüber Seckels zweiter Kernaussage: auch ohne »günstige(n) Zufall«, was hier nachdrücklich betont sei. Denn es geht methodisch nicht um Treffer »par hasard«, sondern um systematische quellenkritische und überlieferungsgeschichtliche Arbeit, verbun-

* Die Miszelle spiegelt Vorarbeiten zu einem umfangreicheren Beitrag, der unter dem Titel »Ein Blick in Pseudoisidors Werkstatt. Studien zum Entstehungsprozeß der Falschen Dekretalen (mit einem exemplarischen editorischen Anhang: Pseudo-Julius' Brief an die orientalischen Bischöfe, JK † 196)« in FRANCIA 28/1 (2001) erscheinen soll (mit Abbildungen). Mein Dank gilt auch an dieser Stelle dem Direktor des Deutschen Historischen Instituts in Paris, Herrn Professor Dr. Werner Paravicini, durch dessen Unterstützung das Projekt maßgeblich vorangetrieben werden konnte. Gleichermaßen danke ich dem Direktor des Institut de Recherche et d'Histoire des Textes, Monsieur Jacques Dalarun, und dem Leiter der Section latine, Monsieur Pierre Lardet, deren Engagement es mir ermöglichte, sechs Monate als Chercheur associé au CNRS am I.R.H.T. zu arbeiten. Die Beschäftigung mit Pseudoisidor geht letztlich zurück auf den Probevortrag, den ich vor der Kolloquiumskommission der Albert-Ludwigs-Universität in Freiburg im Breisgau am 9. Januar 1998 gehalten habe: »Literarische Fiktion und karolingische Wirklichkeit. Zur Verschlüsselung tagespolitischer Realitäten im pseudoisidorischen Briefcorpus«.

1 Statt hier raumgreifend Literatur anzuführen, sei verwiesen auf die Angaben bei Emil SECKEL, (Art.) Pseudoisidor, in: Realencykl. für protest. Theologie und Kirche 16, ³1905, S. 265–267; Horst FUHRMANN, Einfluß und Verbreitung der pseudoisidorischen Fälschungen. Von ihrem Auftauchen bis in die neuere Zeit 1, Stuttgart 1972 (Schriften der MGH 24,1), S. XV–LI; DEMS., (Art.) Pseudo-Isidor, in: Lex. für Theologie und Kirche 8, ³1999, Sp. 710 und bei DEMS., Detlev JASPER, Papal Letters in the Early Middle Ages, in: Wilfried HARTMANN, Kenneth PENNINGTON (Hg.), History of Medieval Canon Law (erscheint 2000), mit ausführlicher Bibliographie.

2 SECKEL (wie Anm. 1) S. 284, 57–60.

den mit dem bereits erwähnten bibliothekstouristischen Vergnügen. Horst Fuhrmann hat den Weg gewiesen, den einzuschlagen sich nach eminenten Vorarbeiten David Blondels, Friedrich Heinrich Knusts, Paul Hinschius' und vor allem Emil Seckels[3] geradezu aufdrängte: »Die Frage nach Ort und Verfasser ist bei einem Non liquet stehengeblieben und kaum auch mit Vorschlägen eines im Geist mit den Fälschungen übereinstimmenden Autors oder Autorenteams bündig zu beantworten. Größeren Erfolg dürfte der Weg über die Vorlagen Pseudoisidors, die Suche nach seiner Bibliothek versprechen«[4].

Zunächst eine allgemeine Vorbemerkung: Trotz einer unbezweifelbaren Verlustrate besitzen wir aus dem 9. Jahrhundert mehr als gemeinhin angenommen, nicht nur im Fall des Florus von Lyon, des Pacificus von Verona oder des Lupus von Ferrières, um drei prominente Beispiele anzuführen. Es geht mir im folgenden vor allem darum, die von Bernhard Bischoff herausgestellten »Randhinweise« als »deutliche Symptome der Verarbeitung« mit historischem Inhalt zu füllen[5] und zu dokumentieren, d a ß und w i e aus Manuskripten, die mit Bedacht glossiert wurden, Neues entsteht. Für die systematische Rechtssammlung des Cresconius und Werke des Florus von Lyon ließ sich das bereits zeigen[6]. Weshalb dann nicht auch bei Pseudoisidor, dessen überreiche Bibliothek ja nicht spurlos vom Erdboden verschwunden sein wird?

II. Zwei Arbeitshandschriften Pseudoisidors

Um eine historische Fiktion wie die Falschen Dekretalen zu produzieren, bedurfte es eines minutiösen kirchengeschichtlichen Grundwissens. Pseudoisidor konnte etwa seine Päpste Marcus, Julius und Felix II. in der Korrespondenz mit Athanasius nicht losgelöst vom politischen Hintergrund des vierten Jahrhunderts agieren lassen[7]. Zumindest der Bezugsrah-

---

3 Siehe David BLONDELLUS, Pseudo-Isidorus et Turrianus vapulantes: Seu editio et censura nova Epistolarum omnium, quas piissimis Vrbis Romae Praesulibus à B. Clemente ad Siricium, etc. nefando ausu, infelici eventu, Isidorus cognomento Mercator Supposuit ... (Genf, Ex Typographia Petri Chouët, 1628), hier jeweils die quellenkritischen Marginalia zum Text der Falschen Dekretalen; Friedrich Heinrich KNUST, De fontibus et consilio Ps.-Isidorianae collectionis commentatio, Göttingen 1832; Paul HINSCHIUS (ed.), Decretales Pseudo-Isidorianae et Capitula Angilramni, Leipzig 1863, S. CX–CXXXIX (tabula fontium); Emil SECKEL, Studien zu Benedictus Levita I–VIII, in: Neues Archiv [NA] 26 (1901) S. 37–72; NA 29 (1904) S. 275–331; NA 31 (1906) S. 59–139 und S. 238–239; NA 34 (1909) S. 319–381; NA 35 (1910) S. 105–191 und S. 433–537; NA 39 (1914) S. 327–431; NA 40 (1915) S. 15–130; NA 41 (1917) S. 157–263; DERS. (†), Joseph JUNCKER, in: Zs. für Rechtsgesch., Kan. Abt. 23 (1934) S. 269–377 und ibid. 24 (1935) S. 1–112; siehe auch Hubert MORDEK, Une nouvelle source de Benoît le Lévite, in: Revue de droit canonique 20 (1970) S. 241–251.
4 FUHRMANN, Einfluß und Verbreitung (wie Anm. 1) S. 194.
5 Bernhard BISCHOFF, Paläographie des römischen Altertums und des abendländischen Mittelalters, Berlin ²1986, S. 255, der im Zusammenhang ausführt: »Kollationen, Randhinweise von Lesern, Nota-Zeichen, Anstreichungen finden sich fast überall. Bisweilen sind solche Spuren deutliche Symptome der Verarbeitung, wie sie in den zahllosen kanonistischen, dogmatischen, exegetischen und ethischen Kompilationen und Florilegien stattgefunden hat.« Siehe auch David GANZ, Corbie in the Carolingian Renaissance, Sigmaringen 1990, S. 68–80 (»The Evidence of Annotations«).
6 Siehe Klaus ZECHIEL-ECKES, Die Concordia canonum des Cresconius, Frankfurt etc. 1992 (Freiburger Beiträge zur mittelalterl. Geschichte, 5), hier S. 134ff. und S. 150ff., wo dokumentiert ist, auf welche Weise glossierte Dionysio-Hadriana-Hss. (etwa Köln 115, Köln 117, München lat. 6242, Paris lat. 3846, Reims 671) zu Redaktionsformen der Concordia canonum geführt haben. Zu Florus, seinen Randnotizen und »Präparationen« siehe zuletzt DERS., Florus von Lyon als Kirchenpolitiker und Publizist, Stuttgart 1999 (Quellen und Forsch. zum Recht im Mittelalter, 8), S. XXIX (Literatur) und passim.
7 Die einschlägigen Texte bei HINSCHIUS, Decretales (wie Anm. 3) S. 451–494; siehe auch oben Anm. *. Vor allem über die Gestalt des Athanasius von Alexandria hat sich Pseudoisidor detaillierte

men mußte stimmig sein. Es ist der Forschung bekannt, in welch beträchtlichem Umfang *Isidorus Mercator* (alias *Benedictus Levita*) seine Bildung in spätantiker Kirchengeschichte der sogenannten Historia ecclesiastica tripartita des Epiphanius-Cassiodor verdankte, jener aus dem Griechischen übersetzten »Geschichtsklitterung«, die gleichwohl im Mittelalter unbändige Verbreitung erfahren hat[8]. Mehr als 50 Mal hat Pseudoisidor die Historia tripartita zitiert, ein Befund, der allein aus Orientierungsgründen mit fast zwingender Notwendigkeit eine graphische Kennzeichnung der zu exzerpierenden Passagen in der unmittelbaren Vorlage voraussetzt. Geleitet von der überlieferungsgeschichtlichen Studie Walter Jacobs[9] war das Ziel bald erreicht: Cod. St. Petersburg F. v. I. 11 (später, aber typischer *ab*-Codex, zwischen 814 und 821, während Adalhards Exil, von Corbier Schreibern auf Noirmoutier angelegt)[10] bewahrt genau an d e n Stellen, die in den pseudoisidorischen Fälschungskomplex eingegangen sind, charakteristische Randbemerkungen, auch d a n n, wenn es sich nur um Entlehnungen von drei oder vier Wörtern handelt. Daneben sind gleichermaßen Textstellen markiert, die zwar nicht *ad litteram* in die Fälschungen eingeflossen sind, sondern nach ihrer inhaltlichen Dimension rezipiert wurden. Ich mache dies nur an jeweils zwei Beispielen deutlich, da komplette Nachweise der oben angekündigten Studie vorbehalten sind.

Pseudoisidors Forderung, daß ohne die Erlaubnis des Römischen Stuhls kein Konzil einberufen werden dürfe, kommt ermüdend häufig in den Falschen Dekretalen vor[11]. Das Postulat wurde sicherlich deshalb so redundant erhoben, weil dem Verfasser klar war, daß sich zum Zweck der angestrebten »Massenwirkung« das Prinzip der Wiederholung als der »einfachste(n) nicht-argumentativen Erläuterungsform« anbot[12]. Cod. St. Petersburg F. v. I. 11, fol. 63ra Z. 15, bewahrt an genau dieser Stelle (Historia tripartita IV, 9: *non oportere preter sentenciam romani pontificis concilia celebrari*)[13] die Randglossen *ή ⊦ q* ^. Dasselbe gilt

Informationen beschafft, denn an dieser Persönlichkeit ließen sich viele seiner Hauptthemen exemplarisch festmachen: Absetzung eines herausragenden Vertreters des Episkopats auf einer Reichssynode (335), dazu noch auf Druck des Kaisers, Verbannung, Rückkehr, erneute Flucht, schließlich – und in Pseudoisidors Gedankengebäude zentral – der Gang nach Rom und die Appellation an den dortigen Bischof Julius. Diese Themen finden sich in den Falschen Dekretalen auf Schritt und Tritt wieder.

8 Das Zitat bei Franz Brunhölzl, Geschichte der lateinischen Literatur des Mittelalters 1, München 1975, S. 42. Zu benutzen ist die Edition von Rudolf Hanslik, CSEL 71, 1952. Die Quellennachweise bei Hinschius (wie Anm. 3) S. CXXIII, wobei jedoch Blondel (wie Anm. 3) des öfteren präzisere Angaben macht. Neben der Historia ecclesiastica tripartita war es vor allem der Liber pontificalis, der weiteres Material lieferte, siehe Hinschius, S. CXXXV (Libri pontificum).

9 Walter Jacob, Die handschriftliche Überlieferung der sogenannten Historia tripartita des Epiphanius-Cassiodor, Berlin 1954, weist 138 Codices nach. Zusätzlich zu der hier interessierenden Fragestellung sei darauf aufmerksam gemacht, daß der Tripartita-Codex Paris, BNF, nouv. acq. lat. 1746 (Anfang 10. Jh.?) in den umfangreichen Randeinträgen (!) foll. 15^v–24^v eine noch nirgends analysierte patristisch-kanonistische Sammlung enthält (mit Pseudoisidor- und starker Herovalliana-Rezeption), die Investiturstreitthemen erahnen läßt. Ich werde an anderem Ort auf Quellen und Zielsetzung dieser Collectio eingehen.

10 Ich nenne hier nur Elias Avery Lowe, CLA 11 (1966) Nr. 1606, S. 7 und S. 33; Christian de Mérindol, La production des livres peints à l'abbaye de Corbie au XIIe siècle. Etude hist. et archéol., Lille 1976, S. 1032–1036 und Abb. 287–288, 299 und 313 sowie Ganz (wie Anm. 5) S. 143 (jeweils weiterführende Literatur).

11 Praefatio 8; Marcellus 2 und 10; Julius 5–6, 11, 13; Felix II. 2; Damasus 9; Pelagius II., vgl. Hinschius, Decretales (wie Anm. 3) S. 19, 224, 228, 459, 465f., 471, 479, 503 und 721.

12 Zitate bei Seckel, Pseudoisidor (wie Anm. 1) S. 279, 60 (unter Berufung auf F. W. H. Wasserschleben) und bei Werner Schmidt-Faber, Argument und Scheinargument, München 1986, S. 233.

13 Vgl. Hanslik (wie Anm. 8) S. 165, 20f. (St. Petersburg F. v. I. 11 = Sigle C). Siehe auch Anm. 22.

für den pseudoisidorischen Grundsatz, ohne den Papst sei gar keine Entscheidung zu treffen. Hier ist der Petersburger Codex fol. 66ra Z. 24 heranzuziehen (Historia tripartita IV, 19: *extra romanos* [!] *nihil decerni pontificem*)[14], ausgestattet mit den Marginalia *ἤ q.* ^ ʃ. Daneben kennt man Pseudoisidors »bis zur Lächerlichkeit vollgepfropfte(s) Arsenal« an Schutzbestimmungen, die seine Bischöfe vor Anklage und Absetzung bewahren sollten. Offensichtliche Angst vor »suspekten« Anklägern und Zeugen führte dazu, in diese Richtung Material zu sammeln und als Konsequenz höchste (und *de facto* unerfüllbare) Ansprüche an die Integrität der genannten Personen zu stellen[15]. Es nimmt daher nicht wunder, daß *Isidorus* in seinem Handexemplar Passagen anstrich, die ihn in der angedeuteten Aversion bestätigen konnten: *Accusatores itaque dicit calumniosos esse, testes vero mendaces,* heißt es in Hist. trip. VII, 12, versehen mit einem kleinen *ἤ* (St. Petersburg F. v. I. 11, fol. 148rb Z. 1)[16]. Ebenso bekannt ist Pseudoisidors Ziel, Erzbischöfe in jurisdiktioneller Hinsicht handlungsunfähig zu machen: »Der Metropolit ... kann gegen Bischöfe und in Diözesanangelegenheiten nicht das Mindeste verfügen«[17]. Hierzu paßt vorzüglich ein Satz aus Hist. trip. IX, 13, der säuberlich mit *ἤ* markiert wurde (St. Petersburg F. v. I. 11, fol. 187va Z. 5): ... *definierunt pariter ut si quid in prouintia qualibet emergeret, prouinciae concilio finiretur*[18]. Das Signal *ἤ* weist auch hier, genau wie bei den »verleumderischen und lügnerischen Anklägern und Zeugen«, auf einen pseudoisidorischen Leitgedanken und dient nicht dazu, eine wörtlich zu exzerpierende Passage hervorzuheben. Insofern fällt neues Licht auf *Isidorus Mercator* als Materialsammler, da wir endlich in der Lage sind, dem »Phantom« bei der Arbeit über die Schulter zu schauen.

Völlige Bestätigung der vorgetragenen Beobachtungen brachte ein Aufenthalt in der Bibliothèque nationale de France im Oktober 1999. Schon Emil Seckel hatte dezidiert darauf hingewiesen, daß Pseudoisidor die Akten von Chalcedon (Interpretatio vulgata) in der Bearbeitung des Rusticus benutzt haben muß, da er nur dort, neben Exzerpten aus den Actiones I, III und X, auch den Brief des Proclus an Domnus s o w i e Leos I. Schreiben *Omnem quidem fraternitatem* (JK 490) hatte finden können. Cod. Paris lat. 11611 (saec. IX²/₄, Corbie) tradiert als »beste Überlieferung« die Sammlung des Rusticus[19]. J e d e s in den Falschen Dekretalen und in den Falschen Kapitularien enthaltene Exzerpt ist am Rand markiert, und zwar dergestalt, wie es bereits für die Historia-tripartita-Passagen in Cod. St. Petersburg F. v. I. 11 nachgewiesen werden konnte. Auch hier nur eine kleine Auswahl: So steht neben der häufig zitierten Sentenz *Sic enim odit deus eos qui aduersus patres armantur* ... ein *ἤ* (Paris lat. 11611, fol. 187^r Z. 27)[20]. Die Passage ... *et quae canonica sunt, uentilentur.*

---

14 HANSLIK (wie Anm. 8) S. 174,14f. HINSCHIUS (wie Anm. 3) S. 459, 465f. (Julius 6, 11), 479 (Felix II. 1).

15 Zur Thematik SECKEL, Pseudoisidor (wie Anm. 1) S. 280f. (Zitat S. 280, 57). Zu den *suspecti* vgl. Anm. 20.

16 HANSLIK (wie Anm. 8) S. 403, 56–58.

17 SECKEL, Pseudoisidor (wie Anm. 1) S. 281, 23f.

18 HANSLIK (wie Anm. 8) S. 509, 35f.

19 Siehe SECKEL/JUNCKER, ZRG Kan. 23 (1934) S. 374f. (Zitat S. 374 Anm. 5 von S. 373). Zur Sammlung grundlegend Friedrich MAASSEN, Geschichte der Quellen und der Literatur des canonischen Rechts im Abendlande, Graz 1870, S. 745–751; siehe in Auswahl Eduard SCHWARTZ, Acta Conciliorum Oecumenicorum [ACO] 2, 3, 3, S. XIIIf.; Rudolf SCHIEFFER, ACO 4, 3, 1, S. 43 (Literatur); GANZ (wie Anm. 5) S. 69.

20 SCHWARTZ, ACO 2, 3, 3, S. 75, 26f. (Brief des Proclus an Domnus). Der sprachlich eingängige Passus findet sich bei Alexander 6, Telesphorus 4, Fabianus 18, Stephanus 2 und 13, Eusebius 5, Julius 12, Pelagius II. Ep. 1, vgl. HINSCHIUS, Decretales (wie Anm. 3) S. 97, 112, 164, 182, 188, 231f., 468 und 724f. sowie Ben. Lev. III, 374 (PERTZ, MGH Leges 2, S. 125^a, 37–40) und Capitulum Angilramni 19bis (HINSCHIUS S. 769). En passant sei vermerkt, daß Pseudoisidor auf der gegenüberlie-

Quando enim ... in propria accusatur persona, die für Ben. Lev. III, 444 herangezogen wurde (Paris lat. 11611, fol. 108ᵛ Z. 11–13)[21] ist am Rand deutlich mit *q.* ∧ *ῆ* hervorgehoben. Wegen der inhaltlichen Parallelen zur Historia tripartita sei noch kurz auf Formulierungen eingegangen, die die Kompetenz des Papstes zur Einberufung von Konzilen herausstellen beziehungsweise die den Vorrang des Stuhles Petri allgemein zur Geltung bringen. So heißt es in den Gesta actionis primae des Chalcedonense folgendermaßen: ... *et synodum ausus est facere sine auctoritate sedis apostolicae quod numquam factum est nec fieri licuit* (Paris lat. 11611, fol. 18ᵛ Z. 31–33). Analog zur entsprechenden Cassiodor-Passage in Cod. St. Petersburg F. v. I. 11 (oben S. 207) ist auch diese Stelle im Parisinus bezeichnet mit *ῆ q.* ∧ *t*[22]. Im selben Zusammenhang liest man von Rom und seinem Bischof als Oberhaupt aller Kirchen dies: *Beatissimi atque apostolici uiri papae urbis romae quae est caput omnium ecclesiarum praecepta habemus prae manibus ...* (Paris lat. 11611, fol. 18ᵛ Z. 18–20)[23]. Oder aber abgewandelt: ... *uice domini mei beatissimi atquae* (!) *apostolici uniuersalis ecclesiae papae urbis romae leonis synodo praesidens ...* (Paris lat. 11611, fol. 154ᵛ Z. 30)[24]. Diese jeweils mit einem typischen *ῆ* versehenen Passus dienten des öfteren dazu, die Adresse falscher Briefe herzustellen[25].

III. Conclusio

Beide hier knapp behandelten Arbeitshandschriften Pseudoisidors stammen aus Corbie. Das ist so erstaunlich nicht, wenn man sich klarmacht, daß darüber hinaus zwei der ältesten Tradenten der Falschen Dekretalen (Vat. lat. 630 und Leipzig II. 7) aus besagtem Kloster stammen, daß die beiden ältesten Überlieferungen der sogenannten Hispana Gallica Augustodunensis (Vat. lat. 1341 und Berlin Hamilton 132) ebenfalls in der *abbaye royale* geschrieben wurden, daß man die von Horst Fuhrmann benannte Affinität des Pseudoisidorschen Liber Ecclesiasticus zu einer Vetus-Latina-Version in Rechnung stellen muß, »wie sie in Handschriften aus Corbie faßbar ist«, und daß schließlich Corbie als Überlieferungs-

---

genden Seite des Parisinus (fol. 186ᵛ Z. 23–25) ein geradezu ideal in seine Argumentation passendes Beispiel für »suspekte« Metropoliten als Richter (siehe Anm. 15 und 17) auch entsprechend deutlich markiert hat: ⌈ *q.* ∧ *ῆ t: asserit autem eum se s u s p e c t u m habere qui nunc metropoliticum prouintiae suae ius optinet et, sicut iam dixi, nihil est quod contristet, cum liceat ut qui ei s u s p e c t i sunt, iudicare non debeant* (aus der Actio XIV, 10, ed. SCHWARTZ, ACO 2, 3, 3, S. 74, 17–20). Auch hier zeigt sich, daß Pseudoisidor über die von SECKEL, NA 40 (1915) S. 88 (= Ben. Lev. III, 314 d) nachgewiesene romanistische Quelle hinaus (Brev. nov. Valentiniani 12, interpretatio: *Si quis iudicem ... habuerit ... suspectum*) auf breiter Basis Material zusammengetragen hat.

21 PERTZ (wie Anm. 20) S. 130ᵇ, 61–66 = Exzerpt aus der Actio III des Chalcedonense, ed. SCHWARTZ, ACO 2, 3, 2, S. 26, 5–7.

22 SCHWARTZ, ACO 2, 3, 1, S. 40, 17–19. Die Marginalia in Paris lat. 11611 stehen am äußersten Blattrand links unten, neben der Adnotatio Rustici zur betreffenden Passage: *synodum ausus est facere sine auctoritate sedis apostolicae, quod numquam licuit, numquam factum est* (SCHWARTZ, ebd., Apparat zu Z. 16–19).

23 SCHWARTZ, ACO 2, 3, 1, S. 40, 4–6. Vgl. Felix II. 13 (HINSCHIUS, Decretales, wie Anm. 3, S. 489, 5), wo der Apostolische Stuhl dann extrem übersteigert als *quasi ... totius orbis capud* firmiert.

24 Exzerpt aus der Actio VI, 9, 1, SCHWARTZ, ACO 2, 3, 2, S. 156, 28f.

25 Siehe beispielsweise Athanasius an Marcus: ... *Marco sanctae Romanae et apostolicae sedis atque universalis ecclesiae papae Athanasius ...* (HINSCHIUS S. 451); die *Romana synodus* unter Julius: *praesidente sancto ac beatissimo Iulio papa sedis apostolicae urbis Romae ...* (HINSCHIUS S. 454); den Brief der ägyptischen Bischöfe an Felix II.: *Domino ter beatissimo ... Felici sanctae sedis apostolicae urbis Romae pape Athanasius ...* (HINSCHIUS S. 478); Felix II. an die ägyptischen Bischöfe: *Felix sanctae universalis aecclesiae papa adque per gratiam dei catholicae et apostolicae aecclesiae urbis Romae episcopus ...* (HINSCHIUS S. 491).

zentrum gelten kann für die in den Falschen Dekretalen üppig rezipierten Werke des Ennodius von Pavia und für den Liber contra Varimadum des Pseudo-Vigilius Thapensis[26]. Die Sachlage läßt keinen anderen Schluß zu als denjenigen, daß Pseudoisidors »Atelier« in Corbie zu suchen ist. Daß dieses Ergebnis auch in kirchenpolitischer Hinsicht Bedeutung besitzt, bedarf nicht eigens der Begründung. Unser Phantom, mit seiner ausgeprägten Angst vor Anklage, Absetzung und suspekten *iudices, accusatores* beziehungsweise *testes*, schreibt eindeutig aus der Defensive – gewissermaßen aus der Verliererperspektive. Und so wird unweigerlich die politische Konstellation der mittdreißiger Jahre des 9. Jahrhunderts in Erinnerung gerufen, die nach meiner Überzeugung die Initialzündung abgegeben hat für ein derart imposantes Werk, wie es der pseudoisidorische Fälschungskomplex nun einmal ist. Auch die Frage nach dem Verfasser läßt sich jetzt gleichfalls präziser formulieren. Doch davon soll im nächsten Band der Francia ausführlicher gehandelt werden[27].

---

26 Siehe hierzu neuerdings die Angaben von Horst FUHRMANN, Pseudoisidor und die Bibel, in: Deutsches Archiv 55 (1999) S. 183–191, hier S. 187 Anm. 19.
27 Wie oben Anm. *.

BERNARD S. BACHRACH

MAGYAR-OTTONIAN WARFARE

À *propos* a New Minimalist Interpretation[1]

Specialists in the history of early medieval Western Europe traditionally view the Magyars, along with the Vikings and the Muslims, as a very destructive force which helped to undermine the civilizing processes advanced east of the Rhine by the Carolingian empire and its successor kingdoms. Indeed, the Magyars are regarded as exceptionally brutal or as Maximilian Georg Kellner put it in his recent book, they are seen as: »skrupellose Mörder von Frauen, Männern und Kindern«, »habgierige Räuber«, and »Zerstörer von Kirchen und Klöstern«[2]. It is Kellner's thesis that the Magyars, as depicted in contemporary sources prior to their conversion to Christianity, certainly were no worse than other invaders during the later ninth and tenth centuries who killed men, women, and children, greedily plundered whatever they could, and destroyed both churches and monasteries. He emphasizes, however, that after the Magyars were Christianized, contemporaries highlighted and exaggerated the evil that had been done by their pagan ancestors so as to exploit the benefits that conversion to Christianity had wrought.

Central to Kellner's effort is an intention to demonstrate that considerable exaggeration characterizes descriptions of Magyar destructiveness. One may be reminded here of Peter Sawyer's efforts to »whitewash« the reputation of the Vikings[3]. This attempted exculpation led Wallace-Hadrill to quip: »[S]hould we view the Vikings as little more than groups of long-haired tourists who occasionally roughed up the natives?«[4] Kellner, in order to make the essential point regarding the putative exaggeration of the Magyars' negative impact on the West, argues that their armies were very small[5]. Thus, logically, one must draw the ineluctable conclusion that the Magyars simply could not have been as dangerous and destructive as medieval reports indicate. As a result of these »faulty« sources, modern scholars, by and large, have been misled in attributing excessive destructiveness to the Magyars during the period in which they were still pagans. In a similar vein, Sawyer argued that

1   My text results from a review of Maximilian Georg KELLNER, Die Ungarneinfälle im Bild der Quellen bis 1150: Von der »Gens detestanda« zur »Gens ad fidem Christi conversa« (Studia Hungarica. Schriften des Ungarischen Instituts München, 46), Munich (Ungarisches Institut) 1997, 225 p. Approximately half the text, p. 97–173, deals with »Die militärischen Aspekte der Ungarneinfälle«.

2   Ibid. p. 7.

3   Peter SAWYER, The Vikings, London 1962.

4   J. M. WALLACE-HADRILL, The Vikings in Francia, in: ID., Early Medieval History, Oxford 1975, p. 220.

5   KELLNER p. 112. Karl J. LEYSER, The Tenth Century in Byzantine-Western Relationships, in: Relations between East and West in the Middle Ages, ed. Derek BAKER, Edinburgh 1973, p. 29–63, and reprinted in ID., Medieval Germany and Its Neighbours: 900–1250, London 1982, p. 45, refers to this Magyar army as composed of aristocratic nomads.

the Viking armies were very small as a corollary to his minimalist interpretation of their destructiveness[6].

Kellner, in order to sustain his position regarding the supposed small armies of the Magyars, quite reasonably finds it necessary to argue that the military forces of *Francia orientalis* also were rather small. This minimalist approach to the army of the Saxon dynasty and to the royal government, itself, fits well with recent efforts by scholars to depict the Carolingians' eastern successors as ruling a primitive polity based upon personal relations rather than on governmental institutions and administrative processes. Indeed, Ottonian efforts at *imitatio imperii* are seen to be dominated by form but lacking in substance. This argument assumes the effective elimination of Romanized Carolingian institutions in *Francia orientalis* and tends to characterize late Roman or Byzantine aspects identifiable in Ottonian culture and government as a façade or perhaps some sort of ›Schauspiel‹[7]. Thus, a true German identity is seen to emerge from the ›echt‹ but primitive values and customs that are believed to dominate a warrior culture as putatively described by Tacitus. The *Germania* is treated as though it were a repository of »objective reality« for ascertaining the contours of ›Germanentum‹, while evidence for continuity from this primitive ›Urzeit‹ is »discovered« in later medieval Norse sagas which, despite perfunctory recognition of their

---

6   SAWYER, The Vikings (as n. 3) p. 8–11; 118–136; note, as well, the rather crude minimalist effort by Horst ZETTEL, Das Bild der Normannen und der Normanneneinfälle in westfränkischen, ostfränkischen und angelsächsischen Quellen des 8. bis 11. Jahrhunderts, Munich 1977. See my review of the latter work in: Speculum 55 (1980) p. 613–615. Although Sawyer's work does not appear to have been used by Kellner, the latter does include Zettel's far less sophisticated effort in his bibliography.

7   See, for example, Gerd ALTHOFF, Verwandte, Freunde und Getreue: zum politischen Stellenwert der Gruppenbindungen im frühen Mittelalter, Darmstadt 1990; Johannes FRIED, Die Formierung Europas 840–1046, Munich 1991. More recently, J. FRIED, The Frankish Kingdoms, 817–911: The East and Middle Kingdoms (The New Cambridge History, 2: C. 700–c. 900, ed. Rosamond MCKITTERICK), Cambridge 1995, p. 145, strongly emphasizes that »the provinces east of the Rhine were peripheral to royal rule« in the united Carolingian *regnum* and that »there was no such thing as a coherent concept of policy«. See my review article in: Speculum 74 (1999) p. 217–220, where Fried's views are criticized in some detail. An exceptionally clear exposition of the minimalist position concerning Ottonian government is found in G. ALTHOFF, Otto III., Darmstadt 1996, p. 19, who writes: »keine Verwaltung, kaum Institutionen und eine verschwindend geringe Intensität von Schriftlichkeit auf allen Gebieten öffentlichen Lebens«. Now see the effective critique of a collection of earlier pieces by ALTHOFF, Spielregeln der Politik im Mittelalter: Kommunikation in Frieden und Fehde, Darmstadt 1997, by Howard KAMINSKY, in: Speculum 75 (1999), p. 687, who points out, among other things, that Althoff's mistranslations of a variety of Latin texts are deployed to demonstrate a lack of governmental power, when, in fact, »the actual sources, in Latin imply, if anything the opposite«. (I would like to thank Professor Kaminsky for making a pre-publication copy of his review available to me.) LEYSER, Tenth Century (as n. 5) p. 60, makes a typical rhetorical foray into this type of primitivism when he observes »Widukind's use and adaptation of Roman military terms must not lead one to the conclusion that Otto's forces moved in well-drilled formations«. What specialist even in Roman military history would assume that simply because a writer of the first century B.C. used the term *legio*, the reader should conclude that the force in question was operating at any particular moment in »well drilled formations«? All texts, to be treated in a methodologically sound manner, must be understood in context. Creating myths about Roman reality (see below Kellner's efforts in this regard) in order to primitivize our perception of Ottonian military administration is a rhetorical conceit that has been used far too often to be taken seriously. For a particularly egregious example of constructing ›Germanentum‹ see James C. RUSSELL, The Germanization of early medieval Christianity. A sociohistorical approach to religious transformation, New York 1994, and my review in: Società e storia 70 (1996) p. 911–913.

literary character and stylistic rigidity, are treated at times as though they were scientifically orchestrated documentary descriptions[8].

This model of Ottonian primitivism, as supposedly evidenced by the inability of the royal government to mobilize large armies and to maintain such forces in the field, is a necessary pre-condition for Kellner to sustain his view that Magyar armies were very small, i.e., about 300 effectives in order of magnitude on average[9]. Were it to be recognized, however, that the armies mobilized by the Saxon royal administration were large and effective, Kellner understands, these forces would have had little difficulty of disposing of ridiculously small groups of lightly armed Magyar horsemen. Indeed, Kellner would seem to subscribe to a peculiarly Germanist view of medieval military operations that recently has been popularized by Norbert Ohler. In this context, armed forces are small and composed primarily of aristocratic heavy cavalry and private feuds are the norm rather than »real war«[10].

Kellner's assumptions, unsupported either by evidence or argument, that Magyar armies, because they were composed of nomads, could move very rapidly and without noteworthy logistic support while on campaign within the confines of the erstwhile Carolingian empire are completely wrong[11]. It is clear that Asian horsemen, e.g., Huns, Avars, Magyars, and Mongols, were able to deploy very rapidly over great distances on the Steppes. Each fighting man under such conditions led a string of as many as eight mounts, which were fed eas-

---

8 Michael ENRIGHT, Lady with a Mead Cup: Ritual, Prophecy and Lordship in the European Warband from la Tène to the Viking Age, Dublin 1996, p. 97–98, provides a brief discussion of this method with an attempt to justify its use. For some criticism of this approach see Walter GOFFART, Two Notes on Germanic Antiquity Today, in: Traditio 50 (1995) p. 9–30; and B. S. BACHRACH, Anthropology and Early Medieval History: Some Problems, in: Cithara 34 (1994) p. 3–10. However, much more research is needed on this aspect of Germanist historiography which works to the »primitivization« of German history so as to excise alien influence and create an identity that is truly Germanic. Mistranslations of key texts, such as those perpetrated by Althoff, mentioned above, play an important role in these methods of primitivizing the Germanic world.

9 KELLNER p. 123, »... 300 Ungarn ... Dies ist tatsächlich die Größenordnung ... «. This text will be discussed below.

10 Norbert OHLER, Krieg und Frieden im Mittelalter, Munich 1997, p. 9–17, where the ›Problemstellung‹ is established. See the classic study of military demography in which the doctrine of small numbers is effectively criticized by Karl Ferdinand WERNER, Heeresorganisation und Kriegsführung im deutschen Königreich des 10. und 11. Jahrhunderts (Settimane di Studio de Centro Italiano sull'alto Medioevo, 15), Spoleto 1968, p. 791–843, which is not even cited in Ohler's bibliography. See also Leopold AUER, Formen des Krieges im abendländischen Mittelalter, in: Formen des Krieges vom Mittelalter zum »Low-Intensity-Conflict«, ed. M. RAUCHENSTEINER and E. A. SCHMIDL, Graz, Vienna, Cologne 1991, p. 17–43; Heinrich FICHTENAU, Lebensordnungen des 10. Jahrhunderts, 2 vols., Stuttgart 1984, I, p. 544–564. The Inaugural Dissertation by Bruno SCHERFF, Studien zum Heer der Ottonen und der ersten Salier (919–1056), Bonn 1985, provides vast amounts of information from the sources that could provide a basis for grasping the sophistication of the German military in pre-Crusade Europe. However, he chooses to emphasizes a certain primitiveness with throwaway lines such as a campaign was: »Planvoll nicht im Sinne heutigen Verständnisses, sondern planvoll im Verständnis des 10. Jahrhunderts ... « (p. 97). After reviewing the treatment of medieval German military history, written during the post-World War II era by German scholars, I have formulated the tentative hypothesis that all of this emphasis on primitivism is a rather transparent way of disowning the more modern and very sophisticated German military tradition as an enduring trait of »national character« originating in earliest times. Or to put it another way: We Germans were not always the type of people who slaughtered hundreds of thousands of men, women, and children in the Thirty Years War, ruled with Blood and Iron in the nineteenth and caused two world wars in the twentieth. Since I have no attachment to notions of national character, this imperative for »whitewashing« the past, I see as totally misplaced.

11 KELLNER p. 120–121, 123–124, 129–132.

ily on the vast expanse of accessible grasslands. Thus, Steppe armies could move long distances very rapidly and make effective surprise attacks with large forces. However, it has long been established that this tactical advantage was lost to mounted Steppe military forces once they moved beyond the Great Hungarian Plain or Alföld. Grazing lands in the West simply were not sufficient to sustain the numbers of horses that were necessary to maintain this type of Steppe tactical deployment. Thus, in the West, erstwhile Steppe horsemen were required to limit themselves to two or three horses with a concomitant diminution of tactical range[12]. Kellner, however, appears unaware of the classic studies on the subject of nomad logistics and the changes that were wrought by the objective conditions regarding the availability of fodder that they found in the West[13].

By arguing for small Ottonian armies, Kellner is forced to confront Karl Ferdinand Werner's magisterial study of early medieval military demography which was published in 1968[14]. The latter's ideas and methods, which have been widely accepted and augmented by specialists in medieval military history, including Philippe Contamine, have resulted in a fundamental rejection of the minimalist approach which is represented especially in the recent German historiography that is noted above[15]. Indeed, the influence of Hans Delbrück's obsessive minimalism in regard to medieval military demography, in general, and early medieval military demography, in particular, which for so long dominated the field, is now a subject of mere historiographical interest among non-German specialists. Delbrück's work is to be regarded primarily as a chapter in the history of history writing[16].

Kellner's approach to providing a minimalist view of Magyar military strength is advanced on several fronts at once. At first, he appears to accept the views put forth by Werner that Charlemagne could mobilize some 100 000 effectives for offensive military operations in several army groups. However, Kellner fails to make clear that according to Werner approximately 30 000 of these effectives were heavily armed mounted troops. Moreover, Kellner ostensibly would seem to misrepresent Werner's views and erroneously presents this 100 000 figure as the total number of men who could be placed under arms

12 Karl LEYSER, The Battle on the Lech, in: History 50 (1965) p. 1–25 and reprinted in ID., Medieval Germany and Its Neighbours: 900–1250, London 1982, p. 62, calls attention to the fact, noted in the sources, that the Magyars' horses were so tired out in the Lech campaign that their retreat was seriously undermined. This could not have happened if each Magyar horseman were riding with a string of six, seven, or even eight mounts as was the custom on the Steppes.

13 Dennis SINOR, Horse and Pasture in Inner Asian History, in: Oriens extremus 91 (1972) p. 171–183; John Mason SMITH, State and Society in Iran, in: Iranian Studies, Journal of the Society for Iranian Studies 11 (1978) p. 57–81; Rudi LINDNER, Nomadism, Horses and Huns, in: Past and Present 92 (1981) p. 3–19. KELLNER seems unaware of this literature but recognizes (p. 121) that the Byzantines from time to time called attention to the fact that the nomads had problems finding grazing lands for their horses.

14 WERNER p. 791–843.

15 Philippe CONTAMINE, La Guerre au Moyen Age, 4th ed., Paris 1994, p. 102–103. See, in addition, two studies of my own: The Hun Army at the Battle of Chalons (451): An Essay in Military Demography, in: Ethnogenese und Überlieferung. Angewandte Methoden der Frühmittelalterforschung, ed. K. BRUNNER, B. MERTA, Vienna, Munich 1994, p. 59–67; The Siege of Antioch: A Study in Military Demography, in: War in History 6 (1999) p. 127–146.

16 Hans DELBRÜCK, Geschichte der Kriegskunst im Rahmen der politischen Geschichte, 6 vols., Berlin 1900–1936, of which volumes 1, 2 and 3 are of relevance here. These are now available in English translation by Walter J. RENFROE as History of the Art of War: Within the Framework of Political History, vols. 1–3, Westport Conn. 1975–1982. For a detailed critique of Delbrück's methods see B. S. BACHRACH, Early Medieval Military Demography: Some Observations on the Methods of Hans Delbrück, in: The Circle of War, ed. D. KAGAY, Woodbridge, UK 1999, p. 3–20. A good general introduction is Arden BUCHOLZ, Hans DELBRÜCK, The German military establishment: war images and conflict, Iowa City 1985.

from the entire empire, including Italy. Werner, however, excludes Italy from his calculations, but most importantly, he argues that the 100 000 effectives, whom he has identified, were those men who could be mobilized for *expeditio* beyond the frontiers of the *pagus* in which they dwelled[17]. Kellner would seem to believe that the 100 000 figure adumbrated by Werner also included the *Landwehr*[18]. i.e., the »great *fyrd*« as Anglo-Saxon specialists label the local defense forces which were not mobilized for service *in expeditio* beyond the frontiers of the shire[19]. In short, it is very likely that throughout Charlemagne's empire there were some five or six million able bodied men in the age cohort between fifteen and fifty-five years of age who could be mobilized within the *pagi* in which they lived purely for the local defense[20]. Although such levies, during the later ninth century, often were less than effective against highly trained enemy forces, these local forces could, under proper conditions, give a good account of themselves[21].

Kellner's misunderstanding of Werner's position with regard both to the expeditionary and local defense forces of Charlemagne's empire is compounded when he turns to the Ottonians. Kellner agrees that the generally accepted figure of 20 000 effectives for Otto II's military operations in Italy, which culminated in his humiliating defeat at Cap Colonne in 982, is correct. However, Kellner believes that Otto's 20 000 man army was very close to the total of all ›waffenfähige‹ men whom the Saxon ruler had available to him from his entire empire. He encourages his readers to infer that Germany, as a result of Otto II's efforts, ostensibly was denuded of effective troops. Kellner goes on to argue that this figure of some 20 000 effectives may be assumed to be an accurate estimate for the total available manpower for all offensive operations when Otto I defeated the Magyars at the Lechfeld twenty-seven years earlier[22].

Kellner's arithmetic, of necessity, is based upon the unwarrented, inaccurate, but unstated assumption that the great Ottonian ›Reich‹ was much poorer in both manpower and material wealth than the one-third of the *regnum Francorum* that had constituted *Francia orientalis* in the decades following the death of Charlemagne in 814. If the German part of the empire, ruled by the Saxon dynasty during the mid- and later-tenth century, had included

17 WERNER p. 816–822, 828–830.
18 KELLNER p. 113–114.
19 See, for example, the basic work of C. Warren HOLLISTER, Anglo-Saxon Military Institutions on the Eve of the Conquest, Oxford 1962, p. 25–37. KELLNER p. 114–115, manages to confuse matters concerning militia service for the local defense with the ever controversial *agrarii milites* but does not seem to know the important study by Edward J. SCHOENFELD, Anglo-Saxon ›Buhrs‹ and Continental ›Burgen‹: Early Medieval Fortifications in Constitutional Perspective, in: The Haskins Society Journal 6 (1994) p. 49–66, which casts considerable light on the problem.
20 KELLNER p. 113, estimated the entire realm of Charlemagne to have had a population of some twenty million. Demographic history (see Ansley COALE and Paul DEMENY, Regional Model Life Tables and Stable Populations, Princeton 1966), making clear that a population of twenty million under public health and nutritional conditions that obtained in early medieval Europe, likely had some six million men between the ages of fifteen and fifty-five, some six million women between the ages of fifteen and fifty-five, some six million male and female children below the age of fifteen, and some two million men and women over the age of fifty-five.
21 One may compare here Regino of Prüm, Chronicon, an. 882, ed. F. KURZE, M.G.H. Script. rer. Germ. in usum schol., Hannover 1870, who focuses on a failed effort by the ›Landwehr‹ to repel a professional military force of invading Vikings by emphasizing the former's lack of discipline. This is yet one more example of Regino's aristocratic bias. By contrast, Annales de Saint Bertin, an. 859 (ed. F. GRAT, J. VIELLIARD, S. CLÉMENCET, Paris 1964), provide a good example of local defense forces, raised from among the lower classes, carrying out a successful military action against the Vikings.
22 KELLNER p. 113–114.

only the one-third of the human and material resources of the old Carolingian kingdom that had been alotted to Hludovicus in 843 by the treaty of Verdun, one could naturally expect the Ottonians to be able to mobilize expeditionary forces that numbered in excess of 30000 fighting men since Charlemagne could muster some 100000 effectives from the *regnum Francorum* as a whole[23]. In addition, since Charlemagne could mobilize some 30000 heavily armed mounted troops from the undivided *regnum* for offensive military operations, then it is obvious that the Ottonians may be thought to have been able to mobilize at least 10000 men who were equipped in this manner for similar types of service[24].

The kingdom of Otto I, however, was far larger and richer than the *regnum* that Hludovicus, Charlemagne's grandson, had secured as a result of the treaty of Verdun. Indeed, much of *Francia media*, that originally had been Lothair I's share in 843, was under the control of the Saxon dynasty during the tenth century. In addition, it is obvious that neither the Saxon duchy, itself, nor the Bohemian region had been as thoroughly under the control of the Carolingians as it was under the Ottonians[25]. Thus, it would be reasonable to expect that the number of men, who dwelled in the *regnum* of the Saxon kings and who were eligible in 955 for expeditionary service, was far greater than the number of men who had been eligible for mobilization in that particular one-third of the *regnum Francorum* that had constituted *Francia orientalis* in 843. In addition, Otto had begun to exercise influence in a very serious manner throughout parts of northern Italy by ca. 949 and he clearly asserted his supremacy over the *Regnum Italicum*, perhaps with Byzantine support, no later than August 952[26]. The Saxon king's position in Italy also gave him access to both human and material resources. Finally, the Ottonian's fungible resources, especially the availability of increased amounts of silver, outstripped those of their Carolingian predecessors in the east[27]. In short, Kellner seriously underestimates the order of magnitude of the expeditionary forces available to the Saxon king in 955 by at least one-third and probably by fifty percent[28]. This

23 F. L. Ganshof, Zur Entstehungsgeschichte und Bedeutung des Vertrages von Verdun (843), in: Deutsches Archiv 12 (1956) p. 313–330; translated as: The genesis and significance of the Treaty of Verdun (843), in: Id., The Carolingians and the Frankish Monarchy, trans. Janet Sondheimer, London 1971, p. 289–302, demonstrated that the treaty of Verdun was based upon the principle that each brother, Lothair, Ludwig, and Charles would get an approximately equal share of the human and material resources of the empire.
24 Werner p. 128–129.
25 See, for example, August Heil, Die politischen Beziehungen zwischen Otto dem Großen und Ludwig IV. von Frankreich (936–954), Berlin 1904; Robert Holtzmann, Geschichte der Sächsischen Kaiserzeit (900–1024), 3rd ed., Darmstadt 1955, p. 67–152, regarding the expansion of *Francia orientalis*; and Timothy Reuter, Germany in the Early Middle Ages, 800–1056, London 1991, whose maps, p. 326–333, make the point quite graphically.
26 Werner Ohnsorge, Das Zweikaiserproblem im früheren Mittelalter. Die Bedeutung des byzantinischen Reiches für die Entwicklung der Staatsidee in Europa, Hildesheim 1957, p. 48–50; Rudolf Hiestand, Byzanz und das Regnum Italicum im 10. Jahrhundert, Zürich 1964, p. 196–199; and Martin Arbagi, Byzantium, Germany, the *Regnum Italicum*, and the Magyars in the Tenth Century, in: Byzantine Studies/Etudes Byzantines 6 (1979) 35–48, all emphasize the importance of Byzantium to Otto I's early entry into Italian politics, i.e., more than a decade prior to his taking the imperial title. They differ, however, in regard to various nuances.
27 The basic work remains C. Neuburg, Goslars Bergbau bis 1552, Hannover 1892, but see, as well, Kurt Brüning, Der Bergbau im Harz und im Mansfeldschen, Hamburg 1926. (I would like to thank Professor Charles Bowlus for these references.) See also two articles in: The Cambridge Economic History of Europe, 2, Trade and Industry in the Middle Ages, ed. M. M. Postan and E. Miller, 2nd ed., Cambridge 1987; John U. Nef, Mining and Metallurgy in Medieval Civilization, p. 698–699; and Peter Spufford, Coinage and Currency, p. 805–806.
28 Werner p. 128–130.

error by Kellner, of course, refers only to the situation prior to Otto I's *renovatio* of the Roman empire in 962. After he became emperor, Otto's control of various military forces in Italy obviously extended well beyond the limits of the *Regnum Italicum*.

Having satisfied himself that the kingdom ruled by Otto the Great in 955 could produce a total of only some 20 000 troops for expeditionary campaigns, at best, Kellner turns his efforts to evaluating the order of magnitude of the royal army at the famous battle of the Lechfeld. Here, Widukind reported that Otto I commanded eight *legiones* that clearly were intended to be composed of 1000 effectives when they were at full strength[29]. Kellner correctly rejects the effort by Karl Leyser, who treated the 1000 man figure for each *legio* as a topos, because, he avers, there is no compelling evidence that Widukind was employing such a literary device[30]. Nevertheless, Kellner attacks the accuracy of Widukind's report on the basis of what would appear to be some curious version of comparative source criticism. First, he shows that various writers of the later ninth and tenth centuries used the term *legio* to describe army units that operated in *Francia orientalis*. Then, he goes on to assert, but not prove, that on occasion these same authors also provided highly exaggerated numbers for the military forces about which they wrote. Having adduced these »facts«, Kellner would have his readers conclude that because Widukind also used the term *legio*, his numbers in regard to the order of magnitude of Otto's army at the Lechfeld must also be exaggerated and thus cannot be trusted[31].

It is clear that Kellner's effort, noted above, is methodologically unsound on at least five major counts: 1. Widukind cannot be held responsible for the inaccuracies that appeared in the works of his contemporaries and his account certainly cannot be judged at fault because of the putative terminological abuse of those who wrote in his wake; 2. no proof is adduced to show that Widukind was influenced by an inaccurate use of the term *legio* by previous authors or by the exaggerated numbers that some authors assert with regard to the particular case under consideration here; 3. no effort was made by Kellner to do a systematic and exhaustive study of Widukind's use of the term *legio*[32]; 4. no systematic attempt was undertaken to examine the Saxon historian's general treatment of military demography[33]; and 5. it is necessary in the study of military history that each number under consideration be evaluated in a systematic manner by the canons of ›Sachkritik‹ and Kellner did not do this for Widukind's report with regard to the size of the royal army at the Lechfeld[34].

Kellner also adduces a second argument to undermine Widukind's report. This attack is fundamentally rhetorical and is based upon the technique of adducing an impossible inter-

---

29 Widukind, Rerum gest. Saxon. bk. 3, ch. 44, ed. Paul Hirsch, in: M.G.H., Script. rer. German. in usum schol., Hannover 1935.

30 Kellner p. 119. Cf. Leyser, The Battle (as n. 12) p. 59, whose argument is treated below.

31 Kellner p. 118.

32 For a discussion of the methodology for such terminological studies and its application see two works of my own: Early Medieval Fortifications in the ›West‹ of France: a technical vocabulary, in: Technology and Culture 16 (1975) p. 531–569; Fortifications and Military Tactics, in: ibid. 20 (1979) p. 531–549.

33 It is of interest here that Leyser, The Battle (as n. 12) p. 58–59, calls attention approvingly, i.e., believes that they are accurate reports, to some rather small numbers for military forces that are mentioned by Widukind but then he refuses even to consider the possibility that units of 1000 effectives were put in the field by Otto I at the Lech. It is this kind of blind obsession with small numbers that would appear to have encouraged the observation by Werner p. 813–814: »Bevor wir versuchen, diese Auffassung einer Kritik zu unterziehen, darf, gegenüber jeder Annahme einer etwas höheren Truppenstärke, daran erinnert werden, daß der kritische Historiker sich nicht dadurch auszeichnet, daß er möglichst niedrige Zahlen angibt oder vermutet, sondern dadurch, daß er mit seinen Annahmen der Wahrheit nahe kommt und das auch beweisen kann«.

34 Regarding Delbrück on ›Sachkritik‹ see Bachrach, Military Demography (as n. 16) p. 3–20.

pretation contrary to fact and then refuting it. In contemporary English usage this is known as creating a »paper tiger«. Thus, Kellner writes: »We may in no way consider Widukind's *legio* to be a military unit with personnel up to the strength of a classical Roman legion during the Augustan era when units were composed of between 5300 and 6000 men«[35]. One must ask in all seriousness, what reasonable person, either in the tenth century or now, would have assumed that Widukind's frame of reference for the strength of a *legio* in 955 was the late Roman republic or the early Roman empire when the legion averaged somewhere around 6000 effectives in order of magnitude? Such an assumption is absurd, *prima facie*, because Widukind gives troops strengths for the *legiones* at the Lechfeld at 1000 men per unit[36]. Indeed, when initially mobilized, the Bohemian *legio* is explicitly indicated to have been composed of 1000 »picked soldiers«[37].

By these seriously flawed methods, Kellner would appear to assume that he has discredited Widukind's report. Thus, in light of the »comparative« argument and »paper tiger«-rhetoric, discussed above, Kellner takes the position that any number for the strength of the Ottonian *legio*, that he might suggest, can be substituted for the figures that were provided by Widukind. This is done despite the fact that Widukind was a contemporary of the events he describes and that it is widely recognized that he was, in general, very well informed concerning the events under consideration[38]. Finally, Kellner follows a totally unsupported assertion made by Karl Leyser and assumes that each of Otto's *legiones* should be considered to have been a mere 500 men in effective strength or perhaps even weaker[39].

Leyser, in support of his minimalist conclusions that ultimately are accepted by Kellner, wonders whether Widukind's interest in units of 1000 men may perhaps have been stimulated by his knowledge of the »ancient divisions of Germanic peoples or the Old Testament«[40]. Leyser is not saying here that there was continuity in military organization from

---

35 KELLNER p. 117.
36 Widukind (as n. 29) bk. 3, ch. 44.
37 Ibid. LEYSER, The Battle (as n. 12) p. 53, 56–58, 60, 61, 63, insists upon considering the *milites* discussed by Widukind as »knights« rather than as soldiers. This is a gross anachronism for in the mid-tenth century when there was no »knightly class«, i.e., ›Ritterstand‹, in the German *regnum* or even in *Francia occidentalis*. See B. S. BACHRACH, The *Milites* and the Millennium, in: The Haskins Society Journal 6 (1995) p. 85–95, where this problem is discussed with the relevant literature.
38 Cf. LEYSER, The Battle (as n. 12) p. 54, who is ambivalent regarding the value of Widukind's account despite the general recognition that »he may have had a good report from one of Otto's sparse Saxon following who had taken part in the fighting«. With regard to the sources for the battle at the Lech, in general, see Lorenz WEINRICH, Tradition und Individualität in den Quellen zur Lechfeldschlacht 955, in: Deutsches Archiv 27 (1971) p. 291–313, where the detailed state of the question is reviewed and regarding Widukind, in particular, see p. 300–308.
39 KELLNER p. 118.
40 LEYSER, The Battle (as n. 12) p. 59. This point is made, as well, by SCHERFF (as n. 10) p. 72. While Leyser gives no indication of the large body of ›Quellenkritik‹ that has been devoted to Widukind's report on the battle at the Lech, Scherff calls attention to the study by WEINRICH, Tradition und Individualität (as n. 38) p. 300–308. However, Scherff would appear to misunderstand the point as WEINRICH writes: »Tradition und Individualität sind also nicht als Antinomien der Historiographie zu verstehen« (p. 313). Rather, Weinrich continues, it is through understanding how a particular writer deals with the sources that influence his style and ideas that we can ascertain what is ›Tradition‹ and what is ›Individualität‹. In this context, it is of considerable interest that the military efforts of Judah Maccabeus are found to play a role in the way in which Widukind depicts the German hero at the Lech and his army (WEINRICH p. 303). However, Judah is described as mobilizing an army of 6000 effectives (2 Maccabes 8. 1–5; 16–19), while Widukind, as we have seen, leads his readers to conclude that Otto I's army was composed of 8000 men. In short, there is an important difference between ascertaining that a particular author has read the work of an earlier historian or other narrative and demonstrating that he used that work in lieu of contemporary fact. Indeed, the

the ›Urzeit‹ to the tenth century or that the Ottonians copied biblical models in reality. Rather, he is suggesting that Widukind's numbers were the result of a literary topos. He adduces no specific evidence to sustain this hypothesis regarding the operation of topoi on this point and, as noted above, Kellner had already rejected Leyser's suggestion that topoi were at issue even though ultimately he accepted the numerical estimates that the latter suggested.

Two points need clarification here. First, it should be noted that all scholars, whether maximalists or minimalists, would appear to recognize that the Ottonian kings used a decimal base for the organization of their forces, e.g., whether the *legio* mentioned by Widukind is seen to be composed »on paper« of 300, 500, or 1000 effectives. Both Leyser and Kellner fail to take cognizance, however, of the fact that the use of the decimal base for the organization of military units also flourished among the Saxons' Byzantine contemporaries. Thus, one need not make vague and unsubstantiated allusions to putative topoi, dredged up from the problematic sources that purport to provide information regarding the German ›Urzeit‹ or by reference to the Hebrew Bible in Latin translation, when a model from which to copy both literarily and, more importantly, materially was available from the Ottonian's Byzantine neighbors. Indeed, the numerical base for a model unit in the Byzantine army was, »on paper«, 1000 men[41].

In this context, it is of considerable importance that the Saxon kings and many of the great magnates of the east Frankish *regnum* had frequent contacts with the Byzantines both in Italy and in Constantinople, itself[42]. Indeed, Otto I's brother, Duke Henry, negotiated with the Byzantines to have his daughter, Hadwig, marry Romanus II, the heir to the imperial throne. In preparation for her marriage, she was taught the Greek language by teachers who had been sent to Germany from the imperial court at Constantinople[43]. Moreover, at the lower levels of society there were very frequent travelers from the German kingdom to all parts of the Byzantine empire[44]. Closer to home, Germans, were, of course, active in Italy where the East Roman military played a major role during the later ninth and early tenth centuries[45]. In 948, the very knowledgeable diplomat, Liutprand of Cremona, who

case regarding Judah Maccabeus, discussed above, demonstrates *prima facie* the victory of Widukind's ›Individualität‹ over what may perhaps be considered ›Tradition‹.

41 Warren T. TREADGOLD, Notes on the Numbers and Organization of the Ninth-Century Byzantine Army, in: Greek, Roman, and Byzantine Studies 21 (1980) p. 269–288.

42 Regarding official Byzantine contacts with Otto I see T. C. LOUNGHIS, Les ambassades byzantines en Occident depuis la fondation des états barbares jusqu'aux Croisades (407–1096), Athens 1980, p. 476–477. More generally, see Werner OHNSORGE, Sachsen und Byzanz, in: Niedersächsisches Jahrbuch für Landesgeschichte 27 (1955) p. 1–44 (reprinted in ID., Abendland und Byzanz: Gesammelte Aufsätze zur Geschichte der byzantinisch-abendländischen Beziehungen und des Kaisertums, Darmstadt 1958, p. 508–553); LEYSER, Tenth Century (as n. 5) p. 103–137; ARBAGI (as n. 26) p. 35–48; Jonathan SHEPARD, Aspects of Byzantine Attitudes and Policy toward the West in the Tenth and Eleventh Centuries, in: Byzantium and the West c. 850–c. 1200, ed. J. D. HOWARD-JOHNSTON, Amsterdam 1988, p. 67–118; and Robert FOLZ, L'Interprétation de l'empire ottonien, in: Occident et Orient au Xᵉ siècle. Actes du IXᵉ congrès de la Société des Historiens médiévistes de l'Enseignement Supérieur Publique. Dijon, 2–4 juin 1978, Paris 1979, p. 5–30.

43 Krijnie N. CIGGAAR, Western Travelers to Constantinople: The West and Byzantium, 962–1204: Cultural and Political Relations, Leiden 1996, p. 207–208.

44 SHEPARD (as n. 42) p. 92–93; Karl J. LEYSER, Ends and means in Liudprand of Cremona, in: Byzantium and the West (as n. 42) p. 121; and CIGGAAR (as n. 43) p. 205–208.

45 See, for example, Vera VON FALKENHAUSEN, Untersuchungen über die byzantinische Herrschaft in Süditalien vom 9. bis ins 11. Jahrhundert, Wiesbaden 1964. Of no little importance as an indicator of German interest in late Roman military matters is Widukind's portrayal of Otto I as »emperor« following the battle at the Lech in 955 within the framework of the acclamation by the army of a

had served as the chancellor of the Italian king, Berengar II, and was exceptionally well informed regarding Byzantine activities in Italy, joined the palace staff of Otto I[46]. Although examples can be multiplied, it is clear that Otto I and his advisers had ample opportunity to learn about matters such as Byzantine military organization and, if so motivated, they were well positioned to copy that which they thought to be of some value.

This hypothesis regarding possible Byzantine influence on Ottonian military organization might easily be dismissed as an opportunistic reading of the sources if it were based only on the fact that the Germans had extensive firsthand knowledge of the Byzantines and that the two systems of military organization, Ottonian and imperial, shared some similarities. However, it is well known that the Ottonians, like their Carolingian predecessors, were certainly very interested if not obsessive about *imitatio imperii*[47]. This was not a matter confined merely to adapting forms of classical and/or Byzantine ceremony and the use of antique technical terminology. Indeed, it is clear that intellectuals, who were raised and educated north of the Alps, worked diligently toward placing a »Roman« patina on German behavior. Yet, the casting of German institutions in an imperial manner included considerably more than the mere copying of rituals and using Latin terms. Rather, it embraced a plethora of material realities that ran the gamut from marriage alliances to trade, art, and architecture[48].

Any conclusions regarding the order of magnitude of the army mobilized by Otto I to oppose the Magyars on the Lechfeld, must emphasize that the Saxon *regnum* was much larger and richer than the kingdom of *Francia orientalis* which had been established by the treaty of Verdun in 843. Thus, Otto I and his successors possessed both the human and material resources to mobilize expeditionary forces well in excess of 30 000 fighting men, i.e., a mere third or so of the number that had been available to Charlemagne who ruled the entire *regnum Francorum*. In this context, a force of some 8000 expeditionary troops, which had been organized into eight *legiones*, and engaged at the Lechfeld under the command of King Otto I, as reported by Widukind, must be considered, in effect, to be a »minimalist« calculation. Indeed, this force of some 8000 effectives would have amounted, at most, to approximately one quarter of the entire manpower pool of military personnel who were constitutionally available to the Saxon king for offensive military operations *in expeditio* beyond the borders of their home *pagi*[49]. In this context, one of Delbrück's few enduring

---

victorious general. Regarding this phenomenon see Edmund STENGEL, Widukind von Corvey und das Kaisertum Ottos des Grossen, in: ID., Abhandlungen und Untersuchungen zur Geschichte des Kaisergedankens, Cologne 1965, p. 56–91.

46 Jon N. SUTHERLAND, Liudprand of Cremona, Bishop, Diplomat, Historian. Studies of the Man and his Age, Spoleto 1988, p. 3–43.

47 For background see Michael McCORMICK, Byzantium's Role in the formation of Early Medieval civilization: Approaches and Problems, in: Illinois Classical Studies 12 (1987) p. 207–220; and ID., Eternal Victory. Triumphal Rulership in late Antiquity, Byzantium and the early Medieval West, Cambridge 1986. Cf. W. OHNSORGE, Byzanz und das Abendland im 9. und 10. Jahrhundert: Zur Entwicklung des Kaiserbegriffes und der Staatsideologie, in: Saeculum 5 (1954) p. 194–220 and reprinted in ID., Abendland und Byzanz (as n. 42) p. 508–553; ID., Sachsen und Byzanz, p. 522–526; and FOLZ (as n. 42) p. 5–30.

48 OHNSORGE, Sachsen und Byzanz (as n. 42) p. 508–553; LEYSER, Tenth Century (as n. 5) p. 103–137; SHEPARD (as n. 42) p. 67–118; and CIGGAAR (as n. 43) p. 201–244.

49 As noted above, the treaty of Verdun in 843 alotted approximately one-third of the human and material resources of the *regnum Francorum* to Hludovicus. This, in rough terms, amounted to having available more than 30 000 able bodied men who were eligible, in constitutional perspective, for expeditionary military service. The Ottonians, however, ruled more people and controlled greater material resources than were available to the Carolingian kings of *Francia orientalis*. Thus, the 8000 figure, noted above, would have constituted less than a quarter of the men available to

generalizations, i.e., chroniclers for the home side tend to provide an undercount of their own forces in order to heighten the glory of their heroes, cannot be dismissed out of hand[50].

It is clear that Widukind's report regarding the order of magnitude of Otto's army in 955 should be accepted and the force that he commanded must be estimated to have been about 8000 effectives at the least. This was the consensus among German historians until rather recently[51]. Indeed, even Delbrück, who was obsessive in arguing for small numbers, accepted a figure of between 7000–8000 as the order of magnitude for Otto's army[52]. In light of the size of Otto's force, therefore, we must give serious consideration to large numbers rather than to small ones when estimating the order of magnitude of the Magyar army during the campaign of 955[53]. Kellner, however, after concluding that Otto's army could not have numbered more than 4000 effectives, estimates that the Magyar forces should be put at about 5000 effectives[54].

Otto I in 955 for expeditionary service even if the Saxon king's *regnum* had been merely identical to Hludovicus' kingdom. See WERNER p. 828–830. It is important to emphasize that even if Otto I's entire army at the Lechfeld had been composed of heavily armed mounted troops, and this is contrary to fact (see below), a force of well in excess of 10 000 such men were available on a constitutional basis for mobilization to the German king from the eastern *regnum* as a whole. As noted earlier, Charlemagne had been able to mobilize some 30 000 heavily armed mounted troops prior to his death in 814 and the east Frankish kingdom under Otto I was larger, more populous, and richer in 955 than the eastern one-third of the Frankish kingdom had been under Charlemagne or his grandson Ludowicus in 843. DELBRÜCK (as n. 16) vol. 3, p. 116 (Hist., vol. 3, p. 119), asserted that the entire army under Otto I's command at the battle on the Lech was a mounted force of heavily armed fighting men. Although this is not supported by any source, it seems to have had a considerable afterlife. See, for example, the totally unwarranted effort by KELLNER p. 119, to tie the troop strength indicated in the often discussed *Indiculus* (Indiculus loricatorum, in: Jahrbücher des deutschen Reiches unter Otto II. und Otto III., 1, ed. Karl UHLIRZ, Leipzig 1902, p. 248), concerning which Werner has shown that in excess of 2000 heavily armed mounted troops were to be sent as »reinforcements« *(ad supplementum)*, to Otto in 982. See Thietmar, Chronicon bk. 3, ch. 20, ed. Robert HOLTZMANN, M.G.H., Script. rer. Germ., n.s. 9, Berlin 1935 with the figures for Otto I's army at the Lechfeld. SCHERFF (as n. 10) p. 70, is ensnared in this problem, as well. For a detailed discussion of the *Indiculus* see WERNER p. 823–828. KELLNER p. 115–116, argues that the lag time between Otto II's order in the autumn of 981 for reinforcements to be sent to Italy as indicated by the *Indiculus* and the arrival of these forces in the early summer of 982 was the result of administrative primitiveness. Kellner does not seem to realize that Otto planned to go on the offensive in 982 not in the late autumn or early winter of 981. Thus, Otto wanted these troops available in the summer of 982 not the fall of 981. The time lag between the summons and the mobilization was planned and not the result of governmental inefficiency.

50 See my discussion of Delbrück's methods in Military Demography (as n. 16) p. 3–20.
51 LEYSER, The Battle (as n. 12) p. 59 n. 67, provides a lengthy list of scholarly works which illustrates this consensus among German historians who, by and large, accept Widukind's numbers for the order of magnitude of Otto's army. SCHERFF (as n. 10) p. 70, provides a short review of the literature but provides an unwarranted focus upon mounted troops and thus confuses the matter even further.
52 DELBRÜCK (as. n. 16) vol. 3, p. 113 (Hist. vol. 3, p. 116). Regarding Delbrück's obsession with small numbers see BACHRACH, Military Demography (as n. 16) p. 3–20.
53 True to his view that the home side traditionally exaggerated the size of the enemy force, DELBRÜCK (as n. 16) vol. 3, p. 113 (Hist., vol. 3, p. 116), asserted that the Magyar army was smaller than Otto's army. This assertion, however, has not found favor with modern scholars. Unlike Kellner, who does not believe that Otto I could muster large armies, LEYSER, The Battle (as n. 12) p. 59, believed that Otto I mustered an army for the invasion of the French kingdom in 946 that was much larger than the army which the king commanded at the Lechfeld.
54 KELLNER p. 121.

If one were to follow Kellner's »logic«, i.e., that the Magyar army was twenty percent larger than Otto's army, then the invading force should be estimated to have numbered some 10 000 effectives.

In order, however, to provide a sound basis for any estimate of the size of the Magyar army, we must recognize that »logic«, alone, is insufficient. First, it must be noted that despite considerable controversy regarding the exact site of the battle of the Lechfeld, many of the basic facts concerning this bloody encounter, itself, are not at issue[55]. For example, it is clear that the battle was fought with undoubted ferocity and lasted a long time. The obvious difficulties that were encountered by Otto's forces in gaining victory strongly suggest that there was unlikely to be a great discrepency between the sizes of the two forces. In addition, the willingness of the Magyars not only to engage Otto's troops, rather than to withdraw without meeting the enemy in the field, but, in fact, to take the offensive in the first phase of the battle, may also affirm the conclusion that the invading enemy army was of considerable size relative to the order of magnitude of the royal army. The first phase of the battle included an attempted envelopment of the royal army by the Magyar force and such a tactic is not generally executed by a numerically inferior force[56]. Indeed, the Magyar commander is reported by an eye witness to have thought that his army had a reasonably good chance to win a battle in the field against the German king's forces[57].

The final phase of the battle is generally considered by modern scholars to have been a rout in which the Magyars fled the field in disorder when attacked by the vanguard of Otto's army[58]. However, it is rather more likely that the Magyars were attempting to execute the »feigned retreat« tactic, for which the peoples of the Steppes were justly famous.

---

55 There have been many reconstructions of the Battle of the Lechfeld and these are highly controversial. However, the information concerning the basic actions, as described below, of the Magyar army are not at issue. See, for example, Hans E. EINSLE, Die Ungarnschlacht im Jahre 955 auf dem Lechfeld, Augsburg 1979, in addition to LEYSER, The Battle (as n. 12) p. 59–67, with the plethora of scholarly literature cited there. See most recently, SCHERFF (as n. 10) p. 50–97, and, of course, KELLNER p. 161–173.

56 KELLNER p. 169–170, discusses the circling or envelopment tactic used by the Magyars at the Lechfeld to attack the rear of the royal army. However, he does not seem to grasp the implications regarding the size of the Magyar army in consequence of the execution of this tactic which, not incidentally, was successful initially.

57 Concerning the confidence of the Magyar commander in regard to the ability of his forces to defeat Otto I's army see Gerhardi Vita Uodalrici, 12 ed. Georg WAITZ, M.G.H. Scriptores, Hannover 1841, 4; and see, as well, Gerhard von Augsburg, Vita Sancti Uodalrici, ed. and transl. Walter BERSCHIN, Heidelberg 1993. It is important to emphasize two facts regarding the plausibility of Gerhard's account in this context. First, it is clear from Gerhard's report that the Magyar commander held a council when he decided to break off the siege of Augsburg on the morning of 10 August so that his forces could take the offensive in the field against Otto's army. Gerhard indicates that during this gathering, the Magyar commander expressed his *ratio* regarding the good chance that they had to defeat the Germans. Secondly, the Magyar commander was captured and later executed. There certainly was time for Otto's men to interrogate this leader and many of his officers who also were captured. In addition, as will be seen below, the Magyar commander had spent a considerable amount of time at Constantinople and had at one time permitted himself to be converted to Christianity. Thus, it is very likely that there was some common language through which information regarding the Magyar commander's thoughts prior to the campaign and the battle, itself, could have been provided to the Germans. Cf. DELBRÜCK (as n. 16) vol. 3, p. 114 (Hist., vol. 3, p. 117), who, consistent with the tradition of maintaining a notion of early Germanic primitivism, ridicules the idea that Otto I arranged to have his elite prisoners interrogated before ordering them executed.

58 LEYSER, The Battle (as n. 12) p. 61–62; who is followed by KELLNER p. 170–171.

This tactic was very rapidly adopted in the West[59]. Indeed, the Magyars had used the feigned retreat tactic successfully in 910 against a Carolingian army commanded by Louis the Child[60]. I would suggest that rather than being routed in the second phase of the battle at the Lech, the Magyar army attempted to execute a feigned retreat but failed to carry it out successfully because Otto I and his officers had learned the proper manner in which to respond to this tactic and thus nullified its effectiveness.

The German sources are all in agreement that the Magyar army was very large[61]. However, this view of the enemy cannot be divorced from the putative efforts by chroniclers for the home side to magnify the glory of Otto's victory by exaggerating the size of the Magyar army that he defeated[62]. Nevertheless, the observation by one eye witness, Gerhard of Augsburg, that this force was larger than any Magyar army that previously had invaded Germany may well have some independent value[63]. Indeed, there is widespread agreement that on at least two other occasions, i.e., 937 and 954, the Magyars sent exceptionally large armies into the West[64]. Finally, it is to be noted that the Magyars frequently had carried out successful military operations in the southern parts of the German kingdom. These operations may well have provided local observers, such as Gerhard of Augsburg, with a legitimate basis for comparisons with the army that invaded the region in 955[65].

It is important to emphasize that the Magyar army, which invaded the Ottonian *regnum* during the summer of 955, was not merely engaged in a raid in force for the purpose of carrying out the indiscriminate killing of men, women, and children, greedily plundering the region, and destroying both churches and monasteries. Whatever may be said about previous Magyar military operations in the West, the army in 955 had as its primary goal the capture of the fortress city of Augsburg. Indeed, the Magyars brought various types of siege engines *(diversa ... instrumenta)* with them for that purpose[66]. Parenthetically, it is important to emphasize, in this context, that the various peoples of Pannonia, who lived under Magyar domination, had been very well acquainted with sophisticated siege equipment from the later sixth century onward[67]. A partial explanation for a Magyar change in strategy

---

59 For the background and adoption of this tactic in the West see B. S. BACHRACH, The Feigned Retreat at Hastings, in: Medieval Studies 33 (1971) p. 344–347.

60 KELLNER p. 133–134.

61 These are listed by KELLNER p. 121–122. The observation by LEYSER, The Battle (as n. 12) p. 57–58, that the Hungarian armies always seemed much more numerous than they were because of their swarming tactics may be of some value in regard to the problems encountered in the estimation of the order of magnitude of a Magyar mounted force on a large battle field. However, as will be seen below, putative miscalculations in the size of an enemy force that might perhaps result from the use of this »swarming« tactic are irrelevant in the discussion of the size of a force that is engaged in a siege or in storming of the walls of a fortress. The capacity of the Magyar army to encircle the walls of Augsburg and to attack the fortifications on all sides at the same time with siege engines is in no way related to the »swarming tactics« on the battlefield, mentioned above.

62 LEYSER, The Battle (as n. 12) p. 57–58; and KELLNER p. 121–122, both appreciate the tradition highlighted by Delbrück regarding the exaggeration of enemy numbers by home side »reporters«.

63 Gerhardi Vita Uodalrici, 12. KELLNER p. 41, discusses the bias of this hagiographical work while LEYSER, The Battle (as n. 12) p. 54–55, has high praise for Gerhard and credits his observations regarding the very large size of the Magyar army at Augsburg in 955.

64 LEYSER, The Battle (as n. 12) p. 50–51.

65 KELLNER, passim, provides information regarding various Magyar attacks. Of particular interest are the campaigns in 910, p. 132–134 and for 926, p. 138–139, respectively. For a fuller treatment of the Magyar invasions of Germany during the 950s see Gina FASOLI, La incursioni Ungare in Europa nel secolo X, Florence 1945, p. 185–212.

66 Gerhardi Vita Uodalrici, 12.

67 Speros VRYONIS Jr., The Evolution of Slavic Society and the Slavic Invasions in Greece: The First Major Slavic Attack on Thessaloniki, A.D. 597, in: Hesperia 50 (1981) p. 378–390, deals with the

may be found in the fact that their old raiding tactics had been rather unsuccessful during the decade or so prior to the invasion of 955. It would appear even to have been the case that various German military operations had carried the offensive into Magyar territory during this period[68].

Bulksu, the commander of the Magyar army at Augsburg in the summer of 955, moreover, does not appear to have been a traditional but unsophisticated Steppe leader whose goal was the maintenance of annual raids for plunder. He had visited Constantinople with a substantial part of his military household and apparently spent some considerable time in the capital of the Byzantine empire. Indeed, he had resided at Constantinople long enough to have received instruction in the Christian religion and is reported to have undergone conversion through baptism. Bulksu was even awarded the honor of *patricius* by the Byzantine emperor. The latter would appear to have seen the Magyar leader as a potential ally. Once having returned to his people from the Byzantine court, however, Bulksu was intent upon altering the military situation of the Magyars in relation to the German kingdom that had obtained since the late 940s[69]. Thus, as will be seen below, Bulksu focused his primary effort in the summer of 955 on the conquest of Augsburg. He mustered an army that not only was large enough to storm the walls of the city from all directions but also to engage a royal relief force should Otto I be successful in mobilizing an army for this purpose[70].

process by which the peoples of Pannonia obtained their siege machines; Jim BRADBURY, The Medieval Siege, Woodbridge, UK, 1992, p. 10–11, 16, 19, 29, 54–55, treats both Avar and Magyars sieges, and see W. T. S. TARVER, The Traction Trebuchet: A Reconstruction of an Early Medieval Siege Engine, Technology and Culture 36 (1995) p. 144–145, regarding the sophisticated equipment available to the peoples of Pannonia. Cf. LEYSER, The Battle (as n. 12) p. 56, who, apparently unaware of the lengthy tradition available in Pannonia to the new rulers, observed: »The Hungarians ... approached with siege-engines, a sign that they were trying to learn from their enemies.«

68 LEYSER, The Battle (as n. 12) p. 48–51; and KELLNER p. 155–160.
69 Regarding Bulksu and various spellings of his name see C. A. MACARTENY, The Magyars in the Ninth Century, 1st ed. 1930; 2nd ed. Cambridge 1968, p. 114–116; and the discussion by ARBAGI (as n. 26) p. 45. Cf. LEYSER, The Battle (as n. 12) p. 50–51, who appears unaware of Macarteny's work.
70 Bulksu would appear to have been intent upon inaugurating a new era of Magyar ›Landnahme‹ with its initial focus on the southeastern part of the German kingdom. More particularly, he intended to conquer the fortified city of Augsburg and he prepared very well for this operation by bringing siege engines with him. The battle of the Lechfeld was, in fact, an event that was contingent and was brought about by Otto I's ability to mobilize a major army in a timely fashion for the purpose of relieving the siege of Augsburg. Cf. LEYSER, The Battle (as n. 12) p. 50–51, who ignores the contingent nature of the battle at the Lech and sees Bulksu as intending to win a big victory over the Germans in the field so that the Magyars could reinstitute a successful regime of raiding. LEYSER (p. 48) would seem to evidence an *idée fixe* that the Magyars were not at all interested in territorial conquest and bases this view on the »fact« that they »never attempted the wholesale conquest or occupation of the older settlements in the German stem-duchies«. Clearly, the Magyars were not averse either to the idea conquest or to its implementation. Had either been the case, the initial ›Landnahme‹ in Pannonia, itself, would never have taken place. LEYSER's contention (p. 47) »raiders did not conquer« either is arrant nonsense or hyperbolic circularity. REUTER (as n. 25) p. 161–162, is so enthralled by Leyser's view on this matter that he does not even mention the investment of Augsburg or the immense preparations that were so obviously necessary for Bulksu to bring a siege train to the West. Rather, Reuter takes the situation that developed after the battle at the Lech and Otto I's decisive victory as representative of matters prior to the battle. Thus, REUTER (p. 162) unconvincingly concludes: »the Magyars had long before the battle on the Lech ceased to be a serious threat to western Europe ... «.

During the later Roman empire, Augsburg had remained a great fortress city with massive stone walls that boasted a defensive perimeter of some 2800 meters[71]. The area within the walls of this imperial city is estimated to have been the home of between 10 000 and 15 000 men, women, and children[72]. During the early Carolingian era, the defended area seems to have undergone considerable shrinkage. In addition, the region immediately around the cathedral church likely was provided with fortifications, i.e., this constituted a citadel or *arx* within the greater walled area of the city itself[73]. By ca. 955, when Augsburg was besieged by the Magyars, the perimeter defenses had been reduced by approximately fifty percent in relation to its size during the later empire, to a circuit wall of about 1400 meters[74]. The reduction of the original circuit was executed by building a slightly convex shaped wall, some 750 meters in length, to connect with the southwestern and southeastern parts of the old Roman wall. This new early medieval wall, by which the original defended perimeter was reduced, followed a line that latter was to evolve into a thoroughfare which today bears the obvious post-medieval name »Jesuitengasse«[75]. It seems likely that this early medieval wall was built partly in stone, perhaps not even to a height comparable to the traditional ten meter elevation of late Roman urban walls, and partly in wood[76]. The new wall does not seem to have been provided originally with towers[77]. But it is likely that these were in the process of being built or, at least, under construction at the time when the city was laid under siege by the Magyars in August 955[78].

As noted above, during the early Middle Ages, the combination of a substantial section of the old Roman walls and the new early medieval wall resulted in the reduction of Augsburg's defensive perimeter from 2800 meters to approximately 1400 meters. It is likely that the reduced defensive perimeter was planned and executed on a rational basis. The new

---

71 Carlrichard BRÜHL, Palatium und Civitas. Studien zur Profantopographie spätantiker Civitates vom 3. bis zum 13. Jahrhundert, vol. 2: Germanien, Cologne and Vienna 1990, p. 202–203. These walls were of early imperial origin but, unlike many defensive perimeters this one did not undergo a massive reduction during the later empire (p. 211).

72 Ibid. p. 202.

73 Ibid. p. 211.

74 Ibid. p. 212, where putative maxima and minima are given for the post-imperial walls as between 900 meters and 1400 meters. However, a careful examination of Brühl's plan IX in consonance with the account of the siege, see below, makes it very clear that the 1400 meter perimeter defensive wall was at issue during the siege of 955.

75 Ibid. plan IX, where this wall is marked in a dashed green line.

76 Gerhardi Vita Uodalrici, 3 (as n. 57, p. 390, lines 34–35), describes these walls at the time of Bishop Ulrich's accession to the episicopal office as *ineptis valliculis et lignis putridis*. However, it is clear that the prelate strengthened what he had found. Indeed, Bishop Ulrich had access to the services of professional architects. These master builders were capable of doing very complicated work such as the reconstruction of the cathedral church at Augsburg which had been burned. Cathedral church building was a much more sophisticated task than the building or repair of urban defensive walls (ch. 3, p. 387, line 34).

77 Gerhardi Vita Uodalrici, 12 (as n. 57, p. 401, line 18), indicates that the walls were *sine turribus*.

78 Gerhardi Vita Uodalrici, 12 (as n. 57, p. 401, lines 33–34), indicates that during the night following the first Magyar assault on the walls of the city, Bishop Ulrich set his men to work building »block houses« of a sort on the walls and repairing the walls, themselves *(domos belli in circuitu civitatis ... tota nocte eas aedificare, et vallos ... renovare praecepit)*. It seems quite likely that with regard both to the building of the *domos belli* and the repair of the walls, Gerhard is telescoping a considerable period of time into a single night. From the perspective of ›Sachkritik‹, it is clear that the building of block houses was not to be done in a single night. Indeed, it would seem that considerable building was underway during Ulrich's episcopate and this included the building of walls (ch. 3 [as n. 57] p. 390, lines 33–34).

building project undoubtedly was commanded by the ruling authority which also obviously had to have had access both to the material and human resources that were needed to realize the effort. City walls, as understood in the early medieval West, undoubtedly were built for military purposes in consonance with the strategic doctrine that had been inherited from the later Roman empire[79]. The early medieval wall of Augsburg was in no way an effort to demonstrate the non-military importance of the city or the prominence of its bishop through the deployment of what in modern times sociologists have come to consider »conspicuous consumption«[80].

From a rational perspective, the reduction of the defensive perimeter of Augsburg undoubtedly was carried out roughly in proportion to the reduction in the size of the population that was living within the walls of the city and in its more or less immediate environs. In short, the reduction of the defensive perimeter had to take place in a manner that was not inconsistent with the number of able bodied males, who were available on a regular basis, to serve in the ›Landwehr‹ for the defense of the walls. The force delegated to defend the walls had to be available on a consistent basis since an enemy attack might come at any time. This requirement for permanent local availability necessarily excluded from consideration as members of the regular defense force all those men who might be called away from the local area for military purposes, i.e., the part-time militia men, who were eligible for expeditionary service and the *milites* in military households *(obsequia)* of the lay and ecclesiastical magnates[81]. Indeed, there would be no point in going to great expense to provide a defensive perimeter that was too large for the local levies to defend should the select levies and the *milites* of the bishop's *obsequium* be on campaign. In light of the technology of the time, a 1400 meter circuit wall required for its defense on a regular basis approximately 1200 able bodied men[82].

The ›Landwehr‹, which Gerhard of Augsburg appears to take note of on one occasion as the *phalanx populi*[83], was composed in numerical terms primarily of locals who, as seen above, were of an economic status that made them ineligible for regular expeditionary service. The number of men eligible for military service of various kinds in the Augsburg region very obviously exceeded the 1200 local militia men already discussed. Bishop Ulrich,

---

79 Concerning early medieval city walls see B. S. BACHRACH, Imperial walled cities in the West: an examination of their early medieval *Nachleben*, in: City Walls: The Urban Enceinte in Global Perspective, ed. James D. TRACY, Cambridge 2000.

80 The reader should be reminded here as Gerhardi Vita Uodalrici, 3 (as n. 57, p. 390, lines 34–35), makes clear, there was nothing stately or impressive about the early medieval walls of Augsburg. For an example of the misuse of sociological concepts such as »conspicuous consumption« with regard to the late antique and early medieval periods see the methodologically flawed work by Guy HALSALL, Settlement and Social Organization: The Merovingian Region of Metz, Cambridge 1995.

81 Early medieval military organization was tri-partite in nature: (1) impecunious local levies (e.g. the analogue of the Anglo-Saxon great *fyrd*), (2) part-time militia men eligible for expeditionary service (e.g. the analogue of the Anglo-Saxon select *fyrd*) and (3) the military households *(obsequia)* of the magnates and king. See two articles by B. S. BACHRACH, Medieval Military Historiography, in: Companion to History, ed. Michael BENTLEY, London 1997, p. 203–220; and: On Roman Ramparts, 300–1300, in: The Cambridge Illustrated History of Warfare: The Triumph of the West, ed. G. PARKER, Cambridge 1995, p. 64–91. For German readers, see B. S. BACHRACH and Charles BOWLUS, »Heerwesen«, in: Reallexikon der germanischen Altertumskunde, 2. Aufl., 14, 2000, p. 122–136.

82 See B. S. BACHRACH and Rutherford ARIS, Military Technology and Garrison Organization: Some Observations on Anglo-Saxon Military Thinking in Light of the Burghal Hidage, in: Technology and Culture 31 (1990) p. 1–17, where it is made clear that one able bodied man was required to defend each 4.125 feet of wall.

83 Gerhardi Vita Uodalrici, 10 (as n. 57, p. 399, line 49).

for example, had a personal military household, i.e. a *militia episcopalis*[84]. This force seems to have been composed largely of professional soldiers, *milites*, who are referred to as *milites episcopi*[85]. They went on lengthy military campaigns[86]. Therefore, they could not be counted upon to be available for the defense of the city on a regular basis. In addition, *vassali* of various magnates, including the bishop, dwelled within the city of Augsburg and in its environs. Some of these men held military lands as *beneficia* so that they could support themselves as professional soldiers[87].

It is clear that when Bishop Ulrich of Augsburg orchestrated the defense of his city during early August 955, he probably had in excess of two thousand able bodied men to help in this effort since he mobilized his *milites* and *vassalli* for the defense. Indeed, contrary to the traditional tendency of the home side source to undercount the order of magnitude of his hero's army so as to enhance his glory and in this case God's hand in victory, Gerhard indicates that Ulrich had a *multitudo* of *milites* under his direct command[88]. The author's aristocratic bias ruled out any serious discussion of the lower class local levies in his account of the successful defense of the city by the bishops and his *optimates milites*. Indeed, Gerhard appears uninterested in recognizing the role of soldiers of lesser quality, i.e. *milites* who were not *optimates*, and local militia men in the defense of the city[89].

By contrast with the argument put forth above, Kellner concludes: »unter Aufbietung aller Reserven aus dem Umland (ist) aber von maximal 500 Verteidigern in der Stadt Augsburg auszugehen«[90]. Indeed, the episcopal *obsequium* alone was composed of several hundred heavily armed mounted troops, the *multitudo* of *milites optimates*, mentioned above, not to mention *milites* who were not *optimates* and thus perhaps lightly armed[91]. From a military perspective as seen through the demands imposed by ›Sachkritik‹, 500 men, as indicated above, could not possibly have defended a 1400 meter defensive perimter that was under attack from all sides with siege engines as was the case at Augsburg in August 955. Indeed, from a demographic perspective, for Kellner's estimate of a mere 500 ›Verteidigern‹ to be accurate, the entire city of Augsburg and its »Umland« would on the basis of demographic realities have had a population of less than 2000 men, women, and children. By con-

84 Ibid. ch. 3 (p. 389, lines 31–33).
85 Ibid. ch. 12 (p. 401, line 25).
86 Ibid. ch. 10 (p. 399, lines 3–7).
87 See, for example, Gerhardi Vita Uodalrici, 3 (as n. 57, p. 389, lines 5–6); ch. 3 (p. 390, line 19); and ch. 5 (p. 393, line 30–37). Regarding military lands see B. S. BACHRACH, Military Lands in Historical Perspective, in: The Haskins Society Journal 9 (2000), forthcoming.
88 Gerhardi Vita Uodalrici, 12 (as n. 57, p. 401, line 19).
89 Ibid. ch. 12 (p. 401, line 19).
90 KELLNER p. 121.
91 Ibid. p. 121, concludes that Bishop Ulrich of Augsburg in 955 had at most 100 heavily armed fighting men at his disposal. He bases this argument upon the belief that Bishop Henry I of Augsburg had available to him only 100 *loricati* in 981. This conclusion, however, is based upon a serious misunderstanding of the *Indiculus loricatorum* (as n. 49, p. 248), which indicates that the *episcopus Augustae civitatis* is to lead 100 heavily armed mounted troops to Italy for the campaigning season of 982 at the order of Otto II. However, as made clear above, these 100 *loricati* were reinforcements that were to be led to Italy not the total force of heavily armed mounted troops that was available to the bishop. Indeed, Henry had sent a contingent in 980 when Otto II advanced to the south and it is very unlikely that even in 982 when the additional 100 *loricati* went off to Italy that the bishop no longer had any heavily armed mounted troops available to him who had remained in the region of Augsburg. See WERNER p. 825–826, regarding the matter of total forces and reinforcements.

trast, it is clear that the city and its immediate environs may be seen to have had a total population that likely was considerably in excess 6000 men, women, and children[92].

Under the conditions described above, for the Magyars to have presented a credible threat to storm the walls of Augsburg they needed a numerical advantage over the defenders which at a bare minimum was 4:1[93]. Thus, a force of some 8000 Magyar effectives were required in order to operate the siege engines and storm the walls on foot. It is important to note, in this context, that large numbers of lightly armed horsemen sitting on their mounts, the normal Magyar form of deployment, obviously could not be in the forefront of any effort to storm the fortifications at Augsburg or to launch the *lapides* and *iacula* from their *diversa instrumenta* which are noted in an eyewitness account of the siege[94]. Some of the

---

92 A figure of 1200 able bodied men, all of whom were not constitutionally eligible for expeditionary service and thus were always available for the local defense, results in a general population of 4000 men, women, and children. This aggregate figure is based upon the structure of the population as understood in terms of historical demography (COALE and DEMENY, Regional Model Life Tables, as n. 20). An estimate which puts the population for the city of Augsburg and its environs in ca. 955 at somewhat in excess of 6000 is consistent with the order of magnitude in the reduction of the defensive perimeter wall and the surface space that it encompassed when compared with these data during the imperial era (BRÜHL, as n. 71, vol. 2, p. 202). In addition to those people who lived within the urban walls of Augsburg ca. 955, there would seem to have been at least two populated neighborhoods outside the walls. One such »parish« appears to have been located in the environs of the church of St. Afra, about 1000 meters south of the Roman wall. A second area of settlement seems to have been about 200 meters north-northeast of the Roman wall. In this latter area, Bishop Ulrich completed the construction of the church of St. Stephen in 968. It is very likely that the church of St. Stephen was built because settlement in this area had grown so large during the decade or so following the victory of 955 that it was no longer convenient to have all of these people attend the cathedral for the sustenance of their religious life (cf. BRÜHL, vol. 2, p. 212). Finally, see, for example, Gerhardi Vita Uodalrici, 5 (as n. 57, p. 393, lines 30–37), who indicates that there were several villages in the area of Augsburg during this period, as well.

93 BACHRACH and ARIS (as n. 83) p. 1–17, for the minimum 4:1 ratio of attackers to defenders which is based upon the levels of available military technology and the effectiveness of these weapons. Cf. KELLNER p. 122, who, without citing any evidence, clearly misconstrues the situation concerning a medieval siege and the matter of the ratio of attacking forces to the defense forces behind the walls of the city when he asserts: »Bereits seit römischen Zeiten, *und auch noch heute* (my italics), gilt unverändert die militärische Binsenweisheit, daß bei einer lokalen Offensive, sollte für diese eine Aussicht auf Erfolg bestehen, ein Kräfteverhältnis von mindestens 3:1, besser 4:1, zugunsten des Angreifers angestrebt werden sollte«. Today (›heute‹) there are no real analogues to defending and storming fortress cities which were normal military operations during the Middle Ages.

94 Gerhardi Vita Uodalrici, 12 (as n. 57, p. 401, line 31), refers to various missiles that fell around the bishop during the enemy attack. However, no mention is made of *sagittae* in this context which should be expected to have been the missile of choice for the Magyars. Cf. KELLNER p. 139–141, who treats the Magyars' siege operations and essentially denies that there were capable of maintaining a regular effort for the investment of a walled city. Thus, he tries to discredit or explain away the numerous contemporary and even eye witness sources that describe the Magyars engaged in siege warfare. Rather, he affirms the inaccurate notion that ›Reitervolk‹ cannot master the »Methoden der Poliorketik« or sustain a »regelrechte Belagerung«. As noted above, the people of the Pannonian region were very knowledgeable in regard to »Belagerungsmaschinen« and that even earlier both the Huns and the Visigoths mastered the techniques of siege warfare. Regarding these two latter groups see several articles by B. S. BACHRACH, Some Observations on the »Goths« at War, in: Francia 19/1 (1992) p. 205–214; Grand Strategy in the Germanic Kingdoms: Recruitment of the Rank and File, in: L'Armée romaine et les barbares du IIIᵉ au VIIᵉ siècle, ed. F. VALLET and M. KAZANSKI, Paris 1993, p. 55–63; The Education of the ›officer corps‹ in the Fifth and Sixth Centuries, in: La noblesses romaine et les chefs barbares du IIIᵉ au VIIIᵉ siècle, ed. F. VALLET, M. KAZANSKI, Paris 1995, p. 7–13.

Magyar archers, while remaining mounted, undoubtedly were capable of shooting barrages of arrows at the defenders who were manning the walls. This tactic would enable soldiers of the Magyar army, who were advancing on foot, to storm the defenses, to set up the long scaling ladders that they were carrying, and to engage the men of Augsburg in hand to hand combat atop the walls of the city[95]. In short, the Magyars in 955 would appear to have been capable of what the Avars, an earlier Steppe nomad people acculturated in the Pannonian region, could do, as noted above, during the later sixth century and for many centuries thereafter. The demands of ›Sachkritik‹ in regard to storming the walls of the city of Augsburg provides the basis for concluding that the Magyar force was of the same order of magnitude as the royal army under Otto I's command that relieved the siege of the city and perhaps somewhat larger.

Kellner, following, in part, the minimalist arguments put forth earlier by Leyser, underestimated the size both of Otto's army and the force commanded by Bulksu by a factor of fifty percent or more. In addition, Kellner also seriously understimated the order of magnitude of a putatively average Magyar invasion force when he wrote: »… 300 Ungarn …[d]ies ist tatsächlich die Größenordnung …«[96]. In fact, Kellner bases this curious generalization on a single account that is provided by Liutprand of Cremona regarding a Magyar force of three hundred men who in 934 captured 500 Byzantines while campaigning in the region of Thessalonika and took these Greeks as prisoners back to Hungry with them[97]. Kellner recognizes that Liutprand was not an objective reporter (»Doch ausgerechnet ein Autor, der nicht gerade durch seine Objektivität zu Berühmtheit gelangte …«.). But, nevertheless, he takes the position: »… vermag uns hier eine Zahl an die Hand zu geben, die einen hohen Realitätsgehalt für sich beanspruchen darf …«[98].

Obviously, a single account authored by an admittedly biased reporter is very thin »evidence« upon which to base the type of broad ranging generalization indulged by Kellner with regard to the average size of Magyar invasion forces. However, the situation is even worse as this account was intended by Liutprand to be a satiric jab at the Greeks and not an objective account of Hungarian military demography much less of their normal troop strength. The use of the number 300 for a unit of soldiers in the world of medieval Christian number symbolism stands for the Greek letter Tau and by extension to the Holy Cross. The Holy Cross, in its turn, is the symbol of Christ in this system of *gemetria*. Thus, a military unit of 300 is seen in certain contexts to mean that the group was God's force or God's protection[99].

Liutprand's use of this holy Christian symbol to illuminate the reader's understanding of a band of pagan Magyar soldiers, who gained a victory over the Byzantines and carried Greek prisoners off to Hungry, obviously has a bitting satiric intent. Liutprand's satire in this context is, of course, consistent with his well known anti-Greek bias or perhaps more accurately his lack of ›Objektivität‹ when discussing the Byzantines. He is, in effect, saying that God is on the side of these evil pagans in the context of their struggles against the

---

95 The nature of siege warfare in the Middle Ages remained constant. See the basic study by Bradbury, and B. S. BACHRACH, Medieval Siege Warfare: A Reconnaisance, in: The Journal of Military History 58 (1994) p. 119–133.

96 KELLNER p. 123.

97 Liudprand, Relatio de legatione Constantinopolitana, 45, ed. Joseph BECKER, in: M.G.H. Script. rer. Germ. in usum schol., Hannover 1915.

98 KELLNER p. 123.

99 Vincent HOOPER, Medieval Number Symbolism, New York 1938, p. 75–76; and the discussion of this problem in regard to units of 300 men by B. S. BACHRACH, On the Origins of William the Conqueror's Horse Transports, in: Technology and Culture 26 (1985) p. 526–527 n. 49.

Greeks who by implication, therefore, are even worse than the Magyars. Thus, God protects the Magyars in their conflicts with the Byzantines. Here Kellner, because of his *a priori* commitment to small numbers, falls into the trap of accepting a symbolic number as a real number for troop strength because it fits his preconception of a minimalist approach to early medieval military demography.

In the study of medieval military history, it is necessary to investigate every number provided in the sources that is relevant to the problem at hand. The reflexive tendency to accept those numbers that fit one's world view and to reject those that do not is simply poor historical method and, as noted above, Werner slashingly criticized this ›Tendenz‹. The new minimalist theory regarding the armies of the German *regnum* and their Magyar adversaries espoused by Kellner, under the apparent influence of Leyser, must be rejected as a specie of special pleading that is driven by an effort to project the smallness of military forces as evidence for the primitiveness of the Ottonian government.

Dominique Iogna-Prat

CHRÉTIENS ET JUIFS À L'ÂGE DES DEUX PREMIÈRES CROISADES

À propos de quelques publications récentes[*]

La production historique est devenue, depuis quelques décennies déjà, largement dépendante des commémorations. L'évocation – dans certains cas la célébration – du neuvième centenaire de l'appel à la première croisade par le pape Urbain II (1095/1995) et celui de la prise de Jérusalem par les Croisés (1099/1999) n'ont pas failli à la règle. La présente note bibliographique est limitée à une part infime des nombreux livres et articles parus à cette occasion au cours des deux dernières années. Elle a pour objet principal de mettre en valeur les orientations historiographiques actuelles dans le domaine des relations entre chrétiens et juifs à l'époque des croisades.

1. Changements de modèles

La première orientation est suggérée par le titre d'un article pionnier d'Amos Funkenstein, paru à la fin des années 1960, »Changements de modèles dans la polémique chrétienne contre les juifs«[1]. L'ensemble des travaux examinés ici confirment le lien, évident à comprendre mais pas toujours bien documenté, entre pèlerinages armés chrétiens vers Jérusalem et persécutions des juifs, à commencer par les massacres perpétrés dans la vallée du Rhin en

---

[*] [1] Anna S. ABULAFIA, Christians and Jews in Dispute. Disputational Literature and the Rise of Anti-Judaism in the West (c. 1000–1150), Aldershot (Ashgate) 1998 (Variorum Collected Studies Series, 621).

[2] Robert CHAZAN, Medieval Stereotypes and Modern Antisemitism, Berkeley, Los Angeles, London (University of California Press) 1997.

[3] Jeremy COHEN, The Hebrew Crusade Chronicles in Their Christian Cultural Context, in: Juden und Christen [7], p. 17–34.

[4] Gilbert DAHAN, L'exégèse chrétienne de la Bible en Occident médiéval XIIᵉ–XIVᵉ siècle, Paris (Le Cerf) 1999 (Patrimoines christianisme).

[5] Gilbert DAHAN (éd.), Le brûlement du Talmud à Paris 1242–1244, Paris (Le Cerf) 1999 (Nouvelle Gallia Judaica).

[6] Simha GOLDIN, Juifs et juifs convertis au Moyen Âge. ›Es-tu encore mon frère?‹, in: Annales HSS (1999–4) p. 851–874.

[7] Alfred HAVERKAMP (éd.), Juden und Christen zur Zeit der Kreuzzüge, Sigmaringen (Thorbecke) 1999 (Vorträge und Forschungen, 47).

[8] Bianca KÜHNEL, Jewish and Christian Art in the Middle Ages. The Dynamics of a Relationship, in: Juden und Christen [7], p. 1–15.

[9] Rebecca MOORE, Jews and Christians in the Life and Thought of Hugh of St Victor, Atlanta (Scholars Press) 1998 (South Florida Studies in the History of Judaism, 138).

[10] Robert C. STACEY, Crusades, Martyrdoms and the Jews of Norman England, 1096–1190, in: Juden und Christen [7], p. 233–251.

1 A. FUNKENSTEIN, Changes in the Patterns of Christian Anti-Jewish Polemic in the Twelfth Century, in: Zion 33 (1968) p. 125–144 [en hébreu].

1096, largement évoqués dans le volume des *Vorträge und Forschungen* consacré aux rapports entre chrétiens et juifs à l'époque des croisades [7]. Malgré la violence des assauts menés contre les juifs en 1096, la dégradation des rapports ne relève pas d'une catastrophe soudaine mais plutôt d'un lent et inexorable processus engagé au XIe siècle, se poursuivant au XIIe siècle et s'accélérant au XIIIe siècle, qui peut se résumer en quelques dates clés: 1095–1099 (première croisade); 1182 (première expulsion des juifs du Royaume de France); 1215 (concile de Latran IV; les juifs sont définis comme un groupe à isoler au sein de la Chrétienté); 1242–1244 (dispute de Paris et brûlement du Talmud); 1290 (expulsion des juifs d'Angleterre); 1306 (expulsion des juifs de France).

Comment qualifier la nature des changements entre chrétiens et juifs à cette époque? De multiples raisons peuvent être données à cette question inépuisable. Les travaux dont il est rendu compte ici nous orientent dans trois directions principales:

(1) Dans sa contribution aux *Vorträge und Forschungen* [10], Robert C. Stacey examine le rôle croissant des rois et des princes dans le mouvement de croisade à partir de la fin du XIIe siècle et, à partir du cas anglais, s'intéresse à la relation établie entre la constitution du corps du royaume autour de la personne du roi et l'exclusion des juifs de la communauté politique. Ernst Kantorowicz a jadis montré l'influence du mouvement de croisade et de la notion de Terre sainte sur la conception du *regnum;* aux XIIe–XIIIe siècles, suivant l'exemple donné par la levée d'impôts pour les croisades, se réalise le transfert à certains royaumes (France et Sicile par exemple) d'un impôt *ad tuitionem* ou *ad defensionem patriae* avec phénomène de sacralisation de l'entité bénéficiaire *(Francia Deo sacra)*[2]. Le *regnum* est désormais décrit comme un espace purifié par le souverain, *rex christianissimus*, qui nettoie la France des hérétiques, bannit les juifs et définit une manière de »terre sainte«. Robert C. Stacey décrit un phénomène apparenté lorsque Richard Cœur de Lion refuse la présence des femmes et des juifs lors de son couronnement le 2 septembre 1181.

(2) Les discussions entre chrétiens et juifs constituent, depuis les origines de l'Église, la matière d'une littérature spécialisée, les traités *Contra Judeos*, qui connaît une inflexion majeure aux XIIe et XIIIe siècles. Pour reprendre la distinction proposée par Gilbert Dahan, si les »juifs réels« continuent souvent à cohabiter paisiblement avec leurs voisins chrétiens, la figure du »juif théologique« est de plus en plus sombre. Le tournant majeur auquel on accorde désormais toute son importance tient à la découverte par les chrétiens de la littérature rabbinique de l'exil, le Talmud. Dans un livre écrit il y a près de vingt ans, Jeremy Cohen estimait que la rupture établie par les chrétiens entre juifs de l'Ancien Testament et juifs du Talmud remontait au XIIIe siècle, époque à laquelle sont attestées de nombreuses disputes sur la base du Talmud ou tout du moins d'extraits du Talmud. Certains des travaux rassemblés par Gilbert Dahan dans *Le brûlement du Talmud* [5], en particulier la contribution d'Yvonne Friedman (»Anti-Talmudic invective from Peter the Venerable to Nicolas Donin«, p. 171–189) tendent à montrer l'importance des premiers témoignages de la connaissance du Talmud et de l'utilisation d'extraits talmudiques à des fins polémiques dès le premier tiers du XIIe siècle par le converti Pierre Alphonse et le clunisien Pierre le Vénérable. Du coup la question de l'évolution des rapports entre chrétiens et juifs peut être examinée, comme le fait avec acribie et constance Anna S. Abulafia depuis des années [1], dans le cadre de la »renaissance« du XIIe siècle et des problèmes théologiques qui sont alors débattus autour de l'Incarnation, de la naissance virginale de Marie, de l'Eucharistie – autant

---

2   E. KANTOROWICZ, Pro patria mori in Medieval Thought, in: American Historical Review 56 (1951) p. 472–492 (trad. française, in: Mourir pour la patrie, Paris 1984, p. 105–141 [ici p. 117 et 119]). Voir également, J. R. STRAYER, Defense of the Realm and Royal Power in France, in: Studi in onore di Gino Luzzato, Milano 1949, p. 289–296 et ID., France, the Holy Land, the Choosen People and the Most Christian King, in: Action and Conviction in Early Modern Europe, sous la dir. de T. K. RABB, J. E. SIEGEL, Princeton 1969, p. 3–16.

de questions centrées sur le corps, l'humanité du Christ, le corps christique de ses imitateurs opposé au corps bestial de ceux qui le rejettent (hérétiques, infidèles) pour suivre la bête suprême (l'Antéchrist), ou encore le corps de la *communitas Christi* pensée comme une incorporation eucharistique. Le problème est que cette *communitas Christi* constitutive de l'Église tend alors à se confondre avec la société chrétienne. Dans la mesure où il n'existe pas de critère laïque d'appartenance, les juifs ne sauraient être membres de la *Christianitas*. Ce sont des outsiders. Dans son introduction au *Brûlement du Talmud* [5], Gilbert Dahan ne manque pas de rappeler l'évolution dans un sens de plus en plus englobant de la notion de *Christianitas* et le rôle déterminant d'Innocent IV dans la conception d'une juridiction universelle du pape non seulement en charge des chrétiens, mais aussi des païens, qui doivent respecter la loi naturelle, et des juifs qui sont tenus de suivre les préceptes de l'Ancien Testament. Ce qui revient à donner un tour juridique à une opposition entre juifs bibliques et juifs talmudiques qui émerge dès le premier tiers du XIIᵉ siècle.

(3) Simlah Goldin s'intéresse aux conséquences à moyen terme des conversions forcées de juifs à l'époque des premières croisades [6]. Comment un juif converti est-il perçu par ses anciens coreligionnaires? Est-il encore un frère? La tradition rabbinique veut que »Israël, quoique pécheur, demeure Israël«, la conversion ne pouvant entamer »l'essence du judaïsme«. Au cours du XIIᵉ siècle, les disciples de Rashi (Tosafistes) estiment, au contraire, qu'un converti est un individu qui a agi par provocation; il est »*m'shumad*«; ce n'est plus un frère. La question de l'essence juive est elle-même indirectement débattue. On se méfie largement des convertis qui choisissent de revenir au judaïsme. Certains sages considèrent que la nature profonde de l'ancien converti a été souillée par »l'eau stagnante et puante du baptême«. C'est une tare qui affecte jusqu'à la complexion génétique de l'individu et qu'il transmet à sa descendance. L'appartenance confessionnelle tend ainsi à se définir en terme de nature.

Comment qualifier le changement de relations entre chrétiens et juifs contemporains des croisades? La question est largement ouverte, objet de débats parfois houleux dans la mesure où se profile à l'arrière-plan l'ombre de nos cauchemars contemporains. Nombreux sont les médiévistes persuadés que leur pratique, à l'instar de celle des anthropologues, les met en rapport avec des sociétés exotiques avec lesquelles ils n'entretiennent qu'une empathie intellectuelle. D'autres pensent, à la suite de Croce, qu'il n'est de problèmes d'histoire que contemporains. Pareille opposition est secrètement à l'œuvre dans nos façons de qualifier l'évolution des perceptions chrétiennes du judaïsme à partir de la fin du XIᵉ siècle: antijudaïsme, judéophobie, voire antisémitisme? Dans son œuvre, abondante et exigeante, Gavin I. Langmuir a très largement contribué à éclairer les termes au centre des débats[3]. »Antijudaïsme« caractérise les accusations proférées contre les juifs, parfois de façon exagérée, sur la base de sources bibliques. Mais à côté de cet antijudaïsme religieux traditionnel, l'historien canadien voit apparaître des formes d'antisémitisme dès le milieu du XIIᵉ siècle. L'»antisémitisme« défini par Langmuir se distingue, bien sûr, des théories raciales élaborées à partir des années 1870. Il s'agit, pour le Moyen Âge, de qualifier tous les exemples connus où les juifs sont considérés de façon fantasmatique comme des êtres redoutés appartenant à une sous-humanité; de tels »fantasmes« sont à l'œuvre, en particulier, dans les accusations de meurtres rituels qui commencent à fleurir en Allemagne, en Angleterre et en France dans les années 1140–1150. Poursuivant très largement dans la voie des distinctions établies par Langmuir, Robert Chazan insiste sur la place capitale du XIIᵉ siècle comme tournant judéophobique dont les influences se font indirectement sentir à long terme [2]. Comme l'indique clairement le titre de son livre, »des stéréotypes médiévaux à l'antisémitisme moderne«,

---

3   Voir en dernier lieu G. I. Langmuir, Toward a Definition of Antisemitism, Berkeley, Los Angeles 1990.

Chazan pense que les fantasmes constitutifs de l'antisémitisme médiéval (dans le sens de Langmuir) ne s'organisent pas en système racial mais qu'ils n'en sont pas moins à la source de stéréotypes propres à alimenter plus tard des théories raciales. Au titre des stéréotypes médiévaux constitutifs d'une véritable judéophobie, il convient d'accorder toute leur importance aux premières caractérisations en »nature« des différences entre chrétiens et juifs, fugaces au XIIe siècle mais plus nettes au XIIIe siècle, qui voit apparaître les premiers profils juifs (nés crochus et lèvres protubérantes) et naître d'intéressantes questions d'école *(Quodlibet)* autour de la »singularité« des juifs[4].

2. Interactions

La seconde orientation, particulièrement accentuée ces dernières années, touche aux inter-actions entre chrétiens et juifs au Moyen Âge. Il faut voir là une réaction à la constitution – pour des raisons évidentes à comprendre – des études juives en domaine auto-suffisant et d'une historiographie largement clivée (monde chrétien d'un côté, monde juif de l'autre) dont les effets rétrospectifs sont désastreux puisqu'ils tendent à occulter la fluidité des rap-ports entre chrétiens et juifs pendant une bonne partie du Moyen Âge. Les deux commu-nautés n'ont, pendant de nombreux siècles, pas été aussi closes qu'on le suppose souvent et leur histoire ne saurait se lire de façon séparée.

Un bon terrain pour mesurer non seulement l'existence mais aussi la nécessité de tels rap-ports est probablement l'exégèse. Deux études récentes nous invitent à une reconsidération assez profonde de problèmes largement débattus dans le passé par Beryl Smalley et Henri de Lubac. La première est l'œuvre de Rebecca Moore, qui, dans une monographie consacrée à Hugues de Saint-Victor et les juifs [9], entend apporter quelques nuances à la vision, un peu trop univoque à ses yeux, d'un rejet du »littéralisme« juif par les controversistes chré-tiens du XIIe siècle. Le choix d'Hugues tient au fait qu'il n'a jamais été partie prenante dans les débats préscolastiques constitutifs de l'»antijudaïsme théologique« et qu'il semble avoir entretenu des rapports paisibles avec les juifs »réels«. Dans le panorama contemporain, il constitue, avec Abélard, une exception qu'il était intéressant d'étudier de façon détaillée[5]. Rebecca Moore rappelle l'importance du travail de critique biblique mené par Hugues, ses préoccupations en matière d'étude de la lettre de l'Écriture et la nécessité afférente d'un échange étroit avec les juifs, vivants porteurs de la langue vétéro-testamentaire. Se penchant sur l'ensemble de l'œuvre exégétique du Victorin, la chercheuse américaine tente ensuite de dégager les traits essentiels de la théologie d'Hugues, largement inclusive du judaïsme dans la mesure où elle valide la Loi et le rituel juifs, aux deux extrêmes de l'histoire du salut: aux origines chrétiennes et dans la perspective espérée d'une réunification future.

La seconde contribution, plus ample, est due à Gilbert Dahan [4]. Après avoir livré, il y a moins de dix ans, dans *Les intellectuels chrétiens et les juifs au Moyen Âge*[6], une riche étude sur la dynamique des échanges intellectuels entre chrétiens et juifs dans le Moyen Âge latin,

---

4   Sur ce point voir, G. Dahan, Les intellectuels chrétiens et les juifs au Moyen Âge, Paris 1990 (Patri-moines judaïsme), p. 528–529, la contribution du même auteur à From Wittness to Witchcraft. Jews and Medieval Christian Thought, éd. J. Cohen, Wiesbaden 1996 (Wolfenbütteler Mittelalterstu-dien), et P. Biller, Views of Jews from Paris around 1300: Christian or ›Scientific‹, in: Christianity and Judaism, éd. D. Wood, Oxford 1992 (Studies in Church History, 29), Appendix B, p. 205–207.

5   Pour les rapports intellectuels qu'Abélard a entretenus avec les juifs, on se reportera à C. J. Mews, Peter Abelard and the Enigma of Dialogue, in: Beyond the Persecuting Society. Religious Tolera-tion Before the Enlightenment, éd. J. C. Laursen, C. J. Nederman, Philadelphia 1998, p. 25–52, ainsi qu'à P. von Moos, Les *Collationes* d'Abélard et la question juive au XIIe siècle, in: Journal des savants, juill.–déc. 1999, p. 449–489.

6   Voir ci-dessus n. 4.

Gilbert Dahan publie un ouvrage capital pour la compréhension d'un pan majeur de l'histoire culturelle occidentale: le rapport entretenu par des générations de lecteurs (clercs et parfois laïcs) avec la Bible. L'auteur n'entend pas écrire, après d'autres, une histoire de l'exégèse occidentale dans la seconde moitié du Moyen Âge (XIIᵉ–XIVᵉ siècles); son propos est d'analyser les *procédures* de cette exégèse que l'on peut qualifier, avec Paul Ricœur, de »confessante«, dans la mesure où l'on soumet son existence au texte commenté, et de »savante«, parce que l'exégète fait de l'Écriture un »objet par rapport auquel [il] assume son altérité«. Le travail sur la Bible, soumis à des règles et à des procédures rationnelles, se révèle ainsi être une manière d'atelier de Vulcain de l'esprit scientifique occidental. Un axe fort de l'ouvrage retiendra particulièrement l'attention ici: l'étude, très pénétrante, des influences réciproques de l'exégèse chrétienne et de l'exégèse juive (chap. VII, p. 359–387). Le constat des différences ne surprend guère; d'un côté, les chrétiens dénoncent la cécité des juifs et se gaussent, à la suite de l'apôtre Paul (*Rom.* 7,6), de »la lettre qui tue«; de l'autre, les juifs s'en prennent à l'arbitraire de l'exégèse spirituelle des chrétiens, accusés d'accommoder les textes sacrés à volonté. Doit-on s'en tenir à ce jeu d'oppositions entre deux types d'exégèse dont les finalités diffèrent – christologique pour l'une, historique et eschatologique pour l'autre? L'apport capital des recherches de Gilbert Dahan est de montrer que les commentateurs chrétiens et juifs vivent, en fait, une histoire mêlée dont l'origine commune se trouve dans l'exégèse hellénistique, partagée entre mythe (récit à contenu philosophique qui fournit, en lui-même, les éléments de son exégèse) et allégorie (qui dissocie les deux plans du récit et de son interprétation). À la suite de Philon d'Alexandrie, la première exégèse juive s'inscrit dans cette tradition; elle est autant mythique qu'allégorique, avant de faire, avec le *midrash*, une place prépondérante au mythe. Suivant l'enseignement de Paul, qui oppose mythe et vérité (II *Tim.* 4), l'exégèse chrétienne opte, en revanche, pour l'allégorie. Mais ces deux voies distinctes se rejoignent, dès les XIᵉ–XIIᵉ siècles, pour désormais s'enchevêtrer. Pareil enchevêtrement en dit long sur l'intensité des échanges entre communautés, que l'historiographie du XXᵉ siècle s'ingénie généralement à séparer de façon tranchée. Avec Rashi et Samuel ben Meir, les commentateurs du monde ashkénaze tendent à limiter la place du *midrash* et à donner le premier rôle à l'exégèse littérale *(peshat)*; on est fondé à voir, dans l'importance que les exégètes chrétiens contemporains accordent à la *littera*, un effet de retour. On note, par ailleurs, des options herméneutiques proches, à défaut d'être identiques terme à terme, telle la pluralité des sens de l'Écriture, les quatre sens canoniques chrétiens (littéral, tropologique, anagogique et allégorique) pouvant être rapprochés des *peshat, remez, derash* et *sod* des commentateurs juifs. Enfin, il convient d'insister sur l'importante présence de l'exégèse juive dans l'exégèse chrétienne. On connaissait bien jusque-là le recours des Latins – qui doivent interpréter un texte révélé *traduit* – à des intermédiaires juifs, avant que les clercs de l'Occident médiéval n'en viennent, au XIVᵉ siècle, à apprendre eux-mêmes l'hébreu pour éclairer la lettre. Sous la déclaration »les Hébreux disent«, qui revient comme une ritournelle, les Latins cherchent ainsi à emprunter tout matériel propre à faciliter l'exégèse littérale, en particulier les notions relatives à l'histoire et aux institutions, voire aux personnages. Plus surprenante – et c'est l'un des apports majeurs des recherches de Gilbert Dahan sur des centaines de commentaires pour une bonne part inédits – est l'influence sur les commentateurs latins de l'exégèse midrashique, par exemple les compléments donnés à la Bible sous forme de »sur-récits«, que les exégètes chrétiens n'hésitent pas, au besoin, à faire leur, tout en proclamant que les »juifs disent ou écrivent des fables« *(Iudei fabulantur).* Dépassant le strict niveau polémique de la formule, Gilbert Dahan ramène justement *fabulari* à *fabula*, terme qui ne désigne pas tant la »fable« des affabulateurs que le »mythe«, dont on a noté la place prépondérante dans le *midrash.*

Le volume des *Vorträge und Forschungen* consacré aux juifs et aux chrétiens à l'époque des croisades offre, de son côté, d'autres précieux angles d'attaque pour l'étude de la dialectique des relations entre les deux communautés. En ouverture des essais rassemblés par

Alfred Haverkamp, l'historienne de l'art Bianca Kühnel [8] remet en cause l'existence d'une iconographie juive transmise sans rupture depuis les représentations des premières synagogues jusqu'à l'art juif de la fin du Moyen Âge. Elle traite d'abord des représentations concurrentes dans les synagogues et les églises de Palestine au Ve siècle, avant de trouver d'autres exemples d'interactions dans les traits iconographiques partagés en Espagne, au XIIIe siècle, entre manuscrits illustrés par les juifs et les chrétiens, spécialement les Bibles.

Pour sa part, Jeremy Cohen [3] revient sur le complexe problème de la martyrologie juive. La question de départ consiste à expliquer le contraste entre les deux branches du judaïsme médiéval face aux problèmes des conversions forcées. La tradition talmudique prend en compte et valorise le martyre au nom de Dieu; mais souffrir le martyre ne revient pas à se donner la mort ou la donner à ses enfants, comme le firent les juifs de la vallée du Rhin en 1096. Comment expliquer cette inflexion martyrologique dans le monde ashkénaze, sans équivalent chez les Sépharades qui ont préféré la voie de l'exil ou de la conversion apparente et du maranisme lors des (rares) tentatives de conversions forcées de la part des autorités islamiques? Entre autres interprétations possibles, Jeremy Cohen penche pour un processus d'interaction entre chrétiens et juifs. Il remarque avec justesse que les récits chrétiens de la première croisade, écrits au cours du XIIe siècle, sont contemporains des chroniques hébraïques relatant les martyres juifs. Cet ensemble de récits doit être envisagé dans un contexte eschatologique commun. Les uns (chrétiens) font croisade pour recouvrer la Jérusalem réelle; les autres (juifs) sont attachés à une Jérusalem intérieure atteinte au prix du sang versé. Les premiers suivent la voie sacrificielle du Christ, les seconds celle d'Isaac. Plutôt que d'interroger inlassablement la seule tradition juive pour tenter de comprendre l'»exception« ashkénaze, il suffirait donc de faire un peu plus de place aux études synchroniques propres à révéler, dans une même aire géographique, le jeu des échanges culturels. La thèse de Jeremy Cohen représente une contribution dans un débat plus large, parfois très houleux, lancé il y a quelques années par Israel Yuval[7]. La thèse de ce dernier peut être résumée de la façon suivante. Le judaïsme ashkénaze a, pendant la période des croisades, mis au centre de son eschatologie le thème de la vengeance divine et la nécessité du martyre (au sens propre ou entendu comme »auto-martyre«) pour attirer la colère vengeresse de Dieu sur les chrétiens. Comme dans un jeu de miroir déformant, les chrétiens ont transformé les images du martyre juif (en particulier le thème de la mort des enfants de la main des parents) en croyance fantasmatique aux meurtriers juifs assoiffés du sang des enfants chétiens, mise en forme dans les années 1140–1150 dans les fameuses accusations de meurtres rituels.

L'histoire n'étant pas la science des monocausalités, on peut s'attendre à ce que cette ouverture vers une étude des relations entre chrétiens et juifs en termes d'interactions plutôt que de rejet pur et simple fasse plus ou moins rapidement son temps, au gré des modes lancées sur les campus américains. Pour autant, l'intérêt à long terme de ce débat est de désenclaver les études juives, qui n'ont aucune raison d'être considérées pour elles-mêmes dans un splendide solipsisme. Le rêve d'un Moyen Âge total, permettant d'envisager comme un ensemble des communautés dont les existences nous paraissent si clivées, est peut-être pour demain.

---

7   I. J. Yuval, Vengeance and Damnation, Blood and Diffamation. From Martyrdom to Blood Libel Accusation, in: Zion 48 (1993) p. 33–90 [en hébreu].

Stefan Hirschmann

GAB ES UM DIE MITTE DES 12. JAHRHUNDERTS DEN PÄPSTLICHEN KANZLEISCHREIBER HUGO?

Mit einer Neuedition von JL 9593

Für die Ausgestaltung menschlicher Darstellungs- und Herrschaftsformen, die Erhellung funktionaler Zusammenhänge der mittelalterlichen Gesellschaft und besonders für die Geschichte und Funktionsweise der päpstlichen Kanzlei im 12. Jahrhundert ist die Erforschung des Kanzleipersonals von großem Wert[1]. Mit dem Wegfall der Skriptumzeile seit den 20er Jahren des 12. Jahrhunderts tendiert aber die Zahl der namentlich bekannten Urkundenschreiber und Mitarbeiter der päpstlichen Kanzlei nahezu gegen Null. Erst im 13. Jahrhundert wurde es üblich, daß die Skriptoren ihre Sigle auf die Plica der Privilegien und Briefe setzten[2]. Die fehlenden Schreibernennungen und -vermerke bei gleichzeitigem Anstieg der Urkundenproduktion um die Mitte des 12. Jahrhunderts sind ein nicht rational zu begründendes Phänomen. Aufgrund der Zerstreuung der Papsturkunden über ganz Europa und der wenig ausgebildeten Individualität der römischen Kuriale, die eine Handzuweisung erheblich erschwert, läßt sich das Problem bislang auch nicht unter paläographischen Gesichtspunkten lösen[3]. Um so mehr ist man deswegen darauf angewiesen, die Namen der in der päpstlichen Kanzlei tätigen Personen den Datumszeilen der Privilegien zu entnehmen. Was darüber hinausgeht, sind Zufallsfunde.

1 Vgl. demnächst meine in Arbeit befindliche Dissertation zur Geschichte und Funktionsweise der päpstlichen Kanzlei in der Mitte des 12. Jahrhunderts.

2 Zum päpstlichen Urkundenwesen vgl. Harry Bresslau, Handbuch der Urkundenlehre für Deutschland und Italien, 2 Bde., Berlin 1912–1931/Rp. Berlin 1968–1969; Registerband von Hans Schulze, Berlin 1960; Thomas Frenz, Papsturkunden des Mittelalters und der Neuzeit, Stuttgart 1986. Die italienische Ausgabe ist überarbeitet und etwas ausführlicher: Ders., I documenti pontifici nel medioevo e nell'età moderna, hg. von Sergio Pagano, Vatikan 1989 (Subsidia studiorum, 1); Arthur Giry, Manuel de diplomatique, Paris 1894 (ND Hildesheim, New York 1972), S. 661–704; Olivier Guyotjeannin, Jacques Pycke, Benoît-Michel Tock, Diplomatique médiéval, Turnhout 1993 (L'atelier du médiéviste, 2); Paulus Rabikauskas, Diplomatica pontificia, Rom ⁵1994; Ludwig Schmitz-Kallenberg, Die Lehre von den Papsturkunden, Leipzig, Berlin 1913 (Grundriß der Geschichtswissenschaft, hg. von Aloys Meister, 1, 2: Urkundenlehre). Einen guten Überblick gibt jetzt auch Ludwig Falkenstein, La papauté et les abbayes françaises aux XIᵉ et XIIᵉ siècles. Exemption et protection apostolique, Paris 1997 (Bibliothèque de l'École des hautes études, sciences hist. et philol., 336), S. 1–20. Zur Skriptumzeile siehe besonders Paul Fridolin Kehr, Scrinium und Palatium. Zur Geschichte des päpstlichen Kanzleiwesens im 11. Jahrhundert, in: MIÖG, Erg.-Bd. 6, 1901, S. 70–112; P. Rabikauskas, Zur fehlenden und unvollständigen Skriptumzeile in den Papstprivilegien des 10. und 11. Jahrhunderts, in: Saggi storici intorno al Papato, Rom 1959 (Miscellanea historiae pontificiae, 21), S. 91–116.

3 Vgl. zuletzt Gudrun Bromm, Die Entwicklung der Großbuchstaben im Kontext hochmittelalterlicher Papsturkunden, Marburg 1995 (Elementa diplomatica, 3), S. 13–16 und 22. Zum Problem der Schreiberidentifikationen am Anfang des 12. Jhs. auch Julius von Pflugk-Harttung, Die Schreiber der päpstlichen Kanzlei bis auf Innocenz II. (1130), in: Römische Quartalschrift 1 (1887) S. 212–230.

Prinzipiell wurden die feierlichen Privilegien um die Mitte des Jahrhunderts durch den römischen Kanzler *(sanctae Romanae ecclesiae cancellarius)* datiert. Bei Abwesenheit oder Vakanz des Amtes ersetzte ihn zumeist ein mit den Kanzleigeschäften eng vertrauter Mitarbeiter der römischen Kurie. Diese Perioden sind für die Rekonstruktion der Kanzleiverhältnisse wahre Glücksfälle, treten doch nun Personen ins Licht der Überlieferung, die ansonsten in völliger Anonymität agierten. Innerhalb des Pontifikats Papst Eugens III. (1145–1153) taucht in der Zeitspanne der Kanzlervakanz nach dem Tode Guidos von SS. Cosma e Damiano bis zum ersten Auftreten Rolands von S. Marco, des späteren Alexanders III., zwischen dem 6. November 1149 und dem 4. Mai 1153 eine ganze Reihe von Schreibernamen in den *Datum per manum*-Formeln auf. Neben dem berühmten Boso, Verfasser der *vitae pontificum Romanorum* und nachmaligem päpstlichen Kämmerer[4], finden sich hierunter auch die Notare und Schreiber Marinianus, Plebanus und Samson wieder. Nachdem schon Rudolf von Heckel gezeigt hat, daß der Schreiber Bologninus mit Boso gleichzusetzen ist[5], erscheint nun auch die Existenz eines *Hugo sanctae Romanae ecclesiae scriptor* mehr als zweifelhaft. Zwar hielten bereits Harry Bresslau[6], 1937 dann Rudolf von Heckel[7] und jüngst auch noch Frank M. Bischoff[8] und Gudrun Bromm[9] den Schreiber Hugo für historisch bezeugt, doch stützten sich offenbar alle auf eine fehlerhafte Quellenedition. Erwähnt wird Hugo nämlich lediglich in einer einzigen Urkunde Eugens III., die am 21. Juni 1152 in Segni für das Kloster Saint-Jean in Sens ausgestellt wurde[10]. Der Eintrag des angeblichen Kanzleimitarbeiters bei Jaffé-Loewenfeld[11] basiert auf einer Textvorlage der Gallia Christiana[12], welche Migne in seiner Ausgabe der Urkunden Eugens III. nochmals abdruckte[13]. Allerdings widerspricht diese Lesung der Edition von Maximilien Quantin aus dem Jahre 1854, in der eindeutig *per manum Bosonis sanctae Romanae ecclesiae scriptoris* zu lesen ist[14]. Offenbar haben weder Bresslau und von Heckel noch Bischoff und Bromm die Edition Quantins gekannt. Obwohl die Publikation Quantins den heutigen

---

4 Zu Boso siehe Odilo ENGELS, Kardinal Boso als Geschichtsschreiber, in: Konzil und Papst. Historische Beiträge zur Frage der höchsten Gewalt in der Kirche. Fs. für Hermann Tüchle, hg. von Georg SCHWAIGER, München, Paderborn, Wien 1975, S. 147–168; ND in: DERS., Stauferstudien. Beiträge zur Geschichte der Staufer im 12. Jahrhundert. Festgabe zu seinem 60. Geb., hg. von Erich MEUTHEN, Stefan WEINFURTER, Sigmaringen ²1996, S. 235–258; Fritz GEISTHARDT, Der Kämmerer Boso, Berlin 1936 (Historische Studien, 293); Peter MUNZ, Papst Alexander III. Geschichte und Mythos bei Boso, in: Saeculum 41 (1990) S. 115–129; Barbara ZENKER, Die Mitglieder des Kardinalkollegiums von 1130 bis 1159, Diss. Würzburg 1964, S. 149–152.

5 Rudolf VON HECKEL, Studien über die Kanzleiordnung Innozenz' III., in: Historisches Jahrbuch 57 (1937) S. 281, Anm. 42. Bologninus ist mit Boso gleichzusetzen, da die Urkunde JL 9475 mit JL 9569 identisch ist, vgl. IP III, S. 32, Nr. 3, ed. UGHELLI, Italia sacra, 3, S. 94 (MIGNE PL 180, Sp. 1471–1472, Nr. 446) und Iohannes LAMIUS, Sanctae ecclesiae Florentinae monumenta, 2, Florenz 1758, S. 1094.

6 BRESSLAU, Urkundenlehre I (wie Anm. 2) S. 246.

7 HECKEL, Kanzleiordnung (wie Anm. 5) S. 281.

8 Frank Michael BISCHOFF, Urkundenformate im Mittelalter. Größe, Format und Proportionen von Papsturkunden in Zeiten zunehmender Schriftlichkeit (11.–13. Jahrhundert), Marburg 1996 (Elementa diplomatica, 5), S. 39, 42 und Abb. 36.

9 BROMM, Entwicklung der Großbuchstaben (wie Anm. 3) S. 153, Tabelle 3. Bromm entnahm die Angaben vermutlich einer der oben genannten Arbeiten, hat dabei aber übersehen, daß es den kurialen Schreiber namens Bologninus nie gegeben hat.

10 JL 9593.

11 JL II, S. 21.

12 Gallia Christiana, 12, Instr., Sp. 40–41, Nr. 44.

13 MIGNE PL 180, Sp. 1538–1539, Nr. 515.

14 Maximilien QUANTIN, Cartulaire général de l'Yonne, 1, Auxerre 1854, S. 502–503, Nr. 346, hier S. 503.

Maßstäben wissenschaftlicher Diplomatik kaum mehr entsprechen dürfte, steht doch außer Frage, daß er in der Bibliothèque de la Ville de Sens das sich damals dort befindliche Original in den Händen hatte und hieraus *per manum Bosonis* und nicht *per manum Hugonis* gelesen hat. Dies scheint allein deswegen sehr plausibel, weil Boso in den vorangehenden und nachfolgenden Privilegien sowohl am 9. Juni wie auch am 1. August 1152 als Datar belegt ist[15], das heißt unmittelbar vor und nach dem Erscheinen des (angeblichen) Schreibers Hugo. Zur Klärung des Sachverhaltes blieb letztlich nur die Einsicht der Originalurkunde, doch befindet sich diese heute nicht mehr in der Bibliothèque municipale de Sens, wo sie Quantin einsah, sondern gelangte von da nach 1910 in die Archives départementales de l'Yonne (Auxerre). Dort wird das Stück bis heute unter der Signatur H 15 verwahrt[16]. Auf dem Original ist unzweifelhaft *Dat. (…) per manum Bosonis sancte Romane ecclesie scriptoris* zu lesen. Somit steht nunmehr fest: einen *Hugo S.R.E. scriptor* hat es um die Mitte des 12. Jahrhunderts nie gegeben. Er ist mit Boso gleichzusetzen.

---

15 JL 9571, ed. Paul Fridolin Kehr, Papsturkunden in Spanien, 2, Navarra und Aragon, Berlin 1928 (Abh. Göttingen, NF, 22, 1), S. 369–370, Nr. 64; JL 9600, ed. Johann Georg Leuckfeldt, Antiquitates Walkenredenses, 1, Leipzig, Nordhausen 1705, S. 174–177 (Migne PL 180, Sp. 1541–1543, Nr. 521).

16 Für ihre Bemühungen und Auskünfte sei Mme Michelle de Grave (Bibliothèque municipale de Sens) und M. le Directeur Daniel Guérin (Archives départementales de l'Yonne, Auxerre) herzlich gedankt.

Anhang

Papst Eugen III. nimmt das Kloster Saint-Jean in Sens unter dem Abt Fulco in den päpstlichen Schutz und bestätigt alle Besitzungen und Rechte.

Segni, 1152 Juni 21

Or. Archives départementales de l'Yonne (Auxerre), H 15 [= A]. Cop. saec. XVI, Cop. 1655 IV 12, Cop. 1667 XI 23, Cop. 1667 XI 24. Alle ebd.; Bulle und Seidenschnüre fehlen. – Ed. Gallia Christiana, Bd. 12, Instr., Sp. 40–41, Nr. 44 (= Migne, PL 180, Sp. 1538–1539, Nr. 515); M. Quantin, Cartulaire général de l'Yonne, Bd. 1, Auxerre 1854, S. 502–503, Nr. 346 (alle unvollständig). – Regg. J. 6651; JL. 9593. – Zit. W. Wiederhold, Papsturkunden in Frankreich V, in: Nachr. von der kgl. Ges. der Wiss. zu Göttingen, phil.-hist. Kl., Beiheft, Berlin 1910, S. 21 und Anm. 6; ND bei Wilhelm Wiederhold, Papsturkunden in Frankreich. Reiseberichte zur Gallia Pontificia, Bd. 1, Città del Vaticano 1985 (= Acta Romanorum Pontificum, 7), S. 439.

Das Original (56 x 53 cm) befand sich vormals in der Bibliothèque de la ville de Sens, später Bibliothèque communale bzw. municipale, und wird seit ca. 1910 in Auxerre aufbewahrt. Der Text folgt A, die Textstellen in Klammern sind unleserlich und durch die Abschriften ergänzt.

EUGENIUS episcopus servus servorum Dei. Dilectis filiis Fulconi abbati ecclesie beati Johannis Evangeliste, que iuxta muros Senonensis civitatis sita est, eiusque fratribus tam presentibus quam futuris regularem vitam professis in perpetum. Quotiens illud a nobis petitur, quod religioni et honestati convenire dinoscitur, animo nos decet libenti concedere et petentium desideriis congruum impertiri suffragium. Eapropter, dilecti in domino filii, vestris iustis postulationibus clementer annuimus et prefatam ecclesiam, in qua divino mancipati estis obsequio, sub beati Petri et nostra protectione suscipimus et presentis scripti privilegio communimus. Statuentes ut quascumque possessiones, quecumque bona eadem ecclesia in presentiarum iuste et canonice possidet aut in futurum concessione pontificum, largitione regum vel principum, oblatione fidelium seu aliis iustis modis Deo propicio poterit adipisci, firma vobis vestrisque successoribus et illibata permaneant. In quibus haec propriis duximus exprimenda vocabulis: ecclesiam beati Georgii de Matriolis[1], ecclesiam beati Sulpicii de Viciniis[2] cum omnibus appenditiis eius, ecclesiam beate Marie de Sosiaco[3], ecclesiam beati Petri de Carris[4], ecclesiam beati Sulpicii de Nibella[5], ecclesiam beate Marie de Vois[6], ecclesiam beati Martini de Capriaco[7], ecclesiam beati Stephani de Castro Rainardi[8], ecclesiam beate Genovefe[9], ecclesiam beati Georgii de Vico Novo[10], ecclesiam sancte Marie de Monte Argio[11], ecclesiam sancti Leonis in suburbio Senonensi[12], ecclesiam

---

1 *Marolles-sur-Seine, Dép. Seine-et-Marne, 33 km nordwestl. von Sens.*
2 *Voisines, Dép. Yonne, 15 km nordöstl. von Sens.*
3 *Soisy, Dép. Seine-et-Marne, 7 km südl. von Provins.*
4 *Carres, Dép. Yonne.*
5 *Nibelle, Dép. Loiret.*
6 *Voulx, Dép. Seine-et-Marne, 30 km nordwestl. von Sens.*
7 *Chevry, Dép. Loiret, 23 km nordöstl. von Montargis.*
8 *Châteaurenard, Dép. Loiret, ca. 40 km südwestl. von Sens.*
9 *Genefe, Sainte-Geneviève-des-Bois, Dép. Loiret, 25 km südl. von Montargis.*
10 *Vinneuf, Dép. Yonne, 20 km nordwestl. von Sens.*
11 *Montargis, Dép. Loiret.*
12 *Saint-Léon au Faubourg de Sens, Dép. Yonne.*

sancte Marie de Gresso[13], ecclesiam beati Martini de Noem[14], cum omnibus earum appenditiis. Ex dono Senonensis capituli ecclesiam sancti Salvatoris[15]. In Meldensi episcopatu ecclesiam de Peceio[16] et capellam de Miraldo[17], cum omnibus earum appendiciis. In Aurelianensi parrochia ecclesiam beate Marie[18], que nuncupatur inter murum et fossatum, cum omnibus pertinentiis suis. Annuos quoque reditus *(sic)* singularum prebendarum decedentium canonicorum Senonensis ecclesie quemadmodum a communi capitulo eiusdem ecclesie vobis rationabili providentia collati et scripti sui pagina confirmati sunt, favoris nostri auctoritate vobis nihilominus confirmamus. Decernimus ergo, ut nulli omnino hominum liceat prefatam ecclesiam temere perturbare aut eius possessiones auferre vel ablatas retinere, minuere aut aliquibus vexationibus perturbare, sed omnia integra conserventur eorum, pro quorum gubernatione et sustentatione concessa sunt usibus omnimodis profutura, salva sedis apostolice auctoritate et diocesanorum episcoporum canonica iustitia. Si qua igitur in futurum ecclesiastica secularisve persona hanc nostre constitutionis paginam sciens contra eam temere venire temptaverit, secundo tertiove commonita, si non satisfactione congrua se emendaverit, potes[tatis honorisque sui] dignitate careat reamque se divino iudicio existere [de perpetrata iniquitate cognoscat et a sacrat]issimo corpore ac sanguine [Dei et domini redemptoris nostri Iesu] Christi aliena fiat, atque in extremo examine districte ultioni subiaceat. Cunctis autem eidem loco iusta servantibus sit pax domini nostri Iesu Christi, quatenus et hic fructum bone actionis percipiant et apud districtum iudicem premia eterne pacis inveniant. Amen. Amen. Amen.

(ROTA)[a] Ego Eugenius catholice ecclesie eps. ss. *(BENE VALETE)*
        † Ego Ymarus Tusculanus eps. ss.
        † Ego Hugo Hostiensis eps. ss.
† Ego Hubaldus pbr. card. sancte Praxedis ss.
† Ego Aribertus pbr. card. sancte Anastasie ss.
† Ego Guido pbr. card. tituli Pastoris ss.
† Ego Octavianus pbr. card. tituli sancte Cecilie ss.
† Ego Gerardus pbr. card. tituli sancti Stephani in Celi Monte ss.
        † Ego Otto diac. card. sancti Georgii ad Velum aureum ss.
        † Ego Gregorius diac. card. sancti Angeli[b] ss.
        † Ego Guido diac. card. sancte Marie in Porticu ss.
        † Ego Iacintus diac. card. sancte Marie in Cosmedin ss.

Dat. Signie per manum Bosonis[c] sancte Romane ecclesie scriptoris XI kl. iulii, indictione XV, incarnationis dominice anno M.C.L.II., pontificatus vero domni Eugenii III pape anno VIII.

---

13 *Gretz, Dép. Seine-et-Marne, 1 km östl. von Tournan.*
14 *Noyen-sur-Seine, Dép. Seine-et-Marne, 10 km südl. von Provins.*
15 *Saint-Sauveur-lès-Bray, Dép. Seine-et-Marne, 30 km nördl. von Sens.*
16 *Pecy, Dép. Seine-et-Marne, 15 km nördl. von Nangis.*
17 *Mirvault, Dép. Yonne.*
18 *Notre-Dame d'Orléans, Dép. Loiret.*

a *Mit nachgezeichnetem Kreuz und der päpstlichen Devise* Fac mecum domine signum in bonum.
b *Gallia Christiana* Viti.
c *Gallia Christiana* Hugonis.

Rezensionen

Georges Duby: l'écriture de l'histoire, sous la responsabilité de Claudie DUHAMEL-AMADO et Guy LOBRICHON. Préface de Jean LACOUTURE, Bruxelles (De Boeck) 1996, 492 S. (Bibliothèque du Moyen Age, 6).

Was als Festgabe gedacht war und diese Funktion auch erfüllte, hat nun – nach dem Tode des Gewürdigten – den Charakter einer Gedenkschrift angenommen. Dieser Wandel ist aber nicht groß, wenn man dem Inhalt des Bandes aufmerksam folgt: die meisten Beiträge sind nicht ausschließlich durch die Forschungsinteressen ihrer Verfasser geprägt, sondern nehmen in besonderer Weise auf das Lebenswerk Georges Dubys Bezug. Von dessen Leistungen wird ausgegangen, deren Voraussetzungen und Entwicklung ausführlich dargestellt, die eigene Sicht der Dinge dagegen zurückgenommen. Duby ergreift gleichsam von der angesprochenen Thematik Besitz und läßt dem Verfasser des Beitrags nur die Möglichkeit, Erklärungen, Deutungen, Ergänzungen, selten jedoch Widersprüche anzubringen.

Das Ganze erfolgt mit Nüchternheit und oft geradezu positivistischer Sachlichkeit, so daß diese Art wissenschaftlicher Würdigung niemals peinlich wirkt. Duby und sein Werk werden in den Mittelpunkt gerückt, was ja den ursprünglichen Intentionen einer Festschrift entspricht. Die Inflation dieser Gattung wissenschaftlichen Schrifttums, deren Erzeugnisse meist inhaltlich jeder Einheitlichkeit entbehren und nur selten den Sammeltitel rechtfertigen, haben das allmählich vergessen lassen. Allerdings eignen sich auch nur wenige, derartig gefeiert zu werden, weil die Wirkung ihres Werks auf zahlreiche andere Gelehrte ausstrahlt. Man kennt historische Schulen, deren Häupter gleichsam *ipso facto* dafür prädestiniert scheinen. Aber gerade das war Georges Duby nicht: er selbst fußte wohl auf Bloch und Febvre; Braudel und Le Goff waren seine vorzüglichsten Mitstrebenden, doch wird man mit solchen Aussagen sein Werk nur unvollkommen erklären können. Auch von einer »Schule« Dubys kann man nicht sprechen, obwohl er sich andererseits nicht zurückzog. Wollte man ihn mit einem kurzen Wort charakterisieren und dabei seine Bedeutung als Mediävist würdigen, so bietet sich eine gängige Phrase an, die aber durch ihn Substanz gewinnt: Duby war der richtige Mann zur richtigen Zeit. In ihm vereinte sich glücklich der tief schürfende und reflektierende Gelehrte mit dem kritischen, aber aufgeschlossenen Zeitgenossen des 20. Jhs., der einem Wirken über den akademischen Kreis hinaus nicht abgeneigt war und dessen künstlerisches Verständnis Epochen umspannte, wenn auch die Zeit der gotischen Kathedralen seinem Herzen wohl am nächsten stand.

Den hier unzulänglich gedeuteten Historiker in seiner Humanität zu interpretieren, ist Ziel des vorliegenden Bandes. Er ist nach einem Vorwort von Jean Lacouture in zwei ungleiche Abschnitte gegliedert. Der erste bezieht sich auf den Titel des Buches: »L'écriture de l'histoire« und befaßt sich mit Dubys Stellung zu Architektur und Plastik, als der Grundlage seiner historischen Überlegungen und der sich daraus ergebenden Sicht der Geschichte (DALARUN, RUSSO, BARRAL I ALTET, DAVAL). Der zweite, weitaus größere Teil hat verschiedene Aspekte der mittelalterlichen Gesellschaft zum Gegenstand: »Les sociétés médiévales – niveaux et articulations«. Hier werden die auf alle Bereiche des sozialen Lebens wirkenden Ergebnisse von Dubys Forschungen hervorgehoben und zugleich deutlich gemacht, auf welchen von ihm gewiesenen Wegen die nächste Generation fortgeschritten ist. Das gilt vornehmlich für die Beziehung zwischen Mensch und Landschaft, die Duby in seinem epochemachenden Buch über das Mâconnais untersucht hat (II 1: »La terre, les hommes, la seigneurie«; BONNASSIE, PASTOR, CURSENTE). Danach geht es um das neue Verständnis der Genealogie, um das sich neben dem Gewürdigten in Deutschland besonders Karl Schmid verdient gemacht hat. In dessen Beitrag wird die Distanz erkennbar, die seine und Dubys Beurteilung genealogischer Phänomene auszeichnet, wobei aber auch auf das unterschiedliche Erkenntnisinteresse zu verweisen ist (II 2: »Parenté«; BARTHÉLEMY, SCHMID, SMITH, FOSSIER). Den nächsten Abschnitt haben die Herausgeber den Machtfragen gewidmet, die sich aus den genealogischen und besitzmäßigen Strukturen ableiten lassen (II 3: »Pouvoirs«; POLY, GEARY, WHITE, BOURNAZEL, GUYOTJEANNIN, BISSON, LEWIS). Hier reicht der Bogen von regionalen Gegensätzen bis zum kapetingischen Königtum und der Politik in den westeuropäischen Ländern des hohen Mittelalters.

Der letzte Teil des Bandes ist der Mentalitätsgeschichte gewidmet, jenem Gebiet, daß man im allgemeinen am häufigsten mit Georges Duby in Zusammenhang bringt. In der Thematik der Beiträge zeigt sich nicht nur die verschiedene Auffassung des unscharfen Begriffs, sondern auch die Weite der Möglichkeiten bei der neuen Sichtweise vergangenen Geschehens. Keine war Duby fremd, und es wird nur wenigen gegeben sein, Geschichte so quellenbezogen eng und umfassend zugleich aus dem Unscheinbarsten wie dem vordergründig Plakativen verstehbar zu machen. Ohne eigentliche Methode läßt sich Mentalitätsgeschichte nur mit großer Selbstdisziplin sinnvoll betreiben. Duby hat das weitgehend beherzigt, daher haben seine diesbezüglichen Ergebnisse nichts Spekulatives, Dogmatisches, was man von jüngeren Vertretern dieser Forschungsrichtung nicht immer behaupten kann. Die vorliegenden Beiträge, deren Inhalte ein sehr weites Feld abstecken, sind hingegen als durchwegs seriös und fundiert zu bezeichnen (II 4: »Valeurs et Mentalités«; SCHMITT, BESSMERTNY, SHATZMILLER, K. F. WERNER, PARISSE, CONSTABLE, CARDINI, MARCHELLO-NIZIA, BEAUROY, THOMASSET, L'HERMITE-LECLERCQ, POUCHELLE, H. TOUBERT, ZERNER, IANCU-AGOU, VAUCHEZ).

Eine Bibliographie Dubys (1946–1993) beschließt den interessanten Band, der über die Vermittlung neuer Ergebnisse der Forschung hinaus ein wesentlicheres Ziel verfolgt und weitgehend erreicht hat: die Würdigung eines epochemachenden Historikers, der nicht nur ausgezeichneter Fachmann und Spezialist gewesen ist, sondern Humanist und homme des lettres, und der mit seinem Werk in ungünstiger Zeit den Beweis geliefert hat, daß die Geschichtsschreibung zu den *artes* zählt.

Georg SCHEIBELREITER, Wien

Licet preter solitum. Ludwig Falkenstein zum 65. Geburtstag, hg. von Lotte KÉRY, Dietrich LOHRMANN, Harald MÜLLER, Aachen (Shaker) 1998, 292 S.

Am 6. April 1998 vollendete der Aachener Mediävist Ludwig Falkenstein, der Frankreich und dem DHI Paris in vielfältiger Weise, wissenschaftlich wie freundschaftlich, verbunden ist, sein 65. Lebensjahr. Der Titel der ihm aus diesem Anlaß gewidmeten Festschrift: *Licet preter solitum* konnte kaum besser gewählt sein. Denn dieses Incipit einer Dekretale Alexanders III. (JL 14091) charakterisiert in treffender Weise die Arbeiten des Jubilars, die sich vom »Gewohnten« stets abheben und nie von Modeerscheinungen der Forschung beinflußt sind. – Im einzelnen enthält der Band, der durch seine Geschlossenheit überzeugt, folgende Beiträge, die durchweg von hoher Qualität sind: Karl Leo NOETHLICHS, Von Heiden, Pferden und Studenten. Bemerkungen zum ›Heidentum‹ in Byzanz anhand der Kanones der Trullanischen Synode (Quinisextum) v. J. 692 (S. 1–16), wertet Synodalbeschlüsse vom 4. bis zum Ende des 8. Jhs. für die Frage aus, welche heidnischen Elemente in Spätantike und Frühmittelalter überlebten und kirchliche Gegenmaßnahmen

hervorriefen. Als äußerst ergiebig erweisen sich dabei die Akten des (691/92 von der Ost-
kirche abgehaltenen) *Concilium Quinisextum* bzw. *Trullanum*, das Pferderennen und
Theater, Berufe, die damit zusammenhängen, bestimmte Feiertage, wie die Saturnalien, eine
Reihe von Kultpraktiken bei Feiern sowie Zauberei und Zukunftsdeutungen als pagan ver-
urteilt und zu bekämpfen sucht. – Jörg MÜLLER, Die Überlieferung der Briefe Papst Gregors I. im Rahmen der *Collectio duodecim partium* (S. 17–31), untersucht die in ihrer
Bedeutung dem Dekret Burchards von Worms nur wenig nachstehende *Collectio duodecim
partium*. Um die Jahrtausendwende in Freising entstanden, enthält sie 183 Gregor dem
Großen (teilweise zu Unrecht) inskribierte Kapitel, als deren Vorlage wohl die *Collectio
Anselmo dedicata* anzunehmen ist. Bei der Auswahl interessierten sich die Redaktoren vor
allem für Schreiben, die Gregor in seiner Eigenschaft als Seelsorger und Kirchenlehrer verfaßte, und erst in zweiter Linie für die Stücke juristischen oder administrativen Inhalts. –
Franz KERFF, Altarbesitz und Inkorporation. Zu Vorformen der Inkorporation in Nordfrankreich während des 11. und 12. Jahrhunderts (S. 33–46), vermag anhand von Formeln in
Urkunden der Bischöfe von Arras, Cambrai, Thérouanne und Tournai (11./12. Jh.) fünf
verschiedene rechtliche Formen des Altarbesitzes zu unterscheiden. Bereits vor der Regelung der Inkorporation durch Innocenz III. ist die Übertragung von Altären an kirchliche
Institutionen in inkorporationsgleicher Weise belegt. – Bernard DELMAIRE, Un acte inédit
d'Innocent II pour l'abbaye du Mont-Saint-Eloi (1139) (S. 47–54), ediert erstmals die
Urkunde Innocenz' II. JL 7944 nach einem von ihm aufgespürten Vidimus aus dem Jahre
1520. – Dietrich LOHRMANN, Vom gerichtlichen Zweikampf zum Prozeß an der Kurie:
Mühlenkonflikte im französischen 11.–12. Jahrhundert (S. 55–65), behandelt Auseinandersetzungen um Mühlen, in die Ende des 11. Jhs. die Abtei Saint-Serge et Saint-Bach in
Angers und im 12. Jh. die Regularkanoniker von Prémontré und Ham-sur-Somme ver-
wickelt waren. Während man im Anjou einen gerichtlichen Zweikampf ausfocht, führte
man nur wenige Jahrzehnte später in Nordfrankreich einen auf römisch-kanonisches Recht
gestützten Prozeß durch. – Harald MÜLLER, Rouen contra Rouen. Der Konflikt zwischen
Bürgern und Kathedralkapitel am Ende des 12. Jahrhunderts im Spiegel der Papsturkunden
(S. 67–90), faßt einen bewaffneten Aufruhr in den Blick, der ausbrach, als die Stadtgemeinde
von Rouen ihre wirtschaftlichen Interessen durch das Kathedralkapitel beeinträchtigt sah.
Der Streit, in den sich Cölestin III. und Innocenz III. einschalteten, führte zu Interdikt und
Exkommunikation der Bürger: Kirchenstrafen, die allerdings nur geringe Durchschlags-
kraft besaßen. Die Urkunde Cölestins III. JL 16854 erweist sich als Phantom, entstanden
durch das Versehen eines frühneuzeitlichen Kopisten. – Lotte KÉRY, ›De plenitudine potestatis sed non de jure‹. Eine *inquisitio* von 1209/1210 gegen Abt Walter von Corbie (X 5. 1.
22) (S. 91–117), legt dar, daß der Papst in einem kirchlichen Strafverfahren aufgrund seiner
plenitudo potestatis einen formaljuristischen Verstoß gegen den *ordo iudiciarius* legitimieren
darf, wenn sich nur so ein höher zu bewertendes Rechtsgut schützen läßt. – Bernhard
SCHIMMELPFENNIG, Jesus, Maria und Augustus. Ein Text zur Weihe von S. Maria in Trastevere (1215) und zur Geschichte Trasteveres in Antike und Mittelalter (S. 119–141), ediert
und kommentiert einen Bericht zur Weihe von S. Maria in Trastevere, für den es in seiner
Verbindung von Heils- und Lokalgeschichte kein vergleichbares Beispiel aus Rom gibt. –
Max KERNER, Die sogenannte Päpstin Johanna. Von einer wundersamen und rohen Fabel
(S. 143–163), bietet einen Forschungsüberblick zu dieser (vor allem durch Ignaz von Döl-
linger grundlegend behandelten) Papstfabel, die wohl im Hochmittelalter als stadtrömische
Lokalsage entstand und ihre Wirkungsgeschichte seit der Mitte des 13. Jhs. entfaltete. –
Thomas GIESSMANN, Zur Quellentypologie der Stadtbücher – am Beispiel der Altstadt Hil-
desheim (S. 165–175), definiert das Stadtbuch als »ein städtisches, nämlich von einer städtischen Kanzlei oder einem städtischen Amtsinhaber im Zuge seiner amtlichen Tätigkeit
angelegtes Buch« (S. 167). Gestützt auf die Erfahrungen, die er bei der Neuordnung und
Verzeichnung der Handschriften des Stadtarchivs Hildesheim gewonnen hat, stellt er die

verschiedenen Typen von Hildesheimer Stadtbüchern vor und appelliert an die Forschung, sie als eigene Quellengattung ernst zu nehmen. – Reiner NOLDEN, Das Aachener Marienstift und die Grafen von Sponheim (S. 177–182), beleuchtet die engen gegenseitigen Beziehungen aus dem Blickwinkel der Sponheimer Überlieferung, die seit einigen Jahren durch das Regestenwerk von Johannes Mötsch vorbildlich erschlossen ist. Besonderes Augenmerk widmet er Heinrich von Sponheim, Propst des Aachener Marienstifts von 1314 bis 1343, sowie den Besitzungen des Stifts wie auch des Grafengeschlechts an der Mosel. – Horst KRANZ, Kohle oder Wasser? Zum Beginn eines Dauerkonfliktes im Lütticher Bergbau des Mittelalters (S. 183–191), stellt am Beispiel einer für das Jahr 1314 belegten gerichtlichen Auseinandersetzung zwischen dem Zisterzienserkloster Val Saint-Lambert und den Müllern an der Légia dar, wie negativ sich die Entwässerung von Gruben auf die Wasserversorgung von Lütticher Stadtvierteln auswirkte. Rechnete man 1314 nur mit einem vorübergehenden Wasserverlust und urteilte zugunsten der Zisterzienser, so erkannte man bereits wenige Jahrzehnte später die drohende Gefahr und entschied fortan bis zum Ende des Ancien Régime zu Lasten des Bergbaus. – Joseph AVRIL, Remarques sur le livre synodal de Guillaume de Trie, archevêque de Reims (vers 1330) (S. 193–201), geht Struktur und Vorlagen der Reimser Synodalstatuten von 1330 nach. Er gelangt zu dem Ergebnis, daß ihr methodischer Aufbau stark zu wünschen übrigläßt und den Geistlichen Lektüre und Verständnis nicht leichtgefallen sein dürften. – Jean-Loup LEMAITRE, Vivre en chanoine à Maguelone (S. 203–217), ist ein köstlicher Beitrag über die 1331 von Jean de Vissec, Bischof von Maguelone (1328–1334), erlassenen Statuten des Domkapitels, die u. a. ausführliche Bestimmungen zur Verpflegung der Regularkanoniker enthalten, bei deren Lektüre dem Leser buchstäblich das Wasser im Munde zusammenläuft. – Heribert MÜLLER, Vom Konzil zur Kurie. Eine kirchliche Karriere im 15. Jahrhundert: Guillaume Hugues d'Étain, Archidiakon von Metz und Kardinal von Santa Sabina († 1455) (S. 219–240), zeichnet detailliert den (bislang wenig erforschten) Lebensweg des aus Lothringen stammenden Guillaume Hugues nach, der einer der wichtigsten Akteure des Basler Konzils war und wenige Monate nach dessen Ende von Papst Nikolaus V. zum römischen Kardinal erhoben wurde. – Erich MEUTHEN, Zum spätmittelalterlichen Kommendenwesen (S. 241–264), skizziert, ausgehend von der durch Luther geäußerten Kritik an der Kommende, die Eigenheiten und Probleme dieser Institution, die der betreffenden Kirche nicht nur zum Schaden gereichen mußte. Er zeigt, daß ihre Rolle in Frankreich weitaus wichtiger war als im Reich; dies entspricht den engen Beziehungen, die die französische Kirche seit dem hohen Mittelalter zur Kurie unterhielt. – Johannes HELMRATH, Reden auf Reichsversammlungen im 15. und 16. Jahrhundert (S. 265–286), unterscheidet drei Phasen, in denen Reden eine größere Bedeutung zukam: zunächst auf den Reichstagen zur Zeit des Basler Konzils (1438–1446), sodann auf den Türkenreichstagen (1454/55) – hier gilt die Frankfurter Rede *Constantinopolitana clades* des Enea Silvio Piccolomini als Höhepunkt –, schließlich in der Zeit Maximilians I. (1493–1519). Nach dem Augsburger Reichstag von 1530 spielten Reden nur noch eine geringere Rolle. – Eine Bibliographie des Geehrten rundet diese gelungene Festschrift ab, deren moderater Preis (39,– DM) zeigt, daß auch wissenschaftliche Werke noch erschwinglich sein können.

Rolf GROSSE, Paris

La Ville et la transmission des valeurs culturelles au bas moyen âge et aux temps modernes. 17ᵉ Colloque international, Spa, 16.–19. V. 1994. Actes, Bruxelles (Crédit communal) 1996, 365 S. (Crédit communal. Collection Histoire, 96).

Im Italienischen gäbe es ein schönes Wort für ein Buch wie dieses: »Zibaldone«, also etwa »Sammelsurium«, »Mischmasch« oder auch »Salat«. Der Titel deutet die Bestandteile der Melange an: Stadt, Kultur, kulturelle Werte, Kulturtransfer, und das über einen Zeitraum von nahezu einem halben Jahrtausend; dann die Kardinalprobleme »kultureller Wandel« und »Wandel durch Transfer«. Diffusion von »Kultur«, das bedeutet ja nicht nur horizontal – etwa von Hof oder Stadt aufs Land oder von einer in die andere Region – verlaufende Prozesse, sondern meint auch die vertikale, die soziale Dimension ihrer Wege. Schließlich ist an Definitionen, was »Kultur« sei, kein Mangel. Einige Einzelbeiträge des Sammelbandes versuchen sich an Begriffsklärungen, ohne daß ein den Texten gemeinsames Konzept erkennbar würde. Welches Spektrum abgedeckt wird, macht Frans VERHAEGE in seinem Schlußkommentar deutlich (S. 337), wenn er eine schier endlose Liste der auf der Tagung behandelten Themen und Fragestellungen anführt mit der Bemerkung, auch sie sei keineswegs erschöpfend und führe nur die »heterogene Komplexität« des Gegenstands vor Augen. Die Autoren halten sich zudem keineswegs an die kleine Einschränkung »kulturelle *Werte*«, sondern beschäftigen sich mit der Produktion von Luxusgütern, lesenden Frauen, Buchherstellung, Erziehungswesen und anderem mehr. Dabei geht es insgesamt eher um eine sehr allgemein aufgefaßte Kulturfunktion der Stadt als um deren Rolle im Kontext von Kommunikationsprozessen.

Die Tagung, deren Erträge das Buch mitteilt, war zwar international, aber in weit geringerem Maß war sie interdisziplinär konzipiert. Allgemeine Geschichte und Wirtschaftsgeschichte dominieren; kunsthistorische und volkskundliche Modelle und Methoden kommen kaum zur Anwendung (die Bedeutung gerade letzterer für das Thema ist wohl evident). Die Einzelbeiträge wurden unter fünf Überschriften zusammengefaßt: »Die Metropole und ihr Einfluß«, »Kultur und Klassen«, »Die Gewerbe kulturellen Wandels«, »Die Agenturen des kulturellen Wechsels« und »Kommerzielle lnstitutionen«. Die meisten Beispielfälle stammen aus der westeuropäischen Geschichte; Madrid (David R. RINGROSE), Antwerpen (Roland BAETENS), Amsterdam (einer der letzten Aufsätze Herman DIEDERIKS'), London und Edinburgh (Michel REED, Nicholas PHILLIPSON) werden in Teil 1 der Betrachtung unterzogen, dazu gesellen sich als Solitäre Berlin und Wien (Ferdinand OPLL, Helga SCHULTZ). Teil II bietet im Wesentlichen sozialhistorische Reflexionen über städtische Mittel- und Unterschichten und Minderheiten (Marc BOONE, Jean-Pierre SOSSON, Shearer WEST, Robert MUCHEMBLED), in Teil III geht es um Buchdruck und graphische Künste (Leon VOET) und um die venezianische Luxusgüterproduktion (Salvatore CIRIACONO). Als »Agents du changement culturel« werden die Kirche und die Freimaurer behandelt (von Guido MARNEF und Michel L. BRODSKY), an anderer Stelle (S. 187–191) auch das Handwerk und seine Bruderschaften. Im letzten Teil sind die Themen zunächst Theater und Opern (Manuel COUVREUR), schließlich die Genese der Handels und Finanzzeitung. Darüber schreibt John McCUSKER in einem bemerkenswerten Text.

Der Leser wird dem Buch überhaupt zahlreiche interessante Informationen entnehmen, und er wird zum Denken angeregt: etwa durch Herman VAN DER WEES Überlegungen zum Verhältnis zwischen dem ökonomischen und demographischen Wachstum der Stadt und kulturellen Entwicklungen. Van der Wee meint, kulturelle Blütezeiten zeigten sich häufig als Korrelat ökonomischen und politischen Niedergangs und liefert damit einen Beitrag zu der von Roberto S. Lopez am Fall der italienischen Renaissance angeregten Debatte um die Beziehung zwischen »hard times« und »investment in culture«.

Bernd ROECK, Zürich

Political Thought and the Realities of Power in the Middle Ages/Politisches Denken und die Wirklichkeit der Macht im Mittelalter, hg. von Joseph CANNING, Otto Gerhard OEXLE, Göttingen (Vandenhoeck und Ruprecht) 1998, 277 S. (Veröffentlichungen des Max-Planck-Instituts für Geschichte, 147).

Der Band enthält die Vorträge eines deutsch-britischen Historikerkongresses zur »Interferenz von politischen Ideen und politischer Wirklichkeit« im Mittelalter, der 1996 in Göttingen stattfand. Eine Gruppe namhafter Historiker aus beiden Ländern lieferte Beiträge: Johannes FRIED, Mündlichkeit, Erinnerung und Herrschaft. Zugleich zum Modus ›De Heinrico‹ (S. 9–32), sieht »Reden … primär funktional als Element und Ausdruck, als Modus erinnerter Herrschaft«. Er interpretiert das in den Carmina Cantabrigiensia enthaltene Gedicht ›über Heinrich‹ und löst das Deutungsproblem durch Auflösung eines »Kürzungsstriches«: Heinrich der Zänker führt seinen Sohn und späteren Kaiser Heinrich II. vor Otto III. Hanna VOLLRATH, Politische Ordnungsvorstellungen und politisches Handeln im Vergleich. Philipp II. August von Frankreich und Friedrich Barbarossa im Konflikt mit ihren mächtigen Fürsten (S. 33–51), stellt sich die Frage, angeregt durch Christian Meiers Analyse der athenischen Polis des fünften Jahrhunderts vor Chr. (sic), »ob der Vorsprung Frankreichs in Intellektualität und Wissenschaft eine Entsprechung in der politischen Mentalität hatte« – ohne sie dann zu beantworten, was leider auch für die spannende These gilt, ob der »Zuwachs an intentionalem politischen Handeln« im 12. Jh. »zugleich einen Zuwachs an Konfliktpotential« bedeutete. Stattdessen werden Lehns-, Verwaltungs- und Finanzstrukturen ausführlicher dargelegt. Nathalie M. FRYDE, The roots of Magna Carta. Opposition to the Plantagenets (S. 53–65), sieht hinter der Magna carta den Gedanken, daß das Gewohnheitsrecht über dem Recht des Königs stand – und dieser bei Gesetzesübertretungen vor Gericht gestellt werden konnte. Auch der Konflikt mit dem von Johann von Salisbury beeinflußten Thomas Becket um die Freiheit der Kirche wirkte sich auf die Carta aus. Klaus SCHREINER, Legitimation, Repräsentation, Schriftlichkeit. Gedankliche Begründungen und symbolische Formen mittelalterlicher Abtsherrschaft (S. 67–111), arbeitet an Beispielen aus verschiedenen Klöstern heraus, wie und welche Zeichen, Texte, rituelle Handlungen innerhalb der Klosterherrschaften »eine wichtige herrschaftsbildende Rolle« spielten. Der Herrschaftsanspruch des Abtes stützte sich im Zweifelsfall mehr auf »schriftliche Rechtsdokumente« und weniger auf »theologische Rechtfertigungsgründe«. Weiters wird die Wandlung des Abtstabes zum Herrschaftssymbol nachgezeichnet und die Bedeutung von Pferden für die *dignitas*. David E. LUSCOMBE, Hierarchy in the late Middle Ages: criticism and change (S. 113–126), gibt einen Überblick und eine Einordnung der verschiedenen Interpretationen von Hierarchie im 14. und 15. Jahrhundert. Vor Grosseteste wurde die kirchliche, d. h. göttliche Hierarchie auch im weltlichen Bereich wiedergespiegelt, nach seiner Zeit ging es um die konflikträchtigen Fragen der Stellung und des Verhältnisses zwischen weltlicher und geistlicher Gewalt. Janet COLEMAN, Some relations between the study of Aristotle's *Rhetoric*, *Ethics* and *Politics* in late thirteenth- and early fourteenth-century university arts courses and the justification of contemporary civic activities (Italy and France) (S. 127–157), bleibt nach einer langer Darstellung der Aristotelesrezeption nicht mehr viel Platz, um über Aegidius Romanus zu handeln. Jean DUNBABIN, Hervé de Nédellec, Pierre de la Palud and France's place in Christendom (S. 159–172), stellt die divergierenden Anschauungen dieser zwei Dominikaner einander gegenüber, wobei ersterer den päpstlichen Jurisdiktionsanspruch auch über Laien vertrat, während zweiterer, Pierre, die päpstliche Gewalt nur in den Spiritualien als absolut ansah und dem Papst im *regnum Franciae* wenig Rechte einräumte – Ideen, die beim Entstehen des Gallikanismus mitwirkten. Jürgen MIETHKE, Wirkungen politischer Theorie auf die Praxis der Politik im Römischen Reich des 14. Jahrhunderts. Gelehrte Politikberatung am Hofe Ludwigs des Bayern (S. 173–210), wirft die Frage auf, welche Folgen »politisch-theoretische Vorstellungen für die Lösuing politischer Konflikte hatte« und sucht sie anhand des Wirkens von Marilius von Padua, Johannes Jandun und Lupold von Bebenburg zu erweisen, um dann am Ende zu einer Meiosis von Ergebnis zu kommen: »Unser Gang durch die Ratsstuben der Fürsten zur Zeit Ludwigs des Bayern hat keine sehr reiche Ernte erbracht. Wenn deutlich geworden sein sollte, daß zumindest in diesem Fall die politischen Theoretiker … sich nicht gerade im luftleeren Raum bloßer Gedankenspiele … bewegten, sondern daß sie zumindest den Willen hatten, auf konkrete Zeitfragen eine rational vertretbare Anwort zu geben und zu begründen, dann hätte mein Bericht sein bescheidenes Ziel erreicht.« Magnus RYAN, The oath of fealty and the lawyers (S. 211–228), behandelt die Frage: wie sahen die Juristen »fidelitas« im hohen und späten Mittelalter und welche Rolle spielten sie bei deren Interpretation. Sie wird nach der Untersuchung zahlreicher Autoritäten dahingehend beantwortet, daß die Schwierigkeiten von deren Definition und Anwendung weiter bestanden. Joseph CANNING, Italian juristic thought and the realities of power in the fourteenth century (S. 229–239), behandelt Natur, Gebrauch und Grenzen politischer Macht von Herrschern des 14. Jhs., vor allem in Hinsicht der Verfügungsgewalt über den Besitz der Untertanen, die aus der »de facto« Gewalt abgeleit wurde. Helmut G. WALTNER, Die Macht der Gelehrsamkeit. Über die Meßbarkeit des Einflusses politischer Theorien gelehrter Juristen des Spätmittelalters (S. 241–267), zeigt an drei Fallstudien, welchen Einfluß gelehrte Juristen in der Regierungspraxis ausübten – so setzte sich der Nürnberger Rat mithilfe italienischer Universitätsprofessoren gegen Friedrichs III. Wunsch nach den Reichsinsignien durch. Insgesamt nahm der Einfluß der Rechts-Konsulenten auf allen Ebenen im Reich zu. Antony BLACK, Islamic and European political thought. A comparative overview, 700–1650 (S. 269–276) vergleicht in einem knappen Abriß die Konzeptionen von Fürstenspiegeln und die Einstellung zu geistlicher und weltlicher Gewalt zwischen den beiden Kulturkreisen.

In obigen »Unterredungen« ging es um »Politisches Denken«, auch um die »Wirklichkeit der Macht«, nicht immer jedoch gelang es, beides zu verbinden. Die Breite und manchmal große Ausführlichkeit der Abhandlungen (die numerische Überzahl der auswärtigen Referenten glichen die Deutschen durch die der abgelieferten Seiten aus) erbringen neue Erkenntnisse, über deren Relevanz aber anscheinend manche Autoren selbst nicht so sicher sind. Eine Einleitung der Herausgeber und der Tagungsorganisatoren ins Thema hätte strukturieren können und vielleicht auch erklärt, was »Wirklichkeit« meint und auch »Wirklichkeit von Macht«.

Lothar KOLMER, Salzburg

Holger KRUSE, Werner PARAVICINI (éd.), Höfe und Hofordnungen, 1200–1600. 5. Symposium der Residenzen-Kommission der Akademie der Wissenschaften in Göttingen, Sigmaringen, 5. bis 8. Oktober 1996, Sigmaringen (Jan Thorbecke) 1999, 560 p. (Residenzenforschung, 10).

Les 25 communications publiées dans ce fort volume sont la preuve de l'intérêt qu'a suscité le thème proposé pour le 5ᵉ symposium de la commission des résidences de l'Académie des sciences de Göttingen: Cours et ordonnances d'hôtel de 1200 à 1600. Ordonnances de l'hôtel, et non de la cour, comme le précise W. PARAVICINI dans sa présentation générale des sources, dans laquelle il rappelle la nécessité de distinguer la cour au sens étroit (hôtel, »Haushalt«) de la cour au sens large. À partir essentiellement de l'exemple bourguignon, il propose 12 questions sur la nature et la valeur des ordonnances, à commencer par celle des causes et de l'ancienneté de ces textes qui nomment les officiers de la maison du seigneur et règlent les conditions de leur service. Doivent être aussi examinés les problèmes de leur évolution dans le temps, de l'absence de certains groupes (comme la chapelle ou la chancellerie), de l'observation des règlements, et aussi celui de leur circulation à travers l'Europe, lié aux réseaux de relation entre les cours. À ce sujet, une propagation des ordonnances de l'ouest vers l'est et du sud vers le nord lui paraît incontestable.

La première partie du colloque a été consacrée à la norme et à la pratique. Deux auteurs ont montré la richesse de certains textes littéraires pour la connaissance des cours. G. Drossbach analyse la description théorique du souverain allemand dans l'»Yconomica« (1348/52) de Konrad de Megenberg, lequel expose son objectif, la *sciencia de regimine domus regie*, et distingue une *curia maior* et une *curia minor* – la première chargée de l'administration de l'État, prestigieuse pour le prince, la seconde de l'entretien de la cour, avec de nombreux officiers de service. Cette description à caractère didactique fut sans doute enrichie par la connaissance qu'avait l'auteur d'autres cours, comme la curie pontificale. Les récits de voyage présentés par V. Honemann offrent des indications précieuses sur la vie des cours, ainsi celui de Sebastien Ilsung, d'Augsbourg, qui visita en 1446 la cour du pape Félix V à Genève et celle de Charles de Viane en Navarre au château d'Olite où il rencontra l'épouse du prince, Agnès de Clèves, qui disposait de son propre hôtel. Parmi d'autres textes, on retiendra celui de Ludwig von Eyb (1507) qui y incorpore un abrégé d'une ordonnance de l'hôtel de Charles le Téméraire. M. Vec envisage les ordonnances sous l'angle de l'histoire du droit et les replace dans le contexte du développement de l'activité législative lié à la construction des États à la fin du Moyen Âge. Des préoccupations d'ordre et de discipline sont à l'origine des ordonnances qui structurent d'abord l'hôtel dans son ensemble, puis se différencient au XVIᵉ siècle en ordonnances pour la chancellerie, la chambre des dames, l'écurie ou la cuisine. À la suite du juriste F. C. Moser (XVIIIᵉ s.), il examine le problème des divergences entre la norme et la réalité en concluant sur la force symbolique de la législation pour la représentation du pouvoir princier. En recherchant l'origine des ordonnances, T. Zotz relève des traces de réglementation des cours au IXᵉ siècle chez Adalhard de Corbie, Louis le Pieux et Hincmar de Reims pour l'Empire, au XIIᵉ siècle en Angleterre, au XIIIᵉ siècle en Hainaut et à la cour de Bavière à Ratisbonne où l'ordonnance de 1294, avec ses précisions sur le nombre d'officiers et de leurs chevaux ainsi que sur la discipline, préfigure les ordonnances du XVᵉ siècle. Dans plusieurs cas évoqués, la promulgation a eu lieu lors d'un changement de règne.

La deuxième partie regroupe les articles portant sur l'Europe de l'ouest sous la question: Modèles? La richesse exceptionnelle des *Leges palatine* du roi Jacques II de Majorque, connues par un manuscrit enluminé de la librairie de Bourgogne, est mise en valeur par G. Kerscher qui décrit la structure de l'hôtel en 1330 et souligne l'apport de l'ordonnance, dont il publie de larges extraits, pour les usages à la cour et même pour la vie privée du roi. Celui-ci compense par le faste sa situation de prince de branche cadette vis-à-vis du roi d'Aragon. E. Lalou présente les 12 ordonnances conservées pour les derniers rois capétiens de saint Louis à Charles IV. Elles fournissent l'image de l'hôtel à un moment donné; les transformations notables sont l'apparition du commun en 1261 (qui entraîne le dédoublement de certaines fonctions comme celle de cuisinier), puis en 1307 le remplacement de la chambre par la fourrière dans les 6 services ou métiers et l'apparition de 6 chambres autonomes. L'hôtel du roi se distingue peu à peu de la *curia regis* et suit le souverain dans son itinérance alors que les grandes institutions se fixent à Paris. Le problème de l'ordre et du désordre à la cour anglaise est abordé par F. Lachaud à partir d'écrits satiriques du XIIᵉ siècle, comme le *De nugis curialium* de Walter Map qui dénonce les frivolités de la cour sous Henri II, alors qu'Henri Iᵉʳ avait eu la volonté d'y promouvoir l'ordre et la morale. La *Constitutio domus regis* (vers 1135) donne la liste des officiers royaux avec leurs rétributions et la division en offices. Il fallut pourtant attendre 1279 pour voir publiée une première ordonnance d'hôtel par Edouard Iᵉʳ, avec de nombreux articles sur le contrôle de la consommation et des dépenses. Après la déposition de Richard II en 1399, Henri IV de Lancastre ne promulgua pas d'ordonnance, mais les comptes de la garde-robe fournissent à A. Reitemeir les bases d'une étude de l'hôtel pour les quelques années qui suivent le changement dynastique. Il s'interroge sur le rôle grandissant du savoir et de l'expérience, en plus des considérations politiques, dans la distribution des postes, répartis dans les organes d'une cour complexe: la chambre, centre politique, la garde-robe chargée de l'entretien de l'hôtel et de la garde du roi, les trois offices d'État (chancellerie, sceau privé et échiquier).

La prestigieuse cour de Bourgogne a suscité trois communications. H. KRUSE présente toutes les ordonnances promulguées par Philippe le Bon pour son propre hôtel et ceux des membres de sa famille, connues par des originaux et des copies contemporaines et modernes (liste en annexe), ce qui vient conforter l'idée d'un modèle bourguignon. Les listes des emplois font apparaître une augmentation du personnel de 82% entre 1426/27 et 1458/59 (environ 900 officiers présents chaque jour avec les serviteurs et 740 chevaux); un tableau très utile regroupe les données par service pour les officiers, leurs valets et leurs chevaux. Les règlements révèlent la préoccupation d'améliorer la gestion financière de l'hôtel en limitant les dépenses, et de protéger le domaine de l'excessive générosité du duc en mettant de l'ordre dans la distribution de ses dons. J. PAVIOT pose la question des liens entre les ordonnances et le cérémonial. Les premières indications précises sur le service de la chambre n'apparaissent pas avant l'ordonnance de l'hôtel de Philippe le Beau en 1496. Le cérémonial est de mieux en mieux décrit sous son fils Charles, par exemple dans des ordonnances séparées pour certains groupes de l'hôtel comme la chapelle ou la chambre. Le besoin de mise par écrit du cérémonial s'était déjà manifesté dans les traités d'Olivier de la Marche et d'Aliénor de Poitiers au XVe siècle. Ces divers textes, en particulier l'ordonnance de 1496, sont une source intéressante pour les résidences; c'est ce que montre K. DE JONGE dans un article très bien illustré. À travers les travaux dans les châteaux de Bruxelles et de Bruges et la construction du palais Rihour à Lille au XVe siècle, elle observe la nouvelle disposition des appartements avec de longues suites de pièces et le développement des ailes dans les résidences, peut-être sous l'influence française. Le plan à quatre ailes du palais Rihour marque une étape importante dans cette évolution, il est suivi dans d'autres résidences princières ou nobiliaires des Pays-Bas au XVIe siècle.

La troisième partie a pour objet les cours des princes allemands sous la question: Imitateurs? P. J. HEINIG souligne pour l'Empire l'importance des règnes de Frédéric III de Habsbourg et de Maximilien Ier. Vers 1500, la séparation entre cour étroite et cour large est encore peu marquée chez les princes allemands, et les ordonnances apparaissent comme un frein à la souveraineté, un instrument de contrôle. L'analyse des motifs des diverses ordonnances successives de Maximilien de 1490 à 1518 montre qu'elles peuvent s'interpréter comme des compromis entre la volonté de réglementation du prince et les réclamations des états. Par contre à la cour d'Innsbruck les ordonnances sont apparues dès le XVe siècle comme l'indique M. A. BOJCOV. La structure de l'hôtel du Tyrol est déjà connue vers 1431, puis 6 ordonnances se sont succédé de 1466 à 1488 sous Sigismond, duc puis archiduc d'Autriche. Les listes de gens de l'hôtel avec leurs gages ont un intérêt prosopographique et permettent l'estimation du coût de la cour qui absorbe la moitié des revenus de l'État en comptant les nombreux pensionnés. L'auteur souligne aussi l'apport des ordonnances sur les relations du prince avec les gens de cour, les conseillers surtout, ainsi que sur la différenciation sociale qui se révèle dans le cérémonial. Deux cours électorales ecclésiastiques ont été étudiées. W. G. RÖDEL présente les résidences des archevêques de Mayence et le rôle central de cette ville universitaire. À partir des trois premières ordonnances conservées de 1505, 1532 et 1584, il décrit les services de la cour et note l'importance des règlements sur la cuisine, mais l'absence de données sur la dimension de l'hôtel et son coût. L'administration centrale ne devient indépendante de l'hôtel qu'en 1583. K. MILITZER retient de l'ordonnance de cour et de chancellerie de l'archevêque de Cologne Ruprecht en 1469 le choix de Brühl comme résidence de ses quatre conseillers et de la chancellerie, mesure résultant d'un compromis avec le chapitre cathédral. Brühl accueillit désormais l'archevêque à côté de Bonn, Poppelsdorf et Cologne; en 1498 Hermann de Hesse, de sa propre autorité, régla en détail la vie de la cour. Les sources normatives et comptables font défaut pour la cour d'Albert Achille, margrave de Brandebourg, cependant son abondante correspondance (1200

lettres) durant ses séjours en Brandebourg, avec sa famille et ses officiers à Ansbach, sa résidence principale en Franconie, fournit de nombreux renseignements utilisés par H.
BOOCKMANN. Ainsi en 1483 on compte à la cour 300 personnes avec notamment 20 prin-
cesses et dames nobles. Les lettres donnent aussi une vision des services de l'hôtel et de leur
coût. R. BUTZ examine la situation des conseillers auliques des Wettin en 1456 d'après l'ordonnance du duc électeur de Saxe Frédéric le Placide puis, après le partage de Leipzig en
1485 entre ses fils Ernest et Albert, la cour ernestine (Thuringe) d'après l'ordonnance de
1499 et la cour albertine (Meissen) d'après celle de 1502. Il relève la place grandissante des
juristes dans les conseils et le rôle du chancelier et du maître d'hôtel, d'origine bourgeoise,
à la cour ernestine où les fonctions de conseiller sont précisées d'après le modèle habsbourgeois. Le processus de modernisation de la Hesse avec la participation des juristes est mis
en valeur par C. HESSE à partir de la première ordonnance de l'hôtel de 1501 pour la résidence de Marbourg. Cette réorganisation de la cour, forte de 200 personnes et 100 chevaux,
par le landgrave Guillaume II qui affirme sa souveraineté, accompagnée de mesures d'économie et de quelques points de cérémonial, est éclairée par des comparaisons avec les cours
de Cologne, Wurtemberg, Brandebourg et Saxe. W. STÖRMER analyse les ordonnances de la
cour des Wittelsbach à Munich au XVᵉ et au début du XVIᵉ siècle en posant le problème de
l'influence des ordonnances antérieures de la cour de Landshut. Albert IV de Bavière fit
une première ordonnance d'hôtel en 1464 qui fournit l'entourage des ducs régnants, Albert
et son frère Sigismond, et de leur famille (164 personnes et 121 chevaux). Une ordonnance
plus complète en 1514 des ducs Guillaume IV et Louis énumère le personnel de leur
chambre, de leur garde, de la chancellerie, et des différents services. S'attachant à la période
suivante, F. KRAMER constate un grand accroissement du personnel: 700 personnes en
1591. Encore, sous l'influence des conseillers et des états ainsi que des crises financières,
l'hôtel qui avait atteint 866 personnes en 1571 s'est-il réduit. La cour de Munich est alors
de taille comparable à la cour impériale qui lui a sans doute servi de modèle. La cour des
ducs de Clèves est connue grâce à 19 ordonnances et listes des personnes nourries à la cour,
datées de 1411 à 1515, étudiées par K. FLINK. Les ordonnances d'hôtel sont marquées par
l'empreinte de la cour de Bourgogne sous Jean Iᵉʳ (1448–1481) qui y avait été élevé, alors
que Jean II, sous la pression croissante des conseillers et des états, publie de véritables
ordonnances de gouvernement. Tourné davantage vers l'Empire, il fiance en 1496 son fils
Jean avec l'héritière du duché de Juliers-Berg, sur lequel porte la communication de B.
KASTEN entre 1456 et 1609. Les premières ordonnances prises par Guillaume IV en 1479 et
1490 avec ses conseillers sont des mesures d'économie. Après la réunion des duchés de
Juliers-Berg et de Clèves-Mark en 1521, l'organisation administrative de la cour est réglée
par le duc Jean dans l'ordonnance de 1534/35 qui concerne les services de l'hôtel, la vie de
cour, les conseils, les finances. Des listes de personnes et de chevaux font connaître l'évolution des effectifs, marquée par des restrictions périodiques; avec 400 personnes en 1589,
cette cour est une des plus importantes de l'Empire. Dans un article d'une grande ampleur,
E. WIDDER traite des cours ecclésiastiques et laïques dans les territoires du cercle impérial
de la Basse Saxe dont les principales sont celles des archevêques de Magdebourg et de
Brême et des duchés de Mecklembourg, Holstein, Sleswig, Brunswick-Lunebourg et
Brunswick-Wolfenbüttel; la cour de Lunebourg à Celle comptait 128 personnes présentes.
L'autorité du maréchal sur les officiers, même en petit nombre, est un trait commun à
toutes ces cours. Les ordonnances attestent de l'existence d'une cour princière et ont donc
une forte portée symbolique. B. STREICH publie deux ordonnances d'hôtel et d'administration pour le petit comté de Diepholz. La première, promulguée en 1560 à l'instigation des
états et des ducs de Brunswick-Lunebourg, organise le gouvernement pendant la minorité
du comte Frédéric sous la tutelle de la cour de Celle. La seconde fut établie en 1586 après la
mort de Frédéric par la comtesse et ses conseillers. Toutes deux comportent des instruc-
tions sur les offices et la vie de la cour ainsi que des règlements sur l'administration centrale

et la justice. Une autre édition de textes par B. Kirchmaier et V. Trugenberger concerne trois ordonnances de la cour de Scheer, résidence de la famille de Waldburg dans le comté de Friedberg-Scheer (vallée du Danube). La première décrit brièvement l'hôtel en 1570. Les deux autres, plus larges et plus détaillées, sont situées vers 1580 et au début du XVIIe siècle (avant 1632).

En conclusion du colloque, P. Moraw dégage quelques impressions générales sur des communications très variées qui ont finalement porté davantage sur la définition, les formes et les motifs des ordonnances que sur les hôtels et les cours, ceux-ci étant pourtant les phénomènes primaires. Les ordonnances se sont répandues en Europe occidentale et méridionale dès la fin du XIIIe siècle, puis en Europe moyenne au XVe et surtout au XVIe siècle, à partir du nord-ouest de l'Empire principalement, comme on l'observe pour la règle de primogéniture.

Ce volume représente un apport considérable pour l'étude des ordonnances. Il fournit un état des recherches sur leurs origines et leurs spécificités pour un grand nombre de cours européennes. Dans beaucoup de cas, leur naissance est liée à une situation politique particulière ou à des difficultés financières. Les sources sont hétérogènes et font ressortir des différences de conception et d'organisation interne des cours, elles permettent souvent une comparaison entre les effectifs. Si certaines ne concernent que l'hôtel, d'autres sont de véritables ordonnances de gouvernement, particulièrement dans l'Empire où les grands organes administratifs ont pris plus tardivement leur autonomie.

Monique Sommé, Arras

Albert Rigaudière, Pouvoirs et institutions dans la France médiévale. Bd. 2: Des temps féodaux aux temps de l'État, Paris (Armand Colin), 2e édition revue et augmentée 1998, 336 S.

Der in die Themenblöcke Königtum (Kapitel 1), Königreich (Kapitel 2) und Reichsregierung (Kapitel 3) aufgeteilte zweite Band der neuesten handbuchartigen Verfassungsgeschichte des mittelalterlichen Frankreich rückt mit den letzten 3 Jahrhunderten des Mittelalters diejenige Zeit in den Vordergrund, in der in vielschichtigen Wandlungsprozessen sich der mittelalterliche zum neuzeitlich-modernen Staat entwickelte, indem die Ordnungsprinzipien des Lehnswesens gegenüber der etatistisch verfaßten »Verwaltungsmonarchie« an Kraft verloren.

Kapitel 1 »Une royauté pour la *respublica* [!]« (S. 7–51) legt dar, wie dem steten Ausbau der Legitimationsbasis des Königtums auch machtpolitische Rückschläge im 14. und 15. Jh. keinen Abbruch taten. Intensives Herrschaftszeremoniell sowie propagandistische Umsetzung bedeutungsträchtiger Symbolik und des spezifischen Ideenarsenals der französischen Monarchie ließen den Souverän als auserwählten König eines auserwählten Volkes erscheinen. Die seit Mitte des 13. Jhs. propagierte Idee einer »Überchristianisierung« des Königreiches und die Sakralisierung des Königtums münden darin, daß die Exklusivität der Bezeichnung »allerchristlichster König« für den französischen Monarchen spätestens um 1400 gesichert war. Der in erster Linie politisch motivierte Ausschluß von Frauen und über weibliche Linie legitimierter Prätendenten von der Thronfolge in der 1. Hälfte des 14. Jhs. konnte theologisch und juristisch begründet werden. Die ab dem Ende des 14. Jhs. gegenläufig zu ihrer zeremoniellen Erhöhung erfolgte Abwertung des konstitutiv-rechtlichen Charakters der Königsweihe korrespondierte mit der Sicherung direkter und unumstößlicher Herrschaftsnachfolge des Dauphin. Mit dem Begräbnis des Königs begann automatisch die Amtszeit des ältesten Sohnes und Nachfolgers, was in dem Ausspruch »Le roi est mort! Vive le roi!« sinnfällig zum Ausdruck gebracht wurde. Der dynastischen Stabilität kam der Umstand entgegen, daß mit Ausnahme von 1328 stets mindestens ein überlebender Königssohn für die Amtsnachfolge zur Verfügung stand.

Kapitel 2 »Un royaume pour les Français« (S. 53–138) beschreibt, wie die ab der zweiten Hälfte des 12. Jhs. im Königsdienst tätigen Rechtsgelehrten, die sogenannten Legisten, mit einer Synthese von Lehnsrecht, römischem und kanonischem Recht das auf Rückgewinnung eines rechtsnormativen Anspruches zur Durchsetzung von Suprematieansprüchen und Überwindung territorialpolitischer Zersplitterung ausgerichtete königliche Handeln stützten und legitimierten. Die gelegentlich schon in ihrer Zeit heftigen Anfeindungen ausgesetzten Legisten werden von Rigaudière gegen den Vorwurf, absolutistische Tendenzen gefördert zu haben, in Schutz genommen. Eine umfassende und gründliche Ausbildung der Juristen wurde im Zuge des Aufblühens des Universitätswesen bei gleichzeitigem Niedergang der Domschulen ab dem Ende des 12. Jhs. gesichert. Aushöhlung bzw. Fehlen der kaiserlichen Autorität im Abendland ab dem beginnenden 13. Jh. führten zu einem ideellen und machtpolitischen Vakuum, das der nunmehr als »Kaiser in seinem Königreich« (Erstbelege ab der zweiten Hälfte des 13. Jhs.) auftretende König erfolgreich ausfüllen konnte. Aus dem epochalen Machtkampf zwischen Papst Bonifaz VIII. und Philipp IV. ging der König nach der päpstlichen Demütigung von Anagni im September 1303 als Sieger hervor, womit das Ende der päpstlichen Theokratie eingeläutet wurde. Ab 1309 residierten die Avignoneser Päpste fast 7 Jahrzehnte lang im Dunstkreis der französischen Macht, und in der Folgezeit bedienten sich die Könige zur weiteren Niederhaltung päpstlicher Ansprüche geschickt der konziliaren Bewegung und konnten sich der Unterstützung des französischen Klerus sicher sein, womit der in der zweiten Hälfte des 14. Jhs. auf einem Höhepunkt stehende Frühgallikanismus greifbar wird. Kontinuierliche und auf den verschiedensten Wegen erreichte Vervielfachung der Krondomäne sowie des mittelbaren königlichen Einflußbereiches seit Ludwig VI. († 1137) trugen wesentlich zur Machtsteigerung des Königs bei. Ab der zweiten Hälfte des 14. Jhs. legten die Könige bei ihrer Weihe einen Eid ab auf die Unveräußerlichkeit von Krongütern, deren Entfremdung besonders durch Verpfändungen und Apanagierungen drohte. Im staatstheoretischen Denken wird der König im 13. Jh. vom obersten Lehnsherrn (Suzerän) zum souveränen Herrscher, in dessen direkter Abhängigkeit sich alle Bewohner des Reiches zusätzlich zu des Königs Platz an der Spitze der Lehnspyramide befanden. Das Prestige des Königs in seinem Reich lag nicht zuletzt darin begründet, daß trotz zentralistischer Bestrebungen die Beibehaltung regionaler Eigenheiten, z. B. in der Rechtsausübung, respektiert wurde. Dies trug mit dazu bei, daß sich um die Institution Königtum als Angelpunkt ein spezifisches Eigenbewußtsein und eine Identität des Reiches herausbildete.

Kapitel 3 »Un gouvernement pour le royaume« (S. 139–301) befaßt sich mit der Regierungs- und Verwaltungsstruktur des Königreiches. Die durch zunehmende Schriftlichkeit begünstigte Intensivierung königlicher Gesetzgebung ab ca. 1250, an der rechtsgelehrte königliche Amtsträger wie Philippe de Beaumanoir († 1296) entscheidend beteiligt waren, ging einher mit ständiger Ausweitung des königlichen Jurisdiktionsbereiches, zu dessen Gunsten kirchliche, grund- und landesherrliche Gerichtsbarkeit zurückgedrängt wurden. Die regional angewendeten Coutumes, die das Rechtsleben im Norden Frankreichs prägten – der Süden dagegen war noch stark von römischem Recht beeinflußt –, wurden vom König nicht etwa beseitigt, sondern ihre Anwendung, Kodifizierung und Integrierung in das staatliche Rechtsleben vorangetrieben. Im unmittelbaren Umfeld des Königs verloren während des 13. Jhs. die großen Hofamtsträger an Einfluß und verschwanden schließlich mit Ausnahme von Admiral und Connétable völlig, während die Legisten, aus deren Kreis auch der Kanzler hervorging, an Bedeutung gewannen. Daneben existierte eine mit der Ausweitung der Regierungstätigkeit zahlenmäßig ansteigende Gruppe einfacher Amtsträger wie Notare, Maîtres de requêtes und Trésoriers de France. Im an Verwaltungsorganisation und Rechtsprechung sowie wichtigen innen- und außenpolitischen Entscheidungen beteiligten Königsrat, an dessen Konsultierung der Monarch kaum vorbeikommen konnte, stellten ebenso wie in der Rechnungskammer aufgrund der zunehmend erforderlichen Spezialkenntnisse gut ausgebildete Fachleute oftmals bescheidener Herkunft den hohen und mittleren Adel in den Schatten, der gleichwohl in Zeiten königlicher Schwäche wieder Auftrieb erfuhr. In militärischen, außenpolitischen, fiskalischen und monetären Fragen waren Rat und Hilfe für den König von den Versammlungen der 3 Stände, den sogenannten Generalständen, zu erwarten. Anfang des 14. Jhs. traten sie erstmals gemeinsam zusammen; dem angestrebten, aber niemals gänzlich erreichten Prinzip der Repräsentativität kam man in der zweiten Hälfte des 15. Jhs. am nächsten. Innerhalb des dritten Standes, der zu diesem Zeitpunkt alle nichtklerikalen und nichtadligen Bevölkerungskreise umfaßte, ragte das Stadtbürgertum, das schon ab der zweiten Hälfte des 12. Jhs. an Ständeversammlungen beteiligt wurde, als besonders aktive Gruppierung heraus. Auch wenn das Zusammenspiel zwischen König und Ständen gelegentlich zu einer wirkungsvollen Bündelung von Kräften (z. B. 1302ff.) führte, und Ständeversammlungen in den ersten beiden Dritteln des 14. und dem ersten Viertel des 15. Jhs. die Reichsreform erfolgreich vorantrieben, so verhinderten doch schwerwiegende Konflikte wie der aus der Ständebewegung hervorgegangene und schließlich niedergeschlagene Aufstand des Étienne Marcel (1358) die Entwicklung hin zu einem Parlamentarismus nach englischem Vorbild. Auf regionaler Ebene haben Provinzialstände gegen Ende des Mittelalters an Gewicht verloren, wurden sie doch zu sehr von Partikularinteressen beherrscht; zudem konnte ihre Unbeweglichkeit mit der Modernisierung der zentralen Regierungsorgane nicht mehr mithalten. Eine den spanischen Cortes oder dem englischen Parlament vergleichbare normative Kraft konnten sie ohnehin nie entfalten. Für die königliche Landeserfassung wurden ab dem Ende des 12. Jhs. Baillis und Seneschälle als Angelpunkte von Verwaltung und Gerichtsbarkeit auf Bezirksebene eingesetzt. Sie entstammten dem niederen Adel oder dem Bürgertum, und nördlich der Loire durften sie nicht aus dem von ihnen verwalteten Bezirk stammen und mußten das Rotationsprinzip praktizieren. Um 1300 gewannen zur Kontrolle der Baillis und Seneschälle eingesetzte »enqêteurs« an Bedeutung, die später durch die mit umfangreicheren Kompetenzen ausgestatteten sogenannten Reformatoren, die *pro reformatione patriae* wirken sollten, ersetzt wurden. Käuflichkeit von Ämtern war lediglich für niedere Chargen verbreitet, jedoch waren Bestrebungen der königlichen Dienstmannen erkennbar, Ämter zu patrimonialisieren. Hohe Amtsträger konnten in den Adel aufsteigen, was in den letzten beiden Jahrhunderten des Mittelalters verbreitet war und zur Herausbildung der Noblesse de robe führte. Das Wirken königlicher Dienstleute, die als *pars corporis regis* unter dem besonderen Schutz des Königs standen, trug wesentlich dazu bei, eine erneute territoriale Zersplitterung und feudale Mediatisierung zu verhindern. Versuche der Kartographierung Frankreichs gehören zwar erst ins 15. Jh., aber schon unter Philipp II. Augustus gewann die Vorstellung einer territorialen Einheit des Königreiches an Konturen. Aus dem *rex Francorum* wurde der *rex Franciae*. Paris blieb unangefochten Verwaltungs- und Machtzentrum des Reiches, wenn auch die Könige ab der zweiten Hälfte des 15. Jhs. bevorzugt im Loiretal residierten. Wichtige Staatseinnahmen flossen aus dem sich in der zweiten Hälfte des 15. Jhs. voll durchsetzenden königlichen Recht der Steuererhebung und dem Münzregal, das ab der zweiten Hälfte des 13. Jhs. landesherrliche Münzen erfolgreich zurückzudrängen vermochte. Vielfältige Wandlungen erfuhr auch das Heerwesen. Ab dem Ende des 12. Jhs. konnte allein aus dem Vasallenaufgebot keine schlagkräftige Armee mehr gebildet werden. Wenig erfolgreich erwiesen sich Versuche, die Wehrpflicht auf breitere Bevölkerungskreise auszudehnen und die Städte verstärkt zu militärischen Leistungen heranzuziehen. Das Vorhandensein selbständiger Kompanien, die vom König bei Bedarf angeheuert werden konnten, stellte eine Gefahr für Friedenszeiten dar. Schließlich wurde im 15. Jh. eine königliche Berufsarmee eingerichtet.

Das hier nur in seinen allerwesentlichsten Gedankengängen referierte Werk bildet eine solide, weitgehend vertrauenswürdige und an neueren Forschungsergebnissen orientierte Darstellung, die mit einer Fülle von Fakten und Detailinformationen aufwartet, angesichts

derer sich der Autor redlich um eine wohlproportionierte Präsentation bemüht. Dem dient
vor allem die Einteilung in eine Vielzahl von Einzelkapiteln und wiederholten, im Inhaltsverzeichnis S. 335f. ab der 3. schon gar nicht mehr ausgewiesenen Untergliederungen – bis
hin zu einer 7. [!] Untergliederungsebene z. B. S. 188. Hierbei entsteht trotz geschmeidiger
Kapitelübergänge gelegentlich der Eindruck künstlicher Zergliederung von Sachverhalten
und Entwicklungen, die durchaus in einem sachlichen Zusammenhang hätten dargestellt
werden können. Dadurch hat der Verfasser letztendlich die Chance zu straffender und kon-
zentrierterer Darstellung, die nunmehr ziemlich sperrig und übersystematisierend wirkt,
vertan.

Den ideengeschichtlichen Hintergrund von Königsideologie, Regierungsstruktur,
Rechtsausübung und Verwaltungswesen beleuchtet Rigaudière ausführlich, gelegentlich
weit ausschweifend, aber auch den politischen Rahmenbedingungen wird in der Regel ausreichend Rechnung getragen. Ökonomische und demographische Sachverhalte bleiben
dagegen leider weitgehend unberücksichtigt. Manche Fragen im Hinblick auf die Kräfte-
verteilung im spätmittelalterlichen Frankreich und deren praktische politische Folgen bleiben daher offen, so z. B. die nach den strukturellen Voraussetzungen dafür, daß das französische Königreich trotz katastrophalster Rückschläge schließlich siegreich aus dem Hundertjährigen Krieg hervorging.

Rigaudière orientiert seine Darstellung eng an den Zeugnissen der Zeit, die genannt werden und aus denen häufig zitiert wird, jedoch in der Regel ohne genauen Stellennachweis.
Es zeichnet den Autor ganz besonders aus, daß er stets die Terminologie der Zeit aufgreift
und sie in ihrer Bedeutungsbreite und zeitgenössischen Assoziationskraft zu erfassen sucht.
Es ist allerdings schade, daß der eng an den Zeugnissen argumentierende Verfasser nicht zu
weiterführendem Quellenstudium einlädt. Denn der fortlaufende Text verzichtet gänzlich
auf Anmerkungen, und Hinweise auf Quelleneditionen fehlen im Schrifttumsverzeichnis
(S. 313–319), das im übrigen mit nicht-französischsprachiger Literatur geizt, völlig. Die
Darstellung von C[olette] Beaune über Staatsmythos und -symbolik des spätmittelalterlichen Frankreich sollte nicht mehr in der auf S. 313 zitierten französischen Fassung von
1985, sondern der überarbeiteten englischen von 1991 zur Hand genommen werden.

Wie ein roter Faden und zuweilen auf Kosten sozialgeschichtlicher Zusammenhänge
zieht sich der rechtshistorische Hintergrund durch das gesamte Buch, wobei die speziellen
Ausführungen über das Rechtsleben auffällig lang und ausführlich geraten sind. Man
merkt, daß der Autor auf diesem Gebiet zu Hause ist. Häufig legt Rigaudière Wert darauf,
den Vorbildcharakter des kirchlichen für den weltlichen Bereich in Rechtsdenken, Staats-
theorie und Verwaltungswesen herauszustellen.

Der Überlänge mancher Ausführungen steht an anderer Stelle eine Selektivität gegenüber, über die sich bekanntlich streiten läßt. In die Darlegungen über die Königsweihen
S. 39–44 oder das den Königsmythos begründende Ideenkonglomerat S. 46–49 hätte ausführlichere Informationen bzw. ein eigenes Kapitel die den Königen zugeschriebene Heil-
kraft verdient, die auf S. 47 lediglich eine wenig einschlägige Nebenbeierwähnung erfährt.
Immerhin fand Eingang ins Schrifttumsverzeichnis die wegweisende Studie von M[arc]
Bloch, die übrigens erst 1924 und nicht schon im Jahr zuvor (so S. 313) erstveröffentlicht
wurde, nicht aber der anregende und weiterführende Aufsatz von Philippe Buc (in: Viator
24, 1993). Bei der Beschreibung der Heiligen Ampulle S. 46f. fehlt der Hinweis darauf, daß
ihr besonderer Charakter gerade darin begründet lag, daß sie gemäß den Vorstellungen der
Zeit einen Spritzer des Blutes Christi enthielt. Nichts mehr fand ich bei Rigaudière – z. B.
S. 178f. – über die Fürstenaufstände des 15. Jhs. wie die Praguerie von 1440.

Die rechtshistorisch-normierende und auf die Zentralgewalt ausgerichtete Sicht herrscht
vor. Dem Leser entgeht somit (z. B. S. 58f.) ein Sonderfall wie das Freilehen Yvetot in der
Normandie, obgleich ihm 1351 eine Souveränitätsformel *(in suo mero imperio)* beurkundet
wurde, und seine Träger seit dem ausgehenden 14. Jh. den Fürsten-, wenn nicht gar Königs-

titel führten, wobei dieses *royaume* einer Privilegierungslegende auf den Merowingerkönig Chlothar huldigte.

Relativ selten sind unter Berücksichtigung der Monumentalität der Darstellung Sachfehler und sinnentstellende Druckfehler. Nicht korrekt ist z. B. die Behauptung, daß Reims seit 1027 stets Weiheort der französischen Könige gewesen sei (so S. 39), denn Ludwigs VI. Weihe fand am 8. VIII. 1108 in Orléans statt. Nach 1316 kam es nicht schon 1318 (so S. 51), sondern erst 1328 zur nächsten Nachfolgekrise. Der heilige Thomas von Aquin war kein Franziskaner (so S. 96), sondern Dominikaner. Auf S. 209 muß es statt »(Les juristes qui soutiennent la cause de la couronne vont plus loin encore en faisant progressivement triompher l'idée d'après laquelle il existe une série de causes qui, parce qu'elles touchent de près les intérêts du roi et de l'État doivent, en raison de leur nature même, échapper à la compétence) des juges royaux« heißen: »… des juges seigneuriaux«.

Das Anwachsen der Krondomäne und des königlichen Einflußbereiches wird dem Leser plastisch auf 4 Karten (S. 303–306) demonstriert. Die einschlägigen Ausführungen in Kapitel 2 III 2 (S. 112–130) unterlassen ebenso wie gar das Inhaltsverzeichnis S. 336 jeglichen Verweis auf die instruktiven Karten. Bei diesen stört lediglich, daß die Städte nur eingeschrieben, nicht aber durch Punkte genauer lokalisiert wurden. Der im Inhaltsverzeichnis S. 336 ebenfalls übergangene Auszug aus der genealogischen Tafel auf S. 302, der alle französischen Könige von 1180 bis 1498 umfaßt, ermöglicht dem Leser die zeitliche Zuordnung der im Text regelmäßig erwähnten Herrscher.

Angesichts Langatmigkeit und – didaktisch durchaus gerechtfertigter – Redundanz der Darstellungsweise (Querverweise fehlen allerdings völlig), die die Lektüre des doch einer ziemlich trockenen Thematik gewidmeten Bandes zu einem ermüdenden Unterfangen machen, fragt man sich, wie der schnellen Benutzung gedient wird. Das in Orts- und Personennamen (S. 320–325) sowie Sachbegriffe (S. 326–333) unterteilte Register kann man bestenfalls als Auswahlregister bezeichnen, erweist sich aber als extrem benutzerunfreundlich und führt wiederholt in die Irre. Über die Verdopplung der Jeanne d'Arc (S. 323 Sp. 1) mag man noch schmunzeln, unpraktisch aber ist die Verzeichnung der Heiliggesprochenen unter »Saint + Name« (S. 325 Sp. 1 – der Erstbeleg für den heiligen Thomas [von Aquin] findet sich übrigens erst auf S. 15 statt schon auf S. 14) anstatt unter ihrem Namen, und gänzlich ärgerlich wird es, wenn erklärende Zusätze zu Namen fehlen. Z. B. gehen bei den nach ihrer Ordnungszahl geordneten und ohne weitere Zuordnungen versehenen Heinrichen (S. 322 Sp. 2) englische Könige und römisch-deutsche Könige und Kaiser, von denen der VII. dieses Namens (Beleg S. 88 mit bloßem Namen und Ordnungszahl ohne nähere Bezeichnung z. B. der Würde) keine Aufnahme fand, durcheinander. Die Anordnung der 22 aufgeführten Träger des Namens Johannes (S. 323 Sp. 1) erfolgt dagegen ohne erkennbare alphabetische oder sachliche Anordnung – der 22. [!] Papst dieses Namens muß sich gar mit dem letzten Platz der Auflistung begnügen! Die Belegstellen für Jean Gerson sind ohne jeweiligen Verweis auf den vollen Namen (S. 323 Sp. 1) und auf den Nachnamen (S. 322 Sp. 1) mit jeweils verschiedenen Angaben aufgesplittet. Für Pierre Dubois ist S. 74 (so S. 324 Sp. 2) Druckfehler für S. 14. Die Heilige Ampulle (S. 325 Sp. 1) gehört ins Sach- und nicht ins Orts-/Personennamenregister. Für die französischen Könige werden, wenn sie überhaupt aufgenommen wurden (z. B. konnte ich Johann II., den Guten [Belege S. 18, 27, 59 u. ö.] nicht auf S. 323 Sp. 1 finden), lediglich eine (z. B. für Philipp II. Augustus S. 324 Sp. 1) bis höchstens 3 (z. B. für Philipp IV., den Schönen S. 324 Sp. 1) anscheinend willkürlich herausgegriffene und nicht einmal besonders einschlägige Stellen aufgeführt, obwohl sich jeweils eine Vielzahl an Belegstellen beibringen ließe. Die S. 333 Sp. 1 genannten Seitenzahlen für den *Songe du Vergier* setzen erst ein mit S. 109, obwohl sich Erwähnungen bereits S. 15, 26, 36 u. ö. finden. Nennungen des *Corpus juris* [!] *civilis* werden S. 327 Sp. 2 lediglich für S. 88, diejenigen des *Trivium* S. 333 Sp. 2 nur für S. 15 ausgeworfen, obwohl auch noch S. 56 und 63 bzw. S. 74f. einschlägig sind. Im einschlägigen Zusammenhang vielfach sachlich irreführend ist die Unterscheidung zwischen Papstbullen (S. 326 Sp. 2 – z. B. bzgl. *Ausculta fili*) und Dekretalen (S. 327 Sp. 2 – z. B. bzgl. *Clericis laïcos* [!]), die ohnehin besser unter ihrem jeweiligen Namen anstatt unter dem vermeintlichen Oberbegriff verzeichnet worden wären.

Carsten WOLL, Saarbrücken

Adriaan H. BREDERO, Christenheit und Christentum im Mittelalter. Über das Verhältnis von Religion, Kirche und Gesellschaft. Aus dem Niederländischen von Ad PISTORIUS, Stuttgart (Franz Steiner) 1998, 293 S.

Adriaan H. Bredero, bis zu seiner Emeritierung Professor für mittelalterliche Geschichte an der Freien Universität Amsterdam, ist der Fachwelt vor allem als intimer Kenner des Lebens, Wirkens und Denkens von Bernhard von Clairvaux bekannt (vgl. Bernhard von Clairvaux [1091–1153]. Zwischen Kult und Historie. Über seine Vita und ihre historische Auswertung, Stuttgart 1996). Sein Forschungsinteresse ist demgemäß hauptsächlich im Hochmittelalter angesiedelt. Aber auch darüber hinaus hat er sich mit dem ›Geist des Mittelalters‹ beschäftigt, weil er aufgrund seiner persönlichen Erfahrungen sich, wie Kaspar Elm in seinem Geleitwort zu dem vorliegenden Band schreibt, darauf besinnen wollte, »was das Fundament für ein friedliches Zusammenleben der Menschen und Völker sein könnte« (S. 3). Diese Suche nach tragfähigen Fundamenten war ebenso Anlaß für Brederos Beschäftigung mit dem Mittelalter wie seine Anfragen an den gegenwärtigen Zustand von Christenheit, Kirche und Gesellschaft, weshalb seine Arbeiten »mehr sind als routinemäßige Antworten auf lediglich unverbindliche Fragen« (ebd.). Diese Verbindung von exakter Wissenschaft und Betroffenheit scheint in den hier versammelten Beiträgen immer wieder auf. Im Vorwort bekennt – bemerkenswert genug – Bredero sich ausdrücklich zum christlichen Glauben (S. 8) und betont, daß seine Frage nach dem Verhältnis von Christentum, Kirche und Gesellschaft im Mittelalter mitbestimmt ist von jener nach der Bedeutung christlicher Tradition und deren Akkulturation in der Gegenwart. »Übereinstimmende Antworten auf diese Frage kann man sich allerdings kaum versprechen, denn sie sind mitbedingt durch die Stellungnahme des Beantworters zur Botschaft Christi selbst, weniger durch seine Haltung zum Christentum. Wer jener Botschaft distanziert gegenübersteht, kann übrigens zu ähnlichen Einschätzungen gelangen wie jemand, der, dem Evangelium verpflichtet, sie eher als Aufforderung zum Aufbruch denn als Ansporn zum Beharren auf Altgewohntem verstanden wissen möchte« (S. 8). So durchzieht die zehn hauptsächlich in den 80er Jahren entstandenen Beiträge ein den unmittelbaren Gegenstand ausweitender reflektierender Grundton, der diesem Sammelband sein eigenes Gepräge gibt.

Am Anfang steht ein für den akademischen Unterricht verfaßter Überblick ›Religion und Kirche in der mittelalterlichen Gesellschaft‹ (S. 9–50), der mit Erwägungen zur Heiligenverehrung als wichtigem Bestandteil des mittelalterlichen religiösen Lebens einsetzt. Es geht Bredero dabei um ein Verstehen des dialektischen Prozesses von Evangeliumsvermittlung und Wirklichkeitserfassung, der zu gewissen Anpassungen führte. »In den mittelalterlichen Ausdrucksformen der Religion finden sich Beimischungen, die mit dem christlichen Glauben und der Kirche wenig oder überhaupt nichts zu tun hatten und die nicht als christliches Glaubensgut bezeichnet werden können« (S. 14). Um nicht einem schönfärberischen Bild von der Rolle der Religion und der Kirche im Mittelalter zu erliegen, bemüht er sich sodann in einem chronologischen Längsschnitt darum, die entsprechenden Veränderungen aufzuzeigen. Für die ›frühe Christianisierung‹ werden neben der Bedeutung der Klöster die strikte Trennung in Laien und Geistliche im fränkischen Reich sowie die »Ideologisierung der Christenheit« (S. 21) herausgestellt, worunter Bredero vor allem die Gleichsetzung von Reich und *imperium christianum* versteht. Manche Aussagen über die germanische Welt erscheinen in diesem Abschnitt etwas verkürzt und dadurch fragwürdig. So kann durchaus bezweifelt werden, daß den Germanen »jede Fähigkeit zu abstraktem Denken abging« und es in den Stammeskollektiven »wenig individuelle Entscheidungsfreiheit« gab. Auch war es keinesfalls so, daß Bonifatius sich tatsächlich »seine Unabhängigkeit« von den fränkischen Fürsten bewahren konnte, im Gegenteil (S. 22). Die folgende Schilderung der Wandlungen im 11. und 12. Jh. setzt ein mit der pointierten Bemerkung: »Der Beitrag der Kirche zur Befriedung der abendländischen Gesellschaft bestand im wesentlichen darin, den militärischen Berufsstand zum Kreuzzug aufzurufen« (S. 23) und erörtert dann den Reformbeitrag der neuen Orden. Es folgen luzide Skizzen zu den Waldensern und Katharern sowie zu Franziskus von Assisi und Thomas von Aquin. Auch der Überblick zum Spätmittelalter konzentriert sich auf die die Institution Kirche herausfordernden Veränderungen (religiöse Privatisierung, Aufblühen der Volksmystik, John Wyclif, Jan Hus, Observantismus). Der knappe Ausblick auf die Reformation am Schluß sieht diese nicht als »Reaktion auf das gesamte religiöse und kirchliche Leben des späteren Mittelalters ... Sie galt nur Aspekten des Volksglaubens, wie den Mißbräuchen bei der Heiligenverehrung und bei der Sakramentenspendung und attackierte das diesbezügliche Versagen der Kirchenleitung, die traditionsgemäß in ihrer Haltung gegenüber den Abweichungen des Volksglaubens toleranter blieb als gegenüber den Reformversuchen. Ihre Furcht vor Reformen war immer größer, weil sie sich, wie es gewöhnlich hieß, um die Reinheit der Lehre sorgte« (S. 49). Genau darum aber ging es den Reformatoren. Brederos Bemerkung (die im übrigen die Täuferbewegung außer acht läßt) trifft lediglich auf den Beginn der Reformation zu, nicht aber auf deren Durchbruch, der den Glauben an das Evangelium als die neue Mitte der Theologie bestimmte und damit entschieden Neues betonte. Insgesamt gesehen werden wohl die zentralen Aspekte des Themas in diesem Überblick angesprochen. Vernachlässigt wird jedoch die Missionsgeschichte, die als Fundament der Entwicklung von Religion und Kirche in der mittelalterlichen Gesellschaft unbedingt stärkere Beachtung verdient hätte.

Unter dem Titel ›Gegen ein mentales Mißverstehen des Mittelalters‹ folgt Brederos Antrittsvorlesung aus dem Jahre 1976 (S. 51–70), die sich mit der ›eschatologischen Denkart‹ beschäftigt und sich kritisch mit der sogenannten Mentalitätsgeschichte auseinandersetzt. Er warnt vor der Gefahr der »Rückprojektion eigener Betrachtungsweisen«, in der das Mittelalter »als Turnierplatz für den Streit um die heutige Mentalität herhalten (soll), wobei allerdings das Hauen und Stechen die einstige Ritterlichkeit gelegentlich vermissen läßt« (S. 69f.). Als charakteristische Merkmale der damaligen Mentalität bezeichnet Bredero: »die verbindliche Autorität der Tradition; die dualistische Denkart in bezug auf Geist und Materie; die kollektiven Gesellschaftsformen, denen sich das Individuum anpaßte oder wenigstens anpassen sollte; sodann das sakrale Erfassen der Wirklichkeit, das eigene Ohnmacht auszugleichen suchte, indem es überirdische Mächte voraussetzte; und schließlich der finalistisch-eschatologische, biblischen Allegorien entsprechende zeitliche Erwartungshorizont« (S. 70). Die Kritik an neueren methodischen Modellen, »deren Paten die Präokkupationen der eigenen Zeit sind« (S. 70), ist, wie das Zitat zeigt, deutlich formuliert, aber durch Brederos eigene Forschungsarbeit abgedeckt.

Nach dem instruktiven Überblick ›Jerusalem im Westen‹ (S. 71–89; zuerst 1966) folgen mehrere Aufsätze zum Hochmittelalter. Zunächst ›Der Gottesfriede der Bischöfe: Markierung eines gesellschaftlichen Umschwungs?‹ (S. 90–108; zuerst 1980), der detailliert mit ausführlichen Quellenzitaten den begrenzten Erfolg der Gottesfriedensbewegung beleuchtet (kleiner Einwand zu S. 104: als Karl der Große den Sachsen seine »Kapitulationsbedingungen« auferlegte, war er König und noch nicht Kaiser, außerdem wurde längst nicht jedes Vergehen mit der Todesstrafe belegt). Danach wird ›Das Verhältnis zwischen Zisterziensern und Cluniazensern im 12. Jahrhundert: Mythos und Wirklichkeit‹ diskutiert (S. 109–123), das nicht zuletzt durch die polemischen Schriften Bernhards von Clairvaux von starken Animositäten geprägt war. Mit ›Heiligenverehrung und Heiligkeit‹ befaßt sich ein größerer

Beitrag (S. 124–159), der mit kritischen Bemerkungen zu der Überfülle gegenwärtiger Gedenkfeiern, bei denen sich gelegentlich Kult und Wissenschaft mischen, beginnt und die Frage stellt, »was der Historiker, der sich für das Studium eines solchen Heiligen engagiert hat, mit dessen Heiligkeit anfangen soll« (S. 128). Diskutiert wird eingehend die Wechselbeziehung zwischen Heiligenverehrung und Kirchenführung, insbesondere das römische Bemühen um Zentralisierung der Kanonisationsprozesse. Dadurch entstanden »zwei Kategorien von Heiligen: die in aller Form kanonisierten, für die Rom einen öffentlichen Kult vorschrieb, und die Lokalheiligen, die zwar auf die gleiche Weise verehrt, aber nicht von Rom kontrolliert oder anerkannt wurden. Letztere stellen die weitaus größere Gruppe dar« (S. 144f.). Natürlich durften dabei Hinweise auf »Ortskulte nichtheiliger Personen wie zum Beispiel den um den schwedischen Trunkenbold oder gar solche um nichtmenschliche Wesen wie den heiligen Hund Kunefort« nicht fehlen (S. 146). Abgeschlossen wird dieser Aufsatz mit Darlegungen zur Heiligkeit Bernhards von Clairvaux, die aus einer kritischen Rezension zu dem Buch ›Nouveau visage de Bernard de Clairvaux‹ von Jean Leclercq (Paris 1976) hervorgegangen sind.

Der Beitrag ›Ketzerei und Kirchenreform‹ (S. 160–180) schildert zunächst, wie sich in der Übergangsperiode des 11. und 12. Jhs. ein neues Zusammengehörigkeitsgefühl in der Christenheit ergab, das allerdings Moslems, Juden und Ketzer noch intensiver als zuvor ausgrenzte. Bredero macht deutlich, daß die sich der Durchsetzung der Orthodoxie widersetzenden und dann zu Ketzern gestempelten Gruppen als Ziel immer die Verbesserung der Kirche hatten. »Mit Ausnahme der Katharer, für die es weniger gilt, waren mittelalterliche Ketzer fast immer bestrebt, dem authentischen und ursprünglichen Gehalt der evangelischen Botschaft in der Kirche wieder Geltung zu verschaffen und ihre Befolgung durch die Christenheit zu fördern« (S. 166). Konkretisiert wird dies dann am Beispiel von Heinrich von Lausanne, der vom Reformer zum Ketzer wurde. Sein Laienstatus wird als Hauptgrund für diese Entwicklung herausgearbeitet. »Es zeigt sich, daß die Kirche in jener Periode ihrer Geschichte trotz Reformen dem christlichen Glaubenseifer und der Religiosität des Laienvolkes nur wenig Gestaltungsmöglichkeiten zu bieten hatte und besonders denen mit ziemlich leeren Händen gegenüberstand, die mehr wollten als Sünden büßen, Heilige verehren und kirchliche Sakramente auf andere als magische Weise empfangen« (S. 180).

Ein kleines historiographisches Meisterstück stellt die überarbeitete Abschiedsvorlesung Brederos an der Freien Universität Amsterdam aus dem Jahre 1986 dar: ›Magister Petrus Abälard (1079–1141): Von den Mißgeschicken eines Schulmeisters aus Leidenschaft‹ (S. 181–199), das den bekannten autobiographischen Brief *Historia calamitatum* Abälards neu interpretiert und dadurch sowohl dessen Liebesaffäre mit Heloise als auch dessen Leitfaden ›Was ich geglaubt, habe ich auch mit dem Verstande einzusehen mich bemüht‹ erhellt. Es folgt der zuerst 1988 erschienene, nicht in die niederländische Originalfassung des Sammelbandes aufgenommene Aufsatz ›Die Anfänge der franziskanischen Bewegung und die Heiligsprechung ihres Gründers‹ (S. 200–221), der deutlich macht, daß die Kanonisation des Franziskus durch Papst Gregor IX. im Jahre 1228 »nicht überall in der Kirche mit Freuden aufgenommen wurde« (S. 215), die Kirche diesen Heiligen aber »schwerlich entbehren« konnte (S. 221). Den Abschluß bildet der aus dem Jahre 1984 stammende Beitrag ›Judenfeindlichkeit in der mittelalterlichen Gesellschaft‹ (S. 222–258), der die bekannten Denkmuster beschreibt, mit denen die Kirche bestrebt war, die Juden gesellschaftlich auszugrenzen. Aufgrund der dadurch fehlenden Integration machte die öffentliche Meinung sie »bei Kalamitäten und Katastrophen zu Sündenböcken … Wie Fremde lebten sie inmitten einer christlichen Bevölkerung« (S. 223). Vehement wendet sich Bredero allerdings gegen den abwegigen Versuch, der mittelalterlichen Kirche eine »unmittelbare Verantwortung für den Genozid der Hitlerzeit« zuzuschieben, weil dabei die Zielsetzung etwa der Judengesetzgebung des vierten Laterankonzils vergessen werde. Denn Zweck jener Diskriminierungsgesetze sei es gewesen, »die Juden zu bewegen, auf ihre Identität und religiöse Exklusivität zu verzichten und das Christentum anzunehmen« (S. 227). Im Mittelpunkt der Polemik zwischen Judentum und Kirche hätten deshalb auch theologische Streitfragen gestanden. Zusammenfassend stellt Bredero die These auf, »daß die Kirche trotz der antijüdischen Traditionen, die ihr anhafteten, als sie sich an die mittelalterliche Gesellschaft wandte, nicht für alle Äußerungen von Judenfeindlichkeit und auch nicht für alle Gewalttätigkeiten, denen Juden zum Opfer fielen, verantwortlich gemacht werden kann. In einer Reihe von Fällen hat die Gesellschaft selbst, an der auch die Juden partizipierten, einen entscheidenden Anteil gehabt« (S. 247).

Beigegeben sind dem sorgfältig edierten Band eine umfängliche Bibliographie (S. 259–280) sowie Personen-, Orts- und Sachregister (S. 281–293). Es ist begrüßenswert, daß die an verstreuten Orten erschienenen, in niederländischer Sprache verfaßten Aufsätze Brederos in diesem Sammelband in deutscher Übersetzung vorliegen und es so der Forschung erleichtern, sich mit dessen nicht immer konventionellen Zugängen zur mittelalterlichen Welt auseinanderzusetzen. Der Schwerpunkt des Bandes liegt eindeutig in der Zeit des Hochmittelalters, was auch im Titel hätte zum Ausdruck kommen müssen, um keine falschen Erwartungen zu wecken. Denn vor allem das Frühmittelalter findet insgesamt gesehen trotz gelegentlicher Hinweise zu wenig Beachtung, um den Titel ›Christenheit und Christentum im Mittelalter‹ zu rechtfertigen. Das ist mißlich, weil in dieser Epoche durch Mission und Christianisierung das Fundament für das folgende Verhältnis von Religion, Kirche und Gesellschaft gelegt worden ist, über das Adriaan H. Bredero kenntnisreich berichtet.

Lutz E. VON PADBERG, Paderborn

Aryeh GRABOÏS, Le pèlerin occidental en Terre sainte au Moyen Âge, Paris/Brussels (De Boeck) 1998, 266 p. (Bibliothèque du Moyen Âge, 13).

This nicely produced volume is, as its author declares, the product of more than twenty years of research, and it aims at filling a gap in the historiography of medieval pilgrimage. Dedicated to the examination of Christian Holy-Land pilgrimage from western Europe, the book is divided into eight chapters, each of which discusses one aspect of the phenomenon of Holy-Land pilgrimage. In the first chapter, entitled ›Le pèlerin de Jérusalem au moyen âge. Traits caractéristiques‹, the author provides a basic chronological division. According to him, as far as Holy-Land pilgrimage is concerned, the Middle Ages are divided into four periods: the Roman and Byzantine period (saec. IV–VII); the first Muslim period in Palestine (saec. VII–XI); the Crusades (saec. XII–XIII); and the later Middle Ages (saec. XIV–XV). In the second chapter (›Motivations religieuses des pèlerins‹) Graboïs discusses the religious motives that might have led the pilgrims' decision to take the long and arduous route to Jerusalem: the search for the holy and the transcendent discourse with God; the development of the cults of relics; and the emergence of the idea of penitential pilgrimage.

The next four chapters concentrate on the pilgrims themselves. In the third chapter (›Expressions de la mentalité religieuse des pèlerins‹) the author discusses the pilgrims' perception of the heavenly and earthly Jerusalem, their feelings of contemptus mundi (to which I shall return later), and the transformation, as he sees it, from individual piety in the earlier period, to collective piety in the later Middle Ages. The pilgrim's perception of time and space, their concept of ›sacred geography‹, and their understanding of the biblical past are all discussed in the fourth chapter under the title ›L'image de Terre saint dans les récits des pèlerines‹; while the physical conditions, that is, the landscape, the accommodation, as well as the various logistic problems with which the pilgrims were faced, are the subject of the fifth chapter (›Le pèlerin et son environnement‹). Lastly, the sixth chapter explores the pilgrims' knowledge of and attitudes towards the local population (i.e. Eastern Christians, Jews, Samaritans, and Muslims).

The last two chapters are dedicated to the written sources. In chapter seven (›Les récits des pèlerins en tant que témoignage historique‹) the author discusses the nature of our sources and their documentary value; and in the last chapter he surveys the influence of these sources on the writing of history and literature in western Europe. The book ends with two appendices (a chronological list of reports and pilgrims' guides, and a list of Indulgences given to Holy-Land pilgrims in the fourteenth and fifteenth century) and a detailed bibliography of primary and secondary sources.

In ›Le pèlerin occidental en Terre sainte au Moyen Age‹ Aryeh Graboïs offers an introductory, and thoroughly derivative, survey of western pilgrimage to the Holy-Land from its late antique and early Christian roots to the end of the fifteenth century. In a review of this kind it is impossible to comment in detail on all the topics discussed by the author. Therefore, I have chosen to concentrate only on a few points which seem to me the most problematic.

In an attempt to characterise western pilgrimage to the Holy-Land in the early Middle Ages, the author declares that »L'élément romain, déjà moins bien représenté à la fin de l'époque byzantine, disparut finalement au cours du VIIᵉ siècle, cédant la place à des pèlerins d'origine germanique. Ceux-ci, même s'ils avaient adopté les concepts spirituels de leurs prédécesseurs, avaient une mentalité différente de celle qui avait caractérisé les *peregrini* de l'Antiquité tardive: à culture différente, rites différents« (p. 27 and passim). Furthermore, argues Graboïs, western pilgrims before the Crusades felt a *contemptus mundi*, that is, a wish to be apart from the rest of the world around them. Subsequently these pilgrims ignored the Muslims and the Eastern Christians, and therefore did not participate in or comment on daily experience. This characterisation of western pilgrimage before the Crusades is a drastic simplification, not to say a travesty. It ignores the obvious, and emphasises points which gain no support in the sources. To say that all western pilgrims from the seventh century onwards were of ›Germanic‹ origin, is misleading. Indeed, we know that Willibald was an Anglo-Saxon, but we know nothing concerning the ethnic identity of Arculf or Bernard the Monk. Using names as the yardstick for the ethnic identity of a person is always a hazardous task, and more so with regards to seventh- and eighth-century Gaul, where the assimilation of Franks and Gallo-Romans had reached a high level. Thus, using ethnic etiquettes to characterise pilgrims from the later Merovingian or the Carolingian period is anachronistic, and historians worth their salt are expected to avoid them.

Furthermore, to say that these pilgrims did not inherit the classical cultural legacy and had no affinities with Palestinian Christianity is, if meant literally, untenable. Such a claim ignores completely the pervasive continuity which characterised the passage from Late Antiquity to the Middle Ages, a continuity on which most, if not all, scholars nowadays agree. Moreover, to argue that political and ethnic factors brought about a total alienation between pilgrims and the local society of the Holy-Land is at odds with the evidence. For example, the so-called *Commemoratorium de casis Dei vel monasteriis,* composed at the time of Charlemagne, shows no sign of alienation between Eastern and Western Christians in Jerusalem. The picture which emerges from this short document is that of a lively Christian community, which co-operated and collaborated for the benefit of its status and fate.

The secondary literature which Graboïs reprises, although vast, is often outdated, leading him to repeat or compound factual errors more recently given the decent burials they deserve. The omission of significant and relevant studies from the references (which does not, of course, indicate that the author has failed to read them) is alarming. Items such as Robert Markus' paper ›How on earth could places become holy‹, Dan Bahats article on the physical infrastructure of Jerusalem, Amnon Linder on the Christian communities of Jerusalem, J. Taylor's book ›Christians and the Holy Places‹, Bianca Kühnel's ›From the Earthly to the Heavenly Jerusalem‹, and Ora Limor's recent book ›Holy Land Travels: Christian Pilgrims in Late Antiquity‹, to give just a few examples, are all conspicuous in their absence.

To sum up, those who already know the existing literature on Holy-Land pilgrimage, will find very little that is new in this book; those who were not convinced by Grabois' arguments in his earlier works, will hardly find this book convincing; and beginners interested in the history of Holy-Land pilgrimage in the Middle Ages are advised to consult older reliable authorities, such as J. Wilkinson, E. D. Hunt, R. L. Wilken, and P. Maraval for the earlier period, and B. Kötting, J. Sumption, J. Chélini and H. Branthome, P.-A. Sigal, and A. Dupront for the later period.

Yitzhak HEN, Haifa

Michael MENZEL, Predigt und Geschichte. Historische Exempel in der geistlichen Rhetorik des Mittelalters, Köln (Böhlau) 1998, 435 p. (Beihefte zum Archiv für Kulturgeschichte, 45).

Predigt und Geschichte is concerned with the presentation and function of historical material in medieval sermons and sermon-related sources. It examines the growing reliance on secular historical exempla which becomes evident in preaching from the second half of the twelfth century and is associated by the author with a new theological perspective on history. The development reached its peak in the thirteenth and fourteenth centuries, though its effects continued far beyond this time. The study consists of three principal parts, which deal respectively with historical exempla in *artes praedicandi*, sermons and historiographical works.

Both Greek and Roman rhetoric made references to historical events, primarily to provide positive and negative examples or standards, which could be applied to contemporary life. Early Christian writers used exempla somewhat differently, comparing the ethical values of pagan antiquity and those of Christianity in order to prove the equal moral worth of the latter. During the early Middle Ages, the secular historical exemplum was largely supplanted by exempla drawn from hagiography and Christian history. With the rise of preaching in the twelfth century also came a more pronounced interest in history as a whole.

Only a few *artes praedicandi* actually demonstrate the use of exempla; nonetheless, they offer general reflections with respect to purpose and application. As theology came to be treated as a rational science, new branches of knowledge, including nature and history, were integrated into theological thought. Every aspect of human knowledge gained spiritual significance. The writings of Hugh of St Victor among others promoted a perception of history as a mirror of human nature and the divine plan.

Exempla served to illustrate spiritual principles and, as in classical rhetoric, to substantiate the preacher's reasoning process. Universally acknowledged spiritual precepts did not require proof, but could still be confirmed by argument. Initially kept brief and incidental, exempla were elaborated considerably in the course of the thirteenth century. Although they continued to function as moral incentives or deterrents, they came to be regarded further as necessary components of deductive and inductive reasoning, as explanatory illustrations and even as keys to a transcendent reality. To the laity, exempla offered clarification and mnemonic aids.

The mendicants became the principal champions of the historical exemplum. Historical materials were examined in terms of their utility for preaching and transmitted as separate, interpreted incidents. An analysis of sermon-cycles indicates two basic functions for historical narrative. Exempla may be used to prove the validity of a Christian precept, by referring to a comparable classical tradition or showing a causality of reward and punishment; they are also widely treated as tools of exegesis, providing an insight into the tangible and concrete as well as the intangible and transcendent. Most exempla derive from classical antiquity; they are readily taken out of context and even manipulated to fit a preacher's point.

With the spread of preaching came a rise in the production of sermon-literature. Collections of exempla, rare before the twelfth century, though existing as monastic devotional reading, were among the preachers' main tools. The collections of the high and late Middle Ages differ from comparable earlier works in their systematic structure and inclusion of secular history. Professor Menzel distinguishes among four possible structural systems: collections may be organized according to theological criteria, such as virtues and vices, or according to the various social states with which they deal or to whom they are addressed. They are frequently in alphabetical, occasionally in chronological order. The same incidents are listed under different headings, may be applied to various situations and generally are not restricted to one specific interpretation. A number of collections contain registers, some also include source references; most are divided into chapters, which greatly facilitates their use.

Historiography, though remaining a separate literary genre, also functioned as a preaching aid, as an enhanced systematization of the included material suggests. Chapter divisions, headings, registers and lists of topics helped to make the material more accessible. The reorganization of historiographical works and their gradual approach to meet the needs of preachers may be seen in chronicles of the thirteenth century. Terse narratives, a clear and accessible structure, cross-references and referrals to other sources sometimes make a work appear like a repertory of historical anecdotes. In some chronicles, preachers are addressed directly in asides and marginal notes; lengthy digressions with biblical citations as in Salimbene di Adam's Cronica might even be regarded as model sermons in their own right.

Predigt und Geschichte clearly is the outcome of an in-depth study and detailed analysis of sources; the two parts of the extensive bibliography testify to the author's careful research.

The thesis which holds the growing function and increased use of exempla in the high and late Middle Ages to be the outcome of a new theological perception of history, may require more definitive evidence to be wholly persuasive. Although the theological view of history was clearly expanded greatly in the thirteenth and fourteenth centuries, it would seem to be already implicitly underlying early apologetic-historiographical works such as Orosius' *Historia adversus paganos* (cf. esp. II.1, VI.1; also Augustine, *Civitas Dei*, V. 11).

No consistent distinction is made between history as a metaphor, i.e. a merely descriptive, illustrative comparison, and mystical identification or prophecy as such. It remains unclear to what extent preachers and theologians interpreted secular historical events as *praefigurationes* of events in Judaeo-Christian history, of divine revelations or a transcendent reality.

Some discussion of a historiography independent from theology and preaching would, as the author himself suggests, be interesting for comparison's sake; however, it lies beyond his stated intentions and would probably stretch the bounds of the study to unreasonable lengths.

The analysis of exempla, their nature and function is persuasive and well-handled. Theory and practical use are viewed from different perspectives and examined in the relevant sources. The study offers a deeper insight into the structure of medieval sermons and the connection between theology and history, thus contributing materially to historiographical research as well as the field of sermon studies.

Ruth HORIE, Victoria

Les Chanoines dans la ville. Recherches sur la topographie des quartiers canoniaux en France, sous la direction de Jean-Charles PICARD, Paris (De Boccard) 1994, 423 S., 203 Karten, Pläne u. Abb. (De l'archéologie à l'histoire: Groupe de recherche du CNRS; Sociétés et Cadres de Vie au Moyen-Âge: approches archéologiques).

Der vorliegende Band stellt eine ideale Ergänzung zu den zahlreichen Forschungen zur Geschichte der Regularkanonikerbewegung des 11./12. Jhs. dar, zu denen Charles Dereine mit seinem berühmten Artikel »Chanoines« im DHGE 1953 den Anstoß gab. Läßt sich doch an Hand der Karten und Beschreibungen nachvollziehen, inwieweit die Reformbestrebungen, die auf eine *vita communis* der Kathedralkanoniker abzielten, in der Zeit von der Aachenerregel im 9. Jh. über die Kirchenreformbewegung des 12. Jhs. bis ins Spätmittelalter verwirklicht wurden. Das Werk stellt in gewisser Weise ein Pendant zu Carlrichard Brühls Palatium und Civitas (Band 1: Gallien, Köln/Wien 1975) dar, obwohl man leider jegliche Hinweise darauf vermißt. Viele Städte (Vienne, Tours, Toulouse, Lyon, Limoges, Laon, Autun, Aries und Angers) werden in beiden Werken parallel behandelt, wenn auch bei Brühl der Akzent auf der »Profantopographie« und im vorliegenden Fall auf einem bestimmten Gebiet der »Sakraltopographie« liegt. Zudem differiert der zeitliche Ansatz leicht, da Brühl im 13. Jh. einen Einschnitt setzt, während hier die ganze Periode von der Spätantike bis zum 2. Vatikanum abgedeckt wird.

Bedauerlicherweise konnten nicht alle Städte Frankreichs erfaßt werden, sei es, weil es an Vorarbeiten fehlte, sei es, weil keine Bearbeiter zur Verfügung standen. So fehlen ganze Kirchenprovinzen wie Bordeaux, Sens, Besançon und Embrun oder ganze Provinzen wie die Bretagne, und auch die Ergebnisse der derzeit durchgeführten Ausgrabungen in Fréjus und Digne konnten noch nicht einbezogen werden. Relativ gut abgehandelt sind die Kirchenprovinzen Arles (Arles, Avignon, Carpentras), Aix-en-Provence (Aix u. Cavaillon), Vienne (Viviers, Valence, Vienne) und Lyon wie auch die Bistümer Narbonne und Béziers, da hier Yves ESQUIEU, einer der besten Kenner der Materie, als Bearbeiter gewonnen werden konnte, der neben seiner Thèse d'État (Autour de nos cathédrales. Quartiers canoniaux du sillon rhodanien et du littoral méditerranéen. CNRS, Paris 1992) diesem Thema noch zahlreiche einschlägige Schriften widmete (Quartier cathédral. Une cité dans la ville, Paris 1994; und sein Aufsatz in den Cahiers de Fanjeaux 24, 1989: Le Monde des chanoines, S. 151–163).

Vor den Beiträgen, die außer den genannten Städten noch Auch, Autun, Langres, Laon, Limoges, Lombez, Metz, Rouen, Toulouse und Tours berücksichtigen, findet sich ein einleitender Teil über die Stellung der Kapitelimmunität, des »quartier canonial«, innerhalb der Stadt. Jean-Charles PICARD (S. 15–25) geht dabei auf die historische Entwicklung der *vita communis* von Augustinus bis zur Aachener Regel ein und stellt sich die Frage, ob es zur Schaffung gemeinschaftlicher Gebäude (mit Refektorium, Dormitorium und Kapitelsaals) oder zum Bau individueller Häuser innerhalb einer nach außen geschlossenen Kapitelimmunität kam. Jean-François REYNAUD und Christian SAPIN (S. 27–32) unterscheiden zwischen Städten, in denen das »quartier canonial« durch eine Mauer vom städtischen Umfeld getrennt wurde (Lyon, Autun, Viviers u. Limoges), und anderen, wo es nur einen in sich geschlossenen Bereich bildete (Toulouse, Arles, Vienne, Laon und Langres). Christian SAPIN behandelt die Funktion des Kreuzgangs in der kanonikalen Architektur (S. 33–39) und seine Verwendung als Kapitelsaal, Schule und *studium* oder – wie in Tournai – als gelegentlicher Versammlungsort für Bürger und Händler. Yves ESQUIEU (S. 41–46) untersucht den Zusammenhang zwischen *vita communis* und der nachweislichen Existenz entsprechender Gebäude, vom Kapitelsaal bis zum gemeinsamen Refektorium und Dormitorium (Auch, Maguelonne, Nîmes, Arles, Toulouse) und stellt fest, daß die Aufgabe des regulierten Lebens zwar die Abschaffung des gemeinsamen Dormitoriums zur Folge hatte, nicht jedoch des Refektoriums, das weiterhin zur Verteilung der einzelnen Essenszuwendungen wie auch zu Versammlungszwecken diente. In einem weiteren Beitrag (S. 47–53) beschreibt er die individuellen Häuser der Kanoniker, ihre Anordnung innerhalb oder außerhalb der Kapitelimmunität, ihre Zuordnung zu einzelnen Ämtern und die Möglichkeiten, im Spätmittelalter testamentarisch darüber zu verfügen. Da die Kanoniker auch für die Armen- und Krankenfürsorge tätig waren, geht Alain SAINT-DENIS auf die kanonikalen Hospize ein (S. 55–59), für die jedoch kaum archäologische Befunde vorliegen, da sich die Kanoniker im 13. Jh. immer mehr aus dem Hospitalwesen zurückzogen, das von eigenen Kongregationen oder ab dem 14. Jh. von den Städten selbst übernommen wurde. François COMTE und Henri GALINIÉ beschäftigen sich abschließend mit den Begräbnisstätten innerhalb der Kapitelimmunität (S. 61–70), wobei sie feststellen, daß ab dem 13. Jh. der Kreuzgang immer größere Bedeutung als Begräbnisort gewinnt, während vor dem 12. Jh. praktisch keine Beerdigungen von Kanonikern innerhalb der Kathedrale bezeugt sind.

Der zweite Teil ist Einzelartikeln zu den 22 behandelten Städten gewidmet, wobei immer die Kapitelimmunität der Domkanoniker untersucht wird, mit Ausnahme von vier Kollegiatsstiften in Angers und Saint-Aphrodise in Béziers. Den jeweiligen Artikeln sind mittelalterliche Stadtpläne, vereinzelt Grundrißzeichnungen der einzelnen Gebäude und Stadtansichten oder Pläne nach alten Zeichnungen, Stichen oder Photographien beigegeben. Wie bereits in der Einleitung angesprochen, werden neben der Immunität als solcher besonders die Gemeinschaftsgebäude (Refektorium, Dormitorium, Kreuzgang, Kapitelsaal), das Hospital, die Begräbnisstätten und die einzelnen Häuser der Kanoniker behandelt. Abschließend findet sich immer eine zweigeteilte Bibliographie zu Geschichte und Topographie der einzelnen Städte und der jeweiligen Kapitelimmunität.

Besonders verdienstvoll ist der Versuch, ergänzend zur Auswertung der schriftlichen Quellen Ausgrabungsergebnisse heranzuziehen. Dabei zeigt sich, daß die Hoffnung, die in den Quellen postulierte Regularität eines Kapitels durch archäologische Befunde belegt zu finden, auch trügen kann. So konnte Elisabeth Magnou-Nortier zwar in ihren Forschungen (L'introduction de la Réforme grégorienne à Toulouse [fin XIᵉ–début XIIᵉ siècle], Toulouse 1958; und Le chapitre de la cathédrale Saint-Étienne de Toulouse [fin XIᵉ–début XIIᵉ siècle], in: La Vita Comune del Clero nei secoli XI e XII [Atti della settimana di Studio, Mendola 1959], Mailand 1962, Bd. II, S. 110–114) nachweisen, daß das Kapitel Saint-Étienne in Toulouse bereits Ende des 11. Jhs. reguliert war, man konnte aber nur Spuren des ehemaligen Kapitelsaals und des Refektorium feststellen, sowie für das 14. Jh. die Existenz individueller Häuser für die Domherrn. Umgekehrt findet man in Viviers zwar Überreste eines Refektoriums, Kreuzgangs und Kapitelsaals und möglicherweise auch Hinweise auf ein Dormitorium im 12. Jh., sucht aber, wie Yves Esquieu betont (S. 392f.), in den dokumentarischen Quellen vergeblich nach Hinweisen auf eine *vita communis* des Domkapitels. Andererseits stand Bischof Leodegar von Viviers (1096–1119) der Regularkanonikerbewegung nahe und übertrug ein Priorat an Saint-Ruf, so daß Reformansätze während seiner Regierung möglich erscheinen.

Besonders wertvoll für den Benutzer ist ein Glossarium spezifisch kanonikaler Begriffe, in das auch örtlich bedingte Sonderbezeichnungen aufgenommen wurden (S. 407–410). Angesichts des offensichtlichen Wertes derart fächerübergreifender Forschungen kann man nur betonen, daß eine Veröffentlichung ähnlicher Untersuchungen für andere europäische Räume mehr als wünschenswert scheint.

Ursula VONES-LIEBENSTEIN, Köln

Emanuele CURZEL, Le pievi tridentine. Trasformazioni e continuità nell'organizzazione territoriale della cura d'anime dalle origini al XIII secolo (studio introduttivo e schede), Bologne (Edizioni Dehoniane) 1999, XI–386 p., 24 ill. (Istituto Trentino di Cultura. Centro per le scienze religiose in Trento, series maior, V).

Les études sur la *cura animarum* ont été profondément renouvelées depuis la fin de la Deuxième Guerre mondiale par C. Violante et A. Castagnetti. Leurs efforts ont surtout porté sur l'organisation territoriale des institutions destinées à encadrer le peuple chrétien, et ont rendu caduc l'ouvrage, pourtant novateur en son temps, de G. Forchielli sur la pieve en Italie. La grande paroisse, appelée en Italie *pieve*, terme dérivant du latin *plebs*, qui désignait d'abord le peuple des fidèles avant de s'appliquer au IXe siècle à l'institution d'encadrement du peuple chrétien, a évolué au point de se fractionner en *parocchie* sur l'ensemble du territoire de la péninsule. La région de Trente, à cheval sur un territoire comprenant des populations de langue latine et germanique, offre un exemple particulier de ce type paroissial, que s'est efforcé de saisir un jeune chercheur, qui a voulu se détacher des anciennes études locales pour s'appuyer sur la problématique propre à C. Violante.

L'ouvrage d'E. Cluzel se présente sous un double aspect: une étude générale de l'histoire des pievi du territoire diocésain de Trente; une série de »schede«, de fiches dédiées aux 91 pievi propres au diocèse actuel de Trente. L'auteur déborde l'ancien principat médiéval de l'évêque de Trente, pour y rattacher des pievi qui dépendaient des diocèses de Vérone, Bressanone et de Feltre. Son étude repose sur des documents fiscaux de 1295, 1306, 1309 et 1318, à partir desquels il a dressé la liste des 91 pievi, dont il entend suivre l'histoire des origines jusqu'au XIIIe siècle. Les documents sur lesquels il s'appuie sont prioritairement tirés des archives épiscopales, capitulaires et de certaines églises, lorsqu'elles ont pu les conserver. Il exclut les chroniques, qui ne lui fournissent pratiquement pas d'informations. Il recourt à l'occasion à l'archéologie, quand subsistent de restes de monuments anciens. Il ne dédaigne pas de s'adresser occasionnellement à la toponymie et constate que les dédicaces des 91 pievi se repartissent de la manière suivante: 47 dédiées à la Vierge, 17 à des personnages de l'Evangile et des Actes des Apôtres, 14 à des martyrs du IVe au VIe siècle, 9 à des évangélisateurs, 4 étant accouplées à des monastères. Il met le phénomène en liaison avec l'évangélisation tardive des campagnes de la région tridentine. Il faut attendre le XIIe siècle pour que les documents d'archives mentionnent pour la première fois une pieve: le premier date de 1106 pour la pieve de Riva.

Il est particulièrement intéressant de relever certaines des conclusions de l'auteur. Si l'évangélisation débute au IVe siècle, il faut attendre la fin du XIIIe siècle pour que prédominent les pievi soumises au contrôle épiscopal, mais dans le nord du diocèse elles sont entre les mains de seigneurs laïcs et de monastères. Par ailleurs, en territoire de langue italienne prévaut un système inspiré de l'aire lombardo-vénète, avec un archiprêtre *(archipresbiter)*, entouré de *confratres* pour l'assister, tandis que les pievi septentrionales ont à leur tête un *plebanus*, que viennent aider des *socii*. Le système de la pieve déborde d'ailleurs en plein territoire germanique vers Innsbruck, Salzbourg et même Freising. Les pievi septentrionales jouissent de revenus notoirement plus élevés que celles méridionales, qui n'arrivent qu'à 38% seulement des richesses propres à celles du nord. Si l'évêque, assisté du chapitre cathédral, parvient à étendre son contrôle sur les pievi centrales et méridionales, il n'est pas toujours maître du choix de l'archiprêtre, souvent élu avec l'appui de la papauté par un collège d'ecclésiastiques. Les évêques déploient leurs efforts pour parvenir à obtenir la nomination du desservant, ce qui paraît acquis au XIVe siècle. Les tableaux dressés par l'auteur sont particulièrement parlants des situations propres aux diverses pievi quant à leur encadrement et leur situation financière.

A la différence de ce qui se produit dans la partie centro-septentrionale de la péninsule, le système de la pieve traverse les siècles, avec son réseau de chapelles et d'églises dépendantes sans que naisse celui de la *parochia*. Certes, les églises secondaires reçoivent le droit, outre de célébrer la messe, d'organiser les enterrements et que leur soit affecté un prêtre particulier au XIIIᵉ siècle. Les *confratres* sont dans un premier temps appelés à se rendre à tour de rôle dans ces églises dépendantes de la pieve avant qu'un *presbiter* n'en soit chargé, mais l'église plébaine reste l'église baptismale, l'église des sacrements. Le diocèse de Trente présente ainsi un aspect conservateur appelé à se prolonger jusqu'au XIXᵉ siècle.

L'ouvrage de E. Cluzel ne va pas sans poser des problèmes qui appellent des études complémentaires. Si les rapports entre l'évêque et les pievi, ce que l'on peut appeler le centralisme épiscopal, sont évoqués, ils sont loin d'être totalement élucidés, ne serait-ce que sur le plan politique en raison de la position temporelle particulière de l'évêque. La correspondance entre le territoire des diverses pievi et les structures territoriales demanderait à être mieux précisée, même s'il apparaît que ces dernières n'aient guère influé sur la répartition des pievi. Reste que, comme pour les études de C. Violante et de A. Castagnetti, les problèmes propres au clergé desservant, à la pastorale ne sont guère esquissés. C'est là un pas nouveau que devrait franchir la recherche historique sur la pieve italienne.

L'auteur a par ailleurs rassemblé 91 fiches concernant les diverses pievi qu'il a recensées sur le territoire diocésain actuel. Toutes sont construites sur le même modèle: situation géographique, informations fournies par la documentation archivistique et archéologique. Les cartes géographiques, rassemblées dans les 24 illustrations qui accompagnent l'ouvrage, permettent de bien repérer l'espace des diverses pievi, encore qu'une carte du relief aurait apporté un lot d'informations essentiel sur le territoire qu'elles couvrent. Un glossaire donne d'excellentes définitions des termes propres à ces pievi, et l'auteur s'est efforcé de les appliquer à l'espace tridentin. L'appendice III, avec des documents répartis de 1217 à 1339 montre le souci de l'évêque de prendre en main le contrôle des pievi. Tout lecteur sera reconnaissant à l'auteur de l'index des noms de personnes et de lieux qui clôt le livre, comme de la bibliographie où fort sagement ont été distinguées les études locales des études d'ordre général.

Pierre RACINE, Strasbourg

Europäische Reiseberichte des späten Mittelalters. Eine analytische Bibliographie, hg. von Werner PARAVICINI. Teil 2: Französische Reiseberichte, bearbeitet von Jörg WETTLAUFER in Zusammenarbeit mit Jacques PAVIOT, Frankfurt a. M. (Lang) 1999, 270 p. (Kieler Werkstücke, Reihe D, Beiträge zur europäischen Geschichte des späten Mittelalters, 12).

Après les ›Deutsche Reiseberichte‹ mis en œuvre par Chr. Halm, viennent les relations de voyages écrites par des Français. Et on ne peut manquer d'être frappé de la disproportion existant entre ces deux ensembles. On compte 41 voyageurs seulement entre Gilles le Muisis, qui alla à Rome en 1300, et Greffin Affagart, qui visita Jérusalem en 1533 en compagnie de Bonaventure Brochard. Un appendice, œuvre de J. Paviot, ajoute une douzaine de noms pour les années 1535–1551, ceux de voyageurs qui se rendirent en Turquie. Il semble bien que les Français ont été beaucoup moins portés à écrire la relation de leur voyage que leurs voisins. Sans doute aussi étaient-ils moins nombreux à faire le voyage. Et encore leur a-t-on fait ici bonne mesure, car deux bourgeois de Tournai sont étrangers à la France actuelle. L'appellation de »relation de voyage« couvre même des projets de croisade, œuvre d'hommes qui ont parcouru le monde, mais sans décrire leur itinéraire, tel Guillaume Adam; et Philippe de Mézières a seulement prêté un voyage imaginaire à la reine Vérité. Quant à Sébastien Mamerot, il convient de distinguer sa *Compendieuse description de la terre d'oultremer*, où il fait état de ce qu'il a vu au cours de son pèlerinage sans vraiment relater celui-ci, de son histoire des *Passages d'oultremer faicts par les nobles françois*, à laquelle la *Description* est venue s'ajouter par la suite.

Chaque notice se présente de façon impeccable: identification de l'auteur, quand elle est possible, de ses compagnons de voyage, recensement des manuscrits, des éditions, travaux qui mentionnent le voyageur ou utilisent son récit, reconstitution de l'itinéraire. Ce qui représente parfois de copieuses notices, quand il s'agit d'un Nompar de Caumont, du seigneur d'Anglure, de Bertrandon de la Broquière. Nous proposerions toutefois quelques compléments aux identifications de toponymes. Le »chasteau de Carol« (p. 69) est La Tour de Carol (Pyrénées Orientales); le »Chasteau franc« (p. 70) est le château de ce nom bâti à Sigouri par Jacques I de Lusignan; »Lice« et »Catavone« (p. 128) sont l'île de Lissa (Hvar) et Cattaro (Kotor); »Seilechuy« (p. 183), Selefké de Cilicie. Il est plus important de signaler que le nom de »Salins«, »Salines«, »Cellines«, qui revient souvent et qu'on a proposé d'identifier à la ville désertée de Salamis de Chypre, désigne l'actuel port de Larnaka, qui devait son nom aux salines qui l'avoisinaient, lequel avait remplacé Famagouste comme escale chypriote, surtout pour les navires vénitiens qu'empruntaient de nombreux pèlerins. Notons enfin que »Portieres« (p. 88), terminus du voyage de Bertrandon, n'est autre que l'abbaye de Pothières où le duc de Bourgogne avait placé son camp en assiégeant Mussy-l'Evêque: on connaît la célèbre miniature où Bertrandon, en costume turc, s'agenouille devant le duc pour lui offrir son livre, auprès de la porte du monastère.

Il vaut la peine de s'interroger sur ces itinéraires. Nos voyageurs ne sont pas mus par les mêmes intérêts (Bertrandon ou Lannoy recherchent des informations pour leur duc); ils fréquentent des sanctuaires plus ou moins nombreux; les aléas du voyage, le désir de visiter les princes, les amènent à s'écarter de la route directe, ce qui nous vaut d'enrichir notre connaissance de la géographie du bas moyen-age.

Certains de ces textes sont fameux et ont été maintes fois réédités; d'autres sont restés obscurs ou n'ont retenu que fugitivement l'intérêt des érudits. C'est dire combien est précieux ce répertoire qu'un nouveau volume, consacré aux Pays-Bas, va bientôt compléter.

Jean RICHARD, Dijon

Pierre LEGENDRE, Leçons III. Dieu au miroir. Études sur l'institution des images, Paris (Fayard) 1994, 340 S.

Nach einer längeren, immer wieder unterbrochenen Auseinandersetzung mit dem vorliegenden Werk bekennt der Rezensent offen, wohl nicht der richtige Mann für dessen Würdigung zu sein. Freilich will das nicht viel besagen, da ein solcher nur sehr schwer aufzutreiben sein dürfte. Der Verf. hat hier eine geistige Welt entstehen lassen, die fast jedem den Zutritt verwehrt: es sei denn, er habe die gleichen mentalen und psychischen Voraussetzungen wie jener selbst. Diese Schwierigkeit der Annäherung wird noch erhöht durch einen beachtlichen Grad an sprachlicher Abstraktion, die jeden nur einigermaßen bildlichen Ansatz sofort in den Nebel theoretisierender Konstruktionen und kaum nachzuvollziehender Konklusionen führt.

Legendres Buch ist eine Absage an den narrativen, aber auch an einen grundsätzlicher Kausalität verhafteten Stil und scheint damit bestimmten Richtungen innerhalb der modernen Literatur zu entsprechen. Ob man das Buch von Anfang an zu lesen bemüht ist oder einzelne Kapitel herausgreift, man kommt mit dessen geistiger und logischer Struktur nicht zu Rande. Läßt sich ausnahmsweise einmal dem Sinn einiger Sätze folgen und beginnt sich eine Vorstellung des Mitgeteilten zu bilden, mündet das ganze Tun in einer Sackgasse, während der Verf. längst anderen Fakten und Überlegungen nachhängt, die auf Prämissen unerklärlicher Herkunft beruhen. Legendres Denk- und Schreibart, aber auch sein Umgang mit der vorgeblichen Thematik zeigen surrealistische Züge, die vielleicht einer zukünftigen Kulturwissenschaft eigen sein werden, denen aber mit heute gültigen wissenschaftlichen Kriterien nicht beizukommen ist. So bleibt »Dieu au miroir« auf seine Art ein Arcanum, das nur »Eingeweihte« entschlüsseln und vielleicht mit großem Gewinn rezipieren können. Damit gleicht das Werk der emblematischen Literatur des 16. und 17. Jhs. Andererseits ist das Buch ein Beispiel für eine sehr fortgeschrittene Sozialwissenschaft, die kaum auf einer abgesicherten Quellenforschung aufbaut und die Grenzen eines akademischen Fachs einfach nicht zur Kenntnis nimmt. Dagegen »bedient« sie sich eifrig aus dem Fundus von Geschichte und Soziologie, Rechts- und Religionswissenschaften, Anthropologie und Psychoanalyse, im vorliegenden Fall auch der Ikonologie. So ausgerüstet pendelt der Verfasser zwischen biblischem Exempel, antiker Überlieferung, christlicher und surrealistischer Bildkunst sowie zeitgenössischer Modephilosophie hin und her. Die methodische Berechtigung solcher Verbindungen und die Sinnhaftigkeit dieser gänzlich unbekümmerten Paradigmenauswahl sind ihm anscheinend kein Problem.

Einen folgerichtigen, argumentativ nachvollziehbaren Aufbau der Arbeit kann man nicht erwarten oder gar glauben, es müßte möglich sein, den Verf. auf das Gesetz festzulegen, »wonach er angetreten« ist. Obwohl das Werk auf den ersten Blick (Inhaltsverzeichnis!) systematisch angelegt scheint, wird man bei genauerer Lektüre sofort eines Besseren belehrt: da kreisen heterogene Gestaltungselemente, welche zu unverständlichen Fragen führen, da gibt es Folgerungen, die man überhaupt nicht begreift, und Theoreme, die ratlos hinzunehmen sind, ohne Gegenstand und Absicht des Autors erkennen zu lassen. Legendre macht meist schlagartig mit einem Faktum bekannt, doch ehe man sich diesem gedanklich nähern kann, verliert es in einem Wust von Überlegungen und Abstraktionen seine Konturen und schließlich auch seine Substanz. Ein der hermeneutischen Methode verpflichtetes Denken vermag selbst bei größter Flexibilität hier nichts auszurichten!

So bietet das Buch keinen faßbaren Inhalt, auf dessen Grundlage es zu beurteilen wäre. Verf. und Leser treffen sich niemals auf derselben Ebene. Da es für Pierre Legendre keine Rücksicht auf eine traditionelle Kausalität gibt, kann er alles auf alles beziehen, ohne daß er sich genötigt sieht, konkrete Verbindungen zu erzeugen.

Der Rezensent kann daher nicht mitteilen, worum es bei »Dieu au miroir« eigentlich geht; um die »Institution des images«, wie der Untertitel des Werks verrät. Doch auch damit ist nichts gesagt, wir stehen vor einer bloßen Wortgruppe, einem grammatikalischen Versatzstück!

Mag sein, daß Legendres Buch der Spiegel einer sich auflösenden Geisteswissenschaft am Ende des 20. Jhs. ist, ein Spitzentanz letzter Gelehrsamkeit, die alles zu vereinigen trachtet und dabei die Grenzen der Verständlichkeit hinter sich läßt. Mag sein, daß es Vorläufer einer wissenschaftlichen Methode und Prosa künftiger Zeiten ist; lesbar und verstehbar nur mehr für jene, die an ein kurzes Aufblitzen von sinnlichen Einheiten gewohnt sind und für längere Kausalreihen keine Konzentration mehr aufbringen: vorläufig entzieht sich das Werk einer Deutung, die auf überkommenen Kriterien der Beurteilung aufbaut und mehr als wortgewandte Spekulation sein will.

Georg SCHEIBELREITER, Wien

Nurith KENAAN-KEDAR, Marginal Sculpture in Medieval France. Towards the deciphering of an enigmatic pictorial language, Aldershot (Scolar Press) 1995, XVIII–210 S.

Die Studie behandelt die bislang kaum eingehender untersuchte kleinformatige Bauskulptur in Frankreich vom 12. bis zum 16. Jh. Ziel der Autorin ist es, die formalen Eigenheiten und ikonographischen Themenstellungen dieser ›marginal sculpture‹ – figürlich ausgearbeitete Konsolsteine, Gewölbeanfänger etc. – zu beschreiben und deutlich von einer sog. ›official art‹ abzugrenzen. Damit meint die Autorin insbesondere die großformatigen, durch hieratische Komposition und stilisierte Figurengestaltung gekennzeichneten Portalskulpturzyklen heilsgeschichtlicher Thematik. Kenaan-Kedar nimmt eine dezidiert sozialgeschichtliche Perspektive ein, die sie mit kunsthistorischen Fragestellungen verquickt: ›Marginal sculpture‹ wird als ›anti-model‹ zu einer Hochkunst begriffen, was das

Pendant zur Ausgrenzung von Randgruppen in der mittelalterlichen Gesellschaft bilde. Diese grundsätzliche Alterität beförderte die Ausbildung eines spezifischen künstlerischen Idioms, das mit den Begriffen ›popular culture‹ und ›realism‹ gekennzeichnet wird und insoweit einen der Hauptfaktoren einer seit dem 15. Jh. zunehmend auf die Mimesis der äußeren Wirklichkeit zentrierten Kunst darstelle. Zahlreiche Abbildungen (ungleicher Qualität) dieser häufig schlecht zu sehenden und schwierig zu fotografierenden, gleichwohl beeindruckenden Bildwerke begleiten den Text.

Programmatisch werden in der Einleitung Arbeitshypothesen formuliert, die zugleich auch die Ergebnisse der Untersuchung vorwegnehmen: Die marginale Plastik komme zusammen mit der monumentalen Steinskulptur im 12. Jh. auf und behalte bis in das 16. Jh. ihre Typologie und Funktion. Thematisch behandele diese Skulptur insbesondere Mann und Frau. Dabei bilde die realistische bis drastische, auch Sinnlichkeit und Komik nicht ausschließende Darstellungsweise einen bewußt angestrebten Gegenpol zur »offiziellen« Kunst. Die Analyse verschiedener romanischer Zyklen von Konsolfiguren aus Südwestfrankreich kann zeigen, daß sich thematische Zusammenhänge innerhalb der einzelnen Monumente kaum feststellen lassen. Auszugehen sei vielmehr von einem enigmatischen, nicht kohärent entzifferbaren Zeichensystem, das in seinen drastischen emotionalen Darstellungen (Zeigen des Hinterteils, Herausstrecken der Zunge) eine Gegenwelt zur heilsgeschichtlichen Ordnung entwerfe. Hier finden sich auch verschiedene Berufsdarstellungen, so Musiker und Gaukler und sogar Baumeister. Wenngleich letztere in solchen Kryptoselbstportraits zwar den Grund für ihr sich später manifestierendes Selbstbewußtsein gelegt hätten, so hätten sie sich im 12. Jh. noch in die Gruppe gesellschaftlicher Außenseiter eingereiht. Der künstlerische Freiraum, den die Randzonenfiguren ließen, gebe Anlaß zu bewußten Mehrdeutigkeiten in der Wahrnehmung: Was für die Auftraggeber wohl als Darstellung der bösen Mächte und der Sünden galt, gebe dem Künstler eine große Bandbreite an Möglichkeiten, das volkstümliche Leben der Straße abzubilden. In der gotischen Kunst werde diese Tradition bruchlos fortgesetzt, doch mit neuen bildrhetorischen Mitteln verfeinert und bereichert. Die sozialen Zuordnungen würden präziser, damit auch komplexe Gesamtprogramme möglich. Am Beispiel der Konsolfiguren der Kathedrale von Angers (2. Viertel 13. Jh.) versucht die Autorin zu zeigen, wie die Randgruppen in ein heilsgeschichtliches System integriert werden. Dies sei als moralischer Aufruf an die begüterten Schichten zu interpretieren, Barmherzigkeit gegenüber den Armen zu üben, ein Aspekt, der auch dem theologischen Wirken des den Bau initiierenden Bischofs zu entnehmen sei. An Hand des Nordportals von Notre-Dame in Semur-en-Auxois wird ein ähnlicher Aspekt verfolgt. Die rätselhaften Trägerfiguren unter dem Tympanon deutet Kenaan-Kedar als Figuren aus dem Gralszyklus. Zusammen mit der Indienfahrt und der Almosenspende des hl. Thomas, die im Tympanon darüber dargestellt sind, ergebe sich der Hinweis auf die Kreuzzugsthematik und die Aufforderung zur Barmherzigkeit. Diese Aspekte seien von zentraler Bedeutung für den zur Zeit der Erbauung der Kirche regierenden burgundischen Herzog Hugues IV. gewesen. An Hand späterer Beispiele führt die Autorin vor, daß die bildnerischen Optionen der Randskulptur sich immer weiter auffächerten zwischen höfisch stilisierenden, realistischen und karikierend überzeichnenden Idiomen. Konstant bleibe allerdings, daß die ausführenden Künstler mit der Überwindung anerkannter künstlerischer Normen und dem Rückgriff auf »the harsh reality of popular culture« häufig einen Sozialprotest formulierten. Dies gipfele, wie am Beispiel der Wasserspeier von Notre-Dame-de-l'Epine ausgeführt wird, im 16. Jh. Obwohl in der frühneuzeitlichen Gesellschaft Randgruppen wie Prostituierte, Bettler usw. deutlich diskriminiert wurden, seien sie in Form von menschenverschlingenden Wesen, aufreizenden Frauen, Liebesdarstellungen usw. in den Wasserspeiern bildwürdig geblieben. Was von den Auftraggeber als abschreckende Darstellung der Sünde gedacht war, sei von den Bildhauern auf faszinierende Weise wiedergegeben worden, dabei Verachtung, aber vor allem auch Mitgefühl vermittelnd. Das Buch endet mit einem Aus-

blick auf die generelle Bedeutung der Darstellung von Randgruppen, seien diese Velasquez'
Narrenportraits oder Fellinis Filme. Es folgt ein Appendix, der die Themen einiger Konsol-
figurenzyklen auflistet, sowie eine Bibliographie, die die monographische Literatur zu den
behandelten Monumenten sowie Titel zum Komplex der Randgruppen und ihrer Darstellung aufführt.

Der generellen Zielstellung, die Erscheinungsformen der ›marginal sculpture‹ in einem
Zeitraum von 400 Jahren auf die Geschichte der Rechtlosen zu beziehen (wobei hierbei auf
geläufigen Modellen von deren Entwicklung ausgegangen wird), ist auf ca. 70 Textseiten
kaum gerecht zu werden. So bleibt die Argumentation zumeist arg lakonisch, oder aber sie
beruht auf Konjekturen. Die ikonographische Deutung der Zyklen stützt sich in recht allgemeiner Weise auf Vergleiche mit einigen theologischen und literarischen Texten, ohne
wirklich in die Einzelheiten der sozialen Kommunikation über die dargestellte Gestik und
Mimik einzudringen. Zu sozialen Randgruppen werden ohne Diskussion lediglich
Angehörige »unehrlicher« Berufe bzw. körperlich Mißgebildete, nicht aber ethnisch-reli-
giöse Minderheiten gerechnet. Zweifel sind an manchen Identifizierungen anzumelden, so
etwa an den Architektenselbstportraits an den romanischen Konsolen oder auch an der
Verbindung des Portals von Semur mit der Gralsthematik (die Atlantenfigur rechts ist keinesfalls als Ritter, also auch schwerlich als Parzifal zu deuten). Forciert erscheint auch die
Trennung zwischen einer ›official art‹ und der Subkultur der ›marginal sculpture‹. Daß in
der mittelalterlichen Skulptur jeweils unterschiedliche, bisweilen dialektisch aufeinander
bezogene Darstellungsmodi wirksam waren, ist schon länger bekannt (cf. Willibald Sauerländer, Reims und Bamberg; zu Art und Umfang der Übernahmen, in: Zs. für Kunstgeschichte 39, 1976, S. 167–192). Analoges gilt auch für die Erstellung von Gegenwelten in
parodistischer Form in anderen Medien. Daraus aber eine konstante Rolle des mittelalterlichen Bildhauers als eines subversiven Kritikers sozialer Ungerechtigkeiten abzuleiten, wird
aus der vorgelegten Studie nicht plausibel und erscheint eher bestimmten modernen Auf-
fassungen von der Rolle der Kunst verpflichtet. Dies liegt nicht zuletzt daran, daß die ›marginal sculpture‹ etwas einseitig vor allem auf in entlegenen Bereichen angebrachte Bauskulptur mit »realistischer« figürlicher Thematik festgelegt wird. In vielen Konsolzyklen
aber überwiegen die Darstellungen von vegetabilen Ornamenten oder grotesken Fabelwe-
sen über den Aspekt einer mimetisch getreuen, ikonographisch entschlüsselbaren Lebens-
schilderung. Umgekehrt erscheinen realistische und drastische Elemente auch im Rahmen
der großen Portalskulptur, man denke etwa an das Weltgerichtsportal in Autun oder das
Bamberger Fürstenportal. Im Zusammenhang der ›marginal sculpture‹ hätten auch andere
Gattungen aus dem liturgischen Funktionsbereich diskutiert werden sollen, in denen das
Thema ebenfalls omnipräsent ist: Türzieher, Gießgefäße und zahlreiche liturgische Geräte
bedienen sich ja ebenfalls teils drolerienhafter, teils realistischer figürlicher Darstellungen,
ohne daß dies aber primär als Ausdruck gesellschaftlicher Stratigraphien zu deuten wäre.
Daß die skulpturalen Ensembles nicht nur eine sozialhistorische Seite, sondern auch kos-
mologische und theologische Aspekte beinhalten, wird bei Kenaan-Kedar fast ganz ausgeblendet. Sicher gerechtfertigt ist, auf der Selbstständigkeit, Freiheit und künstlerischen Sub-
tilität der mittelalterlichen Bildhauer zu insistieren. Doch dies gilt ebenso für die sog. ›official art‹, die nicht nur durch hieratische Kompositionen und Stilisierungen gekennzeichnet
ist. In der Tendenz zur Generalisierung und zur breiten Überschau enthebt sich die Autorin
somit der Aufgabe, die Rhetorik der Gesten zwischen Zeremoniell und Narrenspiel im
Medium der (Rand-)Skulptur genauer zu ergründen. Hinzuweisen ist schließlich darauf,
daß einige für das Thema zentrale Beiträge offenbar nicht wahrgenommen wurden, so etwa
außer dem oben erwähnten Aufsatz von Sauerländer: Richard Hammann-Mac Lean,
Künstlerlaunen im Mittelalter, in: Friedrich Möbius/Ernst Schubert (Hg.), Skulptur des
Mittelalters. Funktion und Gestalt, Weimar 1987, S. 385–452 und die Studien von Horst
Bredekamp, Linda Seidel und Reinhard Steiner, in: Herbert Beck/Kerstin Hengevoss-

Dürkop, Studien zur Geschichte der europäischen Skulptur im 12./13. Jahrhundert, Frankfurt a. M. 1994, passim.

Christian FREIGANG, Göttingen

Bernhard BISCHOFF, Katalog der festländischen Handschriften des neunten Jahrhunderts (mit Ausnahme der Wisigotischen). Teil I: Aachen-Lambach, Wiesbaden (Harrassowitz) 1998, XXVIII–495 p. (Bayerische Akademie der Wissenschaften. Veröffentlichungen der Kommission für die Herausgabe der mittelalterlichen Bibliothekskataloge Deutschlands und der Schweiz).

The achievements of the Carolingian renaissance have come to be seen as rooted in a tremendous expansion of the production of books during the course of the ninth century. Since 1930 all attempts to describe and evaluate those Carolingian manuscripts which have survived have been dependent on the unsurpassed learning and generosity of Bernhard Bischoff. The great catalogues, of Latin manuscripts prior to the ninth century, of classical manuscripts copied before 1200, of early liturgical manuscripts, of manuscripts of capitularies, gospel books or works of individual authors, all drew on his expertise. His verdicts on the date and the localization of manuscripts acquired an authority which all too often appeared to justify omission of any of the arguments which he had furnished in support of those verdicts.

Bischoff's authority depended on an unrivalled first-hand knowledge of surviving western manuscripts copied before the end of the millennium, and an unrivalled visual memory of the scripts of these manuscripts. The sophistication of his monograph on the writing centres of south-eastern Germany (Die südostdeutschen Schreibschulen und Bibliotheken in der Karolingerzeit) has not been acknowledged: it was the first attempt to map the development of scripts in a region, rather than a scriptorium. From the 1950s he had conceived the project of a catalogue which would date and localize all surviving continental manuscripts copied east of the Pyrenees in the ninth century. The first volume, containing slightly over one third of the material now in libraries from Aachen to Lambach, has now appeared, and must transform our understanding of Carolingian culture.

Since scarcely any early medieval manuscripts offer direct evidence as to their origins, students of early medieval manuscripts have tried to localize them in the major scriptoria and libraries of great religious houses on the basis of their scripts. A small number have been seen as the products of royal or imperial patronage, chiefly because of their decoration. Many Carolingian manuscripts can only be grouped by their script, which may have distinctive features not yet attributable to a particular centre, these groups may display the skills of a scribe rather than a school. Bischoff's catalogue – depending on an unequalled palaeographical investigation of each manuscript or fragment – provides an analysis of surviving Carolingian manuscripts as deep as it is wide-ranging. For an exemplary account of a script difficult to localize the entry for Cologne 100 should be read in full.

In general the laconic prose requires exegesis. The descriptions are terse – but Bischoff was always terse. While he had the visual equipment to reflect very fine distinctions, palaeography has not established a vocabulary to describe such distinctions. He described hands as ›anspruchlos‹ (Göttweig 499), ›diszipliniert‹ (Chigi Frag. 9), ›fest‹ (Cologne 29), ›gleichmäßig‹ (Copenhagen Gl. Kgl. S. 1338), ›hart‹ (Karlsruhe Aug. Perg. 108), ›länglich‹ (Kiel K.B. 144), ›streng‹ (Brussels II 2206), ›leicht‹ (Cambrai 471), ›regelmäßig‹ (Einsiedlen 347), ›rundlich‹ (Colmar 49), ›spröde oder schlecht geschlossen‹ (Hague 130 E 15), ›etwas unausgeglichen‹ (Colmar Fragm. 274), and ›unruhig‹ (Karlsruhe Aug. Perg. 111). Few readers will find it easy to make these distinctions meaningful, especially without photographs. Some descriptions offer more clues: specific letter-forms may be noted, especially open *a* and round *d* (which suggest an early date), the shape of *g* and the form forms of ligatures with *r*. But whether when Bischoff described scripts as ›diszipliniert‹ and ›fest‹ or ›regelmäßig‹ he had a clearly articulated sense of the values of these nuances, and whether those values can be recovered, remains to be seen. Bischoff's way of describing the homes of manuscripts reflects a similar degree of sensitivity to his material, hampered by our lack of historical knowledge about scriptoria. Thus manuscripts are attributed to ›Reims‹, ›Reims oder Umkreis‹, ›Reims, Umkreis‹ and ›Reimser Einfluß‹. Sometimes the palaeographical analysis is highly sophisticated. Florence Laurenziana pl. XIV 15 is a manuscript of Boethius which was begun in a scriptorium on the Loire, and continued in the script of Fulda, with marginalia perhaps by Lupus. Berlin Phillipps 1741 is a *Collectio Dionysio-Hadriana* copied in Reims minuscule of the time of Hincmar, but frequently interrupted by hands ›from different schools‹. Cambrai 352 presents an unresolved problem: is the change of script ›durch Willkür des Schreibers oder doch durch Handwechsel zu erklären?‹

Yet Bischoff's command of his material has brought us far closer to an understanding of the world of ninth-century book production. These succinct descriptions also include a wealth of detail about what can be found in the manuscripts: corrections, sketches, glosses, neumes and later entries in the manuscript are all frequently noted, often by a series of abbreviations. (The list of abbreviations employed fills seven pages, each in two columns of fifty lines.) These listings are of importance to art historians and musicologists, for much of what Bischoff records represents random additions not found except by a comprehensive search. These added entries and names can help to establish the provenance of the manuscripts, but I note that Bischoff is very careful not to use tenth-century entries to suggest anything about the ninth-century home of a manuscript. To quote one example, Copenhagen Gl. Kgl. S. 170 2° was given to St-Germain-des-Près by Gundoinus in the late ninth century, but Bischoff did not think that it was copied there.

It is important to stress that, before his death in 1991, Bischoff had seen proofs of the text for manuscripts in libraries from Aachen to Köln, but had left gaps for Erfurt, Gotha, Halberstadt, Halle and Hildesheim, and for some items which required further checking. Bischoff's ›Summarisches Programm‹ of 1955 has been reprinted at the beginning of this volume in place of a new introduction, his own table of abbreviations, bibliography and index were never written. This volume was subsequently prepared for the press by Brigitte Ebersperger, working for the Bavarian Academy, what she has edited and supplied may not necessarily be what Bischoff intended us to read. As he continued to consider the grouping and dating of manuscripts he sometimes changed his mind, so that the sequence in which he saw manuscripts and their problems may be of telling importance. When it is possible to establish the date at which he saw manuscripts, it becomes clear that some entries are the fruit of examination made in the 1950s or earlier, supplemented by work from photographs. In the 1980s Bischoff seemed much more ready to attribute manuscripts to Auxerre, or Fleury/Auxerre than he was in this catalogue: of those manuscripts linked with Auxerre in an unpublished list of the 80s, Amsterdam 73 (Caesar, *de bello Gallico*) is here probably Fleury, and Angers 148 (Cyprian) is attributed to Angers. Some of the verdicts of 1991 must also have been provisional ones.

Bischoff worked by attributing manuscripts to scriptoria. In this volume the scriptoria of Arras, Cambrai, Cologne, Corbie, Fleury, Freising, Fulda, Lorsch, Lyons, Mainz, Murbach, Reichenau, Reims, St-Amand, St-Denis, St-Gall, St-Germain-des-Près, Tours, Verona, Werden and the court of Louis the Pious each have more than ten surviving manuscripts. Other manuscripts are grouped together by their scripts, even though it is not clear where they were copied. The vast majority are only localized to regions: West Germany, Southern Germany, France, Eastern France, and Northern Italy. So for most of the manuscripts included in this catalogue palaeography has not yet been able to supply precision in the analysis of the protean variety of regional letter-forms. Is this because the formal conventions of Caroline minuscule might reduce the distinctive features which aid the localization of earlier cursive scripts? And are those features of script and abbreviation which have enabled palaeographers to suggest sequences of development in a writing centre less the result of formal training in a scriptorium and more the result of shared implicit assumptions about written language among scribes – who were prone to change script to suit the copying of different sorts of text? Until we have more monographs about the evolution of scripts in Carolingian writing centres we cannot answer such questions. Bischoff himself investigated how Salzburg adopted the script of St-Amand when Arno became archbishop, and how scripts changed at Lorsch and Regensburg. Further detailed investigation of developments in script such as the change from insular to continental script in manuscripts from Fulda (see Cologny 84 + New York Academy of Medicine 1, Hippocrates and Apicius, or Bern 234, Cassiodorus) will be essential before we can understand how and why such scripts change.

This volume does not supply enough evidence to evaluate all the products of any one scriptorium, but the large number of Tours bibles and gospel books included which were clearly copied for export shows why Bischoff believed Tours was particularly influential in the spread of Caroline minuscule. Nor was Tours alone in copying books for other places: sacramentaries copied at St-Amand are now in Cambrai and Harvard; a life of Amandus went to Ghent, a copy of Martin of Braga from St Amand came to Anglo-Saxon England (Cambridge Corpus Christi College 430); and the Prachtcodex of Bede's computistical works went to Reims (Berlin Phillipps 1895). Reims was probably copying canon law texts for export. To my own list of manuscripts copied at Corbie for export Bischoff has added Brussels 15111–15128 (a martyrology), grammars in Florence San Marco 38 and a leaf of Jerome's life of Hilarion (now Darmstadt 3710).

In exploring how books circulated from one house to another in this period palaeographers have been slow to learn the lessons of John Contreni's study of Laon: in ›The Cathedral School of Laon from 850 to 930‹ he described how a major Carolingian school survived without a significant scriptorium, procuring books from other houses and not least from the gifts of its schoolmasters. While the concept of the school is new to palaeographers, the ›Schulzentrum‹ has a significant place in this catalogue. Instances include Florence Ashburnham 1899 (a copy of Valerius Maximus) copied by ›sehr verschiedene Hände‹ and Bern 180 (Hegesippus) possibly copied as ›Gemeinschaftsarbeit in einem Schulzentrum?‹ Berlin Lat. Qu. 690 (works of Augustine probably from Mainz) is the work of scribes from Mainz, Reims and St-Amand and of two insular scribes. These scribes are regarded as working within the circle of the Irish teacher Probus, who died in 859. Here palaeographical analysis has allowed Bischoff to suggest a context. Probus is known as a friend of Walahfrid Strabo and Lupus, and he gave Reims 130, a copy of Hrabanus on Exodus, to the Reims Cathedral Chapter.

Anyone concerned with the function of books should learn from this catalogue. Liturgical book types are well differentiated (although not yet indexed). Another important question, the distinction between institutional and private ownership of books, is sometimes elucidated by evidence provided here. Yitzak Hen has recently suggested that Brussels 10127–10144 was copied for a priest. This hypothesis is confirmed by a late ninth-century entry ›de servitio domni episcopi et archidiaconi‹ about dues to be paid by a rural church. Bischoff printed this entry and noted that the manuscript was copied by several hands working in an unspecified north-eastern French scriptorium. Other candidates for priest's books might include the Fragments of a pocket-format copy of the Canones Theodori (Basel N 1 6 no. 44), which was written with ›large spaces between the words and groups of words‹, or Basel F III 15 e (ff. 10–15, De discretione orationis dominicae), copied at Fulda in ›singulärer persönlicher karol. Min.‹ Colophons recorded by Bischoff identify a priest named Ainardus as one of the scribes of a gospel book, now Avignon 22; the Breton priest

Martin copied the *de decim categoriis* in Avranches 229, Bern 50, a Josephus, was given to Micy by a priest named Augustine, Bern 831 is a copy of Remigius on Matthew copied by a priest called Thomas for a deacon called Rachinald; Berlin Lat. Fol. 270 is a southern French lawbook copied by a priest named Martin for Count Aymohenus, and Breslau R. 108 (Orosius) was copied by the priest Rismar for Bishop Theodgrim of Halberstadt who died in 840. It is worth speculating whether any of these priests was working in a monastery, and how their work was recompensed.

To what extent can we infer the availability of a text or book-type from the number of surviving copies? Every parish priest was supposed to own a lectionary. But few have survived. The catalogue has only eight lectionaries among its 2038 entries (including Epinal 105, copied around 800, which does not seem to have been studied). Lectionaries, however, must have been among the most common types of book in the Carolingian world. Seventy-two gospel books are listed in the catalogue. Were they really ten times as common as lectionaries, or merely ten times as likely to be preserved? There are eight surviving copies of the *Regula Benedicti*, including three which are glossed (and the *Glossae super Regulam S. Benedicti* in Brussels 15111–15128 part 2 surely deserve an edition). Palaeographers are wary of such statistics, but it may be significant that in this volume of the catalogue Hrabanus is the most frequent Carolingian author, followed by Alcuin. There are six manuscripts of Hrabanus's works copied at Fulda, and eleven not from Fulda. The most popular works of Carolingian authors are Smaragdus's *Expositio Libri Comitis* and Paul the Deacon's *Homiliarium*. Each was copied throughout the ninth century all over the Carolingian empire.

How is this volume to be used? Its model is *Codices Latini Antiquiores*, but without a set of plates comparable to CLA it will remain as difficult of access as Bischoff's earlier work. His great article on Chelles was published without any plates, for he assumed that his readers would be able to find all the volumes and articles listed in his footnotes. The terse descriptions in the catalogue are a summary of what Bischoff had seen, often using photographs. The only means of evaluating Bischoffs palaeographical verdicts is to look at the details, and so it is imperative that the Bavarian Academy publish a volume of the plates which they helped Bischoff to obtain. To develop a palaeographical eye, the best method is to look at a manuscript described by a master until you have understood why that master has selected certain features of the manuscript as significant. Therefore these descriptions cannot be a substitute for the manuscripts, nor can these dates or localizations be a substitute for that detailed examination which every manuscript deserves. The dating of manuscripts can only achieve precision when textual, historical or scientific arguments are assembled to sustain a date. Assumptions behind the palaeographical notions of ›early‹, ›Generation‹ or ›region‹ must be investigated in situations and periods where scribal careers can be securely documented. In this respect early medieval palaeography is always going to be more tentative than work on Italian humanistic script.

One important consequence of Bischoff's catalogue will be a further re-evaluation of *Codices Latini Antiquiores*. There are over twenty items here which were not included in CLA though dated s. VIII/IX. But many items in CLA have an equally vague date. The year 800 had no palaeographical significance, and when Lowe and Bischoff imposed it as a boundary they excluded some manuscripts clearly copied in the reign of Charlemagne which might well have been included. By Volume X they had realised that it was better to be more inclusive than they had been in earlier volumes.

Clearly the catalogue must be used by editors to ensure that manuscripts are correctly dated and not misplaced in a stemma. In one of the shortest entries Bischoff has redated Hildesheim Dombibliothek 31 (Boethius, *de Arithmetica*), previously thought to have been copied for Bernward of Hildesheim, to the middle third of the ninth century. Florence Laurenziana pl. XII. 21, a copy of the *de Civitate Dei* once owned by Sassetti was exhibited in Florence in 1997, where it was dated to 1100. In fact Bischoff thought it was copied at Tours in the third quarter of the ninth century. Its readings remain unrecorded. Those who choose to approach the work via its index may be disappointed. This volume has indices of manuscripts cited in addition to the catalogue entries and of ›Schreiborte und Schriftprovinzen‹ (where Bischoff offered several possibilities all have been indexed), but lacks indices of names of authors, scribes, or owners and types of book. The localizations depend on modern geography, so that Belgium and the Netherlands become ›Schriftprovinzen‹. Though there are five entries under England all have queries beside them: many are Werden manuscripts, most probably copied at Werden. The reader who searches for the bibliography on the manuscript which was in Hernstein until the Second World War, and of which photographs apparently survive in Leipzig, will learn much about Anglo-Saxon medical illustrations of the ninth century.

There is rich material here for original research on countless topics. I urge a study of Reginbert, the librarian and scribe of Reichenau, who is associated here with twenty-six manuscripts (now chiefly in Karlsruhe). I look forward to an edition of the late antique glosses on the *City of God* copied in the margins of manuscripts in Angers, Brussels, Cologne and Copenhagen. What is the late ninth-century *Consuetudo Monastica* added on ff. 243v–244r of Cologne 60? There is material for political historians too. Bischoff links two manuscripts with Pippin of Aquitaine. Cologne 125 was the copy of the 836 Synod of Aachen made for him at Aachen, Bern 303 is a copy of the same text made in haste in the circle of Jonas of Orleans. A study of these manuscripts must reveal the mechanics of relations between the Carolingian episcopate and the imperial chancery and so clarify how far Louis the Pious had regained control of his empire after the events of 833. Annotated civil and canon law manuscripts such as Berlin Lat. Fol 269 or Lat. Qu 150 (which has a ninth-century flyleaf with verses from Martial) will also repay investigation.

This catalogue is essential reading for early medievalists because of its range of material and because it records the verdicts of the greatest expert on that material. In several cases these verdicts have explicitly been revised from earlier published accounts of Bischoff's views. It was never intended to provide more than a laconic palaeographical account of much of that material, and it is those details and groupings which Bischoff alone could see which will take us further. Thus the catalogue will be the securest starting point for anyone who wants to find Latin manuscripts copied in the ninth century, many of which are misdated in all other published accounts. (The catalogue also lists and provides brief descriptions of manuscripts which had previously been incorrectly dated in the ninth century.) In 1955 Bischoff described his project as a ›Hilfsmittel‹ and hoped for detailed monographs which would draw on it. It is our duty to make the most of the help he has so generously assembled.

The following ninth-century manuscripts which were not seen by Bischoff can be added. For knowledge of those in Cambridge I am indebted to Michael Gullick. The descriptions follow Bischoff's model:

CAMBRIDGE University Library, Ms. Dd.12.54. Wandalbertus, Opera poetica.
51 leaves (f. 35 is an inserted slip); 149 x 118mm, written space 100 x 73mm; 21 lines. At least four hands, the smallest on ff. 27–28 and 31–35. Poor rustic titles. On the outer flyleaves a letter to an archbishop of Reims; on the verso of the front flyleaf a text on ›Dies Egyptiaci‹; on f. 51r (back flyleaf) a text on Ides and Nones. F. 15v: *Hymnus in Laude Beati Amandi*; f. 50v *Ymnus de Festivitate Sci. Lupi Episcopi*. Contemporary marginal notes and corrections, including the obits of Hachaldegarius and Wandalbert on f. 38r. – Reims, after 850.

Ms. Ff 3.34. Eucherius, Instructionum Liber.
5 leaves (misbound, f. 3 should follow f. 5); 279 x 190mm, written space 235 x 160mm, 27 lines. One hand which gets increasingly smaller; f. 1v, exzellent Franco-Saxon initial I with animal terminals followed by monumental capitals; f. 5r *gauffredus cumparavit istum librum*. – Franco-saxon, first third of the ninth-century.

CHAPEL HILL University of North Carolina Rare Book Room, Ms. B785 P2 1572 (parchment cover of printed book). Single leaf of Epiphanius Latinus, Sermo 41.
One hand, writing capitals followed by minuscule. – Germany, first half of the ninth-century.

David GANZ, London

Die nichtarchivischen Handschriften der Signaturengruppe Best. 701 Nr. 1–190, ergänzt durch die im Görres-Gymnasium Koblenz aufbewahrten Handschriften A, B und C, bearbeitet von Christina MECKELNBORG, Wiesbaden (Harrassowitz) 1998, VIII–623 p., 48 pl. (dont 16 en couleurs); index, incipitaire (Mittelalterliche Handschriften im Landeshauptarchiv Koblenz, 1).

Ce catalogue fournit la première description scientifique de 90 manuscrits médiévaux, c'est-à-dire d'environ la moitié des volumes de ce type qui sont aujourd'hui conservés dans le Landeshauptarchiv de Coblence. Les manuscrits qui appartiennent en propre à l'établissement sont en nombre restreint. La plupart des entrées correspondent à un dépôt, effectué en 1908, des manuscrits du Gymnase de Coblence, qui restent la propriété de la Stiftung Staatliches Görres-Gymnasium. Cinq volumes, qui en 1911 avaient été déposés à la Stadtbibliothek de Trèves, sont revenus à Coblence en 1988, où ils ont rejoint le reste du fonds. Trois autres, cotés de A à C, se trouvent toujours dans les locaux du Gymnase: un bréviaire commandité vers 1336 par l'archevêque de Trèves, Baudouin de Luxembourg; une Bible du XIIIᵉ siècle de la Chartreuse de Mayence, reliée avec un missel et un bréviaire à l'usage de cette maison; un livre d'heures enluminé du diocèse d'Utrecht, copié à Delft vers 1455–1465. Il s'agit de trois manuscrits prestigieux qui sont longuement analysés aux p. 449–480 et sont illustrés par 9 des 16 planches en couleurs.

Le Gymnase de Coblence a connu une histoire mouvementée, et ses manuscrits sont de provenance variée. Le fonds initial est celui des Jésuites de la ville, qui avaient acquis en 1580 les livres d'une maison de Chanoines réguliers de saint Augustin, fondée en 1428 dans l'île de Niederwerth (»monasterium beate Marie uirginis in insula sub Confluencia«). Après la suppression des jésuites en 1773, leur collège conserva sa fonction d'enseignement dans un autre cadre institutionnel, et, sous l'administration française, c'est lui qui recueillit les fonds des établissements sécularisés en 1802: franciscains, dominicains et chartreux de Coblence, carmes de Boppard, ainsi que divers manuscrits, dans des circonstances plus obscures, de la Collégiale de Münstermaifeld. Un professeur du Collège, Joseph Görres (1776–1848), profita des troubles de l'époque révolutionnaire pour acquérir près de 200 manuscrits ayant appartenu aux bénédictins de Saint-Maximin de Trèves et aux Cisterciens d'Himmerod: en 1840, il donna une partie de sa collection (environ 80 volumes) à son ancienne école de Coblence.

Ces différents enrichissements furent, hélas, contrebalancés par des prélèvements dont se rendirent coupables les autorités françaises et prussiennes. À l'aide de documents d'archives, l'auteur a relaté en détail les confiscations des années 1794 et 1796 et la gabegie consécutive à l'installation de l'administration française. Son étude est excellente et fait bien la différence entre les années d'occupation militaire (1794–1797) et celles de l'annexion à la France (de facto à partir de 1797; en droit après 1801). Coblence devint alors préfecture du nouveau département de Rhin-et-Moselle. Sur le rôle que joua l'ex-bénédictin Jean-Baptiste Maugérard, nommé en 1802 ›Commissaire pour la recherche des sciences et arts‹, on consultera désormais l'article fouillé de Bénédicte Savoy, »Codicologue, incunabuliste et rabatteur. La mission de Jean-Baptiste Maugérard dans les quatre départements du Rhin (1802–1805)«, dans: Bulletin du Bibliophile (1999) n° 2, p. 313–344. Pour juger de la politique culturelle sur la rive gauche du Rhin, il faudrait la comparer systématiquement à celle qui fut menée, depuis la chute de la monarchie, dans les autres provinces françaises. Le mépris que manifestaient les commissaires à l'égard des livres liturgiques ou scolastiques, le désir de centraliser à Paris les manuscrits et incunables utiles aux savants sont des phéno-mènes généraux et ne prouvent pas qu'on ait réservé un sort particulier aux territoires annexés. Il serait d'ailleurs équitable de rappeler que, comme partout ailleurs, les musées des nouveaux chefs-lieux furent dotés d'œuvres d'art envoyées de Paris (peintures et sculp-tures). Je ne connais pas les richesses artistiques de Coblence, mais la situation ne doit pas y être différente de celle de Mayence, dont la Pinacothèque est formée, pour une part non négligeable, de tableaux expédiés par le gouvernement impérial. Ces œuvres d'art, non ren-voyées en 1815 et rarement évoquées dans les travaux des codicologues, étaient destinées à compenser les ponctions effectuées dans les bibliothèques au bénéfice des savants parisiens.

Une fois passé sous administration prussienne, le fonds de Coblence continua – au nom de la science – à subir des vicissitudes. La seule différence est que les compensations se firent désormais en argent et non en œuvres d'art. En 1821, le bibliothécaire du Gymnase fut forcé de laisser partir vers la nouvelle Université de Bonn 368 incunables, 533 éditions anciennes et 40 manuscrits (à titre de comparaison, le français Maugérard avait prélevé 2 manuscrits et 115 imprimés). Depuis lors, un légendier de Münstermaifeld du XIVe siècle est partagé entre les deux bibliothèques (fin décembre–juillet: Bonn, UB, S 369; août–fin décembre: Koblenz, Best. 701 Nr. 113a). Enfin en 1911, à l'instigation d'Adolf von Harnack (»im Interesse der wissenschaftlichen Benutzung«), la quasi-totalité du legs précieux de Joseph Görres, en dehors de quelques pièces intéressant l'histoire locale, fut cédée contre une somme de 1700 Marks à la Bibliothèque Royale de Berlin.

A la suite de ces divers ›écrémages‹, le fonds actuel de Coblence renferme surtout des manuscrits sur papier des XIVe et XVe siècles. Font exception les trois volumes sur parche-min, cités plus haut sous les cotes ABC; un évangéliaire de Trèves des Xe–XIe siècles, acquis en 1875; une Bible du XIe siècle provenant de Saint-Castor de Coblence, et quelques manuscrits de Münstermaifeld, antérieurs à 1300. Cela n'empêche pas les descriptions soi-gnées de Christina Meckelnborg de présenter un vif intérêt, car de nombreux textes étaient restés inconnus des éditeurs. Parmi les pièces les plus intéressantes, je relève deux listes de livres: un don du XIe siècle au profit d'une communauté de Trèves (édition p. 78: 7 manus-crits scientifiques) et la collection personnelle de Jacobus Bonner de Kerlych vers 1465 (document inédit, mais reproduit intégralement sur la pl. 44: 36 volumes). Méritent égale-ment d'être mentionnés les fragments d'un manuscrit conciliaire du IXe siècle, servant à renforcer une reliure (p. 436–437), deux bifeuillets de Sentences d'Abélard (p. 384–385), provenant de Niederwerth et détachés d'un recueil de Cologne (Stadtarchiv, W 137, XIIe–XIIIe siècle), ou encore un exemplaire inconnu de l'*Etymachia*, naguère étudiée par N. Harris (The Latin and German ›Etymachia‹, Tübingen 1994 cf. p. 364–365). L'une des gardes du manuscrit Best. 701 Nr. 152 fournit l'index numéroté d'un légendier du XIVe siècle, originaire du diocèse de Cologne ou de Trèves, dont il est dommage que le texte n'ait pas été publié in extenso (p. 291). Les trois copies du *Benjamin minor* de Richard de Saint-Victor (Best. 701 Nr. 125, 155 et 190) n'étaient pas connues du regretté Jean Châtillon, »Le *De duodecim patriarchis* ou *Beniamin minor* de Richard de Saint-Victor. Description et essai de classification des manuscrits«, dans: Revue d'Histoire des Textes 21 (1991) p. 159–236; les deux dernières attestent une rubrique spéciale »Tractatus Richardi peroptimi de vita contemplativa«, qui ne coïncide avec le titre d'aucun des 150 témoins que recensait Châtillon (l'adjectif *peroptimus* figure seulement chez lui dans les notices 72 et 143). En revanche, les témoins de la *Vita S. Pelagiae* (Best. 701 Nr. 133 [omis dans l'*Index Legenda-rum Sanctorum]* et 146) avaient été collationnés et classés par Pierre Petitmengin et alii, »Les Vies latines de sainte Pélagie«, dans: Recherches Augustiniennes 12 (1977) p. 3–29; 15 (1980) p. 265–304: c'est l'un des rares oublis qu'ait commis l'auteur dont la bibliographie est en général très à jour. En ce qui concerne le *Florigerus* (ou *Liber florum Augustini*, Best. 701

Nr. 145), il faut maintenant se reporter à l'étude de Thomas Falmagne, »Le *Liber Florigerus:* Recherches sur l'attribution d'un florilège augustinien du XIIIe siècle (avant 1260)«, dans: Revue des Etudes Augustiniennes 45 (1999) p. 139–181.

François DOLBEAU, Paris

Der Bücherbesitz des Klosters St. Vitus in Gladbach: von der Gründung bis zur Auflösung des Klosters (974–1802), hg. von Raymund KOTTJE und Ernst Manfred WERMTER, Köln (Rheinland-Verlag); Bonn (Habelt) 1998, 3 vols. [Bd. 1: Die Handschriften von St. Vitus. – 1.1 Textband, bearbeitet von Christine WINKELMANN-GIESEN, unter Mitwirkung von Clemens M. M. BAYER, eingeleitet von Raymund KOTTJE, XXXIX–223 p., index. – 1.2 Abbildungsband, bearbeitet von Kristine WEBER, [VII]–5 p., 20 pl. coul., 371 ill. – Bd. 2: Die Drucke von St. Vitus, bearbeitet von Beatrix VEIT, Brigitte SCHÜRMANN, Elisabeth HAAS, 320 p., 54 pl. (dont 3 en coul.), index.]

L'abbaye bénédictine de Saint-Vitus de Gladbach (aujourd'hui Mönchengladbach, en Rhénanie du Nord-Westphalie) fut fondée en 974 par l'archevêque Gero de Cologne. Elle avait pour patron le martyr romain Vitus (en français Gui), dont la dépouille se trouvait à Corvey depuis 836. Jusqu'à sa suppression en 1802, ce fut une maison réputée au niveau régional pour sa bibliothèque, bien que, d'un point de vue économique, elle soit toujours restée assez pauvre.

Grâce au mécénat de la Reiners-Stiftung de Mönchengladbach, trois somptueux volumes proposent désormais une reconstitution idéale de tous les livres repérés de l'ancienne abbaye. Les troubles révolutionnaires, puis les efforts (désordonnés) de l'administration française pour créer une bibliothèque centrale dans le département de la Roër ont provoqué la dispersion des livres de Saint-Vitus. Hormis quelques volumes restés sur place, les ensembles les plus importants sont conservés aujourd'hui à Cologne et Darmstadt pour les manuscrits, à Cologne et Kempen pour les imprimés; mais par le biais des ventes publiques, des manuscrits isolés ont abouti dans nombre de villes d'Europe: Aix-la-Chapelle, Berlin, Bruxelles, Genève, Freiburg i. Br., Gand, Manchester, Nuremberg, ou encore aux Etats-Unis: Cambridge (Mass.), New York, Washington. Il est à noter qu'aucun volume jusqu'à présent n'a été retrouvé en France: cela montre que, si la bureaucratie française du Consulat et de l'Empire est responsable de la sécularisation et de transferts massifs à l'intérieur du département de la Roër, ce sont des collectionneurs privés, le Baron Hüpsch, Franz Ferdinand Wallraf, Leander van Eß, qui ont mis la main sur les plus belles pièces et sont à l'origine de la dispersion actuelle.

Le premier tome, en deux volumes, est consacré à l'histoire et à la description des manuscrits ayant jadis appartenu à Saint-Vitus de Gladbach. L'apogée du scriptorium est à situer dans la première moitié du XIIe siècle, alors que l'abbaye venait d'accepter les coutumes réformées de Siegburg. Le catalogue, qui suit les règles de la Deutschen Forschungsgemeinschaft, décrit d'abord 61 manuscrits venant certainement de Gladbach (I/1, p. 1–144), puis 57 manuscrits et fragments dont la provenance est moins assurée (I/1, p. 145–186), soit au total 118 articles. Quinze manuscrits qui, dans le passé, ont été indûment attribués à Gladbach, sont évoqués dans une première annexe (I/1, p. 187–198); une seconde recense 48 titres d'ouvrages disparus, mais dont on sait qu'ils figuraient jadis dans la bibliothèque (I/1, p. 199–207). Le volume I/2 fournit une très abondante illustration de chacune des 118 entrées du catalogue proprement dit. Les reproductions (20 planches en couleurs, 371 clichés en noir et blanc) sont bien choisies et complètent admirablement les descriptions du volume précédent. Une illustration exhaustive de ce type devrait être désormais la règle pour toutes les entreprises modernes de catalogage, mais il existe hélas trop peu de fondations éclairées comme la Reiners-Stiftung.

Le second tome traite des volumes imprimés, dont 519 ont été repérés à ce jour sur un total estimé à environ 4000 en 1802. L'entrée de Gladbach en 1510 dans la congrégation de Burs-feld suscita un renouveau et favorisa sans doute l'enrichissement du fonds de Saint-Vitus. Les livres identifiés sont tous conservés dans des villes assez proches de Mönchengladbach. Sous l'occupation française, des incunables furent emportés à deux reprises, en 1795 par les com-missaires Véron et Gancel, en 1801 par Constantin von Schoenebeck: ils se retrouvent aujourd'hui, comme les manuscrits, à Cologne et Darmstadt. Beaucoup d'imprimés du XVIe siècle, également sélectionnés par Schoenebeck, sont entrés dans des bibliothèques de Co-logne (Universitäts- und Stadtbibliothek, Zentralbibliothek der Medizin, etc.; en tout 368 articles). Les livres passés à Kempen (au nombre de 108) sont d'ordinaire plus récents et y ont été apportés par des bénédictins de Gladbach au moment de la sécularisation.

En raison du plan général, l'histoire des fonds de Saint-Vitus est répartie entre deux des trois volumes. Un catalogue de manuscrits, daté de 1389, est publié pour la première fois en annexe au tome I/1 (p. 209, sans renvoi à la pl. 245 du t. I/2). Trois listes d'époque révolu-tionnaire, qui mêlent manuscrits et imprimés, sont reproduites en annexe au tome II: l'une dressée par un moine de Gladbach, Augustinus Raves, à l'approche des troupes françaises (p. 239–240); les deux autres établies par les commissaires déjà évoqués, Véron et Gancel d'une part (p. 240–241), Schoenebeck d'autre part (p. 241–272). Cette situation a des consé-quences fâcheuses: les éditions du t. II renvoient pour les imprimés au catalogue qui pré-cède, mais ne donnent pas pour les manuscrits la concordance avec les notices du t. I/1; quant aux renvois qui sont faits en I/1 à la liste de Véron et Gancel, ils sont tous décalés d'un numéro. Il est dommage enfin que le catalogue de 1389, le plus important pour les codico-logues, n'ait fait nulle part l'objet d'un vrai commentaire. La vingtaine de titres énumérés a sûrement appartenu à Saint-Vitus de Gladbach, bien que cela n'ait pas été indiqué en intro-duction et qu'aucune concordance n'ait été proposée: le premier article (»presens liber«) est le volume sur lequel la liste a été copiée (Petrus Comestor, n° 41); on reconnaît ensuite les manuscrits décrits sous les numéros 58 (»Tractatus totalis de fide catholica contra gentiles a fratre Thoma de Aquino …«: exactement l'explicit figurant sur la pl. 301), 6 (»Luculenta exposicio presbiteri Bede in ewangelium Luce ewangeliste«), 59 (»Dyadema monacho-rum«) et 7 (»Exposicio Bede presbiteri in ewangelium secundum Marcum«); deux autres entrées renvoient à des articles égarés, mais connus par ailleurs: »Liber regule pastoralis beati Gregorii pape« (= livre perdu, n° 24), »Prologus in librum Rabani de institucione cle-ricorum« (= ibid. n° 31). Il s'ensuit que les autres titres, actuellement non repérés, auraient dû être mentionnés en I/1 parmi les »Verschollene Handschriften aus St. Vitus«.

Les deux rédacteurs du catalogue des manuscrits, en raison de la dispersion des volumes et du nombre élevé de fragments, n'avaient pas la tâche facile. Leur travail est en général satisfaisant, bien que l'on note ici et là certaines imperfections et que la confrontation avec les planches laisse apparaître trop d'erreurs de lecture. La notice n° 13 (Darmstadt, Hes-sische Landesbibliothek, 701) mentionne au f. 189v un extrait d'Augustin, *Admonitio Donatistarum de Maximianistis:* dans la mesure où cette œuvre est perdue depuis l'Anti-quité, l'identification paraît d'emblée improbable; vérification faite, le rédacteur s'est fié à tort au terme générique d'*admonitio* que donne le manuscrit, et le passage en question est tiré de la Règle d'Augustin ou *Praeceptum* (éd. L. Verheijen, Paris 1967, p. 418, l. 11–21). Dans la notice 24 (Köln, Historisches Archiv der Stadt, W 144), le texte du f. 1 correspond à l'une des questions de l'Ambrosiaster (cf. PL 35, col. 2286–2287). La planche 311 permet de reconnaître que la fin du fragment n° 64 est tirée de Bernard de Clairvaux, *Liber ad milites templi de laude nouae militiae* (éd. Leclercq-Rochais, Romae 1963, p. 214, lignes 2, 7–10, 19–20; 215, l. 2–5, 8–15; lire au début *nuper auditur* et *inexpertum* au lieu d'*imperantur* et d'*in expectum).* Ce qu'on voit du n° 98 sur la planche 338 consiste en extraits un peu retou-chés d'Augustin, *Contra Fortunatum,* du § 1 au § 37. Les numéros 101 et 104 décrivent des fragments d'Evrard de Béthune, *Graecismus* IX 251–265, 277–291, et XXV. On notera en passant que, sur la planche 322, les cinq bandes verticales n'ont pas été photographiées dans le bon ordre (pour les déchiffrer, il faut les replacer par la pensée dans l'ordre inverse 5, 4, 3, 2, 1). Dans l'index des manuscrits du t. I/1, il n'est pas fait mention de Berlin, lat. fol. 745 (Görres 42) du XVe siècle, qui aurait été copié par un moine de Gladbach avant d'appartenir aux cisterciens d'Himmerod, selon F. Schillmann, Die Görreshandschriften, Berlin 1919, p. 43 et 45 (Verzeichnis der lateinischen Handschriften der Preußischen Staatsbibliothek zu Berlin, 3): après enquête, ce recueil aurait dû, semble-t-il, figurer ou parmi les témoins subsistants ou parmi les manuscrits rejetés.

Pour l'historien des textes, l'entrée la plus intéressante est sans doute la notice 60: Nürnberg, Germanisches Nationalmuseum, Bredt 4 (Mn 22). Il s'agit d'un feuillet isolé, écrit à Gladbach peu après 1140 et intégralement reproduit en facsimilé sur les planches XX et 305. Le texte préservé est celui d'Ambroise Autpert, *Expositio in Apocalypsin, Epist. ad Stephanum papam* (éd. R. Weber, CCCM 27, Turnholti 1975, p. 1–2, l. 4–60). De cet ouvrage, l'édition princeps fut publiée à Cologne en 1536: l'imprimeur Eucharius Cervicornus (Hirtzhorn) déclarait avoir utilisé surtout deux manuscrits, l'un de Siegburg, l'autre de Gladbach; mais ces témoins, d'après ses dires, comportaient tous deux une lacune assez étendue »in principio«, qu'il fut amené à combler au moyen d'un troisième exemplaire découvert à Corvey. Dom Weber, qui ignorait l'existence du feuillet de Nuremberg, a retracé l'histoire de l'édition de 1536 dans: Revue Bénédictine 70 (1960) p. 526–539: il pensait que la partie manquante à Siegburg comme à Gladbach était la lettre au pape Etienne et la préface d'Ambroise Autpert, qui, dans l'imprimé, se lisent justement sur des pages non numérotées. Son opinion, qui oblige à admettre que le feuillet initial de Nuremberg était tombé dès avant 1536, est ici acceptée et résumée dans la notice 60. Mais est-elle fondée? Je serais enclin à en douter. La collation des planches XX et 305 avec l'édition Weber révèle que le texte de Gladbach coïncide exactement avec celui de Cervicornus; d'autre part, on voit sur la pl. 305 que des références bibliques ont été ajoutées, d'une écriture postérieure à 1500, dans les marges et entre les colonnes du feuillet de Nuremberg; on croit même distinguer dans la partie inférieure quelques taches de graisse. Il est donc très probable que l'éditeur de Cologne a eu ce feuillet entre les mains et que l'hypothèse de Dom Weber était fausse: les mots »in principio« de Cervicornus signifieraient non que les manuscrits de Siegburg et de Gladbach étaient acéphales, mais plutôt que, copiés l'un sur l'autre, ils comportaient la même lacune qui avait fait disparaître le commentaire de certains des premiers versets de l'Apocalypse. Une confrontation du feuillet de Nuremberg avec l'édition de 1536 devrait suffire à résoudre le problème, car il se pourrait que le signe en forme de dièse à hauteur du verso, colonne b, l. 26 répondît dans l'imprimé à un changement de page.

François DOLBEAU, Paris

Gallia Pontificia. Répertoire des documents concernant les relations entre la papauté et les églises et monastères en France avant 1198. Vol. I: Diocèse de Besançon, par Bernard DE VREGILLE, René LOCATELLI et Gérard MOYSE. Préface et coordination Dietrich LOHRMANN, Göttingen (Vandenhoeck & Ruprecht) 1998, 369 S. (Regesta Pontificum Romanorum).

Für die historische Erforschung des Mittelalters bilden die Papsturkunden (im weitesten Sinn dieses Wortes) eine unschätzbare, vielseitig aufschlußreiche Geschichtsquelle, keineswegs nur für die spezielle Papst- und Kirchengeschichte allein, in welcher sie im übrigen manche Wechselwirkungen zwischen regionaler und allgemeiner Geschichte zutage treten lassen. Daher ist denn auch, bei dem fast völligen Verlust der älteren Papstregister vor 1200, der Nutzen entsprechender Regestenwerke und der Wert der ihnen vorangehenden Grundlagenforschung hoch einzuschätzen, wenngleich das eigentliche Ziel aller dieser Arbeiten die kritische Edition der Papsturkunden bleibt – zumal für das bekannte »Göttinger Papsturkundenwerk« und die daraus hervorgegangene »Pius-Stiftung für Papsturkundenforschung« (benannt nach dem Förderer des Unternehmens, Papst Pius XI.). In das weite Forschungsfeld dieses Instituts (Tätigkeitsbericht über Forschungen und Editionen erscheint jährlich im Deutschen Archiv) reiht sich der neue Regestenband vortrefflich ein, welcher nach den bisher erschienenen Bänden der Italia Pontificia und der Germania Pontificia nunmehr einen dritten Bereich, den der Gallia Pontificia (räumlich das moderne Frankreich umfassend), mit der Erzdiözese Besançon eröffnet; für die Suffraganbistümer ist der 2. Band vorgesehen. Im Unterschied zu den Regesta Pontificum Romanorum von Jaffé-Loewenfeld (2. Aufl. 1885) oder den Papstregesten 911–1024 von H. Zimmermann im Rahmen der Böhmerschen Regesta Imperii II,5 (2. verbesserte und ergänzte Aufl. 1998), welche die Papsturkunden in chronologischer Folge nach Päpsten geordnet anzeigen, verzeichnen die Göttinger Reg. Pont. Rom., auch dieser 1. Band der Gall. Pont., die päpstlichen Dokumente (und Aktionen) von den Anfängen bis 1198 nach dem kirchengeographischen Ordnungsprinzip der Urkundenüberlieferung bei den Empfängern in den Archiven und Bibliotheken der verschiedenen Länder und Kirchenprovinzen. Ein chronologisches Register (S. 353–362) bietet die Übersicht über das gesamte Material nach Päpsten. Auch sonst ist das traditionelle Editionsschema mit allen Detailangaben zur wissenschaftlichen »Identifizierung« der Dokumente und zur Klärung ihrer Überlieferung konsequent beibehalten, auch durch weitere Informationen ergänzt worden.

So nimmt man dankbar zur Kenntnis nicht nur die Besitzaufzählungen in Privilegien, sondern auch z. B. die Mitteilung speziellerer Formeln wie Vorbehalt des Bischofsrechts oder der päpstlichen Autorität, der Romzinsformel für Libertas Romana oder der Papstunterschrift (seit Paschalis II.), sowie die Hinweise auf Kardinalsunterschriften. Doch wäre es von Nutzen, Vermerke zu Rota und BV-Monogramm nicht nur gelegentlich (Gall. Pont. 1, 91 f. Nr. 3, JL 4249) und summarisch, sondern systematisch und mit Angabe der Rotadevise (wenn auch nur in abgekürzter Form) beizugeben, vor allem bei Originalen, aber auch zu den nur kopial überlieferten Stücken; ferner das Erscheinen der Papstunterschrift *(Ego NN ...)* vor 1100 anzuzeigen (auch in Kopialüberlieferungen und Fälschungen). Ein instruktives Beispiel ist Gall. Pont. 1, 144 Nr. 2 (JL 5416), wo man zwar durch den Hinweis auf Constable auf den richtigen Weg geführt wird, entsprechende Angaben jeweils bei Original- und Kopialüberlieferung jedoch den ersten Ansatz zur Urkundenkritik erleichtert hätten.

Der Kreis der Empfänger von Papsturkunden und der an päpstlichen Verfügungen interessierten oder von ihnen betroffenen Institute und Personen umfaßt das Erzbistum Besançon (Kathedralkirche), die beiden Kathedralkapitel St-Jean und St-Étienne, die Kollegiatkirchen und Klöster von Besançon, aber auch die außerhalb der Stadt in der Diözese gelegenen Klöster, Cluniazenserpriorate, Kanonikergemeinschaften, Zisterzienser- und Kartäuserklöster, sowie die Niederlassungen von Templern und Johannitern. Für jedes dieser Institute werden historische Einführungen skizziert, die durch Karten gut veranschaulicht werden. Ferner sind auch Kleriker und Laien der Diözese Besançon aufgenommen, die in Beziehung zu Päpsten gekommen sind, wobei die von Personen oder Gruppen an die Päpste oder die Kurie gerichteten Schreiben besonders verzeichnet sind (Übersicht S. 367–369, mit 46, großenteils freilich selbst nicht mehr erhaltenen Stücken). Außer den insgesamt 321 Papsturkunden, päpstlichen Rechtsakten, Weihehandlungen, Vorgängen auf päpstlichen Konzilien werden in gleicher Weise Urkunden oder Rechtsakt registriert, die von Kardinälen, päpstlichen Legaten, Bischöfen und Prälaten verschiedenen Ranges im Auftrag des Papstes ausgestellt oder in päpstlicher Delegation vorgenommen wurden (chronologische Übersicht S. 363–366, mit 66 Erwähnungen); dabei wird insbesondere die Tätigkeit der vom Papst delegierten Richter angezeigt mit wertvollen Hinweisen für die Erforschung der päpstlichen Gerichtsbarkeit, wie sie sich besonders seit dem späten 11. Jh. entwickelt.

Für den Regestentext hat man die traditionelle lateinische Sprache beibehalten, in der richtigen Erwägung, damit den Quellentexten am nächsten bleiben und mancherlei

Mißverständnisse vermeiden zu können. Für die quellenkritischen und überlieferungsge-schichtlichen Kommentare und die historischen Einleitungen hingegen wurde, nicht ohne triftigen Grund, die französische Sprache gewählt.

Die ansehnlichen Forschungsergebnisse der für die Regionalgeschichte zuständigen Mit-arbeiter hat D. Lohrmann im Sinne der bewährten Bearbeitung und Edition der Papstrege-sten koordiniert. Die Zusammenarbeit der Pius-Stiftung, deren Sekretär, R. Hiestand, eben-falls an diesem Band mitgewirkt hat, der Akademie der Wissenschaften zu Göttingen, der Ecole Nationale des Chartes und des Deutschen Historischen Instituts in Paris ermöglicht Vorarbeiten wie Publikation der Gallia Pontificia und liefert damit ein eindrucksvolles Bei-spiel europäischer Wissenschaftskooperation. Nach dem Erscheinen dieses ersten Bandes, auf den schon 1927 in den Germ. Pont. 2,2, 253 Nr. 1 vorausverwiesen wurde, und mit dem nunmehr der Geschichtsforschung ein weiteres wertvolles Arbeitsmittel zur Verfügung gestellt wird, kann man dem Unternehmen nur möglichst rasche, kontinuierliche und er-folgreiche Weiterentwicklung wünschen.

Alfons BECKER, Mainz

Elenchus fontium historiae urbanae quem edendum curaverunt G. van Herwijnen, P. H. D. Leupen et F. Irsigler. Volumen secundum pars prima quam ediderunt Anne-Marie LEMAS-SON, Philippe WOLFF, Benoît-Michel TOCK et Michel PAULY, Luxembourg (CLUDEM) 1996, 369 p., 2 cartes en pochette (Acta collegii historiae urbanae Societatis historicorum internationalis).

Depuis plus de trente ans[1], la Commission internationale pour l'histoire des villes a initié un programme de réédition de textes urbains choisis pour leur exemplarité. L'entreprise s'avère longue et délicate pour des raisons financières (c'est le cas pour le présent volume, retardé dans sa parution) mais aussi pour des raisons intellectuelles qu'il faudra évoquer.

Le dernier volume paru (II, 1) rassemble 133 documents concernant des villes de France et 26, du Luxembourg, dans leur géographie actuelle[2]. Deux cartes[3] dans la jaquette de l'ou-vrage permettent au lecteur non seulement de situer les villes retenues mais d'apprécier le choix des auteurs qui ont tenté de couvrir au mieux l'espace français et luxembourgeois. Suivant le parti pris à l'origine par la Commission internationale, les textes retenus concer-nent la constitution, l'administration, la justice ou les finances, jusqu'en 1251 pour la France, 1315 pour le Luxembourg, des cités devenues villes importantes par la suite. Le lec-teur trouvera en tête de chaque document une analyse, la cote de l'original, la référence de la meilleure édition et le cas échéant un titre bibliographique permettant de situer le docu-ment. Ces actes sont présentés dans leur langue d'origine, le latin ou le provençal, sans tra-duction, ce qui pose la question du public. Le spécialiste préférera l'édition complète avec apparat critique[4] et l'étudiant ou/et le non-latiniste devra se contenter de l'analyse.

Tout en saluant l'heureuse entreprise, il convient de poser les questions qu'elle suscite, tant dans le choix des textes que dans la méthode de présentation. Les critères de choix se veulent

1   Vol. I, Allemagne, Belgique, Pays-Bas, Scandinavie, Brill, Leiden 1967. Vol. II, 2: Grande-Bretagne, Irlande, Brill, Leiden 1988. Vol. III, 1: Autriche, Brill, Leiden 1992.
2   Les villes de l'ancien duché de Luxembourg ont déjà été prises en compte pour partie dans le volume I, 1 Allemagne, Belgique. Le présent volume complète et dépasse même la frontière puisque Thionville figure parmi les villes du Luxembourg.
3   Sur la carte de la France on corrigera le nom de la rivière affluente de l'Adour: ce n'est pas »Pau« mais Nive; l'affluent de la Dordogne baignant Périgueux est l'Isle.
4   Les auteurs renvoient explicitement le lecteur à l'édition la meilleure pour éviter la lourdeur de l'ap-parat critique et abrègent les listes (témoins, toponymes etc.) les réservant à »l'histoire locale«.

délibérément larges, fort heureusement; tout d'abord dans la nature des sources utilisées puisque l'on trouve des chroniques, des actes royaux, la *Gallia christiana,* des sermons, des listes administratives comme les communes du royaume de France, etc.; ensuite dans la chronologie précoce (premier acte de 833) puisque l'histoire des villes commence avec l'apparition des documents concernant le site d'une future urbanisation (Stadtwerdung) et non avec leur éventuel acte constitutif, franchises ou autres, souvent très postérieur (après 1127).

Pour obtenir une bonne représentation géographique et chronologique, en tenant compte du hasard de la conservation des actes et de leur édition[5], les auteurs successifs[6] ont été amené à présenter des documents d'intérêt varié. Les incontournables y figurent: l'insurrection de Laon contre son évêque, les franchises de Saint-Omer, les établissements de Rouen etc. Mais le choix des auteurs offre au lecteur des documents moins connus permettant d'enrichir la problématique urbaine: l'occupation progressive de l'espace et les nouvelles constructions de la ville de Limoges au travers des chroniques de Saint-Martial (p. 30), les rapports de force soldés par des restitutions de biens entre l'évêque de Bazas et de Labourd et le vicomte de Labourd (1059–1061, p. 41), les droits réservés par Louis VII au bouteiller de Senlis en dépit de la charte de commune accordée dans le même temps (1173 [du 8 avril]– 1174 [au 23 mars] p. 136–140) etc. L'extension urbaine par »phagocytage« des faubourgs apparaît nettement pour Périgueux et Puy-Saint-Front (p. 275) ou Nimes et le *castrum* des Arènes (p. 270).

Si, pour le choix des textes, les auteurs ont pris le meilleur parti possible compte tenu de leurs contraintes, en revanche l'établissement des *indices* aurait pu être conçu de façon plus systématique pour pouvoir exploiter le corpus proposé. Le choix des termes figurant dans l'*index rerum* conditionne en effet l'utilisation d'un ouvrage qui ne se lit pas de bout en bout mais se consulte. Significatifs pour l'historien de la ville, les mots *peregrinus* ou *extraneus,* et même *rotaticus* ou *pedaticus* y figurent mais pour mieux saisir les secteurs dans lesquelles la ville a progressivement légiféré, on cherche en vain le *districtum* (p. 31,37), les *latrones* (mais qui sont retenus dans les affaires commerciales), les *calumnias,* la *clamor* (*clamator* figure dans l'*index*) ou les *querelas, adulteros* (p. 51) et *haeredes* (p. 84). Les termes, sous leur forme déclinée dans les documents, ne figurent pas systématiquement dans la rubrique dont l'entrée est au nominatif. Par exemple les renvois à la notion *pax* (tout-à-fait fondamentale mais dont la présentation est confuse) ne recensent pas toujours l'accusatif *pacem* (p. 85,17) ou le génitif *(intuitu)pacis* (p. 136,24). La rubrique *treuga* ignore *treugis* (p. 270,32). *Incola* (p. 124,16) ou *tumultus* (p. 131,35), pourtant au nominatif, échappent aux rubriques correspondantes. Le souci apporté, en revanche, aux associations de termes *(communio custodire, porta civitatis, potestas episcopi, proceres civitatis)* ou les doubles entrées, latine et française, pour l'*index geographicus* (sauf l'oubli de *Colomonasteri* pour Calmoutier p. 40,9) rendent fort utile cet instrument de travail. L'absence d'*index personum* s'explique sans doute par la taille nécessairement limitée de la publication mais, de ce fait les acteurs de l'histoire des villes restent en retrait: les juifs figurent dans l'*index rerum*!

Les réserves vénielles apportées à la confection des *indices* ne doivent pas masquer le grand intérêt de ce volume, pensé et fourni par une équipe internationale, permettant de larges problématiques et la sûreté d'une édition bien établie.

Odile Kammerer, Mulhouse

---

5   On saluera le travail de Michel Pauly qui, pour la partie luxembourgeoise, a eu recours souvent directement aux archives.

6   Spécialistes de l'histoire urbaine: le doyen Jean Schneider avait amorcé la collection des documents, tâche poursuivie par Anne-Marie Lemasson (décédée) et Philippe Wolff. Benoît-Michel Tock a complété et vérifié la qualité de l'édition.

Klaus Grewe, Licht am Ende des Tunnels. Planung und Trassierung im antiken Tunnelbau, Mainz (von Zabern) 1998, 218 S., 149 ill. couleur, 152 ill. noir et blanc (Zaberns Bildbände zur Archäologie).

Seine vielfältigen Arbeiten zur antiken, neuzeitlichen und mittelalterlichen Vermessungs- und Wassertechnik ergänzt der Bonner Vermessungsingenieur Klaus Grewe jetzt durch ein grundlegendes Werk zum antiken Tunnelbau. Der Hauptteil führt uns von den frühen Aquädukttunneln der israelitischen Königszeit (9.–8. Jh. v. Chr.) bis in die römische Periode, aus der allein 26 reine Aquädukttunnel vorgestellt werden, ferner 13 Tunnel zum Zweck der Absenkung des Wasserspiegels von Binnenseen, drei unterirdische Flußumleitungen und fünf Straßentunnel. Für Frankreich behandelt der vorzüglich illustrierte Band den Entwässerungstunnel von Fontvieille (Bouches du Rhône) und die elf Tunnel des berühmten Gier-Aquäduktes nach Lyon. Hinzu kommen römische Tunnelbauwerke östlich von Lyon (Briord), bei Nîmes, bei Aix-en-Provence, in der Bretagne (Cahaix) und in Ostfrankreich (Grand).

Allgemeine Bedeutung haben die Einleitungskapitel. Gegen den gängigen Sprachgebrauch lernen wir, daß Tunnel durch einen Berg führen, Stollen nur in einen Berg hinein. Grewe bringt die Bauwerke zum Sprechen. Aus den erhaltenen Spuren der Vortriebsstollen rekonstruiert er die Baugeschichte. Nur zu häufig ergaben sich im Dunkel des Berges Richtungsfehler. Dem häufig verwendeten Qanat- oder Lichtlochverfahren, das den Vortrieb auf Kurs hielt, stehen nur wenige Beispiele für das schwierigere Gegenortverfahren gegenüber. Für die »technischen Erben Roms« im Mittelalter notiert Grewe am Schluß nur zwei Beispiele aus Deutschland (12. und 14. Jh.). Selbstverständlich kennt er auch den durch massiven Fels getriebenen Salzburger Mönchskanal (12. Jh.). Die Suche nach Beispielen aus dem mittelalterlichen Westen wäre aber fortzusetzen, z. B. für einen angeblichen Straßentunnel bei Besançon (11. Jh.?), einen Tunnel des canal de Thuir im Roussillon und für zwei Bergdurchstiche einer Druckwasserleitung bei Perugia (alle frühes 14. Jh.). Das wichtigste Zeugnis für Tunnelbautechnik ist schließlich der Vermessungstraktat des Persers al Karagi aus dem 11. Jh., den Grewe mit Textauszügen auf S. 33–40 referiert. Nach der Gründung von Marrakesch 470 H. = 1078 n. Chr. fand die von al Karagi beschriebene Technik auch im westlichen Maghreb Anwendung. Von dort dürfte sie über Spanien erneut in den Westen gelangt sein.

Dietrich Lohrmann, Aachen

Ian Wood (Hg.), Franks and Alamanni in the Merovingian Period. An Ethnographic Perspective, Suffolk (Boydell & Brewer) 1998, 481 S. (Studies in Historical Archaeoethnology, 3).

Der dritte Band in der Reihe »Studies in Historical Archaeoethnology« präsentiert gleich seinen Vorgängern die durch bibliographische Angaben ergänzten Vorträge sowie an sie anschließende Diskussionsbeiträge einer Tagung im »San Marino Center for Interdisciplinary Research on Social Stress (CIROSS)«. In seinem Vorwort beschreibt Ian Wood das Leitmotiv der von dem Anthropologen Giorgio Ausenda herausgegebenen Editionsserie: »Essentially the concern of the CIROSS conferences has been to study Europe's Migrationperiod barbarians with an awareness of the uses of anthropology« (S. 1). Diesem blieben auch die im September 1995 abgehaltene Tagung und der zugehörige Band treu. Doch abgesehen von der ersten Konferenz »After Empire: Towards an Ethnology of Europe's Barbarians« (G. Ausenda 1995) standen und stehen mit den Angelsachsen, Westgoten, skandinavischen Völkerschaften, den Sachsen auf dem Kontinent, den Ostgoten und den Langobarden ausnahmslos einzelne *gentes* im Zentrum der Diskussion, während nun Franken und Alemannen gemeinsam behandelt wurden.

Im Titel des ersten Beitrags findet sich bereits ein Grund für diese Abweichung: »Franks and Alamanni: A Discontinuous Ethnogenesis« (S. 9–21) nennt Hans J. HUMMER seine Untersuchung und weist damit auf bemerkenswerte Entwicklungsparallelen hin. Im 3. und 4. Jh. als dezentral organisierte germanische Mischgruppen am unteren und oberen Lauf des Rheins lebend, wurden Franken wie Alemannen zunächst durch ihre Kontakte mit der römischen Welt geprägt. Diese spielten jedoch nach Hummer trotz einer konsolidierenden Wirkung keine entscheidende Rolle bei der Ausbildung des fränkischen Königtums. Vielmehr verweisen archäologische Befunde wie das Crab Childerichs auf östliche Einflüsse, besitzt das Monument Parallelen zu Gräbern asiatischer Steppenvölker und zeugt so von deren Vorbildfunktion für die merowingische Dynastie (S. 12). Der These eines ebenfalls Ende des 5 Jhs. entstandenen starken alemannischen Königtums folgend, sieht Hummer auch dort einen östlichen Einfluß als Auslöser dieser Entwicklung, den er nach Hagen Keller im alemannischen Stammesverband aufgegangenen donausuebischen Gruppen zuschreibt (S. 16f., 25f.). Die Niederlage der Alemannen gegen die unter Chlodwig geeinten Franken führte schließlich zu der Situation, daß wesentlich mehr über die Sieger und deren Selbstverständnis als imperiale Führungsklasse überliefert ist als von den unterlegenen Alemannen, die in ihrem merowingischen Teilreich zu Beginn des 6. Jhs. eine regional geprägte Identität ausbildeten (S. 18).

In einer systematischen Synopse bietet Folke DAMMINGER mit seinem durch Skizzen ergänzten Beitrag »Dwellings, Settlements and Settlement Patterns in Merovingian Southwest Germany and adjacent Areas« (S. 33–79) einen auf alemannische und fränkische Siedlungsgebiete und -formen im heutigen Südwestdeutschland fokussierten Überblick zum Stand der archäologischen Forschung. Ausgehend von den spezifischen Charakteristika der in den jeweiligen Fundorten entdeckten kleinsten Wohneinheiten – reguläre Häuser, Grubenhäuser und Bauernhöfe (S. 33–56) – geht er auf der nächsthöheren Ebene den ländlichen Siedlungsformen nach, indem er sie im Hinblick auf die Ortsnamen, die topographische Struktur, das Siedlungsbild und die Siedlungsgröße sowie die soziale Struktur und die Gliederung in Ansiedlungen und Gemarkungen untersucht (S. 56–71). Anschließend widmet er sich der Kategorie der zentralen Orte, die er in Burgfestungen und Städte unterteilt (S. 71–74), um zuletzt mit Hilfe einer alle im Text genannten Orte verzeichnenden Karte die Verteilung der Siedlungen zu analysieren (S. 74–79). Dort finden sich jedoch die ergrabenen merowingischen Siedlungen ohne ethnische oder chronologische Unterscheidung beispielsweise zwischen -ingen und -heim Niederlassungen, da diese zumindest problematisch erscheint, wie Damminger in der Diskussion erklärt (S. 91).

In ihrem Beitrag »An Unsolved Riddle: Early Medieval Incest Legislation« (S. 107–124) betont Mayke DE JONG die Ausnahmestellung dieser Gesetzgebung im Vergleich zu römischen, jüdischen oder islamischen Traditionen, in denen eine Heirat zwischen Nichte und Onkel väterlicherseits kein Problem darstellte (S. 114). Das Organisationsniveau und die Mechanismen frühmittelalterlicher Inzest-Verordnungen lassen in ihnen kein einheitliches oder zentral gesteuertes Mittel kirchlicher Machtpolitik erkennen (S. 116). Bischöfe wie weltliche Autoritäten hatten mit einem Dschungel widersprüchlicher Anweisungen und Spezifizierungen in kanonischen Rechtstexten, Kapitularien, Papstbriefen und Bußbüchern zu kämpfen, die Verbindungen in der dritten, vierten, siebten bis hin zu keiner noch so entfernten generatio erlaubten (S. 112). Gleichwohl kann die Ausdehnung der Ehebeschränkungen im weitesten Sinne als Gradmesser für die Christianisierung im Frankenreich herangezogen werden (S. 118).

Der anschließende Beitrag »Social Identities and Social Relationships in Early Merovingian Gaul« (S. 141–165) von Guy HALSALL knüpft an einen Aspekt der Eingangsüberlegungen Hans J. Hummers an, indem er die dort gestellte Frage nach einer Identitätsbildung frühmittelalterlicher gentes durch deren Binnendifferenzierung am Beispiel der Funktionsweise und des Wandels der merowingischen Gesellschaft bis zum Ende des ersten Viertels des 7. Jhs. vertieft. In seiner ersten These untersucht er Identitäten und soziale Barrieren zwischen den sozialen Gruppen (S. 141–143). Für seine zweite, die treibenden Kräfte soziopolitischen Wandels betreffende These geht er von dem Grundsatz aus, daß ein staatliches Gebilde nur durch seinen Nutzen für lokale Verhältnisse existieren kann (S. 143). Dies geschehe durch Gewalt, Kultur und Ideologie, Schirmherrschaft bzw. Privilegienvergabe, Vermittlung in lokalen Konflikten, personelle Bindung und den Grundsatz ›Teile und Herrsche‹. Halsall überträgt seine Thesen auf den nordgallischen Raum, wo er die dortigen Siedlungsformen, sozialen Hierarchien, ethnischen Zusammensetzungen sowie familiären, alters-, geschlechtsspezifischen und religiösen Strukturen behandelt (S. 145–160).

Auch die Archäologie kann zur Erforschung von »Social Structure and Relations« bei Franken und Alemannen beitragen, wie der Vortrag von Frank SIEGMUND zeigt (S. 177–199). Der Methode von Lars Jørgensen folgend (S. 178), ermittelt er aus der Häufigkeit bestimmter Fundgruppen in Gräberfeldern des 6. und 7. Jhs. Mengenrelationen, die Daten zur Lebenserwartung, Größe, ethnischen Zusammensetzung und sozialen Schichtung im untersuchten Siedlungsraum liefern sollen. In den beigefügten Übersichtskarten steht die unterschiedliche Größe der jeweiligen Symbole für die relative Nähe eines Gräberfeldes zu einer ›idealen‹ alemannischen bzw. fränkischen Fundzusammensetzung, wie Siegmund in der Diskussion verdeutlicht (S. 204). Diagramme veranschaulichen die gemessene Häufigkeit der als Indikatoren für die ethnische Zugehörigkeit genutzten Beigaben, zumeist Waffen oder Keramik (S. 183–194). Die Reichhaltigkeit der Grabbeigaben dient zudem als Faktor für die Darstellung der geschlechts- wie altersspezifischen Zuordnung der Gräber, was wiederum für die Ermittlung der Sterblichkeitsrate in den jeweiligen Altersstufen und Geschlechtsgruppen entscheidend ist (S. 179–182).

»Jural Relations among the Franks and Alamanni« analysiert IanWOOD anhand der Rechtsaufzeichnungen *Pactus* und *Lex Alamannorum, Lex Ribvaria* und *Pactus legis Salicae* (S. 213–226). Sie zeigen, daß die erst nach der zu Beginn des 6. Jhs. erfolgten Einbindung in das Merowingerreich schriftlich fixierte Gesetzgebung der Alemannen ähnlich der *Lex Ribvaria* als natürliche Entwicklung innerhalb des fränkischen Rechts angesehen werden muß (S. 213). Die lokalen Unterschiede fanden durch spezifische Regelungen ihren Niederschlag, etwa die Grenzsituation in der *Lex Ribvaria* oder die dukale Verwaltungsstruktur in den *Leges Alamannorum* (S. 221f.). Beispiele wie die bei Gregor von Tours (Hist. VII 47) überlieferten Fehden von Sichar und Chramnesind (S. 214f., 232) zeigen, daß die ausgearbeiteten juristischen Formalitäten auch in einer auf direkter Auseinandersetzung basierenden ländlichen Gesellschaft möglichst genau und öffentlich ausgeführt zur Konfliktlösung dienten (S. 216–218).

Austragungsort eines Rechtsstreits war zumeist ein städtisches Zentrum als Hauptort einer antiken *civitas*. In »Gregory's Cities: Urban Functions in Sixth-century Gaul« (S. 239–270) untersucht S. T. LOSEBY nach einer Einführung zur Stadt-Terminologie bei Gregor von Tours (S. 239–245), wie weit diese Hauptorte oder (werdenden) ›Städte‹ auch in merowingischer Zeit als Grundeinheit des Verwaltungssystems dienten. Neben staatlichen und administrativen Aufgaben, beispielsweise Rechtsprechung oder Steuererhebungen (S. 245 249), hatten sie trotz zum Teil beträchtlicher Schäden an den Befestigungswerken Sicherheits- und Verteidigungsfunktionen für ihr Umland (S. 249–252). Hinzu kam die Rolle als religiöse Zentren (S. 252–256). Aus klerikaler Perspektive scheint Gregor die Stadt des frühen Mittelalters förmlich durch den Bischof innerhalb der Umwehrung und die Heiligen vor deren Toren zu definieren (S. 256). Die Stellung als zentraler Marktplatz und Aufenthaltsort der Könige eingeschlossen (S. 256–263), konnte die merowingische Stadt trotz erkennbarer Anzeichen nachantiken Niedergangs als Ort konzentrierter administrativer, kirchlicher, sozialer, wirtschaftlicher und militärischer Funktionen überdauern (S. 264).

Dem Problem einer Kontinuität von der Antike zum Mittelalter und stabilisierender Faktoren im Merowingerreich widmet sich auch Paul J. FOURACRE in seinem Beitrag »The

Nature of Frankish political Institutions in the seventh Century« (S. 285–301). Lokale Unterschiede weitgehend außer Acht lassend, beschreibt er weniger die Details politischer Institutionen als den Kontext, in dem sie funktionierten. Rechtsformen konnten durch ihre Vielfalt und Flexibilität zusammen mit lokalen Bräuchen, ohne einen Konflikt zwischen ›privaten‹ und ›öffentlichen‹, den Schutz des Eigentums und soziale Privilegien garantieren (S. 285–292). Ermöglicht wurde dies nicht zuletzt durch die einheitliche kirchliche Verwaltungsstruktur. Gestützt auf eine divergierende ethnisch-kulturelle Identitäten überlagernde gemeinsame Religion stellte sie eine im gesamten Reich parallel zu politischen Institutionen oder in Personalunion mit diesen akzeptierte Autorität dar (S. 292f.). Die Integration lokaler Führer am königlichen Hof und das durch die kollektive militärische Macht der fränkischen Großen gewonnene Prestige förderten zudem die Schaffung einer gemeinsamen ›fränkischen‹ Identität bei allen Reichsangehörigen (S. 293–296).

Ein kollektives Identitätsbewußtsein manifestierte sich oftmals in Gegenständen mit besonderer Bedeutung, wie Matthias HARDT in »Silverware in Early Medieval Gift Exchange: Imitatio Imperii and Objects of Memory« (S. 317–331) am Beispiel kostbarer, auf Kriegszügen erbeuteter oder als Geschenk erhaltener Schalen, Teller und Becher zeigt. Sie fungierten an den frühmittelalterlichen Höfen als integraler Bestandteil des festlichen Zeremoniells und bildeten zugleich konstituierende Andenken aus der völkerwanderungszeitlichen Entstehungsphase einer *gens*.

»The Influence of the Merovingian Franks on the Christian Vocabulary of German« (S. 343–361) gibt nach Dennis H. GREEN Anlaß zu einem grundsätzlichen Terminologiewechsel. Auf der Basis einer sprachgeschichtlichen Analyse des Ursprungs christlicher Termini östlich des Rheins ist für ihn der irische Einfluß auf den germanischen Wortschatz mehr als fragwürdig. In der Ausbreitung des christlichen Vokabulars im östlichen Germanien vielmehr einen Teil der politischen Ostexpansion des Frankenreichs erkennend, favorisiert er von linguistischer Seite die Definition einer rein ›fränkischen‹ Mission mit irischen Impulsen (beispielsweise ausgehend von der Columban-Gründung Luxeuil) und geht damit noch über den Historiker Friedrich Prinz hinaus, der von einer ›hiberno-fränkischen‹ Mission spricht (S. 351). Nach wie vor ungelöst bleibt für Green das Problem der Herkunft des kirchlichen Vokabulars im süddeutschen Raum (S. 359).

Abschließend liefert Giorgio AUSENDA in »Current Issues and Futur Directions in the Study of the Merovingian Period« (S. 371–453) eine durch eigene Kommentare ergänzte, systematisch geordnete Zusammenfassung der Diskussionsbeiträge. Nach einer Wiedergabe der unterschiedlichen Standpunkte zu dem eingangs erwähnten Problem einer gemeinsamen Behandlung von Franken und Alemannen unterteilt Ausenda seinen Überblick in die Kategorien ›Zeitliche Satuierung‹ (S. 372–374), ›Verwandtschaft und Heirat‹ (S. 374–378), ›Soziale Beziehungen‹ (S. 378–390), ›juristische Beziehungen und Konflikte‹ (S. 390–395), ›Ländliche Wirtschaft‹ (S. 395–403), ›Städtische Wirtschaft und Handel‹ (S. 403–423), ›Politische Beziehungen‹ (S. 423–434), ›Religion‹ (S. 434–442), ›Methodik‹ (S. 442–447), und ›Regionale Untersuchungen‹ (S. 447–449). Zusätzlich wird das Sammelwerk durch einen ausführlichen Personen- und Sachindex (S. 455–481) erschlossen.

Im Verbund mit der zeitgleich von Dieter Geuenich herausgegebenen Publikation des Kolloquiums »Die Franken und die Alemannen bis zur ›Schlacht bei Zülpich‹ (496/97)« (Berlin/New York 1998, 690 S.) bietet dieser instruktive Tagungsband einen Überblick zum Stand der Forschungen zur fränkisch-alemannischen Geschichte, die nicht erst seit den Ausstellungen »Die Franken – Wegbereiter Europas« (Mainz 1996) und »Die Alamannen« (Stuttgart 1997) auf ein breites Interesse gestoßen sind.

Ingo RUNDE, Duisburg

Doris HELLMUTH, Frau und Besitz. Zum Handlungsspielraum von Frauen in Alamannien (700–940), Sigmaringen (Thorbecke) 1998, 267 p. (Vorträge und Forschungen. Sonderband, 42).

Cet ouvrage est l'édition de la dissertation soutenue par l'A. à l'université de Fribourg en 1995. Comme tel, il offre en première partie un vaste et pointilleux panorama des ouvrages d'histoire et d'histoire du droit se rattachant peu ou prou au sujet traité par l'A.: la femme et la propriété en Alémanie (700–940). L'auteur y passe en revue tous les ouvrages, manuels ou études plus précises, évoquant le droit des femmes au haut Moyen Age. Toutefois on peut regretter que la volonté d'exhaustivité bibliographique de l'auteur l'amène à repousser 60 pages plus loin la présentation des sources utilisées pour sa propre recherche. Il faut cependant souligner que l'A. accorde aussi toute son attention à la bibliographie française et anglo-saxonne.

Dans cette longue introduction, l'auteur présente donc l'état de la recherche sur la question, les fondements démographiques de la question féminine tels qu'ils ont été abordés jusqu'ici par les chercheurs, mais prolonge encore son étude bibliographique dans la deuxième partie consacrée au droit au Moyen Age, aux lois et autres textes normatifs, au fonds de Saint-Gall, qui touchent de loin ou de près à l'Alémanie au haut Moyen Age.

La troisième partie de l'ouvrage est consacrée au tableau que dressent les textes normatifs du droit de propriété en Alémanie et de la position juridique des femmes (fille, épouse ou veuve). En ce qui concerne le droit de propriété en Alémanie, l'A. fait encore le point de la bibliographie avant de se pencher sur les lois (code d'Euric, loi burgonde, loi des Saxons, loi salique ...) pour conclure qu'il existait bien au haut Moyen Age une propriété individuelle, mais enserrée dans la communauté de la famille, quoique dans les lois cette communauté soit difficilement perceptible.

Il faut donc attendre l'étude de la situation juridique des femmes pour que l'A. se permette d'avancer des opinions fondées sur son étude personnelle des sources et de faire un sort à l'interprétation de la loi salique selon laquelle les femmes n'auraient pas droit à la propriété foncière; grâce à cette étude, l'A. est en mesure de conclure que fils et filles peuvent hériter des biens meubles et immeubles, mais que celles-ci viennent derrière les fils dans l'ordre de succession et que, d'une manière générale, les femmes sont désavantagées par rapport aux hommes du même degré de parenté; cependant, compte tenu des comportements démographiques d'alors, la possibilité pour les femmes d'hériter au 2e ou 3e degré reste significative.

L'auteur reprend ensuite les classifications traditionnelles concernant le mariage, »Mundehe«, »Friedelehe«, et concubinage tout en reconnaissant que les sources utilisées ne permettent pas de différencier précisément ces différentes formes; plutôt que de rechercher dans les sources (ici les lois, plus loin le fonds de Saint-Gall) des catégories juridiques en partie forgées par les historiens du droit du XIXe siècle, on peut se demander s'il n'eut pas mieux valu les laisser de côté et rechercher dans les sources les conséquences juridiques réelles du mariage. L'étude des lois permet néanmoins à l'auteur d'arriver aux conclusions suivantes: d'après la loi des Alamans, le mariage sans descendance implique la séparation de biens entre les époux, et le mariage fertile une communauté de bien qui permet à chacun des partenaires d'hériter de l'autre; seules la dot (»Mitgift« donnée par la famille de la femme) et la »Morgengabe« sont des biens administrés par la femme; quant à la *dos*, versée par le mari à l'occasion du mariage, sa valeur maximale est fixée, en biens meubles ou immeubles. Cependant la loi burgonde impose à la femme d'agir toujours en matière de propriété foncière en présence de son mari qui doit administrer la totalité de ses biens quelle que soit leur provenance.

Les lois alémaniques ne précisent pas quelle autorité s'exerce sur la veuve après la mort de son époux; cependant, toutes les lois s'accordent pour affirmer que la veuve sans enfant jouit de la *dos* et de la »Morgengabe« mais ne peut transmettre la *dos* par héritage, tandis que les usages divergent pour l'héritage que peut faire la veuve des biens de son mari.

La quatrième partie, portant sur l'étude de l'ancien fonds de Saint-Gall est sans doute la plus originale et la plus intéressante du volume car l'auteur parvient à s'affranchir du poids des autorités, nonobstant quelques comparaisons régionales fort utiles, pour présenter son analyse assez fine et sa propre interprétation des données de ces documents diplomatiques. Son approche est particulièrement précise et nourrie de nombreux exemples, ce qui, malheureusement rend la synthèse particulièrement difficile. On en retiendra les points suivants: contrairement à ce qu'on pourrait croire, l'avoué (*advocatus*) n'est pas un tuteur pour des personnes juridiquement faibles et en particulier pour les femmes, mais une personne de haut rang social dont le conseil est précieux grâce à ses connaissances juridiques; son apparition n'est pas limitée aux actes passés par des femmes et il existe un certain nombre d'actes de femmes passés sans avoué; au cours des temps, l'apparition des avoués dans les actes se fait plus fréquente, un peu plus pour les actes de femmes que pour ceux passés par des hommes mais sans que cette différence soit significative. La présence d'un avoué ne peut donc pas être interprétée comme un signe d'incapacité juridique des femmes.

L'analyse des personnes impliquées à différents titres dans les actes conservés à Saint-Gall montre que la capacité des femmes est aussi diverse que celle des hommes, même si leurs actes sont moins nombreux (10,8% de l'ensemble); ces actes atteignent leur point culminant en nombre dans les années 810/830, et ceux des hommes 30 ans plus tard, globalement la présence des femmes reste donc à peu près constante quelle que soit la période envisagée.

Les règles de succession peuvent être étudiées au travers de 500 actes du fonds de Saint-Gall (sur 805, soit 62,1%) qui concernent des biens donnés au monastère en prestaire ou en précaire; dans 301 de ces actes, les enfants sont désignés comme bénéficiaires sans qu'il y ait dans la plupart des cas (229) de précision concernant le sexe de ces héritiers. La question de savoir si les femmes sont exclues de l'héritage reste donc ouverte et l'A. y répond en étudiant de près quelques actes: les filles viennent dans l'ordre de succession, quand il est précisé, directement après leur frère et donc avant les parents et les frères et sœurs du testateur; il n'y a pas de différence selon que les biens hérités proviennent du père ou de la mère. On doit donc considérer comme la règle le fait que les filles ont une position secondaire à l'héritage: elles n'héritent que si leur frère meurt sans enfant.

L'A. met également en évidence de nombreux actes passés en commun entre parents et enfants qui peuvent être interprétés comme l'indice d'une existence d'une communauté de biens (utilisation des expressions *Ego N et M, Ego N una cum M, N et M communi manu*) ou bien d'un droit de regard des enfants sur les dispositions prises par les parents (expression *cum manu alicuius*), ce qui permet au monastère de se garantir contre les conflits futurs.

Enfin l'A. aborde l'épineux problème de l'administration des biens pendant la durée du mariage. Elle constate que les personnes mariées peuvent disposer de biens fonciers seules ou en couple et se demande si les différences sont dues à l'origine des biens dont on dispose. L'A. constate que la »Morgengabe« n'apparaît pas dans les actes, à la différence de la *dos* qui est clairement identifiée: la *dos* ne peut être l'objet de transaction, ou de donation de la part d'aucun des époux; à la mort de la femme, le mari peut en disposer, à la mort du mari la femme n'en a pas la pleine propriété mais seulement l'usufruit. Le régime matrimonial des époux offre quant à lui deux possibilités: la communauté ou le partage. Mais il apparaît que ce régime peut être différent suivant les biens: il semble que mari et femme gardent séparément les biens qui leur viennent de leur propre famille (et pour les femmes ceux provenant d'un précédent mariage). Mais contrairement à ce qu'on a pu observer dans les lois, ce régime matrimonial n'est pas différent selon qu'il y ait ou non des enfants.

Enfin, la situation de la veuve n'apparaît pas aussi favorable qu'on pourrait le croire: dans la plupart des cas, les veuves ne gardent que l'usufruit des biens de leur mari, même la *dos* n'est pas leur propriété et le remariage les prive de ces biens comme pendant leur mariage, les veuves ne sont réellement propriétaires que des biens qu'elles ont reçus en cadeau ou en héritage de leur propre famille.

Dans la cinquième partie l'auteur se livre (on serait tenté de dire enfin) à une comparaison entre les lois et les documents diplomatiques: cette étude fait apparaître des convergences (tutelle des enfants mineurs, ordre de succession, quasi-silence sur les différentes formes de mariage, droits des veuves) mais aussi d'importantes divergences (dans les actes, pas de tutelle systématique exercée sur la femme, pas de trace de la »Morgengabe«, possibilité de communauté ou de séparation des biens entre les conjoints …).

Cet ouvrage offre donc un panorama particulièrement foisonnant de la question du droit de propriété et de la capacité juridique des femmes au haut Moyen Age en Alémanie. Il faut cependant regretter que ce foisonnement nuise souvent à la clarté du raisonnement qui, dès lors, a du mal à emporter la conviction du lecteur. Cette cinquième partie vient un peu tard: on se demande si tout l'ouvrage, après la mise au point bibliographique et l'analyse des sources et de ce qu'elles peuvent apporter, n'aurait pas gagné à être bâti selon cette grille de comparaison, ce qui aurait évité de nombreuses redites et donné davantage d'impact aux conclusions de l'A. Le lecteur se retrouve en effet dans la position inconfortable d'un amateur d'art obligé de regarder un tableau pointilliste à 50 cm de distance: la précision et la perfection du travail lui apparaît mais il n'en saisit pas la signification d'ensemble!

Michèle GAILLARD, Université de Paris XIII

Arno BORST, Die karolingische Kalenderreform, Hannover (Hahn) 1998, LVII–864 S. (Monumenta Germaniae Historica. Schriften, 46).

Am Anfang muß man sich einen Ruck geben, dann zieht es den Leser immer tiefer hinein in dieses gewaltige neue Werk von Arno Borst. Hatte der Autor nicht erst vor vier Jahren, in seinem Buch zur Plinius-Rezeption im Mittelalter[1], ein reiches Material auch über die karolingische Zeitrechnung ausgebreitet, es bereits gründlich durchleuchtet? Ein Blick ins Inhaltsverzeichnis zeigt, daß es um mehr geht als nur um karolingische Kalender als antiquarische Sammelobjekte. Borst wäre nicht Borst, wenn er nicht weite Zeiträume durchschritte, nicht in der Antike immer neu einsetzte und den Leser nicht weit in die Neuzeit und Gegenwart führte. Mit einer Reflektion über ›Kalender und Gegenwart‹ leitet er ein, dann erzählt er, was die Epochen seit Caesars Zeiten unter Kalenden und Kalendarien verstanden haben. Welcher Zeitgenosse weiß noch, daß mit einem *magnus kalendari liber* zu Senecas Zeiten ein dickes Zinsbuch gemeint war und daß (nach Tertullian) römische Damen die in ihrem Kalendar ausgewiesenen Zinseinkünfte für Ohrringe verschwendeten? Durch die Zeiten führt das wechselnde Verständnis bis zu den ›gegenwärtigen Defiziten‹ der Kalenderforschung.

Es ist klar, daß die große Umwälzung der Spätantike auch die Ordnung und Benennung der Zeiteinteilungen erfassen mußte. Mit den Namen der Wochentage fing es an: statt Götter- und Planetennamen nun Festtage der Heiligen. In Rom bewahrte Philocalus 354 in seinem – dem bedeutendsten – christlich-spätantiken Kalender noch manches heidnische Relikt. Und doch sprengte schon er (und nicht erst Dionysius Exiguus um 500) den römischen Zeitrahmen, indem er die Zählung *Ab urbe condita* aufgab und auf christliche Jahre umstellte. Seit der gleichen Zeit verengte sich der Begriff des *computus* auf die Kalenderberechnung. Mit ihr schreiten wir durch die Zeiten, erreichen die Iren und die karolingischen Gelehrten, was zunächst nur definitorisch erfolgt: aus dem ›Gestrüpp‹ eines nahezu grenzenlosen Kalender-Wortfeldes entwickelten diese Gelehrten eine ›straffende Neugliederung‹. Es war eine riesige Arbeit. Von ihrem Umfang vermittelt bereits die Handschriftenübersicht auf den Seiten XVII bis XXX eine Vorstellung: zunächst die Handschriften des karolingischen Reichskalenders in 8 verschiedenen Fassungen mit jeweils 5 bis 10 Stamm-

1   Vgl. Anzeige in Francia 25 (1998) S. 322–324.

handschriften, dazu mindestens 108 ›Zweig- und Zusatzhandschriften‹ und eine weitere dreiseitige Liste von handschriftlichen Werken, die alle im Kontext der frühmittelalterlichen Kalenderwissenschaft stehen: komputistische, liturgische, martyrologische Texte. Der mittelalterliche Kalender war eben weit mehr als ein kahles Zahlenwerk.

Das ›Gestrüpp‹ der Kalenderhandschriften in den Bibliotheken hat Arno Borst nicht allein gelichtet. Daran läßt er keinen Zweifel. Ein ganzes Hauptkapitel (S. 100–168) widmet er dem Überblick über Edition und Erforschung von Einzelkalendern in der Neuzeit. Für Frankreich sei zunächst nur an Quentin, Wilmart, und Cordoliani erinnert, für Deutschland an Grotefend, Ginzel, Zinner, für die Niederlande an Van Wijh, für die Angelsachsen, Iren und Amerikaner an Esposito, Henry Wilson, Charles Jones, Wesley Stevens, Daibhi ó Cróinín und viele andere. Ein ungeheures Material haben sie zutage gefördert, kostbare Editionen bereitgestellt, doch ein Gesamtbild der Kalendergeschichte formte sich aus ihnen nicht. Erst Hinweise von Bernhard Bischoff brachten Arno Borst auf die Spur einer neuen Gesamtsicht. Diese wird erstens bestimmt durch eine umfassende Analyse des sog. Lorscher Reichskalenders von 789, der in Kapitel IV erstmals vollständig ediert ist. Zweitens wird sie ausgestattet durch eine analytische Präsentation sämtlicher komputistischen Sammelwerke, Kalender und Martyrologien, die sich vom 9. bis ins 12.–13. Jh. anschlossen. Borst tituliert diesen literaturgeschichtlichen Durchmarsch unter der Rubrik ›Geistliche Folgetexte‹ (Kapitel V). Erst nach dieser Zeit verblaßt die Nachwirkung des karolingischen Reichskalenders gänzlich. Schon im frühen 11. Jh. freilich zeigte sich zunehmende Spaltung des Kalenderwesens im ottonischen Deutschland und im kapetingischen Frankreich (S. 328). Es ist die Zeit, in der Abbo von Fleury die Komputistik immer mehr in tabellarische, arithmetisch-astronomische Darstellungsform überführte. Zur gleichen Zeit verfeinerte Hermann der Lahme, Mönch des Klosters Reichenau, die Bruchrechnung für den Durchgang des Mondes durch ein Tierkreiszeichen bis auf 7 Stunden 92/127. Beobachtung von Mond- und Sonnenfinsternissen lehrte ihn, daß die Zeitbestimmungen Bedas nicht mehr ausreichten.

Kommen wir zum karolingischen Kern. Borst scheut sich nicht, das Bemühen um eine Kalenderreform dieser Zeit in eine Reihe zu stellen mit Caesars Reform 800 Jahre zuvor und Gregors XIII. Reform 800 Jahre danach. Ein ausdrücklicher Erlaß Karls des Großen fehlt, sein nachdrückliches Interesse für Kalenderberechnung *(ars computandi)* und Astronomie ist hingegen gut bezeugt. So steht es auch für die allgemeine Zielsetzung seiner Reformbemühungen: ›Irriges korrigieren, Richtiges stärken, Überflüssiges wegschneiden‹. Wirrwarr und Überfluß gab es genug in frühmittelalterlicher Zeitrechnung. So galt es zunächst zu sammeln, dann zu ordnen, zu kürzen und zu vereinheitlichen. In die Phase des Sammelns, aber auch schon des Ordnens und Durchdenkens, gehörte der Lorscher Kalender von 789. Er führt vieles zusammen: den julianischen Sonnenkalender, die christliche Mondkomputistik nach Beda, mediterrane Sternbewegungen nach Plinius. Fast möchte man von Kalendersynkretismus sprechen. Am Anfang jedes Monats stehen Merkverse zu den Tierkreiszeichen nach Ausonius (vermittelt durch Beda), Vierzeiler zu den einzelnen Monaten ebenfalls aus der Spätantike (Tetrastichon authenticum, vgl. S. 465–467), dann auch die griechischen und altenglischen Monatsnamen. Tageweise folgen darunter in Spalten die eigentlich kalendarischen Angaben: siderischer Mondbuchstabe, Wochentagskonkurrent, synodischer Mondbuchstabe, römische Tagesangabe und als breiteste Spalte die Benennung des christlichen Feiertages. Hinter die Spalte der Tagesbenennung plazierten die Lorscher Redaktoren hervorgehoben noch den Wechsel der Tierkreiszeichen (*SOL IN AQUARIUM* etc.), ebenso den Epaktenwechsel und den ägyptischen Monatsbeginn. Eine Schlußbemerkung summierte die Nacht- und Tagesstunden eines jeden Monats[2].

---

2   Den Monat Dezember aus dem Exemplar A1 des Lorscher Kalenders zeigt im Foto aus der Handschrift Berlin Staatsbibl., ms. Phill. 1869, W. BÖHNE, Das älteste Lorscher Kalendar, in: F. KNÖPP (Hg.), Die Reichsabtei Lorsch II, Darmstadt 1977, nach S. 220.

Dieser Lorscher Kalender hat ausgestrahlt: nach Salzburg, Mainz, Trier und Köln, nach Lyon und Angers, in zahlreiche Klöster, vom Kloster Prüm angefangen. Er hat ausgestrahlt ins gesamte karolingische Europa, in die 809 am Hof des Kaisers entstandene Fachenzyklopädie zur Zeitrechnung, in eine ähnliche Salzburger Enzyklopädie, in ungezählte Kalender, Martyrologien und komputistische Abhandlungen. Vollständige Vereinheitlichung freilich hat er bei weitem nicht erreicht, so wenig wie die karolingischen Bemühungen um Einheitlichkeit der Maße und Münzen sich nachhaltig durchsetzen sollten. Dafür war das Kalenderproblem in seiner weiten karolingischen Ausgestaltung zu schwierig und die Sorge der Einzelkirchen um ihre Individualität zu ausgeprägt.

Die Kapitel VI bis X widmen sich in detaillierter Analyse dem Kern und Rahmen der karolingischen Kalender, den Darstellungsformen der Zeit, den irdischen und kosmischen Maßen. Ihr Inhalt ist im Inhaltsverzeichnis so genau aufgeschlüsselt, daß jeder Leser sich leicht orientieren kann. Kapitel IX und X im besonderen enthalten eine Problemgeschichte der Komputistik in thematischer Gliederung; hier seien die Seiten 604–608 als Überblick bis ins 13. Jh. empfohlen. Der geistvolle Schluß führt einerseits zum utopischen Kalender des Thomas Morus, vor allem zur Wende vom 18. zum 19. Jh., der ersten wirklichen Revolution im Kalenderwesen, dem Dezimalkalender, der mit der Ära der Franzosen am 22. September 1792 einsetzen solle. Hierzu zitiert Borst Jacques Le Goff: »Eine Kalenderreform muß, um zu gelingen, vor allem auf die Geschichte Rücksicht nehmen, denn der Kalender ist die Geschichte«.

Doch zurück zum Kern des Buches. Unverkennbar im langen Bemühen um den richtigen Kalender hat jetzt auch die Karolingerzeit ihren angemessenen Platz gefunden. Maßgebend war hier ein authentischer Wissensdrang, den vor allem die anglo-irischen Autoren förderten. Auch für den Kaiser selbst ist er bezeugt, auf astronomischer Grundlage: »den Lauf der Sterne erforschte er mit größter Neugier«, sagt uns Einhard: *siderum cursum curiosissime rimabatur*. Das ist ernst zu nehmen, denn in der christlichen Wertelehre war die *curiositas* bekanntlich ein Laster. Neugier bewegte aber auch die Schreiber, die im Lorscher Kalender Notizen über astronomische Ereignisse der Jahre 770 bis 789 anfügten (S. 269, 284). Derselbe Wissensdrang spricht aus den Angaben der Reichsannalen zu 807 und 810 und spricht ebenso aus Karls Anfragen an Alkuin und den Iren Dungal. Astronomie und Kalender standen auch damals in untrennbarem Zusammenhang. Den ganzen Umfang der Arbeiten zur Zeitrechnung zeigt erst dieses bahnbrechende Werk von Arno Borst. Seine Sprachkunst macht die Dinge anziehend und nunmehr auch viel leichter verständlich.

Dietrich LOHRMANN, Aachen

Wilhelm HENTZE (Hg.), De Karolo rege et Leone papa. Der Bericht über die Zusammenkunft Karls des Großen mit Papst Leo III. in Paderborn 799 in einem Epos für Karl den Kaiser, mit vollständiger Farbreproduktion der Zentralbibliothek Zürich, Ms C 78, und Beiträgen von Lutz E. v. PADBERG, Johannes SCHWIND und Hans-Walter STORK, Paderborn (Bonifatius) 1999, 157 p., 22 repr. en couleur (Studien und Quellen zur westfälischen Geschichte, 36).

Durant l'été 799, le pape Léon III, sur qui pesaient d'inquiétantes accusations et qui avait été victime d'un attentat à Rome le 25 avril précédent, gagna la Germanie sous la protection d'émissaires francs et rejoignit Charlemagne et son armée en Saxe, à Paderborn. Survenant dix-huit mois avant le couronnement impérial, cette »rencontre au sommet« a suscité beaucoup d'interrogations chez les historiens, à proportion du silence des sources quant à la teneur des entretiens entre pape et roi. La rencontre de Paderborn a donné lieu cependant à un monument littéraire considérable – anonyme et dépourvu de titre mais commodément désigné sous l'appellation *De Karolo rege et Leone papa* –, une œuvre que les spécialistes de la littérature latine tiennent pour le premier témoin du renouveau que connut le genre épique à l'époque médiévale. On ne s'étonnera donc pas qu'un nouveau livre lui soit consacré à l'occasion du douzième centenaire du »Gipfeltreffen« de 799, trente-trois ans après un premier volume que les mêmes autorités ecclésiastiques (archevêché de Paderborn) et académiques (Verein für Geschichte und Altertumskunde Westfalen, Abteilung Paderborn) avaient parrainé, en 1966[1].

Ce poème de 536 vers est tout à la louange de Charles. Après quelques vers d'introduction, Charles est comparé au soleil, paré de toutes les vertus et même tenu pour un maître ès arts libéraux. Puis l'auteur, fervent admirateur de l'*Énéide,* campe Charlemagne en fondateur de ville; sous sa houlette, Aix devient une seconde Rome, avec son palais, son théâtre, ses thermes, son templum et même son port (!). Suit alors la longue et fameuse scène de chasse au sanglier, occasion pour le poète de présenter l'entourage et la famille du souverain. La nuit suivant la chasse, Charles voit en songe le pape brutalisé par ses ennemis. Aussitôt, il envoie une légation vers Rome tandis qu'il part en campagne contre les Saxons. Les légats apprennent l'attentat commis contre Léon III, à qui l'on crève les yeux et arrache la langue, assistent à sa guérison miraculeuse. Le pape, réfugié auprès du comte de Spolète, supplie les légats francs de le conduire auprès de Charles. Ce dernier, avec son armée, a gagné Paderborn et c'est là qu'il est rejoint par la délégation venue de Rome. Le pape est reçu solennellement par Charlemagne, en présence de l'armée et du clergé. L'épopée prend fin avec la fin du jour.

La tradition du *De Karolo rege et Leone papa* est simple: un seul manuscrit, copié à Saint-Gall vers la fin du IXe siècle et conservé actuellement au sein d'un recueil de miscellanea à Zurich (Zentralbibliothek, C 78, fol. 104r–114v). Le présent ouvrage nous offre, pour la première fois, la reproduction en fac-similé de ces 11 feuillets (p. [121]–[142]), dans un format légèrement agrandi (ca. 130%). Ce fac-similé est précédé d'une description minutieuse de l'ensemble des composantes du manuscrit de Zurich, par les soins de Hans-Walter Stork (p. 105–118), mais il est un peu dommage de ne trouver aucun commentaire paléographique des feuillets reproduits. À la suite du fac-similé (p. 143–155), le lecteur trouve un précieux »Similienapparat« (par Johannes Schwind), donnant vers par vers les citations et rapprochements littéraires (surtout Virgile et Venance Fortunat), dont l'œuvre est particulièrement riche. Ce n'est pas dans l'ouvrage proprement dit, mais dans le »Beiheft« qui l'accompagne, que l'on trouvera l'édition du poème. Celui-ci avait été publié par E. Dümmler en 1881 (MGH Poetae 1, p. 367–379, parmi les poèmes d'Angilbert) et dans l'ouvrage déjà cité de 1966, Franz Brunhölzl en avait donné une nouvelle édition moins »normalisatrice«, accompagnée d'une traduction allemande. C'est ce travail de F. Brunhölzl qui est réimprimé in extenso dans le cahier annexé, sans changement par rapport à la publication initiale, hormis l'ajout d'un court avant-propos de l'auteur sur lequel on reviendra.

L'essentiel du livre est occupé par une très ample étude de Lutz E. v. Padberg. Sur près de 100 pages (p. 9–104), l'auteur situe la rencontre de Paderborn dans le contexte général du règne de Charlemagne. Adoptant une progression en quatre temps (situation de départ jusqu'en 787, crises et problèmes jusqu'en avril 799, rencontre de Paderborn, suites de la rencontre), l'auteur traite quatre thèmes principaux: Charlemagne et les Saxons, Charlemagne et Byzance, Charlemagne et la papauté, et brochant sur le tout, la question de l'accession au titre impérial. Une attention spéciale est accordée à la rencontre elle-même. À juste raison, il estime que le choix de Paderborn, au cœur d'une Saxe à peine soumise, signale à l'historien la préoccupation essentielle qui obsède alors le souverain franc: pacifier la Saxe et faire de

---

1 Joseph BROCKMANN (Hg.), Karolus magnus et Leo papa. Ein Paderborner Epos vom Jahre 799. Mit Beiträgen von Helmut BEUMANN, Franz BRUNHÖLZL, Wilhelm WINCKELMANN, Paderborn 1966 (Studien und Quellen zur Westfälischen Geschichte, 8).

Paderborn le pôle de la christianisation des regions orientales. Plus que la question du titre
impérial, c'est l'érection de Paderborn en siège épiscopal qui aura été à l'ordre du jour. L'exposé est à la fois clair et dense, offrant une mise au point très solide, bardée de références
bibliographiques abondantes et illustrée de citations nombreuses, aux sources ou aux commentaires d'historiens, parmi lesquels domine la grande ombre de Peter Classen.

Au cœur de ce vaste tableau, une quinzaine de pages sont spécialement consacrées à la
»Forschungsdiskussion« relative au poème lui-même. Depuis B. Simson (1871), la bibliographie, immense, débat de trois questions principales: le poème est-il complet ou fragmentaire? a-t-il été composé avant ou après le couronnement impérial de la Noël 800? enfin quel
peut en être l'auteur? Sur les deux premiers points, qui sont en fait liés, les travaux de Dieter
Schaller (à partir de 1976) ont mis fin à un relatif consensus et retourné la doxa. Jusqu'alors
en effet, la plupart des spécialistes (Carl Erdmann, Helmut Beumann, Karl Hauck, Alfred
Ebenbauer) s'accordaient pour estimer que le poème était complet et qu'il avait été composé
dans la foulée de la rencontre, en tout cas avant le couronnement de 800. Par conséquent, on
tenait là un témoin capital de »l'atmosphère impériale« (R. Folz) qui préludait à l'accomplissement de 800 et baignait déjà la rencontre de Paderborn. Suivant D. Schaller au
contraire, le poème serait le troisième livre – seul conservé – d'une tétralogie culminant avec
le couronnement impérial, un panégyrique composé évidemment après la Noël 800, et avant
804 d'après ses conjectures. Le nom de »Paderborn Epos« parfois donné au poème (voir le
titre de l'ouvrage de 1966) serait donc tout-à-fait impropre au caractère d'une œuvre dont la
rencontre de Paderborn (ni même la localité) ne serait qu'un épisode parmi d'autres. Le titre
de »Aachener Karlsepos« (Ch. Ratkowitsch, 1990) conviendrait sans doute mieux à cette
première épopée médiévale, qui met l'accent sur Charles, qualifié de *caput orbis,* de *rex* et
d'*augustus,* et fait d'Aix une autre Rome. Les conclusions de D. Schaller ont dès lors amené
les exégètes de l'idée impériale à ajuster leur regard, et l'on détecte désormais chez le poète la
volonté de faire passer l'idée que seul Charles était en mesure d'exercer une fonction impériale à la byzantine ... Reste la question de l'auteur. Bien des noms ont circulé: Angilbert,
l'Hibernicus exul, Moduin (Naso), Riculf de Mayence, Théodulf d'Orléans, ou encore
Eginhard, mais sans jamais obtenir le consensus. Dans sa mise au point, Lutz E. v. Padberg
laisse en l'état cette dernière énigme, mais se rallie aux conclusions de Dieter Schaller sur la
composition de l'œuvre, à la suite de nombreux historiens (citons M. Balzer, K. Hauck, H.-
H. Anton) et historiens de la littérature (Ch. Ratkowitsch). Une fausse note pourtant dans
cette harmonie: Franz Brunhölzl. Dans l'avant-propos évoqué plus haut, le grand historien
de la littérature latine médiévale affirme nettement qu'il se démarque »d'un avis maintenant
largement répandu« (comprendre celui de D. Schaller et ses émules): pour lui, le poème
n'est ni un fragment, ni la partie d'une épopée de plusieurs livres, mais une entité en soi, qui
fait suite à deux poèmes du même auteur; il aurait été composé peu après la rencontre de
Paderborn, en tout cas avant que se soit répandue la nouvelle du couronnement impérial;
quant à l'auteur, il s'agirait d'un des Irlandais qui fréquentaient la cour de Charlemagne.
Franz Brunhölzl annonce qu'il justifiera ailleurs ses positions.

On le voit, ce livre très nourri témoigne en lui-même de la vitalité de la recherche sur une
œuvre essentielle de la littérature latine médiévale. Conçu et réalisé avec bonheur (on aurait
toutefois aimé que les références bibliographiques si nombreuses fussent reprises dans une
liste), ce bel ouvrage paraît répondre parfaitement aux exigences scientifiques d'une commémoration bien comprise: présenter les sources, expliquer l'acquis, faire le point sur les
questions en débat, proposer des avancées.

                                                                          Laurent MORELLE, Paris

Einhard. Studien zu Leben und Werk. Dem Gedenken an Helmut Beumann gewidmet, publ. par Hermann Schefers, Darmstadt (Hessische Historische Kommission) 1997, 414 p. (Arbeiten der Hessischen Historischen Kommission, Neue Folge, 12).

Les études publiées dans ce volume, et qui pour l'essentiel sont les actes d'un colloque organisé par H. Schefers en 1995 à Michelstadt-Steinbach, sont très variées, voire dépareillées. Certaines n'ont qu'un rapport lointain avec Eginhard, rares s'avèrent celles au cœur du sujet. Comme le maître du repas de Cana, l'éditeur réserve pour la fin le meilleur, ou du moins ce qui, pour reprendre ses termes, est susceptible de donner une nouvelle impulsion aux recherches portant sur Eginhard (p. 7).

Bien que ce volume soit consacré en partie à sa vie, la personne d'Eginhard, sa personnalité n'ont que peu retenu l'attention des auteurs, si ce n'est M. Stratmann, qui rappelle dans sa contribution sur »Einhards letzte Lebensjahre (830–840) im Spiegel seiner Briefe« (p. 323–339) la richesse de sa correspondance pour la connaissance de l'homme que fut Eginhard. Elle s'intéresse ainsi à la fin de sa vie, à une époque marquée par la lassitude qu'il éprouvait à l'égard du petit monde de la cour et de ses intrigues. En amont, c'est aux origines d'Eginhard et à l'éducation qu'il recut à Fulda que sont consacrés les deux premiers travaux. Dans son étude sur »Einhards Herkunft – Überlegungen und Beobachtungen zu Einhards Erbbesitz und familiärem Umfeld« (p. 15–39), W. Störmer propose de situer dans les alentours de Seligenstadt et de Michelstadt la région d'où la famille d'Eginhard était originaire. Ces endroits étaient »familiers« à Eginhard; en revanche, on ne peut pas dire que la présentation cartographique permette au lecteur de s'y retrouver facilement (il aurait fallu situer les diverses cartes sur une carte générale et adopter une typographie uniforme). Quant à M.-A. Aris (»*Prima puerilis nutriturae rudimenta*. Einhard in der Klosterschule Fulda«, p. 41–56), il s'efforce de reconstituer l'enseignement reçu par Eginhard à Fulda, c'est-à-dire les rudiments de la foi.

En marge du sujet, L. Cristante insiste sur l'importance de Martianus Capella dans son article intitulé »Dal tardoantico al medioevo: il ›De nvptiis Philologiae et Mercvrii‹ di Marziano Capellae e la tradizione delle *artes* nella scuola carolingia« (p. 57–66) et L. Holtz, évoquant »Alcuin et la réception de Virgile du temps de Charlemagne« (p. 67–80), postule *in fine* que l'influence d'Alcuin fut moins importante qu'on le suppose, en tout cas aux alentours de 800, et il s'oppose à ce qu'on considère la correspondance entre Charlemagne et ce dernier comme »un dialogue d'Alcuin avec lui-même« (p. 80) – mais il est difficile de saisir ce qui, dans le texte, prépare à cette conclusion. Plus en prise avec le sujet, H. Schefers (»Einhard und die Hofschule«, p. 81–93) tire de l'analyse du poème n° 26 d'Alcuin (dont une traduction aurait été la bienvenue) la conclusion qu'Alcuin n'était pas le maître d'Eginhard. Ce qui est gênant dans cette analyse, c'est l'établissement de catégories d'élèves assez rigides, censées »s'institutionnaliser« alors que la réduction de l'école du Palais à une partie de la Chapelle ne permet assurément pas de prendre en compte la diversité des *nutriti* en formation à la cour.

Plusieurs contributions sont consacrées aux activités d'Eginhard, mais rares sont celles qui apportent du nouveau. Puisque Eginhard supervisait les travaux d'Aix, l'éditeur a sollicité H. Siebigs pour présenter les »Neuere Untersuchungen der Pfalzkapelle zu Aachen« (p. 95–137): il s'agit de faire le bilan des travaux parus depuis le monumental ›Karl der Große‹ publié dans la foulée de l'exposition aixoise du milieu des années soixante – un bilan somme toute assez décevant puisque l'auteur en vient à la conclusion selon laquelle on a beaucoup cherché, mais établi fort peu de certitudes, à commencer par la datation de la basilique. V. Elbern, dans son article sur »Einhard und die karolingische Goldschmiedekunst« (p. 155–178), invite quant à lui à un nouvel examen de l'*arcus Einhardi* – non plus seulement du seul point de vue iconographique, mais aussi de celui, pratique, de la réalisation de cette pièce d'orfèvrerie. Quant à C. Beutler, il n'offre absolument pas ce qu'il annonce en sous-titre: au lieu de proposer une contribution sur la manière dont les Carolingiens conçurent et utilisèrent les images (»Einhard und Bonifatius – Ein Beitrag zur Bildpolitik der Karolinger«, p. 139–153), il s'en tient à une évocation décousue de quelques objets d'art du temps d'Eginhard. *Quid* du rapport entre ce dernier et Boniface? Certes, l'œuvre du second permit au premier de tirer les fruits de son éducation à Fulda, mais ce genre de constatation ne mène pas bien loin.

Les fonctions abbatiales d'Eginhard donnent l'occasion à J. SEMMLER, sous le prétexte d'étudier la position d'Eginhard, son influence à l'égard de la réforme ecclésiastique du temps de Louis le Pieux (ce que permettait d'espérer un titre aussi prometteur que »Einhard und die Reform geistlicher Gemeinschaften in der ersten Hälfte des 9. Jahrhunderts«, p. 179–189), de refaire l'inventaire des communautés soumises à l'autorité de cet habile courtisan qui réussit à s'imposer à la cour de Charlemagne comme à celle de son fils (on trouve une illustration de la prudence d'Eginhard dans l'étude de G. WOLF: »Einige Beispiele für Einhards hofhistoriographischen Euphemismus«, p. 311–321). J. Semmler se contente en outre d'énumérer quelques abbés, en pensant pouvoir faire l'économie d'une approche prosopographique ou d'y faire référence. Ensuite, on peut trouver diverses présentations de lieux où Eginhard fut abbé: A. SETTIA (»Pavia nell'età carolingia«, p. 191–202) fournit une sorte de chronique de Pavie, sans grand rapport avec Eginhard, qui était abbé de »San Giovanni Domnarum di Pavia« présenté par D. VICINI (p. 203–207), mais n'est mentionné – presque par hasard – qu'en un seul paragraphe (p. 196). En revanche, l'article de P. LEUPEN sur »Maastricht in de Vroege Middeleeuwen« (p. 209–221) présente l'avantage de n'être pas qu'un résumé de l'histoire politique du monde franc vue par la lorgnette de l'histoire locale, car l'auteur présente en détail la terminologie employée pour désigner Maastricht – mais il n'est pour ainsi dire pas question d'Eginhard. Au contraire, G. DECLERQ et A. VERHULST traitent vraiment d'Eginhard dans leur communication sur »Einhard und das karolingische Gent« (p. 223–246): ils proposent certes, en seconde partie, un survol de l'histoire de Gand au IXᵉ siècle, mais après avoir étudié les rapports qu'Eginhard entretenait avec ce lieu et l'influence qu'il eut sur lui en tant qu'abbé de Saint-Pierre et de la riche abbaye Saint-Bavon, qu'il tenait en union personnelle (sans qu'il y eût pour autant de lien institutionnel entre les deux établissements) et où il procéda à la division de la mense abbatiale et de la mense conventuelle. En faisant le point sur la recherche, les auteurs appellent de leurs vœux de nouveaux travaux sur la *Vita Bavonis* et sur le recueil des lettres d'Eginhard – ce qui nous conduit au dernier volet de ce recueil, le plus stimulant: la production littéraire d'Eginhard.

L'approche qu'a B. KASTEN de certains »Aspekte des Lehnswesens in Einhards Briefen« (p. 247–267) ne laisse pas indifférent. L'étude des diverses catégories de destinataires est très intéressante, mais on s'interroge sur l'utilité de la très longue digression sur les fils de comtes entrés dans la vassalité des rois carolingiens et leurs méfaits, notamment le rapt de la fille de leur seigneur. Ce qui est vraiment sujet à caution, c'est le parti jusqu'au-boutiste de la critique des textes par B. Kasten: parce que les vassaux, une fois promus comtes, ne sont plus désignés comme des vassaux, mais comme des comtes, ils ne feraient plus partie des vassaux (p. 260). Il n'y a pas lieu de rouvrir la vieille querelle »fidèles ou vassaux?«, c'est pourquoi je me contenterai de deux remarques. Lorsqu'en 814 le comte Wala se rendit auprès de Louis le Pieux et que, selon le témoignage de l'Astronome, *humillima subiectione se eius nutui secundum consuetudinem Francorum commendans subdidit* (c. 21, éd. Tremp, p. 346), doit-on comprendre qu'il ne se prêta pas à l'hommage vassalique? C'est ce que suppose B. Kasten, puisqu'à propos du très beau dossier que constituent les *Annales de Saint-Bertin* et la biographie de l'Astronome concernant les hommages des »évêques, abbés, comtes et vassaux royaux ayant des *beneficia* [en Neustrie]« à Charles le Chauve en 838, elle affirme: »Diese Aussagen dokumentieren nicht, daß Bischöfe, Äbte und Grafen als Vasallen bezeichnet worden wären, sondern nur, daß die genannten Gruppen geistlicher und weltlicher Amtsträger und die Königsvasallen eines gemein hatten: die Form der Huldigung durch Kommendation, Handgebärde und Treueid« (p. 261). N'est-ce pas précisément par la recommandation par les mains et la prestation d'un serment de fidélité qu'on entre en vassalité? Rien ne sert de pinailler: si les comtes ne sont plus mentionnés comme vassaux dès lors qu'ils deviennent comtes, c'est tout simplement parce que cette fonction l'emporte en importance et en prestige. Par ailleurs, l'auteur refuse de verser au dossier les mentions de comtes du Palais attestés comme vassaux du roi au prétexte que »man kann den Bereich des Hofs und seiner spezifischen Ämter ... nicht mit dem Bereich der Reichsverwaltung und den Ämtern von Bischöfen, Äbten und Grafen gleichsetzen« (p. 262). Je ne partage pas cette opinion – cf. ma Prosopographie de l'entourage de Louis le Pieux (781–840), Sigmaringen 1997, p. 29 et suivantes.

M. Heinzelmann, dans son examen détaillé de »Einhards ›Translation Marcellini et Petri‹: Eine hagiographische Reformschrift von 830« (p. 269–298), propose une analyse politique d'un texte dont la diffusion fut assez restreinte – en tout cas bien en-deça de la publicité faite à la translation des reliques importées par Eginhard qui, tout en réglant ses comptes avec l'abbé Hilduin, exhorte ses contemporains (notamment ses pairs) à la réforme morale de la société. On pourrait difficilement concevoir un volume sur Eginhard d'où sa *Vita Karoli* serait absente; ce n'est toutefois qu'à »The preface to Einhard's *Vita Karoli*« que D. Ganz s'intéresse (p. 299–310), en nous offrant une explication de texte magistrale, bien que la méthode employée ne soit pas sans présenter de danger: l'auteur va à la recherche des occurrences d'expressions employées par Eginhard, sans qu'on soit toujours en mesure d'apprécier la part des citations voulues, inconscientes ou des fruits du hasard – en fait, l'auteur oscille parfois entre les affirmations et les suppositions, mais le systématisme qui prévaut s'avère gênant (p. 302: l'auteur en vient à considérer, apparemment sans réserve, qu'Eginhard influença ses contemporains dans l'emploi du substantif *nutritor*). On saura cependant gré à D. Ganz d'avoir montré que l'auteur de la *Vie de Charlemagne* avait adapté au genre biographique des termes jusqu'alors propres à l'hagiographie. Bref, les deux dernières études mentionnées nous rappellent l'intérêt que recèle une approche qui, au-delà de la forme d'un texte, cherche à en cerner l'esprit. Quant à l'ensemble du volume édité par H. Schefers, il s'avère l'illustration de la diversité des compétences de ceux qui, à l'instar d'Eginhard, à la fois profitèrent de la »renaissance carolingienne« et y apportèrent leur concours.

Philippe Depreux, Tours

Rabani Mauri in honorem sanctae crucis, cura et studio Michel Perrin, Turnhout (Brepols) 1997, CXX–342 S. (Corpus christianorum. Continuatio mediaevalis, 100/100 A).

Mit dieser kritischen Gesamtausgabe der berühmten Figurengedichte des Rabanus Maurus legt der Editor die Quintessenz seiner langjährigen Forschungen vor. Schon das Titelblatt weist auf Neues: Benutzte Perrin selbst bislang in seinen Aufsätzen die seit der Editio princeps des Jakob Wimpfeling (1503) geläufige Bezeichnung *De laudibus sanctae crucis*, so wählt er nunmehr den handschriftlich besser bezeugten Titel *In honorem sanctae crucis* (vgl. S. XXVII und das Explicit zum ersten Buch S. 221, 70). Erstmals wird das Werk auf einer breiteren handschriftlichen Grundlage ediert. Alle bisherigen Ausgaben greifen auf einen jeweils älteren Druck zurück, so daß man nie über den Editionsstand von 1503 hinausgekommen ist. Da nun Wimpfeling für die neuzeitliche Rezeption maßgeblich ist, sein Text indes zahlreiche Eigentümlichkeiten gegenüber den ältesten Handschriften aufweist, hat Perrin dessen Ausgabe mitkollationiert und Überlegungen zur handschriftlichen Vorlage angestellt. Wimpfeling lag eine Version von Rabans Werk vor, die im 15. Jh. in Süddeutschland verbreitet worden ist. Zahlreiche Textzeugen dieser Fassung sind erhalten, doch konnte Wimpfelings Handschrift bislang nocht nicht identifiziert werden.

Für das komplexe Ensemble des Werkes, bestehend aus verschiedenen Dedikationen, aus den Bildseiten mit eingeschriebenen Gedichten und den Prosa-Erläuterungen (Buch I), den in manchen Handschriften zwischen Buch I und II eingeschobenen Gedichtabschriften in »Normalform« (d. h. nicht in das Geviert der Bildseiten eingeschrieben, somit leichter lesbar) sowie den Prosa-Paraphrasen der Gedichte (Buch II), fehlte bislang eine eindeutige Zitierweise. Die in den Drucken übliche Buchzählung ist handschriftlich nicht belegt. Die Einteilung in zwei Bücher trägt dem Umstand Rechnung, daß die Prosa-Paraphrasen nach Ausweis der Capitulatio und Rabans Schlußbemerkungen zu Gedicht 28 (S. 221, 64–69) erst nachträglich entstanden sind.

Perrin etabliert folgendes System: Teil A 1–9 umfaßt die 8 erhaltenen Zueignungen sowie die Capitulatio der Figurengedichte. B 1–28 bezeichnen die Gedichte mit den zugehörigen Erläuterungen C 1–28, und zwar dergestalt, daß auf eine Schwarz-Weiß-Nachzeichnung der Figurenseite das jeweils zugehörige Gedicht in »Normalform« mit der Erläuterung folgt. D 0 (Praefatio) und D 1–28 stehen für die Prosa-Paraphrasen. Diese Bezeichnungen, kombiniert mit den Zeilenzählungen der Ausgabe, ermöglichen eine bequeme Orientierung, zumal unter den Nachzeichnungen der Gedichte zeilengenaue Verweise auf den Teil D zu finden sind.

Der Editor betont, daß die von ihm gewählte Anordnung der Textelemente keinem karolinigischen Manuskript entspricht. So fehlen die separaten Gedichtabschriften in zahlreichen Handschriften, und in seiner Leithandschrift sind sie auf einer separaten Lage zwischen Teil B/C und D eingeschoben. Der Benutzer dieser Ausgabe, der Bild und Transkription zugleich vor sich hat, ist zweifellos in einer angenehmeren Situation als der Leser einer mittelalterlichen Handschrift, und dies um so mehr, als zusätzlich die Mappe CCL 100 A zur Verfügung steht. Sie enthält 31 separate Doppelblätter aus Kunstdruckpapier in etwas größerem Format als der Editionsband mit sehr guten Farbtafeln der drei Dedikationsbilder und der Figurengedichte nebst Umzeichnungen (hier aufgrund des größeren Formats zusätzlich mit Zeilenzählung versehen). Man kann also die Abbildungen einzeln neben der Edition studieren.

Abgebildet werden die Miniaturen des Codex Vat. Reg. Lat. 124 (mit dem berühmten Bildnis Ludwigs des Frommen, der frühesten erhaltenen Darstellung eines karolingischen Herrschers in der Buchmalerei), der, wie schon seit langem von der Raban-Forschung gefordert, die Leithandschrift der Edition bildet. Die zu kleinen und schlechten Schwarz-Weiß-Reproduktionen von 1975 (hg. von Hans-Georg Müller, vgl. die Rez. von Raymund Kottje, Rheinische Vierteljahrsblätter 40, 1976, S. 597ff.) konnten paläographischen Ansprüchen nicht genügen. Gute Abbildungswerke gibt es hingegen seit geraumer Zeit vom Codex Wien, Österreich. Nationalbibl. 652 (hg. von Kurt Holter, Codices selecti 33, Graz 1973, vgl. dazu Gabriel Silagi, Deutsches Archiv 29, 1973, S. 609 – falsche Bandzahl bei Perrin S. CIX) und von Amiens, Bibl. Mun. 223 (bibliophile Ausgabe mit französischer Übersetzung des Textes durch Perrin selbst, Louanges de la Sainte Croix, 1988), so daß man in gut bestückten Bibliotheken nunmehr drei verschiedene künstlerische Ausgestaltungen der Figurengedichte vergleichen kann. Bedauerlich ist es, daß die Edition keine kunsthistorische Einführung in Tradition und Bedeutungsgehalt der Buchmalereien beinhaltet.

Die handschriftliche Überlieferung des Werkes (trotz der großen Ansprüche an die Kopisten sind fast 100 Handschriften des 9.–16. Jhs. erhalten) ist eng mit seiner geschichteten Entstehung verknüpft. Aus dem Text selbst sowie aus versprengten Äußerungen Rabans und anderer in Briefen etc. lassen sich einige, aber längst nicht alle Einzelheiten der Abfassung rekonstruieren. Um 810 entstanden die 28 Figurengedichte mit den Prosa-Erläuterungen (B und C) und den Prologen A7 und A8. Raban hat zu dieser Zeit ein persönliches Exemplar besessen, das zumindest teilweise autograph war. Vor Antritt seines Abbatiats in Fulda (822) schrieb Raban Teil D nieder. Die Transkriptionen der Gedichte sind später, vielleicht erst um die Jahrhundertmitte, entstanden.

Das bereits von den Zeitgenossen hochgeschätzte Werk ist schon zu Lebzeiten des Autors in zahlreichen Handschriften verbreitet worden. Etliche Empfänger eines Exemplars sind namentlich bekannt; erhalten haben sich die Zueignungen an die Abtei Saint-Martin in Tours (A2, entstanden um 814/822), Ebf. Otgar von Mainz (A1, 826/833), an Ludwig den Frommen (A5 und A6), Papst Gregor IV. (A3) und an die Abtei Saint-Denis (A4); ferner wissen wir von Abschriften, die 844 an Papst Sergius II. und kurz danach an Markgraf Eberhard von Friaul gingen. Diese Widmungsexemplare sind nicht auf uns gekommen, mit Ausnahme des Codex Paris, Bibl. Nat. Lat. 2422 = Sigle Q der Edition, der Rabans Geschenk an die Abtei Saint-Denis ist.

Für die Edition sind 6 Handschriften herangezogen worden, die zu Lebzeiten Rabans in seiner Umgebung und, wie man wohl annehmen darf, unter seiner Aufsicht entstanden sind. Während seines Abbatiats, d. h. geschrieben von Fuldaer Händen im zweiten Viertel des 9. Jhs., entstanden neben dem bereits erwähnten Reginensis (Sigle V) die Codices P (Paris. Lat. 2423, sehr schlecht erhalten, aus dem Besitz des Erzbischofs Radulf von Bourges), A (die oben genannte Handschrift Amiens 223, die aus Corbie stammt) und T (Turin, Bibl. Naz. Univ. K II 20). Fuldaer und Mainzer Hände waren um die Jahrhundertmitte an den erwähnten Codices Q und W (dem Viennensis 652) beteiligt, was am ehesten damit zu erklären ist, daß diese Handschriften in Mainz während Rabans Amtszeit als Erzbischof entstanden sind (847–856). Er hat wahrscheinlich Schreibpersonal aus Fulda in seine Bischofsstadt mitgebracht. Zusätzlich herangezogen hat der Editor drei weitere Textzeugen des 9. Jhs. (L = Lyon, Bibl. Mun. 597 aus Tours, S = zwei Fragmente aus Straßburg und Västeras/Schweden mit der Provenienz Süddeutschland sowie Z = Wien 911 deutscher Herkunft), die einerseits die Lesarten aus VPATQW stützen, andererseits auch die Auffächerung der Überlieferung dokumentieren. Schließlich ergänzt der Paris. Lat. 2421, der um 1000 aus Q kopiert wurde, das in Q verlorene erste Blatt mit den Vorreden A4 und A5.

Breiten Raum nimmt in der Einleitung die Diskussion um die Leithandschrift V ein, die bis 1600 in der Fuldaer Klosterbibliothek aufbewahrt worden ist. Diese von mehreren Fuldaer Händen geschriebene Handschrift weist als einzige aus der Zeit Rabans zahlreiche Korrekturen auf (übergeschrieben oder auf Rasur), die nicht in einem Schreibvorgang entstanden sind und, wie schon Bernhard Bischoff gezeigt hat, zumindest teilweise von Rabans eigener Hand stammen. Sie sind in verschiedenem Umfang in die Codices PATQW eingegangen (vgl. S. XXXVI): 250 Korrekturen befinden sich alle in PATQW, 104 Korrekturen in nur einem Codex oder mehreren, und 28 Verbesserungen in V fehlen PATQW. Es liegt nahe, daß V Rabans Autorenexemplar bzw. das »Fuldaer Klosterexemplar« gebildet hat – es wurde gleich nach seiner Entstehung gründlich durchkorrigiert, und die im Laufe der Zeit in den verschiedenen Abschriften des Werkes vom Autor veranlaßten weiteren Verbesserungen sind dann wiederum in V eingefügt worden. Ist V als Rabans Autograph zu betrachten? Warum die hochwertige künstlerische Ausstattung, in deren Mittelpunkt die Person Ludwigs des Frommen steht? War diese Handschrift für ihn vorgesehen? Schließlich fertigte man derlei aufwendige Abschriften nicht zum Vergnügen an (Herrad Spilling, S. XVI)! Ludwig hat nach Ausweis der Vorrede an die Mönche von Saint-Denis mit Gewißheit ein Exemplar erhalten, warum nicht dieses?

Mit bemerkenswertem Scharfsinn und großer Umsicht diskutiert Perrin die unterschiedlichen Einschätzungen der Gelehrten (bes. die Thesen von Elizabeth Sears, Herrad Spilling und J. P. Bouhot). Er bezweifelt aufgrund des paläographischen Befundes, daß V als Autograph Rabans zu betrachten ist, denn dieselbe Hand schrieb sowohl das Ende von Buch I als auch den Anfang des später entstandenen Buchs II. V muß demzufolge auf ein Exemplar zurückgehen, das bereits beide Bücher enthielt. Daher ist der früheste Textzustand von ca. 810, der nur Buch I umfaßt hat, auch abschriftlich nicht mehr greifbar. V ist ebensowenig als direkte Vorlage von PATQW anzusprechen; der hervorragende Erhaltungszustand der Handschrift spricht gegen eine intensive Nutzung in Skriptorien. Signifikant ist zudem die

Tatsache, daß 14 »gute« Lesarten aus PATQW in V fehlen (vgl. die Tabelle S. LXXVIII). Perrin postuliert ein »Urfulda«-Exemplar (x), das sowohl V als auch der Gruppe PATQW als Vorlage gedient hat. Die von Raban in (x) eingetragenen Verbesserungen wurden hin und wieder in V nachgetragen, was aber gelegentlich unterblieben ist, vielleicht, weil V nicht immer zur Hand war. Perrin zufolge ist V kurz nach 822, zu Beginn von Rabans Abbatiat, für Ludwig den Frommen angefertigt worden. Raban selbst korrigierte den Codex und brachte vor allem im Text des zuletzt entstandenen Teils D ausführliche Verbesserungen an. Aus Gründen, die nach wie vor unbekannt sind, wurde die Gabe nicht fertiggestellt. Der Kaiser erhielt 835 ein anderes Exemplar, vermutlich weil V mittlerweile zu viele Korrekturen aufwies. Um 847, als Raban Erzbischof wurde (Perrin kann nachweisen, daß er seinen Text nach diesem Zeitpunkt so gut wie nicht mehr verändert hat), wurde V um die Lagen 1 (Widmungen) und 7 (Transkriptionen der Gedichte) erweitert. Während (x) nach dem Tod des Erzbischofs unterging – vermutlich aufgrund seiner starken Beanspruchung –, gelangte V zurück nach Fulda – falls der Codex das Kloster überhaupt jemals verlassen hat. Letztlich wahrt diese Handschrift das Geheimnis ihrer ursprünglichen Bestimmung. Eine Lösung, die für alle ihre Besonderheiten eine unwiderlegbare Begründung böte, steht noch aus, doch ist ja erst mit dem vorliegenden Band eine ganz neue Arbeitsgrundlage für weitere Forschungen geschaffen worden.

Die Orientierung in der komplizierten Materie wird durch Stemmata, Tabellen signifikanter Lesarten sowie eigene Kapitel über orthographische und metrische Besonderheiten des Textes erleichtert. Hilfreich sind ferner die Abbildungen von mutmaßlich eigenhändigen Eintragungen Rabans, die Zusammenstellung einschlägiger zeitgenössischer Briefe, die Auswahlbibliographie sowie ein Anhang mit Anmerkungen und Parallelstellen zu einzelnen Versen, die aus Gründen der graphischen Übersichtlichkeit nicht direkt unter die betreffenden Textstellen gesetzt werden konnten. Zudem stellt Perrin hinter den lateinischen Text eine französische Übersetzung der Gedichte – Benutzer der Ausgabe ohne philologische Detailkenntnisse werden ihm diesen Mangel an Snobismus danken. Auch die »Gebrauchsanweisung« (Avertissement au lecteur) stiftet viel Nutzen, und so bedarf es keineswegs der captatio benevolentiae des Editors, der seine Ausgabe in Abwandlung des bekannten Diktum von Winston Churchill »la pire des solutions, à l'exception de toutes les autres« nennt (S. CXIX). Vielmehr trägt dieser »Jubiläumsband« mit der Nummer 100 dem Unternehmen Corpus Christianorum, Continuatio Mediaevalis viel Ehre ein.

Letha BÖHRINGER, Bonn

Rudolf POKORNY, Martina STRATMANN (éd.), Capitula episcoporum. Zweiter Teil, Hanovre (Hahn) 1995, XVI–241 p. (Monumenta Germaniae Historica. Capitula episcoporum, t. II).

Dans la typologie des sources normatives du IXe–Xe siècles, l'appellation de *capitula episcoporum* a été retenue de manière conventionnelle parmi d'autres possibles et également attestées dans les sources contemporaines (*capitularia, statuta episcopalia, statuta synodalia*, etc.)[1]. Elle désigne, comme on sait, toutes les dispositions normatives prises par les évêques dans le cadre des synodes diocésains et concernant les domaines les plus variés de la juridiction ordinaire (dogmatique, pastorale, liturgie, éthique, etc.). Au moment même où il livrait son édition dans les M.G.H. des *Concilia aevi Karolini*, Albert Werminghoff

---

1 Sur les *capitula episcoporum*, leurs caractères généraux, la bibliographie afférente et l'inventaire des collections de *capitula*, on renvoie une fois pour toutes à P. BROMMER, Capitula episcoporum. Die bischöflichen Kapitularien des 9. und 10. Jahrhunderts, Turnhout 1985 (Typologie des sources du moyen âge occidental, fasc. 43, A–III. 1).

avait fait part de son intention de publier les *Capitula episcoporum,* dont il soulignait à juste titre le caractère complémentaire (Neues Archiv 26, 1901, p. 665 sv.). Dans les années 1920, P. W. Finsterwalder avait ensuite affirmé son intention de poursuivre un projet qui n'a toutefois pris réellement corps que dans les années 1970 (Deutsches Archiv 26, 1970, p. IV) après avoir été confié à Peter Brommer. Les recherches préparatoires entreprises par ce dernier et publiées tout au long de la décennie 1970–1980 ont permis de mesurer l'élargissement considérable du corpus des *capitula,* passé de 18 recueils recensés par Werminghoff au début du siècle à 48 *capitula* répertoriés par P. Brommer dans son fascicule de la Typologie (voir n. 1, p. 47–61). Plusieurs de ces capitulaires épiscopaux sont accompagnés de pièces annexes intéressantes, en particulier de sermons et d'*admonitiones* synodales susceptibles de nous donner quelque idée du rôle respectif dévolu à l'écrit et à l'oral dans la transmission des prescriptions épiscopales. Rappelons pour mémoire que, sur la petite cinquantaine de *capitula episcoporum* parvenus jusqu'à nous, un tiers environ est clairement attribué à un auteur précis par une suscription ou une préface. Quelques attributions demeurent incertaines comme, par exemple, celle des quatre recueils mis par W. Hartmann sous le nom de Halitgaire de Cambrai (in Deutsches Archiv 39, 1979, p. 368–394)[2]. Si, d'autre part, le champ géographique couvert concerne à la fois la France, l'Allemagne et l'Italie, c'est bien la province ecclésiastique de Reims qui constitue la terre d'élection des *capitula.* Confronté au problème de l'ordre à suivre dans la publication des *capitula,* il est apparu à P. Brommer qu'un choix chronologique était à exclure en raison du nombre de capitulaires épiscopaux difficiles à dater. Si peu satisfaisant qu'il soit de son côté en raison de la quantité des recueils anonymes (une vingtaine au total), c'est l'ordre géographique par provinces ecclésiastiques qui a été retenu vaille que vaille. Dans un premier volume publié en 1984, P. Brommer a publié pour commencer les *capitula* appartenant aux provinces de Cologne, Trèves, Sens, Besançon et Bourges. Sans avoir à rendre compte ici plus en détail du contenu de ce premier tome, on soulignera cependant à son propos deux faits utiles à l'analyse des tomes II et III de la série. Le premier, c'est que l'éditeur y a naturellement fait le choix judicieux d'ouvrir la voie en publiant les capitulaires les plus anciens (début du IXe siècle) qui comptent aussi parmi les plus importants dans l'histoire du genre: ceux des trois évêques associés au »testament« de Charlemagne Gerbald de Liège, Théodulphe d'Orléans et Haito de Bâle. Le second point à relever, c'est que dans la mesure même où il avait affaire, en particulier dans le cas des *capitula* de Théodulphe d'Orléans, aux collections les plus connues, celles dont la réception a été la plus large et dont la tradition textuelle est la plus fournie, P. Brommer a été conduit dans le tome I à définir un modèle de publication très élaboré. Chaque collection y fait l'objet d'une notice standard présentant son contexte historique, ses éléments de datation, sa structure d'ensemble et ses sources, sa réception – directe et indirecte – et sa tradition manuscrite, ainsi que les normes d'établissement du texte suivies par l'éditeur. Ce schéma, établi pour le tome I par P. Brommer, peut sembler un peu lourd. De fait, les éditeurs des tomes II et III (R. Pokorny et M. Stratmann pour le présent tome II et R. Pokorny pour le tome III), ont été amenés à suivre ce modèle en l'adaptant aux cas d'espèce dont ils avaient à traiter.

Le présent volume comporte l'édition critique des *capitula* appartenant aux provinces ecclésiastiques de Reims, Tours et Lyon. La »pièce de résistance« en est constituée par les *capitula* de la province de Reims avec les cinq séries de capitulaires promulgués par Hincmar, ceux de Willebert de Châlons et de Riculf de Soissons. A partir des travaux préparatoires effectués par W.-D. Runge, c'est M. Stratmann qui a pris en charge l'édition définitive

---

2   Ce groupe de capitulaires est plus prudemment qualifié par son dernier éditeur R. Pokorny de *Capitula Neustrica*: R. POKORNY, Capitula episcoporum, t. III, p. 48–73, avec la discussion des hypothèses de W. Hartmann, ibid. p. 63–64.

de ces recueils. Ses recherches antérieures sur l'administration par Hincmar du diocèse et de la province ecclésiastique de Reims (1991) la désignaient naturellement à une tâche dont elle s'est aquittée de manière excellente. La série des cinq collections hincmariennes, datées de 852 à 874, forme un corpus à tous égards exceptionnel et marque une sorte d'apogée dans la législation épiscopale carolingienne. Par la possibilité qu'elle offre d'en suivre les développements échelonnés sur plus de deux décennies, par sa volonté d'aborder sans laisser d'angles morts tous les problèmes d'encadrement du clergé local à tous les niveaux (des plus humbles desservants ruraux aux doyens et archidiacres) et tous les aspects de la pastorale des laïcs, la normative hincmarienne forme un ensemble unique. Avec l'éditeur, on peut considérer le corpus parvenu jusqu'à nous comme complet. On ne peut de même que souligner la très grande qualité de l'édition, de l'annotation et de la présentation des textes. Des développements précis sont consacrés à la structure et au contenu de chaque recueil, aux conditions qui ont entouré leur élaboration, aux autres sources hincmariennes avec lesquelles un travail de confrontation s'imposait, en particulier le *De presbyteris criminosis,* le *De divortio Lotharii* et la *Collectio de ecclesiis et capellis*[3]. Les problèmes de la réception des *capitula* d'Hincmar dans les collections de la fin du IXe siècle et du début du Xe siècle comme les *capitula* (dits) *Cottoniana* sont bien étudiés. On sait que les actes du concile de Trosly de 909 font dans leur c. 9 une référence directe aux seconds *capitula* d'Hincmar. On peut d'autre part suivre à la trace, via le *De synodalibus causis* de Réginon de Prüm, la réception des dispositions d'Hincmar chez Burchard de Worms et dans les collections en aval de Burchard, d'Yves de Chartres jusqu'à Gratien. Des conclusions complémentaires sont tirées par l'éditrice de l'étude de la riche tradition manuscrite des *capitula* I et II, celle des recueils III à V dépendant de l'édition princeps de Sirmond (1629). L'édition, par M. Stratmann, à la suite des collections hincmariennes, les *capitula* de Willebert de Châlons (entre 868 et 878) et de Riculf de Soissons (vers 889) permet de mesurer le rayonnement de l'influence d'Hincmar à l'intérieur même de la province de Reims. Dans les deux cas, il s'agit de collections connues par un manuscrit unique et dont la réception semble avoir été modeste. Elles valent surtout en tant que témoins de l'»orientation thématique« hincmarienne de la législation épiscopale régionale dans le dernier quart du IXe siècle[4].

Le tome II se clôt par l'édition de deux collections importantes: celle des capitulaires de Hérard de Tours et d'Isaac de Langres (province de Lyon), dues toutes deux à R. Pokorny. Très précisément datés (mai 858), les *capitula* de Hérard de Tours présentent une sorte de récapitulation thématique du contenu ordinaire de la législation épiscopale carolingienne. On notera en passant qu'ils comportent la plus ancienne utilisation connue de la collection de Benoît Diacre. L'analyse attentive de l'éditeur met en lumière l'existence de plusieurs étapes rédactionnelles et consacre un long développement à la réception de Hérard dans plusieurs collections mineures. Sans entreprendre ici une analyse de contenu plus détaillée des *capitula* de Hérard, on notera cependant qu'il s'agit de la collection qui est – et même de loin – la plus riche en matière de normative du mariage (définition des interdits pour cause de parenté, problèmes d'éthique sexuelle et de célébration des rites nuptiaux, etc.). L'image du bon pasteur carolingien, attentif jusqu'au détail à la vie de ses ouailles, telle qu'elle ressort bien de la lecture de ses *capitula,* confirme ainsi les jugements très positifs portés par plusieurs sources narratives contemporaines sur Hérard de Tours.

---

3   Rappelons que nous disposons désormais d'éditions critiques de ces deux derniers traités dans les M.G.H. procurées, respectivement, par Letha BÖHRINGER (Concilia 4, Suppl. I, 1992), et par Martina STRATMANN (Fontes iur. Germ. 14, 1990).
4   La datation assurée (889) de la rédaction des *capitula* de Riculf de Soissons et leur réception dans les *Capitula Ottoboniana* obligent à envisager pour ces derniers une datation sensiblement plus basse que celle qui était généralement avancée, entre autres par C. DE CLERCQ, La législation religieuse franque, t. II, Anvers 1958, p. 147–150 (autour de 835).

C'est d'ailleurs à ce même type idéal qu'appartient Isaac de Langres dont l'action réformatrice, entre 857 et 880, est assez bien connue. La rédaction des *capitula* d'Isaac, qui utilise le matériel pseudo-isidorien, ne saurait être antérieure aux années 860. De structure complexe, avec plus de 150 chapitres dispositifs, la collection d'Isaac de Langres évoque en partie un pénitentiel plus qu'un recueil de *capitula* de style classique. L'éditeur consacre une analyse détaillée au traitement qu'Isaac a fait subir à la collection des faux capitulaires de Benoît Diacre à laquelle il emprunte sa matière. Il marque bien les limites que l'absence d'une édition critique de Benoît Diacre impose à notre appréciation du problème de la réception des *capitula* d'Isaac. La tradition compte cinq manuscrits des IXe–Xe siècles. L'édition critique prend également en compte quatre témoins importants des XIe–XIIIe siècles. Au total, l'horizon de réception de la collection d'Isaac s'avère assez ouvert, de la Bourgogne à l'Aquitaine et de la Champagne à la Haute-Lotharingie.

A peu près contemporains les uns des autres (autour des années 860) – et – bien qu'ils aient été élaborés de manière tout à fait indépendante, les *capitula* de Hérard de Tours et ceux d'Isaac de Langres présentent cependant certains traits communs qui semblent les distinguer des recueils composés au début du IXe siècle. L'importance qu'ils accordent aux interdits de mariage pour cause de parenté mérite d'être relevée. La série des canons de Benoît Diacre, en particulier, regroupés par Isaac sous trois rubriques intitulées *de adulteriis, de incestis* et *de raptoribus* regroupe 32 *capitula,* soit plus de 20% de l'ensemble de la collection. C'est dire que l'on s'achemine dans la seconde moitié du IXe siècle vers des choix thématiques qui, moins d'un demi-siècle après Hérard et Isaac, seront confirmés par la collection de Réginon de Prüm.

On observera, pour conclure sur le tome II, que celui-ci met à notre disposition un outil de travail de toute première qualité. Le schéma de présentation de chaque collection tel qu'il a été mis au point par P. Brommer dans le tome I, y revèle toutes ses qualités fonctionnelles. L'établissement des textes est digne de tous les éloges. L'annotation est certes très abondante mais jamais inutilement prolixe. Elle permet, par ses références aux études secondaires certes, mais surtout par ses renvois systématiques aux autres recueils de *capitula* et aux autres sources contemporaines, de replacer constamment chaque disposition capitulaire dans son contexte dispositif. Dans le cas particulier d'Hincmar dont on connaît la propension à se citer lui-même et à remployer ses matériaux, une telle annotation est essentielle à la compréhension même de maints *capitula.* Bien sûr, l'intérêt majeur du volume II tient à la présence du corpus hincmarien qui souligne l'importance du foyer rémois dans la diffusion des *capitula* épiscopaux. On ne doit pas pour autant perdre de vue que la moitié du volume est consacrée aux capitulaires épiscopaux des provinces de Tours (avec Hérard) et de Lyon (avec Isaac de Langres) fort bien publiés et mis en valeur par l'excellente édition de R. Pokorny. Décidément, en matière de *capitula episcoporum,* il n'y a pas de collection d'intérêt mineur.

Pierre TOUBERT, Paris

Rudolf POKORNY (éd.), Capitula episcoporum. Dritter Teil, Hanovre (Hahn) 1995, XVIII–379 p. (Monumenta Germaniae Historica. Capitula episcoporum, t. III).

Nous avons ici même rendu compte de manière détaillée de l'édition du tome II des *Capitula episcoporum* procurée en 1995 par R. Pokorny et M. Stratmann. Nous ne reviendrons donc ni sur les considérations générales que nous avons alors formulées sur les *capitula* épicopaux comme type de source ni sur les critères éditoriaux fixés pour le tome I par P. Brommer, suivis par les éditeurs du tome II et que l'on retrouve dans ce troisième et dernier volume, entièrement dû à Rudolf Pokorny. Rappelons simplement, pour mieux comprendre le plan d'ensemble suivi par les éditeurs successifs que, dans le tome I, paru en 1984,

P. Brommer avait ouvert la collection par l'édition des *capitula* concernant les provinces de Cologne, Trèves, Sens, Besançon et Bourges. C'est donc dans ce volume que l'on trouve les *capitula* que l'on peut qualifier »de première génération«, ceux dont l'horizon de réception a été le plus large et la tradition manuscrite la plus fournie: les *capitula* de Théodulphe d'Orléans. Dans le tome II consacré aux provinces ecclésiastiques de Reims, Tours et Lyon, M. Stratmann avait de son côté assuré en 1995 une excellente édition de la pièce de résistance des *capitula* de »seconde génération«, constituée par la série des cinq collections élaborées par Hincmar de Reims entre 852 et 874 et qui forme un corpus à tous égards exceptionnel. Les deux premiers volumes avaient en commun de regrouper des collections de *capitula* dont l'attribution était claire, tant du point de vue des auteurs que de celui des dates (ponctuelles ou approximatives) de rédaction et des zones d'application des dispositions capitulaires elles-mêmes. Tel n'est plus le cas pour le tome III. Rudolf Pokorny a eu la tâche plus délicate à maints égards d'y regrouper en un important volume de près de 400 pages l'ensemble bien fourni mais évidemment plus mal connu, problématique et disparate de 35 collections presque toutes anonymes. Il est donc clair que c'est dans ce tome III que l'on retrouve les collections qui ont bénéficié de la quête documentaire attentive engagée dès le début du siècle par les premiers recensements d'A. Werminghoff, puis ceux de P. W. Finsterwalder et, finalement, ceux de P. Brommer et R. Pokorny.

Un certain nombre de *capitula* retenus dans la présente édition avaient déjà été publiés sous d'autres dénominations auxquelles il a été jugé opportun de renoncer à cause des erreurs ou des incertitudes d'attribution ou de localisation dont elles faisaient bon marché. D'autre part, quelques textes rangés – en particulier par Boretius – dans une catégorie indifférenciée de *capitula missorum vel synodalia* ont été exclus en raison de leur non-appartenance à la famille des capitulaires épiscopaux stricto sensu. De même des textes plus tardifs par leur date de rédaction ou leur tradition textuelle comme les *Capitula Londinensia* du XIIe siècle ou le grand sermon synodal dit *Admonitio synodalis* du Xe siècle n'ont pas été retenus.

Les *capitula* anonymes édités dans le tome III sont, pour la plupart, des textes brefs, ramassant en quelques articles ou sous quelques rubriques des dispositions réglementaires sommaires. Loin des élaborations et des formulations plus raffinées d'un Théodulphe d'Orléans ou d'un Hincmar de Reims, ils se contentent ainsi le plus souvent d'asséner interdits et recommandations impératives tant au clergé local qu'aux laïcs.

Seuls font exception à cette règle les *capitula* italiens et, au premier chef, le seul *corpus* »personnalisé« du volume, celui d'Atton de Verceil, riche de cent *capitula* dont l'éditeur a retracé avec soin les origines très variées. La publication, sous la dénomination peu compromettante de *Capitula Neustrica*, des quatre capitulaires attribués naguère par W. Hartmann à Halitgaire de Cambrai est de son côté révélatrice de la prudence de l'éditeur. La moitié environ des capitulaires anonymes ici édités sont assignés – sans plus de précision – à la *Francia occidentalis*, mais les notices très nourries que leur consacre R. Pokorny permettent d'en resserrer au plus près la date et la localisation approximatives. Dans cet ensemble, plus disparate encore que varié et une fois mis à part le cas de la *Francia occidentalis*, trois ensembles régionaux se différencient de manière frappante: le groupe bavarois, le groupe nord-italien (avec les *capitula* d'Atton de Verceil) et le groupe sud-italien avec les très curieux *capitula* cassinésiens pour lesquels on était encore tributaire de l'édition procurée en 1893 dans le *Spicilegium Casinense 1*. Avec un souci de complétude qui n'étonnera pas de la part de R. Pokorny, celui-ci a publié en appendice, d'une part une série de dispositions de type synodal introduites dans des collections canoniques sans pour autant être tenues pour des statuts épiscopaux proprement dits et, d'autre part, les forgeries mises par l'érudit arrageois Claude Despretz au crédit de saint Hubert évêque de Liège († 727) et de l'archevêque Sonnatius de Reims († 631).

Au total, le tome III et dernier des *Capitula episcoporum* est digne en tous points des éloges adressés aux précédents volumes de la série tant par la qualité des textes établis que du point de vue de l'annotation et de la présentation analytique du dossier de chaque collection synodale. Le fait que le tome III rassemble toutes les collections anonymes jugées souvent trop rapidement comme d'intérêt mineur nous persuade tout au contraire que, décidément, en matière de *capitula episcoporum*, il n'y a pas de collection moins intéressante que les autres. Par le jeu des emprunts sélectifs opérés dans la littérature préexistante, par la circulation des modèles qu'un tel travail implique, par le choix des thèmes privilégiés, par le réseau de diffusion des dispositions réglementaires qu'elle permet de mieux apprécier, l'édition de R. Pokorny met à notre disposition une documentation de tout premier intérêt sur l'activité réglementaire de l'épiscopat du IXe siècle, sur la discipline du clergé, sur l'encadrement pastoral et sur la vie religieuse des laïcs. A tous ces égards, les modestes collections ici réunies ne le cèdent en rien aux *corpus* plus célèbres publiés dans les volumes I et II. Notons pour finir qu'il est hautement souhaitable que le tome IV prévu, qui doit rassembler l'ensemble des *index* des trois volumes de textes ne se fasse pas trop attendre. Il permettra seul en effet une exploitation vraiment exhaustive de cette remarquable série documentaire qui vient épauler de la manière la plus efficace l'édition des Conciles carolingiens, d'autre part poursuivie dans les M.G.H. par W. Hartmann.

Pierre TOUBERT, Paris

Johannes HEIL, Kompilation oder Konstruktion? Die Juden in den Pauluskommentaren des 9. Jahrhunderts, Hannover (Hahnsche Buchhandlung) 1998, XIV–492 p. (Forschungen zur Geschichte der Juden. Abt. A: Abhandlungen, 6).

The over 700 titles of modern works listed in the bibliography (p. 426–465) of Johannes Heil's important book offer ample evidence that his twin topics, the Jews and Carolingian exegesis, have been well studied. For example, most of the essential texts were gathered long ago in Bernhard Blumenkranz's *Les Auteurs chrétiens latins du Moyen Age sur les juifs et le judaïsme* (Paris 1963). What new was there left to say for an author working at the end of the twentieth century? The direct answer to that question is that Johannes Heil's book has much to say that is original, provocative, and stimulating, not only about Jews and exegesis, but also about many other topics as well. This closely argued and detailed book sheds new light on an important moment in early medieval history and doubtless will spawn further studies, always the sign of a great book.

The key to *Kompilation oder Konstruktion?* is Heil's insight that the Pauline commentaries of the ninth century offer an untapped source for studying Carolingian Europe's attitude toward Jews. Eight Carolingian exegetes (Pseudo-Bede, Smaragdus of Saint-Mihiel, Alcuin, Claudius of Turin, Hrabanus Maurus, Haimo of Auxerre, Florus of Lyon, and Sedulius Scottus) explained parts of the Corpus Paulinum to their contemporaries. This sustained focus on Paul's writings spanned a period of about 50 years in the ninth century and testifies to the great interest the apostle's work held for Carolingian Europe. Given the prominence of Jews in Paul's epistles, especially in Romans, Carolingian exegetes naturally came to reflect on the Jews in their own teaching.

What makes Heil's achievement especially impressive is his insistence that Carolingian reflections on Jews must be understood within the context of Carolingian exegesis, an exegesis that developed and evolved in important ways during the ninth century. His perceptive readings of theologians as different as Hrabanus Maurus and Haimo of Auxerre or as Pseudo-Bede and Florus of Lyon allow him to chart changes in emphases over time. This book, then, offers its readers as much about exegesis as its does about Jews in the minds of exegetes. Here, Heil joins a growing number of historians who have begun to quarry biblical commentaries not only for hermeneutics, but for history as well. Heil's reading of the historical significance of the ninth-century Pauline commentaries is both subtle and perceptive. He avoids the temptation to create a simple equation between the comments the exegetes made about Jews when commenting on Paul and ninth-century attitudes about actual Jews. Heil's analysis is more sophisticated than that. When ninth-century exegetes commented on Jews, they were not reflecting on contemporary Jews in their midst. Indeed, for an Alcuin at Tours, a Hrabanus at Fulda, or a Haimo at Auxerre, Heil points out that contacts with actual Jews must have been rare since these Christian centers were not areas of Jewish settlement. Of the eight exegetes, only Florus in Lyon must have had substantial contact with ninth-century Jews, contact, however, that seems not to have deeply influenced Florus's exegetical work or made it distinct from that of his colleagues.

Jews in the ninth-century commentaries served useful homiletic and propaedeutic functions for Christian audiences (usually clerics) who contemplated the meaning of their own religion. Defining Christian belief and practice included defining what Christianity was not. What Paul began and the patristic commentators continued was completed with great clarity and precision in the ninth century by Carolingian commentators whose skill in crafting apt phrases and examples made their comments on Jews all the more stark – and memorable to later centuries. While some of the eight Carolingian authors were not especially interested in the topic of the Jews (Pseudo-Bede and Smaragdus), others wove excerpts about Jews from the patristic tradition (Hrabanus Maurus) into their own work, or, indeed, made Jews the dominant theme of their exegesis (Haimo). Not only did engagement with the Jews in the Corpus Paulinum vary among the Christian commentators, over the course of the ninth century rhetorical hostility toward Jews became more pronounced.

In seeking to explain the growing anti-Jewish sentiments of the exegetes, Heil downplays the significance of well-known contemporary events such as the conversion of the Christian deacon Bodo to Judaism and the polemic *adversus Judaeos* of Agobard of Lyon. The exegetes were scholars working in an intellectual environment that stressed reform and unity. Jews with heretics and the superstitious *pagani* hardly constituted viable challenges to Carolingian Christianity; instead they served as *topoi*, as the Other, the Enemy. The stance Christian intellectuals adopted toward people they defined as »outsiders« was determined to some extent by close reading of Jewish scriptures, the Old Testament, which portrayed the people of God as always under siege by enemies. The patristic heritage also passed on a tradition of militant Christianity threatened. To these intellectual habits of mind suggested by the past, the history of the ninth century with its internal fratricidal conflicts and actual attacks by Northmen and Saracens accentuated the inability or unwillingness of the exegetes to consider Paul's Jews in Paul's historical context. Instead, the example of the Jews who refused Christ offered the surest evidence that now, in the ninth century, it was the Christians who constituted the true Israel. Paul's Jews were the only ones that mattered to the Carolingian exegetes and what they learned of Judaism from the Corpus Paulinum or from patristic texts was all they needed to know. If we detect anti-Semitism or anti-Judaism in the exegesis of the ninth century, Heil reminds us that it is anti-Semitism and anti-Judaism »ohne Juden«. The exegetes were not interested in ninth-century Jews, but in teaching and reinforcing Christianity among their own brethren. Heil also reminds us that some of the ninth-century commentaries were copied and read many times over in succeeding centuries. Removed from their Carolingian context and repeated for generations, the ninth-century stereotypes of Jews took on a life of their own.

Heil's nuanced interpretation of how Carolingian exegetes appropriated Jews in their commentaries is embedded in detailed studies of each exegete. Indeed, the cameos he presents of the work of the eight exegetes are valuable in their own right and should be considered carefully by anyone interested in the intellectual history of the Carolingian period. Heil's research offers additional support to the growing consensus that Carolingian exegetes were no mere compilers. Whether they compiled selections directly from predecessors or wove excerpts from other authors into their own texts, they were in fact creating their own versions of tradition. The change of a word, the juxtaposition of different authors, citation out of context: all these techniques demonstrate the creativity and boldness of scholars who went about their work with great intensity. While Heil sheds new light on Pseudo-Bede, Claudius of Turin, Hrabanus Maurus, and Florus of Lyon (whose massive Augustinian compilation Heil describes as one of the most important works of the ninth century), center stage in his book clearly belongs to Haimo of Auxerre, the »Höhepunkt der karolingischen Exegese« (p. 275). The sixty pages Heil devoted to Haimo clearly substantiate that judgment. In many ways Haimo is a shadowy figure among Carolingian exegetes. Unlike his contemporary, Hrabanus Maurus, Haimo never seems to have gained a position commensurate with his intellectual stature. While Hrabanus was called to Fulda as abbot and Mainz as archbishop, all that Haimo could manage near the end of his life was the abbacy of obscure Cessy-les-Bois.

Heil's careful reading of Haimo's commentaries sheds interesting new light on the Auxerre monk, including the possibility that Haimo or his parents came originally from Spain as did several other prominent Carolingian scholars such as Claudius of Turin and Theodulf of Orléans. The evidence is slight. In the preface to the commentary on Romans, Haimo changed Origen's reference to conquered »Goths« to »Germans«. But this important clue gains support from the matter of fact way in which Haimo, like Claudius but to a much greater degree, incorporated Jews into his commentary. Heil also suggests that Haimo's formation as a biblical scholar also points in the direction of Spanish influence. His greatest intellectual affinities were with Pseudo-Bede and especially with Theodulf. Direct contact between Theodulf and Haimo while somewhat doubtful on chronological grounds remains possible. Haimo more likely might have been a member of a Spanish »colony« attached to Theodulf somehow. Haimo's texts speak more forcefully and clearly about his exegesis than they do about his background. Heil suggests that Haimo's commentaries began life as monastic homilies and developed over long periods of time. Their homiletic origins might explain their critical and polemical tone. If Haimo could scorn Jews for denying Christ, he could also heap criticism on Christian clergy of his own time for betraying the priesthood. Haimo could also criticize a contemporary scholar such as Claudius of Turin and dared subtly to correct Augustine and Jerome.

The Pauline commentaries subjected to sophisticated and prudent analysis by Johannes Heil have been rescued from obscurity to reveal once again how Carolingian scholars, in an age characterized by extreme self-consciousness, wrestled with defining their own identity as Christians. The Jews provided a »convenient« Other that exegetes used in varying degrees to outline what being a Christian meant in ninth-century Europe.

John J. CONTRENI, West Lafayette (Indiana)

François BOUGARD, La justice dans le royaume d'Italie. De la fin du VIIIe siècle au début du XIe siècle, Rom (École française de Rome) 1995, 504 S. (Bibliothèques des Écoles françaises d'Athènes et de Rome, 291).

Eine moderne Geschichte der frühmittelalterlichen italischen, durch langobardisches Erbe und durch fränkische Neueinführungen geprägten Gerichtsbarkeit war schon lange ein Desiderat angesichts der einerseits von älteren rechtsgeschichtlich und andererseits von neueren, vor allem sozialgeschichtlich ausgerichteten Arbeiten bestimmten, eher unbefriedigenden Forschungslage, aber auch wegen der überragenden Bedeutung des Richtens für das Selbstverständnis und für die Stellung mittelalterlicher Herrscher. Die Arbeit Bougards (B.s), deren zeitliche Grenzen durch die Jahre 774 (Eroberung des Langobardenreiches durch Karl d. Gr.) und 1024 (Zerstörung der Paveser Pfalz) annäherungsweise bestimmt sind, während ihre räumlichen Grenzen die des regnum Italiae sind, hat einen eindeutigen

Schwerpunkt: »L'essentiel du propos de ce livre s'attache à décrire la justice publique, qui est la seule à avoir laissé des sources abondantes et bien individualisées – tout au moins pour les affaires immobilières et, dans une moindre mesure, le statut des personnes« (S. 7). Die ungünstigere Quellenlage erschwert eine gleichgewichtige Behandlung der Kriminal- und der »privaten« Gerichtsbarkeit. Sein methodisches Vorgehen beschreibt B. sehr zutreffend so: »L'analyse proprement dite du système judiciaire est surtout technique, parfois étroitement juridique; elle s'attache plus à décrire des faits de société qu'à les interpréter« (S. 8).

Das Buch gliedert sich in vier Hauptabschnitte. Im ersten »Aux sources de l'exercice du pouvoir: Capitulaires, préceptes, actes privés et notices de plaid« werden die Hauptquellen für die Gerichtsbarkeit vorgestellt und analysiert. Wichtig sind dabei B.s aspektreiche Ausführungen über die Kapitularien, insbesondere natürlich über die italischen, deren Kenntnis sehr weit verbreitet war. Aber auch seine z. T. statistisch angelegten Beobachtungen über die für den Untersuchungszeitraum etwa 950 erhaltenen Königs- und über die etwa 10 000 Privaturkunden erregen Interesse über das vorgegebene Thema hinaus. Sie zeigen vor allem die zeitlich und räumlich höchst unterschiedliche Überlieferungslage für das regnum Italiae. Es wäre ein großer Gewinn, wenn ähnlich präzise Statistiken auch für andere Teile des frühmittelalterlichen Europa zur Verfügung stünden. Abgeschlossen wird dieser Teil mit einigen Bemerkungen über die etwa 500 placita (mehr als für Deutschland und Frankreich zusammen), ihre Edition durch Manaresi und über einige Neufunde und -bewertungen. Inhaltlich werden die Gerichtsurkunden in den weiteren Teilen des Buches behandelt. Das erste Hauptkapitel, der zweite Teil, »La justice publique, fin VIIIᵉ–fin IXᵉ siècle« bietet zunächst wichtige Ausführungen über das Formular von Gerichtsurkunden, über die Richter (Schöffen, Schultheiße, missi) und über die zeitliche Abfolge der placita, die Gerichtsorte und die juristischen Beweismittel. Im dritten Teil »Justice criminelle und justice seigneuriale, IXᵉ–XIᵉ siècle: deux zones d'ombre« werden zwei klar geschiedene Formen der Gerichtsbarkeit ziemlich willkürlich zusammengestellt (vgl. allerdings die nicht sehr geglückte Verteidigung dieser Gliederung auf S. 235). Im Abschnitt über die Strafgerichtsbarkeit stehen die verhängten Strafen im Mittelpunkt der Untersuchung, in dem – fast entbehrlichen – Kapitel über die erst nach dem Untersuchungszeitraum richtig einsetzende Privatgerichtsbarkeit ist es die grundherrliche. Im abschließenden vierten Teil, dem zweiten Hauptkapitel, »Les transformations de la justice publique de la fin du IXᵉ siècle au XIᵉ siècle« werden die grundlegenden Wandlungen der Gerichtsbarkeit, die nach dem Tod Kaiser Ludwigs II. (875) eintraten und die sich im 10. Jh. noch ganz erheblich beschleunigten, eindringlich dargestellt. Wieder stehen die Richter, diesmal die verschiedenen Arten von iudices, im Zentrum, schließlich werden das Gerichtsverfahren selbst und die verschiedenen Formen von Konfliktbeilegungen analysiert.

Insgesamt gesehen ein außerordentlich gelungenes, viele neue Einzelerkenntnisse bietendes und zugleich ein differenziertes Gesamtbild der frühmittelalterlichen italischen Gerichtsbarkeit lieferndes Buch, das auf solider Quellen- und Literaturkenntnis aufbaut und dessen Nutzen für den Leser durch zahlreiche Quellen- und andere Verzeichnisse sowie durch eine gut ausgewählte Bibliographie und ein hervorragendes Register noch gesteigert wird.

Jörg JARNUT, Paderborn

Martin AURELL, Les noces du Comte. Mariage et pouvoir en Catalogne (785–1213), Paris (Publications de la Sorbonne) 1995, 623 S., 40 Karten, Abb., 7 genealogische Tafeln (Publications de la Sorbonne, série Histoire ancienne et médiévale, 32).

Der bereits durch zahlreiche profunde Studien zur Geschichte des provenzalisch-katalanischen Raums und des mittelalterlichen Adels (zuletzt: La Noblesse en Occident [V^e–XVe siècle], Paris 1996) hervorgetretene Autor, der an der Universität Poitiers lehrt und wohl einer der besten Kenner des Raumes ist, stellt mit dem vorliegenden Band eine Studie zur Stellung der adligen Frau in Katalonien in der Zeit der Grafen von Barcelona vor. Mit der zeitlichen Eingrenzung wird die Epoche von der Rückeroberung Kataloniens durch das fränkische Heer Ludwigs von Aquitanien im Jahre 785 bis zum Tod Peters II. von Aragón in der Schlacht von Muret 1213 umfaßt, jene Epoche, in der die Grafen von Barcelona das spätere habsburgische Motto in umgewandelter Form auf ihre Fahnen schrieben, »tu felix Barcelona nube«. Die reiche schriftliche Überlieferung des katalanischen Raums war für die Untersuchung der »stratégies matrimoniales« ebenso ideal, wie deren exemplarische Bedeutung für den Aufstieg und die territoriale Expansion des Grafenhauses von Barcelona, das durch Heirat nicht nur eine königliche Stellung erringen, sondern auch seine Macht über den ganzen Mittelmeerraum – über die Provence bis Sardinien und Sizilien – ausdehnen konnte.

In der Tradition von Marc Bloch versucht der Verfasser, durch eine Analyse der verschiedenen Machtträger und eine prosopographische Untersuchung der Herrschenden, der Pressure-groups und ihres Klientelsystems über die rein politische Geschichte hinauszugehen, und zudem Raum für die Bedeutung von Symbolik und politischen Vorstellungen zu schaffen. Im Sinne einer Präzisierung der Begriffe verwendet er die von den Ethnologen erarbeitete Terminologie und erläutert sie am Ende des Bandes in einem Glossar, in das auch einige spezifisch katalanische Rechtsbegriffe Eingang fanden (S. 583–585).

Die Darstellung ist in drei, sich chronologisch leicht überschneidende Problemkreise unterteilt. In einem ersten Teil – vom beginnenden 9. bis Ende des 11. Jhs. – stellt der Verfasser Eheschließungen als allein vom Interesse der Sippe *(cousinage)* bestimmt dar: sie dienten v. a. zur Schaffung von Bündnis- und Klientelsystemen innerhalb des Adels, zur Lösung von Konflikten und Absicherung von Friedensschlüssen sowie zur Vermehrung, Arrondierung und Absicherung des Familienbesitzes. Vetternehen waren deshalb ebenso an der Tagesordnung wie das Konkubinat oder Trennungen, sobald eine Änderung der Bündniskonstellationen auftrat oder die Frau sich als unfruchtbar erwies.

Im 2. Teil wird der Versuch der Kirche dargestellt, im 11. Jh. die gefestigten Strukturen der Adelsgesellschaft aufzubrechen und ein christliches Ehemodell durchzusetzen: freies Konsensrecht der Ehepartner, Exogamie und Monogamie, verbunden mit der Unauflöslichkeit der Ehe und ehelichen Treue. Diesen Vorstellungen wurde nicht nur durch Konzilsdekrete Nachdruck verliehen (Oliba von Vic), sondern auch durch die Einbindung der Eheschließungszeremonie in den kirchlich-liturgischen Raum und die Entscheidung von strittigen Eheangelegenheiten vor kirchlichen Gerichten. Es war v. a. ein Kampf gegen Verwandtenehen, die bis zum 7. Grad als Inzest verurteilt wurden, wobei der Verfasser allerdings am Beispiel der Almodis de la Marche aufzeigt, daß auch hier letztendlich machtpolitische Faktoren ausschlaggebend waren. Die These, es habe ein Antagonismus zwischen Adel und Geistlichkeit in diesen Fragen bestanden, weist der Autor zurück. Familiäre Interessen und Bindungen standen häufig der Durchsetzung eines rigiden Reformprogramms entgegen, so daß der Einfluß kirchlicher Ehevorstellungen in Katalonien eher gering einzuschätzen ist.

Im 12. Jh. wurden Heiraten dann – wie im dritten Teil gezeigt wird – verstärkt zu einem Instrument gräflicher Politik. Nach der Erringung der Königswürde durch die Ehe des Barceloneser Grafen mit der Erbtochter des Königreiches Aragón wurde rückwirkend das Ansehen des eigenen Hauses durch die Anbindung an die Karolinger mit Hilfe einer legendären Heirat des Spitzenahns gehoben, während gleichzeitig angestrebte Heiratsverbindungen mit Byzanz und Jerusalem nicht zu verwirklichen waren.

Innerhalb der behandelten Zeit ist jeweils ein Kapitel der Rolle der Frau in Kirche und
Kultur gewidmet: von der Bedeutung des Mönchtums für die weibliche Frömmigkeit in der
Frühzeit, über die Auswirkungen gregorianischen Gedankenguts auf die Stellung zu Ehe,
Keuschheit und Konsensualität, bis hin zur höfischen Kultur des 12. Jhs. Spielte die Frau in
der Kirche eine wichtige Rolle durch die Förderung kirchlicher Institutionen und Orden,
bedeutende Schenkungen und Seelgerätstiftungen wie auch durch Klostergründungen
(Sigena), so spiegelt sich ihr Idealbild in den Quellen der Zeit wieder, vom Manuale der
Dhuoda, der Gattin Bernhards von Septimanien (um 841), bis hin zur Troubadourlyrik des
13. Jhs., die der Verfasser auch als Möglichkeit zur Flucht aus dem Unglück oder der
Gleichgültigkeit einer aus rein politischen Kriterien geschlossene Ehe in die ideale Liebe
sieht.

Die Kriterien für die Wahl der Frau änderten sich im Laufe der Zeit: waren sie in den Jahren von 800–930 von der Endogamie bestimmt, so setzten sich zwischen 930 mit der Auflösung der Samtherrschaft einer Sippe in Katalonien auch die Primogenitur und die Exogamie
durch, eine Tendenz, die von 1080 bis 1210 anhielt, nun aber v. a. auf den Erwerb weiterer
Herrschaften durch die Heirat mit Erbtöchtern ausgeweitet wurde. Was die rechtliche Stellung der Frau betrifft, so zeigte sich, daß sie zu Beginn der behandelten Zeit gleichrangig
mit der ihres Gatten war, bes. wenn ihre eigene Familie einer höheren Schicht angehörte. Im
11. Jh. war sie besonders ausgeprägt, v. a. wenn die Frau als Witwe und Regentin für
unmündige Kinder oder Enkel (Ermensendis von Carcassonne) handelte oder als *consors*
ihres Gatten sowohl im rechtlichen als auch im politischen Bereich (Almodis de la Marche)
Anteil an der Herrschaft hatte. Nach einer kurzen Blütezeit Anfang des 13. Jhs. (Maria von
Montpellier bildete dabei eine Ausnahme) setzte dann gegen 1230 unter dem Einfluß des
römischen Rechts ein Verfallsprozeß ein, der die politische und rechtliche Handlungsfreiheit der Frau stark einschränkte und sie in völlige Abhängigkeit vom *pater familias* brachte.
Dabei hatten v. a. zeitspezifische Merkmale, wie die Bestimmungen über Mitgift und Morgengabe, entscheidenden Einfluß auf ihre Wirkungsmöglichkeiten im privaten und öffentlichen Raum. Verfügte sie noch im 11./12. Jh. durch die Überlassung einer reichen Morgengabe in Form von Burgen und Grafschaften über eine eigenständige Herrschaftsgrundlage,
so verschwand diese im Laufe des 12. und verstärkt im 13. Jh. allmählich, als die Morgengabe immer mehr durch die Mitgift abgelöst wurde.

Bedauerlich aus deutscher Sicht ist, daß weder im Forschungsüberblick, noch in der
Bibliographie neuere deutsche Titel erscheinen, obwohl gerade zu Themenkomplexen wie
der päpstlicher Privilegierung, der Provencepolitik der Grafen, den Eheangelegenheiten der
Eudoxia und der Maria von Montpellier usw. wichtige Forschungsergebnisse vorliegen.
Angemerkt sei auch, daß es sich natürlich 1017 in Sant Joan de les Abadesses nicht um die
Einsetzung von Regularkanonikern handelte (S. 197), daß Raimund Berengar IV. nicht
Aragón sondern Zaragoza von Alfons VII. von Kastilien zu Lehen nahm (S. 373) und daß
Richilde von Polen nicht die Tochter einer Schwester Barbarossas (375, Anm. 1) sondern
seiner Tante, der Babenbergerin Agnes, war. Doch dies schmälert keineswegs das Verdienst
des Verfassers, an Hand eines geschlossenen geographischen Raumes die Entwicklung der
Stellung der Frau über vier Jahrhunderte hinweg aufgezeigt zu haben. Als sehr hilfreich
erweisen sich dabei auch die vielen genealogischen Tafeln mit wertvollen neuen Erkenntnissen.

Die aus den Quellen erarbeitete, seriöse, aber anregend geschriebene Darstellung berücksichtigt nicht nur verfassungsrechtliche, religiöse und politische Aspekte, die sich aus der
Heiratspolitik der Barceloneser Grafen ergeben, sondern ist auch Frauenforschung »vom
Feinsten«. Gehört doch die Heirat in dieser Zeit in die »Sphäre der Politik« und nicht des
privaten Lebens. Einzig solche historisch fundierten Studien, die auch für andere abendlän

dische Adelsgeschlechter oder Räume wünschenswert wären, können die Frauenforschung aus dem Abseits herausführen, in das sie sich nur zu oft manöveriert.

Ursula Vones-Liebenstein, Köln

Dietrich W. Poeck, Cluniacensis Ecclesia. Der cluniacensische Klosterverband (10.–12. Jahrhundert), München (Fink) 1998, X–619 p. (Münstersche Mittelalter-Schriften, 71).

L'ensemble clunisien a connu au cours d'une longue histoire des évolutions structurelles profondes, quel que soit le point d'observation choisi. Pour donner quelque exemples, on sait grâce aux travaux menés à Münster que la notion d'»ordre« n'est pas pertinente avant le XIIIᵉ siècle, les destinées des maisons clunisiennes à la fin du Moyen Âge ont été explorées par Philippe Racinet, et l'ecclésiologie des clunisiens des Xᵉ-XIIᵉ siècles, base intellectuelle du développement, par Dominique Iogna-Prat; le *burgus* de Cluny du Xᵉ-XVᵉ siècle a fait l'ojet de la thèse récemment soutenue par Didier Méhu ... C'est sur les débuts du réseau clunisien, en tant que structure matérielle, juridique et sociale, que se penche cet ouvrage, version imprimée d'une thèse d'habilitation soutenue par l'auteur en 1987 à la Westfälische Wilhelms-Universität Münster, présentant ainsi un contrepoint aux auteurs cités ci-dessus, à un titre ou à un autre.

L'ouvrage se compose de deux parties: la première, l'étude proprement dite, couvre les p. 3 à 241, et la seconde est un impressionnant corpus des établissements clunisiens, p. 245–539. Après avoir discuté les éléments déjà existants, les listes établies par Guy de Valous, Le monachisme clunisien des origines au XVᵉ siècle, Paris 1975, t. 2, appendice III, p. 179–270, Gaston Charvin, Statuts, chapitres généraux et visites de l'ordre de Cluny, Paris 1965–1978, 8 vol., et Martin Marrier, dans Bibliotheca Cluniacensis... collegerunt... Martinus Marrier... et Andreas Quercetanus, Paris 1614 (réimpr. Mâcon 1915), col. 1705–1752 (la première est incertaine, et les deux autres se rapportent à l'état de l'ordre clunisien du bas Moyen Âge), l'auteur se tourne vers les privilèges pontificaux pour établir son corpus. En effet, c'est la papauté qui, seule, peut alors être la source d'un droit suffisant à différencier les établissements juridiquement sous la tutelle de Cluny de ceux où les liens sont moins formels. Or, on possède une belle série de ces actes pontificaux dans lesquels sont confirmés droits et possessions. Bien que le premier acte pontifical transmis en faveur de Cluny soit de 931, c'est celui émis en avril 998 par Grégoire V qui sert de fondement et de point de départ à l'étude menée par l'auteur du réseau clunisien dans les actes pontificaux jusqu'en 1095, ce qui se justifie, outre par la position privilégiée de cet acte dans l'ensemble, par le conservatisme que l'on constate dans ces différentes confirmations, sans que cela ne soit forcément dû à la préparation systématique d'un »projet« (Empfängerkonzept) par le destinataire.

La confirmation (ou plutôt les confirmations, cf. p. 35 et suivantes) de Grégoire V en 998 permettent ainsi un premier état, presque au tournant du siècle, des possessions clunisiennes et des débuts de la structuration de l'ensemble, que l'auteur éclaire d'un passage en revue des différentes possessions concernées, églises, celles, monastères ou *villae*; en tout, 42 unités, dont onze églises, six celles (parmi lesquelles celle de Saint-André-de-Rosans, fondée par le clerc *Richaudus*, en révèle le mécanisme pour ainsi dire typique: dotation suffisante d'une église pour y entretenir quelques moines, et transmission du tout à Cluny [p. 26]), les monastères de Payerne, Romainmôtiers, Charlieu, Souvigny, Sauxillanges, Pont-Saint-Esprit, Mesvre, Saint-Pantaléon-les-Vignes entre autres.

C'est l'activité d'Odilon qui est sans aucun doute la base des développements ultérieurs de l'*Ecclesia Cluniacensis*; en tout cas, les années de son abbatiat sont importantes pour sa construction. Quand celui-ci prend fin, ce sont 32 maisons qui sont soumises à l'abbé de Cluny, dont 22 fondations nouvelles. De même, c'est pendant cette période que l'accent est mis avec une vigueur nouvelle sur une transmission complète et durable à l'abbaye.

D. Poeck peut ainsi dire que, pendant cette période, Cluny a subi la transformation sur laquelle se basera tout son développement subséquent, notamment la position éminente de l'abbé comme tête du réseau. En 1058, une confirmation d'Étienne II mentionne pour la première fois explicitement l'»abbaye« comme une catégorie des biens confirmés.

Une étape importante est représentée par le voyage d'Urbain II en 1095. Bien que, comme le fait remarquer l'auteur, on ne puisse parler comme on l'a fait d'un parcours »clunisien«, l'activité du pontife est un point important de cristallisation, par l'intermédiaire notamment des privilèges émis, des évolutions survenues dans les décennies précédentes. La place des établissements soumis à Cluny change: ils ne sont plus simplement des éléments placés sous la direction d'une tête, mais des parties d'un ensemble plus structuré, avec une hiérarchisation plus complexe. Tous ne sont plus forcément rattachés directement à Cluny, mais peuvent l'être à un de ses établissements, qui peut alors devenir un centre local ou régional, avec une certaine dose d'autonomie, l'ensemble étant bien sûr toujours étroitement rattaché à la tête. Pour reprendre une expression de l'auteur, »Les monastères devinrent, d'objets dans les listes de confirmation des privilèges pontificaux pour Cluny, des sujets, auxquels d'autres objets furent rattachés« (p. 75). Ce processus, et sa reconnaissance juridique dans les privilèges pontificaux, permet aux prieurés de s'affirmer dans leur rôle de centre locaux, par rapport aux abbayes notamment, dont ils se rapprochent de ce point de vue. L'ensemble clunisien est alors devenu un véritable réseau de monastères (Klosterverband).

L'auteur se tourne ensuite vers l'étude détaillée de l'ensemble dont il vient de retracer la naissance, abordant les établissements par ensembles typologiques, en considérant successivement les abbayes et les prieurés. Avant de s'intéresser aux abbayes elles-mêmes, il étudie leur reflet dans les confirmations pontificales au XIIᵉ siècle, qui rendent fidèlement compte de l'impact du »schisme« de Pons de Melgueil. En effet, juridiquement parlant (même si pour des raisons géographiques, l'effet pratique est extrêmement amorti), tout l'ensemble reste directement soumis au pouvoir de l'abbé de Cluny. L'auteur fait d'ailleurs remarquer qu'en dépit des critiques de ses adversaires, l'extension de l'*Ecclesia* s'est poursuivie sous son abbatiat, en Normandie, Angleterre et Espagne, justement au moyen de ces centres régionaux déjà évoqués. Le problème demeure cependant, et son expression se retrouve dès 1125 dans une bulle d'Honorius II, qui souligne fortement le rôle de Pierre le Vénérable comme abbé; le même acte n'a d'ailleurs garde de se baser sur les confirmations de Gélase II et Calixte II accordées pendant l'abbatiat de Pons, mais bien sur ceux de Grégoire VII, Urbain II et Pascal II, et met l'accent sur la soumission à Cluny des abbayes qui tentent d'échapper à son contrôle. Ceci est un témoin supplémentaire, comme le fait remarquer Dietrich Poeck, de la progression juridique de l'ensemble clunisien: même si, en ces années difficiles, il est encore douteux que l'abbaye bourguignonne puisse être une force de réforme pour les établissements concernés, cela n'empêche pas ses revendications d'être fondées.

À partir d'études de cas, l'auteur met en scène différentes destinées des éléments d'un ensemble dont les relations internes doivent être envisagées de manière dynamique. La variété des cas rencontrés le montre bien, qu'il s'agisse de tentatives plus ou moins manquées de soumission, comme dans le cas de Saint-Cyprien de Poitiers, Saint-Bertin, Saint-Gilles, San Benedetto di Polirone ou Vezelay, ou de réussites, comme à Lézat, Saint-Martial de Limoges, Montierneuf, Beaume ou Morigny. Chaque cas est différent, de même que les moyens employés pour tenter d'arriver à l'entrée de l'établissement dans l'*Ecclesia Cluniacensis* ne sont pas toujours les mêmes, simplement parce que les situations rencontrées sont diverses. Ceci est d'autant plus vrai que les abbayes concernées ont parfois une longue tradition derrière elles, et que la pratique clunisienne antérieure, qui au Xᵉ siècle et au début du XIᵉ se tourne surtout vers des fondations récentes ou sans traditions très marquées, au moyen de leur réforme notamment, ne donne alors pas de modèle permettant une résolution des problèmes rencontrés autrement qu'au cas par cas, même en recourant systématiquement à l'autorité pontificale.

D. Poeck se tourne alors vers ce qu'il considère comme la cellule de base de la construction du réseau clunisien: le prieuré. C'est dans les coutumes de Bernard qu'il apparaît pour la première fois dans les textes normatifs clunisiens, et dans la même décennie, le concept se trouve plusieurs fois dans les actes de la pratique. Le rôle du prieur, que l'on choisit couramment dans les familles locales pour mieux asseoir le prieuré, se définit au cours du XIᵉ siècle, dans les coutumes notamment, comme remplaçant de l'abbé dans le prieuré. L'importance de l'implantation dans les réseaux familiaux des aristocraties locales se voit tout particulièrement dans le cas du prieuré de Domène, qui recrute beaucoup au sein de familles pour lesquelles il est un élément important, que ce soit celle du fondateur ou celle de ses alliés. Dans le cas de Nogent-le-Rotrou, un texte évoque même, pour un membre de la famille du fondateur, *sua ecclesia* (p. 163). L'imbrication entre la famille fondatrice, le prieuré et Cluny peut se faire extrêmement étroite, si les circonstances y sont favorables, comme à Paray-le-Monial. À Longpont, à Saint-Mont, à Lewes en Angleterre, l'implication de la noblesse locale ne se dément pas, même quand les débuts ont été incertains. À Longpont et à Lewes, notamment, il a fallu pour intégrer l'*Ecclesia Cluniacensis* vaincre une certaine résistance de l'abbé de Cluny, d'un Hugues de Semur qui ne veut pas d'une extension à tout prix, et, sensible là aussi aux réalités locales, craint dans un cas l'agitation des sires de Montlhéry, et résiste dans le second d'abord aux instances de Guillaume le Conquérant, puis à celles de Guillaume de Warenne, avant qu'une rencontre avec le roi ne lui fasse accepter l'intégration du prieuré. Lewes peut alors croître rapidement pour devenir au XIIᵉ siècle un important centre local, avec un certain nombre de maisons à lui rattachées. C'est ainsi que ces établissements que l'auteur qualifie de »prieurés d'importance régionale« sont, par leur intégration au tissu social nobiliaire local et l'expansion régionale qu'elle permet, une base essentielle du réseau clunisien.

À côté de ces prieurés, s'en trouvent également d'autres, très célèbres par ailleurs, dont on peut considérer le rayonnement comme européen; ainsi, Souvigny, où sont enterrés Maïeul et Odilon, côtoyés des pieux membres de la famille des Bourbon-Archambauld, ce qui en fait un centre de pèlerinage aussi bien qu'un lieu nobiliaire important. Marcigny, le premier prieuré clunisien de nonnes, a un rayonnement qui dépasse le niveau régional. La Charité bénéficie de sa situation comme station importante sur la route de Saint-Jacques, et devient un centre majeur, dont les établissements dépendants se trouvent jusqu'en Normandie ou en Angleterre (voir à ce sujet les cartes p. 201 et 204). En Angleterre, on en arrive ainsi à un dense réseau d'établissements clunisiens, certains relevant directement de Cluny, d'autres de la Charité, de Lewes ou de Montacute par exemple. Si grande est son influence qu'Henri de Portugal, quoique parent avec saint Hugues, préfère faire un don à la Charité plutôt que directement à Cluny; cette éminente position conduisant d'ailleurs à un long conflit avec l'abbaye-mère, finalement réglé en faveur de cette dernière par Innocent II.

Ainsi, à une première étape où les éléments en présence sont Cluny et les établissements soumis à son autorité, en succède une où s'affirme la notion de prieuré, que l'on voit passer dans les écrits sans doute quelque peu après les débuts de sa mise en pratique, vers 1080, puis celle de hiérarchie entre prieurés et sous-prieurés au début du XIIᵉ siècle, s'adaptant au mieux aux structures aristocratiques locales. On peut ainsi isoler un premier mouvement de construction du réseau, avec de nouvelles fondations, au niveau des prieurés, vers 1060–1120, et un deuxième le chevauchant, affectant plutôt celui des »sous-prieurés«, vers 1090–1130; ainsi, si cette première vague a connu son apogée sous l'abbatiat d'Hugues, la seconde ne l'a atteint que plus tard, ce qui n'avait pas été clairement remarqué (p. 209). Le prieuré, pierre angulaire de la construction clunisienne, centre social essentiel localement, important à tous égards pour les familles nobles, adapté aussi bien aux vœux des religieux qu'à ceux de leur bienfaiteur, est ainsi devenu un phénomène capital dans toute la *Romania*.

Dans la dernière partie de son étude, Dietrich Poeck se penche vers la conscience qu'ont les clunisiens de former une communauté (Gemeinschaftsbewußtsein). Le testament de Bernon en est le premier témoin. Malgré la répartition de l'autorité entre deux abbés, le mode de vie, la liturgie doivent unir les établissements; même si l'on sait qu'en pratique, de gros problèmes se sont posés. L'activité de réforme d'Odon, après l'autorisation donnée en 931 par le pape, est également à considérer, dans le cadre d'une conception selon laquelle une communauté de vie rapproche ceux qui y participent de l'Église primitive. Aymard, puis Maïeul, continuent cette activité, ce dernier installe ses élèves dans certaines des abbayes concernées. À la fin de son abbatiat, note l'auteur, le développement de l'*Ecclesia Cluniacensis* est encore ouvert: aux abbayes réformées, et soumises à Cluny, s'ajoute la trentaine d'établissements qui lui sont juridiquement subordonnés. C'est alors qu'Odilon donne une impulsion décisive à l'ensemble, par son activité en faveur de la construction d'un véritable réseau. L'évolution de celui-ci se reflète aussi dans la conception de la congrégation clunisienne révélée notamment par les nécrologes: alors qu'au départ, un membre de la congrégation doit avoir fait sa profession à Cluny, à partir de la moitié du XIe siècle, il faut l'avoir faite dans les mains d'un abbé reconnu par l'*Ecclesia*. À partir de la deuxième moitié de ce siècle, commence à s'imposer l'image du corps, de la tête et des membres pour désigner le réseau, Cluny et ses filles. Cette congrégation, cette *Ecclesia Cluniacensis*, a ainsi pu, grâce à ces conceptions et aux structures leur correspondant, à ses activités de réforme et à son intégration sociale, laisser une impression durable sur le monde monastique aussi bien que sur la société aristocratique.

On le voit, c'est à un vaste tour d'horizon que nous convie l'auteur. Il en ressort un très intéressant tableau de la construction progressive du réseau clunisien, d'autant plus intéressant que les études à caractère monographique menées ou utilisées par l'auteur permettent une vision fine et nuancée de la question. On peut ainsi saisir entre autres ce que la construction de cet ensemble doit à une adaptation au cas par cas, ce qu'il lui faut affronter comme conflits et comme résistances, et comment jouent pratique, conscience et représentation de soi, et théorie juridique.

Comme suite et complément à cette étude se trouve le corpus des établissements clunisiens, destiné à remplacer désormais les listes précédentes (en le complétant pour l'Espagne des travaux actuellement en cours aux Universités de Münster et Valladolid, qui doivent réexaminer dans une prochaine publication la question de la présence clunisienne en Péninsule ibérique). Il est établi à partir des confirmations pontificales pour Cluny ou pour des prieurés importants, de 998 à 1205; les notices donnent les noms latins et modernes, la localisation par unités administratives modernes et diocèses, le patronage, les différentes mentions dans les privilèges pontificaux, la date et les références de l'acte de transmission ou de fondation, d'où sont extraits les passages relatifs au donateur, aux conditions de transmission, à la transmission elle-même et à ses buts de prière; enfin, le nombre des moines, convers, etc. lors de l'apparition de l'établissement dans les comptes-rendus de visites. Comme on l'a déjà dit, l'ensemble proposé est impressionnant. On peut peut-être regretter qu'il soit, pour ainsi dire, à l'état brut, c'est-à-dire par exemple que n'est tentée aucune autre identification (notamment de noms de personnes) que celles des établissements concernés, de même qu'aucun renseignement autre que ceux proposés par la fiche-type n'est donné. Il est vrai que, vu l'ampleur du corpus, le travail eût été considérable. De même, il est un peu dommage que les index n'aient pas fait l'objet d'un traitement plus approfondi, ce qui aurait encore amélioré la valeur de l'ouvrage en tant qu'instrument de travail.

Une partie des importants résultats de cette recherche avait déjà pu passer dans les études clunisiennes, l'auteur ayant libéralement communiqué son manuscrit pendant la période où des circonstances indépendantes de sa volonté l'ont empêché de publier son texte. On ne peut que se réjouir de voir maintenant ces éléments mis complètement à disposition d'un plus vaste public, tant cette étude est importante, non seulement pour la recherche clunisienne, mais aussi bien au-delà; car c'est tout un pan de l'histoire d'un ensemble dont les profondes implications sont suffisamment connues pour qu'il soit inutile d'y insister qui est ici révélé.

Sébastien BARRET, Paris/Dresden

Raphaela AVERKORN, Adel und Kirche in der Grafschaft Armagnac. Das cluniacensische Priorat Saint-Jean-Baptiste de Saint-Mont 1036–1130, Bochum (Winkler Verlag) 1997, 439 p. (Europa in der Geschichte, 1).

This book is a history of the monastic house of Saint-Jean de Saint-Mont in Gascony (county of Armagnac) in the 11th and early 12th centuries. Founded in 1036 by a local nobleman, Saint-Mont became one of the leading religious centers in its region by 1100, receiving visits of the leading clerical figures of the day as well as pilgrims passing through on the way to Santiago in Galicia. Although scholars from the 17th century on, mainly from the region, have written on various aspects of its history, this book is the first large scale monograph on the subject as a whole. Not that contemporary sources are lacking; on the contrary two cartularies, both begun during this time, provide detailed information on the period in question but both are in private hands and the current owners have denied access to them other than to have permitted the making of microfilms now in the IRHT in Paris. Earlier printed editions are either incomplete or faulty.

After describing these cartularies (Chapt. 2), the author's (R. A.) objective here is to survey the history of Saint-Mont (Chapt. 3), beginning with its foundation, and paying particular attention to its conversion into a Cluniac prior in the 1050's, then continuing with an examination of the period of expansion later in the 11th century, and concluding with the onset of stagnation and decline in the early 12th century. One of the merits of this book is R. A.'s broad conception of monastic history as something which encompasses more than just the house's interior life. Thus she is concerned to discuss closely the relations between the monks of Saint-Mont and the dominant political authorities in the region, the counts of Armagnac. One of these, Bernard of Tumapaler, played a vital role in the priory's success. But her interest extends as well to the regional aristocracy and knightly class and leads her to take account of all the noble families maintaining relations with Saint-Mont and to measure the degree of their support for its welfare through their landed donations. Her careful scrutiny of the Saint-Mont charters enables her to determine that most of the monks came indeed from these local and regional families, some as youthful *oblati*, others as *conversi* late in their lives, others finally in receiving burial in the monastic cemetery. Members of the same families also benefited economically from the priory's presence in being able to borrow money in times of need, and the monks also contributed to economic development in the region through their attention to farming, the planting of vineyards, and horse breeding. This long section of her book (Chapt. 4, p. 89–198) thus documents the high degree to which Saint-Mont was a monastic community thoroughly anchored in the surrounding region, and exercising a powerful influence over the lives of its inhabitants. The author has chosen to present her data on the aristocracy in the form of brief notices on the 117 different families she has been able to document, from the upper nobility to lesser men of unknown status. In effect she has created a prosopographical register (each family is named in the Table of Contents) which should be of no small utility to future historians of the medieval Gascon aristocracy.

A counterpart to her treatment of the priory and the aristocracy is a chapter (5) on the relations between Saint-Mont and the other representatives of the church in Armagnac and Gascony. This includes first the archbishops of Auch, then neighboring bishops in Agen, Toulouse, etc., and for the most important prelates R. A. gives brief biographical summaries in prosopographical fashion. Her summary on Archbishop William of Auch (1068–1096) leads her to conclude that the enthusiastic support given by this cleric, himself from Cluny, was a significant factor in the emergence of Saint-Mont as a center for Cluniac reform in Gascony in the later 11th century.

Her primary interest in Saint-Mont in its regional setting has not obscured R. A.'s vision of the larger picture. The priory's membership in the vast network of Cluniac houses at the time inevitably brought it into contact with people, currents, and influences from the wider ecclesiastical world of the day, above all exposing it to the international atmosphere and concerns of its mother house at Cluny. One of R. A.'s principle objectives in this book is to correct what she sees as earlier tendencies to dismiss Saint-Mont as a remote dependency of little consequence in the affairs of the Order as a whole. By documenting the frequency and vigor of Abbot Hugh's (1049–1109) visits and personal interventions in the priory's affairs she makes an impressive case for Saint-Mont (along with Moissac the earliest foundation in Gascony) having been an important member of the Order and a »significant center of Cluniac Spirituality« in that province (327). Other gauges of Saint-Mont's influence reaching beyond the provincial frontiers were the visits of pilgrims on the Santiago de Compostella route, the visits of papal legates, and foreign princes (the Dukes of Aquitaine), and the priory's links with Reconquest Spain.

The author devotes two chapters to the internal life of the priory, the first of which (Chapt. 6) studies the composition of the monastic community. Her list of priors (presented again in prosopographical form) makes basic corrections in what has previously been available. In addition she lists the monks who figure in the charters – 19 is the largest number known by name during the twenty or so years (1060's–1080's) when Ademar was prior. A second chapter (8) is given over to a history and analysis of the priory's landed endowments resulting from aristocratic donations. Finally a brief treatment of parish churches acquired (over 40) and dependant sub-priories (14).

Appendices of many different kinds occupy over 50 pages of this book and include, 1, genealogical tables, 2, Latin texts of seven documents essential for the origins and early history of the priory, 3, a valuable concordance of charters published in earlier partial editions, and lists of, 4, dependencies and parish churches held, 5, donors of land, 6, those who pledged land as security for loans, 7, individual donations, 8, names of dependant tenants given in charters, 9, vineyards, and 10, revenues owed to the priory. A bibliography of original sources and modern literature precedes three maps and indices of persons and places which close the volume.

I find this an estimable piece of monastic history, noteworthy for the author's comprehensive conception of what belongs in a work of this kind, and for her insistence on basing her conclusions on the original sources. In the process she has made evident the inadequacies and shortcomings of earlier scholarship and has made a persuasive case for the historical importance of a previously neglected dependency in the Cluniac Order. That the author has succeeded in her objectives comes at least in part from her membership in one of the outstanding groups of monastic historians of the present day. For this is a work of the Munster school which has distinguished itself for three decades now in recasting and rewriting the history of early medieval monasticism, and particularly that of Cluny.

Historians of Gascony and the county of Armagnac will find this work indispensable for future research in this period. A minor criticism: the maps fall short of the quality of the rest of the book. A suggestion for the future. In light of what R. A. has here written about Saint-Mont, one aspect of the history of this monastic house which was not part of her propos but which calls for study is the priory's intellectual life. It would be interesting to learn whether this monastic community produced any writers, and if so, on what subjects, and whether any of their manuscripts survive today. It would also be interesting to know where Saint-Mont fits in the artistic perspective (architecture and sculpture) of the romanesque style in southwestern France.

George BEECH, Kalamazoo

Hermann JAKOBS, Theodisk im Frankenreich, vorgelegt am 8. November 1997 von Eike Wolgast, Heidelberg (Carl Winter Verlag) 1998, 98 p. (Schriften der Philosophisch-historischen Klasse der Heidelberger Akademie der Wissenschaften, 6).

Ce petit livre de moins de 100 pages présente un grand avantage: résumer en six chapitres nourris de références les discussions et les avancées, chez les linguistes et historiens allemands, de la sémantique et de l'histoire concernant l'origine, le sens et l'évolution du mot *theodisk*, dont l'aboutissement est l'actuel *deutsch*. H. J., qui se consacre à cette recherche depuis une trentaine d'années et en a fait l'objet d'une thèse, soutenue à l'université de Heidelberg, matière même de cet ouvrage, a pris la mesure des enjeux politiques que le choix de certains mots dissimule à toutes les époques, tant dans la langue administrative que dans celle des hommes de lettres. Il surprendra bien des médiévistes français qui continuent d'assimiler la *theodisca lingua* à une *vulgaris*, voire *barbarica lingua*.

Partant de l'expression utilisée par Notker de Saint-Gall (dit *Labeo*, »le Lippu«, ou mieux *Teutonicus*, »l'Allemand«) au début du Xe siècle pour ses traductions d'œuvres latines *in diutiskun*, c'est-à-dire »en allemand«, H. J. remonte d'abord le plus qu'il est possible aux origines de ce mot, en faisant état des travaux les plus récents sur le sujet, notamment ceux de H. Thomas, R. Schmidt-Wiegand et W. Haubrichs, sans négliger pour autant les plus anciens, tels ceux de E. Rosenstock, qui avaient marqué une étape importante en ce domaine. Dès 1928, ce savant avait en effet attiré l'attention sur la forme ancienne *diot*, racine de *diutisk/theodiscus*, et montré que le mot désignait »une association d'hommes libres« au tribunal et dans l'armée, même une »société politique« qu'il identifiait à l'époque carolingienne comme étant l'armée franque. On critiqua chez lui les excès »du mythe des Francs«. Il n'empêche que ses recherches avaient donné une orientation nouvelle à la quête d'identité de ceux *quod Theutonici dicunt*.

La sémantique, l'ethnogenèse et l'usage pratique du mot *theodiscus* conduisent aujourd'hui les spécialistes à s'écarter aussi bien de la vision mythique de E. Rosenstock que de la traduction classique »parlé par le peuple«. H. J. retient deux points importants. Tout d'abord, l'histoire de *diot* est marquée par une dégradation constante de son emploi (oubli du sens primitif, affinité avec des expressions péjoratives) dont le point de départ serait, comme le suggérait déjà E. Rosenstock, la désignation de la strate des hommes libres astreints au service militaire, siégeant au tribunal, et solidaires des autorités temporelle et spirituelle. Par ailleurs, le champ sémantique du mot correspond à celui d'un *ius publicum societatis*, en rapport avec le mall, comme en témoignent les toponymes Detmold et Timaux, avec le droit public régissant les marchés, routes, ponts, gués, lieux de culte (église, évêché, synagogue) et avec la langue juridique tout court, le *tietreht* de Notker, qui n'est pas un *folc*-Recht.

H. J. étudie alors nécessairement les rapports entre le droit et la langue en laquelle il s'exprime. Il reprend les contextes juridiques dans lesquels *theodiscus/teudiscus* est utilisé, en particulier le fameux jugement du duc de Bavière, Tassilon, à la cour d'Ingelheim en 788. Il emprunte à R. Schmidt-Wiegand cette première conclusion: »au VIIIe siècle, la *theodisca lingua* est aussi bien la langue des hommes en armes que le *sermo regis*«. Il note aussi que les trois *boni homines*, dits *testischis*, à Bergame, en 816, pouvaient être aussi bien des Francs que des Bavarois ou des Alamans, et qu'à Trente, en 845, il se trouvait deux Bavarois parmi les *vassi dominici* dits *teutisci*, distingués comme tels des *Romani* ou *Latini*. C'est au cours du IXe siècle et jusqu'au tournant du Xe que l'on relève, dans une quinzaine de sources provenant essentiellement de la chancellerie du royaume de Germanie, l'équivalence *theodiscus/teutonicus* et l'emploi substantivé de *Theotisci/Teutisci/Teutonici*. L'inflexion dans l'usage du mot est alors sensible: il sert de plus en plus à différencier des nations, à marquer des frontières, bien que la trace du sens ancien soit encore parfois perceptible. Par exemple la *fossa Giropti* renvoie au »Gericht« qui s'y tenait à une date indéterminée.

Les sources littéraires du IXe siècle offrent à leur tour un champ d'investigation fort intéressant sur l'emploi de *theodiscus*. Sans doute l'exposé aurait-il gagné en clarté si H. J.

avait mieux mis en évidence ce qui semble sous-entendu: l'évolution n'est pas la même dans les deux Francies. Certes, les grands lettrés de ce temps, les Smaragde, Hraban Maur, Walafrid Strabon, Gottschalk d'Orbais, Otfrid de Wissembourg, ne s'ignoraient nullement, ce qui doit expliquer sa gêne. On s'en tiendra donc à ses propres remarques. Il observe d'une part »la rapide régression de la connaissance de la langue des Francs dans la Francie de l'ouest dès le IXe siècle«. Au Xe siècle, à Tours, écrit-il, on distingue nettement la *rustica Romana* et la *Thiotisca lingua*; certains humanistes ont même opposé la *barbaries, quae est theotisca* au *sermo latinus*. En contraste, dans la Francie orientale, *frenkisg* et *theodisce* continuent à se correspondre. La *Theodisca* est une langue noble, en laquelle l'Evangile est traduit. Mais il est quasiment impossible de savoir si *theodisca lingua* renverrait seulement aux Francs et *germanica lingua* aux Saxons.

On touche au terme du processus de différenciation avec le sixième chapitre: »Deutsch als Name«. H. J. corrige encore la thèse de Rosenstock, qui n'avait vu dans la *theodisca lingua* qu'un »subsystème« recouvrant une culture orale, elle-même à deux étages: le sien, celui d'une »Hohe Sprache« malgré tout, et celui d'une oralité germanique commune bien que diversifiée. Pour H. J., certes, Francs, Bavarois, Lombards et Saxons usaient de langues d'origine germanique (»germanische Sprachabstammung«), mais tous, ils avaient été intégrés dans l'empire franc, où la *theudisca lingua* fut une langue de gouvernement et de commandement. Toutefois, tandis que sa fonction dominante se perdait à gauche du Rhin, à droite, elle perdurait comme *frankono thiote*. C'est là qu'à la fin du IXe siècle, l'adjectif *theodiscus/thiudiscus* commence à se substantiver: on y relève l'expression *mos omnium theodiscorum*. Au milieu du Xe siècle apparaissent les *Theutunici* qui, pour H. Wolfram, prolongent davantage les temps carolingiens qu'ils n'annoncent des temps nouveaux. Ce n'est qu'au XIe siècle et dans un contexte politique qui cherche depuis les Ottoniens à accentuer la tradition »romaine« de l'empire, que se dégage définitivement le nom *Tiedeis, Tedeschi* sur lequel s'est formé le plus élégant *Teutoni*, donc *Deutsche*.

On aura compris, à la simple lecture de cette analyse, que la sémantique exige aujourd'hui beaucoup de ses praticiens, les sources écrites subsistant, par leur nature même et leur caractère aléatoire, multipliant les embûches et les difficultés pour eux. La convergence des travaux menés Outre-Rhin par la brillante école de germanistique prouve cependant qu'on y cerne de mieux en mieux le poids de la »chose publique« chez des peuples considérés il y a peu comme de purs »barbares«. Des études du genre de celle dont on rend compte ici contribuent puissamment à renouveler les vieux schémas de pensée, même si l'on eut souhaité une utilisation des sources mieux située dans le temps. Félicitons H. J. et ses maîtres de nous rendre ainsi accessibles leurs fort savants travaux.

Elisabeth Magnou-Nortier, Limeil-Brévannes

Rudolf Schieffer, Der geschichtliche Ort der ottonisch-salischen Reichskirchenpolitik, Wiesbaden (Westdeutscher Verlag) 1998, 33 p. (Nordrhein-Westfälische Akademie der Wissenschaften. Vorträge, G 352).

Dans ce court essai qui draine à lui toute la littérature historique allemande récente et les ouvrages anglais les plus marquants sur cette période, l'A. s'est proposé de corriger la présentation, trop simplifiée à son gré, que font la plupart des historiens, depuis les années 50, de la période ottono-salienne, et qui tient en une formule cent fois répétée: ›Reichskirchensystem‹. Dans un style fort recherché, il attire l'attention sur un certain nombre de points.

Il fait observer en premier lieu que la haute Eglise représente en Germanie le seul réservoir de serviteurs de l'Etat qualifiés en raison de la culture qu'elle leur offre, de la gestion savante de ses patrimoines toujours très dispersés et fragmentés, des rapports d'intérêt évidents qui lient les attributions royales de bénéfices en faveur de ses membres et la contrepartie que les rois en attendent en services. L'aristocratie saxone-franque, entraînée aux durs exercices militaires dès l'âge le plus tendre, ne pouvait pas rivaliser dans le domaine de l'administration avec les ecclésiastiques.

L'A. réfléchit aussi à l'état des sources concernant les Xe/XIe siècles. Comme un peu partout en Occident, elles sont morcelées, peu descriptives, ou orientées par un souci hagiographique. De cet ensemble partiel et hétéroclite, il est bien difficile de prétendre tirer une vue d'ensemble fiable. Il prend l'exemple du mot *investitura* »qui n'apparaît dans le sens d'installation d'un dignitaire ecclésiastique à l'occasion d'une cérémonie royale« que dans la seconde moitié du XIe siècle. Auparavant, le mot reste utilisé comme il l'était à l'époque carolingienne. Ce »retour aux sources« lui fait toucher du doigt une distorsion particulièrement intéressante, dont il ne fournit pas l'explication: celle qui oppose nombre d'ouvrages canoniques ou de commentaires de la règle de saint Benoît à la pratique réelle. Les premiers s'élèvent avec vigueur contre l'immixtion de la puissance séculière dans l'installation des dignitaires ecclésiastiques, contre la participation du clergé aux entreprises militaires, contre la présence d'évêques à la cour, et réclament que le partage par quart des revenus des églises soit respecté, ce qui exclut qu'ils participent aux frais de l'Etat. Or, dans la pratique, toutes les églises du royaume de Germanie doivent le *servitium regis*, et le roi intervient régulièrement dans les nominations.

Bien évidemment, l'A. observe que cette distorsion est celle même qui a alimenté de manière brûlante la Querelle des Investitures. Il souligne la précocité des attaques du cardinal Humbert (1057–1058) contre le pouvoir séculier, lui pour qui la *sacerdotalis auctoritas* s'impose à la *regalis modestia*. Il trouve par contre chez Benzo d'Albe un juriste averti qui justifie la nécessaire intervention de l'empereur dans les nominations des dignitaires d'Eglise, car il doit savoir »à qui il confie telle ou telle cité quand il lui transférera le pouvoir régalien«. C'est ici que la récente recherche de T. Struve prend tout son sens.

Pour l'A., on est allé à l'affrontement sans que les souverains germaniques l'aient sciemment voulu. D'une part, on a attribué aux Ottoniens ce qui appartient surtout aux trois Henri; d'autre part, l'action politique de ces rois s'est inscrite dans un contexte mouvant et difficile qu'ils ne maîtrisaient que rarement: intérêts divergents des grandes familles, puissance des groupes de nobles locaux, prix de la loyauté pour ceux qui recevaient d'eux un office, fidélité branlante des laïques, obligation de défendre les frontières…

On peut donc s'interroger légitimement sur ce qui confère son originalité au domaine des souverains ottono-saliens. Pour l'A., sa »vieille racine historique« n'est autre que la constantinienne, à laquelle il rajoute, on ne sait pourquoi tant la thèse est aujourd'hui hors d'usage, »l'église privée« des Mérovingiens et des Carolingiens. Il différencie l'évolution sur les deux rives du Rhin de cette manière: sur la rive gauche, les rois ont mis la main sur les anciennes églises, puis ils leur ont accordé le double privilège de protection et d'immunité; sur la rive droite, les nombreuses fondations récentes leur ont valu un traitement de faveur de la part des princes fondateurs. Elles ont reçu l'essentiel des droits régaliens sur les marchés, la douane, la monnaie, l'administration et la justice, mais les princes gardaient en leur main le contrôle des investitures. L'A. fait allusion à la falsification du can. 31 des Canons Apostoliques dès le IVe siècle, sans en rechercher la raison et sans rapprocher ce fait des »faux symmaquiens«, bien qu'ils revendiquent eux aussi la »liberté« de l'Eglise vis-à-vis des puissances séculières.

Il faudrait certainement replacer dans ce contexte beaucoup plus vaste et plus cohérent les falsifications tardo-antiques, les faux imposants du IXe siècle et les nombreuses falsifications des temps grégoriens. Il serait souhaitable de rechercher à quelles sources de pensée elles s'alimentent. Bien des obscurités s'éclaireraient alors. Ces faits paraissent beaucoup plus importants que la régression de l'écrit et de l'administration en Germanie, à laquelle nous croyons bien peu.

Les historiens ont-ils eu vraiment tort de mettre en avant un »système« de gouvernement dans l'Empire Germanique? L'originalité de l'aire ottono-salienne réside bien dans le fait qu'elle est gouvernée par un empereur qui pratique l'investiture par le bâton pastoral, emblème du pouvoir spirituel; qu'elle dispose d'un épiscopat lourdement investi dans des tâches publiques et doté des pouvoirs correspondants; que la hiérarchie sociale qui s'y est lentement mise en place a défavorisé le pouvoir local des comtes, dont nombre de comtés ont été absorbés par des évêchés; qu'elle a connu de ce fait un affrontement d'une extrême violence entre le Sacerdoce et l'Empire. C'est une situation qui a certes son écho en Angleterre. Mais on ne peut pas comparer le poids du petit royaume de Wessex avec celui de l'Empire Germanique.

Cet essai, qui apprécie de manière beaucoup plus mesurée l'action des empereurs germaniques des Xe et XIe siècles, n'a cependant pas réussi à corriger de manière décisive l'apport des historiens du ›Reichskirchensystem‹. Mais il a l'avantage d'orienter la recherche vers l'identification des vecteurs de pensée qui ont créé des tensions constantes entre les puissances séculières et spirituelles durant le Moyen Age occidental, conduisant parfois à des conflits tragiques.

Elisabeth MAGNOU-NORTIER, Limeil-Brévannes

Tilman STRUVE, Die Salier und das römische Recht. Ansätze zur Entwicklung einer säcularen Herrschaftstheorie in der Zeit des Investiturstreites, Mainz (Akademie der Wissenschaften und der Literatur) 1999, 89 p. (Abhandlungen der Geistes- und sozialwissenschaftlichen Klasse, 5).

Ce sont parfois de minces ouvrages, non des livres très épais, qui renouvellent sur un sujet le regard de l'historien. C'est bien le cas de celui dont on rend compte ici.

Son A. s'est proposé d'enquêter sur la connaissance et la pratique que l'on avait du Droit Romain autour des Saliens en Germanie et en Italie, avant ce qu'il a été convenu d'appeler »la renaissance irnérienne« du XIIe siècle. Il ancre sa problématique dans une donnée incontestable: l'onction royale attire le pouvoir royal dans la sphère du pouvoir spirituel que revendique l'Eglise, et celle-ci tend progressivement à ne lui reconnaître qu'un droit de coercition subordonné à son autorité, d'autant que l'inflexion théocratique s'est accentuée en Occident depuis le pontificat de Nicolas Ier.

Or, dès le milieu du XIe siècle, l'A. constate que les notaires de la chancellerie impériale, Gottschalk d'Aix-la-Chapelle, Gebehard A, Winither C, reprennent pour le compte de l'empereur la définition de la justice donnée par Ulpien: *Iustitia est constans et perpetua voluntas ius suum cuique tribuendi,* et ils en font l'attribut royal par excellence. Les publicistes la conserveront dans leurs libelles au plus fort de la Querelle des Investitures. Elle fait du souverain la personne supérieure à tous les humains. En découle le droit de prononcer une sentence de mort ou la confiscation des biens de ceux qui se rendent coupables de trahison ou de crime de lèse-majesté, formulé dans le Droit Romain dans la *lex Iulia maiestatis.* C'est en vertu de ce droit que la comtesse Mathilde fut dépouillée de son office. Les notaires et les juristes qui s'affairaient à la cour impériale, bien informés par le Droit Romain, affirment »qu'il convient que la majesté impériale s'illustre par les armes, se fortifie par les lois«.

D'où vient chez eux, se demande l'A., cette connaissance approfondie du Droit Romain? Il rappelle utilement qu'il n'a jamais été oublié en Italie, qu'il n'est pas nécessaire de faire appel à un »droit romain vulgaire«, puisque Paul Diacre au VIIIe siècle, comme les notaires et publicistes du XIe siècle, ont utilisé le Code Justinien, le Digeste, les Pandectes, les Institutes et les Novelles, et que l'expansion romaine en Occident avait nécessairement favorisé la pratique du Droit Romain chez les *causidici,* avocats, notables et agents de gestion appelés à siéger dans les cours et les instances administratives locales qui existaient partout.

Il note aussi que l'enseignement du droit a toujours été lié à celui de la rhétorique et qu'en conséquence, le *trivium* le véhiculait auprès des élèves des cathédrales et des monastères.

On formait dans ces écoles des *legis periti*, au même titre que des rhéteurs ou des grammairiens. Les tensions de plus en plus exacerbées entre l'Empire et le Saint-Siège ont eu pour effet d'y renforcer graduellement l'enseignement du droit. L'A. s'accorde ici avec de nombreux historiens du droit contemporains, pour qui »la science juridique préirnérienne« a une consistance que n'avaient pas soupçonnée leurs prédécesseurs. Ravenne a certainement été un centre d'études juridiques très actif dès avant le milieu du XIe siècle, où se sont formés les *sapientes civitatis* et bien d'autres *legis periti*. Il remarque d'ailleurs que plusieurs procès de la seconde moitié du XIe siècle se sont déroulés selon une procédure purement romaine. Ainsi, avant que rayonne au XIIe siècle l'école bolonaise avec Irnerius, les sources permettent d'identifier des juristes de renom, qui tous ont œuvré pour renforcer l'autorité impériale en se fondant sur les Codes et autres recueils juridiques romains en vue de contrecarrer la théorie grégorienne, depuis le *dominus* Pepo, très influent mais difficile à situer, jusqu'à Petrus Crassus, en passant par Odofredus et Tizio de Bologne, Gualfred de Sienne ou l'anglais Radulfus Niger.

Petrus Crassus, ou Pierre le Gros, et sa *Defensio Heinrici IV regis* méritaient évidemment une attention particulière pour qui s'intéresse à la mise en œuvre du Droit Romain dans le clan impérial. Avec plus de hardiesse et de netteté que Gélase Ier, il a distingué deux domaines juridiques propres à chaque chrétien: celui du droit canonique pour la sphère spirituelle, celui des *sacratissimae leges* des empereurs pour la temporelle. Sans ces »lois très sacrées«, l'homme retournerait à l'état de bête sauvage. L'empereur les formule dans sa souveraineté et, quand Pierre le Gros cherche le fondement de ce pouvoir, il invoque bien sûr le »Rendez à César« de l'Evangile, mais il pousse plus loin encore son analyse. Il discerne une double assise: l'empereur détient, dit-il, la *possessio regni, quae corpore consistit*, du point de vue des biens réels qui constituent le *regnum*; il détient aussi une deuxième *possessio, quae iure (consistit)*, c'est-à-dire le droit de successeur légitime à la couronne. Ces deux possessions lui sont propres et s'originent en Dieu. Ainsi, le premier, Pierre le Gros avait instrumentalisé l'apport du Droit Romain au profit de la souveraineté des empereurs saliens et de la distinction des pouvoirs, en se fondant sur la notion de *possessio*. J'ajouterai personnellement que cet éclaircissement ouvrait toute grande la voie qui conduirait à l'intégration des bénéfices de service ou de récompense devenus héréditaires (les fiefs) dans la *possessio* la plus haute, royale ou impériale qui, elle, n'avait que Dieu au-dessus d'elle.

Les débats se compliquèrent en raison de la fabrication de deux faux privilèges par des partisans d'Henri IV, d'après lesquels Charlemagne, puis Otton Ier, auraient défini que leur appartenait la confirmation de l'élection pontificale, de l'investiture épiscopale et de la restitution de biens soustraits à l'église romaine par certains de leurs prédécesseurs. L'A. remarque toutefois que ces faux privilèges n'accordaient en fait rien d'autre à l'empereur que ce qui découlait de la *lex Iulia maiestatis*.

Un fait s'impose à la lecture de cet ouvrage très bien informé et doté d'un registre des textes utilisés et d'un index. Au long des débats, parfois violents, qui en constituent la trame de fond, une pensée plus claire et plus forte se fraya un chemin, à l'élaboration de laquelle le Droit Romain fut la source privilégiée: le droit souverain du prince séculier y puisa une vigueur nouvelle contre la thèse théocratique des Grégoriens, contraire à l'Evangile. Bien avant Yves de Chartres et le Concordat de Worms, des romanistes avertis de l'entourage d'Henri IV et Henri V avaient trouvé dans les chefs d'œuvre du Droit Romain des arguments décisifs pour résoudre le conflit majeur du Sacerdoce et de l'Empire, qui avait secoué tout l'Occident pendant près d'un demi-siècle.

Elisabeth Magnou-Nortier, Limeil-Brévannes

Donald C. JACKMAN, Criticism and Critique. Sidelights on the Konradiner, Oxford (Oxford Unit for Prosopographical Research) 1997, X–245 S. (Occasional Publications of the Oxford Unit for Prosopographical Research, 1).

Seit längerem tobt in der deutschen Mediävistik ein Streit um die Genealogie der Konradiner. Im Mittelpunkt steht Herzog Konrad II. von Schwaben, der mit dem aus der welfischen Hausgeschichtsschreibung bekannten Kuno von Öhningen gleichgesetzt wird. Seine genaue Einordnung in die konradinische Familie ist jedoch zwischen Armin Wolf und Eduard Hlawitschka heftig umstritten. Jackman ergriff in dieser Frage 1990 Partei für Wolf, suchte das Problem aber in einen größeren Zusammenhang zu stellen und entwickelte auch gleich noch eine neue Methode zur Rekonstruktion von Verwandtschaften. Zum einen wollte er die Tendenz der wichtigsten erzählenden Quellen ergründen, um Kriterien zu gewinnen, die eine Bewertung einander widersprechender Informationen ermöglichen sollten. Zum anderen verwies er auf »Technical Resources«, worunter er verfassungsrechtliche Prinzipien versteht, die etwa bei den Königswahlen oder der Vergabe von Herzogtümern zur Anwendung kamen, weiter die Namengebung und das Verbot von Nahehen. Freilich beruhigte Jackmans erstes Buch den Streit nicht, sondern fachte ihn weiter an (vgl. Christian Settipani, Jean-Pierre Poly, Les Conradiens: un débat toujours ouvert, in: Francia 23/1, 1996, S. 135–166). Die verschiedenen Positionen stehen nach wie vor unversöhnlich gegeneinander. Eine Änderung ist kaum zu erwarten, denn beide Seiten beharren auf der Richtigkeit ihrer Grundannahmen und versuchen, diese mit immer neuen Publikationen zu untermauern und die Basis ihrer Argumentation zu erweitern. Das trifft auch auf Jackmans zweites Buch zu.

Im ersten Kapitel stellt Jackman nach dem Vorbild seines ersten Werkes zunächst die wichtigsten Quellen über die Konradiner vor, hier unter dem Titel »Reconstruction«. Den Ausführungen über die genealogische Notiz zum Hammersteiner Ehestreit oder über die Ehegesetzgebung (ausführlich dazu: Id., Das Eherecht und der frühdeutsche Adel, in: Zs. f. Rechtsgesch., germ. Abt. 112, 1995, S. 158–201) wird man zustimmen können, während die Auslegung der Stelle des *Continuator Reginonis* über die Erbteilung des Grafen Udo vom Rheingau nicht überzeugen kann. Dieser habe mit Erlaubnis des Königs seine Lehen und Ämter *quasi heriditatem inter filios* geteilt. Da Jackman zufolge die Erblichkeit von Lehen und Ämtern aber bereits weitgehend durchgesetzt gewesen sei, müsse diese Verfügung auf entferntere Verwandte gezielt haben. Doch ist diese Prämisse für die Mitte des 10. Jhs. wirklich bereits angebracht? Und selbst falls man diese Frage bejaht, könnte es damals nicht um die Frage gegangen sein, welcher Sohn welche Grafschaft erhalten sollte? Falls diese Regelung aber tatsächlich auf die weiteren Verwandten Udos gezielt haben sollte, müßte man konsequenterweise davon ausgehen, Udo sei söhnelos gestorben. Stattdessen postuliert der Verf. einen Sohn weltlichen Standes, zu dessen Lasten Udo weitere Verwandte bedacht habe. Doch war ein Erblasser von Eigengut bei der Existenz von Söhnen denn überhaupt frei, weitere Verwandte als Erben einzusetzen? Wie und warum hätte der Vater seinem Sohn zumuten sollen, auf einen Teil des sicher geglaubten Erbes zu verzichten? Und warum spricht der Chronist in diesem Zusammenhang überhaupt Söhne an, wenn Söhne gerade nicht gemeint waren? Hätte er einen solchen Fall vor Augen nicht wahrscheinlich auf den Zusatz *inter filios* verzichtet und lediglich von einem Erbgang *quasi hereditatem* gesprochen? Fragen, die bereits in der Diskussion um sein erstes Buch angesprochen wurden, und die Jackman bestenfalls andiskutiert.

Das Kapitel wird beschlossen von »Methodological considerations«. An dieser Stelle muß bereits der entscheidende Kritikpunkt erwähnt werden: Wie im ersten Buch spielt die besitzgeschichtliche Methode zur Rekonstruktion von Verwandtschaftsverhältnissen keine große Rolle in Jackmans Überlegungen. So erhält das Argument der Namensgebung bei ihm zu großes Gewicht. Denn gerade für seinen Untersuchungszeitraum, das 10. und 11. Jh., ist zu fragen, ob neben Verwandtschaftsverhältnissen nicht auch andere Faktoren die Namengebung bestimmten. Zu denken wäre an intensive Sozialkontakte im Rahmen des Lehenswesens oder von *amicitiae,* die zudem in Verbindung mit geistlichen Verwandtschaften zu sehen sind. Kann man vor diesem Hintergrund wirklich davon ausgehen, daß nahezu jeder adlige Träger des Namens »Konrad« tatsächlich agnatisches oder cognatisches Mitglied der konradinischen Famailie war? Immerhin verweist Jackman auch selbst einmal auf dieses Problem, um seine wenig wahrscheinliche These über den 953 gefallenen Konrad abzustützen (S. 64).

Das zweite Kapitel beschäftigt sich mit Richlind, der Gemahlin Kunos von Öhningen und der welfischen Hausgeschichtsschreibung des 12. Jhs. zufolge eine Tochter Kaiser Ottos d. Gr., nach der Forschung dagegen entweder dessen Enkelin und Tochter von Ottos Sohn Herzog Liudolf von Schwaben oder als solche das Produkt historiographischer Phantasie. Immerhin ist sie trotz ihrer hohen Geburt in den Quellen des 10. Jhs. so gut wie nicht belegt. Diesem Manko sucht Jackman mit folgender Erklärung abzuhelfen: Sie sei nicht wie ihre Geschwister Otto (später Herzog von Schwaben und Bayern) und Mathilde (später Äbtissin von Essen) nach dem frühen Tod der Eltern am Hof ihres Großvaters Otto d. Gr. aufgewachsen, sondern bei einem Verwandten ihrer Mutter Ida. Diese Erklärung krankt freilich daran, daß Jackman hier nicht etwa an einen Onkel denkt, sondern an Konrad (I), einen Vetter zweiten Grades (!) der Mutter, dessen gleichnamiger Sohn später Richlind geheiratet habe. Im dritten Kapitel behandelt der Verf. die deutsche Königswahl von 1024, bei der sich als aussichtsreichste Kandidaten die salischen Vettern Konrad d. Ä. und Konrad d. J. gegenüberstanden, beide Urenkel Ottos d. Gr. Doch gerade dieses Faktum erwähnt Wipo, unser wichtigster Gewährsmann, nicht. Ebenfalls unerwähnt läßt er, daß Konrad d. J. auch ein Urenkel jener angeblichen Kaiser-Enkelin Richlind war und Konrad d. Ä. mit deren Enkelin Gisela verheiratet war. Damit hat Jackman auch die Erklärung für Wipos Schweigen über die ottonische Abstammung der beiden Kandidaten gefunden: »We know that the candidates relied on their descent from Otto. Indeed, Wipo's omission of this fact tends to confirm that both carried right along more than one path« (S. 53). Dabei stört den Verf. auch nicht weiter, daß Konrad d. Ä. nicht von Richlind abstammte, sondern nur mit ihrer Enkelin verheiratet war, denn schließlich sei aus seiner Ehe schon ein Sohn hervorgegangen, für den Jackmans Kriterium wenigstens zugetroffen habe. Ob man auf die eben geschilderte Art und Weise die Erforschung der deutschen Königswahlen auf eine neue Basis stellen kann, ist sehr zweifelhaft.

Im folgenden behandelt der Verf. weitere Aspekte der konradinischen Genealogie. Auch weitere Adelsfamilien kommen zur Sprache. Auch diese Ausführungen hinterlassen mitunter einen zwiespältigen Eindruck. Kaum überzeugend ist die Behauptung, die Welfen seien zeitweise Grafen in Grabfeld gewesen. Trotz dieser kritischen Bemerkungen sei hervorgehoben, daß sich das Buch durch eine Fülle wichtiger genealogischer Beobachtungen über den Adel zwischen dem 9. und dem 12. Jh. auszeichnet. Ob diese sich im einzelnen immer auf die Konradiner beziehen, sei dahingestellt, zumal der Verf. an keiner Stelle seine Grundannahme begründet oder gar kritisch hinterfragt: die Existenz eines über die Jahrhunderte gleichgebliebenen konradinischen Selbstverständnisses und damit des konradinischen Geschlechts selbst. Nach den bahnbrechenden Forschungen Karl Schmids zu diesem Thema hätte man solche Reflexionen wohl erwarten können.

Matthias BECHER, Bonn

Gebhard Lubich, Auf dem Weg zur »Güldenen Freiheit«. Herrschaft und Raum in der
Francia orientalis von der Karolinger- zur Stauferzeit, Husum (Matthiesen) 1996, 308 p.
(Historische Studien, 449).

Constatant que l'historiographie s'est davantage attachée aux *Stammesländer* que
sont la Saxe, la Bavière ou la Souabe qu'à l'espace franconien, G. Lubich tente dans cet
ouvrage de réparer cette injustice en analysant un espace politique qui pose beaucoup de
problèmes de définition et qui souffre, jusqu'à aujourd'hui, de son inexistence institutionnelle puisqu'il est partagé entre les *Länder* de Bavière, Bade-Württemberg, Hesse et Rhéna-
nie-Palatinat. Le seul point qui a retenu les historiens jusqu'à présent porte sur les particularités du »duché de Würzburg«, c'est-à-dire de la principauté épiscopale reconnue par le
diplôme de Frédéric Barberousse en 1168, mais il manquait encore une étude d'ensemble
qui mette en relation les structures de pouvoir et tout l'espace de la *Francia orientalis*.

Les problèmes de définition commencent avec la dénomination appliquée à cet espace:
Francia, on le sait bien, s'appliquant à toutes sortes de réalités territoriales, depuis les
royaumes carolingiens de l'est et de l'ouest, jusqu'à l'espace compris entre Seine et Meuse
d'une part: la Francie – et d'autre part la Francie orientale qui deviendra la Franconie (Franken), elle-même divisée en plusieurs ensembles: Ostfranken, Mainfranken, Rheinfranken.
La mise au point sur l'évolution des termes est en elle-même très édifiante. G. Lubich tente
ensuite de suivre la formation du pouvoir au niveau régional en observant le jeu des trois
principaux acteurs: le roi, l'Eglise et l'aristocratie locale depuis l'époque carolingienne jusqu'à l'octroi du privilège de Barberousse.

Cet espace politique franconien est né sous les Carolingiens et a été structuré à l'époque
de Charlemagne, avec une forte imprégnation du pouvoir royal qui privilégie les régions de
Würzburg, Fulda et le *Gau* du Grabfeld, édifiant là des points d'appui au travers des *fisci*,
palais et *villae* royales. Au sud au contraire, à la frontière de la Bavière et de la Souabe, la
présence royale est plus ponctuelle et relayée surtout par les monastères tels que Feucht-
wangen, Ellwangen ou Ansbach qui ont été remis aux mains du roi par les familles des fondateurs. Mais dès le IXe siècle on constate que les familles de l'aristocratie au nord et au sud
de la Franconie ont peu de relations entre elles: c'est un espace politique qui est déjà très
fragmenté.

À partir de la seconde moitié du IXe siècle l'aristocratie locale commence à s'emparer du
pouvoir, ce qui est particulièrement visible lors des luttes pour la succession de Louis le
Germanique; on observe la montée des Popponides et des Babenberger sous Louis le Jeune,
qu'Arnulf de Carinthie tente de contrebalancer en favorisant les Conradins auxquels il est
allié. G. Lubich voit dans ces épisodes la lutte de petits cercles familiaux qui participent à des
coalitions changeantes. Il combat avec virulence – et sans doute avec raison – le concept
totalement inadéquat de *Stammesherzogtum* appliqué à cette région dans la mesure où il n'a
jamais existé »d'ethnie« des Francs orientaux, mais un ensemble de peuples »francisés«
c'est-à-dire soumis à la domination franque et au droit franc – en l'occurrence la loi salique
dont ils n'ont évidemment pas le monopole. Le fondement politique de cet espace est la
»province royale«, ce qui explique probablement son facile rattachement au nouveau centre
de pouvoir saxon sous la forme *Francia Saxoniaque* qui montre, au passage, que les Franconiens n'avaient guère conscience de former une unité. Il faudrait donc analyser le conflit
entre Otton Ier et Eberhard de Franconie comme le reflet des tensions entre le pouvoir de la
noblesse locale dont Eberhard est le chef de file et ses prétentions à former une »principauté«, et les propres conceptions politiques d'Otton. Le *ducatus* d'Eberhard ne peut être
fondé sur le *Stamm*, et tient davantage à sa propre position de pouvoir – c'est-à-dire à son
héritage familial – qu'à l'existence d'une entité politique. Notons aussi que la partie sud de
la Franconie ne participe pas à ces luttes et ne prend ouvertement parti pour personne.

Au milieu du Xe siècle, après la mort d'Eberhard, le roi ottonien renforce sa présence dans
l'espace franconien où sont puissants surtout les descendants de Popponides et des Baben-

berger. À la fin du siècle, on assiste à la montée en puissance de l'église épiscopale de Würzburg qui s'approprie une partie des anciennes abbayes royales de la région et s'étend ainsi vers le sud. Otton III reconnaît officiellement l'appartenance des monastères royaux à l'évêque et lui confie également les droits comtaux. Devenu empereur, Henri II fonde un nouveau diocèse en Franconie, le diocèse de Bamberg, qui devient un nouveau centre – très temporaire – du pouvoir royal et permet aussi le développement d'un nouvel espace propre dans la région du Haut-Main.

Cependant, la faveur dont Würzburg et Bamberg bénéficiaient disparaît à la mort d'Henri II, dans la mesure où l'espace franconien ne joue aucun rôle dans la conception du pouvoir des rois saliens. Le XIᵉ siècle est donc une phase de rupture pour la Franconie, surtout dans la mesure où on observe au même moment la disparition des anciennes familles de l'aristocratie et l'apparition de nouveaux lignages qui ne doivent plus rien à la faveur royale mais doivent leur position de pouvoir à une combinaison de droits acquis, d'alleux et d'avouries. Dans ce contexte, l'évêque Adalbéron de Würzburg s'appuie sur sa puissance comtale pour étendre ses droits de justice sur l'ensemble d'un territoire où on lui reconnaît une prééminence de fait, mais qui n'a pas encore de reconnaissance institutionnelle. Cependant, les positions anti-impériales d'Adalbéron envers Henri IV affaiblissent l'évêque au profit des soutiens laïques de l'empereur et en 1115, Henri V nomme le Staufen Conrad duc de Franconie, avec mission de conserver la région dans la fidélité à l'empereur. Conrad est conforté dans cette position par l'héritage des biens de la famille des Comburg-Rothenburg, la plus puissante famille du sud de la Franconie, ce qui oriente définitivement cette région vers la Souabe. Si Henri V rend à l'évêque de Würzburg sa *dignitas iudicaria* dès 1120, invalidant ainsi le pouvoir ducal de Conrad, les Staufen conservent les biens acquis dans le sud, ce qui accentue le détachement de cette zone de l'espace franconien. L'accession des Staufen à l'empire ne change rien à cette situation, mais au contraire, la renforce: en ce sens, G. Lubich voit dans la »Güldene Freiheit« accordée en 1168 à l'évêque de Würzburg, rien d'autre que la mise en forme diplomatique d'une situation découlant de l'évolution commencée à l'époque carolingienne et affirmant le pouvoir de l'évêque sur un territoire limité à son diocèse. On aboutit finalement à un partage du pouvoir entre l'évêque de Würzburg au nord et les Staufen au sud, cette tendance centrifuge étant renforcée par l'accession de ces derniers à l'empire. L'action des puissants de la région a eu pour résultat de scinder en deux une entité territoriale entièrement créé par la royauté carolingienne et qui n'a pas d'autres bases que celles de la »province royale«. Mais tandis qu'à l'époque carolingienne et ottonienne c'est le nord qui représente le principal point d'appui du pouvoir royal, le sud passe au premier plan avec les Staufen: on voit ainsi s'opérer un déplacement du centre de gravité de la région, ce qui résulte de sa structure particulièrement fragmentaire.

L'étude de G. Lubich intéressera tous ceux qui s'interrogent sur l'histoire du pouvoir au niveau régional: ses analyses portant sur la formation du pouvoir des différentes familles et sur le rôle politique de l'évêque de Würzburg sont exemplaires. On lira aussi avec beaucoup de profit les pages sur l'inexistence d'une quelconque »ethnie« des Franconiens qui aboutit à valider ici le modèle proposé par Hans-Werner Goetz dans sa synthèse sur le *ducatus*. On ne peut toutefois que regretter qu'une étude aussi complète portant sur un espace politique ne soit accompagnée d'aucune carte, la géographie fine de la Franconie n'étant pas forcément familière de tous les lecteurs.

Geneviève BÜHRER-THIERRY, Bois-Colombes

Die Frühgeschichte der europäischen Stadt im 11. Jahrhundert, hg. von Jörg Jarnut und Peter Johanek, Cologne, Weimar, Vienne (Böhlau) 1998, XIV–386 p. (Städteforschung. Reihe A Darstellungen, 43).

Le très actif ›Institut pour l'histoire comparative des villes‹ à Munster en Westphalie avait invité en 1989 à un colloque consacré aux débuts de l'histoire urbaine européenne et plus précisément à celle du XIe siècle qu'on peut considérer comme moment décisif dans le processus d'émergence du phénomène urbain. Malheureusement le volume qui publie 21 des communications qui y avaient été présentées ne reflète pas nécessairement l'état de la question à l'échelle européenne à un moment donné, car le long délai entre le colloque et la parution des actes en 1998 a été différemment utilisé par les auteurs sans qu'ils l'annoncent nécessairement dans leur contribution: les uns ont maintenu leur texte original, les autres l'ont retravaillé en tenant compte des études parues entretemps, tous ne clôturant pas au même moment.

Les contributions concernent pratiquement toutes les régions d'Europe: Empire romain-germanique (Ekkehard Müller-Mertens, Gerhard Dilcher), Italie (Renato Bordone), Lombardie (Pierre Racine), Milan (Hagen Keller), Bourgogne et Piémont (Giuseppe Sergi), Maine, Anjou, Bretagne (André Chédeville), Espagne chrétienne (Luis A. García Moreno), Lotharingie supérieure (Jean-Luc Fray), Cologne (Franz-Reiner Erkens), Alpes autrichiennes (Franz-Heinz Hye), Angleterre (Susan Reynolds), Irlande (Anngret Simms), Danemark (Thomas Riis), territoires entre Elbe et Oder (Joachim Herrmann), Bohême (Ivan Hlavácek), Poméranie (Winfried Schich), Pologne (Wojciech Dzieduszuycki), Russie (Eduard Mühle), Empire byzantin (Jadran Ferluga). Ces contributions régionales sont précédées d'une étude de Heinz Stoob (†) qui identifie trois facteurs essentiels qui distinguent la ville du XIe siècle, celle des empereurs ottoniens et saliens, aussi bien de la ville antique que de la ville pleinement développée du moyen âge: 1° la ›contraction topographique‹ qui la distingue d'éventuels noyaux préliminaires dispersés, 2° la formation (plutôt que la fondation) d'une communauté juridique bourgeoise qui va développer un esprit d'entreprise tout à fait particulier, tant économique que politique, et 3° la révolution socio-économique caractérisée surtout par une plus grande liberté des déplacements ce qui explique la genèse de villes à des endroits essentiels pour la circulation. En ce sens la ville du XIe siècle est pour Stoob un type à part et il serait erroné de trop vouloir souligner les lignes de continuité soit avec la ville antique soit avec la ville du moyen âge proprement dit. On a plus de difficultés à suivre l'auteur quand il prétend s'appuyer sur la carte (ajoutée en annexe) des centres urbains d'Europe centrale (entre la Champagne et la Pologne, la mer du nord et les Alpes) à l'époque de Henri IV.

Tous les auteurs ne se tiennent pas à cette grille d'analyse ni aux limites chronologiques et comme les éditeurs n'ont pas risqué, malgré la parution tardive, de proposer une conclusion synthétique, le présent compte rendu s'en abstiendra d'autant plus, car constater un retard progressif du phénomène urbain en allant d'ouest en est – abstraction faite de l'Irlande – n'a vraiment rien de nouveau, même si on lit avec intérêt l'étude de J. Ferluga sur les villes provinciales dans l'Empire byzantin qui arrive à la conclusion que la dichotomie villes–campagne y était bien moins prononcée qu'en occident.

Limitons-nous donc à ajouter quelques remarques inspirées de telle ou telle contribution, à défaut de pouvoir les résumer toutes. E. Müller-Mertens analyse le rôle politique et l'équipement des villes d'après l'itinéraire des rois germaniques, qui n'avaient pas de capitale comme on sait, et il est amené à distinguer nettement entre régions de proximité royale traditionnelle, où les localités palatines et les abbayes impériales avaient leur préférence, et les régions royales nouvelles où les villes épiscopales allaient servir de lieux de résidence. Cette analyse mériterait d'être appliquée aux centres urbains des princes et comtes! Elle contribuerait certainement à restaurer l'importance du facteur politique dans le développement urbain – conclusion à laquelle arrivent d'ailleurs aussi A. Chédeville pour l'est de la France ou E. Mühle pour la Russie. De ce phénomène G. Dilcher cherche à trouver le point final, c'est-à-dire le moment où le prince perd le contrôle du développement urbain au profit de la communauté bourgeoise.

Alors que certains auteurs se limitent à décrire succintement et individuellement le degré de développement des villes de leur aire de recherches, d'autres s'en approchent comme d'un réseau. C'est le cas pour A. Chédeville qui distingue des vagues de formation urbaine. C'est le cas surtout aussi pour J.-L. Fray qui dessine la carte urbaine de la Lotharingie supérieure d'après des critères de centralité et qui arrive ainsi à dresser une véritable hiérarchie urbaine, accentuant les facteurs culturels et religieux par rapport aux critères économiques, du moins pour l'époque étudiée. Une approche nouvelle est certainement son étude des sources narratives pour y déceler des indices d'une conscience spatiale. C'est à une analyse tout aussi rigoureuse des critères d'urbanité – qui ne sont pas tous des critères de centralité – que se livre E. Mühle à propos des villes de la Rus de Kiev grâce notamment aux résultats d'importantes fouilles archéologiques, pour présenter une vision très différenciée des origines et du degré de développement des villes dans un territoire très vaste. Il ne retient finalement qu'une demie douzaine de centres urbains méritant le titre de ville dans un sens socio-économique alors que l'émergence d'ambitions politiques de la bourgeoisie face au pouvoir du prince n'est qu'à peine perceptible au XIe siècle. Et dire que la Russie était jadis apparue comme pays très urbanisé…

Ce volume de synthèses régionales bien venues montre que le progrès de nos connaissances en histoire urbaine est indubitable et que la diversité des méthodes – à condition de les comparer et de les vérifier dans d'autres espaces – n'y est pas pour rien.

Michel Pauly, Luxembourg

Wolfgang Schmid, Poppo von Babenberg († 1047), Erzbischof von Trier – Förderer des hl. Simeon – Schutzpatron der Habsburger, Trier (Auenthal Verlag) 1998, 158 p.

Traiter d'un saint, d'une sainte ou d'un personnage vénéré en tant que tel peut s'avérer un champ d'investigation très vaste, parce que d'une part ses propres interventions sur terre ne s'achèvent pas avec sa mort terrestre, et d'autre part, parce que sa vénération ne commence en général qu'à partir de son décès. Pour vraiment tirer parti de ce livre, dont le titre est plutôt vague, sur l'archevêque de Trèves, Poppon, il est donc nécessaire de savoir quel aspect se trouve réellement au centre de l'étude: il s'agit de la vénération pour l'évêque. Le personnage historique de Poppon attire l'intérêt de l'auteur surtout à travers son action pour la canonisation de Siméon, reclus dans la porte noire de Trèves, et il se propose donc comme objectif de décrire le culte des deux saints, celui de Siméon et celui de Poppon.

En conséquence, Schmid ne donne qu'un bref aperçu, trois pages, de la biographie de l'archevêque pour se consacrer ensuite, dans la première partie, à Siméon et à sa vénération. Après avoir résumé sa Vita, y compris ses miracles, rédigée par Eberwin de Saint Martin directement après la mort du saint en 1035, il présente des sources surtout de nature archéologique comme la tombe du saint dans la Porta Nigra et ses reliques, dont nous avons connaissance sans que nous ne les possédions encore. Il s'agit notamment d'un reliquaire de crâne, de sa calotte, d'une sandale, mais aussi de livres aussi rares qu'un lexique grec ou qu'un lectionnaire en grec, que le saint, originaire de Calabre, avait ramené d'Orient et qui fut très tôt objet de vénération. Lors de cette démonstration, l'auteur porte beaucoup d'attention aux représentations figurées du saint, par exemple à un reliquaire de Tholey du XIe siècle ou à un manuscrit un peu plus tardif de Saint Martin de Trèves (Trèves, Stadtbibl. 1384, fol. 1). Le centre du culte de saint Siméon était le couvent placé sous son patronage: Poppon, qui avait fait canoniser le reclus directement après sa mort, fit transformer la porte noire en couvent, pour propager ensuite le nouveau culte, entre autres avec de nouvelles pièces de monnaies, représentant la Porta Nigra et la tête de saint Siméon. L'auteur constate ainsi une certaine vénération surtout régionale au XIe/XIIe siècle pour Siméon, jusqu'à ce que la découverte d'autres reliques très spectaculaires, comme celles de l'apôtre Mathias ou des martyrs de Trèves, détourne l'intérêt pour ce saint et empêche un culte plus durable.

La deuxième grande partie du livre est consacrée à la vénération de Poppon, marquée par trois étapes: d'abord, au XIVe siècle, Poppon, fils de Léopold Ier de Babenberg, est représenté dans l'arbre généalogique des Kuenringer, une famille de *ministeriales* proche des Babenberger, où il intercède pour Azzon, fondateur légendaire des Kuenringer. Bien que jamais canonisé, l'évêque de Trèves rehausse par sa noblesse le prestige de cette famille sans grande tradition et leur donne une certaine légitimation. Puis, un siècle et demi plus tard, dans le cadre de la canonisation de Léopold III de Babenberg, on s'intéresse à nouveau à Poppon, mais par suite de confusions autour des trois premiers Léopolds on trouve dans l'arbre généalogique des Babenberger deux Poppon différents qui se ramènent en réalité toujours à un seul. Finalement, au XVIe siècle, Maximilien Ier de Habsbourg fait rédiger une généalogie familiale y compris ses saints protecteurs, où on trouve non seulement des saints canonisés tels que saint Sévère ou le susdit Léopold III de Babenberg, mais aussi Otton de Freising et Poppon. Les expressions les plus frappantes de cette vénération sont une Vita, rédigée à cette occasion en allemand par Jacob Mennel, une gravure d'Albrecht Dürer, récemment découverte dans la National Gallery of Victoria à Melbourne, et l'ouverture de la tombe de Poppon à Trèves en présence de l'empereur lui-même. Poppon en tant que personne vénérée fit ainsi une certaine ascension sociale, parce qu'il contribuait d'abord à la gloire d'une famille de *ministeriales*, puis d'une famille noble et finalement de la dynastie impériale.

L'auteur de cette étude sur deux contemporains vénérés en des lieux et des temps différents, est un spécialiste du bas Moyen Age et de l'histoire de l'art, et c'est dans ces domaines-là, que ce livre a ses plus grandes mérites, c'est-à-dire dans la description des reliques et des vestiges archéologiques de saint Siméon et dans l'analyse de la vénération envers Poppon. Un lecteur, plus intéressé par le Moyen Age central et la philologie, par contre, constate avec un léger regret, que l'auteur n'a pas eu recours à la Bibliotheca Hagiographica Latina (BHL). Les renvois à ce répertoire facilitent non seulement l'identification des textes, mais l'auteur aurait également trouvé sous le numéro BHL 6898d une référence au manuscrit Trèves, Stadtbibl. 1151, II. Ce grand légendier de Saint Maximin, rédigé au XIIIe siècle, porte aux fol. 145v–147 une *Vita Popponis Trevirorum archiep. cum miraculis eiusdem*. Ce texte ne se distingue en rien des textes des Gesta Trevirorum, mais le fait qu'il fut copié dans un légendier, c'est-à-dire dans un codex destiné à une lecture liturgique, indique que cette copie fut réalisée dans un but cultuel. Il s'agissait peut-être, déjà à ce moment-là d'un premier essai pour établir une vénération à l'égard de l'archevêque de Trèves, une hypothèse confirmée par la Vita IIa Annonis (II, 16) où Poppon se retrouve parmi les saints. De plus, une répartition de la bibliographie en ›sources‹ et ›littérature secondaire‹ aurait facilité l'usage du livre, qui possède cependant un index des lieux et des noms propres. Toutefois ces détails n'enlèvent rien à l'utilité de la recherche.

Klaus KRÖNERT, Paris

Stephan FREUND, Studien zur literarischen Wirksamkeit des Petrus Damiani. Anhang: Johannes von Lodi, Vita Petri Damiani, Hanovre (Hahnsche Buchhandlung) 1995, XXII–305 p. (Monumenta Germaniae Historica. Studien und Texte, 13).

L'ouvrage que Stephan Freund consacre à l'influence littéraire de Pierre Damien vise un double but dont le titre ne rend pas exactement compte. D'une part, en effet, l'auteur publie ici l'essentiel de la dissertation qu'il a menée à terme en 1992 sous la direction de K. Reindel. Mais il faut d'autre part convenir que ce travail serait en lui-même d'un intérêt limité s'il n'était suivi en guise d'appendice de l'édition critique de la *Vita Petri Damiani* due à Jean de Lodi. Cette dernière représente près de la moitié du volume (p. 177–305) et justifie sans aucun doute l'accueil de l'ensemble dans la série des »Studien und Texte« des MGH. La constatation de cette structure bipartite invite à juger séparément l'étude historique de St. Freund et l'édition critique qui forme un second volet – essentiel – de son travail.

La dissertation proprement dite (p. I–XXII et p. 1–176) ne peut guère prétendre à nous livrer des découvertes ni même des aperçus vraiment originaux sur la survie littéraire de Pierre Damien. Conduite d'ailleurs avec sérieux et même minutie dans l'information, elle se contente de prolonger utilement les recherches nombreuses et de qualité qui ont été conduites depuis les années 1950 sur la tradition manuscrite de Pierre Damien. Qu'il suffise, à cet égard, de rappeler les étapes et les acquis majeurs qui ont marqué le progrès des études damianéennes avec l'édition critique de la *Vita Romualdi* par G. Tabacco (1957), celle des *œuvres poétiques* de Pierre Damien par M. Lokrantz (1964), celle des *sermons* due à G. Lucchesi (1983) et, surtout, avec la monumentale édition critique en quatre volumes (1983 à 1993) des *lettres et opuscules* procurée dans les MGH par K. Reindel. Ces éditions couvrent la quasi totalité des écrits de Pierre Damien. Les études qui les ont accompagnées ont considérablement enrichi et clarifié notre connaissance de la tradition manuscrite et, chemin faisant, celle de la vie et des conditions de diffusion des œuvres de Pierre Damien. La série décisive d'articles publiés par K. Reindel dans le Neues Archiv de 1959 à 1962 peut ainsi être considérée comme le fil rouge qui a guidé le travail de St. Freund. Avec beaucoup de modestie dans le propos, ce dernier nous avertit d'ailleurs dans sa préface qu'il ne prétend pas consacrer sa dissertation à une véritable »Rezeptionsgeschichte« de Pierre Damien. De fait, au concept même de »Rezeption« qu'il n'emploie qu'avec retenue et dont il a bien conscience qu'il le conduirait vers des horizons théoriques où il n'entend pas s'aventurer, l'auteur préfère les termes plus neutres – et plus adéquats à son travail – de »Wirkungsgeschichte« et de »literarische Wirksamkeit« qui se réfèrent de manière plus banale à ce que l'ancienne critique appelait l'»influence littéraire« de Pierre Damien. C'est dire que l'on trouvera dans ce volume une patiente et utile collecte des données susceptibles d'éclairer de manière directe une telle influence: témoignages sur les conditions de diffusion des manuscrits, repérage des mentions textuelles, des citations littérales, des emprunts thématiques et/ou capables d'aboutir au but poursuivi qui se limite à retracer avec le maximum de précision la postérité littéraire de son auteur. La méthode est appliquée de manière systématique. Concernant les vocables isolés ou des expressions et des recours stylistiques parfois banals, elle ne permet pas toujours au lecteur d'être convaincu qu'il s'agit bien de références conscientes et non de simples réminiscences, voire de pures convergences casuelles. Tel est le cas, en particulier, lorsque l'influence de Pierre Damien est décelée non dans une formalisation stylistique ou lexicale mais dans l'exposition d'un thème alors courant dans la littérature réformatrice. Ceci dit, on reconnaîtra volontiers que, dans la littérature des XIe–XIIe siècles, il n'est sans doute guère de référence, si minime qu'elle fût, à un texte de Pierre Damien qui ait échappé à la sagacité de l'auteur. Suivant comme il se doit l'ordre chronologique, il ouvre son enquête par un rapide examen de la réception de Pierre Damien de son vivant. Il en retient deux points cruciaux: la participation de celui-ci à la rédaction du décret de 1059 sur l'élection pontificale (dont D. Jasper avait en 1986 attentivement reconstitué l'élaboration complexe) et la controverse entre Pierre Damien et Humbert de Moyenmoûtier, si capitale pour la compréhension des enjeux de la théologie sacramentelle de la Réforme »grégorienne«.

Freund a raison, à ce propos, de mieux mettre en relief qu'on ne le fait souvent le contraste qui oppose la vaste réception du *Liber gratissimus* de Pierre Damien (trente-deux manuscrits connus, du XIe au XVIe siècle) et la diffusion restreinte de l'*Adversus simoniacos* du cardinal Humbert. L'auteur passe ensuite à l'étude des résonances cassinésiennes de l'œuvre de Pierre Damien, de l'abbatiat de Didier jusqu'à Pierre Diacre. S'il n'y a rien de neuf à attendre de la reprise d'un problème aussi bien connu que celui des relations entre Pierre Damien et Didier, l'auteur tire parti de l'édition de la *Chronica Monasterii Casinensis* par H. Hoffmann pour procéder à un relevé minutieux des références damianéennes présentes dans les quatre livres de la *Chronica*. L'exacte correspondance observée entre les emprunts et les manuscrits de Pierre Damien appartenant à la branche cassinésienne de sa tradition manuscrite n'a rien qui surprenne. Vient ensuite une revue en règle des citations, emprunts textuels ou références plus allusives faits à l'œuvre de Pierre Damien par les principaux auteurs de la littérature de controverse *(Libelli de lite),* de Bonizon de Sutri à Manegold de Lautenbach et au traité anonyme *Cur rerum omnium,* illustré par I. S. Robinson (in: Studi Gregoriani 11, 1971).

Le chapitre suivant résume clairement ce que l'on sait sur la présence de Pierre Damien chez les canonistes des XIe–XIIe siècles, d'Anselme de Lucques au Décret de Gratien. L'intérêt de l'auteur se déplace ensuite du simple relevé des citations, auteur par auteur, pour étendre l'analyse de l'influence damianéenne dans les milieux proprement érémitiques (Camaldoli) et dans les congrégations canoniales régulières ou les familles bénédictines marquées par les écrits du grand théoricien de la *disciplina* monastique et de la dimension érémitique de toute vie monastique (Prémontré, Cîteaux, monastères bavarois). Là encore, l'auteur ne se départit pas de l'attitude si l'on peut dire notariale qui caractérise toute son enquête. Nous prions le lecteur épris d'idées sur Pierre Damien et la théologie de la vie monastique de se reporter aux travaux stimulants, entre autres, d'O. Capitani, de dom J. Leclercq et de G. Miccoli. L'auteur abandonne alors la poursuite de son enquête à travers la tradition damianéenne dans la culture monastique des derniers siècles du Moyen Age où l'on sait pourtant qu'elle demeura vivante jusqu'au XVIe siècle. Un dernier chapitre quelque peu erratique par rapport aux précédents, offre, dans le souci apparent de faire bonne mesure, un développement sur la présence des références à Pierre Damien chez trois auteurs tout uniment qualifiés de »pré-humanistes«: Dante, Pétrarque et Boccace. Si la place de choix qui lui revient est faite au *De vita solitaria* de Pétrarque, il s'agit ici, encore une fois, d'une brève récapitulation de thèmes, bien accessibles à partir des éditions critiques de Pétrarque procurées par G. Martellotti (1955) et K. A. E. Enenkel (1990). Nous sommes évidemment très loin ici de ce que devrait être une analyse en règle de la »réception« au sens strict de Pierre Damien, qui impliquerait une étude fine du contexte culturel et idéologique propre aux pré-humanistes du Trecento et qui mettrait par là même en valeur les effets de distanciation dont s'accompagne leur référence à Pierre Damien.

Notons enfin que l'auteur a tenu à l'écart de son enquête le problème du renouveau de l'érémitisme italien aux XVe–XVIe siècles, qui a cependant été l'occasion de nouveaux recours en direction de l'œuvre de Pierre Damien. Ce sont ces sollicitations, en fin de compte, qui aboutirent à la fin du XVIe siècle au grand projet d'édition des œuvres complètes de Pierre Damien, confiée sur les conseils de C. Baronio par Clément VIII (1592–1605) au bénédictin Costantino Gaetani (1558–1650) et publiée par celui-ci en quatre volumes, parus de 1606 à 1640.

S'il est dommage que l'auteur n'ait pas poursuivi ainsi jusqu'au bout son enquête à laquelle l'invitait cependant les recherches de K. Reindel sur la tradition manuscrite de Pierre Damien, il faut en revanche lui être pleinement reconnaissant d'avoir, dans la seconde partie de son ouvrage, récupéré et revalorisé le travail accompli de manière somme toute si méritoire en son temps par C. Gaetani en nous donnant une édition critique de cette *Vita Petri Damiani* de Jean de Lodi par laquelle, précisément, le savant bénédictin avait ouvert son édition (vol. I, Rome 1606, p. V–XVII; texte repris dans Migne PL 144, coll. 113–146). Cette édition critique était tenue à juste titre par K. Reindel comme une nécessité. Elle s'imposait d'autant plus que la biographie composée par Jean de Lodi, à la fois disciple direct, compagnon des dernières années et secrétaire de Pierre Damien, constitue, à côté des données autobiographiques éparses dans l'œuvre même de son héros, une source essentielle pour notre connaissance non seulement de la vie du saint ermite mais aussi de ses idées, de ses sentiments, de ses comportements. On sait, en particulier, qu'elle fournit des détails singuliers sur la première enfance de Pierre Damien et qu'elle a, à ce titre, suscité l'intérêt un peu naïf des tenants américains de la psychohistoire. Mais si riche qu'elle soit en détails concrets et en omissions calculées, la *Vita* de Jean de Lodi ne se conforme pas moins pour autant dans sa structure et dans sa thématique, aux exigences du modèle hagiographique élaboré par la Réforme entre le milieu du XIe siècle et la première moitié du XIIe siècle. C'est un des mérites de l'édition critique de Freund que de nous rappeler, dans son annotation très pertinente, le poids dont ces *topoi* ont pesé sur le travail de Jean de Lodi. Très notable est, à cet égard, le relief donné par le biographe aux séquences thaumaturgiques dans les 22 chapitres de son récit original, avant même qu'un 23e chapitre de rédaction postérieure ait été consacré aux miracles accomplis *post mortem*, en liaison avec la sépulture du saint dans l'église de S. Maria »foris portam« (Faenza) et avec une possible arrière-pensée de canonisation. Au total, le récit sélectif, épuré et construit offert par la *Vita* vise à exalter la double dimension de l'expérience de Pierre Damien, à la fois ermite et réformateur au service de l'Eglise romaine et de la primauté apostolique. A tous égards, l'édition critique de cette source importante est satisfaisante. Les pages d'introduction sur Jean de Lodi et sur les conditions de sa très modeste diffusion sont claires et font définitivement le point sur une question où les incertitudes demeuraient nombreuses. Freund a bien montré que c'est du côté d'Acerata et de Ravenne et non à Fonte Avellana même qu'il faut situer le milieu le plus favorable à la réception de la *Vita*. En dépit de ses recherches diligentes, l'éditeur n'a cependant pas pu trouver de témoin plus ancien de la tradition manuscrite que les trois copies datant toutes de la fin du XVIe siècle qui avaient été collectées par C. Gaetani et sont aujourd'hui réunis dans le Codex 91 de la Biblioteca Alessandrina à Rome. Vite convaincu qu'aucun de ces trois manuscrits ne pouvait prétendre au statut de manuscrit de base au sens classique du terme (»Leithandschrift«), il s'est donc rallié à une solution de sagesse en recourant à la méthode philologico-combinatoire. Ce parti, justifié en soi par l'état de la tradition, est assorti d'un patient relevé, dans l'apparat critique, des variantes offertes par les trois copies, repentirs d'écriture et gloses marginales qu'ils contiennent. Il s'agit dans tous les cas de divergences minimes – dont beaucoup de simples orthographica – qui n'affectent jamais, même sur des questions de détail, le contenu de la *Vita*. C'est dire que, si soigneuse et satisfaisante qu'elle soit, l'édition critique établie par Freund nous livre un texte qui ne pouvait pas être en substance très différent de celui de l'édition de Gaetani en 1606. Très préférable, bien entendu, en raison de la qualité synoptique de sa présentation des trois copies et de celle de son annotation, la présente édition a en outre le grand avantage de comporter un précieux index enregistrant les quelque deux mille entrées lexicales du texte. Il est clair que, s'il n'a pas eu à sa disposition une base textuelle différente de celle de son estimable devancier du XVIIe siècle, Freund a parfaitement répondu aux exigences de la critique actuelle et qu'il nous offre sur cette source essentielle à notre connaissance de Pierre Damien et de son temps une édition de référence que l'on peut tenir pour définitive.

Pierre TOUBERT, Paris

Geoffroy de Vendôme, Œuvres, éditeés et traduites par Geneviève GIORDANENGO, Turn-hout, Paris (Brépols et CNRS Éditions) 1996, XXXVIII–598 p. (Sources d'histoire médié-vale, Institut de recherche et d'histoire des textes, 29).

The Loire valley region in western France was the scene for a flowering of Latin cul-ture of impressive dimensions in monastic and episcopal circles in the early twelfth century. The writings of three of the leading figures, Baudri abbot of Bourgueil, and later archbishop of Tours and Dol, Hildebert of Lavardin, bishop of Le Mans, and Marbode bishop of Rennes, include poetry, history, and science and rank them among the important French authors in the Renaissance of the twelfth century. Geneviève Giordanengo's (G. G.) edition of the writ-ings of Geoffroy of Vendôme makes a good case for viewing this abbot of La Trinité of Ven-dome (1093–1132) as a fourth author of major status from this region. Though he stood out as a prominent cleric through his contacts with the popes and French prelates of his day, Geoffroy has been less well known an author in his own right. Not that his writings were unknown but until now they have been accessible only in a 1610 edition by Jacques Sirmond, reprinted in vol. 157 of the Patrologia Latina in 1854. Luc Compain's 1891 ›Étude sur Geof-froy de Vendome‹ is the only full length study of the subject since that time and it concen-trates mainly on Geoffroy as abbot and political personality in the affairs of his day.

Geoffroy achieved distinction not as a poet or historian like Baudri of Bourgueil (though he did leave three hymns and one prayer in verse) but for his letters and theological writings. One hundred ninety five letters form the nucleus of his opus which the abbot himself care-fully edited and classified shortly before his death. Addressed almost exclusively to con-temporary prelates, abbots, and popes, most of these deal with monastic problems of direct concern to his own community, though some treat larger, long range issues such as simony and lay investiture. These latter thus afford abbot Geoffroy the opportunity to expound his views on controversial issues. In any case they reveal a determined, self-assured administra-tor who did not hesitate to assert himself forcefully, giving advice, making requests, resisting those of others, etc., even when communicating with the most distinguished ecclesiastics of his time (36 of his letters went to popes and papal legates, 79 to archbishops and bishops). And many of his correspondants he presumably knew personally: G.G.'s reconstruction of his movements and itinerary (XI–XIII) shows him attending important church councils and synods and frequently journeying to Rome. With one exception (his commentary on the Psalms 1–50) his theological writings consist of short compositions, eleven sermons on varied topics (the feast of St. Benedict, the Ascension, etc.), six treatises (e.g. on the body and blood of Christ, p. 258–261), the aforementioned prayers and hymns, and sections of some the lengthier letters. The reader interested in Geoffroy's one substantial work, the psalms commentary (which remains unpublished – it is not edited here doubtless because of its length – 52 ff. in Paris BN Latin 12959), will have to be content with G.G.'s curious and enigmatic comment to the effect that it is very different in spirit from his other writings.

The advantage of this new edition is that its annotations and editorial introduction update and expand substantially upon what the PL could offer in 1854. G.G. is also able to date many of Geoffroy of Vendôme's writings due to E. Sackur's late 19th century discovery of a new Vatican manuscript unknown to Sirmond in 1610. But the greatest novelty of G.G.'s edition is her French translation accompanying the Latin text which will make Geoffroy's works more accessible to a wider public.

In her 38 page introduction G.G. briefly reviews what is currently known about Geof-froy of Vendôme – his family origins, education, and entry into the monastic life at Ven-dôme where he became abbot as a young man. Following a chronological summary of his known movements outside his abbey, she lists his writings and identifies some of his most important correspondants. Then comes a series of assessments of Geoffroy of Vendôme from the perspective of his personality and character, the scope of his learning based on a valuabale *Index fontium* of works he cites in his writings (p. 591–598); his role as abbot of a monastery of about 100 monks, and his relationship to religious movements of his days such as the Gregorian reform. On the question of the importance of Geoffroy's theology, G.G., while underlining the relevance of his views to contemporary issues (for instance, on the real presence in the Eucharist, and the heresy of Berengar of Tours), refrains from any overall assessment and simply notes, »aucune synthèse n'a été faite sur la théologie de Geoffroy (XXIX, n. 44)«. Yet on Geoffroy's own personal objectives she has no hesitation. This was a man passionately committed to the furthering of the interests of the church, not one driven by a desire for personal fame, as L. Compain had pictured him in 1891. This is an important book for the study of the church and intellectual currents in 12th century France.

George Beech, Kalamazoo

Les Miracles de Notre-Dame de Rocamadour au XIIe siècle, texte et traduction par Edmond Albe. Introduction et complément de notes par Jean Rocacher. Préface de Régine Pernoud, Toulouse (Pérégrinateur) 1996, 311 S., zahlreiche Abb.

Mit dem vorliegenden Werk wird im wesentlichen die schon 1906 durch Edmond Albe angefertigte Edition der Mirakel von Rocamadour neu aufgelegt und mit einem neuen Vorwort versehen. Dieser Nachdruck des insgesamt ausgesprochen interessanten, aber kaum noch zugänglichen Materials ist zu begrüßen. Rocamadour, ein Marienheiligtum, das sich in der Mitte des 12. Jhs. zu einem großen Pilgerzentrum entwickelte, ist für den nord-aquitanischen Raum von großer Bedeutung. Aus dieser ersten Zeit datiert auch die Mirakel-sammlung, die nicht nur den recht großen Kulteinzugsbereich bezeugt, sondern u. a. weiter verdeutlicht, welch großes Ansehen der Ort auch bei sozial Höhergestellten genoß. In einer neu geschriebenen Einleitung präsentiert Jean Rocacher, der 1979 seine Thèse über Rocamadour verfaßt hatte, die Probleme im Zusammenhang mit dieser Pilgerfahrt. Hier legt er die Gründe zur Entstehung des Marienheiligtums aus der Perspektive der neueren Forschung dar und sieht in der Person des Gerald von Escorailles (1152–1188) eine Schlüsselfigur für die Entstehung der Pilgerfahrt. In diesem Zusammenhang scheint auch Heinrich II. Plantagenet, der seine französischen Besitzungen durch die Heirat mit Eleonore von Aquitanien erweitert hatte, eine gewisse Rolle gespielt zu haben. Zumindest zweimal dürfte er sich 1159 und 1170 nach Rocamadour begeben haben. Die Vielzahl der Geschichten der aus dieser Zeit stammenden Mirakelsammlung systematisiert Rocacher in seiner Einleitung unter verschiedenen Aspekten: der geographischen Herkunft, der medizinischen Heilungen und insbesondere der Spiritualität, die aus den Mirakeln hervorgeht. Offensichtlich läßt sich eine ganz spezifische marianische Spiritualität erkennen, wie aus den verschiedensten Bezeichnungen für Maria (S. 40/41) belegt werden kann.

Die Publikation von Albe stand 1907 noch in einer großen wissenschaftlichen Kontroverse um den Zusammenhang des hl. Amadour mit Maria. In dieser Zeit wurde diskutiert, inwieweit Amadour mit Zachäus identifiziert werden könne und ein Begleiter Mariens gewesen sei. Diesem Problem ist dann auch ein großer Teil der hier wieder abgedruckten Einleitung von Albe gewidmet.

Insgesamt wird man vor allem den Abdruck mit Edition samt Kommentierung (teilweise durch Rocacher aktualisiert und ergänzt) begrüßen, die historische Einordnung ist allerdings von Rocacher in seiner umfassenden Arbeit wesentlich solider möglich gewesen als in den raffenden 40 Einleitungsseiten.

Obwohl die seit 1906 neu gefundenen Handschriften wohl alle mit der von Albe verwendeten Leithandschrift in dieselbe Zeit gehören, könnte ein Vergleich dieser Texte zwar weniger für eine Untersuchung im Sinne der réécriture nützen, aber vielleicht weitere Aufschlüsse zur Rezeption und Verbreitung bieten. Trotzdem dürfte der nun wieder verfügbare neue »alte« Text zu vielfältigen Untersuchungen im Zusammenhang mit diesem wichtigen Pilgerzentrum einladen.

Klaus HERBERS, Erlangen

Bernadette BARRIÈRE (Hg.), Moines en Limousin. L'aventure cistercienne, Limoges (PULIM) 1998, 207 p.

Auf die prachtvolle Ausstattung dieses Bandes sei gleich zu Beginn hingewiesen, weil die hervorragende Auswahl und Qualität der zahlreichen, größtenteils farbigen Abbildungen und Karten sowie die ansprechende graphische Gestaltung den besonderen Reiz dieses von der Association »Archives en Limousin« herausgegebenen Ausstellungskatalogs ausmachen, der – wie viele Neuerscheinungen zur Geschichte der Zisterzienser – mit dem 900jährigen Gründungsjubiläum des Ordens 1998 in Zusammenhang steht. Die Ausstellung und der Katalog sind als Bilanz umfangreicher Forschungen eines Kreises um die Herausgeberin, Professorin an der Universität Limoges, anzusehen; als Vorarbeiten können z. B. die Edition des Chartulars von Obazine 1989 und Grabungen beim Frauenkloster Coyroux bei Obazine seit 1976 genannt werden.

Den geographischen Rahmen, den diese Publikation abdeckt, bildet das Gebiet der heutigen Départements Corrèze, Creuse und Haute-Vienne; dies entspricht ungefähr der alten Diözese Limoges. Eine Orientierung auf diese historische Grenze erscheint sinnvoll, da der Schwerpunkt der Darstellung auf dem 12. und 13. Jh. liegt, dem Zeitraum seit der ersten Gründung von Zisterzienserklöstern und ihrer rasanten Ausbreitung.

Der erste Teil (»Cîteaux et le Limousin«, S. 13–33) ermöglicht eine Annäherung an das Thema aus verschiedenen Blickrichtungen; er beginnt mit einer Betrachtung der Gründungsumstände von Cîteaux und der frühen Geschichte des Zisterzienserordens; es folgt ein Blick auf das Mönchtum im Limousin vom 6. bis zum 12. Jh., bis zur Gründung der ersten Zisterzienserabteien Dalon und Obazine. Von diesen beiden Abteien im Süden der alten Diözese Limoges aus nahm die rasche Ausbreitung des Ordens im 12. Jh., wie sie überall und nicht nur in Frankreich zu beobachten ist, ihren Anfang im Limousin. Eine abschließende Betrachtung beschäftigt sich mit den Epochen nach der großen Zeit der Zisterzienser: den wirtschaftlichen Krisen des 14. bis 16. Jhs., Reformbestrebungen, den Folgen der Revolution und schließlich mit den Zisterzienserinnen der Gegenwart, die auf dem Berg Jassoneix in 750 m Höhe unter Beweis stellen, daß ein Leben in Anlehnung an die Ideale aus der Zeit der Ordensgründung auch heute noch möglich ist.

Der zweite Teil (S. 35–131) mit dem Titel »Vestiges, témoins et témoignages« bildet das Kernstück des Katalogs und vermittelt einen eindrucksvollen Überblick über Zeugnisse zisterziensischen Mönchtums im Limousin. Hier sind im wesentlichen die in der Ausstellung gezeigten Objekte zusammengestellt; dabei finden die landschaftlichen Gegebenheiten, wiederum dokumentiert durch hervorragende Fotos, ebenso Berücksichtigung wie sämtliche Facetten zisterziensischen Lebens und Wirkens: zunächst die Architektur, wobei der Gestaltung von Säulen und Kapitellen, den Glasfenstern und den Anfängen der gotischen Gewölbe besondere Achtung beigemessen wird; der Abschnitt schließt mit einem Ausblick auf die Restauration von Abteien oder einzelnen Gebäuden. Es folgen als Beispiele für das Kloster als Lebensraum die Abtei Obazine und die Zisterzienserinnenabtei Coyroux, deren aussagekräftige Modelle (rekonstruiert nach archäologischem Befund, Bauresten und Archivalien) im Foto wiedergegeben sind. Dem Gottesdienst und der Liturgie ist der nächste Abschnitt gewidmet, gefolgt von schönen Beispielen für die Gestaltung von Kreuzgängen. Von der Ausstattung der Klöster mit Fliesen und Pflasterungen ist es kein weiter Weg zu den überlieferten Gebrauchsgegenständen; die folgenden sakralen Kunstgegenstände (Statuen, Gräber, Reliquienbehälter) wären sinnvoller im Anschluß an die oben erwähnte Sektion »Gottesdienst und Liturgie« angeordnet. Im Folgenden kommen die zivilisatorischen Leistungen der Zisterzienser zur Sprache, die mit den Eckpunkten »la terre, la pierre, le bois et l'eau« anschaulich umrissen sind. Großer Raum wird den schriftlichen Zeugnissen zugebilligt: Päpstliche Bullen stehen für Repräsentation und Rechtssicherung, Chartulare und Quittungen versinnbildlichen die wirtschaftlichen Aktivitäten der Zisterzienser, während Urkunden an Grunderwerb, Einkünfte und damit häufig verbundene Streitigkeiten erinnern; all diese Dokumente decken das breite Spektrum der sich sprunghaft ausbreitenden Schriftlichkeit seit dem 12. Jh. ab. Wiederum sind die Schriftstücke in bestechender Qualität reproduziert und in weiten Teilen transkribiert bzw. ihr Inhalt in französischer Zusammenfassung wiedergegeben, so daß Authentizität und praktischer Nutzen auch für Nicht-Fachleute hier Hand in Hand gehen. Instruktive Beispiele von Siegeln, Siegelbeschreibungen und päpstlichen Bullen schließen diesen Teil ab, der sich insgesamt durch knappe, fundierte Einführungen und prägnante Objektbeschreibungen auszeichnet.

Der letzte Teil (»Les abbayes cisterciennes du Limousin et de ses abords«, S. 133–205) umfaßt eine vollständige Dokumentation aller Zisterzienserabteien im Limousin. Hier finden sich, einem gleichförmigen Schema folgend, »Steckbriefe« von insgesamt 20 Klöstern; erwähnt, jedoch nicht ausführlich behandelt sind hier Lagarde-Dieu, Locdieu, Les Pierres sowie Saint-Léonard-des-Chaumes, vermutlich weil sie alle außerhalb der alten Diözese Limoges liegen.

Die Informationen betreffen folgende Aspekte: Lage und Zustand, eine Umzeichnung von Katasterkarten des 19. Jhs., aus der die Lage von Abteigebäuden, Wegen, Gräben, Teichen, Mühlen etc. hervorgeht, historischer Abriß, Forschungsstand, Hinweise auf Handschriften aus den Klosterbibliotheken, Überlieferung und Bibliographie. Dieser ebenfalls reich mit Abbildungen ausgestattete Nachschlageteil bietet sowohl erste Orientierung als auch Wegweiser zu vielerlei Fragestellungen und übertrifft hinsichtlich seines Informationsgehalts die Erwartungen, die normalerweise an einen Ausstellungskatalog gestellt werden können, bei weitem.

Dokumentationen dieser Art wären auch für andere französische Regionen äußerst willkommen und wünschenswert, erfüllen sie doch gleichermaßen auf hohem ästhetischen Niveau die Informationsbedürfnisse von Wissenschaftlern, historisch Interessierten und – nicht zuletzt – von Reisenden, für die sich eine solche Publikation als anspruchsvoller und kompetenter Reisevorbereiter und -führer anbietet.

Sabine TEUBNER-SCHOEBEL, Kirchdorf

Un monastère limousin. Le prieuré de Saint-Angel des moines noirs à la Congrégation de Saint-Maur. Études publiées par Jean-Loup LEMAITRE, Claude ANDRAULT-SCHMITT, Bernadette BARRIÈRE, Geneviève CANTIÉ, Ussel, Paris (Boccard) 1998, 335 S., 100 Abb. (Mémoires et documents sur le Bas-Limousin, 21).

Daß das Limousin eine reiche mittelalterliche, kulturgeschichtlich bedeutsame Klösterlandschaft aufzuweisen hat, dürfte inzwischen weit über die Grenzen der Fachwissenschaft hinaus bekannt sein. Der vorliegende Band mit Beiträgen verschiedener Autoren stellt ein Kloster vor, das bislang von der mediävistischen Forschung kaum beachtet worden ist: das Priorat Saint-Michel-des-Anges, das mehr als 650 m hoch nahe bei Ussel im Département Corrèze gelegen ist und bis zu den Wirren der Französischen Revolution bestanden hat. Wer von Clermont-Ferrand aus die Nationalstraße 89 in Richtung Périgueux fährt, gelangt durch den Ort Saint-Angel, dessen Genese untrennbar mit der Entwicklung der benediktinischen Gemeinschaft verbunden ist. Manchen monastisch Interessierten ist dieser Ort seit langem bekannt, weil hier Dom Jean-Martial Besse (1861–1920), der sich um die Erneuerung der Erforschung des Mönchtums in Frankreich bleibende Verdienste erworben hat, am 19. Oktober 1861 das Licht der Welt erblickt hat. Dem gelehrten Benediktiner ist unter anderem die Gründung der renommierten Fachzeitschrift ›Revue Mabillon‹ zu verdanken.

Wie Henri BELCOUR in seinem Vorwort zu Recht hervorhebt, handelt es sich um »la première véritable monographie« des limousinischen Priorats (S. 10). Eine von Jean-Loup LEMAITRE besorgte Zusammenstellung von Quellen, die sich hauptsächlich in den Archives départementales in Clermont-Ferrand, Limoges und Tulle, in dem Nationalarchiv und der Nationalbibliothek zu Paris sowie dem Vatikanischen Geheimarchiv befinden, und Sekundärliteratur geht den Beiträgen voran (S. 13–22). Bernadette BARRIÈRE und Geneviève CANTIÉ stellen die Topographie des Ortes Saint-Angel und des Klosters vor (S. 23–29), jene skizziert zudem mit J.-L. LEMAITRE die früh- und hochmittelalterlichen Anfänge der monastischen Gemeinschaft (S. 41–49), die freilich aufgrund der fragmentarischen Quellenlage in beträchtlichen Teilen kaum näher erhellt werden können. Ob ein Kloster bereits gegen 783/85, also vor der Schenkung des Grafen Rotgerius von Limoges an die Abtei Charroux im Poitou bestand, läßt sich nicht nachweisen. Jedenfalls ist etwa seit der Mitte des 11. Jhs. die Geschichte dieser allmählich aufblühenden limousinischen Dependenz der Abtei Charroux weitaus besser und einigermaßen kontinuierlich dokumentiert.

Jean-Loup LEMAITRE stellt Prioren und Mönche der Kommunität chronologisch zusammen (Verzeichnis ab S. 54ff.), legt die klösterliche Besitzgeschichte dar (vgl. die Karten auf den Seiten 85, 109, 125) und geht kurz auf die Beziehungen zwischen *monasterium* und *castrum* von Saint-Angel, auch in rechtlicher Hinsicht, ein (siehe hierzu auch die neun im Anhang, nach 1884 und 1910 erneut publizierten Quellenzeugnisse aus dem 13. und 14. Jh.). Als erster Vorsteher, der in der Überlieferung bezeugt ist, erscheint Petrus de Mirabel († 1082). Ob er auch als Abt die Kommunität von Vigeois geleitet hat, bleibt fraglich. Seit dem Jahre 1657 gehörte Saint-Michel-des-Anges im übrigen zur Kongregation von Saint-Maur. Aus kunst- und architekturhistorischer Sicht wendet sich Claude ANDRAULT-SCHMITT den erhaltenen Prioratsanlagen zu, deren Äußeres noch heute den wehrhaften Charakter des Klosters in vergangenen mittelalterlichen Zeiten widerspiegeln (S. 169–233). Das Hauptaugenmerk gilt der Kirche, wovon die wesentlichen Teile wohl aus der Zeit vom 12. bis zum 16. Jh. stammen (zur Baugeschichte siehe die Grundrisse zwischen den Seiten 224 und 225). In größere europäische Zusammenhänge ordnet J.-L. LEMAÎTRE die Verehrung des heiligen Erzengels Michael im Limousin ein (ab S. 275ff.). Nicht nur für die Regionalforschung dürfte es sehr nützlich sein, wenn er in seinem Beitrag die Zeugnisse zum Michaelskult in liturgischen Handschriften aus dem Limousin und Gotteshäuser mit diesem Patrozinium verzeichnet.

Zur Lesbarkeit des ansprechend gestalteten Buches tragen insgesamt 100 Abbildungen, davon ein Teil in Farbe, in hohem Maße bei, die mitunter zugleich die Schönheit der Landschaft im Limousin widerspiegeln. Die wissenschaftliche Qualität der Publikation, die weitere Spezialuntersuchungen zur Kommunität von Saint-Michel-des-Anges anregen möge, hat davon profitiert, daß die Beiträge von ausgewiesenen Kennern der limousinischen Geschichte verfaßt worden sind. Wenn sich darüber hinaus der Band als Führer für Exkursionen nach Saint-Angel eignet, näherhin zum ehemaligen Prioratskomplex Saint-Michel-des-Anges, widerspricht dies gewiß nicht den Intentionen der Verfasser.

Andreas SOHN, Münster

Anne TERROINE (†) et Lucie FOSSIER, avec le concours d'Yvonne DE MONTENON (†), Chartes et documents de l'abbaye de Saint-Magloire. T. I: fin du Xe siècle–1280, Paris (CNRS-Editions/Diffusion Brépols) 1998, 631 S.

Zur Geschichte von Paris vor dem 15. Jh. tragen die städtischen Archive wenig bei. Umso wichtiger sind die Nachrichten aus den kirchlichen Beständen; die der Abtei Saint-Magloire zählen zu den bedeutendsten. Schon 1966 und 1976 hatte die Rechtshistorikerin Anne Terroine, eine Schülerin von Marc Bloch, unterstützt von Lucie Fossier, zwei stattliche Bände für dieses zentral in der Stadt gelegene Benediktinerkloster herausgegeben. Für die Zeit zwischen 1280 und dem Anfang des 15. Jhs. brachten sie eine wesentliche Bereicherung der gedruckten Bestände. Der erste Band hingegen ließ auf sich warten, verzögert durch den Tod der älteren Bearbeiterin, erschwert auch durch zahlreiche gefälschte oder verdächtige Rechtstitel. Die Lücke des ersten Bandes fiel in jeder Bibliothek ins Auge. Umso größer ist die Freude, daß sie sich dank der Energie und Umsicht von Lucie Fossier jetzt geschlossen hat.

Zur Geschichte des Klosters und dem Inhalt ihres Archivs sei kurz bemerkt: Die Gründer der Klostergemeinschaft im 10. Jh. waren flüchtige Mönche aus dem französischen Westen (Bretagne), die Herzog Hugo von Franzien auf der Ile de la Cité in seiner Pfalzkapelle unterbrachte. König Hugo Capet ermöglichte die Erhebung zur Abtei am gleichen Ort. Nun bildete sich der ländliche Besitz im Osten und Süden der Stadt, stark erweitert durch Zugewinne in den westlichen Rodungsgebieten der Yvelines, gut bezeugt durch zahlreiche Königs-, Papst- und Grafenurkunden. Als das Königtum im 12. Jh. für seine Zentralinstitutionen Platz benötigte, wechselten die Mönche aus der Enge der Seineinsel auf das nördliche Seineufer. Sie leisteten dort, wie ähnlich die Kanoniker von Sainte-Oportune, einen Beitrag zur Erschließung der Infrastruktur. Die Expansion der Stadt ist ihnen gefolgt. Seit dem 13. Jh. beleuchten die Urkunden immer heller die Entwicklung des Immobilienbesitzes im Zinsbezirk von Saint-Magloire an der rue Saint-Denis. 1274 wird dieser Bezirk in einem eigenen, noch unedierten Zinsbuch (Arch. nat. LL 39) detailliert beschrieben.

Die jetzt vorliegende Edition der 279 Urkunden bis zum Jahre 1280 scheut keinen Aufwand und keine Mühe. Der Benutzer erhält alles, was er braucht: Einleitung, gründlich kontrollierte Texte, hilfreiche Sachkommentare, Karten zur Veranschaulichung der Lage von Kloster und Außenbesitz, nicht zuletzt auch gründlich ausgearbeitete Register. Hervorgehoben seien die wichtigen und frühen Belege zur Pariser Mühlengeschichte.

Dietrich LOHRMANN, Aachen

Johannes LAUDAGE, Alexander III. und Friedrich Barbarossa, Cologne, Weimar, Vienne (Böhlau) 1997, 324 p. (Forschungen zur Kaiser- und Papstgeschichte des Mittelalters. Beiheft zu J. F. Böhmer, Regesta Imperii, 16).

Si l'histoire du combat qui opposa l'empire et l'Eglise de Grégoire VII à Innocent IV a bénéficié du renouvellement consécutif au développement des recherches sur la papauté, certaines périodes porteuses de bouleversements juridiques idéologiques particuliers, telles le pontificat d'Innocent III, ont été privilégiées, laissant parfois dans l'ombre d'autres épisodes qui nécessitaient un réexamen. Ce dernier s'imposait d'autant plus dans le cas du long pontificat d'Alexandre III (1159–1181), marqué par l'affrontement avec Frédéric Ier Barberousse et un schisme de longue durée (1154–1178), que les travaux anciens reposaient en partie sur une fausse identification lourde de conséquences d'Alexandre III avec le juriste Roland de Bologne. D'autre part, il s'avérait que la recherche avait privilégié certains éclairages et trop artificiellement séparé histoire des idées et histoire politique, faussant ainsi la vision d'ensemble du développement complexe des deux doctrines opposées dans ce moment crucial du second douzième siècle.

L'étude de J. Laudage vient combler cette lacune en proposant un réexamen détaillé des relations entre la papauté et l'empire à cette époque. Dans une longue introduction (»Zwei Männer – zwei Welten«, p. 1–32), l'auteur met en place le cadre problématique en insistant sur la nécessité d'éclairer réciproquement histoire des idées et données événementielles. Frédéric Ier et Alexandre III, représentants idéaux de deux types (le clerc et le grand féodal) d'une société complexe, sont les pièces centrales d'un jeu qui fait appel à la fois aux ressources de la politique la plus concrète et d'une casuistique juridique en plein essor, appuyée sur un dossier historique alors déjà complexe. La succession d'études suivantes montre éloquemment que c'est l'absence de prise en compte de cette complexité qui a conduit à des interprétations erronées.

La première d'entre elles (»Ursachen und Voraussetzungen der Kirchenspaltung«, p. 33–103) s'attache aux années immédiatement antérieures à l'élection d'Alexandre III en 1159 (règnes d'Eugène III, Anastase IV et Adrien IV, de 1145 à 1159, et début du règne de Frédéric Ier en 1152). C'est donc une longue introduction au pontificat d'Alexandre III, dans laquelle sont successivement examinées les implications du traité de Constance de 1153, du couronnement romain de Frédéric Barberousse en 1155, et du développement consécutif des tensions entre la papauté et l'empire dans les quatre années suivantes.

Il ressort de l'étude de ces différents dossier que ces prémices du schisme de 1159 étaient liés bien plus étroitement qu'on ne le supposait à la double question du statut juridique du Patrimoine de St-Pierre et des rapports juridiques entre la personne du pape et celle de l'empereur. Les inspirateurs papaux du traité de Constance s'appuient sur le dossier réuni un siècle auparavant par Léon IX (schisme de 1054), tandis que l'épisode célèbre de la diète de Besançon, en 1157, où le futur Alexandre III déclenche une crise importante en soutenant que l'empereur tient sa couronne du pape à titre de *beneficium*, est recentré dans la perspective d'un jeu d'ajustements et de provocations réciproques qui ne laisse que peu de place aux maladresses ordinairement invoquées. S'appuyant sur une réflexion déjà longue, affinant leurs conceptions et leurs arguments à chaque étape du conflit, camps papaux et impériaux accumulent les tensions qui passent aussi à l'intérieur de l'Eglise même, divisée entre compagnons de route impériaux et intransigeants. On distingue à l'avance les lignes de fracture de la double élection de 1159, souvent considérée comme un pur accident.

C'est à cette rupture qu'est consacrée la section suivante (»Der Ausbruch des Schismas«, p. 103–149), véritable contre-enquête, à partir de sources hautement partielles et partiales, sur la double élection d'Alexandre III et de l'antipape Victor IV, bientôt soutenu par l'empire, et ses conséquences immédiates. Il apparaît clairement qu'on a généralement sous-estimé la qualité de l'argumentation juridique dans le camp de l'antipape Victor IV. Toutes les failles de la procédure électorale et de l'intronisation conséquente (rituel de l'immantation, approbation des différents ordres romains) sont exploitées pour pallier la faiblesse numérique des soutiens de l'antipape. Le concile de Pavie en 1160, qui voit l'empereur se ranger aux côtés de Victor IV, dessine la ligne de partage entre le camp d'Alexandre IV, refusant toute procédure d'arbitrage au nom d'une certaine conception de la fonction papale, et le camp adverse, qui, minoritaire dans la chrétienté catholique, exploite habilement l'idée d'un débat contradictoire et d'un jugement conciliaire. Les rencontres avortées de St-Jean de Losnes entre Louis VII et Barberousse en 1162 sont l'occasion d'exposer magistralement les mécanismes d'intrication entre rapports de force, négociations politiques et position juridique: Alexandre III, en position de faiblesse dans la perspective d'une confrontation au sommet, réussit à retourner la situation à son profit en exploitant l'intransigeance politique de l'empereur.

De 1164 à 1168, les retournements de situation (mort de l'antipape Victor IV, aussitôt remplacé, retour triomphal, mais de courte durée, d'Alexandre III à Rome, épidémie providentielle s'abattant sur l'armée impériale…) et l'implicaton de la ligue lombarde et du royaume de Sicile dans le conflit, se traduisent par un durcissement idéologique du camp impérial qui élabore une contre-doctrine concernant l'essence de la fonction impériale, et les droits des empereurs sur le patrimoine de St-Pierre (serment de Würzburg, canonisation de Charlemagne). L'examen de témoignages intrigants concernant des négociations byzantino-papales (négociation sur la *Romani corona imperii*) est l'occasion d'éclairer les modalités de la pensée politique pontificale en évolution, tout en s'attaquant à quelques fantasmes historiques (III. »Der Höhepunkt der Auseinandersetzungen«, p. 151–185).

La quatrième section (IV. »Auf dem Weg zum Frieden«, p. 187–221) s'attache au problème délicat du règlement progressif du conflit, marqué par la paradoxale dégradation des positions pontificales, depuis les accords d'Agnani (1176) jusqu'à la paix de Venise (1177), beaucoup plus favorable à l'empire. La complexité d'une négociation incluant ligue lombarde et royaume sicilien a conduit à des confusions dans l'examen et la datation de certaines pièces de ce dossier complexe. Johannes Laudage reconstitue ainsi les véritables étapes de la rédaction d'une pièce essentielle à la compréhension des négociations de 1175, l'extrait du registre communal de Vérone titré *Rubrica petionis rectorum Lombardie et Marcie atque Venecie et Romanie a domino imperatore*. Après la défaite impériale de Legnano, l'empereur se voit forcé de négocier. Son succès diplomatique de Venise, en dépit de sa base de départ défavorable, s'explique en grande partie par la possibilité de jouer les cités lombardes contre la papauté, mais aussi par l'exploitation maximale des ambiguïtés pesant sur le statut des différentes composantes du *patrimonium Petri*. Néanmoins, l'examen du dossier fait apparaître que la papauté a su préserver les fondements juridiques nécessaires au succès de ses prétentions ultérieures, tout en obtenant des gages concrets pour la reconquête du cœur du patrimoine de St-Pierre.

En fait, le flou général des articles de la paix de Venise laisse la voie libre aux prétentions ultérieures de deux partis (V. »Die letzten Pontifikatsjahre Alexanders III.«, p. 223–237). Comme le montre la cinquième partie, dès sa conclusion, les tensions recommencent à s'accumuler entre papauté et empire en Italie. L'empereur étend son contrôle dans la marche d'Ancône, reprenant partiellement la politique de mise en tutelle des territoires contestés appliquée au plus fort du schisme. Le pape quant à lui peut mener avec succès la remise sur pied d'une Eglise unifiée (modalité de réintégration des schismatiques et réaffirmation concrétisée par la tenue du concile de Latran III, qui règle notamment les conditions des élections papales ultérieures jusqu'à nos jours). Il se heurte néanmoins à des blocages de fait dans la récupération du patrimoine de St-Pierre; le conflit n'a été tranché ni au plus haut niveau (statuts et relations respectifs du pape et de l'empereur), ni dans ses implications concrètes (statut juridique définitif de l'ensemble des territoires); il est au contraire mûr pour de nouveaux développements.

Enfin, une ample conclusion (»Die Wurzeln der Zwietracht«, p. 239–268), tout en reprenant les grandes orientations dégagées, étend le champ d'observation jusqu'à l'orée du pontificat d'Innocent III et à la mort de Henri VI. Le travail de J. Laudage n'est donc pas une synthèse sur l'ensemble des problèmes posés par les crises politiques du pontificat d'Alexandre III, mais une étude serrée, à travers une succession de dossiers chronologiques, des relations réciproques entre débats d'idées et développements politiques dans ce moment central de la lutte entre l'empire et la papauté, qui rectifie nombre d'idées erronées, et dégage des perspectives nouvelles.

Benoît GRÉVIN, Nanterre

Eugen REINHARD, Peter RÜCKERT (éd.), Staufische Stadtgründungen am Oberrhein, Sigma-ringen (Thorbecke) 1998, 282 p. (Oberrheinische Studien, 15).

A l'occasion du 800ᵉ anniversaire de la première mention de la ville de Durlach[1], E. Reinhard et P. Rückert ont réuni en octobre 1996 historiens, géographes, archéologues, spécialistes du phénomène urbain de l'Allemagne du sud-ouest. Leur thématique com-mune, poursuivant les travaux antérieurs mais ici centrée sur la période des Staufen (1150–1250), englobe trois problèmes: la fondation des villes (peut-on encore affirmer qu'une ville est née à une date précise et par la volonté d'un personnage précis?), leur influence sur le territoire alentour (pourquoi et comment leur rayonnement a-t-il modifié un espace politique?) et enfin les méthodes d'approche complémentaires pour parvenir à formuler quelques réponses[2].

Le champ d'investigation de ces auteurs, formant une véritable cohérence de recherche, concerne les villes réputées avoir été fondées, comme Durlach, par un Staufen, dans une partie de leurs territoires de l'Oberrhein: le pays entre le Rhin et le Neckar, le Kraichgau, et l'Alsace, une vaste zone entre Heidelberg et Delle[3].

Disons-le d'entrée de jeu: la publication des actes de ce colloque formant le 15ᵉ volume des Oberrheinische Studien, marque une étape désormais indispensable à intégrer à l'his-toire urbaine. Les enjeux de l'enquête dépassent en effet les seules créations urbaines des Staufen et les résultats, appuyés par un corpus de 34 plans ou cartes[4] et d'une quarantaine de photos[5] constituent une référence de méthode: une approche interdisciplinaire appliquée à une étude résolument comparatiste de différentes villes.

La présentation du volume se révèle fortement charpentée: trois articles[6] d'analyse du contexte historique, du bilan historiographique et méthodologique et des perspectives de recherches permettent de comprendre les enjeux du choix des villes Staufen étudiées; trois articles méthodologiques[7] assurent la comparaison entre les différentes villes retenues; enfin, trois autres approches plus monographiques[8] illustrent le renouveau documentaire et archéo-logique indispensable à la démonstration de l'ensemble.

E. REINHARD, en rappelant le contexte de forte expansion économique et démographique qui nécessite une réorganisation de l'espace habité, montre l'emprise de la famille des Stau-

---

1 Dans la banlieue-est de l'actuel Karlsruhe.
2 Ce colloque fait écho en le prolongeant à celui consacré aux villes seigneuriales en 1994. Jürgen TREFF-EISEN, Kurt ANDERMANN (éd.), Landesherrliche Städte in Südwestdeutschland, Sigmaringen 1994.
    Dans cette partie de l'Oberrhein, les Staufen rivalisèrent avec les Zähringen jusqu'en 1218 et les Welfs jusqu'en 1180. La mort d'Henri le Lion fit passer les futures villes aux mains des Staufen.
3 Une carte générale n'est donnée qu'à la page 205: elle aurait été fort commode en tête du volume.
4 Le travail cartographique, souvent neuf (sauf pour l'Alsace qui n'a pas vu se développer ce type d'enquête) et d'une grande qualité, offre un ensemble de plans de villes souvent au 1.10000ᵉ.
5 Une table des illustrations et des cartes aurait été la bienvenue.
6 Eugen REINHARD, Der Wandel der oberrheinischen Kulturlandschaft durch die staufischen Stadt-gründungen, p. 11–51. Hansmartin SCHWARZMAIER, Die neue Ordnung im staufischen Hause, p. 53–72. Sönke LORENZ, Staufische Stadtgründungen in Südwestdeutschland. Aktuelle Aspekte, Tendenzen und Perspektiven in der Stadtgeschichtsforschung, p. 235–272.
7 Hans-Jürgen NITZ, Ettlingen – Eppingen – Durlach – Sinsheim. Planungs- und Vermessungsprin-zipien staufischer Gründungsstädte im Oberrheingebiet. Ihre Rekonstruktion mit metrologischen Methoden, p. 73–109. Dietrich LUTZ, Archäologische Befunde zur Stadtentwicklung von Durlach im Vergleich zu Bruchsal, Ettlingen und Pforzheim, p. 111–148. Rüdiger STENZEL, Verschiedene Wurzeln staufischer Städte: Ettlingen und Durlach, ein Vergleich, p. 149–164.
8 Olivia HOCHSTRASSER, Zur Frühgeschichte der Stadt Durlach, p. 165–183. Meinrad SCHAAB, Die Anfänge Heidelbergs. Alte Zeugnisse und neue Befunde im Rahmen der stauferzeitlichen Stadtge-nese in Südwestdeutschland, p. 185–212.

fen précisément dans cette partie de l'Oberrhein où se multiplient les villes, et ce n'est pas un hasard. Les fonctions de centralité urbaine mises progressivement en place après 1150 ont alors modifié la »culture« de tout le pays en raison d'une influence jamais observée sur les princes ecclésiastiques et laïques ainsi que sur les agents économiques. A travers l'image historique, géographique[9] et archéologique[10], l'auteur dresse le portait rapide de 21[11] villes Staufen ou plutôt des processus de mise en place des différentes fonctions d'urbanité. Site et espace intérieur aux fortifications, volonté politique de développement, mise en place du conseil (Rat) et des statuts: autant d'indices d'une »famille« de villes, mise en valeur prudemment en raison d'une grande inégalité documentaire. L'intérêt des Staufen pour les villes se manifeste par une série de caractères et, à vrai dire, il n'y a là rien de surprenant par rapport à ce que l'on savait: points d'appui politiques et familiaux, marchés sur des routes fréquentées, secteurs de sécurité comme l'étaient les châteaux de l'époque précédente. L'auteur établit en revanche, conclusion plus neuve, que ces villes à l'exception de Durlach (et encore), ont été établies sur des sites déjà occupés. Est-il alors légitime de parler de »création« de ville ou de politique citadine des Staufen?

H. SCHWARZMAIER argumente, dans le deuxième article, sa réponse: il existe une volonté organisatrice de la dynastie des Staufen qui ont toujours su saisir les opportunités et même transformer d'apparents échecs en avantages. La mise en ordre voulue par Frédéric Barberousse procède d'une conception du monde dans lequel chaque élément est pesé pour concourir au développement dynastique. Tout comme les règlements de sa maison, le choix des prénoms de ses enfants, leur éducation ou leur mariage, la politique de soutien aux villes relève d'un planification dynastique. Contrecarrant cette constante mise en ordre, la »malédiction« pourtant colle aux destinées familiales. La mort prématurée, en 1196, précisément à Durlach, de Konrad, cinquième fils de Barberousse et duc de Souabe, offre à l'auteur l'occasion de démontrer l'importance des villes au cœur du dispositif des Staufen. Si Konrad était à Durlach, c'était précisément pour des raisons de mise en ordre dynastique: affirmer sa présence dans la concurrence avec les Zähringen, surveiller l'héritage de la femme de Welf VI (la grande abbaye des Prémontrés de Allerheiligen) et tenir le château de Schauenburg, point stratégique vers l'Ortenau. La politique territoriale des Staufen intègre les villes dans tout un système de pouvoir qui s'affirme par les voyages du souverain et la mise en place des principautés tenues par leur parentèle.

Si donc les Staufen, utilisant un contexte favorable, ont développé les fonctions urbaines pour mieux asseoir leur politique territoriale et leur mise en ordre dynastique, l'ont-ils fait au coup par coup ou au contraire avaient-ils des projets préétablis? C'est sur le terrain qu'archéologues et historiens ont cherché la réponse, par l'analyse métrologique des parcelles à bâtir et l'organisation d'ensemble des villes[12]. H.-J. NITZ démontre, en s'attachant à l'étude comparée de quatre villes, que les Staufen avaient une organisation préconçue non seulement de l'agencement global de la ville mais aussi des lots à bâtir. Les villes étudiées,

---

9 La méthode régressive est alors utilisée puisque les plans n'apparaissent pas avant le XVIIIe siècle.
10 Les documents, parce qu'ils n'apparaissent que tardivement, ne permettent pas de connaître les phases essentielles de »proto-urbanité«. L'archéologie en revanche permet de détecter des fonctions urbaines précoces par l'occupation du sol et son organisation (habitat, échanges, lieux de culte, cimetières, etc.).
11 L'auteur demeure dubitatif pour attribuer aux Staufen Molsheim, Munster et Mulhouse. Il est certain que dans ces trois villes l'emprise seigneuriale ecclésiastique est antérieure à celle des Staufen.
12 Cette méthode insuffisammnent utilisée en Allemagne, selon H.-J. Nitz, n'est pas inconnue en Suisse ou en France (surtout pour les bastides) et la comparaison, quand elle sera possible, entre ces régions fort différemment organisées, devrait être du plus haut intérêt. Il s'agit là d'un phénomène mental qui dépasse la seule topographie.

»fondées« en 1192, portent la marque Staufen d'un nouveau concept urbanistique remaniant un site antérieur occupé de façon désorganisée: une rue principale formant axe entre deux portes, des rues perpendiculaires en arêtes de poisson, le tout pouvant être adapté à des sites variables. L'étude métrologique rigoureuse fait apparaître pour la construction des rues et la taille des parcelles, loties alors en pierre et non plus en bois, le choix d'un système duodécimal en relation avec un calcul de surface mais aussi de redevances, 12 offrant des sous-multiples commodes 2, 3, 4, 6, et 1 schilling valant 12 pfennige. Ces observations amènent l'auteur à tirer des conclusions nouvelles que les textes taisent; à la largeur et à la longueur prévues des rues, correspondrait la conception préalable d'une ville plus ou moins grande; à la logique d'implantation des parcelles et des bâtiments, correspondrait une vision de la ville avec ses »centres« de fonctionnalité; avec la présence (ou non) de ces critères considérés par l'auteur comme une tradition de construction Staufen, la chronologie urbaine pourrait être connue et/ou affinée.

Ces postulats se trouvent nuancés dans l'article de R. STENZEL qui s'attache de préférence, en comparant deux de ces villes, à leurs différences, en mettant en perspective géographie et histoire: Ettlingen est à un carrefour sur un ancien site de centralité alors que Durlach se trouve au pied d'un château qui a dominé des entreprises de défrichements. En dépit d'une situation identique des deux villes sur l'axe commercial nord sud sur la rive droite du Rhin, un concept homogène engendré par les Staufen ne lui semble pas s'imposer. Ceux-ci d'ailleurs ont considéré leur relation avec ces villes de façon différente: comme bien propre, comme fief ou comme bien engagé.

L'étude de D. LUTZ nourrie de fouilles archéologiques récentes, fait apparaître pour quatre des villes bien des points communs mais sont-ils pour autant caractéristiques des villes Staufen? Toutes se situent au débouché de cours d'eau dans la plaine du Rhin, leur origine se situe à l'époque mérovingienne, les maisons de pierre remplacent les maisons de bois aux XIIᵉ–XIIIᵉ siècles en permettant une nouvelle organisation du tissu urbain, les fortifications n'intègrent pas tout l'habitat ancien en le laissant à l'extérieur, l'église paroissiale cristallise la dynamique urbaine. Fontaines publiques et aisance matérielle traduite dans les objets de la vie domestique ne se manifestent guère avant le XVᵉ siècle.

Les trois monographies (Durlach, Heidelberg et Haguenau) enrichissent et confortent les précédentes études. La terminologie fluctuante des rares documents témoins de l'apparition de la ville (*oppidum, civitas, castellum* etc.) contribue à illustrer le thème principal poursuivi, de façon différente, par chaque auteur: plutôt que de la fondation d'une ville (Stadtgründung) il faudrait parler du processus d'une ville (Stadtwerdung). Tout l'intérêt de ces contributions solidement étayées de sources écrites ou archéologiques réside dans la rigueur des enquêtes qui ratissent au peigne fin le tissu urbain, le pourquoi de ses origines et sa dynamique.

L'article conclusif de S. LORENZ, en mémoire de Jürgen Sydow, fait tout d'abord un bilan historiographique indispensable à connaître pour les historiens qui ne sont pas familiers de l'histoire urbaine allemande: la liberté et l'égalité mythifiées par la bourgeoisie libérale du XIXᵉ siècle, la recherche quasi obsessionnelle des critères qui définissent une ville, les diverses théories de l'origine du mouvement communal. L'auteur évoque ensuite, en citant une bibliographie abondante[13], les perspectives de la recherche actuelle. En ce qui concerne les méthodes, l'apport indispensable de l'archéologie, mal aimée jusque dans les années 1970, se révèle décisif surtout quand les documents font défaut et cette publication en est l'illustration parfaite. En ce qui concerne les nouvelles questions, retenons l'intérêt pour les élites, les buts des »fondateurs«, les politiques urbaines princières et royales. Les interprétations actuelles des historiens allemands font l'objet d'une présentation systématique qui permet

13 Le volume n'offre pas de bibliographie générale et systématique, et c'est dommage.

de compléter un tableau nuancé; Erich MASCHKE, par exemple, pour expliquer la politique urbaine des Staufen, allie volontiers la recherche de leurs intérêts avec un but à signification publique (comme Knut SCHULTZ). Tant de villes sans planification autour d'un même concept, lui paraît impossible. Bernhard TÖPFER distingue, quant à lui, deux types de »fondations«: les anciennes (villes épiscopales, marchés) et les nouvelles, type dominant dans le sud ouest de l'Allemagne mais laissé à l'état d'ébauche en raison de la politique italienne des Staufen. Les perspectives de recherche, enfin, apparaissent nettement: traiter ce thème de la »fondation« à une échelle européenne car la recherche allemande favorise plus les monographies que les études d'ensemble; reprendre les travaux sur l'arrière-pays (Umland) dans la perspective de la domination citadine; développer les enquêtes philologiques et heuristiques, archéologiques et géographiques.

Cette belle livraison des Oberrheinische Studien mérite d'être lue, travaillée et continuée dans la perspective d'interdisciplinarité et de comparatisme dont les différents auteurs ont prouvé l'excellence.

Odile KAMMERER, Mulhouse

Armin WOLF, Die Entstehung des Kurfürstenkollegs 1198–1298. Zur 700jährigen Wiederkehr der ersten Vereinigung der sieben Kurfürsten. Mit 11 genealogischen Tafeln und 8 weiteren Abbildungen, Idstein (Schulz-Kircherner Verlag) 1998, 224 p. (Historisches Seminar, N. F., 11).

In spite of reams that have been devoted to this theme, most recently the origin of the imperial electoral college had been considered an insoluble enigma and as such a waste of time and trouble, until some twenty years ago Armin Wolf began to describe a new method of interpretation. The essential details of his approach are complex and difficult to master, because even in the presence of a firm juristic foundation, the development of the college would abruptly alter direction in ever changing circumstances. The volume under review presents the materials and ideas necessary to a basic understanding of the mysterious rise of the electoral college according to a single underlying principle: those entitled to inherit the imperial throne were entitled to vote in royal elections. The historian's problem is not unlike that of the would-be electoral participants: how does one decide who in the particular case is qualified to represent rights of royal inheritance. The historian's problem is also much deeper, because there is only sparse evidence, not only of the early lines of inherited right, but also of the participants in the elections. The princes eventually decided to limit the body of electors to seven, namely the three Rhenish archbishops plus the count palatine of the Rhine, margrave of Brandenburg, duke of Saxony and king of Bohemia. Yet nowhere has the slightest trace of their reasons been explicitly preserved for posterity.

The vital period in the formation of a college limited to seven is the thirteenth century, to which this book is largely devoted. The situation with respect to sources on electoral participation improves considerably. There were many elections, and the basis of candidacies and electoral participation can be examined in numerous instances. During this period the pool of possible electors slowly diminished as princely lines became extinct. The author provides an extensive examination of the circumstances of these elections in terms of the lines of descent capable of participating. The book seeks to provide, and succeeds admirably in providing, a framework for understanding a dynamic development.

Yet readers who approach it intending to solidify their knowledge of this significant topic are in danger of leaving disappointed. Areas that are as yet underdeveloped are so many that only specialists in the subject matter may find a helpful resolution of the major issues. Even in the fundamental account of the sources for electoral participation there are problematical gaps. The letter of Pope Innocent IV praising those who elected William of Holland (1247) refers to the counts of Geldern and Looz, neither of whom appears in Wolf's tables of the daughter lines. Similarly, there is no genealogical explanation for the successful candidacies in 1292 of Konrad of Teck and Adolf of Nassau, although in every other case the hereditary credentials of candidates are examined. For a discussion of the candidacies of 1292 one must consult Wolf's previous book – König für einen Tag: Konrad von Teck, gewählt, ermordet (?) und vergessen (Kirchheim unter Teck 1993) – where some details concerning Geldern and Looz emerge in the discussion, although their relevance is not thoroughly appraised there. In the present book, these materials are absent. In a case that rests primarily on minute and intricate details, large issues remain unaddressed.

Nor is the non-electoral political function of the electors taken into consideration. The obscure Swabian prince Rudolf of Habsburg, elected and crowned in 1273, persuaded the electors nine years later to approve the installment of his sons in the vacant duchies of Austria and Styria. Clearly there is a profound theme here, one that would lead beyond the confines of this book and is thus rightly omitted. Nevertheless, falling as it does well within the period of development, this event must ultimately impact heavily on interpretations of the college's formation, perhaps even on the manner in which the electors arrogated a right, previously claimed by the pope, to administer the empire during an interregnum. One can fairly say that the book is addressed towards the mechanics of the formation, whereas a coherent description of the development is left to subsequent efforts.

In keeping with this outlook, Wolf directs careful attention to the problems of the sources, many of which had prevously been subjected to loose interpretation or inappropriate attention. Indeed, the principal sources, together with old or new translations, are collected and presented at length in the second part of the book, which will be of great benefit to future investigations. There is also a table (p. 100–101) showing the observable interconnections between narrative sources from Germany and the papal decretals and their commentaries over the course of the thirteenth century. The presentation of sources is offered largely without comment, but with reference both to extant secondary literature and to the relevant sections of the first part where significant problems are briefly yet incisively addressed.

Not all issues of sources could be dealt with effectively, even when they might appear significant. The testimony of the Sachsenspiegel (1220/35) is highly problematic, since it includes reference to six imperial electors, with the king of Bohemia expressly omitted, yet dates well before the number of electors was reduced this far. The author submits that the passage in question is a late interpolation (p. 34, 50–51), and the reader does not doubt this, although the question of the Sachsenspiegel's composition is much larger than such brief treatment allows. In fact it suggests the importance of the study of historicity to a thorough reconstruction of the college's development.

In the author's work on Konrad of Teck previously mentioned, some effort is made to explain candidacies and electoral functions in terms of descent not only ultimately from Henry the Fowler (reigned 919–936) but also from Charlemagne. Thankfully no similar effort is made here. Such inquiries appear antiquarian and in all likelihood miss their mark. If the electoral college developed as Wolf suggests, then descent from Charlemagne is virtually understood for the kings and emperors from Henry forward, and it would likewise have been implicit in all electoral dealings where the right to participate was based on a right to inherit. The focus must fall on King Henry, as the source of rights to the German kingdom, and perhaps also more narrowly on his son, Otto the Great, as the source of empire. Wolf's important studies of lines descending from Otto's previously unknown granddaughter Richlint are left almost unmentioned in this book, yet they can be drawn on to explain many difficult issues of the early history of imperial succession, such as the limiting of candidacy to the Salian princes in 1024, and the Welf-Staufen conflict spawned in the election of Lothar of Supplinburg in 1125.

The book is intended not merely to present a new understanding of the electoral college's formation, but also to stimulate discussion of the historical material. Its purpose is thus served more by direct presentation of material than by synthesis. The question in the back of readers' minds is whether order, in the form of a legal-historical interpretation, can be imposed on an extended sequence of events that otherwise seems chaotic. Anticipating this doubt, Wolf devotes special attention to the several stages of Albert of Habsburg's election in 1298. A *Reformacio sacri status imperii* at this time fixed both the notion of a ›college‹ and the composition of this college. Yet the genealogical relationship of each lay elector to the Habsburg dynasty remains by far the most striking feature. The college formed, according to the author, with the establishment of the new dynasty. It was perceived as a limited and continuing community of heirs. Its composition was formalized in a written instrument, the Golden Bull of 1356, by the Luxembourg emperor Charles IV, Rudolf of Habsburg's great-grandson. A particular virtue of the author's standpoint is that it allows the Golden Bull to assume a natural place in juristic developments, in reference both to the past, where it more or less served to close the lengthy period of the struggles for imperial election, and to the future, where it defined once and for all the community of heirs entitled to electoral participation. The theory developed in this book thus goes well beyond exposing the juristic significance of the Golden Bull and explaining its background. For the attentive reader it delineates stages of constitutional development with a precision only juristic analysis can afford.

Donald C. JACKMAN, State College, Pennsylvania

Comunicazione e mobilità. Incontri fra il Sud e il Centro dell'Europa (secoli XI–XIV), a cura di Siegfried DE RACHEWILTZ e Josef RIEDMANN, Bologne (Il Mulino) 1997, 539 p. (Annali dell'Istituto storico italicogermanico. Quaderno, 48).

Entre le 18 et le 20 mai 1994, une vingtaine de spécialistes de langue allemande et italien se sont réunis à Castel Tirolo, à l'occasion d'une exposition autour de la figure du comte tyrolien Mainardo II, né en 1295, et de la naissance de la principauté tyrolienne. Le thème retenu sur les échanges et les communications entre le sud et le centre de l'Europe, en fait l'Europe méditerranéenne et l'Europe germanique, a fait ainsi l'objet d'illustrations aussi larges que possible sur la mobilité d'hommes de conditions sociales diverses: souverains, marchands, artisans, étudiants, pèlerins, ecclésiastiques, mercenaires, qui en nombre important gagnèrent depuis l'Europe centrale l'Italie, ou qui inversement se rendirent d'Italie en Europe centrale. De tels échanges, qui animèrent les vallées et les cols alpins ne manquèrent pas de retentir sur les connaissances artistiques et juridiques, comme sur le cheminement de thèmes littéraires du monde méridional en direction du monde germanique. Les relations entre les empereurs allemands et le monde italien sont assurément connues quant aux Ottoniens et aux Staufen, mais les contacts entre la dynastie Luxembourg-Bohême et l'Italie méritaient d'être soulignés.

Le cadre géographique dans lequel s'insèrent les diverses études repose prioritairement sur la zone tyrolienne quant aux contacts entre les deux mondes mis en perspective. Cependant, les deux régions sises aux extrémités de l'axe alpin: la Savoie à l'ouest, le Frioul à l'est ont fait l'objet d'une étude, où les deux auteurs: G. Castelnuovo pour la première, R. Hartel pour la seconde présentent une situation fort peu différente de celle du Tyrol: un territoire de passage, un pont-levis, par où se sont engouffrées les invasions lombardes et hongroises et les influences nordiques vers la péninsule italienne pour le Frioul, tandis que la Savoie est qualifiée de »région-charnière« entre nord et sud, qui canalise les modèles culturels et institutionnels à travers lesquels s'effectue la recherche d'équilibres sans cesse nouveaux entre Savoie et Piémont. Le Tyrol avec la route du Brenner est ainsi largement privilégié quant à l'étude des échanges d'hommes et de marchandises par la majorité des auteurs qui se sont penchés sur les empereurs en route vers l'Italie (E. Voltmer), les étudiants (W. Maleczek), les pèlerins (L. Schmugge), voire les mercenaires (G. M. Varanini) et surtout quant aux routes qui sillonnaient la principauté (J. Riedmann).

Le cadre temporel, qui aurait pu être celui de la naissance de la principauté, est en revanche très large, tout en donnant du fait de la documentation une part très large dans la majeure partie des exposés à la période du bas Moyen Age (XIVᵉ–XVᵉ siècle). Seule l'étude de A. Castagnetti sur les immigrés en provenance du nord au temps de la période carolingienne concerne le haut Moyen Age. L'auteur s'efforce de rechercher, sur les traces des études initiées par l'école de G. Tellenbach, l'identité des personnages, leur position sociale et leurs rapports avec le pouvoir politique, leur rôle dans les villes et la campagne, en attirant l'attention des chercheurs sur l'approfondissement nécessaire de ces divers points à partir d'études locales sur les centres urbains et les monastères pour mieux cerner l'importance de l'apport franc à la société lombarde. Pour tous les autres auteurs domine ainsi la fin du Moyen Age où la documentation se fait plus abondante.

A considérer les divers exposés concernant la circulation des hommes semblerait dominer une circulation nord-sud pour les étudiants (L. Schmugge), les artisans (K. Schulz) ou les mercenaires (G. M. Varanini), voire l'Ordre teutonique par ses relations avec la Curie pontificale (H. Boockmann). Les étudiants, alléchés par la grande université de Bologne, viennent cependant moins nombreux à partir du moment où s'ouvrent sur le sol allemand des universités qui leur évitent le déplacement coûteux et dispendieux dans la péninsule, mais ce sont ceux qui ont étudié en Italie qui n'en accaparent pas moins les postes importants du monde ecclésiastique comme du monde princier laïc. Les artisans, attirés à Rome, proviennent surtout des métiers artistiques, mais à la fin du XVᵉ et au début du XVIᵉ siècle, ils se heurtent à des mesures descriminatoires, qui contribuent à ralentir le flux migratoire. Quant aux mercenaires, si l'Italie a bien été les pays des compagnies gagées, des problèmes concernant la recherche à leur sujet restent encore largement ouverts quant à leur origine sociale et les zones de provenance, la part de la récession économique quant à leur divagation. Il est vrai que, comme le souligne G. M. Varanini, la dispersion de la documentation n'aide guère le chercheur.

Ce serait cependant n'avoir qu'une vue partielle des échanges entre Italie et Europe centrale que de suivre uniquement le flux nord-sud. Divers auteurs ne manquent pas de constater que ce n'est pas seulement l'Italie qu'il faut mettre en cause dans les échanges intraalpins. Dans le domaine artistique, H. Stampfer note les liens entre Constance et la France en ce qui concerne la peinture murale à la fin du XIIIᵉ siècle avant que n'arrive à Bolzano l'influence de Giotto et de ses élèves au XIVᵉ siècle. Pour le droit, W. Stelzer observe que c'est de la France méridionale qu'est venue l'influence principale dès le XIIᵉ siècle, avant que l'Italie ne prenne le relais. L'influence italienne reste d'ailleurs fort limitée quant à la pratique notariale dans la région romanche, où ce sont les abords immédiats de l'Italie septentrionale qui l'ont adoptée, mais elle ne gagne pas les autres régions de Suisse selon O. Clavadetscher. Le droit canonique, qui pénètre en Allemagne méridionale, est à la base de l'institution de l'official, mais souligne O. Hageneder, sous l'influence du droit romain. Le droit canonique, qui donne au pape la faculté d'intervenir dans le domaine temporel, assume un caractère étatique, mais il a contribué par là à la dissolution de la société médiévale sous la direction pontificale. Les pratiques juridiques venues d'Italie, de la Curie et de Bologne, se sont bien diffusées vers le nord au bénéfice des souverains et des princes. Avec le droit arrivent en Europe centrale les marchandises que font circuler des compagnies mixtes germano-italiennes, qui participent aussi, ainsi que le montre W. von Stromer, de la diffusion des produits venus d'Europe centrale vers le port de Venise. Vers le nord, vers l'Europe centrale et surtout le monde germanique arrivent les thèmes littéraires propres au monde méditerranéen, mythe de Virgile, la figure de Griselidis, symbole de la fidélité conjugale, et surtout celle de don Juan. Il n'est jusqu'à la monnaie dont les comtes du Tyrol n'ont pas manqué de s'inspirer des modèles italiens selon la savante étude de H. RIZZOLI et la Curie ne manque pas d'envoyer ses légats et ses percepteurs vers le monde de l'Europe centrale (C. SCHUCHARD).

Ainsi sont illustrés par des chercheurs venus des deux côtés des Alpes des thèmes variés, où les échanges dans les deux grandes directions ont fait l'objet d'expositions savantes et approfondies, reportées ici quant aux chercheurs de langue germanique en langue italienne. Est-ce à dire que le tableau ainsi décrit cerne toutes les réalités? Manque malheureusement une zone géographique, où les échanges hommes–marchandises–thèmes culturels ont été particulièrement intenses: la région occidentale de l'arc alpin avec les deux grands cols du Simplon et du Saint Gothard, voire ceux du Lucomagno et du Septimer. A peine peut-on relever de brèves allusions à travers la Savoie, le recrutement des mercenaires, grâce à la comparaison avec le problème français et les études de R. H. Bautier sur les »soudoyers« de Plaisance. L'accent a été mis, assurément à juste raison, sur le Tyrol et la région du Brenner, étant donné la relation avec l'exposition, mais il aurait été important de ne pas occulter dans des études dédiées aux échanges Italie–Europe centrale l'ouverture vers la région rhénane tant par Coire–Constance que par le Gothard et Bâle. Le tableau des échanges nord-sud n'apparaît par là que partiel dans un ouvrage où le lecteur aurait aimé que des cartes viennent faciliter la compréhension de certains exposés, là où les routes et les points d'échange exigeaient une telle illustration. L'absence d'un index des noms de personnes et de lieux est non moins dommageable à la lecture d'un ouvrage, dont la richesse d'information ne fait cependant aucun doute.

Pierre RACINE, Strasbourg

Jean-Marie YANTE, Le Luxembourg mosellan. Productions et échanges commerciaux, 1200–1560, Brüssel (Palais des Académies) 1996, 539 S. (Académie Royale de Belgique. Mémoire de la Classe des Lettres, Collection in-8°, 3ᵉ série, 13).

Dieses Buch ist die überarbeitete Fassung einer bereits 1982 eingereichten Dissertation. Für die Veröffentlichung wurde neuere Literatur eingearbeitet, zu der nicht zuletzt eine ganze Reihe von Aufsätzen gehört, die Yante selbst in den achtziger und neunziger Jahren zur Wirtschaftsgeschichte Luxemburgs verfaßt hat.

Ausgehend von der Tatsache, daß die mittelalterliche Wirtschaft ganz überwiegend landwirtschaftlich geprägt war, daß aber umfassende Untersuchungen über die Wirtschaft bestimmter rural geprägter Regionen äußerst selten sind, legt der Verfasser eine als exemplarisch verstandene Arbeit vor, in deren Mittelpunkt die drei ehemaligen luxemburgischen Ämter Luxemburg, Thionville und Arlon sowie die lothringische Enklave Sierck stehen. Als zeitlicher Rahmen wird dabei die Zeit von 1200–1560 angegeben, also der Zeitraum vom Auftauchen erster schriftlicher Quellen bis zu den mit schweren Zerstörungen im luxemburgischen Raum verbundenen Kriegen zwischen Frankreich und dem Reich.

Gleich in der Einleitung wird deutlich, warum bisher kaum Darstellungen vergleichbarer Zielsetzungen vorliegen: Die Quellenlage ist überaus disparat, z. T. katastrophal; chronikalische Quellen fehlen gänzlich. Hieraus erklärt sich auch, warum der im Titel genannte Untersuchungszeitraum nur selten voll ausgefüllt werden konnte. Dichtere Quellen gibt es erst ab dem 14. Jh., Rechnungsreihen erst aus der Zeit, als Luxemburg zum Länderkomplex der Herzöge von Burgund gehörte. Die Quellen, die ihm zur Verfügung standen, stellt Yante in seiner Einleitung vor und bestimmt ihre Aussagefähigkeit für seine Fragestellung.

In vier Teilen werden sodann folgende Bereiche untersucht: die Produktion, die Verkehrswege, der regionale sowie der überregionale Handel. Dem Rezensenten scheint dabei das Handwerk, das nur unter dem Aspekt der »industriellen« Produktion betrachtet wird, etwas zu kurz zu kommen.

Im produzierenden Bereich geht es zunächst um die Landwirtschaft. Yante entwirft eine Geographie des Getreideanbaus und versucht aus geleisteten Zehnten auf die Höhe der Getreideproduktion zu schließen. Er vergißt dabei auch nicht den im folgenden immer wieder zu lesenden Hinweis auf die Unsicherheit des präsentierten Zahlenmaterials und folglich der erzielten Ergebnisse. Als nächstes werden unter ähnlichen Vorbehalten Zahlen für den Weinbau präsentiert. Sehr selten finden sich in den Quellen Angaben über den Anbau von Gemüse oder Faserpflanzen für die Textilproduktion. Auch die Hinweise auf Viehzucht reichen nicht aus, um sich ein wirkliches Bild machen zu können. Lediglich auf die Schweinezucht im Bannwald der Stadt Luxemburg fällt etwas mehr Licht. Da auch über Fischfang und Waldnutzung nur Einzelnachrichten vorliegen, bleibt das Ergebnis letzlich unbefriedigend. Dies liegt nicht am Verfasser, der sich sehr bemüht hat, alle nur denkbaren Angaben zusammenzutragen, sondern an den Quellen selbst. Zwar lassen sich einige Tendenzen erkennen – so gab es in der Getreideproduktion zu Beginn des 15. Jhs. eine Depression, von der sich erst ab etwa 1430 eine immer wieder durch Rückschläge unterbrochene Erholung abzeichnete, so haben Kriege einen besonders starken Einfluß auf die pflegeintensive Weinkultur –, doch ist das Resultat letztlich nicht dergestalt, daß es Nachahmer für andere Regionen ermutigen könnte.

Nicht wesentlich besser ist die Quellenbasis für die Bereiche Metallurgie, Steinbrüche, Kalköfen. Regionale Zentren der Metallverarbeitung waren das Tal der Fensch südwestlich von Thionville und Esch-sur-Alzette. Aber nur in der Stadt Luxemburg selbst scheint es zur Bildung einer Korporation der Metallhandwerker gekommen zu sein.

Tuchverarbeitung läßt sich in Luxemburg und Sierck Ende des 13. Jhs., in Arlon, Echternach und Larochette im 14. Jh., in Thionville erst in der zweiten Hälfte des 15. Jhs. nachweisen. Nur die Stadt Luxemburg scheint Tuch in bedeutendem Umfang exportiert zu haben. Zudem scheint sich die Produktion von 1450 bis 1560 in stetigem Niedergang befunden zu haben. Die Verarbeitung von Tierhäuten ist seit dem 13. Jh. in Luxemburg, Arlon, Thionville und Echternach belegt, im 14. Jh. in Sierck, Remich und Diekirch. Insgesamt war die industrielle Produktion nirgends von herausragender Bedeutung. Trotz des Exportes von Luxemburger Tuch, von Leder oder Waffen aus Thionville war die Produktion ganz überwiegend regional ausgerichtet. Eine investitionsfreudige und risikobereite Schicht von Unternehmern hat es nie gegeben.

Nun gab es aber trotz der insgesamt geringen Dynamik im produzierenden Sektor doch Warenaustausch. Wichtigster Handelsweg der Region war seit altersher die Mosel, die im gesamten Untersuchungsgebiet schiffbar war. Genaueres ist allerdings unbekannt. Erst aus dem 18. Jh. liegt ein Gutachten vor, das über Schiffahrtshindernisse wie Felsen, Sandbänke oder die sich verändernde Lage des Fahrwassers berichtet. Sorgfältig untersucht Yante das für den sicheren Verkehr so wichtige Geleit. Die dafür erhobenen Gebühren versucht er sauber von Zöllen zu trennen, auch wenn die Quellen hier manchmal nicht allzu genau scheiden. Auffallend ist die hohe Zahl an Zollbefreiungen, sei es nun für geistliche Institutionen, einzelne Adlige oder die Bürger ganzer Städte. Hierdurch und auch wegen der Geldwertschwankungen werden Zollrechnungen zu einer schwer auswertbaren Quelle. Trotz aller Unsicherheiten wird versucht, aufgrund der Zollrechnungen von Sierck die Verkehrsdichte auf der Mosel zu rekonstruieren. Man kommt zwar zu einem Ergebnis, nur ist leider nicht zu bestimmen, wie nahe dieses den Realitäten kommt.

Im Bereich des Landverkehrs wurde Luxemburg von einigen wichtigen Routen gequert. Im 14. und 15. Jh. hatte die Straße von Flandern über Luxemburg und Straßburg nach Italien große Bedeutung, die sie aber mit dem Ende des Hundertjährigen Krieges und der Verbesserung der Sicherheit der Seeschiffahrt durch Bekämpfung der Piraterie allmählich verlor. Daneben sind die Straßen von Metz nach Aachen und von Metz nach Trier zu nennen. Wie schon beim Wasserverkehr werden Geleit und Zölle gründlich untersucht, soweit die Quellen dies zulassen. Die aus burgundischer und habsburgischer Zeit überlieferten Zoll-

rechnungen aus Arlon und Luxemburg deuten auf eine Blüte des Handels gegen Ende der
Regierungszeit Herzog Philipps des Guten und in den ersten Jahren derjenigen seines Sohnes Karls des Kühnen.

Als Orte des Handels erscheinen bereits im 10. und 11. Jh. infolge der ökonomischen
Expansion der großen geistlichen Domänen ländliche Märkte in den Quellen. Die Erwähnungen sind aber zu sporadisch, um Aussagen über ihre Kontinuität machen zu können.
Ab dem 13. Jh. finden sich dann mit Luxemburg, Arlon, Echternach, Thionville und Sierck
diejenigen Handelszentren, denen eine erfolgreiche Zukunft beschieden sein sollte. Im
14. Jh. traten Grevenmacher, Remich und Mondorf hinzu. Diese acht Orte besaßen am
Beginn der Neuzeit einen Wochenmarkt. Gemeinsam war ihnen, daß sie alle politische oder
administrative Zentren waren und bis auf die drei letztgenannten über mehr als 200 Feuer-
stellen verfügten. Yante stellt jeweils die Nachrichten über Handelstätigkeit, Zunftwesen,
Präsenz von Juden oder Lombarden, Maß und Gewicht, Abgaben etc. zusammen. Auch
dem Kreditwesen ist ein Abschnitt gewidmet, wobei sich u. a. zeigt, daß bereits im 13. Jh.
das Kreditangebot in Luxemburg nicht ausreichend war, so daß Graf und Bürger auf Met-
zer Finanziers sowie Trierer Juden als Gläubiger angewiesen waren.

Neben den Wochenmärkten gab es im späteren Mittelalter »foires« sowohl in den Städten
als auch auf dem Lande. Es handelt sich hierbei überwiegend um nur eintägige Jahrmärkte,
die oft im Zusammenhang mit kirchlichen Festen standen. Ihre Anzahl ist überraschend
groß. Sie fanden fast alle in den beiden Perioden von Mitte März bis Mitte Juni und von
Ende August bis Mitte Oktober statt. Eine mehrtägige Dauer und eine gewisse überregionale Bedeutung hatten lediglich die Luxemburger Schobermesse sowie die »foires« von
Mondorf, Marange und Thionville (erst ab 1531). Am internationalen Handel nahm das
Untersuchungsgebiet kaum teil. Man handelte im wesentlichen nach Metz oder Trier, über
die Mosel auch bis ins Rheinland.

In seiner Zusammenfassung stellt Yante Parallelen zwischen wirtschaftlicher Konjunktur
und politischer Geschichte her. – Der Band, der 24 Tabellen, 16 Karten, 33 Diagramme
sowie weitere 44 Tabellen auf Microfiche enthält, ist kenntnisreich geschrieben. Die Quellen sind sorgfältig abwägend ausgewertet. Nur fehlen leider vor 1400 allzu häufig die
gewünschten Dokumente.

Holger KRUSE, Kiel

L'État angevin. Pouvoir, culture et société entre XIIIe et XIVe siècles. Actes du colloque
international (Rome-Naples, 7–11 novembre 1995), Rom (École française de Rome) 1998,
726 S., 26 Abb., 8 Tafeln und Pläne (Collection de l'École française de Rome, 245).

Dieser dicke Band enthält die Ergebnisse eines fruchtbaren Kolloquiums über die
angevinische Staatenwelt des Spätmittelalters, das im Herbst 1995 stattfand und von der
American Academy in Rome, der École française de Rome, dem Istituto storico italiano per
il Medio Evo, der Université de Provence und der Università degli studi di Napoli »Fede-
rico II« gemeinsam organisiert worden war. Dem Buch vorangestellt ist ein Vorwort von
André VAUCHEZ, der darin das Auf und Ab des französischen Forschungsinteresses an den
Angevinen skizziert. Dem folgt eine Einleitung von Girolamo ARNALDI, in der das Zustan-
dekommen des Kolloquiums ebenso thematisiert wird wie die Entwicklung der italienischen Anjou-Forschung. Die während des Kolloquiums gehaltenen Vorträge spiegeln sich
in 26 Beiträgen wider, die eine Vielzahl von Aspekten des geographisch wie inhaltlich weit-
gespannten Themenbereichs behandeln; dabei geht es zunächst um historiographische und
rechtsgeschichtliche Fragen, dann um Kunst- und Kulturgeschichte, gefolgt von kirchen-
und religionsgeschichtlichen Themen, Beiträgen zur Stadt- und Verwaltungsgeschichte
sowie zu Adel, Herrschaft und Wirtschaft.

Der erste Beitrag stammt aus der Feder von Patrick GILLI und befaßt sich mit der miß-
lungenen Integration der Anjou in Italien im Lichte der Geschichtsschreibung. Er untersucht diese in bezug auf Karl von Anjou und König Robert, unter dem die Dynastie als ita-
lienisch aufgefaßt wurde, und geht am Ende auf die Frage nach der Möglichkeit des Fortbe-
standes der angevinischen Herrschaft im Italien des 15. Jhs. ein, die unter anderem nicht
gegeben war, weil das Haus Anjou spätestens jetzt als ein Ableger des französischen
Königshauses verstanden wurde. Der Rechtsgeschichte der Grafschaft Provence unter den
ersten Anjou (1246–1343) wendet sich im nächsten Beitrag Gérard GIORDANENGO zu; er
zeigt die Entwicklung des römischen Rechts und der Verwaltung im Territorium der Provence seit dem 12. Jh. und die damit verbundene Stellung des Grafen auf, dessen Verwal-
tungsapparat wuchs, seit er mit Karl von Anjou auch König von Neapel war. Maßgeblich
waren hier die *ordonnances* der Grafen, von denen der Autor eine chronologische Liste beigegeben hat. Der Person Karls I. von Anjou ist die Untersuchung von Claude CAROZZI
gewidmet, der der Legitimität von dessen Herrschaft im Werk des Saba Malaspina nach-
geht, welcher den ersten Anjou als einen Tyrannen ansah. Caroline BRUZELIUS behandelt in
ihrem Beitrag die Entwicklung eines angevinischen Baustils unter Karl II. von Anjou, eines
Stils, der für das Königreich Neapel spezifisch wurde und sich von den zeitgleichen Bauten
der Provence unterschied. Eine Reihe von Abbildungen hierzu dient der Veranschaulichung. Einem anderen kunsthistorischen Gebiet, dem der Ikonographie, wendet sich Julian
GARDNER zu, der, ausgehend vom Thema des sitzenden Monarchen, als Ausdrucksformen
nicht nur Skulpturen (namentlich das Meisterwerk des Arnolfo di Cambio) und Münzpor-
traits, sondern auch Heraldik und Grabmale der angevinischen Zeit untersucht. Doch nicht
allein mittels der Kunst wirkte die angevinische Dynastie in die Öffentlichkeit hinein, sie tat
es vielmehr auch nachhaltig durch die Predigten ihrer Kleriker, wie Jean-Paul BOYER aufzeigt. Besonders wendet sich der Autor dabei dem Werk des Bartolomeo von Capua zu, der
in gelehrten, an Thomas von Aquin geschulten Predigten unter König Robert in dessen
Sinne eine Theologie der königlichen Herrschaft propagierte. Mit dem Verhältnis von Literatur und angevinischer Dynastie beschäftigt sich Alessandro BARBERO, wobei er heraus-
stellt, daß sich Karl von Anjou in der Provence eher provenzalischen, in Neapel hingegen
mehr französischen Dichtern zuwandte, König Roberts Interessen aber dann der lateinischen Literatur galten. Des letzteren Hof als kulturelles Milieu ist danach Thema des Beitrags von Isabelle HEULLANT-DONAT, die dessen maßgebliche Rolle als Mäzen kritisch
beleuchtet, das Fehlen einer umfassenden prosopographischen Untersuchung feststellt und
in der Zerstreuung von Roberts Bibliothek im Jahre 1348 ein einschneidendes Ereignis für
die Kultur der Zeit sieht. Pierre Cabassole, in dieser Zeit Kanzler des Königreichs, verfaßte
den *Libellus hystorialis Marie beatissime Magdalene,* dessen Edition Victor SAXER vorbereitet; er liefert hier eine Beurteilung des Aussagwertes dieses Büchleins und seiner Quellen.

Auch in der Geschichte des benediktinischen Mönchtums im Mezzogiorno unter den
Anjou zeigt sich der Grad der Integration der neuen Dynastie in das Köngreich, wie Giovanni VITOLO dies in seinem Beitrag herausarbeitet. Demnach interessierten sich Karl II. und
seine Nachfolger wesentlich mehr für die Belange der monastischen Welt als noch Karl I., was
zu einer engeren Verbindung der königlichen Familie mit derselben führte. Interessant ist in
diesem Zusammenhang ebenfalls das Verhältnis der Anjou zu den vom Papst in ihrem Herr-
schaftsbereich geförderten Dominikanern, dem sich Jacques PAUL zuwendet. Auf der Basis
der Akten der Provinzialkapitel zeigt er auf, daß das Prinzip der Nichteinmischung in weltliche Angelegenheiten keineswegs eingehalten wurde. Roberto PACIOCCO beschäftigt sich
dann mit der Armutsdiskussion im Franziskanerorden in Neapel zur Zeit Karls II. und
Roberts von Anjou, unter dem sich eine Art von Hof-Franziskanertum herausbildete. Diesen Beiträgen zu den Orden folgt eine Untersuchung von Joseph SHATZMILLER über die
Juden im Anjou, in Neapel und der Provence, wobei ihm für letzteres Gebiet im Gegensatz
zum ersteren eine Fülle von Quellenmaterial zur Verfügung stand. In der Provence konnten

sich die Juden vor 1348 sicher fühlen, wie der Autor anhand ihrer zivilrechtlichen Aktivitäten zeigt. Einer ganz anderen Thematik wendet sich der Artikel von Gábor KLANICZAY, Tamás SAJÓ und Béla ZSOLT SZAKÁCS zu: er berichtet über die CD-ROM-Edition des in der Biblioteca Apostolica Vaticana aufbewahrten *Leggendario Ungherese Angioino*. Der bekannte provenzalische Historiker Noël COULET behandelt in seinem Beitrag die Stadt Aix als Hauptstadt der angevinischen Provence, ausgehend von der katalanischen Herrschaft ab dem Ende des 12. Jhs., bis hin zur zweiten Hälfte des 14. Jhs. unter dem Hause Anjou. Wesentliche Faktoren für die Entwicklung der Stadt waren die in angevinischer Zeit vorgenommene Zentralisierung der Verwaltung (Chambre des Comptes, königliches Archiv) und ihre Funktion als königliche Nekropole. Neapel avancierte hingegen deshalb zum Hauptort des süditalienischen Königreiches, weil Karl I. von Anjou hier unverzüglich die Anerkennung seiner Herrschaft durch die führenden Schichten gefunden hatte. Dies legt Giuseppe GALASSO dar, der dabei auch die komplexe soziale Struktur Neapels im 13. Jh. analysiert.

Maßgebliche Neuerungen brachte die angevinische Herrschaft im Hinblick auf die königliche Kanzlei, für die Andreas KIESEWETTER in seinem umfassend dokumentierten Aufsatz einen großen Zuwachs an Schriftstücken konstatiert. Die Italianisierung dieser Institution vollzog sich unter der Regierung Karls II. vor allem mit dem Bedeutungsverlust des Kanzlers, dessen Aufgaben vom Protonotar übernommen wurden; ein dokumentarischer Anhang belegt die Bedeutung des Französischen als Kanzleisprache noch bis um 1300. In seinem Beitrag über das Archivio della Regia Zecca geht Stefano PALMIERI auf dessen Geschichte und den Verlust an Dokumenten aus der angevinischen Kanzlei im Laufe der Geschichte ein, bis zur völligen Zerstörung durch die Vorfälle des 30. September 1943, und beschreibt dann den seit 1944 auf die Initiative von Riccardo Filangieri hin beschrittenen Weg der Rekonstruktion. Der Beitrag von Anna Maria VOCI ist der Hofkapelle der ersten angevinischen Herrscher und ihren Mitgliedern gewidmet, die neben ihren geistlichen Aufgaben auch solche in der Kanzlei, als Bibliothekare oder diplomatischer Natur wahrnahmen. Michel HÉBERT betrachtet in einer vergleichenden Perspektive eine andere Institution unter den Anjou, die der Repräsentativversammlungen des Königreichs Neapel und der Grafschaft Provence. Während das Parlament in Neapel nach Karl II. keine Weiterentwicklung erfährt, wird die Ständeversammlung der Provence unter Königin Johanna I. ein wichtiger Pfeiler des Staatsaufbaus. Serena MORELLI liefert eine prosopographische Studie über die Verwaltungsspitzen des Königreichs Neapel, die Justitiare, zu Beginn der angevinischen Herrschaft, wobei sie deren Herkunft untersucht (Einheimische, Landfremde) und ihre Karriere beschreibt. Die Herrschaftsausübung interessiert auch Errico CUOZZO, der ihre Prinzipien ausgehend vom Hause Hauteville über die Staufer bis zu den ersten Anjou behandelt und dabei feststellt, daß die letzteren wieder auf die Vorgehensweise der ersteren zurückgriffen; also wurde von Karl I. eine »Restauration« der Feudalstrukturen vorgenommen. Der Beitrag von Giuliana VITALE befaßt sich am Beispiel einiger Familien mit dem neapolitanischen Adel der frühen Anjou-Zeit, der nicht nur die bürokratische Elite bildete, sondern auch als soziale Gruppe an der eigenen Herrschaftsausübung interessiert war; ein genealogischer Anhang ergänzt ihre Ausführungen. Dann geht Henri BRESC dem Erbe der Herrschaft und Verwaltung Friedrichs II. in Sizilien bei den Anjou nach, die sich trotz ihres militärischen Aufwandes und wegen des Widerstands der Einheimischen auf der Insel nicht festzusetzen verstanden, sondern die Sizilianische Vesper von 1282 gegen sich hervorriefen. Jean-Marie MARTIN untersucht die Fiskal- und Wirtschaftspolitik der Anjou zu Beginn ihrer Herrschaft im Königreich auf der Basis der bislang rekonstruierten und publizierten Register. Er weist eine Kontinuität zur normannisch-staufischen Herrschaft nicht nur im Bereich der Besteuerung nach, die sehr belastend war, sondern auch bei den verschiedenen »staatswirtschaftlichen« Unternehmungen des Königtums. Die Bilanz des Kolloquiums schließlich zieht der Beitrag von Charles M. DE LA RONCIÈRE, indem er die Inhalte der verschiedenen Vorträge treffend referiert und in eine Gesamtperspektive des erreichten Forschungsstandes einordnet.

Ein repräsentativer Querschnitt, so mag das Fazit des Rezensenten lauten, durch die mit der angevinischen Herrschaft im Mittelmeerraum zusammenhängenden Fragestellungen und Problemfelder wird in diesem Kolloquiumsband dargeboten, der der weiteren Forschung viele Impulse geben wird. Am Ende des Bandes findet sich ein nützliches Orts- und Personenregister. Den flexiblen Bucheinband ziert eine Abbildung der Statue des Begründers der angevinischen Macht in Italien, Karls I. von Anjou, von Arnolfo di Cambio.

Christof OHNESORGE, Kirchhain

Andreas KIESEWETTER, Die Anfänge der Regierung König Karls II. von Anjou (1278–1295). Das Königreich Neapel, die Grafschaft Provence und der Mittelmeerraum zum Ausgang des 13. Jahrhunderts, Husum (Matthiesen Verlag) 1999, 650 p. (Historische Studien, 451).

L'Italie méridionale, champ de recherche attractif, a aussi ses parents pauvres. Le destin tragique des archives royales napolitaines, disparues pendant la Seconde Guerre mondiale, a ainsi rendu l'étude des premières années de la domination angevine particulièrement difficile. La redécouverte et l'exploitation du fonds Eduard Sthamer par Reinhard Elze et Arnold Esch, en 1993, a modifié de façon déterminante la situation en ce qui concerne les règnes de Charles Iᵉʳ et Charles II d'Anjou. Cet heureux événement justifierait à lui seul une nouvelle étude sur les différents aspects du règne des premiers Angevins. Dans le cas du second d'entre eux, Charles II, l'absence d'une synthèse d'envergure sur une figure méconnue et affrontée pendant tout son règne à une situation politico-diplomatique mouvante, rend particulièrement bienvenue l'entreprise d'A. Kiesewetter. Comme il l'explique dans l'introduction d'un ouvrage à l'ampleur impressionnante (chap. 1), la division du règne en deux périodes diversement étudiées, a conduit l'auteur à privilégier les premières phases de l'activité politique du souverain napolitain, de ses débuts en Provence, en 1278, sous l'autorité de son père, mort en 1285, à l'année 1295, étape décisive, avec le traité d'Anagni, dans le retour à la paix face à la Sicile rebelle.

L'étude d'A. Kiesewetter, sans négliger les aspects culturels et sociaux, a pour problématique centrale la remise en contexte de l'activité politique, militaire et diplomatique du jeune Charles II dans l'environnement méditerranéen des domaines angevins. La dispersion des possessions qui formèrent l'»empire angevin«, des apanages du Maine et de l'Anjou au royaume de Sicile et à la Morée franque, en passant par la Provence comtale; l'extension plus grande encore de ses zones d'intérêt diplomatique (Piémont et Italie centrale, Hongrie, orient latin…), impliquent en effet une étude d'ensemble de l'activité politique de Charles II qui tienne compte de ces différents terrains d'action, généralement inextricablement liés dans la longue crise diplomatico-militaire que fut le début de son règne, autour de la question sicilienne. C'est donc un véritable tour de force d'histoire politique, la réunion de domaines d'études d'ordinaire dissociés, qu'accomplit l'auteur.

Dans la première moitié du volume (p. 16–277), A. Kiesewetter retrace la jeunesse, les débuts politiques et les premières années du règne personnel de Charles II en suivant l'ordre chronologique. On peut diviser cet ensemble en trois parties. La première, de coloration provençale, examine à travers six chapitres successifs les fondements de la domination angevine en Provence (2); la jeunesse provençale de Charles II (3), marquée par la conquête de la Sicile par son père; ses premières activités politiques, en tant que prince de Salerne (1271–1272) et lieutenant général du royaume (4 et 5); son gouvernement en Provence entre 1278 et 1282 (6). Le jeune prince s'affirme dans ses fonctions politiques en jouant un rôle effectif lors des voyages de son père; à la fin de la période, il a un rôle de premier plan dans les négociations franco-castillanes où il est largement instrumentalisé par les deux parties.

C'est avec l'ensemble formé par les six chapitres suivants (7–12) que bascule cependant le destin du prince héritier et roi (à partir de 1285) de Naples. La révolte des Vêpres siciliennes, en 1282 (7), place la dynastie angevine dans une situation dramatique; tandis que son père s'efforce de trouver des ressources militaires et financières en Provence et en France, Charles assume la défense et le gouvernement du royaume de Naples. Cette première phase d'un gouvernement véritablement autonome, marquée par l'effort de réforme des *Capitula* de San Martino et la mise en défense du royaume face à l'envahisseur aragonais (8–10), se termine par le désastre naval de Naples où le prince hériter est fait prisonnier en 1284. Quatre années de captivité, en Sicile puis en Aragon, altèrent profondément le caractère de Charles II, roi en 1285 (11).

Le treizième chapitre, occupant à lui seul cent pages (200–297) et formant la troisième partie de ce premier ensemble, analyse en profondeur l'intense activité diplomatique qui, commençant avec la capture du prince, se poursuit de la libération de Charles jusqu'au traité d'Anagni de 1295, avec pour étapes principales les traités de Brignoles-Tarascon et de la Jonquière. C'est sans doute la partie la plus spectaculaire de l'étude; il n'est pas possible de résumer ici les innombrables rebondissements liés aux décès des souverains aragonais, des papes, mais aussi aux retournements de la diplomatie capétienne ou de la politique castillane. Dans l'écheveau de ces négociations où les enjeux sont territoriaux, féodaux, militaires et dynastiques, Charles II apparaît comme un meilleur diplomate que capitaine. Retors, voire franchement malhonnête (épisode du col de Panissar), en dépit d'insuccès militaires flagrants (échec de Gaète en 1289, occupation continue de la Calabre par les Aragono-Siciliens), Charles II joue des rivalités entre membres de la Curie ou de la dynastie aragonaise, des tensions entre l'Aragon et ses voisins pour parvenir à un accord qui préserve l'intégrité du royaume de Sicile. En 1295, ce but peut sembler atteint, avec l'abandon par le souverain aragonais de son frère Frédéric et de ses sujets siciliens. Les développements ultérieurs rendront ces espoirs caduques.

La seconde moitié du volume complète ce parcours en examinant séparément différents dossiers en rapport avec la politique extérieure du royaume (relation avec la papauté, activité politique dans la principauté d'Achaïe et en orient, en Hongrie, et dans le royaume d'Arles, chap. 14–17, p. 298–398) et la gestion de ses deux pièces centrales, le *regnum* sud-italien et la Provence (politique intérieure et administration du royaume de Naples; politique intérieure et administration dans le comté de Provence, économie et finances; église, minorités religieuses et culture, chap. 18–21). Si la véritable mainmise sur la papauté sous le très controversé Céléstin V est bien connue, on relèvera le soin particulier, en rapport avec les travaux précédents de l'auteur, apporté à l'étude des relations angevines avec l'orient et particulièrement la Morée, où la politique de délégation de Charles II fluctue au gré des conflits locaux. Le tableau d'ensemble dessiné pour la situation dans le royaume, et, avec des modalités parfois différentes pour la Provence, est celui d'un Etat aux abois, où le pouvoir central, tentant de se concilier les différents acteurs locaux tout en augmentant ses ressources financières, se trouve rapidement acculé à la fuite en avant. Si Charles II fait preuve d'un sens politique certain en rompant avec l'attitude politique de son père, en italianisant le recrutement des cadres administratifs et en pratiquant une politique de réconciliation, il met en place le processus de désintégration de l'Etat qui donnera tous ses effets au XIVe siècle en accroissant l'autonomie de la noblesse. La mutation vers un Etat d'ordres, dans lequel la noblesse tiendra une place déterminante, mais où les villes continuent à avoir voix au chapitre, s'opère. Surtout, les difficultés financières relevées en première partie sont analysées en profondeur. En pratiquant une politique à court terme, Charles II devient très rapidement, en dépit du soutien papal, l'otage des banquiers lucquois ou florentins. La crise permanente des premières années du règne hypothèque durablement l'autonomie économique du royaume napolitain. Dans ce contexte de crise, l'absence de grands projets culturels peut s'interpréter autant comme la conséquence logique des difficultés structurelles que comme celle du désintérêt du roi: seule l'université de Naples, avec ses juristes, bénéficie d'un rayonnement international. Enfin, la politique religieuse d'un souverain dont les contemporains brocardèrent volontiers la bigoterie s'interprète aussi à la lumière de ces embarras, témoin de la politique opportuniste envers les communautés musulmanes (à Lucera) et juives (dans le *regno* et en Provence), fondamentalement orientée par des préoccupations financières. En conclusion (chap. 22, précédant de très riches annexes, qui comprennent notamment l'édition des quarante-sept *Capitula* promulgués à San Martino par le prince dans l'assemblée de 1283, et de statuts provençaux promulgués par le sénéchal Jean Scot en 1288), A. Kiesewetter dresse un bilan sans concessions de la personnalité du roi et de son règne. Le roi, médiocre militaire, bon diplomate, mais sans génie, personnalité religieuse étriquée, à la différence de son oncle et de son fils Louis, a mené une politique souvent louvoyante. Toutefois, ses nombreux insuccès procèdent d'un élément fondateur, la révolte des Vêpres siciliennes, qui plaçait le royaume dans une situation militaire, diplomatique et financière catastrophique avant même son accession au trône. C'est à cet héritage que Charles II »le boiteux« a dû s'affronter. Charles II, un »Homo incognitus«, s'interroge l'auteur en conclusion. Le présent volume a plus que partiellement levé cette interrogation.

Benoît GRÉVIN, Nanterre

Johann SCHMUCK, Ludwig der Bayer und die Reichsstadt Regensburg. Der Kampf um die Stadtherrschaft im späten Mittelalter, Regensburg (Universitätsverlag Regensburg) 1997, 424 p. (Regensburger Studien und Quellen zur Kulturgeschichte, 4).

Les études ne manquent pas sur l'histoire de Ratisbonne au Moyen Age, un des centres culturels, politiques et économiques majeurs de l'Allemagne du Sud du XIe au XIVe siècle. Entre autres ouvrages importants, il est permis de citer le recueil de contributions et le catalogue »Regensburg im Mittelalter« parus en 1995 sous la direction de Martin Angerer et Heinrich Wanderwitz. Cependant, il restait un chapitre à écrire sur les raisons exactes du déclin politique et économique que connut la ville à la fin du Moyen Age. Traditionnellement on attribuait à deux facteurs l'explication d'une telle décadence: les luttes que se livraient l'évêque et le roi pour la souveraineté politique en ville depuis la disparition des burgraves de Ratisbonne à la fin du XIIe siècle et d'autre part la tenace concurrence des centres économiques émergents que furent Nuremberg, Augsbourg et Vienne pour le contrôle des échanges terrestres et fluviaux le long du grand couloir danubien. Sans nier l'importance de ces raisons, l'auteur du présent ouvrage propose du recul urbain une interprétation plus fournie et plus complète en examinant les répercussions des luttes politiques intérieures sur l'automonie de la cité et en analysant les fluctuations de la vie économique à la lumière des intérêts convergents ou divergents de la ville et du roi. Une telle interprétation a également le mérite de mieux situer chronologiquement, sous le règne du duc de Bavière et roi des Romains Louis le Bavarois (1283–1347), un souverain volontiers baptisé ami des villes, le moment à partir duquel la marge de manœuvre politique de la cité s'amoindrit et où se rétrécit l'horizon des échanges économiques.

La première partie de l'étude de Johann Schmuck met classiquement en place les cadres politiques et territoriaux et en dégage avec précision les spécificités. Depuis la concession de 1245 par Frédéric II, la ville jouit de privilèges nombreux et étendus (libre choix de désigner les bourgmestres et le Conseil) qui l'assimilent à une ville libre d'Empire. Ratisbonne demeure toutefois régionalement isolée par son statut en comparaison de la bien plus grande densité de villes libres et de villes d'Empire que l'on peut rencontrer en Franconie et en Souabe. Elle ne pouvait ainsi pas compter sur des formes de solidarité de proximité qui existaient ailleurs dans le cadre de ligues urbaines actives. En outre, la ville devait compter avec les politiques concurrentes des trois dynasties »royales« qui se disputaient au XIVe siècle cet espace territorial: les Wittelsbach, les Luxembourg et les Habsbourg. Louis le Bavarois dut en effet contrer un anti-roi habsbourgeois jusqu'en 1322 et un second, un Luxembourg cette fois, à partir de 1346. À côté ou peut-être en raison de sa position stratégique et de son environnement territorial potentiellement instable, la ville connut depuis 1281 une succession de troubles politiques intérieurs qui rendirent presque impossible au Conseil de ville de tenir la balance égale entre l'autonomie désirée, les prétentions de l'évêque et celles du roi, surtout à partir du moment où Louis le Bavarois, duc de Bavière depuis 1294 contrôlant tout le plat-pays environnant Ratisbonne, devient roi des Romains en 1314 et empereur en 1328.

Comme dans d'autres cités, le souverain tenta de pousser son avantage en prenant sélectivement appui sur des lignages puissants du Conseil, les Auer en tout premier lieu. Cette alliance fut renforcée par une étroite collaboration avec les monétaires de la famille des Gumprecht, une évocation qui permet de restituer à juste titre toute l'importance de la politique fiscale dans les rapports entre le duc-roi et la ville. L'auteur montre bien dans le détail que l'alliance avec les Auer, dont la domination politique culmine entre 1330 et 1334, loin de se révéler un facteur de stabilité intérieure, a compromis le fragile équilibre des institutions urbaines et provoqué l'entrée en jeu des artisans et des métiers jusqu'alors demeurés un peu à l'écart des combinaisons politiques internes au Conseil. On voit ainsi que les Auer et les Gumprecht, avec l'appui plus ou moins déclaré du duc-roi dont ils sont en même temps dépendants, ont usé des différents moyens à leur disposition pour asseoir leur influence entre appui royal et »constitution« urbaine: fondations et curatèles caritatives, surveillance et douanes du Danube, acquisitions immobilières dans le territoire environnant, accumulation de rentes et d'offices. Un sort légitime et particulier est réservé à l'étude des contrats de service et d'engagement *(Dienstverträge)* qui liaient les Auer au roi. Tout cela pourtant n'a pas permis aux Auer de résister à une révolte qui les chassa du pouvoir en 1334, un retrait qui toutefois ne parvint pas à rétablir le calme et la paix en ville. L'auteur interprète cet événement comme le début de l'accélération du déclin de Ratisbonne, une version que l'on pourrait cependant nuancer en introduisant plus fortement, à ce moment de l'étude et non point plus tard (p. 291–335), le poids des facteurs proprement extérieurs, en particulier l'évolution des rapports de force territoriaux dans le Sud de l'Allemagne au cours de la seconde moitié du règne de Louis le Bavarois et d'autre part les changements intervenus dans la répartition du commerce danubien et la montée de la place financière nurembergeoise, le raccordement de celle-ci aux foires de Francfort ainsi que l'importance accrue d'un trafic transalpin privilégiant la Souabe. Ces thèmes sont certes abordés (p. 215–218) mais souvent ramenés aux choix des Auer et donc aux effets d'une politique lignagère interne au Conseil de ville, alors que l'on pouvait attendre plus encore que la simple mention de Prague ou de Vienne dans ce contexte socio-économique. Il s'agit cependant seulement d'un choix de présentation, car l'auteur reprend plus loin cette problématique en décidant de l'intégrer dans un chapitre consacré à l'analyse des forces politiques et économiques régionales.

Quoi qu'il en soit, c'est un grand mérite de l'ouvrage que de pouvoir exposer avec clarté la politique subtile, en apparence contradictoire mais logiquement cohérente, menée par Louis le Bavarois vis-à-vis de Ratisbonne en tant que duc de Bavière et roi-empereur tout ensemble. Les clés de lecture retenues par l'auteur pour en juger vont de l'analyse traditionnelle des concessions de privilèges en faveur de la ville ou bien des relations financières entre la royauté et les élites de la bourgeoisie, en passant par l'étude des séjours et des entrées du roi, jusqu'à l'attitude de ce dernier envers la communauté juive de la ville. Sur tous ces points, hormis sur la question de la guerre et de la paix et des réconciliations, on regrettera seulement le faible intérêt montré par l'auteur envers les modalités rituelles que purent prendre les rapports entre le duc-roi et sa ville, leur évolution et leur différenciation selon que le seigneur agissait ici en tant que duc ou en tant que roi et empereur. De même, on ne trouve pas de longs développements sur la manière dont la ville a construit et entretenu un système de communication et d'échanges de nouvelles, voire de relations extérieures suivies (il y eut bien des ambassades urbaines au loin), avec les différents protagonistes: il y allait là aussi une forme importante de manifestation d'autonomie, de présence diplomatique et de gestion de l'information qui deviennent des facteurs importants de l'influence et de la renommée d'une ville au XIVe siècle.

En revanche, le tour d'horizon des alliés ou des ennemis potentiels tant de la ville que du duc-roi dans la région est conduit avec le souci de croiser politique royale, politique dynastique, politique princière et politique urbaine à l'échelle régionale et de mener ainsi en profondeur une étude des forces en présence en contournant l'écueil du déterminisme politique ou économique des différentes »crises« du XIVe siècle. En dépit de son déclin économique et de la complexité des rapports de force territoriaux, Ratisbonne n'a pas été médiatisée et continuait ainsi de préserver ses chances de retrouver un rôle à l'échelle de l'Empire, chose faite avec les nombreuses diètes qui s'y tinrent à l'époque moderne.

Pierre MONNET, Mission Historique Française en Allemagne, Göttingen

Michel PAULY (éd.), Johann der Blinde. Graf von Luxemburg, König von Böhmen 1296–1346. Tagungsband der 9es Journées Lotharingiennes 22.–26. Oktober 1996, Centre Universitaire de Luxembourg, Luxembourg (Imprimerie Rapidpress) 1997, in-8°, 632 p. (Publications de la Section historique de l'Institut grand-ducal, 115; Publications du CLUDEM, 14).

Depuis la parution en 1947 du livre de Raymond Cazelles (Jean l'Aveugle, comte de Luxembourg, roi de Bohême), le règne de Jean l'Aveugle n'a plus été étudié dans son ensemble. Il faut attendre 1994 pour qu'apparaisse une nouvelle biographie scientifique écrite à Prague en tchèque par Jiří Spěváček, intitulée ›Jan Lucemburský. A Jeho Doba 1296–1346‹. Elle est suivie deux ans plus tard à Bruxelles par le livre de Michel Margue, Un itinéraire européen. Jean l'Aveugle, comte de Luxembourg et roi de Bohême (1296–1346). C'est dans cette perspective du renouvellement des recherches sur le règne de Jean l'Aveugle qu'il faut situer l'ouvrage collectif ›Johann der Blinde. Graf von Luxemburg, König von Böhmen 1296–1346‹. Édité sous la direction de Michel Pauly, ce volumineux livre de 640 pages contient les actes d'un congrès, les 9es Journées lotharingiennes, qui s'est déroulé à Luxembourg en 1996 à l'occasion du 700e anniversaire de la naissance et du 650e anniversaire de la mort de Jean l'Aveugle. Il comprend 27 articles qui peuvent être regroupés selon six thèmes: (1) la perception de Jean l'Aveugle à travers les sources écrites, (2) la Cour et le train de vie du roi de Bohême, (3) son action politique en tant que prince d'Empire, (4) sa politique urbaine, (5) des rapports avec les souverains étrangers, (6) ses relations familiales et sa politique matrimoniale.

La perception du règne et de la personnalité de Jean l'Aveugle dans les chroniques médiévales est abondamment étudiée dans les articles suivants: »Johann der Blinde in der deutschen und böhmischen Chronistik seiner Zeit« de Peter HILSCH (p. 21–35), »Johann der Blinde in der italienischen und französischen Chronistik seiner Zeit« d'Ernst VOLTMER (p. 37–81) et »John the Blind: The English Narrative Sources« de Geoffrey H. MARTIN (p. 83 92). Quant à Ferdinand SEIBT (»Johann von Luxemburg in der Historiographie«, p. 9–20), il s'intéresse à la vision du règne de Jean l'Aveugle dans les ouvrages de quelques historiens des XIXe et XXe siècles, principalement tchèques et allemands.

Dans les articles »Über den Hof Johanns von Luxemburg und Böhmen« (p. 93–120) de Peter MORAW et »Verwaltungsgeschichtliche Bemerkungen zum Itinerar Johanns von Luxemburg« (p. 121–134) d'Ivan HLAVÁČEK, sont abordés l'organisation et la composition de la Cour de Jean l'Aveugle ainsi que ses différents lieux de séjour. On apprend par exemple, qu'après Prague, le souverain a le plus souvent vécu à Luxembourg, Brno, Arlon et Paris.

Les articles suivants ont pour thème général les activités de Jean l'Aveugle, prince d'Empire. Ainsi Ernst SCHUBERT étudie de manière approfondie dans »Die deutsche Königswahl zur Zeit Johanns von Böhmen« (p. 135–166) les relations complexes du souverain avec le pouvoir impérial. Fils et père d'empereurs, Jean l'Aveugle n'a jamais lui-même accédé à la fonction impériale et ses rapports avec l'empereur Louis IV de Bavière ont été mouvementés. Dans »Johann der Blinde als Graf von Luxemburg« (p. 169–196), Winfried REICHERT étudie les principaux aspects de la politique de Jean l'Aveugle dans le comté de Luxembourg: extentions territoriales, concession de privilèges aux villes, développement de l'administration comtale, etc. Dans »Memoria et fundatio. Religiöse Aspekte des Herrschaftsverständnisses eines Landesherrn in der ersten Hälfte des 14. Jahrhunderts« (p. 197–217), Michel MARGUE aborde la politique menée par Jean l'Aveugle à l'égard des institutions ecclésiastiques de ses possessions, en particulier celles liées traditionnellement aux comtes de Luxembourg et aux rois de Bohême.

La politique de Jean l'Aveugle à l'égard des villes fait l'objet de trois articles correspondant chacun aux différentes possessions du souverain. Les villes luxembourgeoises sont étudiées par Michel PAULY dans »Pour ladicte ville faire mouteplier«. Die Städte und Handelspolitik Johanns des Blinden in der Grafschaft Luxemburg« (p. 219–254), les villes tchèques par Josef ZEMLICKA »Die Städtepolitik Johanns von Luxemburg im Königreich Böhmen« (p. 255–262) et les villes de Haute Lusace par Reinhardt BUTZ dans »König Johann von Böhmen und die Städte in der Oberlausitz« (p. 263–279).

Régnant sur un ensemble territorial situé à l'ouest et au centre de l'Europe, Jean l'Aveugle mène une politique étrangère active, dont plusieurs aspects sont traités dans une série d'articles. Les relations conflictuelles du roi de Bohême avec la Pologne sont bien synthétisées par Wojciech FALKOWSKI dans »La politique de Jean de Luxembourg vis-à-vis de la Pologne« (p. 281–290). Friedhelm BURGARD et Winfried REICHERT étudient dans »Erzbischof Balduin von Trier und König Johann von Böhmen« (p. 291–306) les rapports complexes de Jean l'Aveugle avec son oncle l'archevêque Baudouin de Trèves qui d'une part l'aide à assurer son pouvoir en Bohême, d'autre part s'oppose à lui à propos de questions litigieuses entre le Luxembourg et Trèves. Les relations du roi de Bohême avec les Wittelsbach, en particulier Louis IV, ne sont pas moins difficiles. Elles font l'objet d'un long article de Michael MENZEL intitulé »König Johann von Böhmen und die Wittelsbacher« (p. 307–342). Si les relations de Jean l'Aveugle avec ses voisins ne sont pas toujours faciles, elles sont en revanche cordiales avec la Cour de France, comme l'explique Philippe CONTAMINE dans »Politique, culture et sentiment dans l'Occident de la fin du Moyen Âge« (p. 343–361). La politique d'intervention de Jean l'Aveugle dans les affaires italiennes est traitée par Reinhard HÄRTEL dans »Die Italienpolitik König Johanns von Böhmen« (p. 363–382), tandis que ses rapports avec la papauté font l'objet d'un long article de Franz J. FELTEN, »Johann der Blinde und das Papsttum« (p. 383–417).

Les relations de Jean l'Aveugle avec sa famille constituent un autre thème du livre édité par Michel Pauly qui suit logiquement les articles consacrés à la politique extérieure. Durant sa vie, le roi de Bohême a entretenu des rapports parfois tendus avec ses parents, l'empereur Henri VII de Luxembourg et son épouse Marguerite de Brabant, et avec son fils, le futur empereur Charles IV. Ces rapports sont très bien étudiés dans les deux articles de Kurt-Ulrich JÄSCHKE (»Trennungen. Über das Verhältnis König Johanns von Böhmen zu seinen Eltern: Römerkönigin Margarete und Römerkaiser Heinrich VII.«, p. 419–444) et de Heinz THOMAS (»Vater und Sohn. König Johann und Karl IV.«, p. 445–482). L'article suivant, de Dieter VELDTRUP (»Ehen aus Staatsräson. Die Familien- und Heiratspolitik Johanns von Böhmen«, p. 483–543), est consacré à la politique matrimoniale de Jean l'Aveugle, domaine dans lequel l'action de ce dernier a été la plus remarquable. Dieter Veldtrup passe en revue, avec tableau à l'appui, les différents mariages et projets de mariage organisés par le roi de Bohême. Son article est si long qu'il est complété en finale par un résumé (p. 540–543).

Les trois derniers articles du livre traitent de sujets différents. La maladie des yeux dont souffrait Jean l'Aveugle est étudiée d'un point de vue médical par le médecin Liliane BELL-

WALD (»Das Augenleiden Johanns des Blinden aus medizinischer und medizinhistorischer Sicht«, p. 545–566). La participation des Luxembourgeois à la bataille de Crécy où le roi de Bohême a trouvé la mort fait l'objet de l'article d'Alain ATTEN (»Die Luxemburger in der Schlacht von Crécy«, p. 567–596), avec les itinéraires des différents protagonistes, un plan de la bataille et deux listes des nobles luxembourgeois ayant pris part au combat. Enfin Jacques MAAS étudie la place occupée par Jean l'Aveugle dans le sentiment national luxembourgeois aux XIXᵉ et XXᵉ siècles (»Johann der Blinde, emblematische Heldengestalt des luxemburgischen Nationalbewußtseins im 19. und 20. Jahrhundert«, p. 597–622).

Le livre édité par Michel Pauly fournit un tableau impressionnnant et fouillé du règne de Jean l'Aveugle. Il est complété dans plusieurs articles de cartes et d'arbres généalogiques très utiles pour le lecteur. On regrettera toutefois que certains thèmes ou aspects du règne n'aient pas été abordés, comme par exemple une biographie générale de Jean l'Aveugle, une étude de ses relations avec les Habsbourg. Son règne en Bohême devait être présenté par Jiří Spěváček, le grand spécialiste tchèque de Jean l'Aveugle. Malheureusement, ce dernier est décédé avant le déroulement du colloque. Sur le plan des détails, on peut aussi déplorer qu'à une époque où un éditeur dispose de moyens techniques adaptés la couverture de l'ouvrage soit aussi peu réussie d'un point de vue esthétique. Ces quelques remarques ne diminuent pas pour autant la valeur de ce livre qui renouvelle indiscutablement les recherches des historiens sur le fondateur de la puissance du Luxembourg au XIVᵉ siècle.

Stéphane MUND, Bruxelles

Clémence THÉVENAZ, Écrire pour gérer. Les comptes de la commune de Villeneuve autour de 1300, Lausanne (Université de Lausanne, Section d'histoire) 1999, 422 S., 4 Abb. (Cahiers lausannois d'histoire médiévale, 24).

Villeneuve am Genfer See war einst ein wichtiger Verkehrsknotenpunkt für alle Waren, die von Italien über den Großen oder Kleinen St. Bernhard nach Mitteleuropa transportiert wurden. Die Stadt gehörte zur Grafschaft Savoyen. Mutmaßlich wegen seiner frühen Bedeutung für den Handel und Verkehr und des dadurch bedingten wirtschaftlichen Aufschwungs und der Blütezeit der Stadt im 13. Jh. hat die Stadtverwaltung früh begonnen, die Ausgaben und Einnahmen schriftlich festzuhalten. Die ersten erhaltenen Rechnungen stammen aus den Jahren 1283–1293 und dann wieder aus den Jahren 1311–1316 und 1321–1323. Die Beträge wurden auf Pergamentblätter geschrieben, die wohl erst im nachhinein zusammengenäht und in Form von Rotuli aufbewahrt wurden. Die Abbildung auf S. 184 gibt einen Eindruck von den Rollen. Die Rechnungen gehören zu den frühesten Stadtrechnungen überhaupt, soweit solche erhalten geblieben sind. Schon allein deshalb ist ihre Bedeutung für die Stadtgeschichtsforschung hoch einzuschätzen. Hinzu kommen aber auch die Erkenntnisse, die sich aus der Interpretation der Rechnungen gewinnen lassen und die Vfin. eingehend und sorgfältig ausgebreitet hat.

Nachdem sich Vfin. der Verwaltung zugewandt hat, widmet sie sich den Einnahmen. Die meisten Einkünfte erzielte die Stadt durch eine Steuer, die sie von ihren Bürgern und Einwohnern erhob. Sie machte oft mehr als die Hälfte aus, konnte zu gewissen Jahren aber auch ausfallen. Die Steuer bildete also den Puffer zum Ausgleich für unvorhergesehene Ausgaben oder für Einnahmeausfälle. Insbesondere aber bezog die Stadt ihre Einkünfte aus indirekten Steuern aus dem Verkehr und dem Handel. Es mußte die Stadt daher besonders treffen, als die Handelswege sich verlagerten und nicht mehr über Villeneuve geleitet werden konnten. Eine andere beliebte Form des Finanzausgleichs bildeten Anleihen, die aber für Villeneuve noch nicht oder nur ausnahmsweise ins Gewicht fielen. Das Bürgergeld war in seiner Höhe nicht fixiert, was auch als Ausnahme gelten kann, vielleicht auch als Zeichen für die Frühzeit, als sich die Verfassung und Verwaltung in den Städten noch nicht verfestigt hatten. Auf Einzelheiten kann im Rahmen der Rezension nicht eingegangen werden. Dafür ist auf das Buch selbst zu verweisen.

Wir wenden uns den Ausgaben zu. Sie setzten sich zusammen aus Gehältern für städtische Bedienstete, fixe Ausgaben der Verwaltung, Ausgaben für den Bau von Befestigungswerken oder öffentlichen Gebäuden, besonders Markthallen für den Handel, zum Bau von Schiffen und anderes. Besonders ins Gewicht fielen Abgaben an den Landesherrn, weniger Geschenke an den Grafen oder seine Beauftragten, sondern mehr für die Beteiligung an dessen Kriegszügen. Wenn eine solche Beteiligung gefordert wurde, konnte schon die Hälfte der Gesamtausgaben für derartige Zwecke erforderlich sein. Vfin. hat sicher recht, wenn sie darauf hinweist, daß diese Leistungen eine Budgetierung der städtischen Finanzen fast unmöglich machten. Die Verantwortlichen konnten sich zur Deckung der Ausgaben an die Bevölkerung wenden und eine Steuer erheben, da Anleihen seltener und in geringer Höhe aufgenommen wurden. Abgesehen von den großen Zusammenhängen, die sich so oder in analoger Form auch in anderen Städten, wenn auch mit zeitlicher Verzögerung feststellen lassen, geben die Rechnungen Einblicke in die Entstehung und Entwicklung der frühen städtischen Verwaltung zunächst von Villeneuve. Vfin. weist darauf hin, daß die Stadt ihr Personal verringerte und dadurch Ausgaben sparte. Sie kann eine Professionalisierung feststellen, indem für bestimmte Fragen Juristen zu Rate gezogen wurden, die teilweise als Syndici tätig waren. Interessant ist ihr Hinweis auf die Heilig-Geist-Bruderschaft, die in einer nicht mehr ganz zu rekonstruierenden Weise mit der Entwicklung der frühen Stadtverfassung zu tun hatte. Die herausgehobenen Punkte sind nur ein kleiner Teil der überaus interessanten Einführung in das Rechnungswesen der Stadt Villeneuve durch die Vfin.

Das Besondere an der Arbeit ist nun, daß der Leser jederzeit die Thesen überprüfen kann. Denn Vfin. publiziert die angeführten Rechnungen ohne Abstriche, es sei denn, daß der Zahn der Zeit einzelne Passagen unleserlich gemacht hat. Diese Rechnungen sind in Latein verfaßt. Ungewöhnliche oder schwer verständliche Wörter, teilweise Eigentümlichkeiten oder Neuschöpfungen der damaligen Stadtverwaltung, versucht Vfin. in einem Glossar zu erläutern. Es kann auch als Ersatz für ein Sachregister gelten. Ein Verzeichnis der Personennamen schlüsselt das Material weiter auf. Es folgt eine generalisierende Zusammenstellung der Einnahmen und Ausgaben in Tabellenform, was für einen ersten Uberblick überaus nützlich ist. Eine stärker komprimierte Zusammenfassung der Eingaben und Ausgaben finden sich jeweils am Schluß der entsprechenden Kapitel. Als Anhang druckt Vfin. zwei Urkunden des Grafen von Savoyen Amadeus III. von 1287 und 1288 zu Steuerfragen und eine Urkunde über den Kauf eines Bauplatzes für die Kornhalle von 1289 ab. Höchst interessant, besonders für den Zusammenhang zwischen Stadtverwaltung und Heilig-Geist-Bruderschaft, ist der Abdruck von Rechnungen der Bruderschaft von 1300–1307 und 1325–1326. Auch diese frühen Rechnungen können als eine Besonderheit gelten. Denn kaum eine Stadt dürfte Rechnungen einer Bruderschaft aus dem Beginn des 14. Jhs. aufzuweisen haben.

Insgesamt zeichnet sich die Ausgabe der Stadtrechnungen von Villeneuve durch eine informative und sorgfältige sowie anregende Einführung aus und bietet im Quellenteil mehr als nur Rechnungen. Die Ausgabe bereichert die Forschung nicht nur die zur Stadtgeschichte Villeneuve, sondern weit darüber hinaus, und wird sie zu neuen Fragestellungen anregen.

Klaus MILITZER, Köln

Alain Marchandisse, La fonction épiscopale à Liège aux XIIIe et XIVe siècles. Étude de politologie historique, Genève (Droz) 1998, 595 p., ill., cartes (Bibliothèque de la Faculté de Philosophie et Lettres de l'Université de Liège, 272).

Der Vf. schließt mit seiner Untersuchung an das 1981 erschienene fundamentale Werk von J.-L.Kupper, Liège et l'Église impériale, XIe–XIIe siècles an. Wie der Titel bereits zu erkennen gibt, stand in diesem Buch die Frage nach dem Verhältnis der Kirche von Lüttich und ihren einzelnen Repräsentanten zum Reich und den deutschen Königen und Kaisern im Vordergrund. Diese übergreifende Fragestellung hatte der Vf. aber auch dazu genutzt, ein umfassendes Bild von der Bedeutung des maasländischen Bistums mit seiner Vielfalt an kirchlichen Institutionen, seinem weitreichenden Einfluß im kulturell-geistigen Bereich, aber auch von dem weltlichen Herrschaftsanspruch seiner Bischöfe und von ihren Beziehungen zu Kaiser, Papst und Erzbischof in der Zeit zwischen der Blüte des sogenannten Reichskirchensystems im 10./11. Jh. und seinem endgültigen Zusammenbruch nach dem Tode Heinrichs VI. zu entwerfen. Er war zu dem Ergebnis gekommen, daß das dichte Geflecht vielfältiger Beziehungen zwischen Lüttich und dem Reich auch durch die tiefgreifenden Veränderungen des Investiturstreites nicht beeinträchtigt worden war. Erst als Folge des staufisch-welfischen Thronstreites ging dieser Einfluß verloren. Es begann der Aufbau einer mit dem Reich nur mehr lose verbundenen bischöflichen Territorialherrschaft, der künftigen Principauté de Liège.

An diesem Punkte, mit dem Pontifikat des Bischofs Hugo von Pierrepont (1200–1229), setzen die Untersuchungen des Vf. ein. Sie umfassen den Zeitraum von zwei Jahrhunderten, in dem nicht weniger als 14 Bischöfe die maasländische Metropole regierten, und enden nicht ohne Grund mit dem Tode Arnolds von Horn 1389, beginnt doch in diesem Jahre mit der Herrschaft des Elekten Johann von Bayern (1389–1418), der den Herzog von Burgund zu Hilfe rief, eine neue, burgundisch dominierte Phase der Lütticher Bistumsgeschichte.

Der Vf. hat vielleicht noch stärker als sein Vorbild Kupper eine institutionengeschichtliche Arbeit vorgelegt, die anhand einiger weniger, aber sehr konzentriert gestellter und systematisch untersuchter Fragen zentrale Aspekte der Lütticher Bischofsherrschaft erschließen will. Das Buch gliedert sich in drei Teile, die sich von verschiedenen Seiten her dem Thema Bischofsherrschaft nähern.

Im ersten Teil geht es um die Lütticher Bischofswahlen zwischen 1200 und 1389, die zwar in einzelnen Fallstudien der Reihe nach abgehandelt werden, dann aber doch auch wiederum durch alle gemeinsamen erkenntnisleitenden Fragestellungen miteinander verklammert werden. So leistet dieser erste Teil beides: einmal die Untersuchung des konkreten Einzelfalls, z.B. den Nachweis der Effizienz adliger Familienpolitik im Falle Adolfs II. von der Mark (1313–1344), der seinen Neffen Engelbert tatkräftig und zielbewußt förderte, bis er ihm schließlich durch päpstliche Ernennung vom 23. Februar 1345 auf dem Lütticher Bischofsstuhl folgte. Sodann läßt dieser Teil aber auch die strukturellen Entwicklungslinien bei den Lütticher Bischofswahlen sichtbar werden. Erkennbar wird beispielsweise, daß die Besetzung des maasländischen Bistums im 13./14. Jh. keine rein innerdiözesane Angelegenheit mehr war, sondern durch das politische Kräftespiel auf höherer Ebene entschieden wurde. Herausgearbeitet wird der zunehmende Einfluß des Papsttums bei den Lütticher Bischofswahlen, mit dem der Bedeutungsverlust des Domkapitels einherging. Dies führte wiederum zu Veränderungen beim Kandidatenprofil. Hatten die Kandidaten des Domkapitels (z.B. Hugo von Pierrepont) noch eine regionaltypische Karriere vorzuweisen, so kamen die von den Päpsten favorisierten Personen in der Regel von außen.

Im zweiten Teil der Arbeit geht es um eine Bestandsaufnahme der Grundlagen der bischöflichen Herrschaftsgewalt im landesherrlichen Sinne. Behandelt werden die wichtigsten Erwerbungen und Verluste im Zuge einer bewußt gewollten territorialen Konzentration, wobei vielleicht die endgültige Integration der Grafschaft Looz in das bischöfliche Territorium im Jahre 1361 als größte Einzelerwerbung hervorzuheben ist. Danach blieben die Grenzen des Fürstbistums bis zu seiner Aufhebung (1793/95) unverändert. Gefragt wird aber auch nach den wirtschaftlichen Grundlagen des Hochstifts, nach den Einnahmen und Ausgaben, nach der oftmals hohen Verschuldung der Lütticher Prälaten, die auch zu tun hatte mit der Sicherung der militärischen Ressourcen des Bistums. Adel und Städte hatten diese Sicherung in Form von Reitern und Fußkämpfern zu stellen, was aber nicht dauerhaft gewährt wurde, sondern jeweils aus besonderem Anlaß ausgehandelt werden mußte. Dies war wiederum auch eine Frage des persönlichen Formates des bischöflichen Landesherrn, ein Untersuchungsaspekt, dem ein eigenes Kapitel (Le charisme épiscopal) gewidmet ist. Den herausragenden Persönlichkeiten auf dem Stuhl des hl. Lambert (Hugo von Pierrepont, Adolf von der Mark, Heinrich von Geldern) gilt dabei ein besonderes Augenmerk.

In ausführlichen Studien beschäftigt sich der Vf. auch mit der Verwaltung des Hochstifts. Zum einen mit den Archidiakonaten, den traditionellen kirchlichen Verwaltungseinheiten auf mittlerer Ebene, deren Zahl sich bis zum Ende des 13. Jh. auf acht erhöhte und die von den Bischöfen oftmals dazu genutzt wurden, nachgeordnete Familienangehörige zu versorgen. Ihre Besetzung geriet im 14. Jh. zunehmend unter päpstlichen Einfluß. Behandelt werden aber auch die neu entstehenden Verwaltungsfunktionen am bischöflichen Hofe: das Amt des Generalvikars, in Lüttich erstmals unter dem Pontifikat Heinrichs von Geldern (1247–1274) nachweisbar, und des Weihbischofs oder das Offizialat, ein in Westeuropa ausgebildetes Rechtsinstitut, dessen Weg nach Lüttich (1214 erstmals bezeugt) und Köln (1252; vgl. W. Janssen, Das Eb. Köln im späten Ma. II, l, Köln 1995, S. 339) sich sehr schön verfolgen läßt. Im ganzen handelt es sich um vorwiegend personenbezogene Untersuchungen, da die institutionelle Verfestigung der Ämter in dem behandelten Zeitraum noch aussteht. Dies gilt auch für die den zweiten Teil abschließenden Kapitel über die Anfänge des bischöflichen Rates. Von Pontifikat zu Pontifikat vorschreitend, werden die engsten Berater des jeweiligen Diözesans ermittelt, diesen häufig verwandtschaftlich verbunden, was aber eine hervorragende theologische bzw. juristische Qualifikation nicht ausschloß.

Grundsätzliche Erwägungen und Überlegungen zum Inhalt der Bischofsgewalt, ihrer Begrenzung auch durch äußere Faktoren, der Rolle des Lütticher Bischofs in den kirchlichen und politischen Machtstrukturen der spätma. Zeit runden die Arbeit ab. Wertvolle Informationen zu den Lütticher Bischöfen bieten auch die ergänzenden Beilagen, Karten und Bildmaterialien.

Marchandisse hat mit seinem voluminösen Band, der allein über eine Bibliographie von über 100 Seiten verfügt, einen wesentlichen Beitrag zur Erforschung der Geschichte des hoch- und spätma. Bistums Lüttich geleistet. Gleichwohl bleibt noch vieles zu tun. Über die Städtepolitik der Lütticher Bischöfe, über ihre Beziehungen zu den konkurrierenden landesherrlichen Adelsgewalten, über das Verhältnis zu den geistlichen Institutionen der Diözese, allen voran dem Kathedralkapitel, wird nur wenig gesagt. Dies hat vielleicht auch mit dem Stand der Quelleneition im Lütticher Raum zu tun. Es gibt weder ein Urkundenbuch noch ein Regestenwerk zur Geschichte der Lütticher Bischöfe. Nur zu einzelnen Bischöfen liegen kritische Urkundeneditionen (Hugo von Pierrepont) bzw. Regesten (Johann von Eppes, Robert von Thourotte) vor. Es bleibt zu hoffen, daß nach diesem gelungenen Grundlagenband zur Lütticher Bistumsgeschichte auch die Editionsarbeit an den Quellen in dem behandelten Zeitraum vorankommt.

Wolfgang PETERS, Köln

William Chester JORDAN, The Great Famine: Northern Europe in the Early Fourteenth Century, Princeton (Princeton University Press) 1996, 317 S.

Nach einer langen Zeit günstigen Klimas erlebte Nordwesteuropa ab dem 2. Jahrzehnt des 14. Jhs. eine der schlechtesten Wetterperioden des ganzen Mittelalters. Nasse Sommer und extrem kalte Winter führten ab 1315 zu massiven Ernteausfällen, deren Folge Teuerung, Hungersnöte und Seuchen waren. Wenn die Katastrophe in besonders betroffenen Gebieten von 1315–1322 dauerte, so erreichte sie mit sieben Jahren geradezu biblische Ausmaße. War die Sterblichkeit während der Großen Pest in der Mitte des 14. Jhs. auch weit höher, so war diese doch in ihrer Dauer begrenzter. Die Hungersnot hingegen prägte die Menschen allein dadurch, daß sie nicht zu enden schien. Sie blieb als außergewöhnliches Ereignis in Erinnerung. Zahlreiche Chronisten berichten von ihr.

So ist denn auch Jordan bei weitem nicht der erste, der sich mit dieser Katastrophe beschäftigt. Neben den Werken von Karl Lamprecht und Fritz Curschmann, Henry Lucas und Ian Kershaw gibt es eine große Anzahl von Detailstudien, auf deren Fundament Jordan eine neue Synthese unternimmt. Er verarbeitet englisch-, französisch- und deutschsprachige Literatur in großem Umfang. Dabei wird aus vielen, vielen lokalen Details das Gesamtphänomen der Hungersnot rekonstruiert. Dies beginnt mit der Darstellung der demographischen Entwicklung und der Ernährungslage der Bevölkerung um 1300; dann werden die meteorologischen Besonderheiten der Hungerjahre beschrieben. Besonders betont wird, daß die Auswirkungen der schlechten Ernten in fast allen Teilen Europas durch Kriege weiter verschlimmert wurden.

Die Schilderung der Ernteausfälle von 1315 und der Viehseuchen des folgenden Jahres führt zu einer längeren Diskussion der Frage der Erträge in der mittelalterlichen Landwirtschaft, der eine ebensolche der Löhne und Preise folgt. Der europäische Historiker mag hier manches redundant finden, aber Jordan erklärt die Zusammenhänge in einer auch für Laien (oder Amerikaner?) verständlichen Form.

Die Auswirkungen des schlechten Wetters und der Mißernten waren zunächst recht unterschiedlich. Personen oder Institutionen, die Vorräte besaßen, profitierten zumindest anfangs, weil sie nun höhere Preise erzielten. Da infolge des Regens Meersalz nicht mehr in ausreichendem Maße gewonnen werden konnte, machten einige verkehrsgünstig gelegene Salzbergwerke gute Gewinne. Reiche Bürger konnten günstig Land oder Häuser erstehen. In politisch wichtigen Regionen des Reichs wurden finanzielle Ausfälle für Herrschaftsträger teilweise durch Zuwendungen und Privilegierungen im Rahmen des Thronkampfes zwischen Friedrich dem Schönen und Ludwig dem Bayern ausgeglichen. Mit Fortdauer der Krise nahm allerdings die Zahl der Profiteure ab. In grundherrschaftlichen Rechnungsbüchern lassen sich die wachsenden Probleme am Zunehmen des Eintrags »nihil« auf der Einnahmenseite verfolgen.

Ungleich schwerer als die Herrschaftsträger war allerdings die einfache Bevölkerung betroffen. Jordan zeichnet zunächst die Lage der ländlichen, dann der städtischen Bevölkerung vor und während der Krise nach. In der Forschung herrscht keine Einigkeit darüber, wie hoch oder niedrig der Lebensstandard der Landbevölkerung um 1300 war. Mit Hinweis auf die starken Auswirkungen bereits der ersten Mißernte von 1315 warnt Jordan jedoch vor einem zu optimistischen Bild. Es folgen wiederum sehr allgemeine Ausführungen über Freiheit und Unfreiheit, das mittelalterliche Dorf, die Dorfgenossenschaft, Migration, das Wüstungsphänomen usw., bevor der Frage nachgegangen wird, wie die Menschen in Stadt und Land auf den Hunger und die Teuerung reagierten. Die lange Dauer führte dazu, daß immer mehr Personen und Institutionen betroffen waren. Dies ließ die anfänglich zu beobachtende Solidarität und Mildtätigkeit bald ermatten. Bettelei und Kriminalität nahmen stark zu. Infolge der Schwächung durch den Hunger erlagen die Menschen, besonders Kleinkinder und Alte, Krankheiten und Seuchen. Von letzteren waren dann alle Schichten, auch die Vermögenden, betroffen.

Jordan präsentiert sein Thema in einem sehr weiten Rahmen. Es ist beeindruckend, wieviel – auch regionale – Literatur verarbeitet wurde. Hier liegt eine Stärke aber auch ein Nachteil des Buches: Obwohl in der Regel die Phänomene auch nach einzelnen Ländern getrennt betrachtet werden, gewinnt man den Eindruck, daß sich irgendwo in Europa für fast jedes Phänomen oder für fast jede Reaktion ein Beispiel finden läßt. Der Beobachtungspunkt ist sehr hoch gewählt. Damit verliert das Spezifische an Schärfe.

Holger Kruse, Kiel

Rolf Sprandel, Von Malvasia bis Kötzschenbroda. Die Weinsorten auf den spätmittelalterlichen Märkten Deutschlands, Stuttgart (Steiner) 1998, 205 p. (Vierteljahrschrift für Sozial- und Wirtschaftsgeschichte. Beiheft 149).

Ce livre n'intéressera pas seulement le spécialiste de l'histoire du vin, mais aussi l'historien-économiste, car Rolf Sprandel, professeur à l'université de Wurzbourg, entend par »Weinsorten« non pas des cépages, mais des appellations d'origine. En établissant donc l'inventaire des vins commercialisés en Allemagne médiévale, il fait du même coup l'histoire des relations commerciales et des mesures protectionnistes contre l'importation de vin. Et comme il s'appuie e. a. sur les dénominations des mesures de contenance pour suivre le cheminement de certains vins méridionaux, il fournit par la tagente encore un tableau des unités de mesures usuelles.

Cette façon de définir les vins selon leur origine pose d'ailleurs quelques problèmes, car certaines appellations comme le Romanée sont cultivées ailleurs que dans leur aire originelle. Est-il juste alors de continuer à considérer le Romanée comme vin grec? Les quantités assez considérables que j'ai pu constater à Luxembourg au XVᵉ siècle m'ont conduit à poser la question s'il ne faut pas y voir déjà du vin de Bourgogne, des précurseurs du Vosnes-Romanée p. ex.

Conformément à sa logique Sprandel distingue les vins importés et les vins allemands. Parmi les premiers il relève surtout les vins méditerranéens; le vin français est par contre négligé, alors qu'il était importé en masse aux Pays-Bas, mais pour Sprandel l'Allemagne (médiévale!) s'arrêtait plus ou moins au Rhin, et le vin de Metz dégusté e. a. à Luxembourg lui est inconnu.

Les vins allemands sont répartis en trois régions: les vins du Rhin et le vin d'Alsace, qu'il dit lui-même dominants sur le marché allemand, mais qu'il ne traite qu'en marge parce que leur histoire serait bien explorée; le vin de Franconie, favorisé par l'auteur parce que Wurzbourg en fait partie; et les autres parmi lesquels il place le vin du Neckar, les vins autrichiens, qu'il désigne du terme insolite de *Osterwein*, le vin de Thuringe et le vin de Bavière. Sprandel consacre bien un chapitre à la concurrence de ces vins entre eux sur les mêmes places de marché et de consommation, il y présente leur appréciation contemporaine, mais il n'entre pas dans la discussion des qualités divergentes qui pouvaient engendrer des prix différents, selon leur âge ou selon la saison. Un des mérites de Sprandel est de trancher le faux débat qui opposait *vinum franconicum* et *vinum hunicum*, comme si le premier ne pouvait être que du vin originaire de Franconie, en considérant le premier aussi comme cépage pouvant croître ailleurs (il est vrai que les attestations citées sont plutôt minces) ou comme terme de qualité. Cela vaut il est vrai plutôt du deuxième terme qui désigne souvent du vin de moindre qualité qui peut alors aussi s'opposer au vin du Rhin p. ex. Mais Sprandel ne peut pas savoir qu'au Luxembourg l'Elbling, cépage qui donne un vin de table très sec, est encore appelé par les vieux vignerons *Räifrensch*, donc vin franconien!

Dans son chapitre sur la concurrence entre les différentes appellations d'origine sur les marchés régionaux, Sprandel cite certes quelques chiffres isolés, mais ne dessine aucune courbe des quantités ou des prix, sauf pour Wurzbourg. Pourtant la comparaison de telles courbes se révèle fort intéressante, car celle que j'ai pu dresser pour Luxembourg montre un parallélisme étonnant avec les courbes des prix du blé relevés par Friedrich Abel pour certaines grandes villes. Il faut donc bien regretter que l'auteur soit loin d'avoir épuisé toutes les facettes de son sujet.

Notons en fin du compte que dans la bibliographie les titres sont indiqués de façon étonnamment sommaire, qu'y manquent entre autres les travaux de Martine Maguin sur le vignoble lorrain, d'Erich Landsteiner sur la Basse Autriche et que l'éditeur du volume ›Stadt und Wein‹ (Linz 1996) s'appelle Opll et n'a rien à voir avec la marque Opel.

Michel PAULY, Luxembourg

Jacques VERGER, Les gens de savoir dans l'Europe de la fin du Moyen Âge, Paris (Presses Universitaires) 1997, 239 S. (Moyen Age, Collection dirigée par Philippe Contamine).

V. behandelt Ausbildung, Arbeitsumfeld, Herkunft sowie die sich wandelnde gesellschaftliche Funktion und Stellung der christlichen »Gelehrten« (laut V. das einzig treffende Synonym, für »gens de savoir«) vom 13./14. Jh. bis zum Humanismus und zum frühen Buchdruck, zwei Themen, die er nur noch am Rande einbezieht. Der Titel mag anachronistisch erscheinen, standen bei den Zeitgenossen damals doch eher Kategorien wie »Kleriker«, »Mönch«, »Laie«, »Adliger« sowie etwa die Ordenszugehörigkeit im Vordergrund; das Konzept greift aber dennoch, insbesondere weil der vorliegende Band sich zumeist auf Frankreich konzentriert. Bemerkbar macht sich jedoch auch, daß V. bereits mehrere Arbeiten über die mittelalterlichen Universitäten verfaßt hat. Wenn er diese als »alte« Lehranstalten gegenüber »neuen Institutionen« wie Ordensstudien, Stadtschulen und den Bildungsstätten der spätmittelalterlichen Kirchen- und Klosterreform (Windesheimer) vorstellt, zeigt sich, daß die deutschen Verhältnisse nur am Rande vorkommen. Dort hätte zudem die Ordensgelehrsamkeit (besonders die Mendikanten und später der »Buchorden« der Kartäuser) weit stärker berücksichtigt werden müssen.

V. geht zwar auch auf Theologen, Mediziner und Artisten ein, konzentriert sich aber meist auf die Juristen. Kernthese ist, daß sich im späten Mittelalter ein »quatrième état« herausbildete, der als intellektuelle Elite ein eigenes Standesbewußtsein entwickelte und alte Strukturen durchbrach. Allerdings verkürzten die Zeitgenossen, die »oratores«, »pugnatores« und »laboratores« unterschieden, damit stets die weit kompliziertere Wirklichkeit. Dabei spielte der gesellschaftliche und politische Einfluß der neuen Gesellschaftsschicht in weltlichen und kirchlichen Ämtern und als Lehrer eine große Rolle, insbesondere ihre Bedeutung in der Verwaltung der entstehenden »modernen« Staaten. Umgekehrt erforderte die sich wandelnde politische Ordnung die Herausbildung einer neuen sozialen Gruppe, deren Zusammensetzung, Verhältnis zu Klerus und Adel sowie deren Funktion in der Gesellschaft V. zu erfassen sucht.

Im Verhältnis zu den Ausführungen über den Fächerkanon und die »Bildungsanstalten« in Frankreich, Italien und England ist das Kapitel »Les livres« knapp gehalten. Vielleicht hätte er sich besser auf »Les bibliothèques« konzentriert, denn die Manuskripte im Privatbesitz waren damals noch weniger bedeutsam als Sammlungen verschiedener Institutionen. Andererseits unterschätzt V. die Auswirkungen der Gutenbergschen Erfindung, weil er den Anteil der Juridica an den Inkunabeln nur mit knapp über 10 Prozent ansetzt. Berücksichtigt man aber Format, Umfang, Auflagenhöhe und Preise der Drucke, kommt diese Gattung vor der Reformation auf einen Marktanteil von wohl über 30 Prozent! Zudem wurden in wenigen Jahrzehnten weit mehr Bücher gedruckt als zuvor in Jahrhunderten abgeschrieben. Insofern veränderte sich nach 1470 die Literaturversorgung und damit das Arbeitsumfeld der Gelehrten und gerade der Juristen bzw. gelehrten Räte gewaltig.

Abschließend ist noch zu bemerken, daß V. leider nur selten zeitgenössische Quellenbelege zitiert und sich darauf beschränkt, jeweils einzelne Titel meist französischen Ursprungs aus der Sekundärliteratur anzumerken, die das Spektrum der vorgeführten Aspekte keinesfalls abdecken. Daß mehr möglich gewesen wäre, zeigt auch z.B. ein Aufsatz von Andrea von Hülsen-Esch (in: Die Repräsentation der Gruppen, Göttingen 1998, S. 225–257), die den Anspruch der Gelehrten auf eine hohe gesellschaftliche Stellung und deren wachsendes Gruppenbewußtsein anhand von Kleidung und Kleiderordnungen nachweist. Schriften wie Thomas Beccadellis »Disputazione di precedenza intra il cavaliere, dottore e conte« könnten zudem Hinweise auf die Reaktion der Zeitgenossen geben. Dennoch insgesamt ein sehr anregender, zudem angenehm zu lesender umfangreicher Essay zu einer interessanten und so zuvor nicht gebotenen Themenstellung.

Uwe NEDDERMEYER, Köln

Gisela DROSSBACH, Die »Yconomia« des Konrad von Megenberg. Das »Haus« als Norm für politische und soziale Strukturen, Köln (Böhlau) 1997, XII–303 p. (Norm und Struktur, 6).

La présente étude comble avec bonheur une lacune dans l'exégèse de l'œuvre de Conrad de Megenberg. En effet, son »Yconomica« avait, suite notamment à l'édition réalisée par Sabine Krüger dans les MGH, été l'objet de nombreuses études thématiques qui avaient considéré certains aspects de ce traité – de la musique, à l'éducation en passant par la cour royale ou encore l'*Urbanitas*, mais n'avait jamais été envisagée dans son ensemble.

Après un rappel historiographique précis et parfois cinglant dans ses jugements, G.D. analyse quelle fut la réception que fit Conrad de Megenberg de l'*Economique* d'Aristote et des commentaires médiévaux. C'est ainsi qu'elle montre comment Conrad dépasse Aristote: ce dernier fournit en effet l'ossature de l'ouvrage tandis que de nombreuses œuvres littéraires offrent à Conrad des points d'ancrage. Les plus significatives sont le »De rerum naturis« de Thomas de Cantimpré et le »De vegetalibus« d'Albert le Grand. Elle remarque également les influences des prédications, de la littérature didactique en vernaculaire ou encore de la littérature spécialisée, en particulier la médecine. Quant aux intentions de Conrad, elles se caractérisent par la volonté de réaliser une »œuvre à caractère normatif«, le tout avec des ambitions très élevées.

La construction du traité de Conrad de Megenberg est fondée sur sa conception tripartite de la maison: soit celle de l'homme simple *(domus temporalis minor)*, celle du seigneur, en particulier de l'empereur *(domus temporalis)* et enfin celle de Dieu *(domus divina)*. Pourtant, ce n'est pas l'ensemble de la société qui est visée, car sous le terme d'homme simple, c'est avant tout la classe moyenne ou supérieure, noble ou pas, et non les »pauperes« ou les »rustici« qui est impliquée.

Dans son analyse, G. D. envisage l'»Yconomica« sous deux angles complémentaires, la dimension sociale et la dimension politique. Dans la partie consacrée à la dimension sociale, elle traite des positions de Conrad relatives à ce que l'on peut grossièrement qualifier de traité du mariage, de la maison, d'éducation et de l'économie. Inscrivant systématiquement sa réflexion sur chaque thème dans la production historique des dernières années, l'auteur cherche à comprendre en quels termes le traité de Conrad apporte des éléments nouveaux ou contradictoires. C'est particulièrement frappant dans l'analyse qu'elle mène sur la réflexion consacrée à la femme ou à l'éducation.

Une autre attention de l'auteur consiste à mettre en évidence l'insertion de Conrad dans le courant de son époque. Ainsi, par exemple dans les passages consacrés à la chevalerie, il s'agit de comprendre dans quelle mesure la conception de Megenberg se distingue de celle classique de 1200. Il ressort qu'il y a équivalence sur l'*Ethos* courtois-chevalier et sur le cercle des personnes de la cour. Par contre d'autres éléments sont propres à une conception du XIVᵉ siècle, comme par exemple son concept d'*omnis virtus* qui est avant tout un »catalogue moral-éthique de comportements« et non pas un idéal courtois et esthétisant de vertus.

A travers l'étude systématique de l'ensemble des charges liées à la maison chevaleresque c'est la méthode scolastique de Conrad qui est ainsi mise en exergue et surtout les influences qu'il a pu subir dans les différentes cours qu'il a connues: Vienne, Paris, celle de Louis de Bavière ou encore à la curie romaine d'Avignon. C'est également la d*omus scolastica* qui est envisagée et dans ce cas, c'est le *studium* général de l'université de Paris qui inspire à Conrad son schéma de réflexion.

La deuxième partie de cette analyse s'attache à la conception que Conrad développe de l'Etat, et plus particulièrement des rapports qui marquent Empire et Papauté. Là encore, G. D. ne se contente pas d'étudier le simple texte de l'»Yconomica« mais montre comment la pensée de Megenberg est marquée par les canonistes du début du XIIIe et du XIVe siècle et par les écrits curiaux postérieurs à Boniface VIII ou encore le »De regimine principum« d'Aegidius Romanus. Ce sont également les limites des connaissances de Megenberg qui sont soulignées, notamment sur les conceptions complexes de l'Etat que développent Ockham et Marsille de Padoue. A nouveau c'est la parfaite insertion de Conrad dans son temps qui émerge, »die päpstliche Vollgewalt unterteilt Konrad in die für diese Zeit bekannte Weihe- und Juridiktionsgewalt« (p. 247). G. D. va encore plus loin dans son raisonnement et souligne à quel point Conrad n'est pas un novateur. Il serait pourtant erroné de négliger sa réflexion, car avec des arguments certes communs à ses contemporains Megenberg crée toutefois dans leur agencement un système autonome, cohérent et logique (p. 238).

Véronique PASCHE, Lausanne

Lauree Pavesi nella seconda metà del '400. Bd. 2 (1476–1490), a cura di Agostino SOTTILI, presentazione di Annalisa BELLONI, Bologna (Cisalpino) 1998, XXXVI–385 S. (Fonti e studi per la storia dell'Università di Pavia, 29).

Zwei Jahre nach dem ersten Band erschien der hier anzuzeigende zweite Band der »Lauree Pavesi«; ein dritter soll folgen. Das Gesamtwerk versammelt die erhaltenen Urkunden und Notizen über die Lizentiats- und Doktorpromotionen, die zwischen 1450 und 1500 an der Universität Pavia vollzogen wurden. Die vorliegende Edition bietet jeweils den Urkundentext, kürzt jedoch sinnvollerweise die stets wiederkehrenden Formeln.

Die 242 Stücke des zweiten Bandes bieten wertvolles Material nicht nur zur Geschichte der Universität Pavia und ihrer Professoren, sondern auch zu den Studenten. Viele von ihnen waren keine Italiener: Immerhin 180 Studenten aus Frankreich, den burgundischen Ländern und Deutschland konnte die Bearb. zählen. Vor allem die Zeugenlisten der Urkunden sind von Bedeutung, zeigen sie doch bekannte, aber immer wieder interessante alteuropäische Sozialstrukturen. Studenten, die aus derselben Region stammten und wohl schon zusammen nach Italien gereist waren, absolvierten ihr Studium in Pavia gemeinsam – und blieben gewiß auch späterhin miteinander in Verbindung.

Die Edition macht insgesamt einen soliden Eindruck, doch sind zwei Punkte anzumerken. Zum einen sind 7 von den 19 Namen, die auf den beiden im Buch abgebildeten Zeugenlisten erscheinen, in der Edition nicht korrekt wiedergegeben (S. 343, S. 346, vgl. S. 78, Anm. 128, und S. 251f., Anm. 359) – das ist hoffentlich ein Zufall. Zum anderen hatte die Bearb. den Ehrgeiz, im Register jede Person möglichst nur einmal zu verzeichnen, und zwar unter jener Namensform, die ihr »richtig« erschien. Eine »richtige« Namensform aber gibt es in dieser Zeit nicht, allenfalls eine, die häufig auftritt. Unter welcher Namensform eine Person sinnvollerweise zu verzeichnen wäre, kann ein Hg. bei aller Mühe und Sorgfalt nicht immer richtig entscheiden. Daher müßten alle Namensformen, die in den edierten Quellen vorkommen, im Register verzeichnet werden.

Welche Probleme das Vorgehen der Bearb. mit sich bringt, zeigt sich deutlich am Beispiel des Propstes von Autun mit Vornamen Humbert. Er erscheint je einmal als »de Goulx« und

»Goulx«, zweimal aber als »Legoulx« (Nrr. 418, 425, 375, 410) und wird wohl deswegen im Register unter »Le Goulx« [!] verzeichnet, wobei sich unter »Goulx« immerhin ein entsprechender Verweis auf diesen Eintrag findet (S. 362f.); solche Verweise sind jedoch die Ausnahme. Tatsächlich dürfte es sich aufgrund der bedeutenden Pfründe aber um einen Verwandten jenes burgundischen Kanzlers handeln, dessen Name in der Forschung üblicherweise »Pierre de Goux« geschrieben wird.

Die Edition ist also mit Vorsicht zu benutzen, bietet jedoch interessante Quellen zur Universitäts- und Sozialgeschichte und eine prosopographische Fundgrube.

Malte PRIETZEL, Springe/Berlin

Philippe CONTAMINE und Olivier MATTÉONI (Hg.), La France des principautés. Les chambres des comptes XIVe et XVe siècles. Colloque tenu aux Archives départementales de l'Allier, à Moulins-Yzeure, les 6, 7 et 8 avril 1995, Paris (Comité pour l'histoire économique et financière de la France) 1996, XXIX–310 S.

Der vorliegende Band gibt die Ergebnisse eines wissenschaftlichen Kolloquiums von 1995 wieder, das den Vorläuferorganisationen der heute in Frankreich bestehenden regionalen Rechnungskammern gewidmet war. Die zunehmende Bedeutung dieser regionalen Institutionen der Finanzverwaltung stellt an sich in der französischen Geschichte schon einen gewissen Einschnitt dar, da damit die Zentralisierung, die ansatzweise schon das Ancien Régime, vor allem aber das 19. Jh. kennzeichnete, zum Teil zurückgenommen wird. In der Einleitung zu der Aufsatzsammlung weist Philippe CONTAMINE allerdings energisch den Vorwurf zurück, man wolle den Eindruck erwecken, Frankreich sei im späten Mittelalter ein bloßes Mosaik an Provinzen gewesen, eher habe es einem Familienunternehmen von Fürsten und hohen Adligen geglichen. Contamine sucht in seiner Einleitung die Verwaltungsgeschichte auch gegen den Vorwurf in Schutz zu nehmen, sie sei eine reine Sammlung technischer Informationen, eine Summe bloßer »Travaux anecdotiques« (XXXII), ein Vorwurf, den schon in den 30er Jahren dieses Jahrhunderts in den Annales kein geringerer als Lucien Febvre gegen die Geschichte der Pariser Rechnungskammer von Henri Jassemin, eines renommierten Chartisten, erhoben hatte. Freilich stellt der vorliegende Band, dessen Beiträge sich doch zu einem guten Teil auf jene damals von Febvre angegriffene, rein technische Verwaltungsgeschichte beschränken, an die Aufmerksamkeit des Lesers hohe Ansprüche. Der Bogen der überwiegend sehr knappen Beiträge ist dabei weit gespannt. Die Geschichte der savoyischen Rechnungskammer in Chambery wird ebenso dargestellt wie die der burgundischen in Dijon oder der entsprechenden Institutionen in der spätmittelalterlichen englischen Normandie. Von besonderem Interesse sind die Ausführungen von Mireille JEAN über die Rechnungskammer zu Lille im Jahre 1477, also zum Zeitpunkt, als der Versuch einen eigenständigen burgundischen Staat zu bilden, endgültig scheiterte. Zuvor hatte Karl der Kühne versucht, für die burgundischen Lande eine zentrale Rechnungskammer in Mecheln zu errichten, die die Unabhängigkeit seiner Länder von Frankreich endgültig festigen sollte, andererseits aber doch durchgehend nach französischem Vorbild aufgebaut war.

Der zweite Teil des Bandes bietet eine Reihe knapper Skizzen zum Amtspersonal der Rechnungskammern von Lothringen, Anjou, Blois und der Bretagne, während der abschließende dritte Teil die Finanzverwaltung der Städte, der monastischen Orden und des hohen Adels an ausgesuchten Beispielen darstellt. Im knappen Resümee verweist Jean-Philippe GENET noch einmal auf einige zentrale Fragestellungen, wie etwa den Beitrag der Rechnungskammern zur Rationalisierung der Verwaltung oder das Problem der Beziehungen zwischen dem Personal der Finanzbehörden und den großen Kaufleuten und Finanziers. Diese Fragen werden allerdings in dieser Aufsatzsammlung nur selten eingehender behandelt.

Ronald G. ASCH, Osnabrück

Jean-Marie YANTE, Le péage lorrain de Sierck-sur-Moselle (1424–1549). Analyse et édition des comptes, Saarbrücken (Saarbrücker Druckerei u. Verlag) 1996, 376 S., 39 Tabellen, 15 Grafiken, 11 Karten (Veröffentlichungen der Kommission für Saarländische Landesgeschichte und Volksforschung, 30).

Eine moderne Geschichtsschreibung des spätmittelalterlichen und frühneuzeitlichen Handels ist immer noch sehr schwierig, da die Quellenlage für viele Regionen kaum befriedigen kann. Abgesehen von regional unterschiedlich breit überlieferten Zolltarifen oder Abrechnungen, die zudem bisher nur in einem geringen Umfang in edierter Form zur Verfügung stehen, kann sich die Forschung häufig nur auf einzelne urkundliche oder zeitgenössische historiographische Belege stützen, die in der Interpretation große Schwierigkeiten bereiten. Dies gilt auch für den interessanten lothrinigischen Grenzraum und den Handel auf der oberen und mittleren Mosel. Aus der Zeit vor dem 17 Jh. besitzen wir nur wenige Quellen über den Handelsverkehr auf und entlang dieses Flusses; im Druck zugänglich waren bisher lediglich die Rechnungen zweier Händler aus Metz zu den Jahren 1460–1461, eine Zollrechnung des Marktes in Trier von 1435–1436, Abrechnungen der luxemburgischen Zölle in Remich von 1561 bis 1564 und in Thionville von 1561 bis 1571 und das Zollregister von Pfalzel bei Trier von 1598. Die bei Jean Favier bereits 1990 erstellte Pariser Dissertation erweitert diese ausgesprochen fragmentarische Quellenlage um eine wichtige Rechnungsserie der lothringischen Zölle, die zwischen 1424 und 1549 in Sierck-sur-Moselle erhoben wurden. Sie bietet vier Rechnungen für den Zeitraum vom 20. Oktober 1424 bis zum 19. Februar 1428, sechs Jahresrechnungen von 1474/75, 1481, 1483, 1484, 1486 und 1494 sowie neun weitere Rechnungen und zwei Fragmente von 1520, 1524, 1525, 1530, 1531/33, 1534, 1535, 1537, 1545, 1547 und 1549. Damit steht ein erstaunlich geschlossener Bestand der Forschung im Druck zur Verfügung, der Aufschlüsse über den Moselhandel im 15. und 16. Jh. bietet, wenn auch größere Überlieferungslücken für die Zeit zwischen 1428 und 1474 sowie zwischen 1494 und 1520 zu beachten sind. Entsprechend kritisch wertet der Autor in seinem der Edition vorangestellten analytischen Teil die Quelle aus.

Die Burg und Stadt Sierck, etwa auf dem halben Weg zwischen Metz und Trier an der Mosel gelegen, war im 15. Jh. ein keilförmig in das luxemburgische Territorium vorgeschobener Besitz der Herzöge von Lothringen, die hier einen kurzen Abschnitt des Flußlaufes kontrollierten und einen Zoll erhoben. Über die Zölle, die nicht immer den bekannten Zolltarifen folgten, legten die Zolleinnehmer jährlich gegenüber dem herzoglichen Hof oder der herzoglichen Rechnungskammer in Nancy Bericht ab und übergaben ihnen in Reinschrift ihre Abrechnungen. Hiervon haben sich 21 Reinfassungen aus dem 15. und 16. Jh. im Departementalarchiv Meurthe-et-Moselle erhalten. Mit zahlreichen Karten, Grafiken und Tabellen werden nun diese Rechnungen ausgewertet und beispielsweise das Handelsvolumen, die Höhe der Taxen, Veränderungen im Handelsgut und in der Menge, konjunkturelle Schwankungen, Herkunft der Händler und ihre Handelswege beschrieben. Hervorzuheben ist der Anstieg der Zolleinnahmen auf Getreide im Verhältnis zu den Zöllen anderer Güter von 42,8 % in den Jahren 1427/28 auf 74,5 % im Jahr 1494, doch erst nach 1520 ist das Getreide auch das am häufigsten genannte Handelsgut in den Zollrechnungen, und die auf der Mosel transportierten Mengen stiegen deutlich an. Für die Einordnung der einzelnen Rechnungseinträge sind nicht zuletzt die schwierigen politischen und wirtschaftlichen Bedingungen der Jahre 1424 bis 1428 von Bedeutung, was in nur 299 Einträgen für fast 40 Monate deutlich wird, während sich die wirtschaftliche Aufschwung der lothringischen und im weiteren Sinn westeuropäischen Wirtschaft in der zweiten Hälfte des 15. und im 16. Jh. auch in den Rechnungen widerspiegelt wie die langsame wirtschaftliche Erholung nach dem Tode Karls des Kühnen vor Nancy (1477), dessen Kriege die Handelsbeziehungen zwischen Metz und Trier beeinträchtigt hatten. Auch nach dem Zusammenbruch des Handelsverkehrs im Moseltal zwischen 1542 und 1544 belegen die Jahresrechnungen der folgenden Jahre einen eindeutigen Aufschwung.

Von einer Edition der Rechnungen (S. 179–308) kann eigentlich keine Rede sein, denn die hier gewählte Form der tabellarischen Darbietung der einzelnen Rechnungseinträge entfernt sich bereits so weit von der ihr zugrunde liegenden Quelle, daß vielfach der ursprüngliche Text anhand des Drucks nicht mehr zu rekonstruieren ist. Ein Faksimile oder zumindest ein Teilabdruck einer oder mehrerer Rechnungsseiten wäre daher wünschenswert gewesen. Die Rechnungseinträge werden dagegen in formal vereinheitlichten Tabellen geboten, die das Datum der Verzollung, den Namen des Händlers, seine Herkunft, das Handelsgut und die transportierte Menge sowie die Taxe bieten. Die Angabe des Zolleinnehmers und das Datum der Revision sind dabei ebenso wie die Angaben zur Überlieferung den Tabellen vorangestellt. Zur besseren Übersichtlichkeit sind alle Einträge jeder Rechnung durchnumeriert. Im Interesse einer einheitlichen Darstellung sind erhebliche Eingriffe in den Textbestand vorgenommen worden, sämtliche Daten sind modernisiert und vereinheitlicht, Zahlen sind stets in arabischen Ziffern wiedergegeben und Waren und Mengenangaben in einer modernen französischen Übersetzung angegeben. Lediglich in zweifelhaften Fällen hat der Herausgeber den ursprünglichen Wortbestand beibehalten. Vergleichsweise geringfügig sind dagegen die Eingriffe in die Orthographie der Orts- und Personennamen. Teilweise kompensiert werden diese erheblichen Eingriffe des Herausgebers durch vereinzelte textkritische Anmerkungen. Diese Darstellungsform der Rechnungseinträge hat den Vorteil, daß sich die Einträge leicht statistisch auswerten lassen, und sie kommt wirtschafts- und sozialgeschichtlichen Fragestellungen entgegen. Dagegen muß der Landeshistoriker, der an die Quelle andere Fragestellungen wie beispielsweise sprachwissenschaftliche richtet, weiterhin auf die Archivalie zurückgreifen. Dieses gilt es bei der Benutzung des Drucks zu beachten, will man dem anerkennenswerten Anliegen des Herausgebers gerecht werden.

Ärgerlich sind einige formale Mängel, die einer unzureichenden redaktionellen Überarbeitung geschuldet sein dürften und dem Leser unnötige Mühen bereiten. So neigt der Autor dazu, in den Anmerkungen vornehmlich auf andere Stellen seiner Arbeit zu verweisen, anstatt den Quellenbeleg unmittelbar anzugeben. Nicht immer sind diese Verweise seines Manuskriptes dem Druck angepaßt worden. Wenn auf Seite 18 von den Luxemburger Zolltaxen zu Remich und Grevenmacher die Rede ist, erwartet der Leser in der entsprechenden Fußnote zumindest einen Hinweis auf die Überlieferung, findet hier jedoch nur den unsinnigen Verweis auf die Anmerkung 9 der Seite 30; richtig muß es Anmerkung 10 heißen. Um dem Leser das Blättern und dem Autor die mühevolle Nachprüfung solcher Verweise bei der Drucklegung zu ersparen, sollte man sich grundsätzlich bemühen, die erforderlichen Quellenbelege immer anzugeben, auch auf die Gefahr der Doppelung hin. Der Leser wird es danken. Neben solchen kleineren Unzulänglichkeiten sind lobend eine deutschsprachige Zusammenfassung sowie ausführliche Register anzuzeigen, doch erfaßt das Register der verzollten Produkte nur die Verweise auf den Editionsteil.

Martin SCHOEBEL, Greifswald

Gilles DÉSIRÉ dit GOSSET, La mense épiscopale de Coutances en 1440. Édition critique d'un devis de réparations, Saint-Lô (Société d'Archéologie et d'Histoire de la Manche) 1998, XXXIII–89 S. (Études et Documents, 7).

Wenn man von der *mensa* eines Bischofs hört oder liest, vermutet man gemeinhin eine Aufstellung der Einkünfte oder Besitzungen des geistlichen Oberhaupts vorgestellt zu bekommen. Im vorliegenden Fall verhält es sich jedoch anders. Es geht in dem Manuskript M 105 aus dem Diözesanarchiv von Coutences in der Normandie gar nicht um Einkünfte und auch nur bedingt um Besitzungen, sondern um ein detailliertes Verzeichnis der Schäden und der Reparaturkosten an den dem Bischof gehörenden Liegenschaften in Coutances, dem Bischofssitz, in Saint-Lô, in Valognes, an dem Schloß de la Motte und an weiteren verstreuten Besitzungen in der Diözese. Dazu wurden Schäden an Büchern, liturgischen Gewändern und Geräten erfaßt. Der Hundertjährige Krieg zwischen England und Frankreich hatte auch die Diözese Coutances und die Normandie heimgesucht und Zerstörungen hinterlassen, deren Beseitigung hohe Kosten verursachten, wie die detaillierte schriftlich festgehaltene Untersuchung eindrucksvoll belegt. Immerhin beliefen sich die Reparaturkosten auf mehr als 36 000 Pfund. Die Überlieferung des Schriftstückes ist nicht ganz einfach. Zunächst einmal bestätigte der Offizial von Rouen am 16. Januar 1440 die Bitte des Bischofs von Coutances auf Einsetzung einer Kommission zur Erfassung der Schäden und befahl verschiedenen Personen und Institutionen, die Kommission in ihrer Aufgabe zu unterstützen. Am 6. November 1440 meldete die Kommission, daß sie ihren Auftrag erfüllt habe und ließ im Anhang die Schadensaufstellung in Französisch mitteilen. Die Fassung in Französisch war wohl erforderlich, weil daran auch Handwerksmeister, Zimmerleute, Maurer und andere als Fachleute beteiligt waren. Sie sprachen nun einmal französisch und verwendeten Fachausdrücke aus ihrer Umgangssprache. Daher ist der eigentlich interessante Anhang in Französisch gehalten, während die einleitenden Texte des Offizials in Latein gefaßt sind. Aber diese Urfassung ist nicht auf uns gekommen. Vielmehr wurde am 29. April 1460 eine notariell beglaubigte Abschrift vom Offizial in Rouen angefertigt. Aber auch diese Abschrift scheint verloren zu sein. 1478 fertigte ein Notar des Offizialats in Coutances eine weitere Abschrift an. Sie ist als Papierhandschrift auf uns gekommen. Nach der Ansicht des Herausgebers hat der Notar die französischen Teile der Vorlage gut und sauber, dagegen die lateinischen Teile nur fehlerhaft abgeschrieben. Daran könne man die mangelhaften Lateinkenntnisse der Notare an der Kurie in Coutances ablesen (S. X). Jedoch kann man über die ungenügenden Lateinkenntnisse hinwegsehen, da der interessantere Teil eben in Französisch gehalten und sauber und mit besserem Verständnis kopiert worden ist.

Der Wert der Schadensaufnahme und der Kostenabschätzung liegt einmal darin, daß der Besitz des Bischofs genau erfaßt ist. Es handelt sich um Güter in Coutances, dem Bischofssitz in der Normandie, selbst mit der Kathedrale, den Residenzen, den Markthallen, Mühlen und Brücken. Besonders interessant ist, wie auch Hg. betont, der Kirchenschatz der Kathedrale mit den Reliquien und Kleinodien. Ferner wurden in Saint-Lô die Burg, Liegenschaften in der Stadt, die Kirche St-Gilles und wieder Mühlen und Brücken begutachtet. Dazu kamen ein Schloß »de la Motte«, Güter in Valognes und Brücken und Mühlen in der Diözese. Ferner ist aufschlußreich, was und wie einzelne Güter zerstört waren. Genannt werden auch einzelne reparaturbedürftige Bauteile. Schließlich ist für die Baugeschichte wichtig, wie und mit welchen Materialien einzelne Bauten oder deren Teile zu reparieren seien. Das alles läßt auch Einblicke in den Baubetrieb zu. Die Einblicke dürften zuverlässig sein, weil sie von Fachleuten vorgetragen worden sind, eben von Handwerkern, die solche Reparaturen selbst vornehmen konnten. Die Schadensaufstellung und der Kostenvoranschlag geben nicht auf alle Fragen eine Antwort. Darauf hat Hg. auch hingewiesen. Aber die Quelle vermag durch ihre Detailfülle zur Lösung mancher Probleme vor allem der Region beitragen. Erschlossen wird der Text durch ein Verzeichnis der Orts- und Personennamen sowie durch ein sehr nützliches Glossar, das schwierige Begriffe erklärt und gleichzeitig auch als ein Sachregister dienen kann. Auf dem Kartonumschlag sind auf der Vorder- und Rückseite Proben der Handschrift abgebildet und geben einen Eindruck von der Abschrift. Insgesamt bietet die Edition einen Einblick in die vom Krieg verursachten Schäden und liefert ein sonst schwer zu vermitteln des Bild von den Zerstörungen besonders in der Normandie.

Klaus MILITZER, Köln

Documents du XVe siècle des Archives de la Manche. Catalogue de l'exposition organisée par les Archives départementales du 1er au 5 décembre 1998 et du 4 janvier au 2 avril 1999, Saint-Lô (Archives départementales) 1998, 192 p., illustr.

Chacun sait les destructions énormes subies par la Normandie et notamment le département de la Manche en juin 1944. L'anéantissement de la ville de Saint-Lô et du dépôt des Archives départementales de la Manche est également connu. Pour l'historien, pour le chercheur, ces pertes sont très dommageables, quand on se souvient de l'importance des fonds, notamment ecclésiastiques (comme ceux des abbayes du Mont-Saint-Michel ou de Savigny), conservés en ce lieu. Auparavant, cette région avait connu bien des malheurs tout comme d'autres. Mais, il faut savoir que le Cotentin fut aussi souvent laissé à l'abandon en raison de sa situation géographique excentrée.

L'inauguration d'un nouveau dépôt d'Archives départementales, en décembre 1998, qui a donné lieu à diverses manifestations importantes, à savoir la tenue d'un colloque sur la Normandie du XVe s., et à deux expositions organisées l'une à Coutances à propos des objets d'art du Cotentin et l'autre aux Archives mêmes, a tenté avec bonheur de panser les plaies du passé.

L'exposition des Archives départementales s'est concrétisée par le présent catalogue, établi par M. Michel NORTIER. Il comporte la description de soixante-quinze pièces du XVe s. (documents et manuscrits), conservées pour l'essentiel dans la série J (notamment 2 J, regroupant des documents isolés), mais aussi dans les séries E, G (Archives paroissiales de Carentan), H, ou encore dans les Archives hospitalières et diocésaines de Coutances (sauvées de la destruction), sans compter une collection privée; elles sont pour la plupart reproduites, d'une manière remarquable.

Tout cela témoigne du travail persévérant, admirable et passionné de M. Yves Nédélec, en charge durant de nombreuses années des Archives de la Manche, qui s'est ingénié à récupérer, autant que faire se peut, le maximum de documents anciens (provenant entre autres du Mont-Saint-Michel), à l'instar de ses confrères des Archives du Loiret.

Ce catalogue témoigne aussi de la qualité exemplaire de chercheur, d'érudit, de travailleur constamment prêt à collaborer de M. Nortier. Chacune des pièces est analysée avec soin, scrutée pour ce qu'elle peut apporter dans les domaines archivistique, institutionnel ou autres, puis transcrite souvent intégralement.

Le tout est subdivisé en quinze parties. Retenons celles concernant:
– les cartulaires: trois (provenant de Notre-Dame de Carentan, du trésor de l'église de Moon-sur-Elle, de la maison-Dieu de Pontorson) sont présentés, qui avaient échappé au début du siècle aux investigations d'Henri Stein;
– les documents comptables, d'un intérêt particulier, car de telles sources sont rares d'une manière générale: l'un d'eux concerne les seigneuries de Pierre, vicomte de Rohan, maréchal de Gié, mort en 1513;
– les pièces relatives à la guerre et aux impositions (provenant des archives de la Chambre des comptes) levées en Normandie durant la Guerre de Cent ans, notamment pour tenter de s'emparer du Mont-Saint-Michel;
– certaines des épaves du fonds du Mont-Saint-Michel, comme le privilège de Louis XI de 1475, mentionnant la création de l'ordre de Saint-Michel;
– les fonds de l'hôtel-Dieu et de l'évêché de Coutances, entre autres le premier des registres de délibérations du chapitre, dont la série continue va de 1464 à 1775;
– les missels à l'usage de Coutances, incunables de 1499 et 1501.

L'apport à la recherche de ce catalogue est important. Comme M. Nortier rapproche fréquemment les documents présentés d'autres sources, conservées dans d'autres dépôts français (comme la Bibliothèque nationale de France) ou étrangers (comme Londres, Saint-Pétersbourg), il constitue une excellente base pour tout chercheur désireux de travailler sur l'économie ou les institutions de la Normandie de la fin du Moyen-Age. En raison du grand soin apporté aux transcriptions, c'est également un modèle d'album paléographique.

En conclusion, on ne peut que savoir le plus grand gré à M. Nortier de nous faire profiter de sa parfaite connaissance aimante de la Normandie.

Jean DUFOUR, Paris

Olivier MATTÉONI, Servir le prince. Les officiers des ducs de Bourbon à la fin du Moyen Âge (1356–1523), Paris (Publications de la Sorbonne) 1998, 507 S. (Université de Paris I Pantheon Sorbonne. Histoire ancienne et médiévale, 52).

In der Hauptsache soll diese Rezension die deutschsprachige Spätmittelalterforschung mit einer vorzüglichen Arbeit bekanntmachen, deren Obertitel durchaus auf breiteres Interesse zählen darf, während der Untertitel die Neugier allenfalls einiger weniger Spezialisten wecken dürfte; außerhalb Frankreichs und außerhalb der Historikerzunft wird man mit Bourbon wohl kaum mehr als ein Herrscherhaus und amerikanischen Whiskey assoziieren. Indes findet sich das Leitthema – und damit käme bereits der einzige prinzipielle Einwand zur Sprache – ausschließlich am Beispiel des Herzogtums abgehandelt. Komparatistik scheint ein Fremdwort zu sein; die in den letzten Jahrzehnten international recht intensive Forschung über Amtsträger und insbesondere gelehrte Räte in spätmittelalterlichen Herrschaften – deutscherseits seien nur die Namen Heimpel, Boockmann und Moraw angeführt – bleibt außen vor. Allenfalls geht ein vergleichender Blick nach Burgund und in die Bretagne, ansonst ist des Verfassers Welt zwischen Moulins, Montbrison und Villefranche-en-Beaujolais begrenzt. Gerade einmal Villefranche mag sich heute gewisser, doch eher negativer Bekanntheit erfreuen als der Ort, wo man auf der Autobahn nach Lyon zu zahlen und obendrein manches Mal noch lange zu warten hat. Aber Montbrison? Weit hinten in den Bergen des Forez. Moulins? Eigentlich hat sich über Jahrhunderte nicht viel verändert: Das Städtchen firmiert heute in Fremdenführern als »capitale tranquille du Bourbonnais«, und schon um 1400 brachte man es als Haupt- und Residenzstadt der Herzöge auf gerade einmal 2000 Einwohner. La France profonde, la France des clochers – es lebe die Provinz. Sie lebt, und wie Mattéoni sie vor den Augen seiner Leser lebendig werden läßt, das ist Mikrokosmos magistral, das verdient Anerkennung, das sollte – die Bereitschaft zu eigenem Vergleich vorausgesetzt – keineswegs nur in Frankreich rezipiert werden.

Und dies nicht zuletzt auch wegen der, sit venia verbo, traditionsverhafteten Modernität ihrer Fragestellungen und Methoden. Denn gleich dreifach steht die Arbeit in guten Traditionen neuerer französischer Mediävistik: Zum ersten greift sie von Cazelles und Guenée das Thema der »société politique« auf: Politik und Gesellschaftsgeschichte wird (auch) auf prosopographischer Grundlage geschrieben und obendrein in Form und Stil vorbildlich präsentiert – die Prägung durch den directeur de Thèse Bernard Guenée ist unverkennbar. Zum zweiten mag man sie durchaus noch im Zusammenhang mit jenem Projekt der französischen Mittelalterforschung aus den achtziger Jahren (oder als dessen »Ausläufer«) sehen, welches die »Genèse de l'État moderne« zum Thema hatte (vgl. Francia 15 [1987] S. 891–897). Daß diese Staatlichkeit sich auch in den Fürstentümern des Königreichs entwickelte, hat – und dies ist der dritte Anknüpfungspunkt – eine Reihe großer Thèses von Bartier bis hin zu Kervé und Castelnuovo aufgezeigt. (Hieran scheint sich auch eine von Mattéoni angeführte, m. W. bislang noch nicht gedruckte Abschlußarbeit des Jahres 1994 an der École nationale des Chartes von L. Richard über das Finanzwesen im Herzogtum Orléans 1392–1440 anzuschließen.) Und im speziellen Fall von Bourbon wurden schon wichtige (Vor-)Untersuchungen insbesondere von Édouard Perroy und André Leguai erbracht; eine der Monographien von Leguai, der übrigens Mitglied jener Jury war, vor der Mattéoni im November 1994 die »Soutenance« seiner Thèse leistete, trägt den programmatischen Titel »De la seigneurie à l'État. Le Bourbonnais pendant la guerre de Cent Ans« (1969), und er war auch an einem Band »Autour des ducs de Bourbon, 1390–1480« (Etudes Bourbonnaises 282, 1998) beteiligt, der zeitgleich mit vorliegender Studie erschien.

Doch bei Leguai liegt der Akzent auf der Entwicklung der staatlichen Institutionen, deren Geschichte Mattéoni erklärtermaßen (S. 139) nicht nochmals schreiben will, um es dann gleichsam en passant vor allem im zweiten Teil seiner Arbeit zumindest an ausgewählten Beispielen doch zu tun. Das macht durchaus Sinn, denn die Quellengrundlage ist nunmehr von neuer Qualität: Obgleich die archivalische Überlieferung recht unterschiedlich ausfällt, in einzelnen Sektoren erhebliche Verluste zu konstatieren sind und neuzeitliche Sekundärüberlieferung (z. B. Paris, BNF, ms. fr. 22299) nur teilweise Ersatz bietet – kurz, »les archives bourbonnaises ne sont pas les archives bourguignonnes ou savoyardes« (S. 12) –, erlaubt das nunmehr Gehobene, Bekanntes zu präzisieren und gegebenenfalls zu korrigieren, vor allem aber eine Fülle an bislang Unbekanntem zu präsentieren, und zwar in Form begleitender Tabellen (z.B. S. 397–404) wie in einer Darstellung, die eindrücklich zeigt, daß sich moderne Geschichtswissenschaft und Erzählkunst durchaus miteinander verbinden lassen.

Die Fülle allein des vorhandenen Materials, aber auch der schlichte Umstand, daß für die Erstellung einer »Thèse nouveau régime« nur vier Jahre zur Verfügung standen (S. 10 A.14), machten eine Beschränkung auf Bourbon im eigentlichen Sinne sowie die sich daran östlich anschließenden, seit 1368 bzw. 1400 zur herzoglichen Herrschaft gehörenden Grafschaft Forez und Seigneurie Beaujolais notwendig. Auvergne, Marche und Clermont-en-Beauvaisis – jene Exklave im Norden, die eine Art Dauphiné für den Jungherzog war – konnten im Prinzip nicht miteinbezogen werden. Im Prinzip: Denn über die 1310 Amtsinhaber hinaus, die für den Zeitraum zwischen 1356 und 1523 im behandelten Gebiet erfaßt wurden, wurden noch weitere 387 Funktionsträger berücksichtigt; da all diese Beamten im Verlauf ihrer Karriere häufig mehrere Posten – und diese teilweise in verschiedenen Regionen – bekleideten, kommt Mattéoni am Ende auf immerhin »3629 détentions d'offices recensées« (S. 339).

Besagter zeitlicher Rahmen legte sich geradezu zwingend nahe: Der 1356 an die Herrschaft gelangte Ludwig II. – über ihn handelt eine 1991 der Universität Lyon II eingereichte, fünfbändige (!) und bisher wohl ebenfalls unpublizierte Thèse von O. Troubat – war nicht nur »chevalier d'espérance« und »bon duc«, sondern legte während seines über fünfzigjährigen Regiments auch die Grundlage bourbonischer Staatlichkeit, gilt mithin als »batisseur de l'État bourbonnais«, dessen Ende als Fürstentum mit der Flucht des Konnetabel im Jahre 1523 kommen sollte. In diesem skizzierten geographischen und chronologischen Rahmen schreitet die Untersuchung in wohlüberlegtem Viererschritt voran: Wo? – Wie? – Wer? – Wohin?

1) Wo? Oder: »Les cadres du travail des officiers«. Dieser erste Abschnitt handelt zunächst von der allgemeinen Geschichte des Fürstentums im Spätmittelalter, wobei die Phasen der Expansion unter Ludwig II. und des abschließenden Erwerbs der Auvergne unter Johann I., also die Jahre 1356 bis 1425, im Vordergrund stehen. Das großgewordene, heterogene Gebilde wollte als »espace politique« herrschaftlich erfaßt und durchdrungen sein; eine Aufgabe, die sich schon aufgrund vorgegebener Faktoren wie etwa der gebirgigen Landesnatur, der Dreisprachigkeit (langue d'oïl, frankoprovenzalisch, okzitanisch) oder der kirchlichen Aufteilung unter mehrere, allesamt nur partiell bourbonisches Gebiet umfassende Diözesen und sodann wegen der seit Mitte des 14. Jhs. in Gestalt von Pest und Hundertjährigem Krieg hereinbrechenden Krisen schwierig gestaltete. Die Wirtschaftskraft war nur begrenzt und fragil, die Zahl der Untertanen im Sinken begriffen. Mochte man zu Moulins Pariser Hof und Verwaltung nachahmen, mochte die herzogliche Bibliothek der des Burgunders im kleinen entsprechen, mochte das »Dreieck« Moulins (Residenz) – Souvigny (Cluniazenserpriorat mit herzoglicher Grablege) – Bourbon-l'Archambault (Ste-Chapelle) hohen Herrschaftsanspruch demonstrieren, so zeigt schon die Entloh-

nung der Amtsträger, daß Moulins von Paris oder Brügge Welten trennten. Wenn Mattéoni auch verständlicherweise den »schönen« Seiten seines Themas zuneigt (z. B. S. 135 »la capitale bourbonnaise a pu devenir au delà d'un lieu de pouvoir effectif, le cadre idéologique de l'exaltation du pouvoir princier«), bleibt doch die in anderem Zusammenhang getroffene Feststellung mit Nachdruck zu unterstreichen: »La principauté bourbonnaise était, de toutes les grandes principautés, la moins riche. Si ses princes avaient pour elle de grandes ambitions, il est manifeste qu' ils n'en avaient pas les moyens« (S. 374f.). – Besagte Erfassung des »espace politique« sollte vor Ort ein Netz von Kastellaneien gewährleisten, herzogliche Herrschaft erfuhren die Untertanen konkret durch den adeligen capitaine-châtelain und noch unmittelbarer durch dessen Personal bis hinab zum Sergeanten. Womit bereits

2) Wie? ansteht. Oder: »Les officiers au travail«. In diesem Abschnitt, der – wie gesagt, geradezu en passant – eine in erheblichem Umfang aus handschriftlichem Material neuerarbeitete Geschichte der aufs Ganze nach königlichem Vorbild organisierten, für regionale Traditionen in den dazugewonnenen Provinzen aber durchaus offenen Institutionen der herzoglichen Administration bietet, werden drei Sektionen hoheitlicher Verwaltung exemplarisch präsentiert: das Finanzwesen als Beispiel für das höhere, die Gewässer und Waldaufsicht als Beispiel für das spezialisierte und eben die Kastellaneien als Beispiel für das lokale Beamtentum. Neben deren vornehmlich mit polizeilich-militärischen Aufgaben betrauten adeligen Leiter treten – und dies scheint signifikant für eine generelle Entwicklung – der rechtskundige châtelain bzw. Leutnant, oft bürgerlicher Herkunft und Universitätsabsolvent, sowie der prévôt-receveur mit Zuständigkeit für die Finanzen. Diese Tendenz zur qualifizierten Spezialisierung ist auch bei den Beauftragten für Gewässer und Wälder, Teiche und Gärten zu erkennen.

Ein Unterkapitel über die Verwaltung der Teiche im Forez beeindruckt in diesem Zusammenhang besonders, da es ausschließlich aus handschriftlichen Quellen erarbeitet wurde. Wie aber mag es sich wohl mit den – bis heute für ihre Fische in Lyon und anderwärts hochgeschätzten – Teichen in der Dombes verhalten haben, die ja als Teil des zum Reich gehörigen Beaujolais östlich der Saône (»Beaujolais à la part de l'Empire«) seit 1400 bourbonisch geworden war? Der Besitz der dortigen Burgen von Montmerle, Thoissey, Chalamont oder Lent trug dem Herzog zahlreiche Konflikte mit Savoyen, Burgund und der Kirche von Lyon ein; Konflikte, die sogar noch auf dem Forum des Basler Konzils gerichtlich ausgetragen wurden und manchen Beamten auf Bourbons Anordnung hin tätig werden ließen. Es ist zwar mißlich, da zwangsläufig mit Eigenlob verbunden, als Rezensent die unterlassene Lektüre eigener Arbeit zu bemängeln; da sie aber m. W. als einzige darüber handelt, sei denn doch hingewiesen auf: Die Franzosen, Frankreich und das Basler Konzil (1431–1449), Paderborn u. a. 1990, S. 148–172.

Was Fischteiche und prosopographische Studien über Franzosen auf dem Basler Konzil ansonst noch miteinander zu tun haben? Auch in letzteren mag man den einen oder anderen »themenrelevanten Fang« machen: etwa mit der Person des bourbonischen Rats und Präsidenten der Rechenkammer Odoard/O(u)dard Cleppier, eines Freunds des späteren Lyoner Erzbischofs Amédée de Talaru seit gemeinsamen Studientagen in Avignon (S. 48f., 104f.). Mit seinen Ämtern und Würden an Lyoner Kirchen steht Cleppier nämlich für die sich seit dem Erwerb von Beaujolais und Forez zwangsläufig verdichtenden Beziehungen des Herzogtums zur Rhonemetropole, aus der Bourbon wiederum qualifiziertes Personal für seine Verwaltung wie etwa Mitglieder der Familie Jossard rekrutierte: Verbindungen, die m. E. noch enger und stärker als hier dargestellt waren (S. 451 aber eine treffende Detailbeobachtung zur überwiegenden Lyoner Provenienz von Drucken in der Bibliothek des Kastellans von Verneuil).

Und schließlich läßt sich zu Martin Gouge de Charpaignes, dem Vorsteher des auvergnatischen Bistums Clermont und Gegner Johanns I., oder zur Familie des von Johann umworbenen Agne de La Tour, Herrn von Olliergues, in dieser Arbeit (und damit aufgrund ihres Titels an zugegeben nicht gerade zu erwartendem Ort) noch einiges finden (S. 431–437, 618–633), was im übrigen auch für das zwar zitierte, aber wohl nicht ausgeschöpfte Werk von Neithard Bulst über die französischen Generalstände von 1468 und 1484 gilt (z.B. zu Jacques de Viry; vgl. S. 294f., 363). Generell wurde nichtfrankophone Literatur nur sehr zurückhaltend konsultiert. Das hat wohl nicht allein mit dem »kernfranzösischen« Thema zu tun, finden doch selbst die Kanoniker im fernen dänischen Roskilde Aufmerksamkeit, da sie Gegenstand französischsprachiger Studien sind.

Doch zurück zur Verwaltung von Teichen und Bäumen: Hier also wiederum eine zwar adelige Leitung, zugleich aber zunehmende Bedeutung universitärer Qualifikation und Sachkompetenz. Alle Beamten standen indes unter der Kontrolle der Chambres des comptes. Die 1374 von Ludwig II. nach Pariser Vorbild eingerichtete Rechenkammer zu Moulins und – mit Abstand – diejenigen in Montbrison und Villefranche sind das »Herzstück« der herzoglichen Verwaltung. Eine hierarchisch und nach Aufgabenbereichen organisierte Bürokratie besorgte die allgemeine Rechnungslegung. (Daß die Unterlagen der Trésorerie générale wie auch die Abrechnungen aus den Kastellaneien verloren sind, stellt eine der für die Bearbeitung des Themas gravierendsten Überlieferungslücken dar.) Hier wurden Steuerlisten, Grundverzeichnisse und Lehnsregister angelegt, überwacht und geändert, hier war mit dem Archiv das administrative Gedächtnis von Bourbon angesiedelt. Was aber in unserem Zusammenhang vornehmlich interessiert, kommt am Ende zur Sprache und verweist schon auf den folgenden Abschnitt: »Conscients de leur rôle fondamental, organisés suivant un ordre et une hiérarchie des grades, les officiers de la Chambre des comptes de Moulins n'étaient pas loin de constituer le ›grand corps‹ de l'›État‹ bourbonnais« (S. 242).

3) Wer? Oder: »Les officiers des ducs de Bourbon: recrutements et carrières«. Ein von Mattéoni hier zitiertes, einmal mehr prägnantes Wort seines Lehrers Bernard Guenée vorab: »il n'y a pas d'ambition solitaire« (vgl. S. 284; es betrifft das Spätmittelalter allgemein). Wollte man ein Amt, waren des Herzogs Gunst, zumindest aber sein Einverständnis, unabdingbar. Mithin bedurfte es der Verwandtschaft, Freundschaft oder sonstiger Beziehungen, um hofnah zu sein, um das Ohr wichtiger Räte und hoher Beamter zu haben. Wer in ein Klientelsystem eingebunden war, durfte auf Nomination hoffen; dann kamen u.U. auch Resignation bzw. ›Survivance‹, Erblichkeit und Ämterkauf zum Tragen. Insbesondere die Finanzverwaltung tendierte früh zu einem festen Verbund, der seinen Ursprung im begüterten Bürgertum der bourbonischen Städte hatte. Die herzogliche Selektion war über das Vermögen erfolgt, die Vermögenden formierten sich zu einem geschlossenen Milieu: »La Chambre des comptes se comporte au XVe et au début du XVIe siècle comme un véritable corps constitué« (S. 296).

Weitaus offener zeigt sich dagegen das Rechtswesen; hier zählte Verwandtschaft im Wortsinn nur halb soviel wie in der Rechenkammer, hier boten sich bei Studium, Talent und Leistung immer wieder auch Außenstehenden Chancen. Meist handelte es sich ebenfalls um »Landeskinder«, die jedoch in Ermangelung einer Landesuniversität in Paris, Orléans oder – wenn sie aus dem Süden der Auvergne stammten – an den Hochschulen des Midi und später in Bourges Recht belegt hatten; einige »Importe« aus Lyon konnten sogar eine Ausbildung in Italien vorweisen. Insgesamt 76% der in diesem Sektor erfaßten Personen hatte Zivilrecht bis zum Lizentiat studiert; den meist bürgerlichen Absolventen – studierte Adelige machten gerade einmal 10% aus – eröffneten sich häufig »de beaux parcours« (S. 362).

Auffällig ist der generell niedrige Anteil von Klerikern an der Beamtenschaft. Mangels schlüssiger Erklärung behilft Mattéoni sich mit einer Hypothese: »Ne peut-on imputer ce phénomène a l'absence d'un diocèse qui aurait coïncidé avec les territoires de la principauté et leur aurait conféré une plus forte cohésion?« (S. 335). Das scheint bedenkenswert, andererseits müssen die großen Marienstifte in Moulins und Montbrison doch von Bedeutung gewesen sein.

»De beaux parcours«: Sie zeichneten sich in der Regel durch Dauer und Stabilität aus. Während man ein niedrigeres Amt kaum länger als drei Jahre innehatte, betrug die Zeitspanne bei höheren Posten im Durchschnitt fast acht Jahre, in Einzelfällen wurden sogar bis zu 13 Jahren erreicht. Damit einherging besagte Spezialisierung, sprich: Professionalisierung. Man wechselte nur noch selten den Sektor; wer einmal in Justiz oder Finanz tätig war, verblieb dort auch in der Regel. Und einherging damit ebenfalls besagte Verbürgerlichung: Der Adel besetzte zwar nach wie vor die Schlüsselfunktionen am Hof und im Militärwesen, doch bedurfte die Fürstenherrschaft bei Finanz und Recht immer mehr der gelehrten Fachkompetenz. Die von Mattéoni analysierten »lettres de nomination« führen unter den von Mitgliedern des herzoglichen Dienstes geforderten Eigenschaften zwar weitaus am häufigsten »sens«, »diligence« und »loyauté« an, während »science« nur eine sekundäre Rolle spielt (S. 261); indes bleibt gegen ihn zu fragen, ob bzw. inwieweit solch »traditionelle« Tugenden, zu denen des weiteren »prudhommie«, »prudence« und »suffisance« gehören (ebd.), tatsächlich individuelle Qualifikationsmerkmale und Anforderungsprofile markierten oder nicht vielmehr standardisierte Modelle mit gewisser Variationsbreite waren.

Dennoch scheinen mir gerade die in diesem Abschnitt gewonnenen Ergebnisse von erheblicher und zumeist bestätigender Bedeutung. Zunächst im innerfranzösischen Vergleich: Des Verfassers Blick fällt hier aufgrund bereits vorliegender Studien auf Paris, die Bretagne und Senlis. (Letzteres erstaunt keineswegs, wenn man weiß, daß Bernard Guenée seinen eigenen »beau parcours« mit einer 1963 erschienenen Untersuchung über »Tribunaux et gens de justice dans le bailliage de Senlis à la fin du Moyen Age« begann.) Qualifikation, Kontinuität und auch Erfahrung – Spitzenpositionen nahm man in der Regel kaum vor dem fünften Lebensjahrzehnt ein – waren Schlüsselkriterien für die wesentlich von Beamtencorps getragene Entwicklung zur Staatlichkeit – dies aber nicht nur in Frankreich. Nach wie vor dominierten allenthalben Fürst und Adel, gab der Wille des Herrschers noch auf Jahrhunderte den Ausschlag; allein gute Entscheidungen bedurften in einer komplexer werdenden Gesellschaft guten Rats und guter Ausführung: keine Staatlichkeit ohne bürgerliche Mitwirkung.

4) Wohin? Oder: »Officiers et société«. Diese bürgerlichen Aufsteiger suchten ihren Platz in einer von aristokratischen Wertvorstellungen und Lebensweisen geprägten Welt. »Vivre noblement« lautete das Ideal, doch mit der wenig fürstlichen Entlohnung allein ließ sich dies nicht verwirklichen. Bourbon war eben ärmer, zahlte schlechter als andere Prinzen; herzogliche Geschenke, Privilegien, Altersversorgung, aber auch eigenes Vermögen und Schmiergelder gewannen da an Bedeutung. Und waren Wissen und Fertigkeiten entsprechend gefragt, so konnte man sie auch bei einem zweiten Dienstherrn, etwa Kommune oder König, gegen Geld einbringen, was manch bürgerlicher Sekretär und Notar, aber auch manch adeliger Militär tat – Risiken und Konflikte bei Zerwürfnissen zwischen Herzog und Monarch wie etwa 1465 bei der »Ligue du Bien Public« einbegriffen (vgl. den Fall des Merlin de Cordebeuf, S. 395).

Das angesammelte Vermögen wurde in der Regel in Grund und Boden investiert; die von Bartier für burgundische Amtsträger der Zeit konstatierte »soif de terre« war im Fürstentum Bourbon nicht weniger groß. Wer über ein »patrimoine foncier« verfügte – hier waren einmal mehr die Beamten der Rechenkammer im Vorteil, weil sie in der Regel schon von Hause aus Kapital mitbrachten –, der warb, da man keine »noblesse de robe« kannte, um (noch größere) herzogliche Gunst und entwickelte Heiratsstrategien. Dies erweisen die Beispiele der Popillon, Brinon, Fourest, Le Bourgeois und vor allem der aus dem Bürgertum von Moulins stammenden Cadier, deren Aufstieg mit Guillaume, dem Sekretär Johanns I., begann: »dans les années 1450, les Cadier étaient au centre d'un vaste réseau de parenté et d'alliances, induisant solidarité et fidelité. Directement ou indirectement, toutes les grandes sources de pouvoir étaient soumis a leur influence: Chambre des comptes,

maints offices de finances, offices de châtelains de Moulins, chapitre collégial et enfin consulat de la ville puisque plusieurs membres ... siégeaient dans l'instance dirigeante de la cité«
(S. 430).

Natürlich wollte der einmal erreichte Status durch entsprechendes Mäzenatentum und
Bibliophilie, ja sogar eigene Dichtung einschließendes kulturelles Ambiente demonstriert
und über das Ableben hinaus mit Fundationen, Memorien und Begräbnisstätten perpetu-
iert sein. Wer in den Marienkirchen von Moulins und Montbrison oder im herzoglichen
Priorat Souvigny begraben wurde, der hatte es am Ende vollends geschafft – und in solch
exklusivem Kreis hatten die wenigen Inhaber einer eigenen Kapelle im Marienstift der
Hauptstadt noch ein wenig mehr reüssiert. Teilweise in Amtstracht, wie etwa der Präsident
der Rechenkammer Charles Popillon, ließen sie sich samt ihren Familien auch auf den Fen-
stern von Notre-Dame abbilden. So führt der Autor uns am Schluß genau an jene Stätte, auf
die des Lesers erster Blick überhaupt gefallen war, zeigt doch der Buchumschlag den Ausschnitt eines dieser Fenster, auf dem mit Gilles Le Tailleur der Argentier und Trésorier
général Herzog Karls I. zu sehen ist.

Mithin eine fürwahr abgerundete Arbeit, die Lob und Anerkennung verdient, wenn man
sie »für sich« nimmt. Die oben zitierte Passage über die Cadier läßt jedoch Fragen und
Wünsche aufkommen, die der – überzeugende – Schlußteil trotz aller »prosopographischen
Dichte« der präsentierten Exempla nur teilweise beantwortet und erfüllt. Wie waren diese
Amtsträger und ihre Familien in die städtische und kirchliche Welt des Herzogtums eingebunden? Auch der erwähnte Dienst für die Valois – die königliche Verwaltung war ja in
Bourbon präsent – oder das nahe Lyon wollen bei solcher »Verflechtungsanalyse« berück-
sichtigt sein, und schließlich sei der eingangs angesprochene, vergleichende »Bilck über den
Zaun« nicht vergessen. Möglicherweise wurden diese Desiderata aber bereits erfüllt, handelt es sich bei vorliegendem Band laut Vorbemerkung doch »nur« um den Text, »sous une
forme allégée, des deux premiers volumes d'une thèse de doctorat nouveau regime«. Darf
man also auf weitere Veröffentlichungen aus dieser »Quelle« hoffen? Die sonstigen, von
Mattéoni bislang publizierten Arbeiten – darunter finden sich Studien zum Bild Herzog
Ludwigs II. in der zeitgenössischen Historiographie und ein mit Philippe Contamine her-
ausgegebener Sammelband über das Rechnungswesen im spätmittelalterlichen Frankreich
mit eigenem Beitrag über die bourbonischen Rechenkammern – nehmen sich jedenfalls
vielversprechend aus. Das auf (die Schauspielerin Renate) Müller negativ gemünzte Dictum
des Theaterkritikers Alfred Kerr ließe sich positiv wenden in: »Mattéoni, ein Name, den
man sich merken muß«.

Heribert MÜLLER, Frankfurt a. M.

Graeme SMALL, George Chastelain and the Shaping of Valois Burgundy. Political and
Historical Culture at Court in the Fifteenth Century, Woodbridge (Boydell & Brewer)
1997, 302 S. (Royal Historical Society Studies in History, New Series).

Mit einem dezidiert sozial- und kulturgeschichtlichen Ansatz rückt der Vf. dem
Leben und der umfangreichen Chronik von George Chastelain zu Leibe; »Chastelain in
›dichter Beschreibung‹«, so könnte man etwas frei nach einem Wort des Vf.s (in der Zusammenfassung S. 228) den Hauptinhalt des anzuzeigenden Werks auf den Punkt bringen. Den
Leser erwartet dabei keine langatmige Auseinandersetzung mit literaturwissenschaftlichen
Theorien, sondern eine detaillierte, quellennahe, bisweilen minutiöse Untersuchung der
Persönlichkeit und des Werks Chastelains. Im einzelnen geht der Vf. der familiären Herkunft, der Karriere am burgundischen Hof unter Herzog Philipp dem Guten, der fragmentarischen Überlieferung der Chronik sowie ihrer bisher nicht beschriebenen Rezeption in
den Niederlanden bis ins 16. Jh. nach.

Diese Fragen werden vor dem Hintergrund der burgundischen Staatsentstehung untersucht, so daß sich gleichsam von selbst eine Verknüpfung mit dem herzoglichen Hof und
seinen Protagonisten ergibt. Dieses schlägt sich in der Methode der Untersuchung nieder.
Der Vf. geht weniger textimmanent vor, sondern wendet sich folgerichtig der – wie immer
bei burgundischen Themen – verstreuten archivalischen und kodikologischen Überlieferung zu. Dieses Vorgehen ist vor allem deshalb berechtigt, weil Chastelain in seiner Chronik ein stilisiertes Bild von sich selbst gezeichnet hat. Aufgrund dieser quellenkritischen
Umsicht vermag der Vf. ein deutlich differenzierteres und nuancenreicheres Bild zu zeichnen, als man es bisher z.B. durch das Werk von J.-C. Delclos kannte[1].

Die Arbeit gliedert sich in sechs ungefähr gleich große Kapitel, von denen die beiden
ersten der Person Chastelains gewidmet sind. Im ersten Kapitel geht der Vf. der Herkunft
der Familie aus der Stadt Gent nach, wo die Familie im Schiffbau und Handel groß geworden war. Auch George widmete sich in frühen Jahren den Geschäften. Doch diese schlugen
nicht nur finanziell fehl, sondern führten darüber hinaus zum Bruch der Familie; George
Chastelain verließ im Frühjahr 1441 Gent und ging nach Frankreich, wo er höchstwahr-
scheinlich im Gefolge des Pierre II de Brézé an den Königshof gelangte (S. 42f.). Dort verblieb er ca. dreieinhalb Jahre (und nicht zehn, wie die ältere Forschung vermutete). In diese
Zeit fällt auch das erste überlieferte literarische Werk, *L'oultré d'amour*, das Chastelain
seinem Gönner Brézé dedizierte. Über eben diesen Brézé liefen auch die verdeckten Beziehungen vom französischen zum gegnerischen burgundischen Hof, so daß Chastelain,
der mehrmals im Auftrag Brézés als Gesandter in die Niederlande reiste, in Kontakt geriet
mit Pierre de Bauffremont und vor allem Philippe de Ternant. Spätestens im Herbst 1446
erscheint er als *escuier pannetier* Philipps des Guten in den Rechnungen des burgundischen
Hofes.

Fortan und bis zu seinem Tod im Jahr 1475 blieb er in herzoglichen Diensten. Die Quellen, insbesondere die aussagekräftigen Rechnungen, sind seit langem durch A. Pinchart
bekannt gemacht[2], so daß es so gut wie kein neues Material gibt. Auch hier kann der Vf.
seine neuen Erkenntnisse dadurch gewinnen, daß er Chastelain in den Kontext stellt: Mit
wem hatte er am Hof Kontakt? Welche Stellung hatten diese Personen inne? Wer waren die
anderen Gesandten, mit denen er beispielsweise im Jahr 1447 während der Soester Fehde
an den Niederrhein reiste? Wie auch bei Olivier de La Marche war die Patronage durch
Philippe de Ternant für die Karriere in den ersten Jahren am Hof entscheidend. Nur über
ihn fand er Zugang zu den »decision-making circles« (S. 62); ein weiteres Indiz für die
strukturelle Bedeutung der Netzwerke in der höfischen Gesellschaft. Es spricht für die
Kraft dieser Netzwerke, daß durch den Sturz Ternants im Jahr 1449 auch Chastelain vom
Hof entfernt wurde. Erst 1454, nach der Rückkunft Philipps des Guten vom Regensburger
Reichstag, konnte er wieder an den Hof zurückkehren. Ein Jahr später wurde er zum offizi-
ellen Hofhistoriographen ernannt, und von da an findet man ihn immer wieder im engsten
Umkreis des Herzogs. Im letzten Lebensjahrzehnt zog er sich nach Valenciennes zurück.
Auch die Wahl dieses Orts mag durch Beziehungen zum Hennegauer Adel und zu herzog-
lichen Amtsträgern im Hennegau bestimmt gewesen sein (S. 89).

Auch das dritte Kapitel, das der Rolle des *Chroniquer* am burgundischen Hof gilt, geht
das Thema im Kontext an, indem der weiterführenden Frage nach dem Umgang mit der
Geschichte am burgundischen Hof nachgegangen wird. Ein wichtiges Problem ist dabei die
Einrichtung des Amts eines offiziellen Hofchronisten, die der Vf. in den Zusammenhang

---

1   Jean-Claude DELCLOS, Le témoignage de Georges Chastellain, Historiographe de Philippe le Bon
    et de Charles le Téméraire, Genf 1980 (Publications Romanes et Françaises, 155).
2   A. PINCHART, Historiographes, indiciaires, écrivains – Chastellain (Georges), in: Messager des
    sciences historiques 1862, S. 301–321.

der nach dem Fall Konstantinopels einsetzenden Kreuzzugsbewegung einordnet. In Burgund fand diese Bewegung ihren Höhepunkt in dem berühmten Fasanenfest zu Lille im Februar 1454, das nach dem Eingang der Kreuzzugsbulle Papst Nikolaus' V. und noch vor den Aktivitäten des französischen Königs abgehalten wurde: »In this atmosphere the appointment of an official chronicler was a natural and perhaps even necessary step« (S. 96f.); der direkte Anlaß entzieht sich auch hier einer definitiven Klärung. Bei einem Vergleich mit den anderen Dichtern und Literaten am Hof sowie mit den Chronisten an anderen westeuropäischen Höfen fällt auf, daß auch hier der burgundische Hof dem Vorbild des französischen Hofs folgt (S. 115). Während einer längeren Friedensphase in den 50er und 60er Jahren ist eine allgemeine Hinwendung zur Literatur festzustellen. Nicht die Chronik, sondern die anderen Werke wurden in den bibliophilen Kreisen auf handschriftlichem Wege in nicht zu unterschätzendem Maße weiterverbreitet, wie mehrere Sammelhandschriften zeigen; auch hier stößt man wieder auf die stets entscheidenden Netzwerke (S. 121–125).

Es hat den Anschein, daß die Chronik selbst erst nach dem Tod des Autors in größerem Kreise gelesen wurde; der handschriftliche Befund legt diese Vermutung zumindest nahe. Chastelain konnte sein Hauptwerk trotz zügigen Arbeitens nicht fertigstellen. Für die ältere Geschichte standen ihm die bekannten größeren Geschichtswerke der herzoglichen Bibliothek zur Verfügung; zu nennen wären die Grandes Chroniques vom französischen Königshof, die Chronik Enguerran de Monstrelets und die Heroldsliteratur (letztere S. 140). Anders sieht es jedoch bei der Zeitgeschichte aus. Zu Chastelains Aufgaben gehörte es u. a., die großen politischen Ereignisse der Zeit festzuhalten, über die er durch Freunde am Hof stets auf dem laufenden gehalten wurde, sei es, daß man ihm Briefe schrieb oder daß er persönlich mit ihnen sprechen konnte. Ein weiteres Mal werden die Netzwerke zum Gegenstand der Untersuchung, der höfisch-öffentliche Charakter kommt klar zum Ausdruck. Der Vf. kann letztlich nicht beweisen, sondern nur – allerdings mit guten Gründen – wahrscheinlich machen, daß Chastelain je nach dem Eingang von Nachrichten seinen Text zügig redigierte und spätere Informationen nicht mehr berücksichtigte bzw. späteren Redaktionen vorbehielt. Auch wenn es Lücken für die Zeit Philipps des Guten gibt, so wird die Chronik für die jüngere Zeit, also die Regierung Karls des Kühnen, zunehmend fragmentarischer; die Arbeit litt unter »the burden of repeated deadlines for ›choses nouvelles‹ which were written in response to great events that required rapid (if not immediate) commemoration« (S. 145). Vielleicht gibt es für die jüngere Zeit nicht einmal einen richtigen Archetyp, sondern allein verschiedene und mehr oder minder voneinander abweichende Redaktionsstufen.

Diese waren die Grundlagen für die spätere handschriftliche Verbreitung. Es gibt immerhin 10 Manuskripte, doch keines ist vollständig, im Gegenteil: Ein jedes hat nur einen kleinen Teil des Texts. Die ältere Forschung hat dieses als Indiz dafür gewertet, daß Chastelain recht bald in die Bedeutungslosigkeit verschwand. Auch diese Einschätzung vermag der Vf. stark zu relativieren, indem er jedes einzelne Textzeugnis genau kodikologisch z. B. anhand der Wasserzeichen des Papiers untersucht und in einen Kontext einzuordnen versucht. Die Handschriften gehören nämlich mit einer Ausnahme alle der Generation der Jahre 1490–1520 an. Auch wurden die Fragmente als solche kopiert; es gibt keinen Hinweis, daß man einen vollständigen Text anstrebte. Mit Sicherheit waren solche Auszüge in den Bibliotheken der Grafen von Croy und der von Nassau vorhanden. Andere Spuren führen in die Bibliotheken der Gelehrten und Juristen des frühen 16. Jhs. Zu diesen Kreisen gehörte auch der einzige und illegitime Sohn des Chronisten, Gonthier Chastelain, selber bibliophil und schriftstellerisch tätig. Beziehungen hatte er zum *indicaire* Jean Lemaire des Belges, dem Finanzspezialisten Charles Le Clerc, in den 80er Jahren des 15. Jhs. zu Jean Molinet, Lodewijk van Brugge, Pierre de Henin Herrn von Boussu und Philipp von Kleve Herrn von Ravenstein. Die Rezeption der Chronik gehört in den Zusammenhang des burgundischen Nachlebens am habsburgischen Hof in den Niederlanden, die insbesondere beim jungen Karl V. eine dominierende Rolle in der politischen Vorstellungswelt spielte.

Zusammenfassend kann man sagen, daß dem Vf. so etwas wie ein Chastelain-Handbuch gelungen ist. Es dürfte deutlich geworden sein, daß für viele Fragen im Zusammenhang mit Chastelain sich die Antwort bei Small findet; ein Personen- und Ortsindex hilft bei der schnellen Suche, ein umfassendes Literaturverzeichnis ist selbstverständlich. In einem Anhang werden die Handschriften genau beschrieben, in einem weiteren wird als Exkurs ein Werk Chastelains, *Déclaration de tous les hauts faits du duc Philippe de Bourgogne, celuy qui se nomme le Grand Duc ou le Grand Lyon,* eingehend untersucht. Es verdient hervorgehoben zu werden, daß diese Arbeit mit genau 230 Seiten (ohne Anhänge und Verzeichnisse) äußerst konzise ist. Man kann nur gratulieren.

Harm von SEGGERN, Kiel

Jaume AURELL I CARDONA, Els mercaders catalans al quatre-cents. Mutació de valors i procés d'aristocratització a Barcelona (1370–1470), Lleida (Pagès editors) 1996, 428 S., 33 Tabellen, Tafeln und Zeichnungen (Col·lecció Seminari, Sèrie Catalònia, 5).

Mit dem Zusammenwachsen Europas einerseits, der Regionalisierung in Spanien andererseits ist mehr und mehr die Bedeutung Kataloniens als eines wirtschaftlich starken und politisch-kulturell eigenständigen Landes ins allgemeine Bewußtsein gerückt. Einen Beitrag zur Erforschung seiner Sozial- und Mentalitätsgeschichte hat auch der Autor des vorliegenden Buches geleistet, der sich in seiner methodisch wohlreflektierten Untersuchung mit Leben und Kultur der katalanischen Kaufleute des 15. Jhs. befaßt, jener sozialen Schicht, die im Mittelalter nicht nur wirtschaftlich als treibende Kraft in der Geschichte des Landes zu gelten hat.

Jaume Aurell beschränkt – neben dem betrachteten Zeitraum und der räumlichen Begrenzung auf Barcelona – seine Vorgehensweise insofern, als er thematisch die Kaufleute als soziale Gruppe betrachtet und methodisch einen kultur- bzw. mentalitätsgeschichtlichen, mithin interdisziplinären Ansatz verfolgt; dabei stellt er seine Arbeit in den Zusammenhang der katalanischen und französischen Forschung und weist auf ihre dokumentarische Grundlage hin, die namentlich Inventare, Testamente und Heiratsverträge umfaßt (Einleitung, S. 18–29). Daraus ergibt sich folgerichtig eine Dreiteilung in die Bereiche Privatleben, Bildung bzw. Kultur sowie soziales Gefüge.

Somit beginnt im ersten Kapitel die Untersuchung des Privatlebens, indem zunächst der häusliche Bereich des Kaufmanns thematisiert wird (S. 31–84). Hier bildet das Familienleben den Kern, das ebenso analysiert wird wie die Rolle der Frau des Kaufmanns und die Bedeutung der Kinder als Nachfolger im Familienbesitz. Ein weiterer wichtiger Aspekt ist in der wirtschaftlichen Bedeutung der Sklaven und ihrer engen Bindung an die Kaufmannsfamilie zu sehen, und auch der Wohnraum an sich läßt Rückschlüsse auf die Lebenskultur der Kaufleute zu. Den zweiten großen Bereich des Privatlebens muß man zweifellos im eng mit diesem verbundenen beruflichen Sektor sehen (S. 85–134), wobei es hier dem Autor besonders um die dem Kaufmann eigene Raum- und Zeitwahrnehmung, seinen Arbeitsrhythmus geht, aber auch die schriftlich-organisatorische und die auf die Anhäufung von Waren bezogene Tätigkeit in den eigenen Räumen untersucht werden.

Kapitel III und IV befassen sich dann mit den dem Kaufmann eigentümlichen Überzeugungen und Wertvorstellungen, die sich ganz offensichtlich aus der Lektüre der Kaufleute erschließen lassen (S. 135–192), zugleich aber essentiell seine Frömmigkeit betreffen (S. 193–251). Methodisch greift der Autor hinsichtlich der (aus Lektüre von Büchern sich ergebenden) Bildung auf die Inventare *post mortem* zurück, um mit Hilfe von statistischer wie auch thematischer Analyse die Zusammensetzung von kaufmännischen Bibliotheken zu ermitteln. Dabei fördert er die Lektüre profaner und religiöser Texte zutage. Die Religiosität des Kaufmanns läßt sich auf der Basis der Notariatsakten als eine pragmatische und von der Ikonographie her bestimmbare ausmachen. Doch auch die kirchlichen Sakramente sind für die private Frömmigkeit von großer Bedeutung, während die Testamente naturgemäß die Sorge für das Leben nach dem Tode deutlich werden lassen. Dementsprechend kommen Reichtum wie Religiosität des Kaufmanns darin besonders in Schenkungen zum Ausdruck.

Der dritte große Komplex des Buches ist der sozialen Dimension des kaufmännischen Lebens gewidmet. Das fünfte Kapitel (S. 253–326) behandelt die Auflösungserscheinungen in der sozialen Gruppe der Kaufleute, welche sich zunächst auf eine horizontale Mobilität zurückführen lassen, die durch eine Bewegung von der Ribera weg ins Innere der Stadt gekennzeichnet ist. Der innere Zusammenhalt der Gruppe ging auch dadurch verloren, daß es verbreitet Bestrebungen gab, vermittels einer Heiratsstrategie den sozialen Aufstieg zu suchen. Als dritten Gesichtspunkt dieser Problematik arbeitet Aurell noch das Ende einer gemeinsamen politischen Position der Kaufleute, unter anderem infolge des Bürgerkriegs der Jahre 1462–1472, heraus. Kapitel VI (S. 327–390) beinhaltet die Betrachtung einer Entwicklung von der Handels- zur Finanzkultur, wobei die Hinwendung zu Spekulation und Kapitalwirtschaft den Verlust von Unternehmergeist zur Folge hatte. Dazu kam noch, daß das Ideal der adligen Lebensnorm eine große Anziehungskraft auf den Kaufmannsstand ausübte; hier untersucht der Autor die zunehmende Annäherung desselben an das städtische Patriziat, die sich auch an entsprechend veränderten Lebensgewohnheiten ablesen läßt.

Die Ergebnisse seiner Forschungen, die Aurell selber am Schluß noch einmal rekapituliert (S. 391–400), können sich sehen lassen: er hat vor allem nachweisen können, daß der Verlust der eigentlich kaufmännischen Identität durch Streben nach aristokratischen Lebensformen, Prestigedenken, sozialem Aufstieg und Auflösung des Gruppenverständnisses einen Wandel herbeiführte, der die einst so aktiven Kaufleute von Barcelona dann in der Folgezeit zur Mittelmäßigkeit verurteilte. Dabei ist Aurells Vorgehensweise in einem positiven Sinne scholastisch zu nennen: Dreiteilung im Gegenstand, Zweiteilung bei der Untergliederung, detaillierte Feingliederung sowie stringente Darstellung mit Schlußfolgerungen am Ende eines jeden Teilkapitels. Beredtes Zeugnis für die breite dokumentarische und bibliographische Basis legt schließlich ein ausführliches Quellen- und Literaturverzeichnis ab.

Mit seinem Buch, dessen Umschlag mit einem Fragment aus dem Verklärungsbild von Bernat Martorell (Kathedrale von Barcelona) illustriert ist, leistet Aurell einen hervorragenden kulturgeschichtlichen Beitrag zum Verständnis der gemeinhin angenommenen spätmittelalterlichen Krise Kataloniens, und der Rezensent kann nicht anders, als sich vor dem Verfasser dieser meisterhaften Studie zu verbeugen und jedem an Inhalt oder Methode interessierten Leser deren Lektüre ans Herz zu legen.

Christof OHNESORGE, Kirchhain

Monique SOMMÉ, Isabelle de Portugal, duchesse de Bourgogne. Une femme au pouvoir au XVe siècle, Villeneuve d'Ascq (Presses Universitaires du Septentrion) 1998, 575 S. (Histoire et civilisations).

War Isabella von Portugal, Herzogin von Burgund, eine ungewöhnliche Fürstin? Auf jeden Fall sind wir dank des Reichtums der Archive der burgundischen Herzöge aus dem Hause Valois ungewöhnlich gut über diese dritte Gemahlin Philipps des Guten und Mutter Karls des Kühnen informiert. Freilich beleuchtet die Überlieferung verschiedene Bereiche in unterschiedlichem Maße. Die reichen Akten-, Brief und Rechnungsbestände unterrichten gut über bestimmte Aspekte des Familienlebens, der Hofhaltung, der Domänenverwaltung, des Finanzwesens, der politischen Aktionen und religiösen Stiftungen. Sie schweigen hingegen weitgehend über persönliche Dinge wie Vorlieben, Geschmack oder Gefühle.

Monique Sommé, Professorin an der Universität Arras, ist sich dieses Problems ausdrücklich bewußt (S. 483). Wohl auch deshalb hat sie den auf eine politische Biographie hindeutenden Untertitel gewählt. Aber das Buch, die um ein Kapitel und die umfangreichen Anhänge gekürzte Fassung ihrer Habilitationsschrift (Universität Lille III, 1995), ist mehr als das: Nachdem bereits 1991 Claudine Lemaire und Michèle Henry im Rahmen einer Brüsseler Ausstellung den Katalog »Isabelle de Portugal, duchesse de Bourgogne« herausgegeben haben, ist der Herzogin nun mit diesem Buch ihr Platz unter den am besten untersuchten Frauengestalten des Mittelalters sicher. Dies ist um so beachtlicher, als noch 1970 Richard Vaughan in seinem Buch »Philip the Good« beklagte, daß man so wenig über diese Fürstin wisse, deren Einfluß auf die Politik ihres Mannes er außerordentlich hoch einschätzte. Andererseits ist diese Nichtbeachtung geradezu symptomatisch für die ältere Geschichtsschreibung über die Herzöge von Burgund: Lange, allzu lange, hat man sich darauf beschränkt, die reichen chronikalischen Quellen auszuwerten, ohne sich an die riesigen Archive, vor allem die Rechnungen, zu wagen. Die Chroniken schildern jedoch überwiegend Haupt- und Staatsaktionen wie Feldzüge, Fürstentreffen, feierliche Einzüge, Turniere, rauschende Feste. Wie unvollständig dieses Bild ist, zeigen uns die Akten. Stehen in den Chroniken der Herzog und sein Adel im Vordergrund, und blicken wir durch sie auf eine stilisierte und sich selbst inszenierende Welt, so finden wir in anderen Quellen gleichsam den Hintergrund für diese Zurschaustellungen der Macht und des Reichtums. Und hier erst wird sichtbar, welche Rolle Isabella von Portugal mit ihrer Energie, ihrem Arbeitseifer, ihren finanztechnischen Kenntnissen und diplomatischen Fähigkeiten für die Geschichte dessen gespielt hat, was man den »burgundischen Staat« zu nennen sich angewöhnt hat.

Es ist schon fast ein Topos, wenn der Verfasser eine Fürstenbiographie damit beginnen muß, daß man über Kindheit und Jugend der Titelfigur leider nichts oder nur wenig wisse. Der Grund liegt meistens in der schon oben geschilderten Ausrichtung der Chronistik, und Rechnungsarchive wie die burgundischen sind eine Seltenheit. Auch über Isabella ist neben dem Namen ihrer Eltern (Johann I. von Portugal und Philippa von Lancaster) ihrem Geburtsdatum (21. Nov. 1397) und der Tatsache, daß sie mit 18 Jahren nach dem Tode ihrer Mutter als einzige Frau in ihrer Familie am portugiesischen Hof die Rolle der Königin einnahm, nicht viel zu erfahren.

Um so besser informiert sind wir über die Gesandtschaft Philipps des Guten nach Portugal zwecks Werbung um die mit 31 Jahren für das zeitgenössische Verständnis nicht mehr so ganz junge Prinzessin und die folgenden Ereignisse wie die Eheverhandlungen, die Hochzeit per procurationem, die lange Überfahrt, die Eheschließung am 7. Januar 1430 in Sluis und die anschließenden Hochzeitsfeierlichkeiten in Brügge, die auch deshalb bemerkenswert sind, weil in diesem Rahmen der Orden vom Goldenen Vlies gegründet wurde. Das Gemälde, daß Jan Van Eyck, der der Hochzeitsgesandtschaft nach Portugal angehörte, seinem Fürsten vorausssandte, damit dieser sich ein Bild von seiner künftigen Gattin machen konnte, ist leider verloren.

Die ersten Monate in ihrer neuen Heimat war die Herzogin, die kaum Französisch sprach, noch von ranghohen Adligen und Damen aus ihrer alten Heimat umgeben. Mehrere kehrten nach einigen Monaten zurück, andere blieben ihr Leben lang im Norden. Die Ehe wurde nach den Maßstäben der Zeit ein großer Erfolg. Zwar hielt der Herzog sich weiterhin eine Mätresse, aber das Fürstenpaar verband tiefe Zuneigung und gegenseitige Hochachtung. Nur zweimal, 1454 und 1457, kam es zu ernsthaften Auseinandersetzungen, die beide ihren Grund im Zerwürfnis des Erbprinzen mit seinem Vater hatten. Das Paar verbrachte während der ersten 15 Jahre seiner Ehe, für die wir genaue Zahlen besitzen, durchschnittlich etwa 200 Tage im Jahr gemeinsam, eine im Vergleich mit anderen Fürsten hohe Zahl.

Drängend war in den ersten Jahren die Frage des Nachwuchses. Der Herzog hatte zwar unzählige Bastarde, aber keinen legitimen Sohn. Um so tragischer war, daß die beiden ersten Söhne Isabellas noch im Säuglingsalter starben. Erst am 11. November 1433 brachte die Herzogin ein lebensfähiges Kind zur Welt, den späteren Karl den Kühnen. Die Mutter verbrachte in den ersten Jahren soviel Zeit wie möglich gemeinsam mit ihrem Sohn. Als dieser jedoch bereits 1439 mit Katharina von Frankreich verheiratet wurde, lebte das junge Paar bis zum Tod der Prinzessin 1446 vorwiegend in Brüssel. Doch die Beziehungen der Mutter zu ihrem Sohn blieben stets eng, auch und gerade in Zeiten, in denen zwischen dem Herzog und seinem Erben ernste Konflikte schwelten.

Außer dem eigenen Sohn, dessen Hofhaltung bis zum Rückzug der Herzogin vom Hofleben im Jahre 1456 von dem seiner Mutter abhängig blieb, gab es eine Reihe weiterer Verwandter in Isabellas Umgebung, darunter auch einige Bastarde Philipps des Guten aus der Zeit vor der Eheschließung. Zu einigen von ihnen baute die Herzogin sehr enge Beziehungen auf. Außerdem gab es Nichten und Neffen Philipps des Guten aus den Häusern Kleve und Bourbon, die am burgundischen Hof erzogen wurden, sowie ab 1450 zwei Neffen und eine Nichte der Herzogin, die verbannten Kinder ihres gefallenen Bruders Pedro. Dieses Milieu, das Sommé bereits in ihrem Aufsatz »La jeunesse de Charles le Téméraire d'après les comptes de la cour de Bourgogne« (Revue du Nord 64, 1982, S. 731–750) vorgestellt hat, wird hier erneut und in erweiterter Form beschrieben, wobei besonders die Protektion der Fürstin für diese Verwandten, sei es nun durch finanzielle Unterstützung, durch Verschaffung von Pfründen oder durch Eheanbahnungen, betont wird.

Der zweite Teil des Buches ist den Finanzen der Herzogin gewidmet. Diese verfügte aus ihrem Hochzeitsgut über bedeutende eigene Einnahmen. Da diese sich aber in den folgenden Jahren ebenso wie die Ausgaben mit denen des Herzogs vermischten, ist die Gesamtsumme des der Herzogin zur Verfügung stehenden Geldes nicht genau zu ermitteln. Vor allem trug der Herzog die Kosten für die Hofhaltung, das »hôtel« der Herzogin. Für dessen Finanzen war zwar ein eigener »Maître de la Chambre aux deniers« zuständig, sobald das Herzogspaar örtlich getrennt war; er war jedoch auf die Zahlungen des herzoglichen Receveur général angewiesen.

M. Sommé kann detailliert nachweisen, wie die vor allem durch ständige Kriege des Herzogs bedingten finanziellen Probleme bis auf den Hofstaat der Herzogin durchschlugen. Bis zu Beginn der vierziger Jahre des 15. Jh. waren Zahlungsverzögerungen für die Amtsträger des Hofes offenbar eher die Regel als die Ausnahme. Allerdings berücksichtigt Sommé hier nur die über den Maître de la Chambre aux deniers der Herzogin abgewickelten Zahlungen und vernachlässigt die Zuständigkeit des entsprechenden Beamten des Herzogs in dem häufigen Fall, wo das Paar beisammen war. Erst ab 1442 besserte sich die finanzielle Lage, und die Zuweisungen wurden regelmäßig. 1445 stellte eine Finanzreform schließlich die Versorgung des gesamten Personals der Herzogin, das bis dahin noch zum Teil Verpflegung in Naturalien erhielt, auf Gagenzahlungen um. Insgesamt schätzt die Verfasserin die Kosten der Höfe von Herzog und Herzogin zusammen auf 50 % der Gesamteinnahmen des burgundischen Staates.

Sehr detailliert wird dann den Besitzungen nachgegangen, die Isabella bei ihrer Hochzeit zur eigenen Nutzung erhielt oder die ihr später vom Herzog geschenkt wurden. Diese sind nicht zu verwechseln mit ihrem Wittum, das ihr für den Fall des Todes des Herzogs gesondert angewiesen wurde. Da die Schenkungen häufig aus Konfiskationen stammten und gelegentlich nach einer Anzahl von Jahren dem ursprünglichen Besitzer zurückgegeben wurden, gab es hier z. T. beträchtliche Verschiebungen. M. Sommé beschreibt nicht nur ausführlich die Verwaltung dieser Güter, sondern macht auch umfangreiche Angaben zu den regionalen und lokalen Amtsträgern der Herzogin, die z. T. den Charakter von Kurzbiographien annehmen. Dabei werden sorgfältig die Unterschiede in den Kompetenzen einzelner Amtsträger zwischen den nördlichen und den südlichen Territorien herausgearbeitet. Auf-

fallend ist, daß zwar manche burgundische Adlige in der Regionalverwaltung der Niederlande zu finden sind, aber kein Amtsträger aus dem Norden im Süden auftaucht.

Die Arbeit ihrer Amtsträger überwachte die Herzogin genau: Sie hielt engen Kontakt zu
denjenigen in Flandern sowie im Artois und überprüfte die Rechnungen ihrer Domäne oftmals persönlich. Für ihre Besitzungen im Herzogtum Burgund, das sie nur selten besuchte,
wurde ein eigener »Receveur général des terres de madame la duchesse de Bourgogne« eingesetzt.

Die Einkünfte waren beträchtlich, allein die Herrschaft Cassel, die wichtigste Besitzung
der Herzogin, brachte in den Jahren 1451–1454, die einzigen Jahre, für die Rechnungen erhalten geblieben sind, jährlich nach Abzug aller Unkosten einen Reingewinn von 6500–7000
flandrischen Pfund ein. Zu diesen regelmäßigen Einnahmen kamen unregelmäßige hinzu.
So erhielt die Herzogin wiederholt Anteile an dem Herzog bewilligten Beden oder Renten
und Geldgeschenke. Trotz ihrer hohen Einnahmen war die Herzogin gelegentlich gezwungen, sich Geld zu leihen. Dies vor allem zu Beginn der fünfziger Jahre, als sie ihre mittello-
sen, am burgundischen Hof lebenden portugiesischen Neffen Jaime und João von Coïmbra
sowie deren Schwester Beatriz ausstattete.

Im dritten Teil, der der Hofhaltung der Herzogin gewidmet ist, beschreibt Sommé
zunächst nochmals den zumindest dem deutschen Publikum bereits durch die Arbeiten von
Ursula Schwarzkopf, Werner Paravicini und des Rezensenten bekannten Aufbau eines
burgundischen »hôtel« sowie dessen Funktionieren. Sie wertet dann die Hofordnungen
von 1430 und 1438 aus, letzteres eine Ergänzung zur ursprünglichen Thèse, da der Text von
1438 erst 1996 von W. Paravicini entdeckt wurde. Festzustellen ist eine in der Regel sehr
lange Dienstzeit. Dabei gab es am Hof der Herzogin kaum Aufstiegsmöglichkeiten. Am
ehesten konnte noch ein Gehilfe in einem der Ämter »Karriere« machen, indem er seinem
Meister im Amt nachfolgte, oder ein Schreiber, indem er es zum Sekretär brachte. Den im
Verhältnis zum Herzogshof wenigen Adligen war hingegen ein interner Aufstieg schon
dadurch unmöglich gemacht, daß Kammerherrenstellen in den Hofordnungen der Herzogin nicht vorgesehen waren.

Breiter Raum wird dann den Frauen am Hofe der Herzogin eingeräumt, deren Namen
erst seit der Auffindung der Hofordnung von 1438 vollständig bekannt sind, da die in derjenigen von 1430 für sie gelassene Lücke nicht ausgefüllt wurde. Die am Hof der Herzogin
lebenden Verwandten sowie die Ehrendamen und Edelfräulein werden identifiziert, und
das vorwiegend aus Rechnungsquellen über sie zur Verfügung stehende Material wird präsentiert. Vor allem für unverheiratete junge Frauen war der Hof oft nur eine Durchgangs-
station in Richtung Ehe. Für die portugiesischen Edelfräulein, die sie begleitet hatten, handelte die Herzogin selbst die Eheverträge aus, wobei sich ihr unterschiedlicher sozialer
Rang im Rang des Gatten und in der Höhe der gewährten Mitgift spiegelte. Doch die Herzogin kümmerte sich nicht nur um die Verehelichungen, sondern gewährte ihren Frauen
insgesamt Schutz und eine Unterstützung, die sich auch auf deren Ehemänner und sonstige
Angehörige erstrecken konnte.

Ebenso ausführlich wie die Frauen werden dann die Männer abgehandelt. M. Sommé
unterscheidet die (wenigen) Adligen, die »Intellektuellen« (Sekretäre, Finanzpersonal,
Ärzte, Geistliche) und die Handwerker. Sie stellt u. a. fest, daß die Adligen durchgehend
frankophon waren, wobei ursprünglich die Burgunder dominierten, daß aber unter dem
nichtadligen Personal die Länder des Herzogs gleichmäßiger vertreten waren.

Der Hofdienst war gesucht, brachte das »burgundische Dienstrecht« (Schwarzkopf)
doch eine Reihe von Vorteilen bis hin zur Altersversorgung. M. Sommé gibt zahlreiche Beispiele für das Geschenkwesen und die Patronage, die die Herzogin den Amtsträgern ihres
Hofes gewährte.

Im vierten und letzten Teil des Bandes lernt der Leser Isabella von Portugal als Politikerin,
Diplomatin und Organisatorin kennen, und hier begegnet ihm nicht die huldvolle, ihren Tag

mit dem Betrachten von Turnieren oder stickend im Kreise ihrer Damen verbringende Fürstin, die früher durch sogenannte Kultur- und Sittengeschichten geisterte. Statt dessen wird deutlich, welche große Rolle diese Herzogin schon bald nach ihrer Hochzeit spielte. Sie regierte nicht nur die Niederlande, als der Herzog 1432 nach Burgund reiste, sondern sie verwaltete im folgenden Jahr auch die südlichen Lande, während der Herzog im Feld stand, und sorgte vor allem für die Finanzierung des Feldzuges. Sie bewährte sich so sehr, daß Philipp der Gute ihr die Organisation der Verteidigung überließ, als er 1434 wieder in die Niederlande aufbrach. Auch die im folgenden Jahr zustandekommende Aussöhnung mit dem König von Frankreich begleitete sie tatkräftig. In dem hierauf folgenden Krieg mit England war es wiederum die Herzogin, die für die finanziellen Ressourcen sorgte. In den durch die Unterbrechung des Handels mit England verursachten Revolten in Flandern vermittelte Isabella zwischen den Aufständischen und dem Herzog. Den Höhepunkt erreichten ihre Aktivitäten in den Jahren 1438–1445. Nicht zu Unrecht benennt M. Sommé deshalb das entsprechende Kapitel »Isabelle de Portugal, diplomate, ›ministre des finances‹ et régente«. Sie vermittelte die Wiederherstellung der für Flandern lebenswichtigen Handelsbeziehungen mit England, erreichte die Freilassung des Charles d'Orléans, der sich seit der Schlacht von Azincourt (1415) in englischer Gefangenschaft befunden hatte, und bemühte sich um einen englisch-französischen Ausgleich, der dann 1445 in Châlons-sur-Marne zustande kam. Sie kümmerte sich um außenpolitische Beziehungen, vor allem zu den Ländern der iberischen Halbinsel und zu England. Sie kontrollierte die Finanzen und verwaltete die Niederlande, wenn der Herzog abwesend war. Erst als alle großen politischen Aufgaben gelöst waren, zog sich die Herzogin aus der Tagespolitik zurück.

In den fünfziger Jahren, als ihr Sohn volljährig war und die an ihrem Hof lebenden jungen Verwandten versorgt waren, bereitete sie dann den Rückzug vom lärmenden Hof vor, um in La-Motte-au-Bois ein beschaulicheres Leben zu führen. Sie war tief geprägt von der neuen Frömmigkeit der Devotio moderna und unterstützte tatkräftig die monastische Reform. Zwanzig Kloster- oder Hospitalgründungen gehen auf die Herzogin zurück.

Umgeben nur von wenig Personal, führte sie schon zu Lebzeiten ihres Mannes das Leben einer Witwe, war aber stets bereit, ihr Refugium zu verlassen, wenn man ihrer bedurfte. So hat sie noch im Jahre 1467 den Ehevertrag für ihren Sohn und Margarethe von York ausgehandelt.

Betrachtet man das aktive und erfolgreiche Wirken dieser Fürstin, so kann man nur erneut dazu aufrufen, das immer noch weit verbreitete Bild des Niederganges, das uns Huizinga vom Hof der Herzöge von Burgund gemalt hat, indem er lediglich literarische Quellen verwandte und daraus eine morbide Endzeitstimmung konstruierte, endlich auf dem Schrottplatz der Mythen der Geschichtsschreibung zu entsorgen.

Holger KRUSE, Kiel

Pierre MONNET, Les Rohrbach de Francfort. Pouvoirs, affaires et parenté à l'aube de la Renaissance allemande, Genève (Droz) 1997, 410 S., 14 Abb. (Travaux d'Humanisme et Renaissance, 317).

Pierre Monnet schreibt in seiner glänzenden, von Philippe Braunstein (Paris) betreuten Dissertation die Geschichte der Familie Rohrbach und mit ihr zu einem Gutteil die Geschichte der Stadt Frankfurt am Main am Ende des Mittelalters (»l'histoire d'une ville peut être aussi considérée comme celle des hommes qui la dirigent: écrire l'histoire des Rohrbach était une manière d'écrire l'histoire de la ville«, S. 347). Er geht aus von drei, teils in deutsch, teils in lateinisch verfaßten Manuskripten aus dem letzten Drittel des 15. Jhs. (Stirps, Liber gestorum, Tagebuch) aus der Feder zweier hervorragender Mitglieder dieser Familie. Die ersten beiden Bücher stammen von Bernhard Rohrbach (1446–1482), Schöffe

seiner Heimatstadt, das dritte von dessen Sohn Job (1469–1502), Kanoniker an dem Frankfurter Stift, das lange schon gewöhnliche Wahlstatt des römischen Königs war: St. Bartholomäus (»Dom«).

464 Personen konnte Monnet in den Handschriften namhaft machen, von denen etwa die
Hälfte mit den Rohrbachs verwandt oder verschwägert waren: Es handelt sich, wie Monnet
zu Recht konstatiert, um eine repräsentative Quelle für das Bewußtsein einer patrizischen
Handelsfamilie in einer großen und bedeutenden Stadt des 15. Jhs. (ähnliche Bücher existieren für die Frankfurter Familien Melem, Vom Rhein, Jostenhöffer, Schwarzenberg). »Cette
œuvre à plusieurs mains se présente à la fois comme exercice de style, une entreprise
pédagogique d'un récit de la réussite, une justification d'une ascension et une galerie d'*exempla* familiaux articulée autour de quatre figures: le grand-père Johann incarne le type du
marchand enrichi, le père Heinrich le modèle du parcours politique urbain, le fils Bernhard
la consécration du lignage patricien bien allié et enfin le petit-fils Job l'insertion réussie dans
le cercle des clercs et des lettrés« (S. 75).

Die Rohrbachs zählten zwar nicht zu den ältesten Familien der Messestadt, zogen sie
doch erst um 1360 aus der Wetterau an den Main, doch durch ihren Erfolg vor allem im
Handel mit Elsässer Wein gehörten sie bald zu den reichsten und, spätestens seit Friedrich III.
ihnen einen Wappenbrief ausstellte, zu den angesehensten. Indem die beiden Rohrbach-
schen Chronisten aus Familienpapieren schöpfen, bieten sie weit mehr als nur persönliche
Aufzeichnungen von Vater und Sohn. Monnet kann zeigen, daß sie die Erinnerungen von
sieben Generationen festhalten, die vom Beginn des 14. bis zum Ende des 15. Jhs. lebten.
Überdies handelt es sich bei dieser Konstruktion nicht um bloße Familienchronistik: Die
Bücher sind zugleich Autobiographie, Gruppenporträt und Stadtchronik, ja an manchen
Stellen sogar Reichschronik, wo sie etwa auf den *adventus regis* Friedrichs III. oder den
Reichstag in der Mainmetropole zu sprechen kommen.

Schon der erste, mit »La mémoire des Rohrbach« überschriebene Teil der Arbeit zeigt,
daß Monnet keineswegs nur Frankfurter Lokalgeschichte betreibt. Vergleiche zu anderen
Autobiographen und Chronisten (u.a. Ulman Stromer, Erasmus Schürstab, Christoph
Scheurl, Nikolaus Muffel, Sigismund Meisterlin, Lukas Rem, Ludwig von Diesbach, Christoph Fürer, Albrecht Dürer), Städten (u.a. Nürnberg, Augsburg, Mainz, Basel, Straßburg,
Köln, Lübeck, Florenz) und Ländern (v.a. Italien und Frankreich) stellen den kulturellen
und literarischen Kontext her, in dem die Erinnerungen der Rohrbachs geographisch und
intellektuell anzusiedeln sind. Am Ende dieses Teils werden die in den Chroniken der Rohrbachs berührten wichtigen und gemeinschaftsstiftenden Begebenheiten aus der Frankfurter
Stadtgeschichte verfolgt wie Königsbesuche, Reichstage, Prozessionen, Passionsspiele, Predigten oder Hinrichtungen.

Doch das hier zum Vorschein kommende städtische Bewußtsein ist nicht der einzige
Antrieb für die Autoren, auch die Verwandtschaft und das persönliche Schicksal sind
Movens, denen der zweite Teil (»Histoires de famille«) gewidmet ist. Monnet geht die einzelnen Generationen der Rohrbachs durch, widmet ihrem Namen die gebührende Aufmerksamkeit und weist in überzeugender Argumentation nach, daß sie mit ihrer Herkunft
aus der Wetterau ein typisches Beispiel für viele Familien darstellen, die Mitte des 14. Jhs. in
die im Gefolge des Schwarzen Todes dezimierte Stadt zogen. »Ainsi tout un chapitre des
relations à la fois politiques, économiques et diplomatiques entre des villes d'un même cercle régional peut partiellement s'expliquer par les itinéraires de migration des groupes familiaux et les réseaux généalogiques qui en émanent« (S. 134). Besonders häufig kommen die
Chroniken auf die »rites de passage« (S. 141) im Leben der Genannten zu sprechen, was
Monnet Material zur Beantwortung unterschiedlicher Fragestellungen zum familiären Leben
zur Verfügung stellt. So rechnet er, ausgehend von den einzelnen Rohrbach-Generationen,
beispielsweise die Kindersterblichkeit hoch oder stellt Überlegungen an zu der These von
einem Frauenüberschuß in der damaligen Zeit, den er nicht belegen kann (S. 142–151).

Immer wieder stellt er dabei Vergleiche zu anderen Frankfurter wie Nürnberger oder Augsburger Familien her. Heiratsstrategien und damit dem Geflecht der großen Familien wird ebenso nachgegangen wie der Manifestation privater Memoria im öffentlichen Raum mit der Rohrbachschen Familienkapelle in St. Bartholomäus.

Im dritten Teil (»Les ressorts du pouvoir«) zeigt Monnet die Grundlage für die Macht der Rohrbachs auf: ihren aus dem Weinhandel hervorgegangenen Reichtum, der vor allem in Haus-, Grund- und Rentenbesitz bestand. Dank guter Überlieferung kann er genaue Angaben machen, die in einem Anhang weiter ausgebreitet werden. Die Chroniken selbst zeichnen zwar den Aufstieg der Familie nach und dienen in gewisser Weise seiner Rechtfertigung, doch geben sie über dessen materielle Grundlagen nur verhältnismäßig wenig Auskunft. Die Rohrbachs genossen zum Zeitpunkt der Abfassung bereits einen derartigen Reichtum, daß es die Autoren nicht nötig hatten, dauernd über seine Herkunft zu reden, und sie wollten durch ihre diesbezügliche Lakonie, wie Monnet vermutet (S. 221), wohl auch genau diesen Eindruck erwecken. Allerdings halten sie mit Kostenangaben nicht hinterm Berg, wenn sie unterstreichen wollen, wie teuer ein Geschenk war oder wie kostspielig die Kleidung.

Die Rohrbachs begegnen vor allem in der zweiten Hälfte des 15. Jhs. in zahlreichen politischen Ämtern. Sie waren Bürgermeister (Heinrich, der Vater des Chronisten Bernhard, war zweimal Erster Bürgermeister), Schöffen (im Jahre 1474 gehörte derselbe zu den vier Schöffen, die Friedrich III. am Stadttor empfangen durften, während sein Sohn zu denjenigen Patriziern zählte, die die Ehre hatten, dem König bei seinem Einzug in die Stadt das Geleit zu geben), Pfleger oder führten Gesandtschaften. Während Job Kanoniker in St. Bartholomäus war, saß sein Bruder im Rat: Sie waren in den beiden wichtigsten politischen und spirituellen Orten der Stadt präsent, wo man mit Mitgliedern der anderen einflußreichen Familien zusammentraf, mit denen man zumeist verwandt oder verschwägert und in der angesehensten Patriziergesellschaft Alt-Limburg aufgenommen war.

Im letzten Kapitel seiner Arbeit kommt Monnet auf die Bildung der Rohrbachs zu sprechen; er rekonstruiert beispielsweise ihre Universitätsbesuche und ihren Bücherbesitz. Sie sind Träger einer städtischen Kultur, deren Facetten sich in den ausgewerteten Texten widerspiegeln, die Nachricht geben über Passionsspiel und Fest, Bücher und Poesie, Predigt (Kapistran) und Musik (Bernhard war Organist an St. Bartholomäus), Astronomie und Magie. Zusammenfassend kann man sagen, daß es Monnet um die kulturelle Identität der Stadt geht und um das Erinnern als eine ihrer Voraussetzungen. Er kann zeigen, daß diese Identität als offenes Phänomen, wie er es nennt, gerade in solchen wie den untersuchten narrativen Texten aufscheint (S. 13).

Die Arbeit wird durch eine Reihe von Anhängen ergänzt: Neben einer knappen Zeittafel wird ein nach Generationen geordnetes genealogisches Verzeichnis der Rohrbachs und der mit ihnen verschwägerten Personen geboten, das man sich etwas übersichtlicher wünscht. Der beigegebene Stammbaum der Rohrbachs verliert durch seine starke Reduktion an Aussagekraft. Es folgt eine Chronik der Rohrbachschen Privatwirtschaft: Fromme Gaben und Stiftungen, Renten, Steuern, Geschäftspapiere, Geschenke, Käufe, Gelder werden aufgelistet. Gründliche Umrechnungsangaben zu Frankfurter Gewichten, Maßen und Münzen helfen sicher nicht nur bei der Benutzung der sich anschließenden zehn kurzen Auszüge aus den Chroniken der beiden Rohrbachs. Leider werden die Transkriptionsprinzipien nicht deutlich gemacht, und es wird grundsätzlich auf eine normalisierte Gliederung der Sätze durch Satzzeichen verzichtet, was die Lesbarkeit nicht gerade fördert. Die Rekonstruktion des Bücherbesitzes der Rohrbachs listet fast zwei Dutzend Titel auf. Umfangreiche Verzeichnisse der benutzten Archivalien, der gedruckten Quellen und der Literatur, ein Namen- und Orts-, leider aber kein Sachregister, schließen das Buch ab. Die Qualität der durchweg nützlichen Abbildungen läßt in einigen Fällen zu wünschen übrig (S. 216 unten, S. 341 rechts unten); einen Photonachweis sucht man vergeblich.

Uwe ISRAEL, Göttingen

Andreas SOHN, Deutsche Prokuratoren an der römischen Kurie in der Frührenaissance (1431–1475), Köln (Böhlau) 1997, X–432 p. (Norm und Struktur, 8).

Andreas Sohn a mis à profit son séjour à l'Institut historique allemand de Rome pour entreprendre l'étude d'un groupe social jusque-là quelque peu négligé, quoique indispensable, celui des procureurs auprès de la Curie. Avec le quatrième concile du Latran (1215), qui admet toute espèce de représentation de la part des solliciteurs, s'est mise progressivement en place une véritable profession, celle de procureur à la Curie. L'histoire de ces hommes, de leurs origines à l'aube de la Réforme, fait apparaître les multiples facettes mais aussi la complexité de cet office. Au XVe siècle, la fonction se caractérise par sa spécialisation, sa professionnalisation, sa collégialisation et même son internationalisation. Le procureur intervient dans un domaine de plus en plus réglementé et son champ d'action devient de ce fait de plus en plus restreint. Ainsi, les procureurs à la Rote s'apparentent désormais à un service public et ceux qui sont attachés à la Pénitencerie occupent dans le déroulement des affaires une place qui se rapproche de celle des *scriptores*.

Alors qu'au XIIIe siècle les Italiens dominaient le petit monde des procureurs et qu'à la cour d'Avignon les Français avaient pris la relève, les Allemands ont largement pris part à l'internationalisation commencée à la fin du XIVe siècle, et qui s'est amplifiée avec le retour de la Curie à Rome. Cette tendance n'est pas seulement due à la politique menée par le Saint-Siège vis-à-vis de l'Allemagne et à la reconnaissance de Nicolas V par Frédéric III à la fin du schisme. L'histoire des procureurs allemands se situe dans le contexte du développement de ces relations. Leur présence à la Curie reste égale pendant la seconde moitié du XVe siècle.

À partir des notices prosopographiques des deux cent-trente-six procureurs en Curie retrouvés pour les années 1431 à 1474, peuvent être dressés les plans de carrières, les carrières elles-mêmes et les destins de ces hommes. La trace de nombreux procureurs s'est cependant perdue, leur personnalité et leur carrière demeureront inconnues.

Si les procureurs proviennent de toutes les couches sociales, de la noblesse aux familles marchandes, ils sont pour la plupart issus de la bourgeoisie urbaine, de celle des villes moyennes ou petites (et non des grandes métropoles comme Cologne, Nuremberg, Brême ou Hambourg). Près des deux-tiers viennent des provinces de Cologne et de Mayence, et plus du tiers (38,5 %) des diocèses de Cologne, Mayence, Utrecht et Liège. Très peu sont originaires des provinces de Salzbourg, Gniesen ou Prague. Le diocèse de Brême a donné à lui seul plus de procureurs que toute la province de Salzbourg.

Pour être admis comme procureurs auprès de la Curie, les candidats devaient passer un examen, et pour être efficace, un procureur devait connaître le latin, le droit canon, mais aussi la marche des affaires en Curie, d'où la nécessité de faire des études appropriées dans une université allemande ou italienne. L'appui d'un cardinal n'était pas inutile pour faire carrière. Si certains procureurs passaient leur vie à la Curie, d'autres rentraient au pays au bout d'un moment. Pour certains, entrer dans le cercle prestigieux des procureurs de Rote marquait l'aboutissement d'une carrière, pour d'autres leurs compétences pouvaient servir de tremplin pour faire une carrière en Curie, pour devenir auditeurs de Rote, voire même être admis dans le cercle plus étroit de l'entourage pontifical. Ils pouvaient aisément mettre à profit la connaissance qu'ils avaient des affaires de la Curie pour obtenir des expectatives ou des provisions, et un bénéfice pouvait même leur être donné en remerciements de services rendus.

À leur retour en Allemagne, ils pouvaient aussi entrer dans une curie épiscopale comme official ou chancelier. Certains ont même fini évêques comme Nicolas Tungen, Andreas Peper ou cardinal comme Melchior de Meckau. Deux franciscains, anciens procureurs généraux sont devenus papes, mais ils étaient italiens (Francesco Della Rovere, et Felice Pereti, Sixte IV, 1471–1484, et Sixte V, 1585–1590).

La langue maternelle jouait un rôle important et les liens entre compatriotes s'exprimaient fortement. Les nouveaux venus étaient assez vite intégrés à la colonie allemande établie sur les bords du Tibre et retrouvaient leurs racines dans la confrérie de Santa Maria de l'Anima, où ils apprenaient à connaître les curialistes mais aussi leurs clients. Pour certains, la confrérie devenait leur refuge, et c'est elle qui bénéficiait de leurs legs testamentaires, de leurs fondations d'anniversaires, mais aussi qui recevait leur sépultures. À l'intérieur de la confrérie de l'Anima, les procureurs jouaient un rôle public, et c'est à eux que l'on confiait la gestion de l'hospice.

Les procureurs allemands ne choisissaient pas nécessairement un patron allemand, mais pouvaient travailler aussi pour des cardinaux français, comme Guillaume d'Estouteville, italiens, comme Capranica, ou espagnols … et même leur servir de secrétaire. On avait là un vivier »d'administratifs« comme nous dirions aujourd'hui. Ceci dit, la langue facilitait certaines relations, un solliciteur préférant généralement s'adresser à un procureur en Curie provenant de son propre pays, tout comme l'appartenance à une même confrérie, à un même chapitre ou à un même pays pouvait jouer un rôle non négligeable.

Lorsque le futur procureur – en règle générale un clerc séculier âgé de moins de vingt-cinq ans – arrivait à la Curie, il était pourvu des ordres mineurs. Même si la promotion aux ordres sacrés était sans importance pour l'exercice de la charge, on s'empressait alors obtenir les ordres majeurs, et la plupart du temps un bénéfice. La durée du séjour était en moyenne de vingt-cinq ans, mais dans quelques cas isolés elle pouvait être moindre, dix à quinze ans, ou parfois plus, trente-cinq ans pour Heinrich von Roraw, quarante ans pour Heinrich Senftleben.

Les procureurs résidaient avant tout là où étaient les curialistes influents et les dignitaires ecclésiastiques, dans quatre régions principales, Ponte, Regola, S. Eustachio, Parione. Certains procureurs renommés pouvaient vivre dans le palais de leur protecteur, d'autres seulement partager une maison, quelques-uns ayant un »bureau« sur le parvis de Saint-Pierre ou des basiliques patriarchales. D'autres moins doués ou moins chanceux se contentaient de chercher leurs clients parmi la foule plus anonyme des pèlerins et des solliciteurs de tous ordres.

Les sources ne nous donnent qu'une image fragmentaire des livres qu'ils pouvaient posséder. Dans quelle mesure achetaient-ils des formulaires, le *Corpus juris canonici* ou le *Corpus juris civilis*, les décisions de la Rote? Un commerce de livres se tenait aux alentours de l'Anima.

La représentation de leurs clients dans les procès constituaient leur activité principale, affaires bénéficiales ou financières traitées auprès de la Chambre apostolique ou du collège cardinalice. Ils pouvaient aussi représenter les évêques pour les visites *ad limina*. Ils faisaient tout, de la rédaction des suppliques jusqu'à l'expédition des lettres pontificales.

L'étude d'A. Sohn fait aussi apparaître la dimension liturgique et sociale des collèges de procureurs. Le collège s'exprimait dans les messes et les divers offices, dont les anniversaires des membres défunts, mais aussi lors des processions pontificales, révélant l'intensité de la vie de la communauté qui se concrétisait dans la chapelle, que les membres pouvaient choisir comme lieu de sépulture. Ainsi les procureurs de la Rote avaient leur chapelle à S. Eustachio et à S. Maria in Campitelli, ceux de l'Audience à S. Celso et Giuliano. Les premiers augmentèrent leur prestige en récupérant S. Maria Rotunda sous les pontificats de Clément VII à Paul IV (1523–1559).

Sur la base d'une large prosopographie, A. Sohn a pu dessiner l'image d'un groupe de personnes nettement différenciées, apportant des résultats intéressants aussi bien pour l'histoire sociale du clergé allemand à la fin du Moyen Age que pour l'histoire régionale allemande, sur ces intermédiaires peu connus mais efficaces entre les milliers de solliciteurs et les dignitaires de la Curie.

La prosopographie des procureurs allemands en Curie pour les années 1432–1474 occupe les p. 341–406, mais ne reprend pas les notices de dix procureurs étudiés plus largement p. 180–245 (»Prokuratorenprofile«), comme Heinemann Loer, originaire d'Unna (le pays de l'auteur), Heinrich von Roraw ou Heinrich Senftleben, déjà évoqués.

Les notices, dont on regrettera qu'elles n'aient pas été numérotées, ce qui eût facilité les renvois, sont construites selon un schéma unique et sont lisibles (il ne s'agit pas des sorties brutes d'une base de données informatique). Quelques textes illustrent les mécanismes exposés, et trois plans montrent les églises SS Celso et Giuliano, S. Eustachio, S. Maria in Campitelli, avec pour ces deux dernières l'emplacement des chapelles des procureurs. On eut aussi aimé avoir un plan de Rome, fût-il schématique, avec les principaux quartiers d'activité et de résidence des procureurs allemands.

Le livre s'ouvre avec l'état des sources inédites et une vaste bibliographie, mais la présentation des sources manuscrites est indigente: des cotes et des chiffres, sans que l'on sache ce qui se cache derrière. Que faire de cotes comme Archivio Segreto Vaticano, Instr. Misc 4754, Intr. et Exit. 414–429, ou Paris, Archives nationales, L 24 A 1–4 … Il en va de même des quelques incunables cités, Rom, Bibl. Casanatense Inc. 974 ou Bibl. Apostolica Vaticana Inc. IV 160, Inc. IV 342 ou Inc. IV 531. Ce n'est pas digne de l'érudition allemande, qui nous a en général habitué à plus de précision. Un titre, même sommaire, une date sont indispensables, sinon la référence n'est guère utile, car il ne s'agit pas d'un »index des manuscrits cités«. On eût aimé aussi un peu plus de précision dans les deux index, noms de personnes et de lieux, ces derniers ne faisant l'objet d'aucune identification.

Comme l'auteur l'a fait remarquer, les procureurs allemands n'étaient pas les seuls à exercer leur pratique à la Curie, même si leur clientèle n'était pas strictement nationale. Et c'est là un des intérêts majeurs de ce livre, donner un modèle, ouvrir des pistes pour de plus vastes recherches, pour d'autres nations, pour d'autres périodes chronologiques, même si la matière n'en sera peut-être pas aussi riche. La route est tracée.

Jean-Loup Lemaitre, Paris

Immacolata Saulle-Hippenmeyer, Nachbarschaft, Pfarrei und Gemeinde in Graubünden 1400–1600, Chur (Bündner Monatsblatt) 1997, IX–366 p. (Quellen und Forschungen zur Bündner Geschichte, 7).

En s'intéressant à la vie religieuse des Grisons, Immacolata Saulle Hippenmeyer nous fait découvrir un espace où communauté et paroisse ont su composer l'une avec l'autre. Ce sont ainsi les rapports et conflits entre structure laïque et religieuse qui sont étudiés afin de dégager quels sont les mécanismes qui ont été mis en place pour offrir aux laïcs une part de plus en plus grande dans la gestion de la vie religieuse.

La période envisagée est par ailleurs fondamentale car elle réduit à néant un clivage, par trop souvent marquant de l'historiographie suisse, qui considère la réforme protestante comme une date séparant drastiquement médiévistes et modernistes. Il est ainsi précieux de découvrir, dans une région donnée, l'impact qu'a réellement eu la réforme sur la gestion des paroisses et des communautés.

Les notions de »Nachbarschaft« et de »Gemeinde« sont de première importance car elles mettent en évidence que dans les Grisons une double structure se superpose. En effet, la commune dans son acceptation politique était rarement identique à l'unité territoriale et dans la plupart des cas, elle regroupait plusieurs villages ou »Nachbarschaften« – la langue française traduisant ce concept par »vicinanza« (!), il est tout aussi simple de conserver la terminologie allemande puisque c'est celle qui apparaît dans les sources grisonnes. Ces »Nachbarschaften« étaient en réalité des entités économiques dont les compétences se concentraient avant tout dans l'exploitation du territoire commun. Il importe à l'auteur de démontrer dans quelle mesure ces unités économiques vont s'impliquer dans la vie religieuse. Ces structures vont gagner des droits politiques et se rapprocher ainsi de la commune. Toutefois, l'auteur souligne la difficulté d'effectuer systématiquement une distinction nette entre le niveau d'implication réelle des communes et des »Nachbarschaften«.

Tout naturellement la première partie de cet ouvrage est dès lors consacrée aux derniers siècles du Moyen Age: il ressort que la volonté de participation des laïcs s'exprime et se réalise bien avant l'introduction de la réforme: en s'intéressant notamment au démembrement des paroisses, l'auteur met en évidence la stratégie de certaines communautés pour obtenir le statut de paroisse pour la filiale de leur village. Si les arguments avancés correspondent à ceux de l'Europe entière – difficultés de se rendre à l'église mère en cas d'intempéries et inconvénients majeurs qui peuvent en découler notamment pour les mourants ou les enfants sans baptême – c'est également la volonté de participer à l'administration et à la gestion de l'église qui ressort nettement. C'est notamment à travers le droit de patronat que s'exprime clairement le poids grandissant des communautés. Pourtant, le pouvoir de nomination est étroitement lié aux bien-fonds qui assurent l'existence du bénéfice. Si la communauté en est responsable, elle aura son mot à dire dans la nomination; sinon, elle n'a que peu de chance de faire valoir sa volonté. L'acquisition du droit de gestion est ainsi intimement liée à la survie matérielle du bénéficiaire.

Dans le même ordre d'idée, les communautés vont chercher à exercer un droit de contrôle sur les ecclésiastiques: une solution moderne, à laquelle le droit canonique va devoir s'habituer, est le contrat à terme d'un bénéfice. Le prébendier se tranforme dès lors en salarié; s'il n'exerce pas son ministère avec soin, il sera licencié.

L'auteur illustre ce grignotage progressif des conditions de gestion par les communautés grâce à de nombreux exemples: on regrettera toutefois certaines formules sibylines derrière lesquelles se cachaient sans aucun doute des phénomènes intéressants: c'est ainsi que dans l'étude de l'émancipation des filiales (p. 92) l'auteur évoque sans détail l'existence d'échecs. N'auraient-ils pas été également significatifs de certaines luttes de pouvoir?

La deuxième partie de l'ouvrage est consacrée aux modifications importantes suscitées par la réforme protestante. La réflexion que l'auteur conduit autour de ce bouleversement de la foi aurait pu être précédée d'un chapitre introductif sur les circonstances qui entourèrent le débat autour de la nouvelle foi. En effet, le lecteur non familier de cette région est plongé un peu abruptement dans l'étude des articles d'Illanz qui certes règlent les problèmes habituels de l'époque (autorisation de l'absentéisme avec l'accord de la communauté, élection du curé avec l'approbation de la communauté, règlement sur le comportement des prêtres, limitation de la compétence du tribunal ecclésiastique, etc.) mais offrent également aux habitants une participation particulièrement significative. L'auteur nous indique que les deuxièmes articles d'Illanz, rédigés en 1526, sont à lire en relation étroite avec la Guerre des Paysans et que dans cette perspective, le pouvoir des communes est immense. Deux exemples peuvent être mis en exergue. La particularité du débat autour de la foi protestante dans les Grisons est que l'indépendance de la foi fut proclamée, laissant aux »Nachbarschaften« le choix sur le parti qu'elles souhaitaient adopter. Par ailleurs, l'usage que les »Nachbarschaften« avaient développé de nommer les directeurs de conscience devint dorénavant fondé légalement. Cette situation modifia fondamentalement le statut économique du prêtre, puisque il ne dépendit dès lors non plus d'une prébende mais du bon vouloir de la communauté, créant ainsi un lien de dépendance évident. Ainsi, quelle que soit la foi adoptée, les articles d'Illanz légitimèrent l'action des communautés et surtout encouragèrent la population à considérer le salut de l'âme comme une affaire communale, soit à travers la nomination des curés ou la volonté de communaliser les dîmes afin d'assurer la subsistance des prêtres. A ce stade de la démonstration, la distinction entre l'intervention de la commune et des »Nachbarschaften« n'est pas toujours très nette.

Malgré cette part grandissante des laïcs dans la gestion des paroisses, la vie religieuse des fidèles n'en sortit pas uniquement gagnante car le manque de capitaux pour l'entretien des paroisses, dû notamment à l'abolition des anniversaires et au refus de certaines filiales de payer leurs contributions à l'église mère, entraîna une désertion de ces dernières au point qu'il fut parfois difficile de repourvoir certaines cures, et ce malgré l'introduction de nouvelles ressources (vente ou location de certains biens ecclésiastiques, affermage de biens communaux, introduction de nouveaux impôts, utilisation d'impôts communaux). Cette grande puissance des communautés paralysa par ailleurs le développement des pouvoirs centraux ecclésiastiques, soit au niveau de l'évêché qu'au niveau de synode évangélique.

A côté de sa réflexion, l'auteur livre, en collaboration avec Ursus Brunold, un deuxième volume où sont éditées 173 sources: jugements de tribunal, suppliques, fondations, contrats, accords, etc. Des index nominaux et surtout des matières accompagnent les deux volumes. On regrettera toutefois l'absence de cartes qui auraient permis de visualiser avec bonheur l'espace étudié.

Véronique PASCHE, Lausanne

Patrick J. GYGER, L'épée et la corde. Criminalité et justice à Fribourg (1475–1505), Lausanne (Université de Lausanne) 1998, 422 S. (Cahiers Lausannois d'histoire médiévale, 22).

Wie alle Bände dieser verdienstvollen Reihe teilt sich auch vorliegender Band in einen darstellenden Teil und eine Edition der Quellen. Gegenstand der Untersuchung und Vorgabe für den gewählten Untersuchungszeitraum sind die ersten drei erhaltenen Schwarzbücher (Livres Noirs) aus Freiburg im Üchtland. In ihnen sind Urfehden, Verhöre und Urteilssprüche des Ratsgerichtes dokumentiert. Darüber ergeben sich gewichtige Einblicke in die spätmittelalterliche Delinquenz und Rechtsprechung. Gleichwohl kann auch in diesem Fall nur ein Ausschnitt der Rechtspflege beleuchtet werden. Die Schwarzbücher umschließen vorwiegend Verbrechen, die mit peinlichen Strafen bedroht waren. Die alltäglichen Satzungsverstöße wie Messerzücken, Beleidigungen etc. fehlen hingegen (S. 14f.). Die Blutgerichtsbarkeit im späten Mittelalter bedrohte vorwiegend Diebe. Dies bestätigen auch die Schwarzbücher. Etwa 75 Prozent der dargestellten Delikte behandeln den Diebstahl (S. 109). Dies fügt sich in den Stand der Forschung ebenso wie die Einsicht, daß es vorwiegend geringwertige Güter des alltäglichen Verbrauchs wie Kleidung und Nahrungsmittel waren, die entwendet wurden. Auch die sonstige Deliktverteilung überrascht wenig. Totschlag als zweithäufigstes Delikt macht nurmehr 15 Prozent aus. Es sind zumeist aus Streit entstandene Tötungen. Morde, also Tötungen aus Vorsatz, sind nicht sehr zahlreich. Bleiben insgesamt die Delikttypen und ihre Verteilung durchaus im Rahmen des aus anderen Untersuchungen Bekannten, so überrascht die Analyse der Täter und ihrer Beziehungen zu den Opfern. Bemerkenswert ist Gygers Feststellung, daß Diebe vorwiegend in ihrem sozialen Umfeld tätig wurden (»le vol est ainsi un crime ›de proximité‹«, S. 117). Es ist in der Tat bedenkenswert, daß die Täter in über 60 Prozent der Fälle ihre Opfer kannten, oft sogar enge Beziehungen zu ihnen unterhielten. Herauszustellen ist auch sein Befund über die Herkunft und soziale Lage der Täter. Er konstatiert einen durchgehend niedrigen sozialen Status: Dienstboten und kleine Handwerker stellen das Gros der Delinquenten (144). Sie erscheinen als Gelegenheitstäter, Spuren eines Berufsverbrechertums sind kaum auszumachen. Es ist keine randständige Welt, die vor Gericht steht. Ein oder zwei Personen vermag Gyger als Vagabunden auszumachen. Die Mehrzahl der Täter stammte aus dem Freiburger Territorium. Ganze fünf Personen stammten aus der Stadt, unter ihnen vermutlich kein Bürger (144f.). Das Blutgericht war folglich eine Waffe gegen Auswärtige und Unterschichten. Insofern ist nicht ganz plausibel, daß Gyger der herrschenden Lehre folgt und das Hinrichtungsritual als Mittel darstellt, mit dem der Rat den Bürgern Furcht einflößen wollte (»susciter l'effroi«, 215). Auch an anderen Stellen hätte man sich eine eingehendere Analyse der erhobenen Befunde gewünscht. Wenn man eine mit brutalen Strafen bedrohte Gelegenheitsdelinquenz herausarbeitet, warum wird dann im Klappentext die uralte und durch nichts belegte These herausgestellt, die Gerichte hätten sich am Ausgang des Mittelalters mit einer wachsenden Delinquenz auseinanderzusetzen gehabt? Eingehender hätte auch reflektiert werden müssen, warum in den Rechnungsbüchern der Stadt mehr Hinrichtungen verzeichnet sind als in den Livres Noirs. Vollends irritierend freilich ist die gewählte Editionsweise. Der Autor hat sich entschieden, statt einer Volledition des ersten Schwarzbuches eine Auswahl aus den ersten drei Schwarzbüchern zu präsentieren, um, wie er schreibt, die Vielfalt des Rechtsalltags über einen längeren Zeitraum hinweg zu dokumentieren (13). Die Konsequenz dieser Entscheidung ist aber nicht Vielfalt, sondern Eindimensionalität. Es werden nur die französischen Texte ediert. Etwa die Hälfte der Einträge in den drei Schwarzbüchern, so erfahren wir, ist jedoch in deutscher Sprache gehalten (240). Es wird uns nicht nur ihr Inhalt vorenthalten, sie wurden auch nicht für den statistischen Anhang berücksichtigt (373). Ein gelegentlicher Hinweis darauf, daß die »germanophones« kaum anderer Verbrechen bezichtigt wurden (108), kann uns als Hinweis nicht befriedigen. Es paßt ins Bild, daß die deutschsprachige Forschung zum Thema, die durchaus mittlerweile Anschluß an die französischen Vorbilder (Chiffoleau, Gauvard) gefunden hat, kaum rezipiert wurde. Es ist so eine Studie entstanden, die einerseits durchaus ihre Verdienste hat und einige anregende Befunde präsentiert, andererseits konzeptionelle Fragwürdigkeiten aufweist, die ohne große Mühen hätten vermieden werden können.

Peter SCHUSTER, Bielefeld/Göttingen

WERNER PARAVICINI

DAS DEUTSCHE HISTORISCHE INSTITUT PARIS IM JAHRE 1998–1999

(1. September 1998–31. August 1999)

Inhalt

I. Das Institut[1]

Wie der Jahresring ausgefallen ist, möchte der Leser wissen? Auch der Direktor nimmt prü-
fend den Baumschnitt zur Hand und schaut: Ist es ein gutes Jahr gewesen, ist der Ring breit,
fest, charakteristisch ausgefallen? Wenn es ans Richten geht, sind auch die Prädikate eines
Weinjahrgangs zu bedenken: »petite année«, »bonne année« oder gar »année exceptionnelle«?
Wir werden es ein gutes Jahr nennen, aber kein hervorragendes. Zum einen aus Vorsicht, denn
wir erwarten noch immer das Urteil des Wissenschaftsrats. Zum anderen aber, weil wir uns
noch steigern wollen. Denn was bliebe, wenn die höchste Note schon vergeben ist?

In der Tat, die Gutachter-Kommission des Wissenschaftsrats hat uns am 13. Oktober
1998 visitiert, was wir, des beträchtlichen Berichtsaufwands im Vorfeld ungeachtet, sport-
lich aufnahmen: Wenn es schon zum Wettkampf kommt (der jede noch so gesittete Visitation ist), dann wollen wir dabei auch (etwas) gewinnen. En attendant nutzten wir die
unzweifelhafte Gesamtbelebung für allerlei innere Reformen und Änderungen, so daß wir
eventuellen Vorschlägen und Forderungen vielleicht schon zuvorgekommen sind. Der
Kommission gehörten an: Prof. Dr. Christof Dipper (Darmstadt), Ministerialdirektor Prof.
Hans Rainer Friedrich (BMBF), Prof. Dr. Rudolf Schieffer (München), Prof. Dr. Hans-
Ulrich Thamer (Münster), Ministerialrätin Dr. Völker (Hessisches Ministerium für Wissen-

---

1 Den Bericht zum Vorjahr s. in Francia 26/1 (1999) S. 363–402. Mit dem vorliegenden Bericht angefangen werden die Berichte künftig mehr zurück- als vorausschauen, vor allem im zweiten Teil.
Damit entfallen viele Wiederholungen und der eingesparte Platz kommt anderen Teilen der Zeitschrift zugute.

schaft und Kunst), als Vertreter des Gastlandes Prof. Dr. Philippe Contamine, membre de l'Institut (Paris); Vorsitzender war Prof. Dr. Bernhard König (Köln); als Gast wurde der Vorsitzende unseres wissenschaftlichen Beirats gehört, Prof. Dr. Otto Gerhard Oexle (Göttingen), der deshalb eigens nach Paris gekommen war. Anwesend waren gleichfalls Ministerialrat Dr. Döll (BMBF) und die beiden Sekretäre der Geschäftsstelle des Wissenschaftsrates, Dr. Michael Maurer und Dr. Michael Quirin.

Jahresvortrag und Beiratssitzung fanden wenige Tage zuvor statt, am 8. und 9. Oktober, auf den Morgen des 9. war praktischerweise auch eine Autorensitzung des Unternehmens »Deutsch-Französische Geschichte« angesetzt, und auf den vorangehenden Tag, den 8., aus dem gleichen Grunde (die fachkundigen Beiräte waren in Paris), das von Dr. Babel veranstaltete Atelier über »Kommunikation auf dem Friedenskongreß von Münster und Osnabrück«. Quelle rentrée!

Auch der Jahresvortrag von Prof. Dr. Heinz Duchhardt (Mainz) war dem gefeierten Westfälischen Frieden gewidmet: »La Paix de Westphalie – de l'événement européen au lieu européen de mémoire?«. Er füllte den großen Lesesaal der Bibliothèque historique de la Ville de Paris, den M. Jean Dérens uns wieder generose et gratis zur Verfügung gestellt hatte, mit aufmerksamem Publikum, das anschließend zum Jahresempfang in das strahlende Hôtel Duret de Chevry hinüberwanderte.

So leistete das Institut auf seine Weise einen Beitrag zum Gedenkjahr 1648: mit dem Jahresvortrag, einem Atelier, dazu einem zusammen mit der École nationale des chartes veranstalteten Vortrag von Dr. Antje Oschmann und der Präsenz des Direktors auf dem offiziellen Kolloquium, welches vom Archiv des Quai d'Orsay aus diesem Anlaß veranstaltet wurde. Goethes 250. Geburtsjahr war Anlaß, im Januar/Februar 1999 durch Prof. Voss eine eigene Vortragsreihe zu veranstalten, die schon im August im Druck erschien, pünktlich zum Geburtstag. Um des Friedensvertrags von Versailles zu gedenken, luden wir Prof. Dr. Klaus Schwabe (Aachen) ein. Zu Bismarcks 100. Todestag sprach vor der Gesellschaft der Freunde Prof. Dr. Georges Henri Soutou (Paris) und zum 50. Jahrtag des Grundgesetzes Bundesverfassungsrichter Prof. Dr. Dieter Grimm (Karlsruhe). Gedenktage bestimmen unsere Arbeit nicht, aber wir wollen sie auch nicht ignorieren.

An der Beiratssitzung des nächsten Tages, dem 9. Oktober, nahmen teil: Beirat: Prof. Dr. Ehlers (Freie Univ. Berlin), Prof. Dr. h.c. Malettke (Univ. Marburg; stellv. Vorsitzender), Prof. Dr. Oexle (Dir. MPI Geschichte, Göttingen; Vorsitzender); Prof. Dr. H. Schulze (Freie Univ. Berlin), Prof. Dr. W. Schulze (Univ. München), Frau Prof. Dr. Vollrath (Univ. Bochum), – Gäste: Prof. Dr. Esch (Dir. DHI Rom), Prof. Dr. Wende (Dir. DHI London), – BMBF: MinDirig Dr. Fichtner (UAL 32) – DHI Paris: Prof. Dr. Paravicini (Dir.), Dr. Atsma (Stv. d. Dir., Protokollant), Dr. Babel (öPR), Dr. Große (Vertr. d. wiss. Mitarbeiter), Dr. Wilkens (Vertr. der wiss. Mitarbeiter). Verhindert: Prof. Dr. Hildebrand (Univ. Bonn), Prof. Dr. Seidel (Kunsthistorisches Institut, Florenz), OAR Vincenz (BMBF, Vorsitzender des HPR), Prof. Dr. Ziemer (DHI Warschau). Finanzprobleme, Personalprobleme, EDV-Probleme wurden besprochen, Wünsche vorgetragen und Anregungen gegeben; die besondere Aufmerksamkeit galt der bevorstehenden Evaluierung.

Nach jener wilden Oktoberwoche trat wieder Ruhe ein und wir konnten uns der Arbeit widmen und dabei auch Früchte ernten, die wir zuvor gesät hatten: Mehrere große Kolloquien sind im Berichtsjahr im Druck erschienen: »Kultureller Austausch und Literaturgeschichte« (384 S.), »Jean Monnet« (deutsche und französische Ausgabe, die nicht identisch sind, 447 und 537 S.), »Les princes et l'histoire« (658 S.) – alles umfangreiche Sachen. Indes übertrifft der »Catalogue d'actes de Charles le Téméraire« von Henri Stein sie darin noch beträchtlich: er zählt 883 Seiten. Daneben sind mehrere Manuskripte fertiggestellt worden beziehungsweise gehen demnächst in den Druck: Das gilt für den zweiten Teil des Inventars von Quellen zur deutschen Geschichte in Pariser Archiven bis 1918 von Dr. W. H. Stein; für Dr. Atsmas und Prof. Vezins Bände Cluny II und III, die von Prof. Voss herausgegebene

Schöpflin-Korrespondenz, für Dr. Manfrass' Studie über die »Außenpolitischen Implikationen der internationalen Migration im deutsch-französischen Vergleich«, und für den nächsten Sonderband der »Sources hagiographiques de la Gaule« (Dr. Heinzelmann). Dr. Babels Habilitationsschrift über »Französische Protektionspolitik« wird demnächst in München eingereicht und mit dem Abschluß von Dr. Großes Habilitationsschrift »Studien zur Geschichte der Abtei Saint-Denis im 11. und 12. Jahrhundert« ist im Laufe des nächsten Berichtsjahrs zu rechnen. Auch ist ein verschlankter letzter Band der schon ehrwürdigen Reihe »Papsturkunden in Frankreich« in Sicht, den Dr. Große in absehbarer Zeit fertigstellen wird; damit käme sie nach nicht ganz 100 Jahren (der 1. Band erschien 1906) zum Abschluß. Ein im Hause am 28. Mai 1999 abgehaltenes Atelier über Gegenwart und Zukunft der »Gallia pontificia« soll künftig Periodizität erhalten.

Auch sonst sind erfreuliche Fortschritte zu melden. Aus dem Burgund-Projekt entstand erstmals eine CD-ROM zur Datenbank des Hofes Philipps des Guten (1419–1467), die im nächsten Jahr ausgereift sein wird, und die dort geleistete Arbeit veranlaßte die Fritz-Thyssen-Stiftung, uns für die Vorbereitung der Untersuchungen zur Zeit Karls des Kühnen (1467–1477) ein Pilotjahr zu finanzieren. Die Arbeit am Text der Argentier-Rechnungen Karls des Kühnen ging im zweiten Jahr sogar schneller vonstatten als geplant (wahrlich ein seltener Fall), so daß zwei der drei Register 1468–1470 in Zusammenarbeit mit der Universität Gent bereits abgeschrieben und zum Teil auch schon im ersten Durchgang kollationiert sind; die Arbeit am 3. Register hat bereits begonnen. So hoffen wir, daß dieses gemeinsam mit den Akademien in Göttingen und Paris finanzierte Unternehmen tatsächlich innerhalb von vier Jahren zu Ergebnissen kommen kann.

Die Monumenta palaeographica medii aevi bilden sich unter der Leitung von Dr. Atsma und Prof. Vezin weiter zu schöner Baumkrone aus, wo bald fast jede europäische Nation ihren Ast beziehungsweise ihre series haben wird. Die »Deutsch-Französische Geschichte« treibt unterdessen unterirdische Wurzeln; erst im Jahre 2002 werden die ersten Blätter beziehungsweise Bände sichtbar werden, nach verborgenem Wachstum, zu dem regelmäßige Autorentreffen verhelfen; im Berichtsjahr waren es ihrer drei.

Drei größere Kolloquien hat das Institut mit verschiedenen Partnern im vergangenen Berichtsjahr veranstaltet: Zunächst, vom 26. bis zum 30. September 1998, mit der Residenzen-Kommission der Akademie der Wissenschaften zu Göttingen (in deren Reihe »Residenzenforschung« die Acta erscheinen werden), dem Sonderforschungsbereich 537 »Institutionalität und Geschichtlichkeit« der Technischen Universität Dresden (Prof. Dr. Gert Melville) und dem Landesamt für Archäologie des Freistaates Sachsen (Dr. Judith Oexle) die Tagung »Das Frauenzimmer/La Chambre des Dames« zur Rolle der Frau bei Hofe im späten Mittelalter: Nie erwuchs ein stattliches Programm so mühelos, selten war der Rahmen so schön, in Dresden selbst (dem Japanischen Palais), in Meißen, Weesenstein und Pillnitz. Zum Kolloquium über den mittelalterlichen Gabentausch am 11.–13. Dezember 1998, veranstaltet zusammen mit dem Max-Planck-Institut für Geschichte, versammelte sich unter Leitung der Dr.es Gadi Algasi (Tel Aviv), Valentin Groebner (Basel) und Bernd Jussen (Göttingen) eine erlesene Schar kluger Köpfe aus vielen Ländern zu intensivem Gespräch im Hôtel Duret de Chevry; der inhaltsreiche Band wird beim Göttinger Institut in den Druck gehen. Schließlich haben wir unsere chronologische Tagungsserie zur deutsch-französischen Zeitgeschichte der Jahre 1932–1947 am 22.–23. März 1999 mit einem gewichtigen Kolloquium »La France et l'Allemagne en Guerre 1942–1944« zuende gebracht, in Zusammenarbeit mit dem Centre d'Étude d'Histoire de la Défense (Prof. Dr. Maurice Vaïsse), dem Institut d'Histoire du Temps Présent (Henry Rousso) und dem Institut für Zeitgeschichte (Prof. Dr. Dr. h. c. Möller) und kräftig unterstützt von der Gerda-Henkel-Stiftung und der immer hilfsbereiten Deutschen Botschaft: Ein Wagnis war es nicht mehr, diese Jahre zu behandeln, eher eine Verpflichtung; aber wie es geschah, war in Zeiten unerwarteter Reaktualisierung dennoch eine ermutigende Erfahrung, die keiner der Teilnehmer missen möchte. Der Tagungsband wird in Zusammenarbeit mit dem CEDH in einer unserer Reihen erscheinen.

Zusammenarbeit (dankbar geübt auch stets mit der École nationale des chartes und dem Institut de recherche et d'histoire des textes), Information und Transfer bildeten auch sonst einen wichtigen Teil unserer Arbeit: Die Bibliothek wurde stärker besucht als in den Vorjahren und wird auch dadurch zunehmend attraktiver, weil Retrokonversion und Inhaltserschließung bedeutende Fortschritte gemacht haben. Auch hat sie wiederum erfreuliche Schenkungen erhalten, für die das Institut dankbar ist: von Prof. Dr. Fritz Trautz (Heidelberg) weitere Rara, von der französischen Botschaft in Bonn vor dem Umzug nach Berlin zweier Dokumentationsserien zur Geschichte der Bundesrepublik Deutschland, und von den MGH in München die Kopie ihres EDV-Kataloges, der uns wiederum die Retrokonversion erleichterte. Bibliotheksleiter Dr. Atsma wirkte andererseits bei vielen Ausstellungen als Berater mit. Und unsere Homepage (www.dhi-paris.fr) gibt es nicht nur, sie ist auch bereits revidiert worden, so daß zum Beispiel die Bio-Bibliographien der wissenschaftlichen Mitarbeiter abrufbar sind; aufgerufen wurde sie mehr als 60 000 mal.

Um den Nachwuchs haben wir uns wie stets besonders intensiv gekümmert: 29 Stipendiaten und 24 Praktikanten kamen dieses Jahr zu uns und wurden betreut und eingewiesen. Auch haben wir einige deutsche Habilitierte mit Forschungsaufträgen versehen, die zu Publikationen des Hauses gedeihen werden. Wenn der Souverän uns nicht noch die beantragten Stipendientitel kürzt, werden wir ab dem Jahre 2000 auch für französische Doktoren (oder Doktoranden) etwas tun können, was uns schon lange ein Anliegen war.

Derweil hat das Deutsche Forum für Kunstgeschichte unter der Leitung von Prof. Dr. Thomas Gaehtgens am 2. Juli 1999 seinen neuen Sitz an der Place des Victoires eingeweiht, so daß es nicht mehr notwendig sein wird (aber durchaus willkommen bleibt), daß wir es mitsamt den Teilnehmern an seinem Sommerseminar in unserem Hause empfangen, wie am 17. September 1999 geschehen.

An Personalveränderungen sei an dieser Stelle lediglich erwähnt (vgl. unten S. 423), daß Dr. Holger Kruse, Referent für das Spätmittelalter, zum Jahresende unser Haus verlassen hat, um in Kiel seine Habilitation vorzubereiten, die Prof. Dr. Gerhard Fouquet betreut; seine Nachfolgerin wurde am 7. Dezember 1998 Dr. Anke Greve.

Damit zu einigen Problemen, die uns bekümmern. Da ist zunächst die überaus zeitaufwendige, nie zufriedenstellende und nie abgeschlossene Bastelei, die die EDV erfordert, vor allem deshalb, weil kein spezialisiertes Personal vorhanden ist und die Mittel nicht reichen, es sich einzukaufen. Trotz tatkräftiger Hilfe aus dem BMBF (Hardware) und von Herrn Grünewälder aus dem Schwesterinstitut in Rom (Software), die ausdrücklich und dankend anerkannt werden, hat die Belastung einzelner wissenschaftlicher Mitarbeiter auf diesem Gebiet längst und bei weitem die Toleranzgrenze überschritten; folgt keine Abhilfe, müssen wir im Interesse der wissenschaftlichen Arbeit innehalten. Wir setzen unsere Hoffnung auf unseren Anteil an den vom Ministerium in Aussicht gestellen Informatiker.

Weiter hat der Verlag, der mit uns die »Pariser Historischen Studien«, die »Studien und Dokumente zur Gallia Pontificia« und die »Reflexionen über Deutschland im 20. Jahrhundert« veröffentlicht, uns am 10. Juni 1999 mitgeteilt, daß er sich Ende des Jahres 2000 aus der wissenschaftlichen Produktion zurückzuziehen wünscht: Wir sind auf der Suche nach einem neuen Verlag.

Keine Fortschritte **hat die** Unternehmung »Archives interculturelles« gemacht, weil die vom Leipziger Partner zur Verfügung gestellte Software keine Korrekturen erlaubt und Abhilfe einstweilen nicht zu beschaffen war. Die Arbeit an den Berichten der französischen Gesandten bei den Staaten des Deutschen Bundes bedarf des Projektumfangs wegen noch weiterer Vorbereitung und wird erst zu einem späteren Zeitpunkt wieder aufgenommen.

Zum Schluß dieses Überblicks mag von einigen Ereignissen und Ehrungen die Rede sein (die alle auch dem Institut zugute kommen): An seinem 75. Geburtstag überreichte in

Rottach-Egern der Direktor begleitet von Dr. Atsma in Gegenwart der Prof.es Dr.es Horst Fuhrmann, Rudolf Schieffer und Eberhard Weis Prof. Dr. Dr.es h.c. Karl Ferdinand Werner seine durch das Institut veröffentlichte Aufsatzsammlung »Einheit der Geschichte«. Prof. Werner hatte zuvor, am 7. Dezember 1998, den »Prix Maurice Baumont« im Institut de France erhalten, wo Jean Tulard, membre de l'Institut, die Laudatio hielt (der Direktor vertrat ihn, die FAZ berichtete) und am 18. Juni 1999 im Pariser Jockey Club den »Prix de l'Association de la noblesse française« (Laudatio: le Prince Gabriel de Broglie, membre de l'Institut), hauptsächlich für sein neues Buch »La naissance de la noblesse«, aber im ersten Falle auch und ausdrücklich für die Leistungen des von ihm so lange geleiteten Deutschen Historischen Instituts. Auch sein Nachfolger wurde ausgezeichnet: Prof. Dr. Horst Möller, erhielt die Ehrendoktorwürde der Universität Bordeaux III am 3. Dezember 1998, und der stellvertretende Vorsitzende unseres wissenschaftlichen Beirats, Prof. Dr. Klaus Malettke, bereits Ehrendoktor der Sorbonne, erhielt am 7. Januar 1999 das Kreuz der Ehrenlegion. Aufmerksam lasen wir in der FAZ vom 23. Juni 1999 eine Besprechung des Artikels »Auslieferung auf Verlangen«, den unsere Mitarbeiterin Dr. des. Regina M. Delacor veröffentlicht hatte. Die FAZ berichtete auch über unser Kolloquium in Dresden (am 4.11.98) und die Süddeutsche Zeitung über die Pariser Tagung zu den Jahren 1942–1944 (am 10.4.99). Wenn das 1979 erschienene Schöpflin-Buch von Prof. Voss ins Französische übersetzt worden ist, die Dissertation von Frau Delacor ins Französische übersetzt wird und Dr. Heinzelmanns Buch über Gregor von Tours aus dem Jahr 1994 gegenwärtig bei der Cambridge University Press ins Englische, dann schreiben wir auch dies unter die Activa in unseren Bericht.

Da von Ehrungen die Rede ist, sei zu guter Letzt mitgeteilt, daß auch das Institut nunmehr seine Anerkennung für Mäzene und Wohltäter manifest werden lassen kann: Gestiftet von der Gesellschaft der Freunde wurde am 20. Mai 1999 erstmals vom Direktor vergeben die Reproduktion der aufs Jahr 1630 datierten Medaille mit dem Bild des Erbauers unseres Hauses, Charles Duret seigneur de Chevry. Es erhielt sie M. Jean Ducarpe (Paris), der uns seine Bibliothek zur Geschichte der Jahre 1900–1950 geschenkt hat.

Allgemeine Forschungsprojekte

Deutsch-Französische Geschichte

Die Planung der »Deutsch-Französischen Geschichte« ist weiter fortgeschritten. Der Umfang wurde von zwölf auf dreizehn Bände ausgedehnt: Der 13. Band soll die Summe ziehen und wird die beiden Herausgeber zum Autor haben, also Michael Werner und den Direktor. Das Autorengremium wurde um Sylvie Lemasson (Grenoble) erweitert, die zusammen mit René Lasserre den 12. Band verfassen wird. In mehreren Sitzungen, aktiv unterstützt von einem eigenen Beirat (Prof.es Dr.es Joachim Ehlers, Patrick Fridenson, Jean-Claude Schmitt, Hagen Schulze, denen besonders zu danken ist), wurden am 8. Oktober 1998, 21. Januar und 25. Juni 1999 nicht nur Formfragen mit Herrn Martin Bredol, dem Vertreter des Verlags der Wissenschaftlichen Buchgesellschaft behandelt, sondern auch Gliederungsentwürfe und Konzeptuelles diskutiert. Treffen dieser Art werden von nun an regelmäßig stattfinden. Die ersten Manuskripte (Babel, Lasserre/Lemasson, Wilkens) sind in Vorbereitung und sollen im Herbst 2001 eingereicht werden.

Archive und Archivwissenschaft

Inventar von Quellen zur deutschen Geschichte in Pariser Archiven
(Dr. Wolfgang Hans Stein)

Das Inventar erfaßt die Quellen zur deutschen Geschichte bis zum Ende des Ersten Weltkrieges. Es schließt an ein schon früher von dem Bearbeiter in anderem Zusammenhang publiziertes Inventar an[2]. Auf der Basis der Einsicht, daß bei sachthematischen Inventaren grundsätzlich niemals eine wirkliche Vollständigkeit zu erreichen ist, was den Bearbeiter schon bei dem ersten Band dazu veranlaßte, auf den bestimmten Artikel zu verzichten (»Inventar *von* Quellen«), liegt damit nun im Prinzip eine vollständige Übersicht über die in den Pariser Zentralbeständen erhaltenen Quellen zur deutschen Geschichte vor 1918 vor[3].

Das Inventar ist abgeschlossen und liegt einschließlich des Index als druckfertiges Manuskript vor. Es umfaßt besonders die Quellen in den zentralen französischen Militärarchiven, die bisher noch nicht berücksichtigt worden waren. Dabei macht die Inventarisierung der Bestände des Service historique de l'armée de terre (SHAT) den größten Teil des Bandes aus. Daneben werden auch die deutschen Betreffe in den Beständen des Service historique de la marine (SHM) und im Archiv des Service de santé des armées erfaßt. Die Übersicht über die Bestände des Archivs des französischen Außenministeriums (Archives du ministère des Affaires étrangères, AAE) wird für neu zugänglich gewordene Bestände des Ancien Régime und des 19. Jahrhunderts und für die Bestände der Zeit zwischen 1896 und 1918 ergänzt. Nur wenige Quellen zur deutschen Geschichte vor 1918 können im Archiv des französischen Finanzministeriums (Centre des archives économiques et financières, CAEF) nachgewiesen werden. Schließlich wird ein Überblick über die Quellen zu den Deutschen in Paris in den Stadtpariser Archiven (Archives de Paris; Préfecture de Police de Paris) gegeben, wobei besonders die Zeit vor 1870/71 von Bedeutung ist, als Paris als »dritte deutsche Großstadt« (Bodelschwingh) gelten konnte.

Führer zu französischen Archiven und Bibliotheken (Bestände zum Mittelalter und zum Ancien Régime): Archives nationales (Revision) (Dr. Wolfgang Hans Stein).

In der Reihe der vom DHIP herausgegebenen Archivführer hatte Werner Paravicini 1980 einen Führer für das Nationalarchiv und 1981 für die Nationalbibliothek[4] veröffentlicht. Da die Bände seit längerer Zeit vergriffen sind, zudem die Inventarisierung der Bestände in den letzten Jahrzehnten vorangeschritten ist und Nationalarchiv und Nationalbibliothek tiefgreifende Strukturreformen erlebt haben, ist eine grundlegende Überarbeitung der Führer notwendig. Dr. Stein hat mit der Revision des Führers für das Nationalarchiv begonnen.

Mittelalter

Monumenta palaeographica Medii Aevi (Dr. Hartmut Atsma)

Das von Hartmut Atsma und Jean Vezin begründete und geleitete Unternehmen »Monumenta palaeographica Medii Aevi« hat auch im vergangenen Jahr weitere Ausdehnung erfahren. In Ergänzung zu den schon etablierten Serien (*Series gallica, hispanica, hebraica* und *belgica*) zeichnen sich nun konkrete Schritte zur Schaffung einer georgischen sowie

---

2   Inventar von Quellen zur deutschen Geschichte in Pariser Archiven und Bibliotheken, bearb. von einer Arbeitsgruppe unter Leitung von Georg SCHNATH, hg. von Wolfgang Hans STEIN, Koblenz 1986.

3   Vgl. dazu auch die Aufsätze des Bearbeiters: Neue Findmittel des französischen Heeresarchivs in Vincennes (SHAT): Beständestruktur und *»fonds de Moscou«* in Francia 25/3 (1998) S. 99–108. – Der fremde Spiegel oder der archivische Ort von Deutschlandbetreffen in französischen Zentralbeständen: Sekundärprovenienzen, asymmetrische Gegenakten, doppeltes Patrimonium, erscheint in: Archive im zusammenwachsenden Europa. Referate des 69. Deutschen Archivtags 1998 in Münster (1999).

4   Werner PARAVICINI, Das Nationalarchiv in Paris. Ein Führer zu den Beständen aus dem Mittelalter und der Frühen Neuzeit, München 1980; DERS., Die Nationalbibliothek in Paris. Ein Führer zu den Beständen aus dem Mittelalter und der Frühen Neuzeit, München 1981.

einer polnischen Serie ab. Prof. Janusz K. Koslowski von der Akademie der Wiss. in Krakau hat zu den beiden Herausgebern Verbindung wegen der Gestaltung der Bände der polnischen Serie aufgenommen.

Im Hinblick auf die Gründung einer italienischen Serie haben in Cluny und in Rom ausführliche Gespräche mit Prof. Giovanna Nicolai (Univ. La Sapienza, Rom) stattgefunden. Prof. Nicolai hat Vorgespräche mit Kollegen, die an der Mitarbeit interessiert sind, aufgenommen und sich auch dafür engagiert, bei der Academia de Lincei wegen der evtl. Übernahme der Schirmherrschaft zu sondieren, die auch von Prof. Claudio Leonardi (Florenz) befürwortet wird.

Der Union académique internationale ist im Frühjahr (in Paris bei der Sitzung des Präsidiums) und im Juni (in Krakau im Rahmen der Jahresversammlung) berichtet worden.

Im Rahmen der *Series gallica* sind die Vorbereitungen für den Druck des zweiten Bandes der von Hartmut Atsma, Sébastien Barret und Jean Vezin herausgegebenen ältesten original überlieferten Urkunden des Klosters Cluny abgeschlossen worden. Bei der Identifikation der Orts- und Personennamen hat sich erneut ein Zeitverzug eingestellt, weil die vom »Centre Georges Chevrier« der Univ. Dijon und aus dem »Institut für Frühmittelalterforschung« der Univ. Münster dringend erwarteten Indices zur Edition der von A. Bruel und A. Bernard herausgegebenen 6-bändigen Edition der »Chartes de l'abbaye de Cluny« noch nicht erschienen sind. Die zeitraubenden und nicht immer zufriedenstellenden Identifikationen mußten deshalb von den drei Herausgebern erneut selbst durchgeführt werden. – Für den nachfolgenden dritten Band sind die Vorbereitungen in vollem Gange: Ein Drittel der Dokumente ist weitgehend fertiggestellt worden und für die restlichen Dokumente sind die Rohtexte (mit den Lesarten aus den Chartularen) hergestellt worden. Die materiellen Analysen und Beschreibungen sowie die Kommentierung sollen in den nächsten Monaten durchgeführt werden.

Die im Rahmen der *Series gallica* von Elisabeth Lalou (Paris) vorbereitete zweibändige Edition der auf Wachstafeln überlieferten Rechnungen der französischen Könige (13.–14. Jh.) ist soweit gediehen, daß die Drucklegung absehbar ist. – Über die im Rahmen der *Series gallica* erscheinenden, auf 4–5 Bände projektierte Faksimile-Edition der Originalurkunden Ludwigs des Frommen ist zwischen den beiden Herausgebern Prof. P. Johanek (Univ. Münster) und Jean-Pierre Brunterc'h (Nationalarchiv, Paris) sowie der Firma Brepols (Turnhout, Belgien) ein Vertrag unterzeichnet worden. Die beiden Herausgeber werden im Herbst dieses Jahres in Paris die gemeinsame Arbeit in den Archives nationales aufnehmen. – Im Rahmen der *Series gallica* oder der *Series belgica* könnte in absehbarer Zeit auch ein Band zu den früh- und hochmittelalterlichen Authentiken erscheinen, für die sich Diözesankonservator Philippe Georges (Lüttich) engagieren wird.

Im Rahmen der *Series hebraica* steht der zweite von Colette Sirat (Paris) und M. Beit-Arié (Jerusalem) vorbereitete Band der ältesten datierten hebräischen Handschriften nach Überwindung von erheblichen technischen Schwierigkeiten bei der Herstellung kurz vor dem Abschluß; er soll noch in diesem Herbst in Druck gehen. Mit der Vorbereitung des nachfolgenden 3. der insgesamt auf 7 Bände berechneten Serie ist begonnen worden.

Im Rahmen der *Series hispanica* ist Band 1/2 (Zamora) der von Prof. Vicente G. Lobo (Univ. León) geleiteten Edition der mittelalterlichen Inschriften Spaniens erschienen. Die Vorbereitung der Bände zu den Inschriften von Segovia und León ist in in vollem Gange. – Prof. Maria Isabel Velázquez Soriano (Univ. Complutense, Madrid) hat das Manuskript zu den westgotischen »Pizarras« (153 Schiefertafeln des 6.–8. Jhs. mit liturgischen Texten, Rechnungen, privatrechtlichen Verträgen) abgeliefert. Bei der Bearbeitung der für den Druck fertiggestellten Teile (Einleitung, Texteditionen, Tafeln, Zeichnungen, Indizes), die wegen sehr komplizierter Herstellungsprobleme nicht direkt an den Verlag gegeben werden konnten, hat Dr. Atsma, der sich deshalb mit der Einrichtung des äußerst komplizierten Satzes selbst befaßt hat, festgestellt, daß das Werk von Frau Velázquez mindestens zwei, wenn nicht sogar drei stattliche Folio-Bände füllen wird. Es handelt sich um ein unter verschiedenen methodischen Gesichtspunkten für mehrere Disziplinen interessantes und einzigartiges Material, das in seiner Bedeutung an die Seite der »Tablettes Albertini« oder der Schrifttafeln aus Vindolanda zu stellen ist.

Illuminierte Handschriften deutscher Provenienz in der Bibliothèque nationale de France (Dr. Hartmut Atsma)

Die Arbeiten am zweiten Band des Kataloges der illuminierten Handschriften deutscher Provenienz, die in der Bibliothèque nationale de France aufbewahrt werden, ist von Isabelle Delauney unter der Leitung von François Avril fortgesetzt worden. Mit dem Abschluß der Katalogarbeiten, deren Durchführung von Florentine Mütherich (München), Jeffrey Hamburger (Toronto) und Hartmut Atsma begleitet wird, ist in Kürze zu rechnen.

Sources hagiographiques de la Gaule (SHG) (Dr. Martin Heinzelmann)

Das Jahr 1999 war durch die Vorbereitung eines eigenen Bandes geprägt, der überwiegend Heiligendossiers des Unternehmens enthalten wird: »L'hagiographie du haut moyen âge en Gaule du Nord: manuscrits, textes et centres de production«, sous la direction de M. H. (Beihefte der Francia). Monique Goullet behandelt die Heiligen der Diözese Toul (der Beitrag liegt schon zwei Jahre vor; die vielgefragte Philologin arbeitet inzwischen bereits am Dossier der Diözese Metz); Joseph-Claude Poulin legt mit Paulus Aurelianus und Lunarius zwei weitere Dossiers der Diözese Bretagne vor (er wird im Jahre 2000 die hagiographische Erfassung der Diözese abschließen und einen eigenen Band vorbereiten); die Heiligenleben um die normannischen Klöster Fontenelle und Jumièges bearbeitet seit mehreren Jahren Prof. John Howe (Lubbock, Texas). Sein Text wurde von den drei Leitern von SHG (F. Dolbeau, J.-C. Poulin, M. H.) wiederholt revidiert; die letzte Überarbeitung dieses Jahres gestaltete sich – trotz den neuen Medien – aus Kommunikationsgründen schwieriger als zuvor, da Prof. Howe nicht, wie noch in den Jahren 1996 und 1998, nach Europa kommen konnte. Abgeschlossen wird der künftige Band von zwei Beiträgen zu den Viten der hl. Salaberga und ihrer Tochter Anstrudis (von Michèle Gaillard) und zu hagiographischen Texten, die den frühen Reliquienkult des hl. Gregor I. im Elsaß betreffen (Bruno Judic).

Zur Ergänzung und Begleitung der SHG-Studien, von denen man zunächst die Auswertung der handschriftlichen Grundlagen hagiographischer Dokumente erwartet, bot es sich an, das Phänomen der »réécriture« solcher Texte genauer zu untersuchen. Warum, wann und wie wurde eine Heiligenvita neu geschrieben, wenn man doch gleichzeitig, oft am gleichen Ort, auch die alten Versionen erneut kopierte? (So zum Beispiel die drei neuen Versionen der Vita Genovefae der Jahre ca. 835/875, die zusammen mit den beiden älteren Fassungen tradiert wurden, vgl. BdF 24, S. 15.) Aus der Beantwortung dieser Fragen sollten sich erhebliche Aufschlüsse über den Stellenwert der Hagiographie in der Gesellschaft und über ihr Publikum gewinnen lassen. Ein erstes Atelier mit Teilnehmern vor allem aus dem Pariser Raum wurde für Juni 2000 vorbereitet.

In einem ausführlichen Gespräch mit den drei Leitern von SHG und Frau Véronique Raynal hat der Direktor des IRHT Jacques Dalarun bei einem von ihm dankenswerter Weise organisierten Arbeitssessen zugestanden, daß Frau Raynal einen Teil ihrer Arbeitszeit der lange schon ausstehenden Ausarbeitung des wichtigen Dossiers »Saturninus von Toulouse« widmen darf. – Mit weiteren Mitarbeitern am Unternehmen wird verhandelt.

Gallia Pontificia (Dr. Rolf Große)

– Papsturkunden in Frankreich. Neue Folge 10

Dr. Große führte im Nationalarchiv letzte Recherchen für Notre-Dame d'Etampes durch, wertete anschließend das Chartular s. XVII sowie den Bestand an Originalen von Saint-

Nicaise de Meulan und Clairefontaine in den Archives départementales des Yvelines (Versailles) aus und bereitete die dort gefundenen Papsturkunden für die Edition vor. Seitdem befaßt er sich mit den Bischöfen und dem Domkapitel von Paris. Wie im Falle von Saint-Denis konzentriert sich die handschriftliche Überlieferung, neben den Originalen, auf zahlreiche Manuskripte in den Archives nationales und der BNF. Papsturkunden sind für die Bischöfe vornehmlich in den drei Chartularen AN LL 7, 8 (beide 14. Jh.) und BNF lat. 5526 (13. Jh.) verzeichnet, für das Domkapitel in AN LL 76, 77 (beide 13. Jh.) und 78 (12. Jh.). Eine erste Durchsicht ergab mehr als 90 Urkunden der Päpste, Kardinäle und delegierten Richter. Ihre Überlieferung wurde bereits weitgehend erfaßt und teilweise verfilmt. Die Textherstellung wird beginnen, sobald die Materialsammlung vollständig abgeschlossen ist.

Der große Umfang dieses Fonds, seine zeitraubende Durchsicht und das Drängen des Direktors veranlaßten Dr. Große dazu, die Konzeption des gesamten Bandes, der die Reihe der »Papsturkunden in Frankreich« beschließen soll, zu überdenken und seine Überlegungen auf der im Mai veranstalteten Table ronde (s. S. 413) vorzustellen. Berücksichtigt man, daß noch 32 kirchliche Institutionen zu bearbeiten sind, die insgesamt über 400 Papsturkunden erhalten haben, so erscheint es fast unmöglich, das gesamte Material in einem einzigen Band zu vereinigen. Dr. Große schlug deshalb vor, das bislang gültige Auswahlsystem aufzugeben und nur die wirklich unedierten Dokumente zu veröffentlichen. Da dies allgemeine Zustimmung fand, wird der Band lediglich ca. 150 Stücke enthalten, von denen voraussichtlich 25 Bischof und Domkapitel von Paris betreffen. Die bereits edierten Stücke sollen in einer geeigneten Form als Reproduktion beigegeben werden.

Studien zur Geschichte der Abtei Saint-Denis im 11. und 12. Jahrhundert (Habilitationsschrift) (Dr. Rolf Große)

Dr. Große konnte die beiden ersten von insgesamt vier Kapiteln abschließen. Sie behandeln die Abteigeschichte zur Zeit Heinrichs I. und Philipps I. von der Mitte des 11. Jhs. bis zum Jahre 1108. Das dritte Kapitel wurde begonnen. Besonderes Augenmerk galt den Beziehungen von Saint-Denis zum anglonormannischen Reich und zum regionalen Adel des Bas-Berry (dessen reiche Schenkungen die Gründung des Priorats La Chapelaude ermöglichten) wie auch dem Konflikt mit dem Bischof von Paris, gegen den man bereits 1065 an der Kurie prozessierte und sich erst zu Beginn des 12. Jahrhunderts durchsetzen konnte. Neben einer Reihe von Detailfragen befaßte sich Dr. Große ferner mit dem Vorwurf der Simonie, den Papst Gregor VII. gegen Abt Ivo (1071/75–1093/94) erhob, und der Anniversarstiftung für König Dagobert, mit der Abt Adam (1098/99–1122) auf die Beisetzung Philipps I. in Saint-Benoît-sur-Loire reagierte. Insgesamt zeigt sich, daß die Abtei außerhalb Frankreichs und der Krondomäne ein willkommener Partner war und ihr Patron hohes Ansehen genoß, während König Heinrich I. dem Kloster gegenüber ein spürbares Desinteresse an den Tag legte. Dies läßt sich vielleicht auf die Bindung der Abtei an die Grafen des Vexin zurückführen, die allem Anschein nach die Vogteirechte innehatten. Erst seit dem Erwerb des Vexin durch Philipp I. in den 70er Jahren des 11. Jhs. besserten sich die Beziehungen von Saint-Denis zum Königshof. Zugleich traten die bislang engen Kontakte zur Normandie und zu England in den Hintergrund. Trotzdem erwuchs dem hl. Dionysius ernstzunehmende Konkurrenz, zum Beispiel im hl. Remigius und dem hl. Benedikt, in dessen Grabeskirche sich Philipp I. bestatten ließ.

Das Burgund-Projekt (Prof. Dr. Werner Paravicini)

Am Institut hat sich im Laufe der Jahre eine mehrteilige Initiative zur Erforschung des Hofes und Staates der Valois-Herzöge von Burgund entwickelt, die von verschiedenen Drittmittelgebern unterstützt wird. Das quelleneditorisch-prosopographische Unternehmen mit Schwerpunkt in der für das Reich so wichtigen Regierungszeit Herzog Karls des Kühnen (1467–1477) zählt gegenwärtig folgende Teilprojekte, deren Ergebnisse auf CD-

ROM beziehungsweise online und miteinander verküpft, zum Teil aber auch in Buchform
zur Verfügung gestellt werden sollen:

*(a) Prosopographie des Hofes der Herzöge von Burgund aufgrund der täglichen Gagen- und
Sachabrechnungen 1419–1467 (Philipp der Gute) (Dr. Hanno Brand, bis zum 31. Dezember
1998 Dr. Holger Kruse, seit 7. Dezember 1998 auch Dr. Anke Greve)*
In Zusammenarbeit mit den Hilfskräften Elisa Anne, M.A., und Valérie Bessey, M.A. (beide
Paris) sind nunmehr alle 5500 Gagenlisten des Zeitraums erfaßt und kollationiert. Sie
betreffen nicht weniger als 16 verschiedene Hôtels oder Teilhöfe, von denen einige nur in
sehr geringen Stückzahlen überliefert sind, so diejenigen von Agnès de Bourgogne
(»madame de Bourbon«), Johann von Kleve, Jacqueline d'Ailly, Charles de Nevers, dem
Dauphin von Frankreich = Ludwig XI. im Exil, Antoine de Croy und Corneille de
Bourgogne. – Mit Hilfe von Frau Wibke Schwarte (Max-Planck-Institut für Geschichte,
Göttingen) wurde per Werkvertrag eine Probe-CD-ROM erstellt, die 20% der Datenbank
und einige Abfragemöglichkeiten enthält, betr. die Itinerare und die Laufbahnen von ca.
2500 Hofbeamten; die komplette Ausgabe ist in Vorbereitung. – Dr. Brand bereitet i. Z. m.
Elisa Anne und Valérie Bessey ein zweibändiges Repertorium der Gagenlisten des Zeit-
raums vor, das die wesentlichen Informationen aus jedem einzelnen Stück reproduziert und
zugleich als Itinerar der Hofinhaber dienen kann; es wird voraussichtlich i. J. 2001 im
Umfang von ca. 1000 S. in zwei Bänden in der Reihe »Instrumenta« erscheinen. – Die
(Teil-)Förderung dieses Projekts durch die DFG endet am 31. Oktober 1999.

*(b) Prosopographie des Hofes der Herzöge von Burgund aufgrund der täglichen Gagen-
und Sachabrechnungen 1467–1477 (Karl der Kühne) (Dr. Hanno Brand, seit 7. Dezember
1998 auch Dr. Anke Greve)*
Für einen Antrag auf Genehmigung eines einjährigen Pilotprojekts zu diesem neuen Unterfangen, das aufwendige EDV-Anpassungen und intensive Überlieferungsprospektion erfordert, wurden Listen und Übersichten erstellt. Die Fritz Thyssen Stiftung Köln hat den am 8.
April 1999 gestellten Antrag am 6. Juli genehmigt. Laufzeit: 1. Nov. 1999–31. Okt. 2000. Es
ist beabsichtigt, anschließend eine dreijährige Hauptförderung bei der DFG zu beantragen.

*(c) Edition der Hofordnungen 1419–1467 (Dr. Holger Kruse bis zum 31. Dezember 1998,
dann extern in Kiel; Prof. Dr. Werner Paravicini)*
Wegen dem nicht abzuwendenden Ausscheiden von Dr. Kruse (vgl. den letzten Jahresbericht)
konnte die Editionsarbeit nicht wie gewünscht im Berichtszeitraum abgeschlossen werden.
Soweit ihm die Arbeit an einem neuen DFG-Projekt in Kiel Zeit läßt, fördert Dr. Kruse die
Edition weiter, doch ist mit zügigem Abschluß vorerst nicht zu rechnen. – Zu den Hofordnungen dieses Zeitraumes haben Elisa Anne und Valérie Bessey einen alphabetischen Index
des Hofpersonals erstellt, der laufend revidiert wird und bei der Identifikation der Amtsträger
gute Dienste leistet. Aus dem Material veröffentlichte Dr. Kruse: W. Blockmans/A. Janse/
H. Kruse/R. Stein, From territorial courts to one residence. The Low Countries in the middle
ages, in: M. Aymard/ Romani (Hg.), La cour comme institution économique, Paris 1998,
S. 17–28. – H. Kruse, Nochmals burgundische Hofordnungen, in: Mitteilungen der
Residenzen-Kommission der Akad. der Wiss. zu Göttingen 8/1 (1998) S. 43–47. – H. Kruse,
Die Hofordnungen Herzog Philipps des Guten von Burgund, in: H. Kruse/W. Paravicini
(Hg.), Höfe und Hofordnungen 1200–1600. 5. Symposium der Residenzen-Kommission der
Akad. der Wiss. in Göttingen, Sigmaringen 1999, S. 141–165 (mit Hofordnungsverzeichnis).

*(d) Edition der Hofordnungen 1467–1477 (Prof. Dr. Werner Paravicini, seit 7. Dezember
1998 auch Dr. Anke Greve)*
Eine fast vollständige Rohfassung liegt vor; die weitere Arbeit wird sobald als möglich wieder aufgenommen. Aus dem Material gab der Dir. eine Abhandlung in den Druck: *Ordre et
règle* (mit Hofordnungsverzeichnis), s. unten Teil II.

(e) Edition der Argentiersrechnungen Karls des Kühnen, 1468–1470 (Dr. Hanno Brand bis zum 7. Dezember 1998, dann Dr. Anke Greve; Émilie Lebailly, M.A., in Gent zeitweilig Lieve Reynebeau)

Am 1. März 1998 wurde mit (fortgesetzter) Unterstützung der Académie des Inscriptions et Belles-Lettres und der Göttinger Akademie die Arbeit an der Erfassung der Texte aufgenommen (s. Jahresbericht 1997–1998). Im DHIP wurde Frau Émilie Lebailly mit der Transkription der Jahresrechnung von 1468 betraut. Diese wird in den Archives départementales du Nord in Lille aufbewahrt (ADN B 2068). Ein unvollständiges Doppel dieser Rechnung liegt in den Archives Générales du Royaume in Brüssel (AGR CC 1923). Das DHIP verfügt für die genannten Rechnungen über entsprechende Mikrofilme, so daß die Transkription und erste Kollationierung im Hause vorgenommen werden konnte. Inzwischen hat die im vergangenen Jahr geplante Kooperation mit Prof. Dr. W. Prevenier (Universität Gent) konkrete Formen angenommen, so daß unter seiner Leitung die Transkription der Rechnung des Jahres 1469 am 1. Januar 1999 durch Frau Lieve Reynebeau, M.A., mit Unterstützung des Fonds voor Wetenschappelijk Onderzoek Vlaanderen begonnen werden konnte. Diese Rechnung wird in einem einzigen Exemplar in Brüssel aufbewahrt (AGR CC 1924). Dem DHIP liegt der entsprechende Mikrofilm vor; Kopien dieses Mikrofilms wurden von Dr. Greve erstellt und den Partnern in Gent zur Verfügung gestellt. Die fortschreitende Arbeit und die Kooperation mit der Universität Gent machten eine umfassende Revision der Editionsvorgaben erforderlich. Dr. Greve hat dies in Zusammenarbeit mit den beiden Bearbeiterinnen Lebailly und Reynebeau sowie mit den Leitern der Projekte, Prof. Dr. W. Prevenier und Prof. Dr. W. Paravicini, die sich auf Stellungnahmen mehrerer Fachgelehrter stützen konnten, im Juni 1999 abgeschlossen. Da die Transkription der beiden genannten Manuskripte zügig vorangeschritten ist, wurde entschieden, die Abschrift des verbleibenden Manuskripts von 1470 (AGR CC 1925, 900 fol.) ebenfalls im DHIP zu erstellen.

– *Argentier 1468:* Frau Lebailly hat die vollständige Transkription der Argentierrechnung des Jahres 1468 im Juni 1999 aufgrund des im DHIP vorhandenen Mikrofilms abgeschlossen (388 fol.). Dr. Greve hat die erste Kollationierung und Korrektur der Transkription, an der zunächst auch Dr. Hanno Brand beteiligt war, im August 1999 abgeschlossen (550 S.).

– *Argentier 1469:* Am 1. Januar 1999 wurde in Gent mit der Transkription der Rechnung des Jahres 1469 begonnen. Die dortige Mitarbeiterin wird die Transkription des Manuskripts im September abschließen (375 fol.). Bisher wurden von Dr. Greve anhand von Mikrofilmkopien vierzig Transkriptionsseiten kollationiert und korrigiert. Da die weitere Beschäftigung von Frau Reynebeau in Gent nicht möglich ist, wird das Manuskript vollständig zur weiteren Bearbeitung an Frau Greve übergehen.

– *Argentier 1470:* Im September 1999 wird Frau Lebailly mit der Transkription des Manuskripts beginnen (900 fol.).

Als nächstes steht die Überprüfung schwer lesbarer Textteile der Rechnung 1468 am Original in den Archives départementales du Nord in Lille, B 2068, durch Frau Lebailly an. Gleiches wird Frau Greve anhand des Originals 1469 in den Archives Générales du Royaume in Brüssel vornehmen (AGR CC 1924). Nach Abschluß der Transkription des Jahres 1470, Kollationierung und Korrektur anhand des Originals soll für alle drei Dokumente ein Personen-, Orts- und Sachindex erstellt werden. Dieser Index muß auf eine Weise konzipiert beziehungsweise angelegt werden, die es erlaubt, die Edition der Rechnungen sowohl in Buchform als auch als CD-ROM zu ermöglichen. Die Veröffentlichung der Dokumente als CD-ROM wird in enger Zusammenarbeit mit dem anderen Teil des Burg-und-Projekts geplant und ausgeführt. Letztlich soll eine CD-ROM entstehen, die sowohl die Argentiersrechnungen, als auch die Ecroes aus der Zeit Herzog Karls des Kühnen sowie die Hofordnungsdatenbanken nicht nur vereint, sondern auch untereinander mit Links verknüpft.

(f) Edition der Protokollbücher des Ordens vom Goldenen Vlies 1430–1477
(Dr. Sonja Dünnebeil in Wien, seit dem 7. Dezember 1998 auch Dr. Anke Greve)
Dr. Dünnebeil hat im Werkvertrag die Kollationierung, Kommentierung und Indexierung des Textes des ersten der drei Protokollbände über die Jahre 1430–1467 sehr weit geführt und um wertvolle Anlagen erweitert: Statutentext, Tätigkeitsbericht des Herolds Toison d'Or Jean Lefèvre de Saint-Remy, Regesten der einschlägigen Urkunden- und Aktenüberlieferung im Ordensarchiv. Der Band dürfte im Jahre 2000 Druckreife erlangen. Der 2. Band, der um das Ordenskapitel 1468 in Brügge kreist, ist in der Arbeit. Dr. Greve kollationiert die Abschriften.

(g) Urkunden, Mandate, Briefe Herzog Karls des Kühnen, 1433–1477
(Prof. Dr. Werner Paravicini)
Der von Dr. Sonja Dünnebeil (Wien) im Werkvertrag bearbeitete, umfangreiche Band (843 S.) »Henri Stein [† 1940], Catalogue des Actes de Charles le Téméraire (1467–1477)«, erweitert u. a. aus Steinschem Material um Regesten aus der Grafenzeit 1433–1467, insgesamt 3046 verzeichnete und indizierte Nummern, ist Anfang 1999 in der Reihe »Instrumenta« im Druck erschienen. Er ergänzt das 1995 erschienene Korrespondenzinventar Karls von Burgund, dem aber die hier vorhandenen Inhaltsangaben fehlen. Der nächste Schritt wäre jetzt die Erfassung des gesamten Materials, nach Archiven und Bibliotheken geordnet. Das Projekt wird weiter verfolgt, aber erst wieder aufgenommen, wenn Écroes und Hofordnungen veröffentlicht sind.

(h) Edition des »Recueil du Fay« (Petra Ehm, Bonn)
Petra Ehm, M.A. (Bonn) bereitet seit dem 1. Juli 1999 im Werkvertrag ein Manuskript zum Druck vor, das in der lothringischen Familie Neufchâtel zu Anfang des 16. Jhs. zusammengestellt worden ist und im wesentlichen den Briefwechsel Herzog Karls des Kühnen mit seinem Statthalter in Luxemburg Claude de Neufchâtel seigneur du Fay aus den Jahren 1474–1477 enthält. Diese administrative Überlieferung von der Reichsgrenze mit über 70 Stücken hat im burgundischen Staat kaum Parallelen und besitzt somit hohen exemplarischen Wert. Frau Ehm kann sich auf weitgediehene Vorarbeiten von Thomas Sgryska, M.A., und Harm von Seggern, M.A. (beide Kiel) stützen, so daß die Druckreife im Laufe des Jahres 2000 erreicht werden dürfte.

(i) »Prosopographia Burgundica« (Dr. Hanno Brand, Dr. Anke Greve, externe Arbeitsgruppen in Gent, Amsterdam und Leiden)
Wie bereits in Francia 24/1 (1997), S. 147–148 angekündigt, möchte das Burgund-Projekt des DHIP die prosopographische Erforschung des burgundischen Staates 1384–1477 im Verbund mit parallelen Interessen und Initiativen in Belgien (Gent) und den Niederlanden (Leiden, Amsterdam) auf eine neue Grundlage stellen. Gedacht ist an eine gemeinsame Datenbank, die es erlaubt, die verschiedensten Bestände auf Nachrichten zu burgundischen Amtsträgern jedweder Art als Person oder Gruppe zu befragen. Das DHIP ist Vorreiter und muß den betreffenden Datenbankrahmen schaffen. Wir hoffen, im nächsten Berichtsjahr die dafür hinderlichen Hürden zu überspringen. – Derweil ging das Buch des Direktors »Invitations au mariage [...] à la cour des ducs de Bourgogne 1399–1489. Documents introduits, édités et commentés« in die Hauskorrektur; es stellt schon ein erstes Ergebnis dieses Informationsverbundes dar. – Daß Burgundforscher uns zunehmend konsultieren und bei uns mit unseren Materialien arbeiten, zum Beispiel David Fiala (Tours) und Berhard Sterchi (Basel), oder prosopographische Anfragen an uns richten wie Hanno Hours, Direktor der Archives départementales du Puy-de-Dôme (Clermont-Ferrand), sei am Rande erwähnt.

(k) Präsentation auf dem Historikertag zu Aachen, September 2000
(Prof. Dr. Werner Paravicini)
Das Institut wird (vorbehaltlich der Zustimmung des Vorstandes des Historikerverbandes) den Hofes-Teil des Burgund-Projekts auf dem nächsten Deutschen Historikertag vorstellen, der passenderweise in Aachen stattfindet. Unter dem Titel »Der berühmteste Hof Europas? Das Machtzentrum des burgundischen Staates im 15. Jahrhundert« werden die Fragen der Repräsentanz sozialer Gruppen, der Integration und Kommunikation diskutiert werden, des Dienstes und schließlich des europäischen Prestiges des burgundischen Hofes und seiner Vorbildhaftigkeit, die bis in unsere Tage ans Mythische grenzt und dringend der methodischen Analyse bedarf. Zu Wort werden dabei nicht nur ehemalige und gegenwärtige Mitglieder des Instituts kommen, sondern auch Vertreter der belgischen und holländischen Partner. Ein Pariser Atelier wird die Veranstaltung im Frühjahr 2000 vorbereiten.

(l) Buchprojekte (Dr. Hanno Brand, Dr. Anke Greve)
In engem Zusammenhang sowohl mit dem Aachener Auftritt als auch dem Burgund-Projekt insgesamt stehen zwei darstellende Forschungsvorhaben: Dr. Brand arbeitet an einem Buch »Hof, Bürger und Integration. Beziehungen zwischen den Amtsträgern Philipps des Guten und den städtischen Eliten des burgundischen Staates (1419–1467)«. Dr. Greve nimmt die Arbeit an einem Werk auf, das vorläufig folgenden Titel trägt: »Mythos Burgund. Der burgundische Hof in Europa«.

(m) Burgund-Seminar (Prof. Dr. Werner Paravicini und Prof. Dr. Bertrand Schnerb, Lille)
Schließlich werden alle diese Initiativen durch eine gemeinsame, im Institut monatlich abzuhaltende Lehrveranstaltung eingerahmt, die der Direktor zusammen mit Prof. Dr. Bertrand Schnerb, Univ. Lille III, im Oktober 1999 beginnen wird, dem Forschungsseminar »Les Ducs Valois de Bourgogne: leur cour, leurs hommes, leur espace«. Eine von Prof. em. Henri Dubois an der Sorbonne begründete Tradition wird damit am Institut fortgesetzt. Das erste Zweijahresthema lautet: »Les étrangers à la cour de Bourgogne«.

Neuzeit

Französische Protektionspolitik (Dr. Rainer Babel)
Das Manuskript der Habilitationsschrift ist abgeschlossen. In vier Hauptkapiteln wird die Evolution von Schutzverständnis und Schutzbegriff in der französischen Außenpolitik vom späten Mittelalter bis zur Ära Richelieu vor ihren wechselnden Hintergründen dargestellt und in ihren unterschiedlichen Verästelungen beschrieben.

Johann Daniel Schöpflins wissenschaftliche und diplomatische Korrespondenz (Prof. Dr. Jürgen Voss)
Die Edition umfaßt 598 Briefe. Bearbeitet sind alle Regesten, die französischen, deutschen und lateinischen Briefe. Zu behandeln sind noch die »Sorgenkinder« (bisher nicht ermittelbare Namen, schwer zu entziffernde Einzelwörter) und es wartet die Generalrevision. Einige lateinische Briefe antiquarischer Korrespondenz enthalten römische Inschriftentexte. Die Edition steht unmittelbar vor ihrem Abschluß.

Zeitgeschichte

Akten zu den deutsch-französischen Beziehungen im 20. Jahrhundert (Dr. Stefan Martens, Dr. des. Regina M. Delacor)
(1) Archivführer zu den deutschen Akten zur Geschichte Frankreichs und Belgiens unter deutscher Besatzung im Zweiten Weltkrieg (Dr. Stefan Martens)

Die Arbeit an den beiden, in Zusammenarbeit mit den Archives nationales und dem Bundesarchiv geplanten Inventaren zu den in Paris und Freiburg verwahrten deutschen Originalakten kam im zurückliegenden Jahr langsamer voran als geplant, stehen nun aber unmittelbar vor dem Abschluß. Es ist geplant, daß Dr. Martens und Herrn Nielen, der für die Archives nationales die fehlenden Bestände verzeichnet hatte, in enger Zusammenarbeit eine gemeinsame Einleitung zu beiden Bänden verfassen.

(2) Auswahledition der Synthesen der Berichte der französischen Präfekten sowie der Monatsberichte des deutschen Militärbefehlshabers 1940–1944

(a) Nach der Einstellung von Herrn Viet durch den CNRS konnte im Sommer 1998 mit der Erfassung der französischen Texte durch einen Schreibdienst begonnen werden. Die Kosten hierfür trug das IHTP. Die deutschen Berichte waren zuvor bereits zu einem Teil von Frau Delacor und einigen Praktikanten des Instituts erfaßt worden, im Dezember wurde dann ein Werkvertrag abgeschlossen, so daß zum Jahresbeginn schließlich alle bis dahin bekannten Texte auf EDV vorlagen.

Bei einem Treffen zwischen den Projektmitarbeitern und den beiden Institutsdirektoren wurde vereinbart, daß mit Rücksicht auf die lückenhafte Überlieferung der französischen Berichte die ursprüngliche Quellenbasis insbesondere für die Jahre 1940 und 1941 erweitert werden sollte. Auf der Grundlage der von Frau Delacor und Dr. Viet in den Beständen der Archives nationales und des Ministère des Affaires Étrangères angestellten Recherchen wurden von Dr. Viet weitere französische Berichte ausgewählt und kopiert. Auch dieses Material wurde bis zum Sommer wiederum auf Kosten des IHTP von einem Schreibdienst erfaßt. Darüber hinaus wurde die Möglichkeit ins Auge gefaßt, mit Hilfe von Mitteln, die Dr. Viet zur Verfügung gestellt worden waren, ausgewiesene Spezialisten der Geschichte der deutschen Besatzung in Frankreich als Autoren zu gewinnen. Ihre Aufgabe wäre es, zu ausgewählten Themen eine kommentierte Auswahledition zusammenzustellen, die in Form eines Annexbandes die Edition vervollständigen und damit zugleich den Kommentarteil entlasten könnte.

In einem ersten Zwischenbericht wurde die VW-Stiftung im Februar 1999 über den Stand der Zusammenarbeit und die inzwischen bei einer Besprechung zwischen den Projektmitarbeitern festgelegten weiteren Arbeitsschritte informiert. Zusätzlich zu dem Zwischenbericht verfaßten Dr. Delacor und Dr. Viet eine ausführliche Projektskizze, die von Dr. Martens am 9. April im Rahmen einer Sektion der Tagung »Diktaturen im Vergleich« der VW-Stiftung im Hannah-Arendt-Institut in Dresden vorgestellt wurde.

(b) Als erstes Teilergebnis des von der Stiftung Volkswagenwerk geförderten Forschungsprojekts »Frankreich im Zweiten Weltkrieg« ist eine von Frau Delacor zusammengestellte, kommentierte und eingeleitete Auswahledition zu einem Einzelaspekt der deutschen Okkupationsherrschaft in Frankreich hervorgegangen. Die Dokumentation »Attentate und Repressionen. Ausgewählte Dokumente zur zyklischen Eskalation des NS-Terrors im besetzten Frankreich 1941/42« beruht überwiegend auf Quellen aus den Serien AJ 40 (Archives allemandes de la Seconde Guerre Mondiale), F 1a (Ministère de l'Intérieur, Administration générale, Synthèses de rapports préfectoraux), F 1cIII (Ministère de l'Intérieur, Esprit public et élections, Rapports des préfets) der Archives nationales (Paris) sowie aus dem Bestand RW 35 (Der Militärbefehlshaber in Frankreich) des Bundesarchiv-Militärarchivs (Freiburg i. Br.). Ergänzt wird die Auswahl durch einzelne Überlieferungen aus anderen Beständen der beiden genannten Archive sowie aus verschiedenen französischen und deutschen Archiven wie dem Centre de Documentation Juive Contemporaine (Paris) und dem Politischen Archiv des Auswärtigen Amts (Bonn). Nach Recherchen in der Handschriftenabteilung der Staats- und Universitätsbibliothek Göttingen hat Frau Delacor die in den Nürnberger Prozessen verwendeten und in der Edition des International Military Tribunal (IMT) abgedruckten Dokumente der Anklage mit weiteren unveröffentlichten Prozeßunterlagen komplettiert und in ihre Arbeit miteinbezogen. So vermittelt die Auswahledition ein abgerundetes Bild sowohl über die Verstrickung des deutschen Besatzungsapparats in Verbrechen gegen die Zivilbevölkerung im Kontext des Vernichtungskrieges als auch über das Ausmaß der politischen Kollaborationsbereitschaft des Vichy-Regimes. Der Band wird in der Reihe Instrumenta erscheinen.

(c) Herr Bachelier, der ursprünglich vom IHTP als französischer Mitarbeiter benannt worden war, hat nach seinem Ausscheiden aus dem Projekt im November 1998 eine knappe Auswahldokumentation zur Geschichte der Zusammenarbeit zwischen der SNCF und der Reichsbahn während der Besatzung zusammengestellt.

Deutsch-französische Wirtschaftsbeziehungen im 20. Jahrhundert
(Dr. Andreas Wilkens)

Die Arbeiten im Rahmen des von der Robert-Bosch-Stiftung und der Robert-Bosch-Jubiläumsstiftung geförderten Projektes zu den »Deutsch-französischen Wirtschaftsbeziehungen im 20. Jahrhundert« wurden fortgesetzt. Es entstanden die teilweise im Berichtsjahr publizierten oder in den Druck gegangenen Einzelstudien, wobei unter anderem thematische Schwerpunkte zum einen auf den Anfängen der europäischen Währungskooperation in den 70er Jahren lagen, zum anderen auf der deutschen und französischen Wirtschaftsentwicklung in der Zwischenkriegszeit. Damit wird nicht zuletzt dem Ziel Rechnung getragen, über das Kerngebiet der 50er Jahre hinaus die Analyse auf andere Zeitabschnitte des 20. Jhs. auszuweiten. Zur Arbeit gehörte weiterhin die Erstellung eines Kompendiums statistischer Materialien zum Wirtschaftsvergleich Deutschland–Frankreich für den Zeitraum 1945 bis 2000. Zur Mitarbeit an diesem Vorhaben wurde zum 15. November 1998 (bis 30. Mai 1999) Frau Sylvie Lefèvre mit einem Teilzeitvertrag durch das Partnerinstitut CIRAC eingestellt. Die Vorbereitung des unten angegebenen Kolloquiums zum Jahrestag des Schuman-Planes ist ebenfalls Teil der Projektarbeit, mit der auch die Vorträge von Prof. Klaus Schwabe zum Friedensvertrag von Versailles sowie die Vorstellung des Buches von Dr. Sylvie Lefèvre zu den »Relations économiques franco-allemandes 1945–1955« unter dem Vorsitz von Prof. Raymond Poidevin in Verbindung standen.

Migration und internationale Politik *(Priv.-Doz. Dr. Klaus Manfrass)*

Die Arbeit am Manuskript der Studie »Außenpolitische Implikationen der internationalen Migration im deutsch-französischen Vergleich« befindet sich jetzt in der definitiven Abschlußphase. Sie hat gegenwärtig einen Gesamtumfang von rund 400 Manuskriptseiten und wird endgültig etwa 450 S. umfassen.

Veröffentlichungen

Mittelalter

FRANCIA 25/1 (1998): Mittelalter – Moyen Âge, Sigmaringen (Thorbecke) 1999, XII–463 S. – ISBN 3-7995-7251-1.

Ingrid Kasten, Werner Paravicini, René Pérennec (Hg.), Kultureller Austausch und Literaturgeschichte im Mittelalter – Transfers culturels et histoire littéraire au Moyen Age, Sigmaringen (Thorbecke) 1998, 384 S. (BdF 43.). – ISBN 3-7995-7344-5. – Karl Ferdinand Werner, Einheit der Geschichte. Gesammelte Studien zur Historiographie, hg. von Werner Paravicini, Sigmaringen (Thorbecke) 1999, XII–277 S. (BdF 45). – ISBN 3-7995-7347-X. – Henri Stein, Catalogue des Actes de Charles le Téméraire (1467–1477). Mit einem Anhang: Urkunden und Mandate Karls von Burgund, Grafen von Charolais (1433–1467). Bearb. von Sonja Dünnebeil, Vorwort von Werner Paravicini, Sigmaringen (Thorbecke) 1999, XXXII–883 S. (Instrumenta, 3). – ISBN 3-7995-7267-8. – Les princes et l'histoire du XIVe au XVIIIe siècle. Actes du colloque organisé par l'Université de Versailles-Saint-Quentin et l'Institut Historique Allemand, Paris/Versailles, 13–16 mars 1996, publiés sous la direction de Chantal Grell, Werner Paravicini et Jürgen Voss, Bonn (Bouvier) 1998, XX–658 S. (PHS 47). – ISBN 3-416-02782-5.

Frühe Neuzeit, Revolution (1500–1815)

FRANCIA 25/2 (1998): Frühe Neuzeit – Revolution – Empire 1500–1815, Stuttgart (Thorbecke) 1999, X–344 S. – ISBN 3-7995-7253-8.

Goethe im sozialen und kulturellen Gefüge seiner Zeit. Fünf Vorträge gehalten am Deutschen Historischen Institut zu Paris, herausgegeben und eingeleitet von Jürgen Voss, Bonn (Bouvier) 1999, 187 S. (PHS 51). – ISBN 3-416-02883-X.

19. und 20. Jahrhundert

FRANCIA 25/3 (1998): 19./20. Jahrhundert – Histoire contemporaine, Stuttgart (Thorbecke) 1999, X–342 S. – ISBN 3-7995-7254-6.

Pierre Viénot, Ungewisses Deutschland. Zur Krise seiner bürgerlichen Kultur, neu herausgegeben und eingeleitet und kommentiert von Hans Manfred Bock, Bonn (Bouvier) 1999, 262 S. (Réflexions sur l'Allemagne au XXe siècle. Reflexionen über Deutschland im 20. Jahrhundert). – ISBN 3-416-02860-0. – Michael Stürmer, Krise, Revolution und Konjunktur 1848–1849. Deutsch-französische Variationen über ein europäisches Thema. Crise, révolution et conjoncture 1848–1849. Variations germano-françaises sur un thème européen, Bonn (Bouvier) 1999, 69 S. (Réflexions sur l'Allemagne au XXe siècle. Reflexionen über Deutschland im 20. Jahrhundert). – ISBN 3-416-02850-3. – Klaus Wilsberg, »Terrible ami – aimable ennemi«. Kooperation und Konflikt in den deutsch-französischen Beziehungen 1911–1914, Bonn (Bouvier) 1998, 406 S. (PHS 49). – ISBN 3-416-02837-6. – Andreas Wilkens (Hg.), Interessen verbinden. Jean Monnet und die europäische Integration der Bundesrepublik Deutschland, Bonn (Bouvier) 1999, 446 S. (PHS 50). – ISBN 3-416-02851-1.

Veröffentlichungen der Gesellschaft der Freunde des Deutschen Historischen Instituts

Heinz Duchhardt, La Paix de Westphalie: de l'événement européen au lieu européen de mémoire?, Stuttgart (Thorbecke) 1999, 38 S. (Conférences annuelles 5). – ISBN 3-7995-7279-1.

Kolloquien[5]

Allgemeines: Les trois révolutions de l'imprimerie. Deutsch-französisches Kolloquium unter der Schirmherrschaft des Deutsch-Französischen Kulturrates, in Zusammenarbeit mit der École nationale supérieure des sciences de l'information et des bibliothèques (ENSSIB), der Bibliothèque de Lyon, dem Musée de l'imprimerie und dem DHIP. Lyon/Paris, 16.–21. November 1998. – W. Paravicini (MO). – L'avenir de l'édition scientifique. Table ronde unter der Schirmherrschaft des Deutsch-Französischen Kulturrates und des DHIP. Paris/DHIP, am 21. November 1998. – W. Paravicini (O).

Mittelalter: Das Frauenzimmer. Die Frau bei Hofe in Spätmittelalter und Früher Neuzeit – La Chambre des Dames. La femme à la Cour à la fin du Moyen Âge et aux Temps Moder-

---

5   O = Organisation. MO = Mitorganisation. B = Beratung und finanzielle Beteiligung.

nes. 6. Symposium der Residenzenkommission der Akademie der Wissenschaften zu Göttingen in Zusammenarbeit mit dem DHIP, dem Landesamt für Archäologie des Freistaats Sachsen und der Technischen Universität Dresden (SFB 537). Dresden, 26.–29. September 1998. – H. Kruse, W. Paravicini (MO). – Négocier le don / Negociating the Gift. Internationales Kolloquium, veranstaltet vom Max-Planck-Institut für Geschichte, Göttingen, und dem DHIP. Paris, 11.–13. Dezember 1998. – W. Paravicini (MO). – Présent et avenir de la »Gallia Pontificia«. Atelier, veranstaltet vom DHIP. Paris, 28. Mai 1999. – R. Große (O).

Frühe Neuzeit, Revolution (1500–1815): Le diplomate au travail. Information, communication et décision au congrès de Westphalie. Atelier, veranstaltet vom DHIP. Paris, 8. Oktober 1998. – R. Babel (O). – Histoire de l'art dans l'espace franco-allemand. Kolloquium der École normale supérieure, der Maison Heinrich Heine, u. a. Paris 11.–12. Dezember 1998. W. Paravicini (B). – »Alles Vereinzelte ist verwerflich«. Kolloquium der Sorbonne (Paris IV), in Zusammenarbeit mit dem Institut Universitaire de France aus Anlaß des 250. Jahrestages der Geburt von Johann Wolfgang von Goethe. Grand Palais, 29. März – 2. April 1999. – J. Voss (B).

19. und 20. Jahrhundert: Mythos München. Kolloquium der Université du Val de Marne Paris XII, u. a. in Zusammenarbeit mit dem DHIP. Paris, 25.-27. Sept. 1998.- W. Paravicini (B). – L'Allemagne et la décolonisation française. Internat. Kolloquium der Université de Paris XII–Val de Marne. Paris, 18.–20. März 1999. – W. Paravicini (B). – La France et l'Allemagne en guerre (novembre 1942–automne 1945). Occupation, collaboration, résistance. Internat. Kolloquium, veranstaltet vom Centre d'Études d'Histoire de la Défense und dem DHIP, in Zusammenarbeit mit dem Institut für Zeitgeschichte und dem Institut d'Histoire du Temps Présent. Paris, 22.–23. März 1999. – S. Martens (MO). – The Shadows of Total War. Europe, East Asia, and the United States, 1919–1939. Fortsetzung der Kolloquiumsreihe zur Geschichte des Totalen Krieges. 25.–28. August 1999. – S. Martens (B).

Vorträge

Mittelalter: Prof. Dr. Franz Irsigler, Universität Trier, Der nervus rerum. Geld in der Alltagskultur des Mittelalters, am 23. November 1998 im DHIP mit Einführung und Diskussionsleitung durch den Direktor. – Vorstellung (in absentia) des Buches von Prof. Dr. Dr.es h.c. Karl Ferdinand Werner, Rottach-Egern, Naissance de la noblesse. L'essor des élites politiques en Europe, Fayard 1998. Diskussionsteilnehmer: Olivier Guillot, professeur à l'Université de Paris IV, Michel Parisse, professeur à l'Université de Paris IV, Jean-Pierre-Brunterc'h, Conservateur en chef du Patrimoine aux Archives nationales, Agnès Fontaine, Éd. Fayard, Christian Settipani, Paris, unter der Leitung von Philippe Contamine, membre de l'Institut, professeur à l'Université de Paris IV, und des Direktors am 26. November 1998 im DHIP. – Prof. Dr. Guy Marchal, Hochschule Luzern, Nous et eux. L'exclusion de la confédération suisse de l'ancien Empire (XVe–XVIe siècle), am 4. März 1999 im DHIP mit Einführung und Diskussionsleitung durch den Direktor. – Jean-Pierre Brunterc'h, conservateur en chef aux Archives nationales, Habitat et pouvoir à Ravenne au Xe siècle, am 29. April 1999 im DHIP mit Einführung und Diskussionsleitung durch Dr. Martin Heinzelmann, DHIP. – Dr. Thomas Lentes, Universität Münster, Symbole du pouvoir – Pouvoir du symbole. À la recherche des bannières et des porte-bannières dans les villes du moyen âge tardif, am 20. Mai 1999 im DHIP mit Einführung und Diskussionsleitung durch Michel Pastoureau, Directeur d'Études à l'EPHE – IVe Section.

Frühe Neuzeit, Revolution (1500–1815): Prof. Dr. Heinz Duchhardt, Direktor des Instituts für Europäische Geschichte, Abteilung Universalgeschichte, Mainz, La Paix de Westphalie – De l'événement européen au lieu européen de mémoire?, Jahresvortrag am 9. Oktober 1998 in der Bibliothèque historique de la Ville de Paris. – Dr. Franz Brendle, Universität Tübingen, Frankreich und die deutschen Protestanten im 14. Jahrhundert, am 3.

Dezember 1998 im DHIP mit Einführung und Diskussionsleitung durch Marc Ferro. – Vortragsreihe aus Anlaß von Goethes 250. Geburtstag, organisiert und eingeleitet von Prof. Voss: (1) Prof. Dr. Michael Maurer, Universität Jena, Goethe als Prototyp. Zur sozialen Einordnung eines Bürgers von Adel, am 7. Januar 1999 im DHIP mit Einführung und Diskussionsleitung durch Jean-Marie Valentin, professeur à l'Université de Paris IV. – (2) Gonthier-Louis Fink, professeur émérite de l'université de Strasbourg, Goethe face aux Révolutions de son temps, am 14. Januar 1999 im DHIP mit Einführung und Diskussionsleitung durch Dr. Wolfgang Stein, DHIP. – (3) Priv.-Doz. Dr. Wolfgang Albrecht, Stiftung Weimarer Klassik, Goethe und seine europäischen Korrespondenten, am 21. Januar 1999 im DHIP mit Einführung und Diskussionsleitung durch Roland Krebs, professeur à l'Université de Paris IV. – (4) Priv.-Doz. Dr. Werner Greiling, Universität Jena, Goethe als Weimarer Minister, am 28. Januar 1999 im DHIP mit Einführung und Diskussionsleitung durch Jean Meyer, professeur émérite de l'Université de Paris IV. – (5) Gérard Laudin, maître de conférences à l'Université de Rouen, Goethe et l'historiographie de son époque, am 4. Februar 1999 im DHIP mit Einführung und Diskussionsleitung durch Prof. Dr. Jürgen Voss, DHIP. – Dr. Antje Oschmann, Vereinigung zur Erforschung der Neueren Geschichte e.V., Bonn, Les traités de Westphalie. Problèmes et résultats d'une édition historico-philologique, am 18. März 1999 in der École nationale des chartes mit Einführung durch Prof. Dr. Konrad Repgen, Präsident der Vereinigung zur Erforschung der Neueren Geschichte e.V., Bonn, und Diskussionsleitung durch Bernard Barbiche, professeur à l'École nationale des chartes.

19. und 20. Jahrhundert: Vorstellung des dreibändigen Werkes Die Bundesrepublik Deutschland und Frankreich: Dokumente 1949–1963. Hg. von der Historischen Kommission bei der Bayerischen Akademie der Wissenschaften und dem Institut für Zeitgeschichte. Horst Möller und Klaus Hildebrand (Hg.) Bd. 1: Außenpolitik und Diplomatie. Bearbeitet von Ulrich Lappenküper. Bd. 2: Wirtschaft. Bearbeitet von Andreas Wilkens. Band 3: Parteien, Öffentlichkeit, Kultur. Bearbeitet von Herbert Elzer. K. G. Saur Verlag, München 1997, am 15. Oktober 1998 im DHIP, in Gegenwart der Bearbeiter, von Prof. Dr. Lothar Gall (Frankfurt/M.), Prof. Dr. Horst Möller (München) und Prof. Dr. K. G. Saur (München), präsidiert von Jacques Bariéty, professeur ém. à l'Université de Paris IV–Sorbonne. – Vorstellung der Neuauflage des Buches von Gilbert Ziebura, La coopération franco-allemande en Europe. Mythes, Réalités et perspectives. Diskussionsteilnehmer: Prof. Dr. Jean Klein, Univ. Paris I-Sorbonne, PD Dr. Klaus Manfrass, DHIP, Prof. Dr. em. Joseph Rovan, Univ. Paris III, Präsident von BILD, und Prof. Dr. em. Gilbert Ziebura, Braunschweig, unter der Leitung von Prof. Dr. Henri Ménudier, Univ. Paris III, in Zusammenarbeit mit der Universität Paris III, am 18. November 1998 im DHIP. – Dr. Martin Sabrow, Zentrum für Zeithistorische Forschung, Potsdam, Der innere Zerfall der DDR. Wahrnehmungsmuster und Denkstrukturen im Umbruch von 1989, am 11. Dezember 1998 im Institut d'Allemand d'Asnières im Rahmen des von den Universitäten Paris III–Sorbonne Nouvelle und Paris IV–Paris-Sorbonne veranstalteten internationalen Kolloquiums zur Agrégation d'allemand La mise en œuvre de l'unification allemande 1989–1990. – Prof. Dr. Dr. Eberhard Demm, Université Jean Moulin de Lyon, Le combat d'Alfred Weber contre les nationaux-socialistes (1923–1954), am 11. Februar 1999 im DHIP mit Einführung und Diskussionsleitung durch den Direktor. – Sylvie Lefèvre, chercheur à l'Université de Paris IV–Sorbonne, Les relations économiques franco-allemandes de 1945 à 1955. De l'occupation à la coopération, am 11. März 1999 im DHIP mit Einführung und Diskussionsleitung durch Raymond Poidevin, professeur émérite de l'Université de Strasbourg. – Prof. Dr. Klaus Schwabe, RWTH Aachen, L'Allemagne à Versailles. Stratégie diplomatique et contraintes intérieures, am 17. Juni 1999 im DHIP mit Einführung und Diskussionsleitung durch Georges-Henri Soutou, professeur à l'Université de Paris IV.

Stipendiaten

Die monatlichen Stipendiatenkolloquien führen die Wissenschaftler und Stipendiaten des Instituts und einzelne Gäste zusammen, um in deutscher Sprache (gelegentlich auch in französischer) über die laufenden Arbeiten zu diskutieren – während auf den »Jeudis« in aller Regel Französisch gesprochen wird. 15. September 1998: Dr. Matthias Tischler (Heidelberg), Beobachtungen und Überlegungen zu einer modernen Überlieferungs- und Rezeptionsgeschichte mittelalterlicher Texte. Das Beispiel der »Vita Karoli« Einhards. – 6. Oktober 1998: Kay Wagner (Bamberg, DAAD-Stipendiat), Der Albigenser-Kreuzzug in der mittelalterlichen Geschichtsschreibung. – 10. November 1998: Claus Schäfer, M.A. (Erlangen), »Plus qu'une ambassade«. André François-Poncet als Botschafter in Berlin (1931–1938). – 1. Dezember 1998: Claudia Moisel, M.A. (Bochum), Kriegsverbrecherprozesse. Die strafrechtliche Verfolgung der deutschen Kriegs- und NS-Verbrecher durch die französische Justiz und die deutsch-französischen Beziehungen 1944–1963. – 12. Januar 1999: Christine Petry (Trier), Erobern mit Macht, beherrschen durch Recht. Recht und Sozialdisziplinierung in den Trois-Évêchés nach 1552. – 9. Februar 1999: Dr. Lutz Klinkhammer (Köln, Forschungsaufenthalt), Durchsetzung von Herrschaft im französischen Rheinland und im Piémont. Vom Directoire bis zum Premier Empire, 1798–1813. – 9. März 1999: Steffi Jenal (Düsseldorf), Kriegsschuldfrage und Politik in Frankreich 1919–1939. – 13. April 1999: Dr. Stephan Albrecht (Tübingen, Forschungsaufenthalt), Gegenwart des Alten. Die Marienkapelle in Glastonbury. – 11. Mai 1999: Klaus Krönert (Göttingen), Die Trierer Hagiographie, 9.–13. Jahrhundert. – 15. Juni 1999: Martin Strickmann (Köln), Die französischen Intellektuellen und das deutsch-französische Verhältnis 1944 bis 1950 (in Gegenwart von Alfred Grosser). – 20. Juli 1999: Birgit Buggel-Asmus (Bremen), Politische Kultur und Engagement im Pariser Wissenschaftsmilieu der dreißiger bis fünfziger Jahre: Irène Joliot-Curie (1897–1956). – 24. August 1999: Dr. Matthias Schulz (Rostock, Forschungsaufenthalt), Das »Europäische Konzert« im internationalen Staatensystem (1848–1866): Forschungsfragen und Methoden.

Wiederum, wie üblich, fanden zwei Stipendiatenexkursionen statt. Am 9. April 1999 besuchten wir auf von Dr. Atsma geebneten Wegen das Musée des Antiquités nationales und das Schloß in Saint-Germain-en-Laye, sahen römische Provinzialarchäologie und gallische Götter, eine mittelalterliche Burg und ein Renaissance-Schloß mitsamt Raumverteilung und Flachdach als Turnierloge, im Hause geführt vom Direktor Patrick Périn, zeitweilig in der Gegenwart von Prof. Alain Dierkens, Brüssel. Am 29. Juni 1999 wanderte ein Gruppe fußstarker Stipendiaten 20 km von Compiègne über die Waldeinsamkeit der Abtei Saint-Jean-aux-Bois zur Burg Pierrefonds, jenem Prunkschloß des Ludwig von Orléans, das Viollet-le-Duc unter Napoleon III. zu einem Traum vom Mittelalter verwandelt hat; vorbereitet wurde der Ausflug von Mme Émilie Lebailly und Privat-Dozent Dr. Andreas Sohn (Münster).

Die folgende Liste gibt einen Gesamtüberblick über die gewährten Stipendien, von denen mehrere, wie üblich, der Kunstwissenschaft zugute kamen; Literatur- oder Musikwissenschaftler hatten sich diesmal nicht beworben.

Mittelalter (5 Stipendien, 17 Stipendienmonate): Bettina Dietz, M.A., Orte kritischen Denkens der Frühaufklärung: Utopische Reiseberichte in Frankreich um 1700. – Diss. unter der Leitung von Prof. Dr. Winfried Schulze (München). Dauer: 3 Monate (1.10.–30.11.1998 und 1.–20.3.1999). – Oliver Killgus, Gottfried von Viterbo. – Diss. unter der Leitung von Prof. Dr. Bernhard Schimmelpfennig (Augsburg). Dauer: 2 Wochen (14.–28.2.1999). – Klaus Krönert, Trierer Hagiographie, 9.–13. Jh. – Diss. unter der Leitung von Prof. Dr. Hartmut Boockmann (†) und Prof. Dr. Siegmar Döpp (Göttingen). Dauer: 6 Monate (1.1.–30.6.1999). – PD. Dr. Malte Prietzel (HU Berlin), Guillaume Fillastre d. J.: ausgewählte Werke. – Forschungsaufenthalt. Dauer: 1 ½ Monate (15.5.–30.6.1999). – Matthias M. Tischler, Einhardus redivivus. – Diss. unter der Leitung von Prof. Dr. Rudolf Schieffer (München). Dauer: 6 Monate (1.9.–30.11.1998 und 1.1.–31.3.1999).

Frühe Neuzeit, Revolution (1500–1815) (9 Stipendien, 17 Stipendienmonate, 1 Woche): Andreas Fritz, M.A., Georg Kerner: eine politische Biographie. – Diss. unter der Leitung von Prof. Dr. Axel Kuhn (Stuttgart). Dauer: 2 Wochen (26.10.–9.11.1998). – Uwe Mayer, Biographie von Ehrenfried Walther von Tschirnhaus (1651–1708). – Diss. unter der Leitung von Prof. Dr. Andreas Kleinert (Hamburg). Dauer: 1 Monat (1.–27.3.1999). – Dr. Dorothea Nolde, Reisende zwischen Frankreich und Deutschland. Fremdheitserfahrungen und kultureller Transfer (16.–18. Jahrhundert). – Habilitation betreut von Prof. Dr. Claudia Opitz (Hamburg). Dauer: 1 Monat (3.–31.10.1998). – Christine Petry, Erobern mit Macht, beherrschen durch Recht. Recht und Sozialdisziplinierung in den Trois-Évêchés nach 1552. – Diss. unter der Leitung von Prof. Dr. Helga Schnabel-Schüle (Trier). Dauer: 3 Monate (1.1.–31.3.1999). – Susanne Röhl, Die Voyages von Jean de Mandeville. Studien zur Überlieferungsgeschichte der kontinentalfranzösischen Version. – Diss. unter der Leitung von Prof. Dr. Ernst Bremer (Paderborn). Dauer: 3 Wochen (21.3.–16.4.1999). – Jörg Sacher, Preisaufgaben und Naturwissenschaft – Die Preisaufgaben der Klasse für experimentelle Philosophie an der Berliner Akademie der Wissenschaften in ihrem wissenschaftshistorischen Kontext. – Diss. unter der Leitung von Prof. Dr. Werner Schütt (TU Berlin). Dauer: 2 Monate (31.5.–31.7.1999). – Peter Schröder, Naturrecht und absolutistisches Staatsrecht: Eine vergleichende ideengeschichtliche Studie zu Thomas Hobbes und Christian Thomasius. – Diss. unter der Leitung von Prof. Dr. Dr. h. c. Klaus Malettke (Marburg). Dauer: 4 Monate (1.6.–30.9.1999). – Sabine Seeger, Lehrzeit des Parlamentarismus in Frankreich: Zur Erfahrung politischer und persönlicher Gegnerschaft in der Französischen Revolution. – Diss. unter der Leitung von Prof. Dr. Volker Hunecke (TU Berlin). Dauer: 2 Monate (1.4.–31.5.1999). – Bettina Severin, Die Reformen im napoleonischen Modellstaat Berg. – Diss. unter der Leitung von Prof. Dr. Helmut Berding (Gießen). Dauer: 3 Monate (1.2.–30.4.1999).

19. und 20. Jahrhundert (15 Stipendien, 49 Stipendienmonate): Dr. Martin Senner, Akten zur Geschichte des Krimkrieges. – Editionsprojekt unter der Leitung von Prof. Dr. Winfried Baumgart (Mainz). Dauer: 1 Monat (1.–31.10.1998). – Birgit Buggel-Asmus, Politische Kultur und Engagement im Pariser Wissenschaftsmilieu der Dreißiger bis Fünfziger Jahre: Irène Joliot-Curie (1897–1956). – Diss. unter der Leitung von Dr. Helga Bories-Sawala (Bremen). Dauer: 2 Monate (1.10.–30.11.1998). – Patrick O. Cohrs, M.A., »Die unvollendete transatlantische Friedensordnung« der Ära nach dem Ersten Weltkrieg. Großbritanniens Streben nach einem politischen Äquilibrium in Europa, die amerikanische »Politik des friedlichen Wandels« und die Grenzen einer Transformation transatlantischer Politik, 1923–1929. – Diss. unter der Leitung von Dr. Jonathan Wright (Oxford) und Prof. Dr. Klaus Hildebrand (Bonn). Dauer: 3 Wochen (6.–26.4.1999). – Dr. des. Michael G. Esch, Sozialgeschichte osteuropäischer Emigranten und Emigrantinnen in Paris 1870–1914. – Habilitation betreut von Prof. Dr. Hans Hecker (Düsseldorf). Dauer: 4 Monate (15.1.–14.5.1999). – Andreas Fickers, M.A., Die PAL-SECAM Kontroverse: Technik, Wirtschaft und Politik im Kampf um einen einheitlichen europäischen Standard bei der Einführung des Farbfernsehens in Europa. – Diss. unter der Leitung von Prof. Dr. Walther Kaiser (Aachen). Dauer: 2 Monate (1.2.–31.3.1999). – Steffi Jenal, Kriegsschuldfrage und Politik in Frankreich 1919–1939. – Diss. unter der Leitung von Prof. Dr. Gerd Krumeich (Düsseldorf). Dauer: 8 Monate (1.5.1998–28.2.1999). – Jana Kakies, Airbus. – Diss. unter der Leitung von Prof. Dr. Ulrich Albrecht (FU Berlin). Dauer: 6 Monate (4.1.–30.6.1999). – Dr. Uwe Kühl, Anfänge städtischer Elektrifizierung in Deutschland und Frankreich (bis 1914). – Habilitation betreut von Prof. Dr. Gerd Krumeich (Düsseldorf). Dauer: 4 Tage (15.–19.2.1999). – Claudia Moisel, Kriegsverbrecherprozesse. Die strafrechtliche Verfolgung der deutschen Kriegs- und NS-Verbrecher durch die französische Justiz und die deutsch-französischen Beziehungen 1945–1962. – Diss. unter der Leitung von Prof. Dr. Norbert Frei (Bochum) und Prof. Dr. Winfried Schulze (München). Dauer: 6 Monate

(1.10.1998–31.3.1999). – Jürgen Müller, F. W. Murnaus »Nosferatu«. – Forschungsaufenthalt. Dauer: 1 Monat (1.–30.4.1999). – Volker Nies, Apaisement in Asien: Frankreich und die Fernost-Krise 1937–1939. – Diss. unter der Leitung von Prof. Dr. Klaus Hildebrand (Bonn). Dauer: 2 Monate (1.1.–28.2.1999). – Dirk Sasse, Mythos Calid El-Hadj Alemán. Der Düsseldorfer Josef Klems und die europäischen Helfer Abd el-Krims während des marokkanischen Rifkrieges 1921–1926. – Diss. unter der Leitung von Prof. Dr. Horst Gründer (Münster). Dauer: 2 Monate (1.–30.11.1998 und 1.–30.9.1999). – Gaby Sonnabend, M.A., Pierre Viénot und Deutschland. Die »deutschen Ungewißheiten« der Zwischenkriegszeit und Ansätze zu einer deutsch-französischen Verständigung. – Diss. unter der Leitung von Prof. Dr. Klaus Hildebrand (Bonn). Dauer: 6 Monate (1.2.–31.7.1999). – Claus W. Schäfer M.A., »Plus qu'une ambassade«. André François-Poncet als Botschafter in Berlin (1931–1938). – Diss. unter der Leitung von Prof. Dr. Gregor Schöllgen (Erlangen). Dauer: 4 Monate (1.9.–31.12.1998). – Martin Strickmann, Die französischen Intellektuellen und das deutsch-französische Verhältnis 1944 bis 1950. – Diss. unter der Leitung von Prof. Dr. Jost Dülffer (Köln). Dauer: 5 Monate (1.1.–31.5.1999).

Gesellschaft der Freunde des DHI Paris

Unser heimlicher Schatz, die Gesellschaft der Freunde, hält ihren starken Mitgliederstand (derweil an die 350) und hilft uns unverdrossen in vielfältiger Weise: durch die Veröffentlichung des Bulletins und der Conférences annuelles und durch eigene Vorträge. Diese machen es möglich, der memorativen Aktualität einen stärkeren Tribut zu zollen: M. Georges Henri Soutou sprach am 29. Okt. 1998 über Bismarck, Bundesverfassungsrichter Prof. Dr. Dieter Grimm am 24. Juni 1999 über das Grundgesetz. Und sie veranstaltet das heitere Einweihungsfest des Hôtel Duret de Chevry, diesmal genau am 19. Mai 1999, dem 5. Jahrtag, der mit besonderem Glanz gefeiert wurde, nämlich mit einem Vortrag von M. Étienne François, des scheidenden Direktors des Berliner Centre Marc Bloch, zum Thema »Écrire une histoire des lieux de mémoire allemands: pourquoi, comment?«. Zwischen den Ansprachen spielten Franck Choukroun (Cello) und Frédérique Montandon (Harfe) Duette von Vivaldi und Saint-Saëns und schließlich, virtuos, die Rossini-Variationen von Paganini. Der Ehrenwein mußte diesmal nach hastigem Auszug vor plötzlichem Regen aus dem Hof in der Halle eingenommen werden. Aus Anlaß des 5. Jahrtags wurde zum ersten Mal die Medaille mit dem Bild des Bauherrn unseres Hauses Charles Duret seigneur de Chevry (1630) für Wohltäter und Stifter des Instituts vergeben – nicht an die Gesellschaft der Freunde, denn sie hatte sie dem Hause gestiftet, sondern an den Bücherschenker M. Jean Ducarpe (Paris).

Bibliothek

Im Berichtszeitraum meldeten sich 177 Leser neu in der Bibliothek an, die im Durchschnitt von 15 Benutzern täglich konsultiert wurde. Insgesamt hat die Bibliothek für den abgelaufenen Berichtszeitraum 3267 Besuche zu verzeichnen (1997/98: 2794; 1996/97: 2574) und erreicht mit 17% eine weitere Steigerung ihrer Frequentation (1998/99: 9%)[6].

Der Bestand wuchs um ca. 2980 Bände, von denen 910 Einheiten auf den Zugang an Zeitschriften, Fortsetzungen und Tausch, 1300 Einheiten auf Geschenkzugang, der Rest von 770 Einheiten auf Monographienkauf entfallen. Die Bibliothek, die um ca. 145 lfde. Meter wuchs, umfaßt jetzt ca. 82 500 Bände. Die Bibliothek verzeichnet derzeit 694 Zeitschriften, von denen 431 zur Fortsetzung gehalten werden.

6   Im gleichen Zeitraum ging demgegenüber, abgesehen von den Teilnehmern an Veranstaltungen, die Zahl der Einzelbesucher des DHIP erneut zurück: 436 (1996/97), 408 (1997/98), 319 (1998/99).

Die Stellreserve von 30% pro Regalmeter für systematische Aufstellung beim Einzug in das neue Gebäude 1994 ist an zahlreichen Stellen in den Magazinen und im Lesesaal aufgebraucht. 1999 wurden deshalb umfangreiche Bestandsmengen verrückt, um eine weitere Verdichtung der Bestände und querliegende Bücher zu beheben.

Die Allegro-Datenbank enthält jetzt ca. 30 800 Titelnachweise und Allegro-Order, dokumentiert ca. 2295 Bestellvorgänge (abgeschlossene und laufende). Neu einsigniert und verschlagwortet wurden 2438 Titel, die nunmehr in monatlichen Neuerwerbungslisten angezeigt werden.

Größere Schenkungen erhielt die Bibliothek erneut von Prof. Fritz Trautz (Heidelberg), von M. Jean Ducarpe (Paris) und, durch Vermittlung von Dr. Andreas Wilkens, von der Französischen Botschaft in Bonn, die uns die lückenlose Reihe der Protokolle des Bundestages von 1949 bis 1982 und des Bulletins des Bundespresseamtes von 1954 bis 1973 zur Ergänzung unserer eigenen Bestände übergab. Die Übernahme des Nachlasses Michel Huberty (Paris) wurde vorbereitet.

Die vom damaligen Pariser Kulturinstitut der DDR im Sept. 1991 übernommenen 982 Einheiten wurden mit Hilfe der EDV abschließend bearbeitet. Diese Sondersammlung ist nun vollständig in den Katalogen nachgewiesen.

Der im Herbst 1998 erfolgte Probeeinstieg in die WWW-Darstellung des Instituts und seiner Bibliothek wurde erweitert. Der WWW-Katalog wird in regelmäßigen Abständen aktualisiert und weist fast alle bisher digital erfaßten Titel im Internet nach.

Fachgespräche zur Problematik der Fremddatenübernahme, Retrokonversion und Verbundteilnahme, insbesondere mit dem Gemeinsamen Bibliotheks-Verbund (GBV) Göttingen sowie dem Deutschen Bibliotheksinstitut (DBI, Berlin) sowie Beratungen durch das MPI (Göttingen) und das DHIR im Herbst 1998 führten zu der Entscheidung, die Retrokonversion im Rahmen von Werkverträgen auf der Grundlage von Autopsie in Angriff zu nehmen. Zu dieser Entscheidung hat auch beigetragen, daß der Zettelkatalog des DHIP im Laufe seiner Entstehung nach sehr unterschiedlichen Regeln redigiert worden ist: ein Umstand, der bei einem evtl. »Outsourcing« der Retrokonversion sehr hinderlich gewesen wäre und, wie an anderer Stelle erfahren, erhebliche Nacharbeiten erforderlich gemacht hätte.

Parallel dazu wurde in einem eigenen Projekt mit der Inhaltserschließung von mehr als 200 retrokonvertierten Sammelpublikationen begonnen. Zunächst wurden alle im Rahmen der Buchreihen des Instituts erschienenen Sammelpublikationen inhaltlich erschlossen. Anschließend wurde die thematisch schwer zu überblickende Bestandsgruppe der Festschriften in Angriff genommen. Im Rahmen des Projekts wurden mehr als 5400 Titel von Aufsätzen, Abhandlungen und Miszellen erfaßt.

Parallel zur Eigenerfassung von Altbeständen per Autopsie wurde intensiv an der Datenübernahme von verfügbaren Allegro-Fremdkatalogen gearbeitet. Beispielhaft ist die von den MGH (München) ermöglichte Übernahme von Daten. Der reichhaltige und gut geführte Katalog, von dem eine Kopie an das DHIP per FTP überspielt worden ist, erlaubt den Import von Daten, zum Beispiel zu den sehr bibliographisch und bibliothekarisch schwierigen MGH-Serien, zu Quellenserien zur mittelalterlichen und zur deutschen Landesgeschichte. Die Retrokonversion erfährt auf diese Weise eine substantielle Unterstützung.

In Paris selbst wurden die Allegro-Kataloge des Goethe-Instituts Paris und des Heinrich-Heine-Hauses Paris parallel geschaltet und sind jeweils zusammen mit dem DHIP-Katalog in den Partnerinstitutionen konsultierbar und geben Auskunft über den gemeinsamen Buchbestand. Damit wurde der von Dr. Atsma angeregte Grundstein für einen Pariser Verbundkatalog gelegt (PVK).

Im Berichtszeitraum wurden 2 Fachpraktikantinnen in die Arbeitsabläufe der Bibliothek eingewiesen: Christine Döring, FH Hannover (1. Sept. 1998–30. Nov. 1998) und Claudia

Starke, FH Leipzig (1. Dez. 1998–26. Febr. 1999). Im Rahmen von Werkverträgen waren beschäftigt in der Retrokonversion Sylvia Pollierer, Dipl.-Bibliothekarin (6. April–5. Sept. 1999) und Frau Susanne Jakob, Dipl.-Bibliothekarin (16. Juli–15. Sept. 1999) und in der Inhaltserschliessung von Sammelpublikationen Isabelle Quignot, Studentin der Geschichtswissenschaft (1. Januar–31. Dez. 1999).

In die Arbeitsweise der Bibliothek eingeführt und an der Erledigung der laufenden Arbeiten wurden beteiligt: Dorothee Rothenbusch, Universität Göttingen (1.–30. Sept. 1998) – David Bruder, Universität Konstanz (2. Aug.–10. Sept. 1999) – Wiebke Hasse, Universität Heidelberg (12.–30. April 1999) – Florentina Debling, Universität Göttingen (15. März–9. April 1999).

Personal

Wissenschaftliches Personal

– Direktor: Prof. Dr. Werner Paravicini.

– Wissenschaftliche Mitarbeiter
Dr. Hartmut Atsma, Stellvertreter des Direktors und Leiter der Bibliothek – Dr. Rainer Babel – Dr. Anke Greve (ab 7.12.1998) –Dr. Rolf Große – Dr. Martin Heinzelmann – Dr. Holger Kruse (bis 31.12.1998) – Priv.-Doz. Dr. Klaus Manfrass – Dr. Stefan Martens – Dr. Wolfgang Stein – Prof. Dr. Jürgen Voss.

– Drittmittelfinanzierte Projektmitarbeiter
Projekt »Hof der Herzöge von Burgund«: Dr. Hanno Brand, Zeitvertrag bis 31.10.1999 (DFG). – Valérie Bessey, Zeitvertrag bis 31.10.1999 (Fritz-Thyssen-Stiftung). – Elisa Anne, Zeitvertrag bis 31.10.1999 (Fritz-Thyssen-Stiftung).
Projekt »Argentierrechnungen Karls des Kühnen«: Emilie Lebailly, Zeitvertrag bis 31.3.2000 (Akademie Göttingen – Académie des Inscriptions et Belles-Lettres Paris – DHI).
Projekt »Deutsch-französische Wirtschaftsbeziehungen im 20. Jh.«: Dr. Andreas Wilkens, Zeitvertrag bis 30.4.2000 (Stifterverband für die Deutsche Wissenschaft/Robert-Bosch-Stiftung).
Projekt »Präfektenberichte«: Dr. des. Regina Delacor, Zeitvertrag bis 30.4.2000 (VW-Stiftung).
– Bibliothek
Leitung: Dr. Hartmut Atsma.
Jean-Louis Couvert – Dipl.-Bibliothekarin (FH) Gisela Davids-Sallaberry – Dipl.-Bibliothekar (FH) Andreas Hartsch – Wolfram Käberich (TZ) – Véronique Mosbah (TZ).
– Verwaltung
Dipl.-Verwaltungswirt Gerhard Neumann.
– Bürosachbearbeitung
Ingrid Bierwirth ausgeschieden zum 31.5.1999 – Therese Rameau.

– Fremdsprachen- und Redaktionssekretariat
Brigitte Brachet (TZ), Zeitvertrag bis 31.1.2000. – Dipl.-Übersetzerin Sabine Bröhl (TZ), Zeitvertrag, ausgeschieden zum 9.4.1999.– Dorothea Happe – Ursula Hugot (TZ) – Dipl.-Übersetzerin Bärbel Lange (TZ) ab 27.7.1999, Zeitvertrag bis 31.12.2000. – Margarete Martaguet – Ulrika Saga.

– Innerer Dienst
Michel Arbogast – Daniela Benati – Edith Brière (TZ), Zeitvertrag bis 29.2.1999. – Roger
Klimke – Britta Oleinek (TZ).

II. Die Arbeit der Wissenschaftler[7]

Dr. Hartmut Atsma

Veröffentlichungen: (mit Jean Vezin), Aspects matériels et graphiques des documents mérovingiens, in: Akten des Kolloquiums der Commission internationale de diplomatique, Olomouc (Olmütz) 30. August–3. September 1992, hg. von Jan Bistrický, Olomouc (Univerzity Palachéko) 1998, S. 9–22. ((Mit Jean Vezin), Les faux sur papyrus de l'abbaye de Saint-Denis, in: Finances, pouvoirs et mémoire. Hommages à Jean Favier. Paris (Fayard) 1999, S. 674–695.

Vorträge, Diskussionsbeiträge und Tagungsteilnahme: 7. November 1998 Potsdam, Tagung, »Computer und Geschichte«. 20.–21. Nov. 1998: Göttingen, MPI, Kolloquium »Mittelalterforschung in Frankreich«. 6.–10. Mai 1999: Rom, Kolloquium der École française de Rome, »Les transferts patrimoniaux en Europe occidentale«. 12.–25. Mai 1999: Magdeburg, Kolloquium zur Vorbereitung der Ausstellung »Otto der Große, Magdeburg und Europa«. 24. Mai 1999: Düsseldorf, Universität, Einladung von Prof. Hiestand zu einem Vortrag über »Herrschaft, Recht und Schriftlichkeit im Übergang von der Spätantike zum Frühen Mittelalter«. 28.–30. Mai 1999: Berlin, Kolloquium zur Vorbereitung der Ausstellung »Europas Mitte um 1000«.

Lehrtätigkeit: Hartmut Atsma hat auch im abgelaufenen Jahr seinen Lehrauftrag an der École pratique des Hautes Études IVe section wahrgenommen und sich mit dem Thema »Défendre ses droits: études et travaux pratiques portant sur l'intérêt probatoire de l'écrit (V[e]–XIIe s.)« befaßt. An den Veranstaltungen haben Hörer und Gastwissenschaftler aus Deutschland, Frankreich, Japan, Spanien und den USA teilgenommen.

Homepage: Im Hinblick auf die Evaluierung im letzten Jahr hatte Dr. Atsma die erste Fassung der Homepage des DHIP redigiert. Nachdem sich die Aktualisierung der Homepage danach aus organisatorischen und technischen Gründen verzögert hatte, hat er zusammen mit Frau Christine Döring, seinerzeit Diplomandin der FH Hannover, die Homepage noch einmal völlig neu gestaltet und auch die weiterführenden WWW-Seiten in einer von ihm so genannten »Link@thek« erfaßt. Frau Döring hat ihre von Dr. Atsma angeregte und betreute Diplomarbeit zu dem Thema »Entwicklung eines Leitfadens für den praktischen Aufbau einer elektronischen Bibliothek am Beispiel des Deutschen Historischen Instituts Paris« ebenfalls der Homepage des DHIP gewidmet und im August 1999 an der FH Hannover erfolgreich abgeschlossen.

Über die weltweite Konsultation der Homepage berichtet in monatlichen Abständen der Provider des Instituts. Insgesamt ist die WWW-Seite während des Berichtszeitraums mehr als 60 000 mal aufgerufen worden.

Ausstellungen: Hartmut Atsma hat sich an der Beratung und Vermittlung von mehreren Ausstellungsprojekten beteiligt: »Europas Mitte um das Jahr 1000« (ein deutsch-polnisch-tschechisch-slowakisch-ungarisches Ausstellungvorhaben, das in den Jahren 2000–2002 in Budapest, Krakau/Warschau, Prag, Berlin und Mannheim verwirklicht werden soll); »Otto der Große, Magdeburg und Europa« (Magdeburg 2001); »799 – Kunst und Kultur der

---

7 Die Beantwortung der zahlreichen Anfragen, die Beratungen und Führungen werden im folgenden ebensowenig erwähnt wie die häufigen internen Gutachten bei Stipendienanträgen und Manuskripten und die stets anfallenden Korrekturarbeiten. Weil sie schon in Teil I behandelt sind, fehlen auch die großen Institutsvorhaben. Die unter Beteiligung des DHI veranstalteten Kolloquien werden nur in verkürzter Form zitiert, weil sie oben bereits ausführlich genannt sind.

Karolingerzeit – Karl der Große und Papst Leo III« (23. Juli–1. Nov. 1999); »Gold der Barbaren« (Paris, Mannheim, 2000/2001), »Signa Tau« (Stuttgart 2000); »Hadrien, trésors d'une villa impériale« (Paris, 1999); »Paris–Berlin. Bau- und Bodendenkmalpflege im Vergleich« (Berlin 2001).

Organisation, Verschiedenes: Hartmut Atsma hat den Institutsdirektor im üblichen Umfang vertreten und ihn vor allem bei der Lösung von organisatorischen und personellen Problemen unterstützt: Vorbereitung der Evaluierung durch den Wissenschaftsrat, Beratung und Betreuung der Praktikanten, Organisation einer Exkursion für Stipendiaten, Beschaffung von APCs sowie 2 Netzservern aus dem BMBF, Planung und Umsetzung der EDV-Struktur, Raumplanung, Überführung von Schenkungen, Vertretung bei wiss. und gesellschaftlichen Anlässen. Dr. Atsma ist mehrfach zugunsten der vertraglich vereinbarten Kooperation zwischen der EPHE IVe section (vertreten durch Prof. P. Mahé) und der TU Dresden (vertreten durch Prof. G. Melville) tätig geworden. Er hat auch den Präsidenten der Commission internationale de diplomatique, Prof. W. Prevenier (Gent) bei seinen Verhandlungen mit dem Comité international des sciences historiques und bei der Vorbereitung des nächsten Kolloquiums der CID (Oslo, 2000) unterstützt. Einen stark angewachsenen Teil seiner Arbeitszeit widmete Dr. Atsma wieder der von ihm geleiteten Bibliothek.

Dr. Rainer Babel

Veröffentlichungen: Mömpelgard zwischen Frankreich und dem Reich vom 15. bis zum 18. Jahrhundert, in: Sönke Lorenz, Peter Rückert (Hg.), Württemberg und Mömpelgard. 600 Jahre Begegnung. Beiträge zur wissenschaftlichen Tagung vom 17. bis 19. September 1997 im Hauptstaatsarchiv Stuttgart, Leinfelden-Echterdingen 1999, S. 285–302. – Nikolaus-Franz, Herzog von Lothringen, in: NDB 19, 1999, S. 267–269.

Vorträge und Tagungsteilnahme: 22. September 1998 in Paris im Rahmen des Kolloquiums »350 ans Paix de Westphalie« Vortrag zum Thema: »La Lorraine dans le conflit européen«. – 8. Oktober 1998 im DHI Paris: »Einführung« zum Studientag »Le diplomate au travail« – 3. März 1999: Teilnahme an der Buchvorstellung »Württemberg und Mömpelgard. 600 Jahre Begegnung« im Hauptstaatsarchiv Stuttgart (mit eigenen Diskussionsbeiträgen).

Organisation: Konzeption und Organisation der Studientage »Le diplomate au travail. Information, communication et décision au congrès de la Paix de Westphalie«, am 8. Oktober 1998 und »Du nouveau des relations franco-allemandes du 16e au 18e siècle« am 2.12.1999. – Vorbereitung (mit dem Dir.) der Tagung »Grand Tour«, Loveno di Menaggio, 18.–20. November 1999. – Ständige Betreuung der Vortragsreihen des DHIP (Jeudis) und der Öffentlichkeitskontakte (Presseinformation, AHF etc.).

Redaktion: Redaktionelle Betreuung der »Conférences annuelles« (Band Duchhardt).

Dr. Hanno Brand

Veröffentlichungen: Zutphen, Grafen von (ca. 1050–1138), in: Lexikon des Mittelalters, Bd. 9, München 1998, S. 468–469.

Tagungsteilnahme: Kolloquium: »Das Frauenzimmer« 6. Symposium der Residenzenkommission, 26.–29. September, Dresden. – Kolloquim: »Mittelalterforschung in Frankreich heute« 19.–20. November 1998, Göttingen. – Kolloquium: »Négocier le Don«, 11.–13. Dezember 1998, Paris. – Kolloquium: »Der Fremde im Mittelalter«, 4.–6. Juni 1999, Göttingen.

Dr. des. Regina M. Delacor

Veröffentlichungen: Die Reaktionen Frankreichs auf den Novemberpogrom 1938, in: Zs. für Geschichtswissenschaft 46, Heft 11 (1998) S. 998–1006. – »Auslieferung auf Verlangen«?. Der deutsch-französische Waffenstillstandsvertrag 1940 und das Schicksal der sozialdemokratischen Exilpolitiker Rudolf Breitscheid und Rudolf Hilferding, in: Vierteljahrshefte für Zeitgeschichte 47, Heft 2 (1999) S. 217–241 (vgl. FAZ vom 23. Juni 1999).

Vorträge und Tagungsteilnahme: Novemberpogrom 1938. Die Reaktionen des Auslands auf die »Reichskristallnacht«, Zentrum für Antisemitismusforschung der TU Berlin, 30.–31. Oktober 1998 (Vortrag). – Enterprises in the period of fascism in Europe, Society for European Business History e.V., Paris, 26.–27. November 1998 (Teilnahme). – La France et l'Allemagne en guerre, DHIP, CEHD, Paris, 22.–23. März 1999 (Vortrag). – World War II: After 60 years, Siena College, Albany, N.Y. (USA), 2.–4. Juni 1999 (Vortrag).

Sonstiges: Lehrauftrag für deutsche Zeitgeschichte am Institut d'Etudes Politiques de Paris/Fondation Nationale des Sciences Politiques.

Dr. Anke Greve

Veröffentlichungen: Rezension in Le Moyen Age.

Tagungsteilnahme: 11.–13. Dez. 1998: »Négocier le Don«, DHI Paris. – 21. Mai 1999: »Aanpassen of inpassen?«, Brüssel. – 28. Mai 1999: »Gallia Pontificia«, DHI Paris.

Sonstiges: Seit dem 9.2.1999 ist Dr. Greve stellvertretende EDV-Beauftragte im DHIP. In Zusammenarbeit mit dem EDV-Beauftragten A. Hartsch sowie der Leitung des DHIP wurde eine umfassende Änderung der EDV-Infrastruktur des Hauses vorgenommen. Dr. Greve hat sich intensiv mit der Planung und Umsetzung dieses Vorhabens beschäftigt, so daß sie einen beträchtlichen Teil ihrer Arbeitszeit in diesen Bereich investiert hat.

Dr. Rolf Große

Veröffentlichungen: »Des actes pontificaux à l'infini«: Saint-Denis et la *Gallia Pontificia*, in: Histoire et Archives 4 (1998) S. 179–194. – Nachtrag zum Gesamtverzeichnis der Veröffentlichungen des DHIP, Paris 1998, 48 S. – Artikel Petrus von Blois, Petrus Monoculus, Radbod von Utrecht, Raimund Gayrard von Toulouse, in: Lexikon für Theologie und Kirche, Bd. 8, 1999, Sp. 112f., 130, 794, 815. – *Rez.* in verschiedenen Fachzeitschriften; ferner regelmäßige Berichterstattung aus französischen Regionalzeitschriften im Deutschen Archiv.

Vorträge und Tagungsteilnahme: 23. März 1999: La France et l'Allemagne en guerre, Paris. – 28. Mai 1999: Présent et avenir de la Gallia Pontificia, Paris, mit Vortrag über die Konzeption der »Papsturkunden in Frankreich, NF 10: Diözese Paris 3«.

Organisation: Vorbereitung und Durchführung der Table ronde: Présent et avenir de la Gallia Pontificia (28. Mai 1999).

Sonstiges: Redaktionelle Bearbeitung der Bio-Bibliographien für die Homepage des DHIP.

Dr. Martin Heinzelmann

Veröffentlichungen: L'Occident chrétien du IIIe au VIIIe siècle, in: La chrétienté des origines à la fin du Moyen Âge, sous la direction de Ludo Milis, s.l. 1998, S. 47–61 (Europe et Histoire). – Heresy in Books I and II of Gregory of Tours' Historiae, in: After Rome's Fall. Narrators and Sources of Early Medieval History. Essays presented to Walter Goffart, ed. by Alexander Callandar Murray, Toronto 1998, S. 67–82. – Gregor von Tours (Art.), in:

Reallexikon der Germanischen Altertumskunde begründet von Johannes Hoops, 2. Aufl., Bd.12, 1998, S. 612–615. – Notes bibliographiques – Kurzbesprechungen, in: Francia 25/1 (1998) S. 406–418 [20 Kurzbesprechungen frz. oder dt.]. – Rez.: in Mittellateinisches Jahrbuch 34 (1999).

Vorträge und Tagungsteilnahme: 11.–13. Dezember 1998 »Négocier le don«, DHI Paris. – 6. März 1999: (Vortrag) »Noblesse et ›société des saints‹: ordre social et conception chrétienne du monde«, Nizza, Centre d'Études Médiévales, Table-ronde »L'Église et les laïcs. Conversion, miroirs, sainteté (Vᵉ–XIᵉ siècle)«. – 26. März 1999: Kolloquium »Le discours d'éloge entre Antiquité et Moyen Âge«, veranstaltet vom Centre de Recherches sur l'Antiquité tardive et le haut Moyen Âge, Université X – Nanterre (Teilnahme).

Vorbereitung von Kolloquien: Zusammen mit Prof. Dr. Klaus Herbers (Universität Erlangen) Vorbereitung einer Studientagung »Mittelalterliche Mirakel: Konzeptionen – Funktionen – Realitäten«, die vom 6.–9. April 2000 in Kloster Weingarten (Akademie der Diözese Stuttgart-Rottenburg) stattfinden soll; die wissenschaftliche Planung und die Einladungen der Redner (ca. 20 Vortragende) wurden abgeschlossen. – Vorbereitung eines Ateliers »Réécriture hagiographique I«, das am 8. Juni 2000 im DHIP stattfinden soll; 9 Redner haben bereits zugesagt. Vgl. auch oben unter Forschungsprojekte, SHG.

Redaktionstätigkeit: Drucklegung von Band 26/1 der Institutszeitschrift Francia; Vorbereitung der anschließenden Bände.

Sonstiges: Als Membre du Comité Scientifique de l'Unité Mixte de Recherches Archéologie et Territoires (UMR 6575) der Universität Tours Teilnahme an dessen Sitzungen.

Dr. Holger Kruse

(bis 31. Dezember 1998)
Veröffentlichungen: (Zusammen mit Wim Blockmans, Antheun Janse und Robert Stein) From territorial courts to one residence. The Low Countries in the late middle ages, in: Maurice Aymard/Marzio A. Romani (Hg.): La Cour comme institution économique [Douzième Congrès international d'Histoire économique, Sévilla-Madrid, 1998], Paris 1998, S. 17–28. – (Hg. zus. mit W. Paravicini) Höfe und Hofordnungen 1200–1600 (Residenzenforschung, 10), Sigmaringen 1999. – Die Hofordnungen Herzog Philipps des Guten von Burgund, ibid., S.141–165.

Forschungsprojekte: Vgl. »Das Burgund-Projekt« in Teil 1.

Priv.-Doz. Dr. Klaus Manfrass

Mitwirkung an einigen Radio- und Fernsehsendungen.

Dokumentation zur Zeitgeschichte: Durch Mitwirkung von Praktikanten Aufarbeitung, Vervollständigung und Abheftung der Presseausschnittssammlung zum deutsch-französischen Verhältnis für den Zeitraum 1996–1999. Damit liegt jetzt eine durchgehende Dokumentation für die gesamte Periode vom Ende der 80er Jahre (Ende der deutschen Teilung) bis zur Gegenwart vor.

Dr. Stefan Martens

Veröffentlichungen: Görings Reich. Selbstinszenierungen in Carinhall, Berlin 1999 (zusammen mit Volker Knopf). – La France et l'Allemagne en guerre. Occupation, Collaboration, Résistance (novembre 1942–automne 1944), in: CIRAC Forum 46 (1999) S. 9–15 (in deutscher Sprache veröffentlicht in: AHF-Informationen Nr. 42 vom 21.6.1999).

Vorträge: Berichterstattung zu den Sektionen »Die Franzosen in Deutschland«, und »Widerstand und Repression«, im Rahmen des Kolloquiums La France et l'Allemagne en

Guerre. Occupation, Collaboration, Résistance (novembre 1942–automne 1944), in Paris am 22. und 23.3.1999. – Frankreich im Zweiten Weltkrieg. Eine vergleichende systematisch-kritische Edition der Synthesen der französischen Präfektenberichte sowie der Berichte des deutschen Militärbefehlshabers in Frankreich aus den Jahren 1940–1944, Vortrag im Rahmen der Tagung Diktaturen im Vergleich, veranstaltet von der VW-Stiftung im Hannah-Arendt-Institut in Dresden am 9.4.1999.

Tagungsteilnahme: 13.–16. Sept. 1998: La France et l'Allemagne face à la Russie. Kolloquium des Deutsch-französischen Komitees für die Erforschung der deutschen und französischen Geschichte des 19. und 20. Jahrhunderts in Verdun. – 25.–26. Sept. 1998: Mythos München. Internationales Kolloquium der Université Paris XII, in Zusammenarbeit mit dem Collegium Carolinum, dem DAAD, der Maison Sciences de l'Homme, der Friedrich-Ebert-Stiftung und dem DHIP im Maison Heinrich Heine in Paris. – 18.–20. März 1999: L'Allemagne et la Décolonisation Française. Kolloquium der Université Paris XII in Zusammenarbeit mit dem DAAD und dem DHIP in Créteil. – 22. und 23. März 1999: La France et l'Allemagne en Guerre. Occupation, Collaboration, Résistance (novembre 1942–automne 1944). Kolloquium des DHIP und des CEHD in Zusammenarbeit mit dem IfZ und dem IHTP in Paris. – 27.–29. Mai 1999: La Violence de la Guerre. Approches comparées des deux conflits mondiaux. Internationales Kolloquium des IHTP und des Centre de recherches de l'Historial de la Grande Guerre in Paris-Cachan. – 25.–28. Aug. 1999: The Shadows of Total War: Europe, East Asia, and the United States, 1919–1939, Kolloquium der Universität Bern in Zusammenarbeit mit dem DHIW, DHIL und DHIP in Münchenwiler.

Redaktionstätigkeit: Drucklegung von Francia 25/3, Vorbereitung von 26/3 und Korrektur der Fahnen. – Buchreihen: Im Berichtszeitraum wurden in Zusammenarbeit mit den Verlagen und Autoren auf der einen und Frau Hugot, Frau Saga und bis zu ihrem Ausscheiden Frau Bröhl auf der anderen Seite die anstehenden Bände der Reihen Beihefte der Francia, Instrumenta, Pariser Historische Studien und Réflexions sur l'Allemagne au XXᵉ siècle bearbeitet.

Tagungsorganisation – Zusammenarbeit mit CEHD: In enger Zusammenarbeit mit Mme Michèle Battesti und dem Direktor des CEHD, Maurice Vaïsse hat das DHIP, unterstützt vom IHTP und dem IfZ in München, im März 1999 das Kolloquium »La France et l'Allemagne en Guerre (1942–1944) – Occupation, Collaboration, Résistance« durchgeführt. Veranstaltungsort war der Carré des Sciences des Ministère de l'Éducation nationale, de la Recherche et de la Technologie, am 22. und 23.3.1999. Für die beiden Sitzungstage hatten sich insgesamt 150 Teilnehmer eingeschrieben, um in insgesamt zehn Sektionen 50 Referate, die von 8 Berichterstattern zusammengefaßt wurden, zu diskutieren. Das CEHD trug die Kosten für die Durchführung der Veranstaltung einschließlich der Simultanübersetzung und dem Druck des Programms, während das DHIP für die Übersetzung und Herstellung eines Resümeeheftes sowie die Reise und Unterbringung der deutschen Teilnehmer Sorge trug. Für die Tagung hatte die Gerda Henkel Stiftung dem DHIP auf Antrag einen Zuschuß in Höhe von DM 20 000.– gewährt.

Über die Veranstaltung hat die deutsche und französische Presse berichtet. Die Drucklegung der Tagungsakten mit ca. 60 Beiträgen und einem voraussichtlichen Gesamtumfang von 960 Seiten ist bis zur Fahnenkorrektur vorangeschritten.

Sonstiges: Beratung von Prof. Dr. Wolfgang Seibel (Universität Konstanz) bei seinem Forschungsvorhaben Polykratie und Vernichtungskapazität. Besatzungsverwaltungsorganisation und das Ausmaß der Verfolgung und Vernichtung der Juden im besetzten Westeuropa, 1940–1944. – Teilnahme an einem Workshop mit französischen, belgischen, niederländischen und deutschen Teilnehmern in Brüssel am 16.7.1999. – Wiederholte Beratung von Institutionen beziehungsweise Presse, Rundfunk und Fernsehen bei der Vorbereitung von Dokumentationen und historischen Beiträgen, darunter unter anderem Teilnahme an einer zweistündigen Podiumsdiskussion des Kabelfernsehsenders »Forum Planète« unter der Leitung von Alain Jérome zum Thema London im Luftkrieg, die im Juli 1999 ausgestrahlt wurde.

Prof. Dr. Werner Paravicini

Veröffentlichungen: Die ritterlich-höfische Kultur des Mittelalters. München (Oldenbourg) 1994: 2., unveränderte Aufl. 1998, VIII–137 S. (Enzyklopädie deutscher Geschichte, 32). – (Hg., mit I. Kasten und R. Pérennec) Kultureller Austausch und Literaturgeschichte im Mittelalter/Transferts culturels et histoire littéraire au moyen âge (BdF 43), Sigmaringen 1998, 384 S., darin: Geschichtswissenschaft, Literaturwissenschaft, Kulturwissenschaft. Einleitung, S. 9–18. – (Hg., mit Ch. Grell und J. Voss) Les princes et l'histoire du XIVe au XVIIIe siècle. Actes du colloque organisé par l'Université de Versailles – Saint-Quentin et l'Institut Historique Allemand, Paris/Versailles 13–16 mars 1996 (PHSt 47), Bonn 1998, 668 S., darin: Remarques liminaires, S. IX–XIII. – (Hg.) K. F. Werner, Einheit der Geschichte. Studien zur Historiographie (BdF 45), Sigmaringen 1999, XII–277 S., darin: Vorwort, S. IX–XII. – (Hg.) Hansekaufleute in Brügge. Teil 2: G. Asmussen, Die Lübecker Flandernfahrer in der zweiten Hälfte des 14. Jahrhunderts (1358–1408) (Kieler Werkstücke, D 9), Frankfurt a. M./Bern 1999, 1024 S. – (Hg., mit H. Wernicke) Hansekaufleute in Brügge. Teil 3: Prosopographischer Katalog zu den Brügger Steuerlisten (1360–1390), bearb. von I. Dierck, S. Dünnebeil und R. Rößner (Kieler Werkstücke, D 11), Frankfurt a. M./Bern, 1999, 573 S., darin: Vorwort (mit H. Wernicke), S. VII–VIII. – (Hg., mit H. Kruse) Höfe und Hofordnungen 1200–1600. 5. Symposium der Residenzenkommission der Akademie der Wissenschaften in Göttingen (Residenzenforschung, 10), Sigmaringen 1999, 560 S., darin: Europäische Hofordnungen als Gattung und Quelle, S. 13–20. – Armoriaux et histoire culturelle: le rôle d'armes des »Meilleurs Trois«, in: Les armoriaux médiévaux. Actes du colloque international »Les armoriaux médiévaux«, Institut de Recherche et d'Histoire des Textes CNRS (Paris, 21–23 mars 1994), hg. von L. Holtz/M. Pastoureau/H. Loyau (Cahiers du Léopard d'Or, 8), Paris 1997 [1998], S. 361–381. – Gruppe und Person. Repräsentation durch Wappen im späteren Mittelalter, in: Die Repräsentation der Gruppen. Texte – Bilder – Objekte, hg. von O. G. Oexle und A. von Hülsen-Esch (Veröffentlichungen des Max-Planck-Instituts für Geschichte, 141), Göttingen 1998, S. 327–389. – Rettung aus dem Archiv? Eine Betrachtung aus Anlaß der 700-Jahrfeier der Lübecker Trese, in: Zs. des Vereins für Lübeckische Geschichte und Altertumskunde 78 (1998) = Schlüssel zur Geschichte. [Fs.] 700 Jahre Lübecker Archiv, S. 11–46. – Adel im spätmittelalterlichen Frankreich. Zu Philippe Contamines neuestem Buch, in: Francia 25/1 (1998) S. 259–270. – Hippolyte Taine à Bayonne, in: Mélanges Jean Favier, Paris 1999, S. 802–818. – Structure et fonctionnement de la cour bourguignonne au XVe siècle, in: A la cour de Bourgogne. Le duc, son entourage, son train, hg. von J.-M. Cauchies (Burgundica, 1), Turnhout 1998, S. 1–8 (Neudruck mit Addenda). – Vorwort, in: H. Stein, Catalogue des actes de Charles le Téméraire (1467–1477), bearb. von S. Dünnebeil (Instrumenta, 3), Sigmaringen 1999, S. VII–VIII. – Vorwort, in: J. M. Maillefer, Chevaliers et princes allemands en Suède et en Finlande à l'époque des Folkungar (1250–1363) (Kieler Werkstücke, D 10), Frankfurt a. M./Bern, S. 9f. – Préface, in: St. Gebehenne/L. Noesser, Catalogue du Fonds allemand (Les collections de la Bibliothèque administrative de la Ville de Paris, 5), Paris 1999, S. 7f. – Michel Mollat du Jourdin (1911–1996), in: Francia 25/1 (1998) S. 271–273. – Hartmut Boockmann 1934–1998, in: Mitteilungen der Residenzen-Kommission der Akademie der Wissenschaften zu Göttingen 8 (1998) Nr. 2, S. 5–9. – Das Deutsche Historische Institut im Jahre 1996–1997, in: Francia 25/1 (1998) S. 419–459.

Weitere Arbeitsvorhaben: Prof. Paravicini leitete weiterhin die in Kiel ansässige Arbeitsstelle der Residenzenkommission der Akademie der Wissenschaften zu Göttingen, die begonnen hat, ein mehrbändiges Handbuch »Fürstliche Höfe und Residenzen im spätmit-

telalterliche Reich« zu schaffen. Die Residenzenkommission und das DHIP veranstalten im
September 2000 gemeinsam mit dem Stadtarchiv zu Celle ein Symposium zum Thema
»Erziehung und Bildung bei Hofe«.

Vorträge und Tagungsteilnahme: 19. Sept. 1998: Kolloquium »Heine et l'histoire« im
DHIP (Ansprache). – 22.–23. Sept.: Jubiläumskolloquium 100 Jahre Kunsthistorisches
Institut Florenz »Europa und die Kunst Italiens« (Teilnahme). – 23.–27. Sept. 1998: Kolloquium »L'Europe des traités de Westphalie. Esprit de la diplomatie et diplomatie de l'e-
sprit« (Sitzungsleitung, zus. mit François Renouard). – 26.–29. Sept.: Kolloquium »Das
Frauenzimmer. Die Frau bei Hofe in Spätmittelalter und Früher Neuzeit« in Dresden (Ein-
leitung). – 9. Okt.: Jahresvortrag H. Duchhardt (Einführung). – 16. Nov.: Kolloquium »Les
trois révolutions de l'imprimerie« in Lyon (Sitzungsleitung). – 21. Nov.: Table ronde »L'a-
venir de l'édition scientifique« im DHIP (Einführung) und Table Ronde in der Sorbonne
»L'avenir du livre« (Diskutant). – 7. Dez.: Verleihung des »Prix Maurice Baumont« an Prof.
Dr. Dr.es h. c. Karl Ferdinand Werner im Institut de France (stellv. Ansprache). – 11.–13.
Dez.: Kolloquium »Négocier le don« im DHIP (Begrüßung, Teilnahme). – 18. Febr. 1999:
Festvortrag in der Alten Aula zu Göttingen zu Ehren des 80. Geburtstags von Josef
Fleckenstein »Hagenbachs Hochzeit (1474)«. – 21. Febr.: Überreichung der Aufsatzsamm-
lung »Einheit der Geschichte. Studien zur Historiographie« an Prof. Dr. Dr.es h.c. Karl
Ferdinand Werner in Rottach-Egern. – 19. März: Vortrag vor der Académie des Inscripti-
ons et des Belles-Lettres »Ordre et règle: Charles le Téméraire selon les ordonnances de son
hôtel«, wiederholt am 29. März im Seminar »Service et hiérarchie« (Prof. Carozzi) an der
Université d'Aix-Marseille. – 22.–23. März: Kolloquium »La France et l'Allemagne en
guerre (novembre 1942 – automne 1944)« (Einleitung, Sitzungsleitung). – 31. März:
Goethe-Kolloquium »Alles Vereinzelte ist verwerflich« in der Sorbonne (Teilnahme). – 28.
Mai: Atelier »Présent et avenir de la Gallia Pontificia« im DHIP (Einführung). – 3.–4. Juni:
»L'Étranger au Moyen Âge«, Kolloquium des Französischen Mediävistenverbandes, mit
Einführungsvortrag in der Alten Aula zu Göttingen »L'Étranger à la Cour«. – 7. Juni: Vor-
trag im Deutschen Historischen Institut Rom »Colleoni und Karl der Kühne. Der Ruhm
eines Condottiere nördlich der Alpen«, wiederholt am 10. Juni im Bundesarchiv, Koblenz.
– 23. Juni: Verleihung des »Prix de l'Association de la Noblesse Française« an Prof. Dr.
Dr.es h. c. Karl Ferdinand Werner im Jockey Club (stellv. Ansprache).

Redaktionstätigkeit: Herausgabe der Institutsveröffentlichungen, der »Kieler Werkstücke«, der Reihe »Residenzenforschung« und der »Mitteilungen der Residenzen-Kommission der Akademie der Wissenschaften zu Göttingen«.

Gutachten und Kommissionen: 25. Sept. 1998: Jury Léonard Lebret »L'Ordre Teutonique
en France au XIIIe siècle«, maîtrise (dir. Prof. Martin Aurell, Poitiers). – 4. Nov. 1998: Jury
Anke Greve »Hansen, Hosteliers und Herbergen, Studien zum Aufenthalt hansischer
Kaufleute in Brügge im 14. und 15. Jahrhundert«, Doktorpromotion, Univ. Gent (dir. Prof.
Walter Prevenier). – 1. Juli 1999: Jury Anne-Brigitte Spitzbach, »D'un traité à l'autre:
France et Bourgogne de la Paix d'Arras à la Paix des Dames (1435–1529)«, DEA, Université
de Paris I (dir. Prof. Philippe Contamine). – Comité exécutif des »Centre européen d'Etu-
des bourguignonnes«, Sitzung am 18. Jan. 1999 (Brüssel). – Wiss. Beirat des Germanischen
Nationalmuseums in Nürnberg, am 29. Okt. 1998 und 26. April 1999. – Wiss. Beiräte der
Deutschen Historischen Institute in London (14. Nov. 1998 in London, 14. Juni 1999 in
Frankfurt a. M.) und Warschau (22. Febr. 1999 in München, 12. Juni 1999 in Berlin). –
Comité Guillaume Fichet/Octave Simon Paris am 7. Okt. 1998, 24. Juni 1999. – Residen-
zenkommission der Akademie der Wissenschaften zu Göttingen, am 28. Sept. 1998, 18.
Febr. und 2.–3. Aug. 1999. – Gutachten für die Braunschweigische Wissenschaftliche
Gesellschaft, für die Konrad Adenauer-Stiftung und die Max Geldner-Stiftung.

Lehrtätigkeit: W. Paravicini betreute weiterhin seine Doktoranden in Kiel und anderswo.
Das Rigorosum bestanden und anschließend promoviert wurden: am 21. Dez. 1998 in Kiel

Dipl.-Kaufm. Ulf Christian Ewert, mit einer Diss. zum Thema »Die Itinerare der burgundischen Herzöge aus dem Hause Valois. Ein empirische Untersuchung zum Zusammenhang zwischen Itinerarstruktur und Herrschaftserfolg im 14. und 15. Jahrhundert«; am 4. Jan. 1999 in Kiel Stephan Selzer, M.A., summa cum laude mit einer Diss. zum Thema »Deutsche Söldner im Italien des Trecento« (die Arbeit wird voraussichtlich beim römischen Schwesterinstitut veröffentlicht werden); und zu Ende des Sommersemesters 1999 in Trier Harm von Seggern, M.A., summa cum laude mit einer Diss. zum Thema »Herrschermedien im Spätmittelalter. Studien zur Informationsübermittlung im burgundischen Staat unter Herzog Karl dem Kühnen« (Zweitgutachter, Erstgutachter: Prof. Irsigler). – Gemeinsam mit Prof. Bertrand Schnerb (Université de Lille III) begannen die Planungen für ein regelmäßiges Forschungsseminar im DHI zum Generalthema »Les ducs Valois de Bourgogne: leur cour, leurs hommes, leur espace«, das, in Fortsetzung des Seminars von Prof. em. Henri Dubois, im Oktober 1999 die Arbeit aufnehmen und zwei Jahre lang »Les étrangers à la cour de Bourgogne« behandeln wird.

Sonstiges: Fernsehinterview des Senders »Histoire« unter der Leitung von Jacqueline de Bourgoing über König Ludwig XI. (Reihe: »Il était une fois … La France«), am 27. Nov. 1998. – Beratung einer Fernsehproduktion über »Burgund« (Prof. Jedele, München). – Wahl zum Corresponding Fellow der Royal Historical Society (1. Dez. 1998).

Dr. Wolfgang Hans Stein

Veröffentlichungen: Die Klassifikation des französischen und französischsprachigen Schriftgutes der frühen Neuzeit in deutschen Archiven zwischen deutscher Aktenkunde und französischer *diplomatique moderne,* in: Archiv für Diplomatik 44 (1998) S. 211–274. – Neue Findmittel des französischen Heeresarchivs in Vincennes (SHAT). Beständestruktur und *»fonds de Moscou«,* in: Francia 25/3 (1998) S. 99–108.- Die Rechtsprechung der Sondergerichte im Zweiten Weltkrieg. Das Sondergericht Koblenz und die anderen Sondergerichte auf dem Gebiet des heutigen Rheinland-Pfalz, in: Themen juristischer Zeitgeschichte (Juristische Zeitgeschichte, Abt. 2: Forum Juristische Zeitgeschichte), 1 (Recht und Nationalsozialismus), 1998, S. 76–92. – Archivbericht Frankreich 1995–1998, in: Der Archivar 52 (1999) S. 36–42. – Bibliographie zum Archivwesen für die Jahre 1994–1995, Frankreich, in: Archivalische Zs. 81 (1998) S. 295–297. – Ethylenoxid, ein Gefahrenpotential bei der Begasung von Archivalien?, in: Archivalische Zs. 81 (1998) S. 198–207. – Die Akten des Wälder-Departements im Landeshauptarchiv Koblenz, 1794–1816. Inventar der Bestände 300 (Wälder-Departement) und 352 (Generalgouvernementskommissariat des Mittelrheins für das Wälder-Departement) (Veröffentlichungen der Landesarchivverwaltung Rheinland-Pfalz, 80) Koblenz 1998, 286 S. – *Rez.:* Regelmäßige Berichterstattung über das französische Archivwesen in »Der Archivar« und in »Archivalische Zeitschrift«

Tagungsteilnahme: 29. Sept.–2. Okt. 1998: 69. Deutscher Archivtag Münster. – 12.–13. März 1999: Du Directoire au Consulat: l'intégration sociale et culturelle des citoyens dans la Grande Nation, in Villeneuve d'Ascq.

Prof. Dr. Jürgen Voss

Veröffentlichungen: Jean-Daniel Schoepflin (1694–1771). Un Alsacien de l'Europe des Lumières, Strasbourg 1999, 386 S. (französische Übersetzung der überarbeiteten Fassung der 1979 in München erschienenen Habilitationsschrift). – (Hg.) Goethe im sozialen und kulturellen Gefüge seiner Zeit, Bonn 1999 (PHS 51), 187 S. – (Hg., mit Chantal Grell und W. Paravicini), Les princes et l'histoire du XIVᵉ au XVIIIᵉ siècle, Bonn 1998 (PHS 47), 658 S. – Philippe-Jacques Rühl (1738–1795), in: Nouveau dictionnaire de biographie alsacienne, Lfg. 32, Straßburg 1998, S. 3320–3321.

Vorträge und Tagungsteilnahme: 16. Okt. 1998: Université Marc Bloch Straßburg im Rahmen des Kolloquiums »350ᵉ anniversaire des Traités de Westphalie«, Vortrag über: »Un itinéraire contrasté: Les Traités de Westphalie à travers les siècles«. 5. März 1999: Université Marc Bloch, Strasbourg, im »Cycle de conférences sur les élites«, Vortrag über »Schoepflin et les élites de son époque«.

Tagungsvorbereitung: Vortragsreihe des DHI Paris vom 7. Jan. 1999–4. Febr. 1999 »Goethe im sozialen und kulturellen Gefüge seiner Zeit«. Dieser von Prof. Voss konzipierte und in Kooperation mit der Sorbonne u. a. organisierte Zyklus eröffnete in Paris das Goethejahr. Zur Veranstaltung wurde in 4 Vitrinen auch eine kleine Ausstellung über Goethe gezeigt. Die Texte der Vorträge liegen nun gedruckt vor (s. oben). – Das DHI Paris führte am 16.9.1999 im Hôtel Duret de Chevry ein von Prof. Voss i. Z. m. mit Dr. Daniel Schönpflug (Berlin) organisiertes Atelier über »Révolutionnaires et émigrés« durch. Die Veranstaltung wollte 10 Jahre nach dem Bicentenaire einige zu wenig beachtete Fragen der Revolutionsforschung untersuchen (die Emigration war 1989 weitgehend ausgeblendet).

Redaktionstätigkeit: Francia 25/2, 26/2 und 27/2.

Lehrtätigkeit: Hauptseminar an der Universität Mannheim: WS 1998/99 »Presse und Journalismus im 18. Jahrhundert«. WS 1999/2000 »Die Herzogin Elisabeth von Orléans (Liselotte von der Pfalz) und ihre Korrespondenz als Quelle ihrer Zeit«.

Dr. Andreas Wilkens

Veröffentlichungen: (Hg., mit G. Bossuat) Jean Monnet, l'Europe et les chemins de la Paix, Kolloquium Paris 29.–31. Mai 1997, Paris 1999. – (Hg.) Interessen verbinden. Jean Monnet und die europäische Integration der Bundesrepublik Deutschland, Bonn 1999 (PHS 50). – Jean Monnet, Konrad Adenauer und die deutsche Europapolitik. Konvergenz und Dissonanzen (1950–1957), in: Wilkens (Hg.), Interessen verbinden, S. 73–139. – Davon die französische Fassung: Jean Monnet, Konrad Adenauer et la politique européenne de l'Allemagne fédérale – convergence et discordances (1950–1957), in: Bossuat, Wilkens (Hg.), Jean Monnet, S. 147–201. – Ostpolitik allemande et commerce avec l'Est: Objectifs politiques et enjeux économiques d'Adenauer à Brandt (1949–1974), in: Revue d'histoire diplomatique, Nr. 133 (1999) S. 205–241. – Westpolitik, Ostpolitik and the Project of the Economic and Monetary Union. Germany's European Policy in the Brandt Era (1969–1974), in: Journal of European Integration History/Revue d'histoire de l'intégration européenne 5 (1999) S. 73–102.

Vorträge: 25. Sept. 1998, Integration in the West, Understanding with the East. Germany's European Policy in the Brandt Era (1969–1974), beim Kolloquium: The European Communities, 1965–1979: National Decision-Makers and Public Opinion, Organisation: A. Deighton u. E. du Réau. – 18.–20. März 1999, Die deutsche Wirtschaft und die Projekte deutsch-französischer Kooperation in Afrika 1950–1959, beim Kolloquium: L'Allemagne et la décolonisation française, Universität Paris XII/Créteil, Organisation: J.-P. Cahn und K.-J. Müller. – 25. Febr. 1999, Forschungsseminar Université de Strasbourg, La construction européenne, Organisation: M.-T. Bitsch, Thema: La politique européenne du gouvernement Brandt.

Tagungsvorbereitung: Une nouvelle architecture pour l'Europe? Le Plan Schuman 1950/2000, Kolloquium des DHI in Zusammenarbeit mit dem Centre d'Information et de Recherche sur l'Allemagne contemporaine (CIRAC) und der Universität Orléans, Paris, 28./29. April 2000.

Lehrtätigkeit: Seminare am Institut d'Etudes Politiques de Paris sowie am Institut d'Allemand d'Asnières zur europäischen Einigungspolitik nach 1945 sowie zum Wirtschafts- und Gesellschaftsvergleich Deutschland/Frankreich.

Verzeichnis der Mitarbeiter

Prof. Dr. Ronald G. Asch, Universität Osnabrück (FB 2), Neuer Graben 19–21, D-49069 Osnabrück

Prof. Dr. Bernard S. Bachrach, University of Minnesota, Depart. of History, 614 Social Sciences, 267 19th Avenue South, USA-Minneapolis Minnesota 55455

M. Sébastien Barret, 15 rue de la Collégiale, F-75005 Paris

Prof. Dr. Matthias Becher, Historisches Seminar der Rheinischen Friedrich-Wilhelms-Universität, Konviktstr. 11, D-53113 Bonn

Prof. Dr. Alfons Becker, Bebelstr. 24, D-55128 Mainz

Prof. George T. Beech, 1745 Hillshire Drive, USA-Kalamazoo Michigan 49008

Dr. Letha Böhringer, Jakob-Mager-Str. 26, D-53117 Bonn

M. François Bougard, Directeur des études médiévales à l'École française de Rome, Palazzo Farnese, Piazza Farnese 67, I-00186 Rome

Mme Geneviève Bührer-Thierry, 66bis rue Général Leclerc, F-92270 Bois Colombes

Prof. Dr. John J. Contreni, Purdue University, Dept. of History, 1358 University Hall, West Lafayette, USA-Indiana 47907–1358

M. Philippe Depreux, 50bis rue Verte, F-37000 Tours

M. François Dolbeau, Directeur d'Études à l'École Pratiques des Hautes Études, IVe section, 4 allée de l'Ile Verte, F-92160 Antony

M. Jean Dufour, 72 avenue Anatole France, F-92700 Colombes

M. Jean Durliat, Professeur à l'Université de Toulouse II, 5 rue Sainte-Marthe, F-31000 Toulouse

Priv.-Doz. Dr. Christian Freigang, Johann-Heinrich-Voß-Weg 8, D-37085 Göttingen

Mme Michèle Gaillard, Maître de conférences à l'Université de Paris XIII, 64 rue du Pont de Try, F-77700 Coupvray

Prof. Dr. David Ganz, 21 Bardwell Road, GB-Oxford OX2 6SU

M. Benoît Grévin, École Normale Supérieure, 45 rue d'Ulm, F-75230 Paris Cedex 05

Dr. Rolf Grosse, Deutsches Historisches Institut Paris, 8 rue du Parc Royal, F-75003 Paris

Dr. Martin Heinzelmann, Deutsches Historisches Institut Paris, 8 rue du Parc Royal, F-75003 Paris

Dr. Yitzak Hen, University of Haifa, Department of General History, Mount Carmel, Israël-Haifa 31905

Prof. Dr. Klaus Herbers, Universität Erlangen-Nürnberg, Lehrstuhl Mittelalterliche Geschichte, Kochstr. 4, BK 12, D-91054 Erlangen

Stefan Hirschmann M.A., Heinrich Heine-Universität, Historisches Seminar, Abt. Mittelalter, Universitätsstr. 1, D-40225 Düsseldorf

Dr. Ruth Horie, 2428 Sooke Rd, Canada-Victoria, B.C. V9B IX7

M. Dominique Iogna-Prat, Directeur de recherche au CNRS, 19 rue Fallempin, F-75015 Paris

Dr. Uwe Israel, Universität Göttingen, Seminar für Mittlere und Neuere Geschichte, Platz der Göttinger Sieben 5, D-37073 Göttingen

Dr. Donald C. Jackman, University Learning Resource Center, The Pennsylvania State University, 220 Boucke Building, USA-University Park, PA 16802

Prof. Dr. Jörg Jarnut, Universität-GHS Paderborn, Fachbereich Geschichte, Warburger Str. 100, D-3098 Paderborn

Mme Odile Kammerer, 1 rue de la Patrouille, F-68100 Mulhouse

Dr. Gerd Kampers, Lessingstr. 61, D-53113 Bonn

Prof. Dr. Martin Kintzinger, Ludwig-Maximilians-Universität, Institut für mittelalterliche Geschichte, Wissenschafts- und Universitätsgeschichte, Geschwister-Scholl-Platz 1, D-80539 München

Prof. Dr. Lothar Kolmer, Universität Salzburg, Institut für Geschichte, Rudolfskai 42, A-5020 Salzburg

Klaus KRÖNERT, 7 allée Degas, F-78160 Marly le Roi

Dr. Holger KRUSE, Schweriner Str. 9, D-22844 Norderstedt

M. Jean-Loup LEMAITRE, Directeur d'Études à l'École Pratique des Hautes Études (EPHE), IVe section, 7 rue Beccaria, F-75012 Paris

Prof. Dr. Dietrich LOHRMANN, Historisches Institut der RWTH Aachen, Lehrstuhl für Mittlere Geschichte, Kopernikusstr. 16, D-52056 Aachen

Mme Élisabeth MAGNOU-NORTIER, Professeur émérite de l'Université de Lille III, 26 rue du 8 mai 1945, F-94450 Limeil-Brevannes

Prof. Dr. Klaus MILITZER, Historisches Archiv der Stadt Köln, Severinstr. 222–223, D-50676 Köln

M. Pierre MONNET, Mission Historique Française en Allemagne, Hermann-Föge-Weg 12, D-37073 Göttingen

M. Laurent MORELLE, Maître de conférences à l'Université de Paris I–Panthéon-Sorbonne, Esc. 6, 8e ét., 107 rue de Reuilly, F-75012 Paris

Prof. Dr. Heribert MÜLLER, Universität Frankfurt am Main, Historisches Seminar, Senckenberganlage 31, Postfach 11 19 32, D- 60054 Frankfurt am Main

M. Stéphane MUND, 32 avenue Edgar Tytgat, B-1200 Bruxelles

Priv.-Doz. Dr. Uwe NEDDERMEYER, Universität zu Köln, Historisches Seminar, Albertus Magnus Platz, D-50923 Köln

Dr. Jörg OBERSTE, Technische Universität Dresden, Lehrstuhl für Mittelalterliche Geschichte, Mommsenstr. 13, D-01062 Dresden

Christof OHNESORGE, Oberer Ohmweg 2, D-35274 Kirchhain

Prof. Dr. Lutz v. PADBERG, Bonhoefferstr. 13, D-48351 Everswinkel

Prof. Dr. Werner PARAVICINI, Direktor des Deutschen Historischen Instituts Paris, 8 rue du Parc Royal, F-75003 Paris

Mme Véronique PASCHE, Ch. de la Condémine 29, CH-1304 Cossonay Ville

M. Michel PAULY, Centre Universitaire de Luxembourg, CLUDEM, 162A, av. de la Faïencerie, L-1511 Luxembourg

Dr. Wolfgang PETERS, Kringsweg 9, D-50931 Köln

Priv.-Doz. Dr. Malte PRIETZEL, Heinrich-Göbel-Str. 6, D-31832 Springe

M. Pierre RACINE, Professeur émérite, 8 rue Traversière, F-67201 Eckbolsheim

M. Jean RICHARD, Membre de l'Institut, 12 rue Pelletier de Chambure, F-21000 Dijon

Prof. Dr. Bernd ROECK, Universität Zürich, Historisches Seminar, Karl Schmid-Str. 4, CH-8006 Zürich

Ingo RUNDE, Gerhard-Mercator-Universität, GH Duisburg, Fb 1: Geschichte, Lotharstr. 65, D-47057 Duisburg

Priv.-Doz. Dr. Georg SCHEIBELREITER, Institut für Österreichische Geschichtsforschung, Karl-Lueger-Ring 1, A-1010 Wien

Dr. Martin SCHOEBEL, Dorfstr. 42 c, D-18519 Kirchdorf

Priv.-Doz. Dr. Peter SCHUSTER, Universität Bielefeld, Fakultät der Geschichtswissenschaft, Postfach 10 01 31, D-33501 Bielefeld

Dr. Harm VON SEGGERN, Christian-Albrechts-Universität, Historisches Seminar, Olshausenstr. 40, D-24098 Kiel

Priv.-Doz. Dr. Andreas SOHN, Universität Münster, Historisches Seminar, Domplatz 20–22, D-48143 Münster

Mme Monique SOMMÉ, Professeur émérite à l'Université d'Artois, 119bis rue de la Rianderie, F-59700 Marcq-en-Barœul

Dr. Sabine TEUBNER-SCHOEBEL, Dorfstr. 42 c, D-18519 Kirchdorf

M. Pierre TOUBERT, Membre de l'Institut, Professeur au Collège de France, 23 quai de Conti, F-75006 Paris

Dr. Ursula VONES-LIEBENSTEIN, An der Ronne 72, D-50859 Köln

Carsten WOLL, Wepeling-Hole-Str. 39, D-56075 Koblenz

Priv.-Doz. Dr. Klaus ZECHIEL-ECKES, Wilhelmstr. 14, D-50996 Köln-Rodenkirchen.